Pay for Performance (P4P) im Gesundheitswesen - Ein Ansatz zur Verbesserung der Gesundheitsversorgung?

Pay for Performance (P4P) im Gesundheitswesen - Ein Ansatz zur Verbesserung der Gesundheitsversorgung?

Martin Emmert

Emmert, Martin

Universität Erlangen-Nürnberg
Lehrstuhl für Gesundheitsmanagement
Lange Gasse 20
90403 Nürnberg, Deutschland

Pay for Performance (P4P) im Gesundheitswesen – Ein Ansatz zur Verbesserung der Gesundheitsversorgung?
Schriften zur Gesundheitsökonomie 14, HERZ, Burgdorf, 2008
Zugl. Erlangen, Nürnberg, Univ., Diss., 2008
Erstreferent: Prof. Dr. Oliver Schöffski, MPH; Zweitreferent: Prof. Peter Klaus, D.B.A./Boston Univ; Promotionstermin: 29. Januar 2008
ISBN 978-3-936863-13-0

Herstellung: Books on Demand GmbH, Norderstedt

Inhaltsverzeichnis

Inhaltsverzeichnis V

Abbildungsverzeichnis XI

Tabellenverzeichnis XIII

Abkürzungsverzeichnis XVII

1 Einleitung 1

   1.1 Problemstellung und Zielsetzung 1

   1.2 Gang durch die Untersuchung 7

2 Qualitätsdefizite nationaler Gesundheitssysteme 11

   2.1 Begriff der Qualität in der Gesundheitsökonomie 13

      2.1.1 Der Begriff „Qualität" 13

      2.1.2 Einteilung nach Donabedian 15

   2.2 Vereinigte Staaten von Amerika (USA) 19

      2.2.1 Nationales Gesundheitssystem 20

         2.2.1.1 Medicare 20

         2.2.1.2 Medicaid 23

         2.2.1.3 Private Krankenversicherung 24

      2.2.2 Managed Care und die HMOs 27

      2.2.3 Qualität der Versorgung 32

   2.3 Vereinigtes Königreich (UK) 36

      2.3.1 Nationales Gesundheitssystem 36

         2.3.1.1 Der National Health Service (NHS) 36

         2.3.1.2 Funktionsweise 38

         2.3.1.3 Aktuelle Probleme und Reformbaustellen 41

         2.3.1.4 The NHS-Plan: A Plan for Investment. A Plan for Reform. 43

      2.3.2 Qualität der Versorgung 45

   2.4 Deutschland 48

      2.4.1 Nationales Gesundheitssystem 49

         2.4.1.1 Gesetzliche Krankenversicherung 50

         2.4.1.2 Private Krankenversicherung 64

      2.4.2 Qualität der Versorgung 70

3 „Pay for Performance" (P4P) als eine Antwort auf bestehende Qualitätsdefizite 73

3.1 Theoretische Grundlagen 73

    3.1.1 Kurze historische Betrachtung von Qualitätsverbesserungsinitiativen 75

    3.1.2 Vorstellung des Referenzprojekts 80

    3.1.3 Zielsetzung und Funktionsweise des Referenzprojekts 84

3.2 Indikatoren für das Public Reporting und die Erfolgsorientierte Vergütung 88

    3.2.1 Klinischer Indikator 88

        3.2.1.1 Erläuterung 89

        3.2.1.2 Bisherige Ergebnisse 97

    3.2.2 Patientenzufriedenheits-Indikator 104

        3.2.2.1 Erläuterung 104

        3.2.2.2 Bisherige Ergebnisse 107

    3.2.3 Indikator über die IT-Investitionen 112

        3.2.3.1 Erläuterung 112

        3.2.3.2 Bisherige Ergebnisse 116

        3.2.3.3 Einfluss der IT auf die Behandlungsqualität 121

3.3 Public Reporting 124

    3.3.1 Physician Group Clinical Care Report Card (PGCC-RC) 126

        3.3.1.1 Clinical Results 127

        3.3.1.2 Overall Physician Group Rating 129

    3.3.2 Healthcare Quality Report Card (HQ-RC) 130

        3.3.2.1 HMO Rating 131

        3.3.2.2 Medical Group Ratings 152

    3.3.3 Exkurs: Bridges to Excellence 157

3.4 Erfolgsorientierte Vergütung 160

    3.4.1 Höhe der EV 161

    3.4.2 Methode der Performance-Messung 165

3.5 P4P aus unterschiedlichen Perspektiven 169

    3.5.1 Leistungserbringer 169

    3.5.2 Versicherte bzw. Patienten 177

    3.5.3 Krankenversicherungen 180

    3.5.4 Arbeitgeber 181

3.6 Alternative Programme mit P4P-Gedanken 182

    3.6.1 Vereinigtes Königreich 183

    3.6.2 CMS – HQID 189

Gemäß der *erfolgsorientierten Vergütung*, die den finanziellen Anreizfaktoren zugeordnet wird, werden die Leistungserbringer (zumindest teilweise) entsprechend ihrer Behandlungsqualität entlohnt.[19] Die nicht-finanzielle Anreizkomponente *Public Reporting* soll den Missstand beheben, dass derzeit in den USA nur wenige Möglichkeiten bestehen, sich über die Behandlungsqualität von Leistungserbringern informieren zu können. Durch die veränderte Anreizsystematik erhofft man sich eine Verhaltensänderung der Leistungserbringer und dadurch wiederum positive Effekte auf die Behandlungsqualität. Aus der verbesserten (Versorgungs-) Qualität erwartet man zudem niedrigere Folgekosten; ein Zusammenhang, der bereits in anderen Sektoren beobachtet werden konnte.[20]

Herrschte anfangs gegenüber der P4P-Bewegung eine gewisse Skepsis, so hat sie inzwischen an Bedeutung gewonnen,[21] wie die Anzahl der P4P-Programme verdeutlicht; gab es in den USA 2003 noch 35 Programme, sind es gegenwärtig bereits mehr als 100.[22] Ebenso haben die einflussreichen Centers for Medicare & Medicaid Services (CMS)[23] umfangreiche Untersuchungen gestartet, um P4P zu testen.[24] Aber auch andere beteiligte Projektgruppen beobachten die Bewegung mit regem Interesse. Arbeitgeber erhoffen sich eine qualitativ hochwertigere Versorgung ihrer Mitarbeiter, Krankenkassen bessere Partner in der Gesundheitsversorgung und Versicherte mehr Transparenz und eine höhere Qualität der medizinischen Leistungserbringung.[25]

Das ambitionierteste Programm der P4P-Bewegung, in dem mehrere HMOs gemeinsam zusammen arbeiten,[26] stammt aus dem Bundesstaat Kalifornien und wurde von der dortigen Gesellschaft für integrierte Versorgung (Integrated Healthcare Association - IHA) entwickelt.[27] Dieses Programm, im Folgenden als *Referenzprojekt* bezeichnet, wird immer wieder als das derzeitige Vorzeigeprojekt

---

[19] Vgl. Pieper, C. (2006b); Pacific Business Group on Health (2005).
[20] Vgl. Millenson, M. L. (2004), S. 324.
[21] Vgl. Trude, S., Au, M., Christiansen, J. B. (2006), S. 537; Rowe, J. W. (2006).
[22] Vgl. Pieper, C. (2006a); Rowe, J. W. (2006), S. 696.
[23] Siehe dazu Kapitel 3.6.2.
[24] Vgl. Becker, C. (2005), S. 8.
[25] Vgl. Integrated Healthcare Association (2002).
[26] Vgl. Integrated Healthcare Association (2002); Rose, L. (2004).
[27] Vgl. Colwell, J. (2005).

bezeichnet,[28] da es sich zum größten und bekanntesten P4P-Projekt in den USA entwickelt und sowohl großes nationales als auch internationales Interesse geweckt hat.[29] Aufgrund der Art und des Umfangs wird es als Testfall für die Koordination vieler Akteure gesehen, dient als Laboratorium für eine mögliche spätere Ausdehnung und besitzt die erforderliche Größe, um eine systematische Wirkung zu erzielen. Zu Beginn integrierte das Referenzprojekt 35.000 Ärzte in die medizinische Versorgung von rund sieben bis acht Millionen Versicherten.[30] Zur Ermittlung der Performance der medizinischen Leistungserbringer werden die folgenden drei Schlüsselbereiche näher betrachtet:[31]

- Klinischer Indikator

- Patientenzufriedenheits-Indikator

- Indikator über Investitionen in die Informationstechnologie (IT)

Klinische Qualitätsparameter werden für chronische Krankheiten (Asthma, Diabetes etc.) und für Präventionsuntersuchungen (Brustkrebs, Gebärmutterhalskrebs etc.) ermittelt. Der Leistungserbringer erhält im Rahmen der Patientenversorgung für das Erreichen bestimmter krankheitsspezifischer Werte Punkte. Zwei Punkte werden beispielsweise für die Versorgung eines Diabetes-Patienten mit einem Hämoglobin A1c-Wert (HbA1c-Wert) von unter 8 vergeben, für Patienten mit Werten zwischen 8 und 9,5 jeweils ein Punkt.[32] Zur Ermittlung der *Patientenzufriedenheit* werden die Patienten bezüglich ihrer wahrgenommenen Behandlungsqualität oder auch hinsichtlich ihrer Bereitschaft, Leistungserbringer weiter zu empfehlen, befragt. Durch den intensiveren Einsatz der *Informationstechnologie* sind im Gesundheitswesen weitere Potentiale realisierbar.[33] Der effektive Einsatz elektronischer Unterstützungsmedien kann zur Senkung von Medikationsfehlern führen und es ermöglichen, Patienten zu identifizieren, die für chronische Krankheiten gefährdet sind oder präventive Maßnahmen benötigen.[34] Je höher die er-

---

28 Vgl. Braun, B., Reiners, H., Rosenwirth, M., u. a. (2006), S. 61.
29 Vgl. McDermott, S., Williams, T. (2006); Integrated Healthcare Association (2006c).
30 Vgl. Braun, B., Reiners, H., Rosenwirth, M., u. a. (2006), S. 62; Integrated Healthcare Association (2002); Rose, L. (2004); Colwell, J. (2005).
31 Vgl. Pieper, C. (2002); Busse, R., Schlette, S. (Hrsg.) (2003), S. 34.
32 Vgl. Pieper, C. (2002).
33 Vgl. Institute of Medicine (2001b), S. 5.
34 Vgl. Damberg, C. L., Raube, K., Williams, T., u. a. (2005), S. 69.

reiche Punktzahl eines Leistungserbringers ist, desto besser fällt seine Performance aus.

Auch in *Großbritannien* bemüht man sich derzeit um die Verbesserung der Qualität der nationalen Gesundheitsversorgung. Neben objektiv sichtbaren Problemen, wie langen Wartelisten und langen Wartezeiten für eine Behandlung, sind auch dort qualitative Mängel in der Gesundheitsversorgung zu beobachten.[35] Das Vereinigte Königreich ist die zweite Nation, die sich intensiv mit der Einführung von P4P-Programmen auseinandersetzt und damit beginnt, die Vergütung medizinischer Leistungserbringer mit deren Behandlungsqualität zu verknüpfen. Zu diesem Zweck wurden im Jahr 2004 neue Allgemeinarzt-Verträge eingeführt[36] und die Leistungserbringer werden nun für hohe Qualitätsstandards oder –verbesserungen finanziell belohnt.[37]

Da in *Deutschland* ebenfalls an verschiedenen Reformkonzepten gearbeitet wird, um die Gesundheitsversorgung der Bevölkerung sicherzustellen bzw. zu verbessern, wird im Rahmen dieser Untersuchung diskutiert, ob eine Übertragung des P4P-Konzepts auf Deutschland möglich und anzustreben ist. Auch wenn derzeit noch wenige Forschungsergebnisse zu P4P vorhanden sind,[38] lassen erste Untersuchungen positive Auswirkungen auf die Behandlungsqualität vermuten.[39] Die Diskussion über P4P hat hierzulande bereits eingesetzt und wird zukünftig wohl an Intensität zunehmen. Für jene Diskussionen soll diese Untersuchung eine Ausgangsbasis liefern. Von den Erfahrungen des Versuchslabors USA soll sowohl in positiver als auch in negativer Hinsicht gelernt werden, um „generelle Grundvoraussetzungen für Erfolg zu definieren, Risiken zu erkennen und frühzeitig Strategien zu entwickeln, die Problemaspekte adressieren."[40] Aber auch von Erkenntnissen des Vereinigten Königreichs kann profitiert werden, leisten diese beiden Nationen derzeit doch Pionierarbeit bei der Implementierung.

[35] Vgl. Klein, R. (2006).
[36] Vgl. Keenan, P. S., Kline, J. (2004), S. 4.
[37] Vgl. Pieper, C. (2002).
[38] Vgl. Pacific Business Group on Health (2005); Rosenthal, M. B., Frank, R. G., Zhonghe, L., u. a. (2005), S. 1788; Rynes, S. L., Gerhart, B., Parks, L. (2005), S. 571; Damberg, C. L., Raube, K., Williams, T., u. a. (2005), S. 67.
[39] Vgl. Rosenthal, M. B., Frank, R. G., Zhonghe, L., u. a. (2005), S. 1788.
[40] Matthes, N., Wiest, A. (2004), S. 70.

Um die Notwendigkeit einer Implementierung von P4P bzw. dessen zentraler E-lemente, der erfolgsorientierten Vergütung und des Public Reporting, in das deutsche Gesundheitswesen zu diskutieren, muss in einem ersten Schritt untersucht werden, wie die derzeitige Situation hierzulande ist. Schließlich unterscheidet sich das deutsche Gesundheitssystem doch fundamental von dem der USA und dem des UK. Möglicherweise hat sich die *Vergütungssystematik* in Deutschland im Rahmen vergangener Reformbemühungen dahingehend entwickelt, dass weitere qualitätssteigernde Vergütungselemente nicht benötigt werden. Sowohl durch die Überarbeitung der Vergütungssystematik in der ambulanten (EBM 2000plus) als auch in der stationären Versorgung (Diagnosis Related Groups - DRGs) sollten schließlich bereits entsprechende Grundlagen geschaffen worden sein. Des Weiteren wird die vorhandene *Transparenz* im deutschen Gesundheitswesen intensiv untersucht, da man sich von einer höheren Transparenz positive Auswirkungen auf die Behandlungsqualität erhofft. Für große medizinische Einrichtungen wird sogar gefordert „Public reporting […] should become mandatory"[41].

Während im stationären Sektor mit dem strukturierten Qualitätsbericht und dem Verfahren der Bundesgeschäftsstelle Qualitätssicherung gGmbH bereits erste Schritte unternommen worden sind, ist die Situation für den ambulanten Sektor anders einzuschätzen. Hier existieren nur wenige Informationsquellen, die einem Patienten bei der Auswahl eines Leistungserbringers behilflich sind.[42] Da sich bislang keine Untersuchung systematisch mit diesen Informationsquellen und deren Informationsgehalt für Patienten näher auseinandersetzt, soll diese Forschungslücke im Rahmen der hier durchgeführten Analyse mittels einer empirischen Untersuchung geschlossen werden. Diesbezüglich werden Informationsquellen für den ambulanten Sektor identifiziert und deren Informationsgehalt ermittelt. Die große Bedeutung dieses Aspekts hat auch die Kassenärztliche Bundesvereinigung (KBV) erkannt, die im Jahr 2008 einen „Ärzte-TÜV" einführen und dessen Ergebnisse auf einer Internetseite für die Bevölkerung veröffentlichen will.[43] Für dieses Vorhaben könnten die erzielten Ergebnisse dieser Untersuchung erste Hilfestellungen liefern.

---

[41]   Berwick, D. M. (2002), S. 1524.
[42]   Vgl. Emmert, M., Müller, M., Schöffski, O. (2007).
[43]   Vgl. Spiegel Online (2007).

Zusammenfassend soll im Rahmen der hier durchgeführten Untersuchung diskutiert werden, ob eine Übertragung des P4P-Konzepts auf das deutsche Gesundheitswesen möglich bzw. anzustreben ist. Dafür werden folgende Fragestellungen beantwortet:

- Was versteht man unter der neuen Qualitätsverbesserungsinitiative Pay for Performance (P4P)?

- Die beiden zentralen Elemente des P4P-Konzepts liegen in der erfolgsorientierten Vergütung und in der öffentlichen Berichterstattung über die gemessene Behandlungsqualität medizinischer Leistungserbringer. Daher wird der Frage nachgegangen, wie die derzeitige Vergütungssystematik im deutschen Gesundheitswesen ist bzw. ob erfolgsorientierte Vergütungselemente integriert werden sollten.

- Anschließend wird untersucht, wie die derzeitige Transparenz im deutschen Gesundheitswesen zu beurteilen ist. Welche Möglichkeit gibt es für Patienten, sich über die Qualität medizinischer Leistungserbringer zu informieren?

- Im Rahmen einer umfassenden Befragung wird erforscht, ob der Bevölkerung die Informationsquellen bekannt sind bzw. ob sie von dieser in Anspruch genommen werden. Insbesondere soll herausgefunden werden, aufgrund welcher Informationen ein medizinischer Leistungserbringer ausgewählt wird.

- Welche Rolle spielt es für die Übertragbarkeit des P4P-Konzepts, dass sich das deutsche Gesundheitssystem fundamental vom dem der USA und dem des UK unterscheidet?

- Welche Erfahrungswerte können aus den USA und dem UK gewonnen und was müsste bei der Implementierung von P4P im deutschen Gesundheitswesen beachtet werden?

1.2   Gang durch die Untersuchung

Die vorliegende Arbeit gliedert sich insgesamt in acht Kapitel. Nach diesem *ersten* einleitenden Kapitel werden im *zweiten* wichtige Grundlagen für das Gesamtverständnis gegeben. Einführend wird der im Rahmen dieser Untersuchung zentrale Begriff der Behandlungsqualität näher dargestellt. Anschließend wird das Basiswissen für die Gesundheitssysteme der USA, des Vereinigten Königreiches und auch für Deutschland vermittelt, um spätere Ausführungen richtig zuordnen und einschätzen zu können.

Das *dritte* Kapitel befasst sich mit der P4P-Bewegung, insbesondere mit der Beschreibung des kalifornischen Referenzprojekts. Neben dessen historischer Entwicklung wird vertieft auf die beiden zentralen Komponenten der erfolgsorientierten Vergütung und des Public Reporting eingegangen und ausführlich diskutiert. Des Weiteren wird P4P aus verschiedenen Perspektiven betrachtet. Abschließend werden weitere bedeutende Qualitätsverbesserungsinitiativen beschrieben, unter anderem die des Vereinigten Königreiches und ein kurzer Ausblick auf einen alternativen Verbesserungsansatz der beiden Harvard-Professoren Porter/Teisberg wird gegeben, der dem von P4P gegenübergestellt wird.

Nachdem im zweiten und dritten Kapitel wichtige Grundlagen für das Gesamtverständnis des P4P gelegt worden sind, befasst sich diese Untersuchung insbesondere ab dem vierten Kapitel mit dem deutschen Gesundheitswesen bzw. der Übertragbarkeit der beiden zentralen Komponenten des P4P (s. o.) auf das deutsche Gesundheitssystem. Im *vierten* Kapitel dieser Untersuchung wird die derzeitige Vergütungssituation im deutschen Gesundheitssystem dargestellt. Dabei werden vorhandene Vergütungsformen wie die Einzelleistungsvergütung, das Festgehalt, die erfolgsorientierte Vergütung etc. näher betrachtet. Diese Ausführungen sind notwendig, da aus jeder Vergütungsform unterschiedliche Anreize für die Leistungserbringer resultieren, welche wiederum einen erheblichen Einfluss auf die Behandlungsqualität zu haben scheinen.

Der zweite zentrale Schwerpunkt der P4P-Programme, das Public Reporting, ist Gegenstand der Betrachtungen des *fünften* Kapitels. Dort wird dargestellt, anhand welcher Informationsquellen sich Patienten derzeit in Deutschland in der ambulanten bzw. stationären Versorgung über die Behandlungsqualität von Leistungserbringern informieren können. Im Vordergrund steht hierbei die ambulante Versorgung, da dieser Sachverhalt auch zunehmend in Fachkreisen wie der KBV diskutiert wird.

Nachdem im fünften Kapitel die in der ambulanten Versorgung existierenden Informationsquellen dargestellt worden sind, wird im *sechsten* Kapitel der Kenntnisstand der deutschen Bevölkerung hinsichtlich dieser Informationsquellen untersucht. Im Rahmen einer empirischen Untersuchung wurden 556 Personen dazu befragt, woran sie sich derzeit bei der Suche nach einem medizinischen Leistungserbringer orientieren und wie sie diesbezüglich die im fünften Kapitel beschriebenen Informationsquellen bewerten. Auch nach ihrer Einstellung zu den Public Reporting Instrumenten des Referenzprojekts sowie zur erfolgsorientierten Vergütung wurde gefragt. Nach der Zusammenfassung der Umfrageergebnisse werden die zentralen Erkenntnisse herausgestellt.

Im *siebten* Kapitel dieser Untersuchung werden mittels einiger Lessons Learned wichtige Erfolgskriterien dargestellt, die für eine Übertragung des Systems bzw. einzelner Komponenten von entscheidender Bedeutung sein können. Dabei wird insbesondere der Frage nachgegangen, inwiefern von den internationalen Qualitätsverbesserungsinitiativen im Hinblick auf eine bessere Versorgungsqualität für die deutsche Bevölkerung profitiert werden kann. Dafür wird das gesamte P4P Konzept noch einmal kritisch diskutiert, bevor auf mögliche Einsatzmöglichkeiten im deutschen Gesundheitswesen eingegangen wird.

Das *achte* und letzte Kapitel dieser Untersuchung fasst die gewonnenen Ergebnisse zusammen und gibt einen Ausblick.

2. Qualitätsdefizite nationaler Gesundheitssysteme

In einigen Ländern resultiert aus der schlechten Behandlungsqualität zunehmend die Forderung nach Qualitätsverbesserungsprogrammen. Vor allem in den USA, dem Ursprungsort der P4P-Bewegung, werden immer wieder Rufe nach Reformen des Gesundheitssystems laut. Ursachen dafür sind zum einen die unaufhaltsam steigenden Ausgaben für das nationale Gesundheitssystem aber auch qualitative Mängel der Leistungserbringung. Neben den USA haben auch viele andere Nationen mit diesen Problemen zu kämpfen; beispielsweise in Großbritannien hat man das mögliche Potential von P4P erkannt und mit der Implementierung begonnen. Allerdings resultieren die Probleme im dortigen Gesundheitssystem aus anderen Gründen, wie im Verlauf dieses Kapitels gezeigt wird.

Auch in Deutschland werden Forderungen nach Kostendämpfungen etc. laut, um den steigenden Kosten im Gesundheitswesen entgegenzuwirken. Daneben sind aber auch qualitative Mängel in der Gesundheitsversorgung zu beobachten, wenn auch nicht im gleichen Ausmaß wie in den USA. Maßnahmen zur Gesundheitsvorsorge und Prävention werden in Deutschland nur äußerst mangelhaft umgesetzt.[44] Wie später gezeigt wird, haben P4P-Programme gerade hier einen der Schwerpunkte. Auch wenn sich die drei angesprochenen Gesundheitssysteme in fundamentaler Art und Weise voneinander unterscheiden, können in allen Verbesserungspotentiale realisiert werden. Voraussetzung dafür ist die Durchführung wirksamer Maßnahmen, zu denen möglicherweise der P4P-Ansatz zählt. Um zu verstehen, welche Auswirkungen die Programme entfalten können bzw. die Funktions- und Wirkungsweise der Programme zu erkennen, werden in diesem Kapitel die angesprochenen Länder vorgestellt. Inbegriffen ist sowohl eine kurze Darlegung der Gesundheitssysteme als auch die Darstellung vorhandener Qualitätsdefizite der medizinischen Leistungserbringung. Ansonsten können wichtige Zusammenhänge möglicherweise nicht richtig gedeutet oder verstanden werden. Letztendlich muss später beurteilt werden können, ob P4P-Programme einen Beitrag dazu leisten können, die Defizite zu beheben.

---

[44] Vgl. Booz Allen Hamilton, Felix Burda Stiftung (Hrsg.) (2005).

Tabelle 1 liefert einführend einige Zahlen, um ein Gefühl für die Dimensionen zu erhalten. Aus dieser ergibt sich beispielsweise, dass sich die durchschnittliche Lebenserwartung in den USA im internationalen Vergleich im unteren Bereich der OECD-Länder befindet.[45]

	USA	GB	Deutschland
Anzahl Einwohner (in Mio.)	295,7	60,5	82,5
-14	20,6 %	17,7 %	8,8 %
15-64	67 %	66,4 %	71,9 %
65-	12,4 %	15,8 %	19,3 %
Personen ohne KV-Schutz	16 % bzw. 45,8 Mio.	0	< 1 %
Durchschnittliches Alter	36,3	38,9	42,6
Lebenserwartung	77,1 Jahre	78,3 Jahre	78,8 Jahre
BIP pro Kopf	31.662 €	28.395 €	27.957 €
Ausg. für Gesundheit pro Kopf	5.280 €	2.161 €	2.840 €
Anteil am BIP	16 %	7,7 %	10,6 %

Tabelle 1:   Ausgewählte Kennzahlen zu den drei Ländern USA, Großbritannien und Deutschland[46]

Betrachtet man die Ergebnisse einer Untersuchung der WHO, in der die Performance der Gesundheitssysteme von 190 Ländern miteinander verglichen wird, so ergibt sich das in Tabelle 2 dargestellte Ergebnis. Demnach schneiden die hier näher betrachteten Gesundheitssysteme (USA, UK und Deutschland) schlechter ab als die von Frankreich, Griechenland, Italien oder auch Österreich. Die beste Position nimmt dabei das UK mit Rang 18 ein.

---

[45] Vgl. Schröder, H., Nink, K., Lankers, C. (2006), S. 198; Butters, I. (2002).
[46] Quelle: Eigene Darstellung, in Anlehnung an Statistisches Bundesamt Deutschland (2007); Schröder, H., Nink, K., Lankers, C. (2006); The Commonwealth Fund (2006b); Organisation for Economic Co-operation and Development (2005); Tigges, C. (2006).

	Deutschland	USA	UK
Faire Verteilung von Finanzierungslasten	6-7	54-55	8-11
Gesundheitszustand der Bevölkerung	22	24	14
Gesundheitsausgaben pro Kopf	3	1	26
Effizienz der Versorgung	41	72	24
Performance des Gesundheitssystems (Insgesamt)	25	37	18

Tabelle 2:   Ergebnis der WHO bei einem internationalen Vergleich von 190 Gesundheitssystemen (Rangplätze)[47]

Nachdem nun ein erster Eindruck von der Qualität der angesprochenen Gesundheitssysteme vermittelt worden ist, werden im Folgenden die angesprochenen nationalen Gesundheitssysteme näher betrachtet. Einführend dazu wird der Begriff der Qualität in der Gesundheitsökonomie näher erläutert (siehe Kapitel 2.1). Als erstes Land wird in Kapitel 2.2 das Ursprungsland des P4P, die USA, betrachtet, bevor das Gesundheitssystem des Vereinigten Königreichs dargestellt wird (siehe Kapitel 2.3). Diese Ausführungen sollen ein grundlegendes Verständnis der unterschiedlichen Systeme vermitteln, auf die zu einem späteren Zeitpunkt der Arbeit zurückgegriffen wird. Daher findet auch das deutsche Gesundheitswesen in Kapitel 2.4 Betrachtung.

2.1   Begriff der Qualität in der Gesundheitsökonomie

Da im Rahmen dieser Arbeit häufig vom Begriff der Qualität bzw. Behandlungsqualität gesprochen wird, erfolgt an dieser Stelle eine nähere Betrachtung des Begriffes. Dazu wird in Kapitel 2.1.1 der Begriff der Qualität näher beleuchtet, bevor anschließend die bekannte Dreiteilung von Donabedian in Struktur-, Prozess- und Ergebnisqualität vorgestellt wird (siehe Kapitel 2.1.2).

2.1.1   Der Begriff „Qualität"

In der Literatur existieren zum Begriff der „Qualität" zahlreiche Definitionen. So beschreibt die *Bundesärztekammer* Qualität als „die Gesamtheit von Eigenschaften und Merkmalen eines Produktes, eines Prozesses oder einer Dienstleistung,

---

[47]   Quelle: World Health Organization (2000).

die sie zur Erfüllung vorgegebener Erfordernisse geeignet machen."[48] Im Gegensatz zur Definition von *Viethen* werden hierbei die Bedürfnisse der Patienten und der aktuelle Wissensstand der Medizin außer Acht gelassen. Diese Auslegung wurde bereits 1995 von Viethen abgelehnt, da sie besonders durch die fehlende Spezifizierung der „Einheit" und der „Erfordernisse" für den Gebrauch viel zu ungenau sei.[49] Mit der Formulierung „Qualität medizinischer Versorgung ist die Gesamtheit der Merkmale eines Prozesses oder eines Objektes hinsichtlich der Eignung, vorgegebene Erfordernisse im Sinne des Patienten und unter Berücksichtigung des aktuellen Kenntnisstandes der Medizin zu erfüllen"[50], versucht Viethen die Definition für das Gesundheitswesen zu präzisieren und zugleich den Anforderungen der Medizin, aber auch den Patientenbedürfnissen gerecht zu werden. *Lüngen und Lauterbach* definieren Qualität hingegen als den Grad, mit dem die medizinischen Leistungen die Wahrscheinlichkeit zur Erreichung gewünschter Ergebnisse für einzelne Patienten und Gruppen verbessern und sie mit aktuellen Standards des medizinischen Wissens in Einklang stehen.[51] Dieser Definition entsprechend wäre allerdings nicht die Erreichung des für den Patienten tatsächlichen Ergebnisses im Vordergrund, sondern die Erhöhung der Wahrscheinlichkeit für die Verbesserung des Gesundheitszustandes. Durch die Vorgabe der Messorientierung an „gewünschten Ergebnissen" bleibt das Behandlungsziel, das je nach Maßnahme (präventiv, palliativ, kurativ) oder Erkrankung (akut, chronisch) unterschiedlich ausfallen kann, offen.[52] Dies erlaubt bereits von Qualität zu sprechen, wenn die Voraussetzung für eine gesundheitliche Verbesserung erhöht wird. Das Erreichen des erwünschten Ergebnisses tritt hierbei in den Hintergrund. Diese Bedingung ist sinnvoll, wenn man bedenkt, dass das Resultat von mehr als einem Aspekt abhängig ist (der externe Faktor Patient, seine Kooperationsbereitschaft und seine individuellen Eigenschaften).

Während der Literaturrecherchen zeigte sich jedoch, dass sich die Mehrheit aller Autoren hinsichtlich des Qualitätsbegriffes einig ist. Dieser wird durch die von Avedis Donabedian eingeführte Dreiteilung in Struktur-, Prozess- sowie Er-

---

[48] Bundesärztekammer (Hrsg.) (1997), S. 5.
[49] Vgl. Viethen, G. (1995), S. 11.
[50] Viethen, G. (1995), S. 13.
[51] Vgl. Lüngen, M., Lauterbach, K. W. (Hrsg.) (2002), S. 12.
[52] Vgl. Lüngen, M., Lauterbach, K. W. (Hrsg.) (2002), S. 3 und 12.

gebnisqualität bestimmt; diese Dimensionen dürfen bei einer Qualitätsbeurteilung nicht unberücksichtigt bleiben und werden im Folgenden näher betrachtet.

2.1.2 Einteilung nach Donabedian

Die von Donabedian eingeführte Systematisierung der Qualität in Struktur-, Prozess- und Ergebnisqualität[53] hat sich weit verbreitet und ist aufgrund seiner guten Argumentationsstrukturierung allgemein anerkannt und akzeptiert.[54] Im Rahmen der Trilogie bezieht sich die Strukturqualität auf die Struktur, die Prozessqualität auf die Behandlungsdurchführung und die Ergebnisqualität auf den Outcome. Generell wird davon ausgegangen, dass eine Abhängigkeit zwischen den drei Qualitätsdimensionen besteht, jedoch konnte weder die Stärke noch die Richtung des Zusammenhangs dieser Annahme eindeutig und widerspruchsfrei geklärt werden.[55]

Die *Strukturqualität* (Appraisal of structure[56]) gibt den physischen und organisatorischen Rahmen vor, in dem die Gesundheitsversorgung erfolgt und umfasst damit notwendige personelle, technische und finanzielle Ressourcen. Somit gibt sie an, welche Voraussetzungen für die Patientenbehandlung zur Verfügung stehen.[57] Bestimmt wird sie beispielsweise durch die Anzahl, die Kompetenz und die berufliche Fort- und Weiterbildung der Mitarbeiter, den Organisationsaufbau eines Leistungserbringers, die finanziellen Mittel und die Ausstattung im baulichen und apparativen Sinne, inklusive Betriebsmittel sowie ihrer Inspektion, Wartung, Reparatur und Entsorgung.[58] Des Weiteren können ebenso Zertifizierungen und Vergütungssysteme darunter fallen.[59] Auch wenn die strukturelle Ausstattung kurzfristig kaum beeinflussbar ist,[60] hat diese Qualitätsdimension den Vorteil der relativ leichten Messbarkeit. Eine Vielzahl der Strukturqualitätsindikatoren ist

---

[53]   Vgl. Donabedian, A. (1980), S. 79-128; Schmutte, A. (1998), S. 92.
[54]   Vgl. Hämmerle, P., Estelmann, A., Schwandt, M., u. a. (2007), S. 3; Andersen, M. (2006).
[55]   Vgl. Lüngen, M., Lauterbach, K. W. (Hrsg.) (2002), S. 41.
[56]   Vgl. Viethen, G. (1995), S. 14.
[57]   Vgl. Hämmerle, P., Estelmann, A., Schwandt, M., u. a. (2007), S. 4; Lüngen, M., Lauterbach, K. W. (Hrsg.) (2002), S. 40.
[58]   Vgl. Bundesärztekammer (Hrsg.) (1997), S. 10; Schmutte, A. (1998), S. 9; Kaltenbach, T. (1991), S. 66; Viethen, G. (1995), S. 14; Wengle, H. (1998). S. 60; Lüngen, M., Lauterbach, K. W. (Hrsg.) (2002), S. 41.
[59]   Vgl. Lüngen, M., Lauterbach, K. W. (Hrsg.) (2002), S. 65.
[60]   Vgl. Olandt, H. (1998), S. 32.

relativ leicht ersichtlich; das gilt ebenso für negative Gegebenheiten (Personal-
mangel, räumliche Mängel, erforderliche Reparaturen am Gebäude und mangelnde Organisation).[61] Da anzunehmen ist, dass qualifiziertes Personal, eine hochwertige technische Ausstattung sowie eine optimale Organisation gute medizinische Ergebnisse bewirken,[62] hat die Strukturqualität Auswirkungen auf den Prozess und auf das Ergebnis. Somit wird sie zur notwendigen Voraussetzung für eine optimale Prozess- oder Ergebnisqualität, auch wenn dafür keine Garantie gegeben ist.[63] Eine reine Orientierung an dieser Dimension sagt jedoch nichts über
die Qualität des Behandlungsprozesses bzw. das Behandlungsresultat aus.

Die *Prozessqualität* (Assessment of process) setzt sich aus allen Maßnahmen zusammen, die im Laufe der Patientenversorgung unter Berücksichtigung der spezifischen Situation und der Krankheitsmerkmale des Patienten getroffen oder nicht
getroffen werden.[64] Im Rahmen der Prozessorientierung werden die für die Behandlung erforderlichen Prozessschritte analysiert und optimiert.[65] Der Prozess
soll dabei als Folge von Aktivitäten zwischen dem behandelnden Arzt und dem
Patienten nach nachvollziehbaren bzw. nachprüfbaren Regeln systematisiert erfolgen und dem Stand des medizinischen und pflegerischen Wissens entsprechen.[66] Auch wenn der Behandlungsverlauf eines Patienten meist von dessen spe-
zifischer Situation abhängt, ist das Denken und Handeln in Prozessen von großer
Bedeutung. Schließlich wird hier das Ziel verfolgt, die für die Behandlung erforderlichen Prozessschritte der diagnostischen, therapeutischen und pflegerischen
Maßnahmen zu analysieren und zu optimieren.[67] Für die Güte der Prozessqualität
ist die Art und Weise der wechselseitigen Kommunikation und Kooperation zwischen behandelnden Ärzten, Pflegekräften und Patienten entscheidend.[68] Es soll
sich nicht nur die medizinische Leistungserbringung an professionell anerkannten
Standards[69] orientieren und beurteilt werden, auch für alle weiteren Komponenten

---

[61] Vgl. Kranich, C. (1996), S. 58.
[62] Vgl. Viethen, G. (1995), S. 15.
[63] Vgl. Olandt, H. (1998), S. 34.
[64] Vgl. Kaltenbach, T. (1991), S. 70.
[65] Vgl. Gorschlüter, P. (1999), S. 18.
[66] Vgl. Bundesärztekammer (Hrsg.) (1997), S. 11; Viethen, G. (1995), S. 15.
[67] Vgl. Gorschlüter, P. (1999), S. 18.
[68] Vgl. Hämmerle, P., Estelmann, A., Schwandt, M., u. a. (2007), S. 5.
[69] Vgl. Kaltenbach, T. (1991), S. 71.

der Leistungserbringung (z. B. Serviceleistungen, Informationspolitik oder Ko-operationsverhalten) sind Richtlinien zu erarbeiten.[70] Auch wenn die Dimension Prozessqualität aufgrund der möglichen Erfassung während der Leistungser-bringung zeitnah nach Abschluss der Behandlung verfügbar ist[71] und die notwen-digen Daten prinzipiell vor Ort erhoben werden können, bleibt sie dem Patienten weitgehend verborgen (Bewusstlosigkeit während einer Operation). Als nachteilig ist anzusehen, dass in der Praxis eine Überprüfung, ob die als notwendig aner-kannten Prozesse durchgeführt wurden, erhebliche Probleme birgt; die hierfür notwendige Datengrundlage ist sehr kostspielig und Abrechnungsdaten geben nur sehr bedingt Aufschluss. Zusammenfassend lässt sich feststellen, dass Prozesskri-terien „examine whether the right steps are being taken to deliver high-quality care"[72], allerdings nicht aufzeigen, ob sich die Gesundheit des Patienten tatsäch-lich verbessert hat.

Die letzte wesentliche Qualitätskomponente *Ergebnisqualität* (Assessment of out-comes) legt die Veränderung des Gesundheitszustandes des Patienten offen.[73] Das Ergebnis drückt sich in der Verbesserung, Erhaltung, Heilung bzw. Linderung des Krankheitszustandes des Patienten aus,[74] aber auch die Lebensdauer, die Lebens-qualität, die Patientenzufriedenheit oder der Zuwachs an Patientenwissen können dazugezählt werden. Häufig werden in diesem Zusammenhang auch die so ge-nannten fünf „D", Death, Disease, Disability, Discomfort und Dissatisfaction für die Ergebnisumschreibung genannt.[75] Die Ergebnisqualität eignet sich somit be-sonders gut für die Messung des qualitativen Outcome, also der Bewertung des Zielerreichungsgrades einer therapeutischen Maßnahme (inklusive deren Neben-wirkung). Durch die Fokussierung auf die Ergebnisse steht der Patient im Mittel-punkt. Die Konzentration wird auf den Behandlungserfolg gelenkt; also auf das, was für den Patienten von größtem Interesse ist.[76] Dennoch ergeben sich bei der Ergebnismessung Probleme, wie beispielsweise bei der Messung des Therapieer-

70 Vgl. Schmutte, A. (1998), S. 9.
71 Vgl. Lüngen, M., Lauterbach, K. W. (Hrsg.) (2002), S. 4.
72 Sorian, R. (2006), S. 3.
73 Vgl. Bundesärztekammer (Hrsg.) (1997), S. 12.
74 Vgl. Hämmerle, P., Estelmann, A., Schwandt, M., u. a. (2007), S. 5.
75 Vgl. Lüngen, M., Lauterbach, K. W. (Hrsg.) (2002), S. 78.
76 Vgl. Hämmerle, P., Estelmann, A., Schwandt, M., u. a. (2007).

folges unheilbarer Krankheiten. Des Weiteren haben Leistungserbringer nur bedingt Einfluss auf den Gesundheitszustand der Patienten, da der Patient diesen durch sein eigenes Verhalten entscheidend mitprägt.[77] Der Leistungserbringer hingegen kann das nur schwerlich kontrollieren; da es sich außerhalb seines Einflussgebietes befindet.[78] Auch der Zufall kann einen Behandlungserfolg mit beeinflussen.[79]

Abschließend werden in Abbildung 1 eben gemachte Ausführungen für die ambulante Gesundheitsversorgung veranschaulicht.

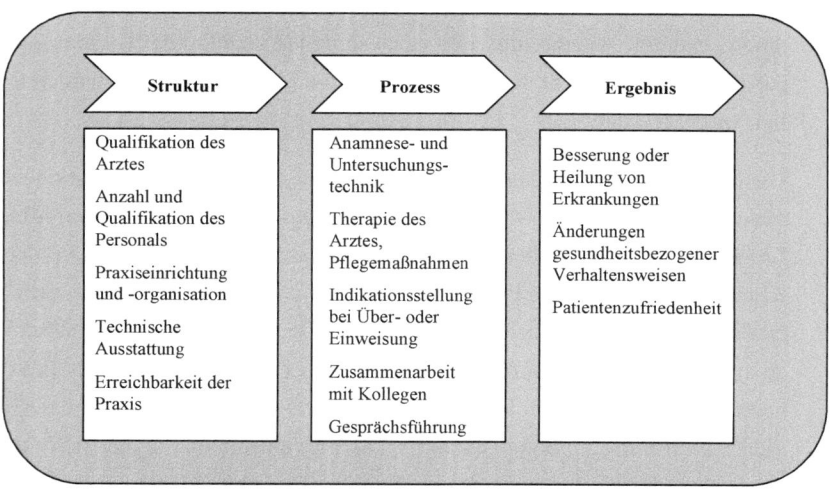

Abbildung 1:   Dimensionen der Qualität nach Donabedian[80]

Die vorgestellte Systematik impliziert eine gewisse Abhängigkeit zwischen den einzelnen Qualitätsdimensionen. So geht Donabedian davon aus, dass eine gute Strukturqualität positiv auf die Prozessqualität wirkt und eine gute Prozessqualität zu einer besseren Ergebnisqualität führt.[81] Eine strenge Gesetzmäßigkeit ist allerdings nicht festzustellen, so dass eine gute Struktur- und Prozessqualität für eine

---

[77]   Vgl. Steinbach, H., Sohn, S., Schöffski, O. (2004), S. 8.
[78]   Vgl. Steinbach, H., Sohn, S., Schöffski, O. (2004), S. 8.
[79]   Vgl. Lüngen, M., Lauterbach, K. W. (2002), S. 4.
[80]   Quelle: Eigene Darstellung, in Anlehnung an Gerlach, F. M. (2001), S. 6-8.
[81]   Vgl. Donabedian, A. (1980), S. 83-84.

gute Ergebnisqualität allenfalls förderlich sind, diese aber nicht garantieren können.[82] Schließlich müssen zur Erlangung einer optimalen Prozessqualität die Voraussetzungen in der Struktur gegeben sein, um diese während des Prozesses nutzen zu können.

2.2   Vereinigte Staaten von Amerika (USA)

Betrachtet man die durchschnittlichen Ausgaben pro Person, gemessen am Brutto-
inlandsprodukt (BIP), leisten sich die USA das mit Abstand teuerste Gesundheitssystem weltweit.[83] Zweistellige Anstiege der Prämien für die Krankenversicherung und fast 16 % des BIP für Gesundheitsausgaben kennzeichnen die derzeitige
Situation.[84] Die USA investiert weit mehr in die Gesundheit seiner Bürger als andere Industrienationen.[85] 2006 betrugen die Ausgaben im Gesundheitssektor über
2 Billionen US-$, im Vergleich zum vorangegangenen Jahr eine Steigerung von
ca. 7,5 %.[86] Der Anteil am nationalen BIP soll sich bis 2015 sogar auf 20 % erhöhen.[87] Da die USA im Hinblick auf die Gesundheitsversorgung hinter vielen in-
dustrialisierten Ländern liegen,[88] kann an dem effektiven und effizienten Einsatz
der Ressourcenverwendung zumindest gezweifelt werden. Die Performance des
Gesundheitssystems ist schlechter als sie eigentlich sein sollte bzw. könnte, und
das, obwohl einige der weltweit am besten ausgestatten Krankenhäuser, einige der
am besten ausgebildeten Ärzte sowie modernste und neueste Behandlungsmöglichkeiten vorhanden sind.[89] Daher wird derzeit mit Nachdruck daran gearbeitet,
die Qualität der US-Gesundheitsversorgung zu erhöhen. Um die dafür eingesetzten Programme bzw. deren Wirkungsweisen besser verstehen zu können, wird an
dieser Stelle ein kurzer Blick auf das dortige Krankenversicherungssystem geworfen.

---

[82]   Vgl. Lüngen, M., Lauterbach, K. W. (Hrsg.) (2002), S. 3.
[83]   Vgl. Butters, I. (2002).
[84]   Vgl. Thrall, J. H. (2004), S. 637.
[85]   Vgl. The Commonwealth Fund (2006b), S. 1; Tigges, C. (2006); Institute of Medicine (2005), S. 1
       und 22; Reschovsky, J. D., Hadley, J. (2007), S. 3.
[86]   Auch vom Jahr 2004 zu 2005 belief sich die Steigerungsrate auf immerhin noch 9,2 %, vgl. Tigges,
       C. (2006).
[87]   Vgl. Tigges, C. (2006).
[88]   Vgl. The Commonwealth Fund (2006b), S. 1.
[89]   Vgl. Butters, I. (2002); Institute of Medicine (2005), S. 1 und 2.

2.2.1 Nationales Gesundheitssystem

Grundsätzlich gibt es in den USA für einen Bürger drei Wege, um Krankenversicherungsschutz zu erlangen. Zum einen über die beiden seit 1965 im Rahmen der Sozialversicherung bestehenden staatlichen Krankenversicherungsprogramme *Medicare* (siehe Kapitel 2.2.1.1) und *Medicaid* (siehe Kapitel 2.2.1.2).[90] Darüber sind ca. 77,5 Mio. Menschen versichert, was rund einem Viertel der Gesamtbevölkerung entspricht.[91] Wesentliche Bevölkerungsgruppen genießen somit Versicherungsschutz.[92] Eine staatliche oder quasi-staatliche Krankenversicherung für alle Bürger, wie dies beispielsweise in Großbritannien der Fall ist, existiert in den USA nicht. Daneben erlangen viele US-Bürger Krankenversicherungsschutz über die *Erwerbstätigkeit* bzw. den *Arbeitgeber* (siehe Kapitel 2.2.1.3), da die Krankenversicherung häufig als Sozialleistung im Entlohnungspaket enthalten ist. Des Weiteren gibt es neben den eben dargestellten drei Hauptquellen für eine Krankenversicherung noch weitere staatliche Versicherungsprogramme, wie *Military Health care* oder das *State Children's Health Insurance Program (SCHIP)*.[93] Für andere Teile der US-Bevölkerung basiert der Krankenversicherungsschutz auf freiwilliger bzw. privater Grundlage und ist damit Aufgabe des Einzelnen.[94] Ohne Krankenversicherungsschutz müssen die Kosten für die Gesundheitsversorgung selbst getragen werden (out of pocket).

2.2.1.1 Medicare

Medicare ist ein staatliches Krankenversicherungsprogramm für Menschen über 65 Jahre und für Behinderte, die mindestens zwei Jahre „Social Security Disability Insurance" bezogen haben.[95] Inbegriffen sind auch Menschen mit einer „endstage renal failure or amyotrophic lateral sclerosis".[96] Ungefähr 41 Mio. Menschen werden von diesem Programm erfasst, wo-runter 6 Mio. Behinderte gezählt worden sind. Bis zum Jahr 2030 wird erwartet, dass ca. 77 Mio. Personen Leistungen über Medicare erhalten werden. Von Medicare werden seit 1966 die bei-

---

[90] Vgl. Porter, M. E., Teisberg, E. O. (2006), S. 73.
[91] Vgl. The Commonwealth Fund (2006b), S. 12.
[92] Vgl. Schröder, H., Nink, K., Lankers, C. (2006); Tigges, C. (2006).
[93] Vgl. The Commonwealth Fund (2006b), S. 12.
[94] Vgl. Butters, I. (2002); Bey, T. (2001).
[95] Vgl. The Commonwealth Fund (2006b), S. 12.
[96] Schröder, H., Nink, K., Lankers, C. (2006); The Commonwealth Fund (2006b), S. 12.

den Programme Hospital Insurance und Supplementary Medical Insurance abgedeckt. Inzwischen gibt es die folgenden vier Bestandteile:[97]

- Hospital Insurance (seit 1966) (Part A)

- Supplementary Medical Insurance (seit 1966) (Part B)

- Medicare Advantage Plan (seit 1997) (Part C)

- Medicare Prescription Drug (seit 2006) (Part D)

Die *Hospital Insurance* umfasst Kosten der stationären Behandlung im Krankenhaus, Kosten für stationäre Pflege nach einem Krankenhausaufenthalt und Hospi-
ze sowie teilweise ambulante Pflege.[98] Pro Kopf betragen die Leistungsausgaben
hierfür ca. 4.000 US-$ pro Jahr. Die Leistungen sind automatisch und ohne Zu-
zahlung für eine Person verfügbar, sofern sie oder ihr Ehegatte mindestens 10
Jahre lang in dem Maße beschäftigt war, dass vom Lohn Medicare-Steuern bezahlt wurden. Bei vielen Bürgern dürfte dies zutreffen.[99] Bei weniger als 10 Jahren Beitragszahlung erhalten die Personen nicht automatisch und auch nicht kostenlos Versicherungsschutz. Dieser kann dann freiwillig gegen eine monatliche
Prämie erworben werden. Bei mindestens 7,5 Jahren Beitragszahlung beträgt die
monatliche Prämie ca. 206 US-$, bei weniger immerhin 375 US-$.[100]

Die *Supplementary Medical Insurance* deckt Kosten für ambulante ärztliche Behandlungen, ambulante Operationen, Aufenthalte in Notaufnahmen oder Polikli-
niken, Physiotherapie, Rehabilitation, Strahlentherapie und auch Transplantationen ab. Arzneimittel sind nur in wenigen Fällen mit eingeschlossen. Diese Versicherung ist freiwillig und kann von allen Berechtigten der Hospital Insurance gewählt werden. Die hierfür fällige Prämie beträgt ca. 88,50 € pro Person und Monat. 2004 hatten sich ca. 39 Mio. Menschen für diesen Versicherungsschutz ent-

---

[97]   Vgl. Institute of Medicine (2007), S. 18.
[98]   Vgl. Schröder, H., Nink, K., Lankers, C. (2006).
[99]   Vgl. Tigges, C. (2006).
[100]   Vgl. Schröder, H., Nink, K., Lankers, C. (2006).

schieden. Pro Versichertem wurde für diesen Teil der Versicherung Gesundheitsausgaben in Höhe von ca. 3.500 US-$ berechnet.[101]

Seit 1997 haben Versicherte beim *Medicare Advantage Plan* die Wahl, ob sie ihre
Versicherungsleistungen über eine Managed Care Organisation (MCO, siehe Kapitel 2.2.2) erhalten wollen. Bei gleichen Prämien würden sie zusätzliche Leistungen erhalten bzw. sonst übliche Zuzahlungen bzw. Selbstbehalte würden wegfal-
len.

Über das Programm *Medicare Prescription Drug* können seit Anfang 2006 ver-
schreibungspflichtige Arzneimittel bezogen werden. Auch dies ist eine freiwillige
„Zusatzversicherung" gegen die Zahlung einer monatlichen Prämie. Gerade ältere
Personen konnten sich teure Arzneimittel bislang kaum leisten.[102] Diese Arznei-
mittel-Versicherung kann nur über Versicherungen und MCO bezogen werden,
nicht jedoch über Medicare direkt.[103] Die monatliche Prämie hierfür beträgt ca. 35
US-$, zusätzlich zu einer Eigenbeteiligung, die sich nach der Höhe der jährlichen
Gesamtkosten für Arzneimittel berechnet.[104] Bei der Höhe der Zuzahlung gibt es
einen sehr diskussionswürdigen Tatbestand, bekannt unter dem Begriff „Doughnut hole".[105] Dabei handelt es sich um eine Versorgungslücke im Rahmen der Zuzahlungen zu den benötigten Arzneimitteln. Für die ersten 250 US-$ trägt der
Versicherte die Arzneimittelkosten. Danach trägt die Versicherung 75 % und der
Versicherte 25 % der Arzneimittelkosten bis zu Gesamtkosten in Höhe von 2.250
US-$ (also von 251 US-$ bis 2.250 US-$). Für die nächsten 2.850 US-$ (also von
2.251 bis 5.100 US-$) muss der Versicherte wieder zu 100 % alleine aufkommen
(siehe Tabelle 3).[106] Im Bereich dieses „Doughnut Hole" trägt der Versicherte die
anfallenden Kosten also selbst. Für Arzneimittelkosten über 5.100 US-$ kommt
die Versicherung zu 95 % auf; immerhin noch eine Eigenbeteiligung von 5 % für

---

[101] Vgl. Schröder, H., Nink, K., Lankers, C. (2006).
[102] Vgl. Ärzte Zeitung Online (2006a).
[103] Vgl. Schröder, H., Nink, K., Lankers, C. (2006), S. 163.
[104] Vgl. Schröder, H., Nink, K., Lankers, C. (2006), S. 164.
[105] Auch Donut Hole or Coverage Gap genannt, vgl. Medicare PartD.com (2007).
[106] Vgl. Families USA (2006).

den Patienten.[107] Aufgrund von Arzneimittel-Preissteigerungen wird erwartet, dass sich das „Doughnut Hole" künftig noch weiter vergrößern wird.[108]

Year	Referenz Coverage Limit (Doughnut Hole Begins)	Catastrophic Threshold (Doughnut Hole Ends)	Overall Coverage Gap (Size of Doughnut Hole)
2006	2.250 US-$	5.100 US-$	2.850 US-$
2007	2.400 US-$	5.451 US-$	3.051 US-$
2013	4.000 US-$	9.066 US-$	5.066 US-$

Tabelle 3:   The Growing Doughnut Hole[109]

Viele Versicherte haben noch *zusätzliche Versicherungen* abgeschlossen, da von den Versicherungen nicht alle Leistungen vollständig abgedeckt sind bzw. häufig Zuzahlungen fällig werden. Diese Versicherungslücke kann mit der „*Medigap-Versicherung*" aufgefangen werden, die über private Krankenversicherungen abgeschlossen werden kann.[110]

2.2.1.2 Medicaid

Das ebenfalls seit 1966 existierende Versichertenprogramm Medicaid ist für die Absicherung der Krankheitskosten für arme Teile der Bevölkerung zuständig. Wer als „arm" gilt, wird von der Regierung eines jeden Bundesstaates festgelegt. Demnach sollen beispielsweise folgende Personengruppen Anspruch auf diese Leistungen haben:[111]

- Kinder und deren Familien, die unter der Armutsgrenze[112] leben,

- Familien mit Kindern unter 6 Jahren und Schwangere mit einem Einkommen, das nicht mehr als 33 % über der Armutsgrenze liegt und

- weitere spezielle Gruppen.

---

[107] Vgl. Kravitz, R. L., Chang, S. (2005); Cruz, J., Hickey, R. (2006), S. 3; Medicare PartD.com (2007).
[108] Vgl. Families USA (2006), S. 7.
[109] Quelle: Families USA (2006), S. 7.
[110] Vgl. Schröder, H., Nink, K., Lankers, C. (2006).
[111] Vgl. Schröder, H., Nink, K., Lankers, C. (2006), S. 156.
[112] Im Jahr 2005 lag die Armutsgrenze in den Vereinigten Staaten für eine dreiköpfige Familie bei einem Jahreseinkommen von 16.090 US-$, vgl. Ku, L. (2005).

Im Jahr 2004 waren 43 Mio. Menschen über Medicaid abgesichert, also ca. 15 % der Bevölkerung. Darunter etwa 20 Mio. Kinder, was ungefähr einem Drittel der gesamten Kinder der USA unter 15 Jahren entspricht. Etwa 6,5 Mio. Menschen erhielten sowohl Leistungen über Medicare als auch über Medicaid.[113] Insgesamt wurden im Jahr 2003 233 Mrd. US-$ ausgegeben, was einen Betrag von 5.500 US-$ pro Versichertem bedeutet. Für die Gruppe der über 64-jährigen Bevölkerung betrugen die durchschnittlichen Kosten ca. 10.780 US-$.[114]

Da Medicaid sowohl vom Bund als auch von den Ländern finanziert wird, können Regelungen hinsichtlich der Leistungen, Anspruchsberechtigungen und Zuzahlungsvorschriften von Staat zu Staat variieren. Schwerpunkte der Leistungen sind für Kinder, Mütter oder Schwangere gedacht. Darin inbegriffen sind Krankenhausaufenthalte und ärztliche Versorgung. Die Erstattung verschreibungspflichtiger Arzneimittel sowie anderer medizinischer Leistungen ist in den einzelnen Staaten unterschiedlich geregelt.[115]

2.2.1.3 Private Krankenversicherung

Der größte Teil der US-Bürger, ca. 60 % der Bevölkerung, verfügt über eine private Krankenversicherung.[116] Wie bereits angeführt unterliegen US-Bürger keiner staatlichen Krankenversicherungspflicht,[117] sondern es herrschen stark marktwirtschaftliche Prinzipien. Wer sich keine Krankenversicherung leisten kann oder in keines der bereits dargestellten Programme fällt, verfügt über keinen Krankenversicherungsschutz.

Viele Bürger erlangen den Krankenversicherungsschutz über ihre *Erwerbstätigkeit*, d. h. über ihre Arbeit. Die Ausstattung der Angestellten mit einer Krankenversicherung ist allerdings nicht gesetzlich zwingend vorgeschrieben, sondern eine freiwillige Leistung seitens des Arbeitgebers.[118] Die Supermarktkette Wal-

---

[113] Vgl. Schröder, H., Nink, K., Lankers, C. (2006).
[114] Vgl. Schröder, H., Nink, K., Lankers, C. (2006).
[115] Vgl. Schröder, H., Nink, K., Lankers, C. (2006).
[116] Vgl. Schröder, H., Nink, K., Lankers, C. (2006); The Commonwealth Fund (2006b); Tigges, C. (2006).
[117] Vgl. Bey, T. (2001).
[118] Vgl. Schröder, H., Nink, K., Lankers, C. (2006); The Commonwealth Fund (2006b); Butters, I. (2002); Ärzte Zeitung Online (2006a).

Mart versichert Vollzeitkräfte beispielsweise erst nach sechs Monaten.[119] Über das Steuersystem werden für den Arbeitgeber entsprechende Anreize platziert.[120] Häufig kommt es zu einer Aufteilung der Krankenversicherungsprämie zwischen dem Arbeitgeber und dem Arbeitnehmer,[121] wobei die Prämien überwiegend vom Arbeitgeber (ca. 92 %) getragen werden.[122] Es konnte allerdings beobachtet werden, dass die Arbeitgeber den vom Arbeitnehmer zu tragenden Kostenanteil kontinuierlich erhöht haben.[123] Betrachtet man die jährlichen Kosten für den Krankenversicherungsschutz eines Angestellten, so verwundert nicht, dass für die Ausstattung der Angestellten mit einer Krankenversicherung eine abnehmende Tendenz zu beobachten ist. 2005 betrug die durchschnittliche jährliche Prämie 4.024 US-$, wobei der Arbeitgeber 3.413 US-$ und der Angestellte 611 US-$ bezahlte. Die Kosten für die Krankenversicherung einer Familie betrugen durchschnittlich 10.880 US-$, wovon der Arbeitgeber 8.167 US-$ und der Arbeitnehmer 2.713 US-$ getragen hat.[124]

Im Gegensatz zu kleinen und mittleren Unternehmen können vor allem große Unternehmen aufgrund der hohen Mitarbeiterzahl Krankenversicherungs-Gruppenverträge mit vergünstigten Preisen abschließen. Schließlich haben diese bei Neuverhandlungen über Prämien und Verträge ein Druckmittel gegenüber den Versicherungsgesellschaften[125] und können häufig erheblich billigere Tarife aushandeln.[126] So waren die Prämien „18 percent higher in the nation's smallest firms than in firms with 1,000 or more workers."[127] Daher ist es nicht überraschend, dass häufig Arbeitnehmer kleinerer Betriebe über keinen Krankenversicherungsschutz verfügen. Je nach Typ einer Krankenversicherung können der Leistungsumfang und die damit verbundenen Kosten sehr unterschiedlich sein, da in den

---

[119] Vgl. Ärzte Zeitung Online (2006a).
[120] Vgl. The Commonwealth Fund (2006b), S. 12.
[121] Vgl. The Commonwealth Fund (2006b), S. 13.
[122] Vgl. The Commonwealth Fund (2006b), S. 12.
[123] Vgl. Porter, M. E., Teisberg, E. O. (2006), S. 31.
[124] Vgl. Tigges, C. (2006).
[125] Vgl. Bey, T. (2001).
[126] Vgl. Butters, I. (2002).
[127] Gabel, J., McDevitt, R., Gandolfo, L., u. a. (2006), S. 832.

USA kein verbindlicher Krankenversicherungskatalog mit Mindestleistungen e-xistiert.[128]

Die Versicherungsträger sind häufig große Managed Care Organizations (MCOs), wie beispielsweise Health Maintenance Organizations (HMOs) oder auch Preferred Provider Organizations (PPOs). Diese stellen im Vergleich mit Indemnity Versicherungen (siehe Kapitel 2.2.2) vergünstigte Tarife für die Arbeitgeber bereit, sind dafür allerdings beim Leistungsumfang beschnitten. Die Prämien waren „25 percent higher in indemnity plans and 18 percent higher in preferred provider organizations than in health maintenance organizations [HMOs]."[129] Anders ausgedrückt kostete 2002 eine jährliche Prämie für die Krankenversicherung eines Angestellten in einer HMO rund 700 US-$ weniger als die in einer PPO und rund 1.000 US-$ weniger als die bei einer Indemnity Versicherung für ähnliche Leistungspakete.[130]

Wird ein US-Bürger nicht über den Arbeitgeber krankenversichert, besteht die Möglichkeit, sich *privat* zu versichern. Ohne den Arbeitgeberzuschuss kann sich jedoch ein großer Teil der Bevölkerung die Prämien nicht leisten.[131] Grundsätzlich kann der Bürger zwischen allen am Markt vorhandenen Versicherungstypen auswählen, die sich hinsichtlich vieler Kriterien unterscheiden. Gerade hinsichtlich der Höhe der Prämien und der Flexibilität gibt es enorme Unterschiede (siehe Kapitel 2.2.2). Eine relativ günstige Möglichkeit für privaten Versicherungsschutz stellen daher für viele Teile der Bevölkerung die HMOs dar. Diese bilden mit ausgewählten Ärzten und Krankenhäusern ein geschlossenes System. Die Mitglieder zahlen einen festen Beitrag und werden dafür in den kooperierenden Einrichtungen behandelt.[132] Da man sich nur innerhalb des Kooperationsnetzwerkes der ausgewählten Leistungserbringer bewegen darf und damit an Flexibilität verliert, sind die hierfür fälligen Prämien im Vergleich zu anderen Versicherungen geringer.

---

[128] Vgl. Schröder, H., Nink, K., Lankers, C. (2006).
[129] Gabel, J., McDevitt, R., Gandolfo, L., u. a. (2006), S. 832.
[130] Vgl. Gabel, J., McDevitt, R., Gandolfo, L., u. a. (2006), S. 842.
[131] Vgl. Bey, T. (2001).
[132] Vgl. Butters, I. (2002).

Nichtversicherte Bürger müssen Kosten für Behandlungen, Arzneimittel etc. selbst tragen (out of pocket) bzw. erhalten kostenfreie Behandlungen im Notfall in den so genannten Emergency Rooms. Gerade bei kostenintensiven Behandlungen (z. B. Krebs) kann der zu tragende Kostenanteil zu einer großen Belastung werden und in einigen Fällen sogar existenzbedrohend sein.

2.2.2 Managed Care und die HMOs

Viele Arbeitnehmer in den USA sind gar nicht oder unterversichert,[133] da viele Arbeitgeber nicht die finanziellen Mittel haben, um ihren Angestellten einen Krankenversicherungsschutz zu ermöglichen, der bis zu 10.000 US-$ pro Angestelltem betragen kann.[134] Die von einer HMO bzw. einem Health Plan angebotenen Leistungserbringer sind oft deshalb ausgewählt worden, weil sie für die Behandlung der Patienten große Rabatte angeboten haben und nicht wegen einer guten Performance bzw. Behandlungsqualität.[135]

Managed Care ist eine Form der Krankenversorgung in den USA, bei der Versicherungsträger ihre Leistungen vorwiegend unter ökonomischen Aspekten erbringen. Mit dem Ziel der Kostenbegrenzung wollen Kostenträger (in der Regel private Versicherungsgesellschaften) das Verhalten von Ärzten und Patienten direkt beeinflussen.[136] Die Ausgaben sind in der Vergangenheit aufgrund falscher Anreize für Patienten[137] und Ärzte[138] stark angestiegen. Die Gesellschaften arbeiten nach den Prinzipien der Wirtschaftlichkeit eines freien Unternehmens und sind mit privaten deutschen Krankenversicherungen vergleichbar.[139] Um im Folgenden zu verstehen, zwischen welchen Versicherungsarten in den USA ausgewählt werden kann, erfolgt an dieser Stelle ein kurzer Überblick über die vorhandenen Ver-

---

[133] Vgl. Butters, I. (2002); Tigges, C. (2006).
[134] Vgl. Berbner, T. (2006).
[135] Vgl. Porter, M. E., Teisberg, E. O. (2006), S. 41.
[136] Vgl. Bey, T. (2001).
[137] Aufgrund der nicht vorhandenen finanziellen Mitverantwortung der Patienten an den Behandlungskosten war für sie ein Mehr an Versorgung gleichbedeutend mit besserer medizinischer Versorgung. Daher bestand für sie der Anreiz der Leistungsausweitung, also der Inanspruchnahme aller möglichen Leistungen (siehe Kapitel 4).
[138] Durch die Einzelleistungsvergütung haben auch die Leistungserbringer einen Anreiz zur Leistungsausweitung, wird doch jede zusätzlich erbrachte Leistung extra vergütet. Diese Form der Leistungsvergütung hatte in Deutschland im ambulanten Sektor lange Zeit Bestand. Auch hier konnte man eine Leistungsausweitung der Teilnehmer beobachten, die hohen Kosten verursachten (siehe Kapitel 4).
[139] Vgl. Bey, T. (2001).

sicherungstypen (siehe Abbildung 2). Grundsätzlich wird zwischen den beiden Versicherungstypen MCO und Indemnity unterschieden. Bei Letzterer handelt es sich um die traditionellen Versicherungen inklusive freier Arztwahl und Einzelleistungsvergütung, die dem ambulanten System in Deutschland ähnlich ist. Aufgrund der hohen Flexibilität sind hierfür auch die höchsten Prämien zu entrichten, weshalb sich auch einen Marktanteil von 7 % haben. Der Schwerpunkt der folgenden Ausführung liegt auf den MCOs.

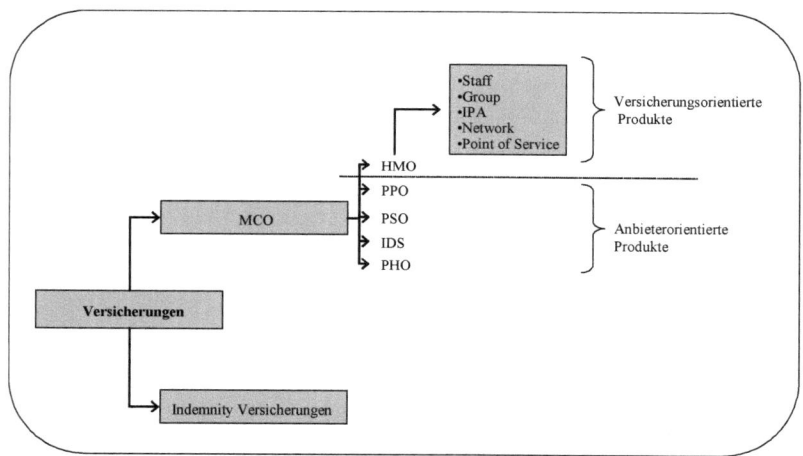

Abbildung 2:   Versicherungstypen in den USA[140]

Für die MCOs müssen zwar im Vergleich zu den Indemnity Versicherungen geringere Prämien aufgebracht werden, jedoch verfügen sie über keinen so umfangreichen und freien Leistungskatalog im Hinblick auf Arztwahl etc. Man unterscheidet dabei zwischen *anbieterorientierten* Produkten wie beispielsweise der Preffered Provider Organization (PPO) und den HMOs mit diversen Ausgestaltungsmodellen (Staff[141], Group[142], Individual Practice Association - IPA[143], Net-

[140]   Quelle: Eigene Darstellung, in Anlehnung an Amelung, V. E., Schumacher, H. (2000), S. 8 und 15.
[141]   Die Ärzte sind hierbei bei der HMO angestellt und beziehen ein Festgehalt.
[142]   Hierbei hat die HMO Verträge mit Gruppenpraxen geschlossen, in denen Ärzte aus verschiedenen Fachrichtungen tätig sind.
[143]   Die HMO hat einen Vertrag mit einer Independent Practice Association (IPA) geschlossen; hierbei handelt es sich um Ärzte, die in eigener Praxis arbeiten und sich zusammengeschlossen haben.

work und Point of Service - POS), die den *versicherungsorientierten* Produkten zuzuordnen sind.[144] Bei Preferred Provider Organizations (PPO) und Point-of-Service Plans (POS) ist beispielsweise die Behandlung durch außerhalb des eigenen Netzes tätige Ärzte und Krankenhäuser zugelassen. Auch bei den HMOs ist dies möglich, jedoch „restricted by higher copayments and the requirement to pay list prices."[145] Zusätzlich wird für Leistungen externer Leistungserbringer noch eine hohe Eigenbeteiligung fällig.[146] Die Höhe der Prämie steht also in engem Zusammenhang mit dem Grad der Flexibilität. Unter einer HMO versteht man „an organization of healthcare providers (e.g. doctors and hospitals) that have contracted with an insurance company to offer their services at a fixed price."[147] Somit wären sie vergleichbar mit einer deutschen Krankenkasse, die Ärzte angestellt hat bzw. über Krankenhäuser verfügt, um ihre Versicherten dort explizit behandeln zu lassen. Große HMOs unterhalten selbst Krankenhäuser, kleinere HMOs hingegen schließen meist Verträge mit einzelnen Leistungsanbietern (Ärzten, Krankenhäuser etc.) zur Versorgung ihrer Versicherten ab.[148] Sie haben allerdings als Besonderheit, dass sie sowohl die Funktion der Krankenversicherung als auch die der Leistungserbringung für Patienten übernehmen können.[149] Träger sind zumeist Versicherungen, vereinzelt auch Ärztegruppen, Krankenhäuser, Pharmafirmen und Arbeitgeber.

Die Versicherungsnehmer zahlen an die Versicherungen eine feste Prämie für einen genau definierten Leistungsanspruch.[150] Die geringeren Prämien für die Versicherung bei einer HMO resultieren daraus, dass die Versicherten auf die freie Arztwahl verzichten und sich an die Leistungserbringer (Krankenhäuser, Praxisnetze, Ärzte etc.) ihrer Versicherung binden. Da für die HMO die Kostenreduktion im Vordergrund stand, wurden hier häufig die kostengünstigsten Leistungserbringer in das Leistungserbringer-Portfolio aufgenommen. Qualitative Aspekte fanden nur sekundäre Berücksichtigung. Im Krankheitsfall suchen die Versicher-

---

[144] Siehe zu den einzelnen Institutionen Amelung, V. E., Schumacher, H. (2000).
[145] Porter, M. E., Teisberg, E. O. (2006), S 44.
[146] Vgl. Tigges, C. (2006).
[147] Montgomery, K. (2005).
[148] Vgl. Tigges, C. (2006).
[149] Vgl. Pieper, C. (2005).
[150] Vgl. Pieper, C. (2005).

ten einen vorher benannten Arzt (primary care physician) auf, der als erste An-
laufstelle dient und die weitere Behandlung festlegt. Häufig handelt es sich bei
diesen „Gatekeepern" um Internisten, Kinderärzte oder Allgemeinärzte. Frauen
dürfen zusätzlich häufig einen Gynäkologen auswählen.[151] Der volle *Versicherungsschutz bzw. die Übernahme der angefallenen Behandlungskosten* wird den
Versicherten nur dann garantiert, wenn sie sich innerhalb des Netzwerkes ihrer
HMO behandeln lassen.[152] Kosten für außerhalb des Netzwerkes von anderen
Leistungserbringern erbrachte Leistungen übernehmen die HMOs nur teilweise
oder gar nicht. Größere Eingriffe oder diagnostische Maßnahmen müssen von der
HMO zuvor genehmigt werden. Auch für Krankentransporte und Kranken-
hausaufnahmen fällt eine zusätzliche Gebühr an.[153] Die HMOs bieten häufig auch
vorbeugende Maßnahmen (Impfungen, Screenings etc.) an sowie die Bezahlung
der Kosten für verschreibungspflichtige Arzneimittel.[154]

Inzwischen sind die noch bestehenden HMOs von ihren ursprünglichen Prinzipien
abgewichen und haben sich in Richtung PPOs bewegt.[155] Dort haben die Versicherten zusätzlich die Möglichkeit, für Behandlungen auch Leistungserbringer
außerhalb des Netzwerkes der PPO auszuwählen.[156] So lassen es viele HMOs
heute zu, dass ihre Mitglieder gegen einen Aufpreis auch Ärzte außerhalb des
Systems konsultieren.[157] Des Weiteren haben viele HMOs heute „open access",
sprich freien Zugang zu Spezialisten. Auch werden nur noch für vereinzelte, teure
medizinische Prozeduren Genehmigungen verlangt. Ein Problem der HMOs war
auch die fehlende Konzentration auf den Gedanken der Outcome-Messung, d. h.
der Blick auf die erbrachte Behandlungsqualität. Da die Leistungserbringer überwiegend nach angebotenen Rabatten für die Behandlung, nicht aber nach Quali-
tätsaspekten ausgewählt wurden, lässt sich erklären, warum viele Versicherte von
diesen inzwischen abgerückt sind und sich weniger restriktiven Anbieterorganisationen angeschlossen haben („The patient backlash against HMOs with closed

---

[151] Vgl. Tigges, C. (2006).
[152] Vgl. Bey, T. (2001).
[153] Vgl. Bey, T. (2001).
[154] Vgl. Tigges, C. (2006).
[155] Vgl. Pieper, C. (2005).
[156] Vgl. Pieper, C. (2005).
[157] Vgl. Pieper, C. (2005).

networks, administrative preapproval of treatments, and limited choices of phar-
maceuticals is now beginning to result in less restrictive plans"[158]).

Waren die HMOs zu Beginn sehr erfolgreich, so scheint ihre Blütezeit nun vorbei.[159] Im Zeitraum von 2000 bis 2004 ist die Anzahl der HMOs von 576 auf 410
gesunken, was sich auch in der Anzahl der Versicherten widerspiegelt, die im
gleichen Zeitraum von 80 auf 68,8 Millionen gesunken ist. Inzwischen liegen sie
hinter den PPOs zurück, die einen Marktanteil von 55 % erringen konnten.[160] Erhoffte Kostensenkungen wurden nur anfangs durch „cost shifting" realisiert.[161]
Langfristig konnte der Kostenanstieg der Gesundheitsversorgung nicht aufgehal-
ten werden. Und das trotz der großen Beeinflussung des Behandlungsprozesses.[162]
Viele Krankenversicherer und HMOs, oft als geizige und profithungrige Versi-
cherungskonzerne wahrgenommen,[163] sind börsennotiert. Diese Tatsache dürfte
vor allem dem Streben nach Gewinnmaximierung und nicht dem Wohle des Patienten dienen. Des Weiteren ist problematisch, dass bei einem Arbeitsplatzwechsel
eines HMO-Versicherten dieser aus seiner HMO ausscheiden und sich der HMO
des nächsten Arbeitgebers anschließen kann bzw. muss. Durch den Wechsel der
Vertragspartner oder Kündigung eines Versicherungsvertrags kann ein Patient
seinen vertrauten Arzt oder sein HMO-Vertragskrankenhaus verlieren.[164] Somit
wird der Möglichkeit, durch präventivmedizinische Maßnahmen mittel- und langfristige Kosteneinsparungen zu erreichen, entgegengewirkt. Problematisch ist e-
benfalls der mögliche Ausschluss von Krankheiten des Patienten aus dem Versicherungsumfang bei Vertragsabschluss. Dadurch wird die Mobilität der Arbeitnehmer eingeschränkt, da ein Arbeitsplatzwechsel in den meisten Fällen mit einem gleichzeitigen Wechsel der Krankenversicherung einhergeht und somit aktuelle Krankheiten aus dem Versicherungsumfang ausgeschlossen werden können.[165] Untersuchungen haben ergeben, dass innerhalb von 5 Jahren ein nahezu

---

[158] Porter, M. E., Teisberg, E. O. (2006), S. 45.
[159] Vgl. Pieper, C. (2005).
[160] Vgl. Pieper, C. (2005).
[161] Porter, M. E., Teisberg, E. O. (2006), S. 51; Gabel, J., McDevitt, R., Gandolfo, L. (2006).
[162] Vgl. Schröder, H., Nink, K., Lankers, C. (2006); Pieper, C. (2006a).
[163] Vgl. Pieper, C. (2005).
[164] Vgl. Bey, T. (2001).
[165] Vgl. Schröder, H., Nink, K., Lankers, C. (2006).

vollständiger Austausch eines Versichertenkollektivs einer HMO vollzogen wird.[166]

In den USA hat sich gezeigt, dass Rationierung im Gesundheitswesen dann zu erheblichen Problemen führt, wenn die Rechte der Versicherungsgesellschaften gegenüber Patienten und Ärzten einseitig gestärkt werden. Das HMO-Modell zeigt, dass bei unkontrollierten Machtverschiebungen zugunsten der Versicherungsgesellschaften Versorgungsprobleme und finanzielle Härten entstehen können, die nachträglich auf politischem Wege gelöst werden müssen.[167] Auch lässt sich anhand der Erfahrungen in den USA gut aufzeigen, wozu es führen kann, wenn der Aspekt der Kosteneinsparung im Gesundheitswesen oberste Priorität erlangt und qualitative Aspekte vernachlässigt werden.

2.2.3 Qualität der Versorgung

Bei der Diskussion um das amerikanische Gesundheitswesen wird häufig die hohe Anzahl von *Personen ohne Krankenversicherungs-Schutz* angesprochen.[168] Derzeit sind dies etwa 45 Mio. Menschen, immerhin rund 16 % der gesamten US-Bevölkerung.[169] Betrachtet man diesen Teil der Bevölkerung, so fällt auf, dass es sich hierbei überwiegend nicht um die ärmsten Teile der Bevölkerung handelt, da diese über das staatliche Versicherungsprogramm Medicaid abgesichert sind (siehe Kapitel 2.2.1.2). Meist handelt es sich um Personen, die nicht die Voraussetzungen für Medicaid erfüllen, deren Einkommen aber nicht für einen privaten Krankenversicherungs-Schutz ausreicht (working poor).[170] Die Einführung einer gesetzlichen Versicherungspflicht ließ sich bisher aufgrund des Widerstandes von Versicherungen und Unternehmen nicht umsetzen. Für Letztere hat häufig nicht das Wohl ihrer Mitarbeiter, sondern die eigene Gewinnmaximierung oberste Priorität.[171] Diesen Widerstand spürte 1993 auch der damalige US-Präsident Bill Clinton, der mit dem Versuch der Einführung (der gesetzlichen Versicherungspflicht)

---

[166] Vgl. Burns, L. R., Walston, S. L., Alexander, J. A., u. a. (2001), S. 21.
[167] Vgl. Bey, T. (2001).
[168] Vgl. Porter, M. E., Teisberg, E. O. (2006), Preface.
[169] Vgl. Schröder, H., Nink, K., Lankers, C. (2006); Tigges, C. (2006); Porter, M. E., Teisberg, E. O. (2006), S. 17.
[170] Vgl. Schröder, H., Nink, K., Lankers, C. (2006), S. 167; Butters, I. (2002).
[171] Vgl. Fuhr, C. (2002).

eben an diesem Widerstand gescheitert ist. Entsprechende Wahlversprechen des amtierenden Präsidenten Bush wurden noch nicht realisiert und auch Anzeichen für eine baldige Umsetzung des Vorhabens sind derzeit nicht erkennbar.[172] Des Weiteren sind viele US-Bürger unterversichert, da sie sich die hohen Beiträge für einen umfassenden Krankenversicherungsschutz nicht leisten können.[173]

Sind US-Bürger im Besitz einer Krankenversicherung, so erleben sie im Rahmen der medizinischen Versorgung möglicherweise Folgen der vorhandenen Unter-, Über- oder auch Fehlversorgung.[174] Vor allem die *Unterversorgung*[175] spielt bei akuten, präventiven und auch chronischen Krankheiten eine große Rolle. Beispielsweise erhielten nur 61 % der Patienten nach einem Herzinfarkt Aspirin, obwohl Beweise vorhanden sind, dass dadurch die Todeswahrscheinlichkeit um 15 % reduziert werden kann. Lediglich 64,7 % aller Bluthochdruck-Patienten erhielten die empfohlene Behandlung, obwohl Bluthochdruck langfristig zu einem steigenden Risiko für Herzkrankheiten, Schlaganfälle oder gar zum Tod führen kann.[176] Da der Staat nur in absoluten Notfällen für die Behandlungskosten nichtversicherter Bürger aufkommt, sterben überproportional viele US-Bürger an eigentlich behandelbaren Infektionskrankheiten (z. B. Lungenentzündung).[177] Insgesamt wird den Ergebnissen klinischer Studien immer noch zu wenig Aufmerksamkeit geschenkt bzw. sie werden schlecht in den Arbeitsalltag integriert; ein Problem, dass allerdings auch in Deutschland zu beobachten ist.[178]

Aber auch von *Überversorgung* bzw. dem ineffizienten und verschwenderischen Umgang mit Ressourcen wird berichtet.[179] Der Grund für die ausgedehnten und exzessiven Behandlungen der Leistungserbringer liegt teilweise in der Angst vor Klagen, sollte nicht der gewünschte Behandlungserfolg eintreten bzw. es zu Behandlungsfehlern kommen. In den USA haben derartige Klagen eine ganz andere Bedeutung als hierzulande. Entsprechende Versicherungen für die Ärzte können

---

[172] Vgl. Schröder, H., Nink, K., Lankers, C. (2006).
[173] Vgl. Butters, I. (2002).
[174] Vgl. Sorian, R. (2006); Keenan, P. S., Kline, J. (2004), S. 1; Kent, C. (2006); Mcglynn E. A., Asch, S. M., Adams, J., u. a. (2003).
[175] Vgl. Keenan, P. S., Kline, J. (2004), S. 1.
[176] Vgl. Thrall, J. H. (2004), S. 637.
[177] Vgl. Butters, I. (2002).
[178] Vgl. Koch, K., Gehrmann, U., Sawicki, P. T. (2007).
[179] Vgl. The Commonwealth Fund (2006b).

jährlich bis zu mehreren hunderttausend Dollar Prämien kosten[180] und sind damit nicht für jeden Arzt erschwinglich. Daher lässt sich nachvollziehen, dass die Leistungserbringer sicher sein wollen, alles Mögliche unternommen zu haben.[181] Aber auch die Problematik der *Fehlversorgung* darf nicht unterschätzt werden, betrachtet man, dass jährlich bis zu 98.000 Patienten aufgrund von Behandlungsfehlern versterben.[182] 80.000 Menschen sterben jährlich, weil sie nicht gemäß der EBM-Vorgaben behandelt werden und 90.000 aufgrund von im Krankenhaus erlittener Infektionen.[183] In der vorhandenen Literatur lassen sich noch viele weitere Beispiele für Qualitätsdefizite in der amerikanischen medizinischen Leistungserbringung finden (beispielsweise die Mobilitätseinschränkungen für Angestellte durch einen möglichen Ausschluss bei einem Versicherungswechsel,[184] das Einholen einer Zahlungsgarantie für eine Notfall-Behandlung eines HMO-Versicherten bei Leistungserbringern, die nicht dem Netzwerk angehören[185] etc.).

Allerdings muss trotz eben dargestellter Probleme darauf hingewiesen werden, dass die USA auch über *absolute Spitzenmedizin* verfügen und bei vielen innovativen Ideen Vorreiter gewesen sind. Sie verfügen über modernste und neueste Behandlungsmöglichkeiten und auch über eine exzellente Forschung, die durch eine enge Verzahnung mit der Wirtschaft entstanden ist. So wurde beispielsweise die höchste 5-Jahresüberlebensrate für Brustkrebs sowie die höchste Screening-Rate für Gebärmutterhalskrebs beobachtet.[186] Ein weiterer positiv einzuschätzender Umstand ist die vorhandene Transparenz im dortigen Gesundheitswesen.[187] Leistungsanbieter können indikationsspezifisch und anhand von Qualitäts-Indikatoren miteinander verglichen werden (siehe Kapitel 3). Gerade hiervon könnte man im deutschen Gesundheitswesen profitieren, gibt es hierzulande doch nur sehr einge-

---

[180] Vgl. Tigges, C. (2006).
[181] Vgl. Porter, M. E., Teisberg, E. O. (2006), S. 43.
[182] Vgl. Institute of Medicine (2000); Fuhr, C. (2002); Ärzte Zeitung Online (2002a); Sorian, R. (2006), S. 1; The Commonwealth Fund (2006b).
[183] Vgl. Sorian, R. (2006), S. 1.
[184] Vgl. Schröder, H., Nink, K., Lankers, C. (2006).
[185] Vgl. Bey, T. (2001).
[186] Vgl. Wilson, J. F. (2007), S. 473.
[187] Vgl. Butters, I. (2002); Porter, M. E., Teisberg, E. O. (2006).

schränkte Möglichkeiten, sich über die Behandlungsqualität medizinischer Leistungserbringer zu informieren.[188]

Insgesamt kann den USA nur eine eingeschränkte Spitzenposition zugesprochen
werden. Zu diesem Ergebnis kommt auch die WHO, die bei einem umfassenden
Vergleich internationaler Gesundheitssysteme die USA auf Position 37 einstuft
(bei der Effizienz sogar nur auf Rang 72) und auch auf qualitative Mängel hinweist.[189] Neben dem Problem des hohen Anteils nicht-versicherter Bürger besteht
außerdem das Problem der qualitativen Mängel der Gesundheitsversorgung für
die Bürger, die sich eine Krankenversicherung leisten können. In einer Analyse
des Kieler Instituts für Gesundheits-System-Forschung (IGSF) bezüglich des Versorgungsniveaus mit Gesundheits- und Geldleistungen von 14 hochindustrialisier-
ten Ländern dieser Welt wurde der USA der letzte Platz zugewiesen.[190] Des Weiteren haben amerikanische Hausärzte (Primary Care Physicians) in einem internationalen Vergleich von sieben Ländern am schlechtesten abgeschnitten.[191] Trotz
aller Ausgaben besteht eine große Kluft zwischen der tatsächlichen Performance
der Leistungserbringer und der Erwartungshaltung der Patienten.[192] Daher wird
bezweifelt, ob das gegenwärtige System in der Lage ist, aktuelle oder künftige
Versorgungsbedürfnisse der Bevölkerung zu erfüllen.[193] Schließlich steigen die
Versicherungsbeiträge unaufhaltsam mit jährlichen Wachstumsraten von bis zu
12 % weiter an und die Versicherten erhalten im Gegenzug immer geringere Leis-
tungsansprüche.[194] Außerdem ist die Versorgung chronisch kranker Menschen,
die drei Viertel der Gesundheitsausgaben verursacht, von schlechten Behandlungsergebnissen gekennzeichnet.[195] Daher überrascht es nicht, dass die später
vorgestellten Qualitätsverbesserungsprogramme (siehe Kapitel 3) zumeist bei
chronischen Krankheiten ansetzen oder diese zumindest berücksichtigen.

---

[188] Vgl. Emmert, M., Müller, M., Schöffski, O. (2007).
[189] Vgl. World Health Organization (2000), S. 155.
[190] Vgl. Fritz Beske Institut für Gesundheits-System-Forschung (2005), S. 3.
[191] Vgl. Schoen, C., Osborn, R., Huynh, P. T., u. a. (2006).
[192] Vgl. Thrall, J. H. (2004), S. 637.
[193] Vgl. Ärzte Zeitung Online (2002a).
[194] Vgl. Butters, I. (2002).
[195] Vgl. Robert Wood Johnson Foundation (2006).

2.3 Vereinigtes Königreich (UK)

Wie das deutsche ist auch das Gesundheitssystem des Vereinigten Königreiches (UK) immer wieder Gegenstand großer Reformbemühungen. Dass diese notwendig sind, zeigt beispielsweise das Defizit des National Health Service (NHS), das im Jahr 2005/06 immerhin 750 Mio. € betrug. Seit 1997 wird versucht, vor allem mit Hilfe erhöhter Sach- und Personalinvestitionen die Behandlungsqualität zu verbessern. Inzwischen hat sich der NHS zum drittgrößten Arbeitgeber der Welt entwickelt. Größer sind nur die chinesische Volksarmee und die indischen Eisenbahnen.[196] Im Folgenden wird in Kapitel 2.3.1 das Gesundheitssystem des UK erläutert und ein Blick auf dessen Versorgungsqualität geworfen (siehe Kapitel 2.3.2).

2.3.1 Nationales Gesundheitssystem

Ein zentrales Element des UK-Gesundheitssystems ist der NHS, der in Kapitel 2.3.1.1 beschrieben wird, bevor anschließend in Kapitel 2.3.1.2 die eigentliche Funktionsweise der Gesundheitsversorgung näher erläutert wird. Es wird ebenfalls gezeigt, dass es im Rahmen der aktuellen Gesundheitsversorgung der Bevölkerung noch große Probleme gibt (siehe Kapitel 2.3.1.3), aber auch bereits Pläne, diese zu beheben (siehe Kapitel 2.3.1.4).

2.3.1.1 Der National Health Service (NHS)

Das Gesundheitssystem in Großbritannien ist staatlich organisiert und nicht mit dem deutschen vergleichbar. Im Zentrum steht der NHS, ein universeller und umfassender Gesundheitsdienst, der aus verschiedenen Leistungserbringern besteht. Er wurde im Jahr 1948[197] geschaffen, basiert auf dem Prinzip der Bürgerversicherung und „gilt in Großbritannien als eine der größten Errungenschaften der Nachkriegszeit"[198].[199] Es herrscht der Grundsatz, dass alle Menschen den gleichen Zugang zu medizinisch notwendigen Leistungen erhalten sollen, und zwar unabhängig von ihrer materiellen Situation, ihrem Beschäftigungsverhältnis, Alter, Ge-

---

[196] Vgl. Bröll, C. (2006).
[197] Vgl. National Health Service (2000), S. 2.
[198] Britische Botschaft Berlin (2004).
[199] Vgl. Bröll, C. (2006).

schlecht, Religion, Behinderung oder auch sexueller Orientierung.[200] Allen in Großbritannien lebenden Menschen wird eine kostenlose medizinische Versorgung garantiert.[201] Neben dem NHS existieren auch private Krankenversicherungen; etwa 11 % der englischen Bevölkerung haben eine private Zusatzversicherung, die vor allem einen schnelleren Zugang zu Spezialisten ermöglichen soll.[202]

Um bestehende Probleme und Diskussionen besser verstehen zu können, ist eine kurze geschichtliche Betrachtung des NHS unumgänglich, da viele Schwierigkeiten historisch bedingt und gewachsen sind. Die Entwicklung des NHS lässt sich wie folgt darstellen:[203]

- 1948 bis 1952: Status-quo-Politik auf der Basis wachsender Budgets.

- 1960 bis 1969: Gezielter Ausbau des Krankenhaussektors und der Gemeindedienste.

- 1970 bis 1975: Einkommenskonflikte mit dem Gesundheitspersonal und Bemühen um eine organisatorische Reform.

- 1976 bis 1979: Kampf um Kostenkontrolle und die Reduzierung der Privatmedizin.

- 1979 bis 1991: Kostenkontrolle gepaart mit tief greifenden Strukturreformen und Privatisierungsbestrebungen, die vor allem auf die damalige Premierministerin Thatcher[204] zurückgehen.

- 1990 bis 1997: National Health Service and Community Care Act (NHSCCA) 1990. Dieser wurde aufgrund der Unterversorgung kranker Kinder durchgeführt, aus der auch Todesfälle resultierten. Premierministerin Thatcher veranlasste eine umfassende Prüfung und Reformierung des Gesundheitswesens, die zum NHSCCA führte. Durch marktwirtschaftlichere Ansätze sollte das Ziel der Effizienzsteigerung erreicht werden.[205]

---

[200] Dort heißt es „providing access to care to all on the basis of need, not ability to pay, remain as important today as in 1948." National Health Service (2000), S. 2.
[201] Vgl. Britische Botschaft Berlin (2004).
[202] Vgl. Schröder, H., Nink, K., Lankers, C (2006), S. 140.
[203] Vgl. dazu auch Alber, J., Bernardi-Schenkluhn, B. (1992), S. 542.
[204] Margaret Thatcher war von 1979 bis 1990 Premierministerin.
[205] Vgl. Schmidt, J. (1996), Kapitel 6.

John Major[206] setzte die Reformbestrebungen seiner Vorgängerin zwar fort, jedoch gelang es nicht, der unzureichenden Versorgung sowie den langen Wartezeiten entgegenzuwirken.

- 1997 bis 2007: Zum Zeitpunkt des Regierungswechsels 1997 (Tony Blair[207] war bis Juni 2007 amtierender Premierminister) herrschte große Unzufriedenheit über die langen Wartezeiten für Routineoperationen und die Überlebensraten bei Krebs- und Herzerkrankungen, die unter dem europäischen Durchschnitt lagen.[208] So kam es im Juli 2000 zum bisher größten Investitionsprogramm „The NHS-Plan: A Plan for Investment. A Plan for Reform"(siehe Kapitel 2.3.1.4).

2.3.1.2 Funktionsweise

Bei dem im NHS vorherrschenden *Gatekeeper-System* lassen sich Patienten zuerst von ihrem Hausarzt[209] (General Practitioner - GP) untersuchen, der weitere Schritte veranlasst.[210] Dies kann die Behandlung durch den GP selbst, die Überweisung zu einem Facharzt oder die Einweisung in ein Krankenhaus sein. Viele Leistungserbringer arbeiten in allgemeinen Bezirkskrankenhäusern oder in gut ausgestatteten Einrichtungen mit Spezialdiensten[211]; aber auch in Ärztezentren oder Gemeinschaftspraxen, in denen medizinische Leistungen, Pflegedienste, logopädische und physiotherapeutische Leistungen sowie zahnmedizinische, pharmazeutische und augenmedizinische Dienste angeboten werden.[212] Ein im UK tätiger GP betreut im Durchschnitt etwa doppelt so viele Patienten wie sein deutsches Pendant, der Allgemeinmediziner.[213]

Auch so genannte Trusts spielen bei der Gesundheitsversorgung im UK eine Rolle. Dabei handelt es sich um Zusammenschlüsse von Krankenhäusern mit ver-

---

[206] John Major war von November 1990 bis Mai 1997 Premierminister.
[207] Tony Blair war von Mai 1997 bis Juni 2007 Premierminister und ist nun durch Gordon Brown abgelöst worden.
[208] Vgl. Olatunji, S. (2004), S. 20.
[209] Dieser kümmert sich im Gegensatz zu Deutschland auch um die Windpocken der Kinder genauso wie um die Krebsvorsorgeuntersuchungen der Frauen, vgl. Bröll, C. (2006).
[210] Vgl. Olatunji, S. (2004), S. 19.
[211] So werden beispielsweise in der bekannten Kinderklinik Hospital for Sick Children Spezialbehandlungsmöglichkeiten, internationale Forschung und des Weiteren Ausbildung von Medizin- und anderen Studenten verbunden werden.
[212] Vgl. Britische Botschaft Berlin (2004).
[213] Vgl. Bröll, C. (2006).

schiedenen Fachrichtungen, die eine gemeinsame Personalpolitik sowie gemeinsame Richtlinien besitzen. Sie spezialisieren sich auf bestimmte Indikationen oder
Fachrichtungen. Daher kann es zu Überweisungen zwischen verschiedenen Trusts
kommen, sofern die Indikation des Patienten in einem Trust nicht therapiert wird.
Es gibt verschiedene Arten von Trusts, so beispielsweise das Primary Care Trust
(PCT). Dies sind Pflicht-Zusammenschlüsse von Gesundheitsdienstleistern, die
auf regionaler Ebene bis zu 100.000 Personen versorgen und dafür vom NHS ein
bestimmtes Budget erhalten. Mit diesem Betrag müssen die ambulante und hausärztliche Versorgung sichergestellt werden und vertragliche Beziehungen mit
Krankenhäusern geregelt sein.[214] Daneben gibt es noch so genannte Acute Trusts
(dort sind lediglich Krankenhäuser des NHS zusammengeschlossen) und Foundation Funds (diese bewirtschaften ebenfalls Krankenhäuser, sind aber nicht mehr
dem NHS unterstellt, sondern werden von regionalen Körperschaften und Gesundheitsdienstleistern verwaltet).

Fachärzte sind für Patienten über so genannte Outpatient Departments der Trusts
zu erreichen. Niedergelassene Fachärzte gibt es in England bis auf einige teure
Privatpraxen nicht, die meisten Fachärzte arbeiten in einem Krankenhaus.[215] Die
Outpatient Departments sind stationär, d. h. im Krankenhaus, angesiedelt, aber
Bestandteil der ambulanten Versorgung. An diese überweist entweder der GP, die
Notaufnahme eines Krankenhauses oder sie wird im Anschluss an eine stationäre
Aufnahme im Krankenhaus notwendig.

Krankenschwestern („Practice Nurses"[216]) kommen im UK eine bedeutende Rolle
bei der Gesundheitsversorgung der Bevölkerung zu. Sie sind an GP-Praxen ange-
gliedert, haben im ambulanten Sektor einen erweiterten Kompetenzbereich und
können Behandlungen, Wundversorgungen etc. bei Patienten (zu Hause) durchführen, ihn in ein Krankenhaus einweisen oder auch selbstständig Arzneimittel
verschreiben. Die Aufgabenerweiterung der Krankenschwestern basierte vor allem auf dem Ärztemangel sowie der Einsicht, dass viele Arztbesuche Routine-
und Kontrollbesuche darstellen und Krankenschwestern diese Aufgaben ebenfalls

---

[214]   Vgl. Schröder, H., Nink, K., Lankers, C. (2006), S. 140; Olatunji, S. (2004), S. 19.
[215]   Vgl. Bröll, C. (2006).
[216]   Dabei handelt es sich um Krankenschwestern mit Zusatzausbildung in einer Hausarztpraxis, vgl.
         Olatunji, S. (2004), S. 19.

wahrnehmen können.[217] Daneben existieren alternative Leistungserbringer wie Familiy Planning Centers, Sexual Health Clinics, Walk in Centres etc., welche die herkömmlichen Versorger entlasten sollen.

Im Gegensatz zum deutschen System erfolgt die *Finanzierung* des englischen Gesundheitssystems etwa zu 75 % aus allgemeinen Steuergeldern und ist nicht an Beitragszahlungen gebunden.[218] Daher haben „fast" alle Bürger einen kostenlosen Zugang zu medizinischen Leistungen. Jedoch werden von Erwerbstätigen mit einem Einkommen über der Beitragsbemessungsgrenze Sozialversicherungsbeiträge geleistet, von denen der Arbeitgeber etwa die Hälfte übernimmt. Die restlichen 25 % zur Finanzierung des Gesundheitssystems setzen sich aus Sozialabgaben und Gebühren zusammen.[219] Ein Anrecht auf Geldleistungen haben nur der Beitragspflicht unterliegende Erwerbstätige.

Wie bereits erwähnt, erhalten die Menschen die größten Bestandteile des *Leistungskatalogs* kostenlos. Dazu zählen beispielsweise ärztliche und zahnärztliche Behandlungen, die Versorgung mit Arznei-, Heil- und Hilfsmitteln, die stationäre Unterbringung im Krankheits- und Pflegefall, die Übernahme von Entbindungs- und Rehabilitationskosten, der Mutterschutz und andere vorbeugende Maßnahmen (Impfungen). Für bestimmte Dienste oder Verordnungen (Arzneimittel, zahn- und augenärztliche Behandlungen und Brillen) wird hingegen, wie auch in der Bundesrepublik Deutschland, eine Zuzahlung des Patienten fällig. Die Zuzahlungsregelungen (prozentuale Beteiligung, Festbetrag etc.) variieren dabei nach Art der Leistung. Bestimmte Bevölkerungsgruppen (ältere Menschen, Schwangere, Sozialhilfeempfänger, arme Menschen etc.) sind von den Zuzahlungen befreit. Aufgrund dieser Ausnahmeregelungen bezahlt weniger als die Hälfte aller Patienten in einer Apotheke für Arzneimittel,[220] ca. 85 % aller Arzneimittelverschreibungen werden kostenlos zur Verfügung gestellt.[221]

---

[217] Vgl. Olatunji, S. (2004), S. 19.
[218] Vgl. Bröll, C. (2006); Ärzte Zeitung Online (2006b).
[219] Vgl. Bröll, C. (2006).
[220] Vgl. Bröll, C. (2006).
[221] Vgl. Britische Botschaft Berlin (2004).

2.3.1.3 Aktuelle Probleme und Reformbaustellen

Seit der Nachkriegszeit haben sich in Großbritannien in der Gesellschaft Veränderungen ereignet, die eine Anpassung bzw. eine Reform des nationalen Gesundheitssystems notwendig machen. Es gibt viele Reformbaustellen, wobei der Grundsatz der Gleichheit aller Bürger auch weiterhin zentraler Gedanke des NHS bleiben soll.[222]

Die Finanzierung des Gesundheitssystems ist hinter vergleichbare Länder zurückgefallen; das Defizit der staatlichen Krankenfürsorge in Großbritannien wird auf ca. eine Milliarde Euro geschätzt.[223] Seitdem die Labour Partei an der Regierungsspitze ist (1997), haben sich die Ausgaben beinahe verdreifacht. Allerdings verursacht der hohe *Schuldenstand* hinsichtlich der Reformen Schwierigkeiten. Kritiker werfen dem ehemaligen Premierminister Blair vor, das System verschlinge zu viel Geld, weil es nicht effizient funktioniere und Gesundheitsmanagern zu viel bezahlt werde.[224]

Ein bekanntes Problem im Gesundheitssystem des UK stellen die langen *Wartezeiten* von Patienten für bestimmte Behandlungen dar.[225] Die Regierung hat sich intensiv um eine Verkürzung bemüht und erste Erfolge sind bereits zu verzeichnen. Inzwischen muss niemand länger als sechs Monate auf eine Operation warten, was für deutsche Verhältnisse allerdings immer noch viel zu lang ist. Ein Grund für die langen Wartezeiten ist der *erhebliche Ärztemangel* in GB, besonders außerhalb der Großstädte.[226] So kann der Wohnort eines Patienten Einfluss auf die Wartezeit und den Qualitätsstandard einer Behandlung haben.[227] Patienten, denen die Warteliste zu lang erscheint, können die Operation in einem privaten Krankenhaus durchführen lassen, müssen diese dann allerdings aus eigener Tasche bezahlen; des Weiteren haben sie die Möglichkeit, sich im Ausland operieren zu lassen (Overseas Treatment). Sogar vom Einfliegen ausländischer Ärzte in den UK an Wochenenden zur Durchführung von Operationen wird berichtet. Die „3R

---

[222]   Vgl. Britische Botschaft Berlin (2004); National Health Service (2000).
[223]   Vgl. Ärzte Zeitung Online (2006b).
[224]   Vgl. Ärzte Zeitung Online (2006b).
[225]   Vgl. National Health Service (2000), S. 2.
[226]   Vgl. Ärzte Zeitung Online (2006b).
[227]   Vgl. National Health Service (2000), S. 2.

Strategy" (Recruit, Retain, and Return) soll seit 2000 dazu beitragen, dem Ärztemangel entgegenzuwirken und damit einen Beitrag zur Verkürzung der Wartezeiten zu leisten.[228] Staatlich finanzierte Einrichtungen des NHS haben aufgrund des
Betten- und Personalmangels häufig *keine Kapazitäten* zur schnellen Durchführung von Operationen; für Meniskusoperationen beispielsweise wurden Wartezeiten von bis zu 20 Monaten beobachtet.

Aber auch Erwartungen an die Qualität der gesundheitlichen Betreuung, die keinen guten Ruf hat, werden nicht erfüllt.[229] Nach Einschätzung britischer Medien
ist sie schlechter als jene in Deutschland.[230] Jeder Bürger in Großbritannien muss
sich für einen GP entscheiden und bei diesem registrieren lassen (innerhalb eines
bestimmten Radius kann der Patient hierbei zwischen GPs wählen). Bei Beschwerden ist er der erste Ansprechpartner für den Patienten, der ihn durch das
System lotst. Allerdings ist die Wahl des Hausarztes eingeschränkt, da dieser im
Umkreis von 1,5 Kilometer zum Wohnort des Patienten liegen muss.

Auch in der zahnärztlichen Versorgung gibt es große Probleme. Landesweit stehen aktuell ca. 5.500 Patienten auf Wartelisten der Zahnärzte des NHS. Zum einen besteht ein Mangel an Zahnärzten, zum anderen sind diese nicht optimal über
das Land verteilt. Viele Patienten müssen weite Anfahrtswege auf sich nehmen,
um von einem NHS-Zahnarzt behandelt zu werden. Ein nun eingeführtes Min-
desteinkommen soll die weitere Flucht von Zahnärzten aus dem staatlichen System verhindern, die private Praxen eröffnen, in denen sie keine NHS-Patienten
mehr behandeln. Schon heute gehen Patienten, die es sich leisten können, zu privaten Zahnärzten. Diese behandeln nach besten internationalen Maßstäben, haben
allerdings einen hohen Preis; von Rechnungen bis zu 300 € für eine Füllung wird
berichtet.[231]

Außerdem kommt es immer wieder zu Diskussionen um die Aufnahme neuer
Arzneimittel in das „British National Formulary", ein Verzeichnis verschreibbarer
Arzneimittel (auch bekannt unter dem Begriff Positivliste). Dieses ist jedoch nicht

---

228 Vgl. National Health Service (2001), S. 4.
229 Vgl. Britische Botschaft Berlin (2004).
230 Vgl. Ärzte Zeitung Online (2006b).
231 Vgl. Ärzte Zeitung Online (2006b).

so umfangreich wie die in der Bundesrepublik Deutschland erstattungsfähigen Arzneimittel.[232] Auch die aktuelle Privatisierungswelle stößt auf heftige Gegenreaktionen.[233]

2.3.1.4 The NHS-Plan: A Plan for Investment. A Plan for Reform.

Um auf die Mängel der Gesundheitsversorgung zu reagieren, begann die britische Regierung im Juli 2000 mit einem umfassenden und vier Jahre andauernden Reformpaket (*The NHS-Plan: A Plan for Investment. A Plan for Reform.*). Dabei handelt es sich um das größte Reform- und Investitionsprogramm in der Geschichte des NHS, mit dem Ziel ihn für künftige Zeiten bestandsfähig zu machen. Dieses grundlegende Modernisierungsprogramm geht vor allem mit dem Zustrom neuer Finanzmittel einher. Der Patient soll weiterhin die wichtigste Rolle spielen, Behandlung, Pflege und Betreuung sollen neu geordnet und vor allem besser an die Patientenbedürfnisse angepasst werden.

Die wichtigsten *Reformpunkte* im Einzelnen waren:[234]

- Höhere Investitionen in NHS-Einrichtungen (Krankenhäuser, Zentren für die Erstversorgung, zusätzliche Betten etc.). Die Gesundheitsausgaben pro Kopf, verglichen mit dem BIP, sollen bis 2007/08 auf 9,4 % erhöht werden.

- Investitionen in das Personal des NHS (Chefärzte, allgemein praktizierende Ärzte, Krankenschwestern, anderes medizinisches Personal im Gesundheitswesen, Mittel für die Ausbildung des Personals etc.).

- Modernisierung der Einrichtungen.

- Mehr Eigenverantwortung für besonders erfolgreiche Krankenhäuser.

- Verbesserung der Pflege und der Hygiene in den Krankenhausabteilungen.

---

[232] Vgl. Bröll, C. (2006).
[233] Vgl. Bröll, C. (2006).
[234] Vgl. Britische Botschaft Berlin (2004); National Health Service (2000), S. 11; Klein, R. (2006), S. 410.

- Verkürzung der Wartezeiten für Heilbehandlungen (für ambulante Leistungen maximal drei Monate, für stationäre Behandlungen maximal sechs Monate).

- Ausweitung von Krebsvorsorgeuntersuchungsprogrammen und Verkürzung der Wartezeiten für Herzoperationen.

- Schaffung einer NHS-Modernisierungsbehörde (NHS Modernisation Agency) und eines nationalen Fonds für besondere Leistungen.

Im Reformpaket werden deutliche Kennzeichen hin zu einer Konzentration auf die qualitative Verbesserung der Versorgung geschaffen; das seit 1948 bestehende System weist doch einige grundlegende Schwachstellen auf, wie „a lack of clear incentives and levers to improve performance".[235] Die Qualitätsverbesserung der Behandlung wurde demanch noch vor Bekanntwerden der P4P-Programme ausdrücklich genannt („to improve quality services and to minimise errors"[236]). Als Ziele galten dabei die Ausweitung von Krebsvorsorgeuntersuchungen, Verkürzung der Wartezeiten, mehr Eigenverantwortung für die Leistungserbringer oder auch die Einrichtung eines Fonds für besondere Leistungen (siehe oben).

Bereits erkannt wurde, dass mehr Geld im Gesundheitssystem nur ein Anfang sein kann. Die Herausforderungen liegen aber vor allem in der effizienteren Nutzung der Ressourcen und der Modernisierung des Systems, um aktuelle und künftige Herausforderungen meistern zu können. Daher stehen die fünf P´s (Partnership, professions, patient care, prevention und vor allem *performance*) im Zentrum. Diese Bestrebungen zeigen, dass man sich bereits im Jahre 2000 bewusst war, eine Verbesserung des Gesamtsystems nur mit einer einhergehenden Verbesserung der Behandlungs-Performance erreichen zu können.[237] Mit dem zusätzlich bereitgestellten Geld sollte vor allem in die Kapazität der Krankenhäuser investiert werden, damit sich Wartezeiten für Behandlungen verkürzen und sich keine Berichte von jahrelangen Wartezeiten für eine Operation wiederholen.[238] Aber auch die Verbesserung der Dienstleistungen durch mehr und besser bezahltes Per-

---

[235] National Health Service (2000), S. 10.
[236] National Health Service (2000), S. 4.
[237] Vgl. National Health Service (2000), S. 4.
[238] Vgl. Schröder, H., Nink, K., Lankers, C. (2006), S. 139; Bröll, C. (2006).

sonal sollte erreicht werden.[239] Insgesamt wurde seit der Machtübernahme der Labour-Partei viel in qualitätsverbessernde Maßnahmen investiert.[240]

2.3.2 Qualität der Versorgung

Trotz der bereits angesprochenen Probleme bei der Gesundheitsversorgung der Bevölkerung liegt Großbritannien gemäß der WHO-Untersuchung (siehe Kapitel 2) auf Position 18. Dies mag doch überraschen, denkt man vor allem an die langen Wartelisten auf Behandlungen, die immer wieder angesprochen werden.[241] Besonders interessant sind die folgenden Ausführungen, da die WHO-Untersuchung aus dem gleichen Jahr stammt, in dem auch das Reformpaket *The NHS-Plan* gestartet worden ist (siehe Kapitel 2.3.1.4). Die dortigen Ausführungen lassen vermuten, dass sich die Situation bzgl. der Gesundheitsversorgung in Großbritannien seit damals gebessert haben sollte. Schließlich wurden zusätzliche finanzielle Mittel für das Gesundheitswesen dafür benutzt, um die Versorgungsqualität zu erhöhen;[242] ob diese Zielsetzung bereits erreicht wurde, kann allerdings zumindest bezweifelt werden, betrachtet man Schlagzeilen der englischen Presse. Dort werden die Begriffe *Krise* und *NHS* in den Titelzeilen der Presse immer wieder in Verbindung gebracht.[243] Demnach sorgen sich Patienten immer noch über lange Wartezeiten, auch wenn die Anzahl der wartenden Personen auf einer solchen Warteliste schon reduziert werden konnte (siehe Abbildung 3).[244]

---

[239] Vgl. Schröder, H., Nink, K., Lankers, C. (2006), S. 139.
[240] Vgl. Bröll, C. (2006).
[241] Vgl. Ärzte Zeitung Online (2006b).
[242] Vgl. Klein, R. (2006), S. 409.
[243] Vgl. Klein, R. (2006), S. 409.
[244] Vgl. Ärzte Zeitung Online (2006b).

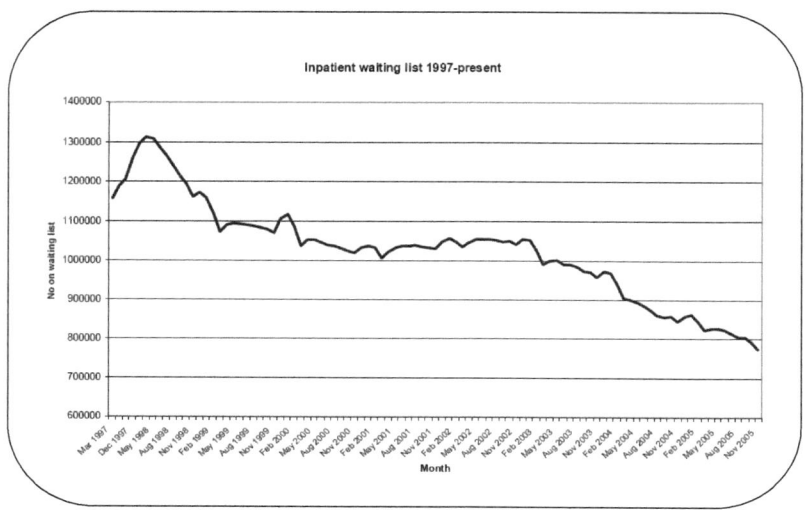

Abbildung 3:   Anzahl der Personen auf der Warteliste für eine stationäre Behandlung[245]

Machten die Gesundheitsausgaben 1997 noch 5,4 % des BIP aus, so lagen sie
2005 bei 6,9 % und sollten im folgenden Jahr auf 9,4 % gesteigert werden. Euro-
paweit liegt der Durchschnitt bei ca. 8 %, wobei Deutschland mit 10 % über dem
Durchschnitt liegt.[246] Im UK lagen 2003 die Ausgaben für den Gesundheitssektor
bei insgesamt 128,7 Mrd. €, was ungefähr 2.150 € pro Kopf bzw. 7,7 % des BIP
entspricht. Zwischen 1995 und 2003 stiegen die Ausgaben für Gesundheit jährlich
durchschnittlich um ca. 10,7 % an, der Anteil der Gesundheitsausgaben am BIP
nahm im selben Zeitraum allerdings nur um 1,2 % zu (von 6,5 auf 7,7 %). Damit
weist Großbritannien innerhalb der EU und der OECD einen der geringsten Anteile der Gesundheitsausgaben am BIP auf. [247]

Im Hinblick auf die Effizienzsteigerung des Systems haben die Reformen zwar
viel Geld verschlungen, jedoch nicht genug bewirkt. Die Qualität der medizinischen Versorgung ist schlechter als die in Deutschland (entgegen dem Bericht der

[245]   Quelle: Department of Health (o. J.).
[246]   Vgl. Bröll, C. (2006).
[247]   Vgl. Schröder, H., Nink, K., Lankers, C. (2006), S. 139.

WHO) und die Wartezeiten immer noch viel zu lang. Als Erfolg wird bereits gewertet, dass, wie bereits erwähnt, im Winter 2005/2006 niemand länger als sechs
Monate auf eine Operation warten musste. Das Problem des Ärztemangels konnte
trotz zahlreicher Anstrengungen der Regierung noch nicht behoben werden.[248]

Aufgrund der Erfahrungen bleibt die Frage offen, ob es ausreichend ist, noch
mehr Geld in das vorhandene System zu leiten, oder ob die qualitativen Mängel
der Gesundheitsversorgung nicht doch andere Ursachen haben; schließlich konnten sie bislang nicht beseitigt werden. Notwendig ist stattdessen insbesondere die
Steigerung der Performance der Leistungserbringer. Dies könnte vor allem durch
eine freie Arztwahl realisiert werden, über die häufig diskutiert wird. Dabei könnten auch private Leistungserbringer gewählt werden, sofern diese (Preis-) Vorgaben des NHS erfüllen.

Ein wichtiges Element, das auch im Zentrum der hier durchgeführten Untersuchung steht, ist die erfolgsorientierte Vergütung, im NHS unter dem Begriff *payment by results* bekannt. Davon erhofft man sich eine steigende Effizienz bei der
Gesundheitsversorgung und vor allem auch einen Schritt hin zu mehr Konzentration auf die Patientenbedürfnisse.[249]

Betrachtet man neben der WHO-Studie noch weitere Untersuchungen, so schnei-
det Großbritannien relativ konstant auf den mittleren bis hinteren Rängen ab. Bei
der IGSF-Analyse wurde Großbritannien unwesentlich besser als die USA auf
dem 12. Platz eingestuft.[250] Der Europa-Gesundheitskonsumenten-Index weist
Großbritannien ebenfalls eine hintere Position zu. 2005 erlangte Großbritannien
bei einem Vergleich von 12 europäischen Gesundheitssystemen den 9. Rang.[251]
2006 hingegen wurde Großbritannien auf dem 15. Rang eingestuft, wobei nun 24
Länder in die Betrachtung einbezogen wurden.[252]

---

[248] Vgl. Ärzte Zeitung Online (2006b).
[249] Vgl. Klein, R. (2006), S. 411.
[250] Vgl. Fritz Beske Institut für Gesundheits-System-Forschung (2005), S. 3.
[251] Vgl. Health Consumer Powerhouse (2005).
[252] Vgl. Health Consumer Powerhouse (2006), S. 17.

2.4 Deutschland

Für die insgesamt 82,5 Millionen Einwohner Deutschlands werden jährlich ca. 240 Milliarden € in das Gesundheitswesen investiert,[253] was gemessen am nationalen BIP einem Anteil von 10,6 % entspricht (siehe Tabelle 4). Vergleicht man die Aufwendungen mit denen anderer Länder, so bewegt man sich im Mittelfeld (siehe Kapitel 2). Deutschland investiert zwar weniger als die USA oder auch Kanada, jedoch mehr als Großbritannien und viele andere Nationen. Weniger als ein Prozent der Bevölkerung sind nicht krankenversichert; das durchschnittliche Alter der Deutschen beträgt rund 42 Jahre. Interessant sind die durchschnittlichen Gesundheitsausgaben pro Kopf, die bei rund 2.850 € liegen; auch hier bewegt man sich im Mittelfeld. Welche Auswirkungen das auf die Qualität der nationalen Gesundheitsversorgung hat, wird im Laufe der folgenden Ausführungen verdeutlicht (siehe Kapitel 2.4.2). Zuerst wird allerdings in Kapitel 2.4.1 ein Blick auf das deutsche Gesundheitssystem geworfen, um einen Überblick über das System der Krankenversicherung zu erhalten. In einem späteren Schritt dieser Arbeit soll schließlich beurteilt werden, wie bzw. wo die später beschriebenen P4P-Programme eingesetzt werden könnten.

---

[253] Vgl. Statistisches Bundesamt Deutschland (2007).

Jahr	Gesundheitsausgaben (Mrd. €)	Anteil der Gesundheits- ausgaben am BIP (in %)	Gesundheitsausgaben je Einwohner (€)
1996	186,5	10,1	2.080
1995	194,8	10,4	2.380
1997	196,0	10,2	2.390
1998	201,1	10,2	2.450
1999	207,1	10,3	2.520
2000	212,3	10,3	2.580
2001	220,5	10,4	2.680
2002	227,9	10,6	2.760
2003	233,6	10,8	2.830
2004	234,0	10,6	2.840

Tabelle 4:   Entwicklung bestimmter Kennzahlen für das deutsche Gesundheitssystem[254]

2.4.1 Nationales Gesundheitssystem

Fast jeder deutsche Bundesbürger (ca. 99 % der Bevölkerung) verfügt über einen
Krankenversicherungsschutz;[255] 90 % sind bei einer gesetzlichen und 9 % bei einer privaten Krankenversicherung versichert. Weniger als 1 % der deutschen
Bundesbürger (weniger als in den USA aber mehr als in Großbritannien), verfügt
somit über keinen Versicherungsschutz im Krankheitsfall. Dieser Missstand wurde im Rahmen des GKV-Wettbewerbsstärkungsgesetzes (GKV-WSG) aufgegriffen und beseitigt. Vom 1. Januar 2009 an wird jeder Bürger über einen Krankenversicherungsschutz verfügen.[256]

Ob man gesetzlich oder privat versichert ist, hängt von der Einkommenshöhe oder
dem Beruf ab. Bestimmte Bevölkerungsgruppen sind versicherungspflichtig,[257]
andere hingegen versicherungsfrei,[258] d. h. von der Versicherungspflicht befreit.
Diese haben die Möglichkeit, sich privat um einen Krankenversicherungsschutz
zu bemühen. Im Folgenden wird in Kapitel 2.4.1.1 ein Blick auf die gesetzliche
und anschließend in Kapitel 2.4.1.2 auf die private Krankenversicherung gewor-

---

[254] Quelle: Eigene Darstellung, aufbauend auf Statistisches Bundesamt Deutschland (2007).
[255] Vgl. Greß, S., Walendzik, A., Wasem, J. (2005), S. 67.
[256] Vgl. Bundesministerium für Gesundheit (o. J. b).
[257] Vgl. § 5 Sozialgesetzbuch V.
[258] Vgl. §§ 6-8 Sozialgesetzbuch V.

fen. Auch die Vergütungssystematik ist Gegenstand der Betrachtung, gehen von ihr doch gewisse Anreize auf die Leistungserbringer aus. Da sich beide Versicherungsarten deutlich voneinander unterscheiden, werden sie separat vorgestellt.

2.4.1.1 Gesetzliche Krankenversicherung

In den folgenden Ausführungen für die gesetzliche Krankenversicherung wird anfangs in Kapitel 2.4.1.1.1 die Systematik des ambulanten und anschließend in Kapitel 2.4.1.1.2 die des stationären Sektors vorgestellt.

2.4.1.1.1 Ambulanter Sektor

In Deutschland herrschen derzeit verschiedene vertragliche und finanzielle Beziehungen in der **ambulanten Versorgung**.[259] Diese sind in Abbildung 4 dargelegt und werden im Folgenden näher erläutert. Hierbei steht besonders die Vergütungssystematik im Blickfeld der Betrachtung, da von ihr gewisse Anreize ausgehen, die später analysiert werden. Im Anschluss wird die Versorgungssystematik der stationären Versorgung dargestellt, die gegenüber der ambulanten Versorgung abgegrenzt ist.[260]

---

[259] Dazu zählt man alle Behandlungsleistungen außerhalb von Kliniken, wie Akutkrankenhäuser, Fachkrankenhäuser oder auch Rehabilitationskliniken. Auch die psychotherapeutische und Heilmittel-Versorgung zählen zum ambulanten Sektor, vgl. Bundeszentrale für politische Bildung (o. J. a).

[260] Vgl. Bundeszentrale für politische Bildung (o. J. a).

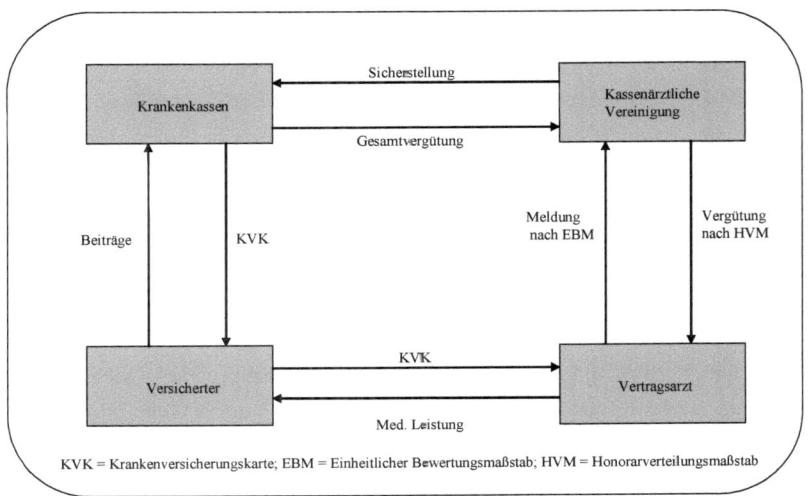

KVK = Krankenversicherungskarte; EBM = Einheitlicher Bewertungsmaßstab; HVM = Honorarverteilungsmaßstab

Abbildung 4:   Vertragliche und finanzielle Beziehungen in der ambulanten
                Versorgung in Deutschland[261]

Versicherter-Krankenkasse

Der Versicherte bezahlt monatlich *Beiträge* zur Sozialversicherung. Diese sind
leistungsorientiert, d. h. sie richten sich nach der Höhe seines beitragspflichtigen
Einkommens. Ursprünglich wurden die Beiträge paritätisch finanziert, also zur
Hälfte durch den Arbeitnehmer und zur anderen Hälfte durch den Arbeitgeber.[262]
Durch den 2005 eingeführten Sonderbeitrag wurde dies ein wenig zu Lasten des
Versicherten verändert. Die Beiträge werden vom Arbeitgeber automatisch einbe-
halten und direkt an die jeweilige Krankenkasse weitergeleitet. Auf Begrifflich-
keiten wie Beitragsbemessungsgrenze[263], Versicherungspflichtgrenze[264] oder auch

---

261   Quelle: Eigene Darstellung, in Anlehnung an Lampert, H., Althammer, J. (2004), S. 255.
262   Vgl. Bundeszentrale für politische Bildung (o. J. b).
263   Die Beiträge werden nur bis zu einer bestimmten Einkommensobergrenze (2007: Jährliches Brut-
       togehalt von 42.750 €, 3.562,50 € pro Monat) erhoben. Darüber hinaus gehendes Einkommen wird
       nicht in die Beitragsberechnung einbezogen.
264   Die Versicherungspflichtgrenze legt fest, bis zu welcher Höhe des jährlichen Bruttoarbeitsentgelts
       Arbeitnehmerinnen und Arbeitnehmer der Versicherungspflicht in der GKV unterliegen. Diese
       Versicherungspflichtgrenze liegt im Jahr 2007 bei 47.700 € oder 3.975 € pro Monat. Arbeitnehme-
       rinnen und Arbeitnehmer, deren Bruttoarbeitsentgelt oberhalb der für sie maßgeblichen Grenze
       liegt, haben die Wahl: Sie können als freiwilliges Mitglied in der GKV bleiben oder sich bei einem
       privaten Krankenversicherungsunternehmen versichern. Seit dem 1. April 2007 muss das Gehalt

Sonderbeitrag[265] wird an dieser Stelle nicht näher eingegangen. Der durchschnittliche Beitrag zur gesetzlichen Krankenversicherung beträgt in Deutschland derzeit 14,2 %.[266] Als Gegenleistung erhalten die Versicherten von ihrer Krankenkasse eine *Krankenversicherungskarte* (KVK). Auf dieser befinden sich wichtige versicherungsrelevante Daten des Versicherten.

Versicherter-Vertragsarzt

Benötigt der Versicherte eine medizinische Behandlung, sucht er den passenden Vertragsarzt aus. Die genannte *KVK* dient als Versicherungsnachweis und wird für den Kontakt mit dem Leistungserbringer benötigt. Als Gegenleistung erhält der Versicherte von dem Leistungserbringer die *medizinische Behandlung*. Das Besondere bzw. hierbei Erwähnenswerte ist, dass der Patient vom Leistungserbringer keine Rechnung erhält. Dies ergibt sich aus dem in der ambulanten Versorgung vorherrschenden Sachleistungsprinzip (siehe Abbildung 5). Es steht im Gegensatz zum Kostenerstattungsprinzip, das in der privatärztlichen Versorgung dominiert. Demnach erhält der Versicherte die benötigte Leistung als Sach- oder Dienstleistung, ohne dass er dafür selbst in finanzielle Vorleistung treten muss. Die Leistungserbringer rechnen die erbrachten Leistungen in einem späteren Schritt mit den Krankenkassen ab, wie später beschrieben wird. Der Patient erhält daher keine Informationen über die für die Behandlung angefallenen Kosten, was einen kostensteigernden Effekt hat.[267] Inzwischen wird versucht, über so genannte negative finanzielle Anreize (beispielsweise die Praxisgebühr oder auch die Zuzahlung zu Arzneimitteln) Einfluss auf die Anzahl der Arztbesuche etc. zu nehmen, um so die Kostenentwicklung besser in den Griff zu bekommen.[268]

---

[265] eines Arbeitnehmers die Versicherungspflichtgrenze in drei aufeinanderfolgenden Jahren überschreiten, bevor ein Wechsel in die PKV möglich ist.
Seit dem 1. Juli 2005 gilt für die Mitglieder der GKV ein zusätzlicher Beitragssatz in Höhe von 0,9 Prozent der beitragspflichtigen Einnahmen. Die paritätische Finanzierung in der ursprünglichen Form ist damit nicht mehr uneingeschränkt vorhanden.

[266] Vgl. Mihm, A. (2006).
[267] Vgl. Bundeszentrale für politische Bildung (o. J. c).
[268] Vgl. Bundeszentrale für politische Bildung (o. J. c).

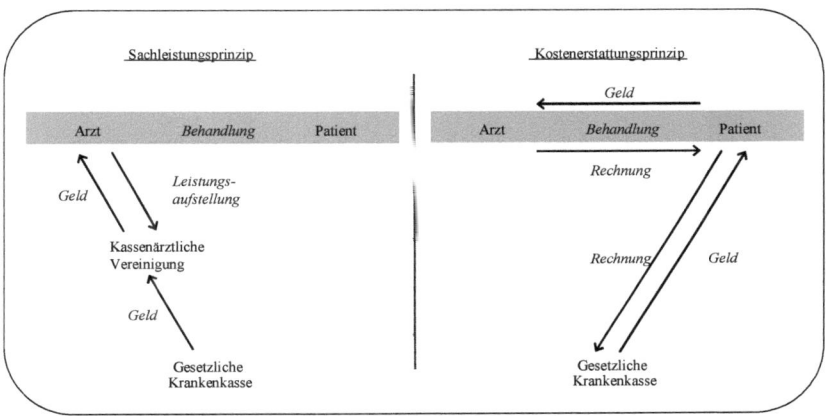

Abbildung 5:   Sachleistungs- vs. Kostenerstattungsprinzip[269]

Krankenkassen-Kassenärztliche Vereinigung

Bei der Beziehung von Krankenkasse und kassenärztlicher Vereinigung (KV)
sind zwei Begrifflichkeiten von zentraler Bedeutung. Die eine ist die so genannte
Gesamtvergütung, bei der die Krankenkasse „nach Maßgabe der Gesamtverträge
an die jeweilige Kassenärztliche Vereinigung mit befreiender Wirkung eine Gesamtvergütung für die gesamte vertragsärztliche Versorgung der Mitglieder mit
Wohnort im Bezirk der Kassenärztlichen Vereinigung einschließlich der mitversi-
cherten Familienangehörigen"[270] entrichtet. Es handelt sich also um „das Ausga-
benvolumen für die Gesamtheit der zu vergütenden vertragsärztlichen Leistungen"[271] oder auch um ein vereinbartes ärztliches Honorar auf Länderebene zwischen den Landesverbänden der Krankenkassen und der jeweiligen KV. Der Terminus „mit befreiender Wirkung" bedeutet, dass mit der Gesamtvergütung alle
Leistungen der vertragsärztlichen Versorgung für die Versicherten einer Krankenkasse abgedeckt sind bzw. darüber hinaus keine weiteren Vergütungspflichten
für die vertragsärztliche Versorgung mehr an die Krankenkassen gestellt werden.[272] Die Höhe der Gesamtvergütung ist seit 1977 an die Entwicklung der

---

[269]   Quelle: Bundesministerium für Gesundheit (o. J. a).
[270]   § 85 Abs. 1 Sozialgesetzbuch V.
[271]   § 85 Abs. 2 Sozialgesetzbuch V.
[272]   Vgl. Bundeszentrale für politische Bildung (o. J. d).

Grundlohnsumme der Krankenkassen gekoppelt, um dem Grundsatz der Beitrags-
satzstabilität Rechnung zu tragen.[273] Die Festlegung der Gesamtvergütung bedeutet implizit eine „Deckelung" der Gesamtausgaben und wird als Grund für den so
genannten *Hamsterrad-Effekt* angesehen. Schließlich bleibt es bei der vereinbar-
ten Gesamtvergütung (Deckelung), auch wenn mehr Leistungen erbracht worden
sind als ursprünglich angenommen.[274] Berechnet wird die Gesamtvergütung „als
Festbetrag oder auf der Grundlage des Bewertungsmaßstabes nach Einzelleistungen, nach einer Kopfpauschale, nach einer Fallpauschale oder nach einem System
[…] aus der Verbindung dieser oder weiterer Berechnungsarten"[275], wobei zusätzlich noch einige Pauschalen abgerechnet werden können. In Deutschland wurde
die Berechnung vorwiegend mittels Kopfpauschalen vorgenommen. Dabei wird
von einer Krankenkasse an die KV ein bestimmter Betrag pro Kopf im entsprechenden KV-Gebiet gezahlt. Zwischenzeitlich, d. h. Ende der 60er Jahre bis 1992,
wurde die Berechnungsmethode hauptsächlich auf Basis von Einzelleistungen
durchgeführt. Dabei wurden die Leistungen der Vertragsärzte mit einem festen
Punktwert vergütet. Aufgrund der dadurch entstanden Anreize für die Leistungserbringer (Leistungsausweitung) wurde davon allerdings wieder Abstand genommen.

Als Gegenleistung zur Gesamtvergütung verpflichten sich die Leistungserbringer,
auf Bundesebene gemeinschaftlich zur politischen Interessenvertretung in der
KBV organisiert, mit dem so genannten *Sicherstellungsauftrag* zur „Sicherstellung der vertragsärztlichen Versorgung der Versicherten"[276]. Es muss eine ausreichende, zweckmäßige und wirtschaftliche Versorgung der Versicherten unter Berücksichtigung des allgemein anerkannten Standes der medizinischen Erkenntnisse sichergestellt werden.[277] Des Weiteren fällt hierunter die Bedarfsplanung, die
Zulassung neuer Vertragsärzte, die Sicherstellung der Versorgung „rund um die
Uhr" und auch die Einrichtung von Notdiensten.

---

[273] Vgl. § 71 Sozialgesetzbuch V.
[274] Vgl. Bundeszentrale für politische Bildung (o. J. d).
[275] § 85 Abs. 2 Sozialgesetzbuch V.
[276] § 72 Abs. 1 Sozialgesetzbuch V.
[277] Vgl. § 12 Abs. 1 Sozialgesetzbuch V.

Vertragsarzt-Kassenärztliche Vereinigung

Der Anteil, welcher einem Vertragsarzt von der Gesamtvergütung zugesprochen wird, determiniert sich aus seiner gemeldeten Gesamtpunktwertsumme. Die Vertragsärzte reichen quartalsweise die Abrechnung für die in ihrer Praxis behandelten Patienten bei ihrer KV ein. In dem Moment der Leistungserbringung haben die von einem Vertragsarzt erbrachten Leistungen also noch keinen finanziellen Gegenwert, sondern werden in Punkten bewertet. Die Bewertung der Leistungen nach Punkten ist durch den einheitlichen Bewertungsmaßstab *EMB 2000plus* (siehe Kapitel 4.3.1.2) festgelegt, in dem alle ärztlichen Leistungen aufgeführt werden, die für die Versorgung der gesetzlich Versicherten abgerechnet werden können. Im Moment der Leistungserbringung wissen die Leistungserbringer also noch nicht, welche finanzielle Entlohnung sie erhalten werden. Dies hängt beispielsweise von den gemeldeten Punktwerten der anderen Leistungserbringer, der Höhe der Gesamtvergütung etc. ab. Die Summe der von allen Vertragsärzten gemeldeten Leistungen steht nun der Gesamtvergütung gegenüber.

Die Aufteilung der Gesamtvergütung auf Vertragsärzte muss unter Berücksichtigung bestimmter Zielsetzungen (Ausgleich regionaler Besonderheiten, Verhinderung von durch äußere Einflüsse bedingte Insolvenzen etc.) erfolgen. Vor der „Bezahlung" der Leistungserbringer werden die von ihnen erbrachten Abrechnungen auf sachliche und rechnerische Richtigkeit sowie auf Plausibilität geprüft.[278] Anschließend erfolgt die Umrechung der (in Punkten ausgedrückten) Honorarforderungen der Ärzte mittels des *Honorarverteilungsmaßstabes*. Eine einfache Division der Gesamtvergütung durch die Summe aller gesammelten Punkte der Leistungserbringer würde dabei zu falschen Anreizen und Fehlsteuerungen führen.[279] Um dem vorzubeugen, kommt es zu mehreren, nicht ganz trivialen, Prozessschritten. In einem ersten Schritt wird zwischen Hausarzt- und Facharztvergütung unterschieden und anschließend jeweils getrennt weiterverteilt.[280] Für die unterschiedlichen Ärztegruppen können dabei getrennte Vergütungsantei-

---

[278]   Vgl. Bundeszentrale für politische Bildung (o. J. d).
[279]   Vgl. Bundeszentrale für politische Bildung (o. J. d).
[280]   § 85 Abs. 4 Sozialgesetzbuch V.

le bestimmt werden.[281] Für jede Arztgruppe wird ein so genanntes *arztgruppen-spezifisches Regelleistungsvolumina* (RLV) festgelegt. Dabei handelt es sich um arztgruppenspezifische Grenzwerte, bis zu denen die von einer Arztpraxis er-brachten Leistungen mit festen Punktwerten vergütet werden.[282] Die bestimmte Punktemenge soll ungefähr dem Behandlungsbedarf der Patienten in den Praxen der jeweiligen Arztgruppe entsprechen.[283] Zusätzliche Leistungen werden mit ei-nem abgestaffelten Punktwert vergütet. Anschließend wird dieses arztgruppen-spezifische RLV über ein bestimmtes Verfahren auf die einzelnen Praxen verteilt, woraus das so genannte *arztspezifische RLV* entsteht. Somit erhält jeder Arzt ein spezifisch für ihn ermitteltes RLV mit einem entsprechenden Grenzwert. Bis zu diesem erhält er für seine erbrachten Leistungen einen festen Punktwert. Für dar-über hinaus erbrachte Leistungen erhält der Leistungserbringer nur noch einen (deutlich) geringeren Punktwert. Damit soll vor allem der Leistungsausweitung entgegengewirkt werden.[284] Bestimmte Leistungen, wie beispielsweise zur Früh-erkennung von Krankheiten, sind von der Deckelung ausgenommen und werden separat vergütet.[285]

Ursprünglich war geplant, zum 1. Januar 2007 einige *Änderungen* vorzunehmen, die nun auf den 1. Januar 2009 verschoben worden sind. Die oberste Zielsetzung war hierbei die Verlagerung des Morbiditätsrisikos von den Leistungserbringern hin zu den Krankenkassen.[286] Es stand beispielsweise die Einführung einer neuen Gebührenordnung für die Leistungserbringer genauso wie die besondere Berück-sichtigung des Aspektes der Morbidität der Versicherten bzw. der Patienten im Zentrum der Bemühungen. Demnach wäre die Gesamtvergütung nun aufbauend auf der Zahl der Versicherten berechnet worden, die nun aber, und das ist das Neue, die Morbidität der Versicherten einer Krankenkasse berücksichtigt. Zur Be-stimmung der Morbiditätsstruktur für Versicherte werden diagnosebezogene Risi-koklassen gebildet, die einen vergleichbaren Behandlungsbedarf haben. Dabei

---

[281] § 85 Abs. 2c Sozialgesetzbuch V.
[282] § 85 Abs. 4 Sozialgesetzbuch V.
[283] Vgl. Bundeszentrale für politische Bildung (o. J. d).
[284] Vgl. Bundeszentrale für politische Bildung (o. J. d).
[285] Vgl. Bundeszentrale für politische Bildung (o. J. e).
[286] Eine Forderung in diese Richtung war auch immer wieder die Abschaffung der Budgetierung durch den „Ausgabendeckel", also der Gesamtvergütung, vgl. Bundeszentrale für politische Bildung (o. J. e).

kommt ein geeignetes Klassifikationsverfahren zur Anwendung.[287] Die sich daraus ergebende Höhe der Gesamtvergütung würde dann auf die jeweiligen Ärztegruppen aufgeteilt (arztgruppenbezogene RLV) und anschließend den für die
Vergütung der im Rahmen der RLV erbrachten Leistungen gültigen Punktwert
bestimmen. Darüber hinaus gehende Leistungen können mit 10 % des Punktwerts
vergütet werden, wenn sich diese „aus einem bei der Vereinbarung nicht vorher-
sehbaren Anstieg des morbiditätsbedingten Behandlungsbedarfs ergeben".[288]
Auch die ebenfalls für den 1. Januar 2007 geplante Einführung der arztbezogenen
Regelleistungsvolumina ist nun auf den 1. Januar 2009 verschoben worden. Bei
deren Überschreitung wird die zusätzliche Leistungsmenge mit einem Punktwert
vergütet, der lediglich 10 % des ursprünglichen Punktwerts beträgt. Auch bei der
Bestimmung dieser arztbezogenen RLV wäre der Aspekt der Morbidität mit ein-
geflossen. Abschließend wird angemerkt, dass die ursprüngliche Planung die
Morbidität sowohl bei der Berechnung der Gesamtvergütung als auch für die
Arztgruppen und sogar für die einzelne Praxis berücksichtigt hätte.[289] So bleibt es
aber zumindest noch bis zum 1. Januar 2009 bei der oben beschriebenen Systematik.

2.4.1.1.2 Stationärer Sektor

Die oben beschriebene Vorgehensweise gilt nur für den ambulanten Sektor. Im
stationären Sektor hingegen erfolgt die Vergütung seit 2004 über die so genannten DRGs, wobei der Terminus DRG für Diagnosis Related Group steht. Mit
Ausnahme der Psychiatrie und Psychosomatik werden stationäre Fälle über das
DRG-System abgerechnet. Es handelt sich dabei um ein Patientenklassifikations-
system, das Patienten anhand von Diagnosen und durchgeführten Behandlungen
in Fallgruppen klassifiziert.[290] Die Fallgruppen dienen jedoch nicht der medizinischen Unterscheidung sondern die Differenzierung erfolgt aufgrund des ökonomischen Aufwandes (Behandlungskosten).[291]

---

[287]   § 85a Abs. 5 Sozialgesetzbuch V.
[288]   § 85a Abs. 3 Sozialgesetzbuch V.
[289]   Vgl. Bundeszentrale für politische Bildung (o. J. d).
[290]   Die DRGs gehen zurück auf Prof. Fetter, der diese an der Yale-Universität 1967 entwickelt hat.
        Ursprünglich waren sie ein reines Patientenklassifikationssystem und kein Vergütungssystem.
[291]   Vgl. Wiechmann, M. (2003), S. 68.

Wichtige Kriterien für die Zuordnung eines Behandlungsfalles zu der jeweiligen diagnosebezogenen Fallgruppe sind:

- die für die Krankenhausaufnahme retrospektiv hauptverantwortliche *Hauptdiagnose,*

- die im Krankenhaus durchgeführten *Prozeduren* (Operationen, aufwändige Untersuchungen),

- *Nebendiagnosen* und *Komplikationen,* die den Behandlungsverlauf maßgeblich (indem ihnen ein Aufwand anzurechnen ist) beeinflussen,

- die *Beatmungszeit* und

- *patientenbezogene Faktoren* wie Alter, Geschlecht des Patienten oder auch das Geburtsgewicht.

Die Diagnosen und Prozeduren unterliegen dabei einer Verschlüsselung; für erstere nach der Systematik des ICD-10-GM-2007[292], für zweitere nach dem Operationen- und Prozedurenschlüssel OPS-2007[293]. Die Zuordnung zu einer DRG aufbauend auf den genannten Kriterien erfolgt durch so genannte Grouper, wie beispielsweise der der Universität Münster, abrufbar unter http://drg.uni-muenster.de. Der zugrunde liegende Gruppierungsalgorithmus ist im Definitionshandbuch hinterlegt. Derzeit gibt es im deutschen DRG-System (G-DRG) 1.082 verschiedene DRGs.[294]

Eine DRG besteht aus einem vierstelligen Code bzw. einer vierstelligen Kombination aus Buchstaben und Ziffern. Die Systematik wird im Folgenden anhand der in Abbildung 6 dargestellten DRG „B70E" erläutert, die für eine „Apoplexie ohne neurologische Komplexbehandlung des akuten Schlaganfalls ohne intrakranielle

---

[292] Der Terminus ICD steht für International Classification of Diseases. Seit dem Seit dem 01. Januar 2007 wird in der ambulanten und stationären Versorgung zur Verschlüsselung von Diagnosen die ICD-10-GM Version 2007 verwendet, vgl. Deutsches Institut für Medizinische Dokumentation und Information (2007a).

[293] Der Terminus OPS steht für Operationen- und Prozedurenschlüssel. Seit dem 01. Januar 2007 wird im stationären Bereich und im Bereich des ambulanten Operierens zur Verschlüsselung von Operationen und Prozeduren der OPS Version 2007 verwendet, vgl. Deutsches Institut für Medizinische Dokumentation und Information (2007b).

[294] Vgl. Institut für das Entgeltsystem im Krankenhaus gGmbH (2006), S. 20; Hänseler, G. J. (o. J.), S. 11.

Blutung mehr als ein Belegungstag oder Delirium mit äußerst schweren CC"[295] steht. Wie bereits erwähnt, wird die DRG durch die Diagnose am Ende des stationären Aufenthaltes und der diagnostischen und auch therapeutischen Leistungen während der Behandlung determiniert. Für das Jahr 2006 werden die bundeseinheitlichen Fallpauschalen durch die Anlage 1 Fallpauschalenvereinbarung (FPV) 2006 vorgegeben.

B70E	Apoplexie ohne neurologische Komplexbehandlung des akuten Schlaganfalls ohne intrakranielle Blutung mehr als ein Belegungstag oder Delirium mit äußerst erst schweren CC Indemnity Versicherungen

Abbildung 6:   Beispiel-DRG[296]

Die *erste Stelle* einer DRG bezeichnet das Kapitel der Erkrankung bzw. dessen Ursache, auch Hauptdiagnosegruppe oder Major Diagnostic Category (MDC) genannt. Bei der MDC handelt es sich um eine Kategorie, die auf einem Körpersystem bzw. der Ursache einer Erkrankung aufgebaut und mit einem speziellen medizinischen Fachgebiet verbunden ist.[297] Daher muss zu Beginn die Hauptkategorie MDC festgelegt werden. Die Zuordnung zu einer MDC erfolgt in den meisten Fällen über die nach ICD-10 kodierten Diagnosen. In diesem Beispiel steht der erste Teil „B" für „MDC 01 Krankheiten und Störungen des Nervensystems"; es handelt sich um eine Krankheit des Nervensystems. Insgesamt gibt es derzeit 23 Hauptdiagnosegruppen, Sonderfälle (beispielsweise Beatmungsfälle, Transplantationen etc. im Kapitel A) sowie so genannte Fehler-DRGs und sonstige DRGs („Falsche Hauptdiagnose").

Die *zweite und dritte Stelle* des DRG-Codes richtet sich nach der Art der Behandlung. Werte von 1 bis 39 stehen hier für einen operativ-chirurgischen Eingriff, Werte von 40 bis 59 für einen nicht-operativen, jedoch invasiven Eingriff und Werte von 60 bis 99 für eine konservative Behandlung. In einzelnen Fällen kann es jedoch dazu kommen, dass es auch operative Prozeduren mit einem Wert von

---

[295]   Universitätsklinikum Münster (2007b).
[296]   Quelle: Eigene Darstellung, in Anlehnung an Fallpauschalen-Katalog (2006), S. 7.
[297]   Vgl. Müller, T. (2006), Kapitel 5.

über 39 gibt. In unserem Beispiel steht der Wert „70" für eine konservative Behandlung.

An *vierter Position* des DRG-Codes (in unserem Beispiel der Buchstabe „E") steht der (ökonomische) Schweregrad der Krankheit, auch Schweregrad CC (Complications and Comorbidities) genannt. A ist hierbei der höchste Schweregrad und steht für eine aufwändige (teure) Behandlung. Nach unten gibt es je nach Basis-DRG (die ersten drei Stellen des DRG-Codes) verschiedene Differenzierungen des Schweregrades; der Buchstabe Z steht hierbei für keine Schweregradunterteilung. Die Zuordnung eines Schweregrades der Erkrankung ist vor allem für die Berechnung des Entgelts wichtig, da dessen Höhe mit zunehmendem Schweregrad einer Behandlung zunimmt.[298] In unserem Beispiel steht der Buchstabe „E" für eine mittelschwere Erkrankung im Bereich der Apoplexie, so dass sich als G-DRG die vierstellige Kombination „B70E" ergibt.

Zur Berechnung des Erlöses für ein Krankenhaus für die Behandlung eines Patienten mit der DRG B70E betrachten wir nun Tabelle 5. Die Höhe der *Fallpauschale* ergibt sich aus der Multiplikation des *Basisfallwertes* mit dem kalkulierten *Relativgewicht* (in Tabelle 5 als Bewertungsrelation bezeichnet) der Erkrankung.

DRG	Bewertungsrelation	Mittlere Verweildauer (mVWD)	Untere Grenzverweildauer		Obere Grenzverweildauer		Externe Verlegung Abschlag/ Tag
			Erster Tag mit Abschlag	Bewertungsrelation/ Tag	Erster Tag zus. Entgelt	Bewertungsrelation/ Tag	
B70E	1,175	10,8	3	0,290	21	0,075	0,098

Tabelle 5: Die DRG B70E[299]

Der Basisfallwert bildet die Grundlage für die Erlösrechnung einer DRG und stellt die Kosten für einen Standard-Behandlungsfall dar.[300] Zu Beginn der DRG-Einführung wurde der Basisfallwert krankenhausindividuell verhandelt. Seit 2005

---

298 Vgl. Müller, T. (2006), Kapitel 5.
299 Quelle: Eigene Darstellung, in Anlehnung an Fallpauschalen-Katalog (2006), S. 7.
300 Vgl. Bundeszentrale für politische Bildung (o. J. f).

gilt allerdings für jedes Bundesland ein einheitlicher Landesbasisfallwert. Im Jahr 2006 schwankte dieser beispielsweise zwischen 2.625,00 € in Mecklenburg-Vorpommern bis zu 2.956,53 € in Rheinland-Pfalz.[301] In Bayern betrug er im gleichen Jahr 2.737,07 €.[302] Bis 2009 wird der individuelle Basisfallwert jedes Krankenhauses schrittweise an den landesweiten Basisfallwert angepasst (Konvergenzphase). Somit gelten nach Abschluss der Konvergenzphase ab 2009 für alle Krankenhäuser eines Bundeslandes einheitlich festgelegte Landesbasisfallwerte,[303] die innerhalb eines Bundeslandes gleiche Preise für die Behandlung eines Patienten garantieren. Durch unterschiedliche Basisfallwerte kann es derzeit zu unterschiedlichen Preisen kommen, abhängig davon, in welchem Krankenhaus ein Patient behandelt wird.

Multipliziert man nun beispielsweise den bayerischen Basisfallwert aus dem Jahr 2006 (siehe oben) mit dem *Relativgewicht* von 1,175, ergibt sich für das Krankenhaus für die Behandlung eines Patienten mit dieser DRG ein Fallerlös in Höhe von 3.216,06 €. Im Gegensatz zum Basisfallwert ist die Höhe des Relativgewichts bundeseinheitlich geregelt.[304] Je höher der Schweregrad einer Behandlung, desto höher ist auch das Relativgewicht und somit auch der zu erzielende Fallerlös. Die DRG „B70G" hat ein Relativgewicht von 0,596, d. h. die Behandlung ist 0,596-mal so teuer wie ein fiktiv durchschnittlich angenommener Standard-Behandlungsfall, dem das Relativgewicht 1,00 zugeordnet wurde. Der Fallerlös für das Krankenhaus würde in diesem Fall 1.631,29 € betragen; demnach hat das Relativgewicht einen entscheidenden Einfluss auf die Höhe des Fallerlöses.

Neben dem Basisfallwert und dem Relativgewicht hat auch die *Verweildauer* eines Patienten einen Einfluss auf den Fallerlös. In unserem Beispiel beträgt die mittlere Verweildauer 10,8 Tage (siehe Tabelle 5). Für die Höhe des Entgelts ist es in diesem Fall unerheblich, ob der Patient nun tatsächlich 5 oder auch 15 Tage im Krankenhaus verbleibt, der Erlös für das Krankenhaus bleibt davon unberührt. Erst bei Unterschreiten der unteren Grenzverweildauer bzw. bei Überschreiten der oberen Grenzverweildauer müssen Ab- bzw. Zuschläge berechnet werden. Die

---

[301] Deutsche Krankenhausgesellschaft e.V. (Hrsg.) (2007), S. 15.
[302] Vgl. Hänseler, G. J. (o. J.), S. 35.
[303] Vgl. Bartels, C. (2007).
[304] Vgl. Bundeszentrale für politische Bildung (o. J. f).

Berechnung der Ab- bzw. Zuschläge wird vorgenommen, indem das Relativgewicht vermindert oder vergrößert wird. Für unser Beispiel ist als erster Tag, für den ein Abschlag vorzunehmen ist, der dritte Tag festgelegt worden. Der Abschlag beträgt pro Tag 0,290 vom Relativgewicht. Ein Zuschlag erfolgt, sofern der Patient mehr als 20 Tage stationär behandelt werden muss. Bei 25 Tagen Aufenthalt würde das Krankenhaus also einen Zuschlag auf das Relativgewicht für insgesamt 5 Tage von 0,075 pro Tag erhalten. Somit würde das Relativgewicht nicht mehr 1,175, sondern nun 1,55 betragen. Innerhalb dieser Zeitspanne bleibt die Höhe des Entgelts unberührt, wie bereits oben erwähnt wurde (siehe auch Abbildung 7).[305] Daher wird ersichtlich, dass in stationären Einrichtungen viel getan werden muss, um bei der Behandlung der Patienten möglichst effektiv und effizient vorzugehen. Eine lange Liegezeit eines Patienten verursacht auf der einen Seite hohe Kosten, führt aber nicht unbedingt zu höheren Erlösen.

Des Weiteren kann es zu *Abschlägen* kommen, sofern der Patient in ein anderes Krankenhaus weiterverlegt wird und die mittlere Verweildauer unterschritten worden ist.[306] Damit soll bei einer Behandlung eines Patienten durch zwei oder mehrere Krankenhäuser sichergestellt werden, dass der Fallerlös je Krankenhaus gemindert wird. In unserem Beispiel beträgt der Abschlag vom Relativgewicht 0,098 pro Tag (siehe Tabelle 5).

---

[305] Vgl. Universitätsklinikum Erlangen (2006).
[306] Vgl. Müller, T. (2006), Kapitel 5.

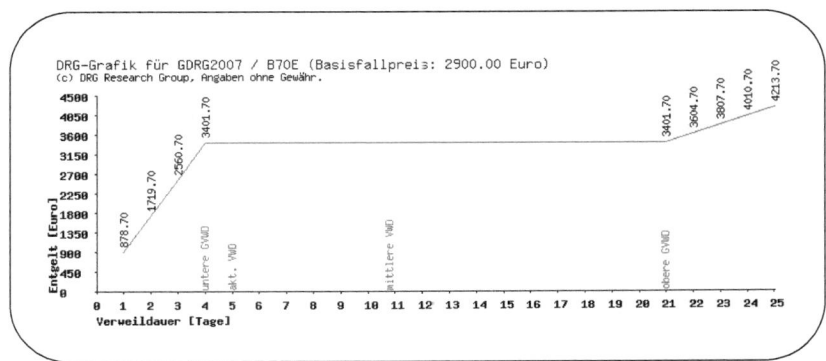

Abbildung 7:   Systematik DRG „B70E"[307]

Neben der eigentlichen DRG gibt es weitere Leistungen, die ein Krankenhaus abrechnen kann. Diese werden im Folgenden der Vollständigkeit halber aufgezeigt,
aber nicht näher diskutiert. Dazu zählen beispielsweise:

- Zusatzentgelte nach dem Zusatzentgelte-Katalog (bundeseinheitlich und
  krankenhausindividuell),

- sonstige Entgelte für Leistungen (sonstige Entgelte, teilstationäre Leistungen, Leistungen besonderer Einrichtungen),

- Entgelte für nicht durch die Fallpauschalen und Zusatzentgelte sachgerecht
  vergütete Leistungen,

- Entgelte für neue Untersuchungs- und Behandlungsmethoden,

- Entgelte für psychiatrische, psychotherapeutische sowie psychosomatische
  Behandlungen,

- Entgelte für vor- und nachstationäre Behandlungen sowie

- weitere Zuschläge (Zuschlag für Ausbildungsstätten und Ausbildungsver-
  gütungen, Qualitätssicherungszuschläge, Zuschläge zur Finanzierung von
  Selbstverwaltungsaufgaben, Zuschläge für besondere Tatbestände, Entgelte für sonstige Leistungen, Zuzahlungen, Entgelte für Wahlleistungen etc.).

---

[307]   Quelle: Eigene Darstellung, aufbauend auf Universitätsklinikum Münster (2007a).

Die gerade aufgeführten Zusatzleistungen machen die Notwendigkeit kostensenkender Maßnahmen für einen stationären Leistungserbringer deutlich. Der Anreiz zu einer wirtschaftlichen Leistungserbringung wird zwar erhöht, aber wohl nicht von allen Krankenhäusern umzusetzen sein. Die sich aus der DRG-Vergütungssystematik für ein Krankhaus ergebenden Anreize werden zu einem späteren Zeitpunkt dieser Untersuchung dargelegt (siehe Kapitel 4.2.3).

2.4.1.2 Private Krankenversicherung

Wie auch bei den Ausführungen für die gesetzliche Krankenversicherung werden im Rahmen der Darstellung für die private Krankenversicherung anfangs die Systematik des ambulanten (in Kapitel 2.4.1.2.1) und anschließend in Kapitel 2.4.1.2.2 die des stationären Sektors vorgestellt.

2.4.1.2.1 Ambulanter Sektor

Die bisher erläuterten Strukturen und Regelungen gelten ausschließlich für die Versicherten der gesetzlichen Krankenkassen. Bei privat versicherten Patienten ist der Abrechnungsweg unterschiedlich. In Abbildung 5 des Kapitels 2.4.1.1.1 ist bereits das Kostenerstattungsprinzip angesprochen worden. Es unterscheidet sich dahingehend vom Sachleistungsprinzip, dass der Leistungserbringer mit dem Patienten ein direktes Vertragsverhältnis eingeht. Aus diesem resultiert der Anspruch auf Vergütung gegenüber dem Patienten selbst. Der Arzt stellt die Leistung dem Patienten in Rechnung, der diese selbst begleichen muss. Im Anschluss muss sich der Versicherte um die Erstattung der Behandlungskosten bei seiner privaten Krankenversicherung kümmern (Kostenerstattungsprinzip).[308]

Im Gegensatz zu gesetzlich Versicherten stellt der Arzt die Rechnung bei privat Versicherten basierend auf der Gebührenordnung für Ärzte (GOÄ) und nicht auf dem einheitlichen Bewertungsmaßstab EBM 2000plus (siehe Kapitel 4.3.1.2). In der GOÄ werden Einzelleistungen aufgelistet und mit einem Gebührensatz bewertet. Er ist in unterschiedlichen Abschnitten aufgebaut, von Abschnitt A „Gebühren in besonderen Fällen" bis Abschnitt P „Sektionsleistungen", inklusive ana-

---

[308] Vgl. Bundeszentrale für politische Bildung (o. J. g).

loger Leistungen in einem Extra-Verzeichnis.[309] Das Abrechnungsverfahren wird anhand des folgenden Beispiels verdeutlicht (siehe Tabelle 6).

GOÄ-Position 800 – Eingehende neurologische Untersuchung gegebenenfalls einschließlich der Untersuchung des Augenhintergrundes		
Punkte	Einfacher Gebührensatz [310]	Zulässiger Gebührensatz [311]
195	11,37	26,15

Tabelle 6:   Verdeutlichung der GOÄ-Systematik anhand eines Beispiels[310]

Für die genannte Untersuchung erhält der Leistungserbringer 195 Punkte. Im Gegensatz zur Behandlung eines gesetzlich versicherten Patienten, weiß der Leistungserbringer bereits zu Beginn der Behandlung, welche Vergütung er in Euro dafür erhalten wird, da ein fester Punktwert existiert. Dieser beträgt derzeit 0,0582873 €.[311]

Im Rahmen der Behandlung privat versicherter Patienten gibt es nun einen anderen Gebührenrahmen als es bei gesetzlich Versicherten der Fall ist. Für die beispielhaft angenommene Untersuchung erhält der Leistungserbringer einen Lohn von 11,37 €. Allerdings hat der Arzt nun die Möglichkeit, einen höheren Betrag abzurechnen. Nach § 5 Abs. 1 GOÄ kann der Leistungserbringer die Punkte mit einem Wert multiplizieren, der vom 1- bis zum 3,5-fachen des Gebührensatzes reichen kann.

Der Leistungserbringer soll den Multiplikationsfaktor je nach Schwierigkeit und Zeitaufwand der einzelnen Leistung sowie der Umstände der tatsächlichen Ausführung bestimmen können. Dieser Gebührenrahmen wird den Leistungserbringern gegeben, um die Schwierigkeit und den Zeitaufwand der einzelnen Leistung, die Umstände bei der Ausführung und auch die Schwierigkeit des Krankheitsfalles berücksichtigen zu können.[312] Allerdings darf die Gebühr normalerweise nur zwischen dem 1- und dem 3,5-fachen des Gebührensatzes liegen, wobei ein Überschreiten des 2,3-fachen Satzes durch besondere Gründe gerechtfertigt werden

---

[309]   Vgl. Gutermann Publisher Ltd. (o. J.).
[310]   Quelle: Gutermann Publisher Ltd. (o. J.).
[311]   Vgl. Gutermann Publisher Ltd. (o. J.).
[312]   Vgl. § 5 Abs. 1 GOÄ.

muss (siehe Tabelle 7). Multipliziert man den vorher berechneten Lohn von 11,37 € mit dem *Faktor 2,3*, erhält man den zulässigen Gebührensatz in Höhe von 26,15 €. Der eben beschriebene Sachverhalt gilt für die so genannten persönlich-ärztlich erbrachten Leistungen.[313] Der 2,3-fache Faktor steht hierbei für eine mittlere Leistungsqualität.[314] Der Faktor 3,5 ist nicht der letzte Wert, da für eine außerordentlich hohe Behandlungsqualität auch höhere Werte gerechtfertigt sind.[315]

Daneben gibt es so genannte medizinisch-technische Leistungen,[316] die in den Abschnitten A „Gebühren in besonderen Fällen", E „Physik.-med. Leistungen" und O „Strahlenmedizin/MRT" aufgeführt sind. Hierbei gilt der Gebührenrahmen vom 1- bis zum 2,5-fachen. Ohne weitere Begründung kann der Leistungserbringer hier einen *Multiplikationsfaktor von 1,8* ansetzen. Ein Faktor über 1,8 muss ebenfalls explizit begründet werden.

Im dritten „Teil" des Gebührenrahmens ist der technische Gebührenrahmen für die Leistungen des Abschnittes M „Labor" gesenkt worden; so beispielsweise für Laboruntersuchungen.[317] Diese sind schließlich durch einen hohen Automatisierungsgrad mit einer geringeren Schwierigkeitsrate gekennzeichnet. Der Gebührenrahmen beträgt hierbei das 1- bis 1,3-fache mit einem mittleren *Multiplikationsfaktor von 1,15*. All diese technischen Leistungen finden sich im Abschnitt M des Gebührenverzeichnisses (Labor) wieder.

Leistungen	Gebührenrahmen	Schwellenwert	Höchstsatz
Persönliche	1,0-3,5	2,3	3,5
Technische	1,0-2,5	1,8	2,5
Labor	1,0-1,3	1,15	1,3

Tabelle 7:   Gebührensätze für die Behandlung von privat Krankenversicherten[318]

---

[313]   Vgl. Der Kassenarzt (o. J. a).
[314]   Vgl. Der Kassenarzt (o. J. b).
[315]   Vgl. Der Kassenarzt (o. J. b).
[316]   Vgl. Der Kassenarzt (o. J. a).
[317]   Vgl. Der Kassenarzt (o. J. a).
[318]   Quelle: Der Kassenarzt (o. J. a).

Im Gegensatz zu den Regelungen der gesetzlich Versicherten ergeben sich weitere Unterschiede. Erstens gibt es im Rahmen der privaten Krankenversicherung
keine Deckelung der Ausgaben, also keinen vorgegebenen Budgetrahmen, in dem
sich die Leistungserbringer bewegen.[319] Daher wird jede zusätzlich erbrachte
Leistung vergütet, was die Behandlung von privat versicherten Patienten für die
Leistungserbringer besonders attraktiv macht. Im Zweifelsfall wird alles „für die
Gesundheit" der privat versicherten Patienten getan, wie auch die Ergebnisse einer kürzlich veröffentlichten Studie belegen. Im Jahr 2003 beliefen sich demnach
die Gesamtausgaben der PKV-Versicherungen auf 6,5 Mrd. €. Im Rahmen der
Untersuchung wurde nun errechnet, dass die Ausgaben nur 2,9 Mrd. € betragen
hätten, wenn die Leistungen wie in der GKV vergütet worden wären. Die Leistungserbringer hätten mit der gleichen Arbeit im gesetzlichen Versicherungsbereich 3,6 Mrd. € weniger verdient. Es wird daher auch von einer Quersubventio-
nierung der gesetzlichen Krankenversicherung durch die private Krankenversicherung gesprochen.[320]

2.4.1.2.2 Stationärer Sektor

Wie bei den gesetzlich Krankenversicherten kommt auch bei den privat Krankenversicherten das DRG-System zur Anwendung, das in Kapitel 2.4.1.1.2 ausführlich beschrieben worden ist. Darüber hinaus sind für die Behandlung PKV-
Versicherter weitere Leistungen abrechenbar, welche die Behandlung für ein
Krankenhaus profitabel macht. PKV-Versicherte sind bei der Wahl des Krankenhauses an keine Bestimmungen gebunden und müssen nicht vom Arzt in das
nächste freie Krankenhaus eingewiesen werden. Abbildung 8 stellt die Abrechnungssystematik von Krankenhäusern für die Behandlung PKV-Versicherter ü-
bersichtlich dar. Dabei wird grundsätzlich zwischen *allgemeinen Krankenhausleistungen* und *Wahlleistungen* unterschieden.

---

[319] Vgl. Bundeszentrale für politische Bildung (o. J. g).
[320] Vgl. Bundeszentrale für politische Bildung (o. J. g).

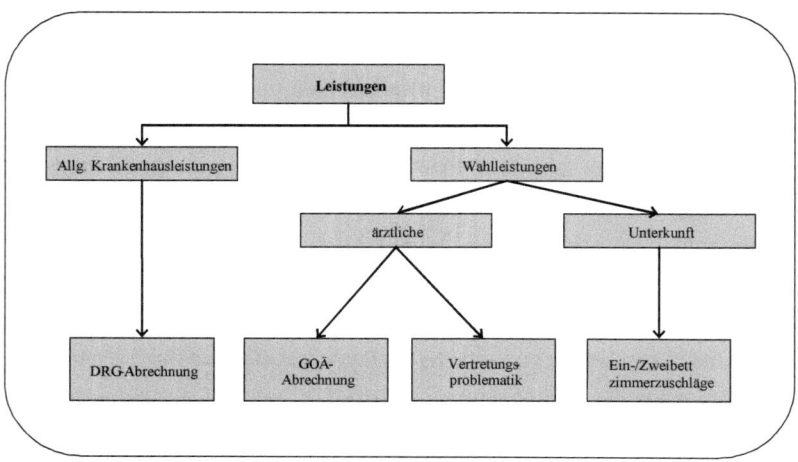

Abbildung 8:   Abrechnungssystematik PKV-Versicherter im Krankenhaus[321]

Die *allgemeinen Krankenhausleistungen* umfassen alle Leistungen eines Krankenhauses, die für die nach Art und Schwere der Erkrankung des Patienten medizinisch zweckmäßige und ausreichende Versorgung erforderlich sind. Auch die
vom Krankenhaus veranlassten Leistungen Dritter und die aus medizinischen
Gründen erforderliche Mitaufnahme einer Begleitperson des Patienten zählen dazu. Die Kosten der allgemeinen Krankenhausleistungen (Verpflegung, Pflege,
Versorgung mit Arzneimitteln und die Unterkunft in der allgemeinen Pflegeklas-
se) sowie die ärztlichen Leistungen sind mit den bereits dargestellten DRGs abgegolten. Falls medizinisch notwendig, ist auch die Unterbringung im Einbettzim-
mer und die Operation durch den Chefarzt ohne gesonderte Berechnung mit den
Pflegesätzen abgegolten. Leistungen der Belegärzte[322], -hebammen und -
entbindungspfleger gelten nicht als Krankenhausleistungen, da es sich um niedergelassene und nicht um am Krankenhaus angestellte Personen handelt, die vom
Krankenhaus also keine Vergütung erhalten.

Auf der Wahlleistungsebene kann ein Patient bezüglich der ärztlichen Behandlung und der Unterkunft wählen. Hinsichtlich der *ärztlichen Wahlleistung* ist zu

---

[321]   Quelle: Eigene Darstellung, in Anlehnung an Goldmann, D. (2005).
[322]   Siehe hierzu auch § 18 KHEntgG.

erwähnen, dass diese besonderen Anforderungen genügen muss. So ist es nach §
17 Abs. 2 KHEntgG erforderlich, dass der Patient vor Abschluss der Vereinbarung schriftlich über die Entgelte der Wahlleistungen und deren Inhalt im Einzelnen zu unterrichten ist. Im Gegensatz zu früher muss der Krankenhausarzt den
Patienten detailliert über den voraussichtlichen Umfang seiner Leistungen und
über die hierfür zu berechnenden Entgelte informieren. Dabei muss er den Patienten aufklären, welche Gebührenpositionen er ansetzen wird, ob er Schwellenwerte
überschreiten und wie hoch seine Rechnung für den Patienten voraussichtlich sein
wird. Ein exakter Kostenvoranschlag ist nicht erforderlich, es genügt eine „im
Wesentlichen zutreffende Angabe". Wird vor der Chefarztbehandlung keine Kos-
tenübersicht erstellt, entfällt künftig die Grundlage für die Privatliquidation.[323] Für
die Abrechnung wahlärztlicher Leistungen ist die GOÄ die geltende Rechtsgrund-
lage.[324]

Gemäß § 19 Abs. 2 KHEntgG sind liquidationsberechtigte Krankenhausärzte, die
wahlärztliche Leistungen nach § 17 Abs. 3 gesondert berechnen können, zur *Kostenerstattung* verpflichtet. Sie müssen dem Krankenhaus die auf diese Wahlleistungen entfallenden, nicht pflegesatzfähigen Kosten erstatten. Nehmen Ärzte zur
Erbringung sonstiger vollstationärer oder teilstationärer ärztlicher Leistungen, die
sie selbst berechnen können, Personen, Einrichtungen oder Mittel des Krankenhauses in Anspruch, so sind sie gemäß § 19 Abs. 3 KHEntgG dazu verpflichtet,
dem Krankenhaus die auf diese Leistungen entfallenden Kosten zu erstatten. Für
die Erbringung wahlärztlicher Leistungen gilt, dass der leitende Krankenhausarzt
oder ein anderer liquidationsberechtigter Arzt des Krankenhauses dem Patienten
gegenüber höchstpersönlich tätig werden muss (*Vertretungsproblematik*); schließlich erkauft sich der Patient durch die Zahlung einer gesonderten Vergütung einen
Anspruch auf persönliche Betreuung durch den gewählten Arzt. „Die höchstper-
sönliche Erbringung der wahlärztlichen Leistung und deren gesonderte Vergütung
bilden das eigentliche Austauschverhältnis, das die Erbringung wahlärztlicher
Leistungen charakterisiert."[325]

---

[323] Vgl. Hess, R. (2003).
[324] Vgl. Goldmann, D. (2005), S. 19.
[325] Wern, S. (2003), S. 259.

Neben der wahlärztlichen Behandlung fallen auch *Unterkunftszuschläge* für Ein- oder Zweibettzimmer unter die Wahlleistungs-Ebene und werden, falls sie zu Beginn des Krankenhausaufenthaltes vereinbart wurden, dem Patienten getrennt in Rechnung gestellt. Sofern das Krankenhaus ausschließlich oder überwiegend mit Zweibettzimmern im Rahmen der allgemeinen Krankenhausleistungen ausgestattet ist, kann die Unterbringung im Zweibettzimmer nicht als Wahlleistung gewählt und berechnet werden. Für alle eben genannten und sonstigen Wahlleistungen gilt gemäß § 17 Abs. 1 Satz 3 KHEntgG, dass diese in keinem unangemessenen Verhältnis zu den Leistungen stehen dürfen.[326]

2.4.2 Qualität der Versorgung

Für vergangene Reformbemühungen im deutschen Gesundheitssystem gilt Ähnliches wie beim amerikanischen Gesundheitssystem. Die Maßnahmen zielten bislang mehr auf eine Kostensenkung als auf eine Qualitätsverbesserung in der Gesundheitsversorgung ab. Gegenwärtig ist man dazu übergegangen, auch der Versorgungsqualität mehr Aufmerksamkeit zu schenken. Qualitative Mängel ergeben sich hierzulande beispielsweise für gesetzlich krankenversicherte Personen, die einen Arzttermin benötigen. Laut einer neuen Untersuchung warten Kassenpatienten deutlich länger als privat Versicherte. Auch bei akuten Beschwerden hat sich diese Beobachtung ergeben.[327]

Personen ohne Krankenversicherungsschutz haben in der Vergangenheit der deutschen Gesundheitsversorgung eigentlich keine große Rolle gespielt, betrifft dies doch immer nur sehr spezielle Personengruppen.[328] Im Rahmen der kürzlich beschlossenen Gesundheitsreform (GKV-WSG) wurde diese Problematik gelöst, so dass auch für diese Personengruppen künftig Krankenversicherungsschutz bestehen wird.

Die Existenz der *Unter-, Über- und Fehlversorgung* lässt sich auch im deutschen Gesundheitswesen nicht verschweigen. Der Sachverständigenrat zur Begutachtung der Entwicklungen im Gesundheitswesen bestätigte deren Vorhandensein

---

[326] Vgl. Goldmann, D. (2005), S. 23.
[327] Vgl. Zok, K. (2007).
[328] Vgl. Greß, S., Walendzik, A., Wasem, J. (2005).

bereits in seinem Gutachten von 2001.[329] Demnach wird sich vornehmlich auf die Akutbehandlung konzentriert, die Bedeutung der Prävention und Früherkennung von Krankheiten wird allerdings vernachlässigt. Im Vergleich mit anderen Ländern seien Vorsorgeuntersuchungen nicht so weit verbreitet und auch die Überlebensrate nach lebensbedrohlichen Krankheiten (Brustkrebs, Darmkrebs, Asthma, Herzinfarkt etc.) sei unterhalb des Durchschnitts anzusiedeln.[330] Trotz diverser Maßnahmen in der jüngsten Vergangenheit seien immer noch zahlreiche Effizienz-, Effektivitäts- und auch Qualitätsreserven vorhanden und erlauben weiterhin Spielraum für Verbesserungen.[331] Vor allem die Behandlung chronischer Patienten hätte noch viel Potential. Aufgrund der demografischen Entwicklung in Deutschland wird dieser Aspekt in Zukunft weiter an Bedeutung zunehmen und einen erheblichen Teil der Ressourcen für sich beanspruchen. Die später im Rahmen der hier durchgeführten Untersuchung näher betrachteten „Qualitätsverbesserungsinitiativen"[332] (P4P) zeigen, wie die derzeitige Versorgungssituation verbessert werden könnte bzw. wie diese in anderen Ländern, die mit ähnlichen Problemen zu kämpfen haben, eingesetzt werden.

Betrachtet man die Versorgungsqualität Deutschlands im *internationalen Vergleich*, so nimmt die Bundesrepublik häufig einen der vorderen Plätze ein. Bei der *IGSF-Analyse* wurde Deutschland im Vergleich mit insgesamt 14 anderen Industrieländern auf dem ersten Rang positioniert.[333] Demnach stellt sie ihren Bürgern „den umfassendsten Leistungskatalog im Gesundheitswesen zur Verfügung und hat damit das umfassendste Gesundheitswesen."[334] Hinsichtlich der Effizienz-Betrachtung der Gesundheitsversorgung der betrachteten vierzehn Länder wird man auf den vierten Rang eingestuft. Nach Meinung der Autoren weist die Versorgung der Länder, die vor Deutschland positioniert sind, jedoch Mängel auf, die aufgrund dessen eigentlich einen Platz hinter Deutschland hätten einnehmen müssen.

---

[329] Vgl. Sachverständigenrat für die Konzertierte Aktion im Gesundheitswesen (2001).
[330] Vgl. Greß, S., Maas, S., Wasem, J. (2006).
[331] Vgl. Greß, S., Maas, S., Wasem, J. (2006).
[332] Pieper, C. (2002).
[333] Vgl. Fritz Beske Institut für Gesundheits-System-Forschung (2005), S. 3.
[334] Fritz Beske Institut für Gesundheits-System-Forschung (2005), S. 6.

Bei dem *Europa-Gesundheitskonsumenten-Index 2005* erlangte Deutschland den 3. Rang bei einem Vergleich von 12 europäischen Gesundheitssystemen.[335] In der Untersuchung aus dem Jahr 2006, bei der 24 Länder betrachtet wurden, ist Deutschland auf dem 3. Rang geblieben.[336]

Gemäß des *WHO-Reports* wird die Effizienz der Gesundheitsversorgung in Deutschland allerdings schlechter eingeschätzt. Liegt man bei dem Level of Health (Gesundheitszustand der Bevölkerung) noch auf Rang 22 der untersuchten Länder, wird die Effizienz der Gesundheitsversorgung mit Position 41 negativer bewertet. Wenn man sich der Tatsache bewusst ist, dass Deutschland von allen untersuchten Ländern die dritthöchsten Gesundheitsausgaben pro Kopf hat, ist dieses Ergebnis nicht verwunderlich. Immerhin nimmt man bei der Betrachtung der gesamten Gesundheitsversorgung den 25. Rang ein.

Die *OECD* kommt zu einem nicht so positiven Ergebnis wie eben dargelegte Studien, da sie verstärkt auf die oben erwähnten Mängel bei Vorsorgeuntersuchungen und den Überlebensrate nach lebensbedrohlichen Krankheiten hinweist. Allerdings verzichtete die OECD auf die Erstellung eines Rankings.

---

[335] Vgl. Health Consumer Powerhouse (2005).
[336] Vgl. Health Consumer Powerhouse (2006), S. 17.

3. „Pay for Performance" (P4P) als eine Antwort auf bestehende Qualitätsdefizite

Eine der neuesten innovativen Ideen der Gesundheitsökonomie kommt aus den USA und dort aus dem Bundesstaat Kalifornien. Die im Zentrum dieser Arbeit stehende kalifornische Qualitätsverbesserungsinitiative (Referenzprojekt) gilt als „largest and most ambitious yet in the 'pay for performance' movement"[337] und wird in den folgenden Ausführungen näher beschrieben. Anfangs werden in Kapitel 3.1 theoretische Grundlagen zu Qualitätsverbesserungsbemühungen allgemein und insbesondere zu dem Referenzprojekt vorgestellt. Anschließend wird die dort verwendete Vorgehensweise zur Performance-Messung beschrieben (siehe Kapitel 3.2), bevor auf dessen zwei zentrale Elemente, das Public Reporting (PR, siehe Kapitel 3.3) und die erfolgsorientierte Vergütung (EV, siehe Kapitel 3.4) eingegangen wird. Aus unterschiedlichen Perspektiven wird die Thematik des P4P in Kapitel 3.5 betrachtet und in Kapitel 3.6 werden drei alternative und derzeit in der Literatur viel beachtete Qualitätsverbesserungsinitiativen vorgestellt. Abschließend wird ein alternatives Konzept zur Steigerung der medizinischen Versorgungsqualität von Porter/Teisberg angesprochen, das derzeit häufig diskutiert wird (siehe Kapitel 3.7). Die Autoren nehmen dabei Bezug auf das P4P-Konzept und stellen dieses ihrem eigenen gegenüber.

3.1 Theoretische Grundlagen

Der P4P-Bewegung, von der man sich fundamentale Verbesserungen in der Gesundheitsversorgung der Bevölkerung erhofft, wird eine große Bedeutung zugesprochen.[338] Dies wird deutlich, wenn man die folgenden Beschreibungen betrachtet:

- Das größte Anreizprogramm für Qualitätsverbesserungen.[339]

- „programs to close the gaps in quality and service and to control costs through incentive payments."[340]

---

[337] Landro, L. (2004).
[338] Vgl. Millenson, M. L. (2004), S. 324.
[339] Vgl. Pacific Business Group on Health (2005).

- „The fundamental premise underlying pay-for-performance plans is that improved quality, better service, and reduced costs require changes in physician and hospital behaviors, and financial incentives will help achieve those changes.“[341]

- „new concept [...] that links payment and adherence to safety and quality standards.“[342]

Wird im Folgenden von P4P gesprochen, so soll darunter die gesamte P4P-Bewegung verstanden werden, da es nicht das eine P4P-Projekt gibt. Derzeit existieren viele Qualitätsverbesserungsinitiativen, die unter dieser Begrifflichkeit zusammengefasst werden. Das P4P-Programm, dem die größten Entwicklungschancen eingeräumt werden, ist das aus dem US-Bundesstaat Kalifornien stammende *Referenzprojekt* der dortigen Gesellschaft für integrierte Versorgung (Integrated Healthcare Association - IHA). Dieses Referenzprojekt hat zwei wesentliche Ansatzpunkte, um das Ziel der Qualitätssteigerung zu realisieren (siehe Abbildung 9). Bei der ersten Komponente der *erfolgsabhängigen Vergütung* (EV) geht es darum, „[to] redesign the way providers are paid to encourage quality improvement“[343]. Die medizinischen Leistungen sollen direkt in Ärztepraxen gemessen und Ärzte finanziell für hohe Qualitätsstandards oder -verbesserungen belohnt werden.[344] Aber auch die andere Komponente *Public Reporting* (PR) hat, zumindest indirekt, einen Einfluss auf die Vergütungshöhe der Leistungserbringer. Da die gemessene Behandlungsqualität eines Leistungserbringers bzw. wichtige Ergebnis-Parameter veröffentlicht werden, muss wohl damit gerechnet werden, dass sich einige Patienten bei schlechten Ergebnissen einen neuen Leistungserbringer suchen werden. Das PR („perhaps the single most important step in reforming the health care system“[345]) findet meist im Internet statt, wo sich die Patienten eingehend über die Behandlungsqualität der Leistungserbringer informieren können.

---

[340] Thrall, J. H. (2004), S. 637.
[341] Thrall, J. H. (2004), S. 640.
[342] Millenson, M. L. (2004).
[343] Henley, E. (2005), S. 610.
[344] Vgl. Pieper, C. (2002).
[345] Porter, M. E., Teisberg, E. O. (2006), S. 7.

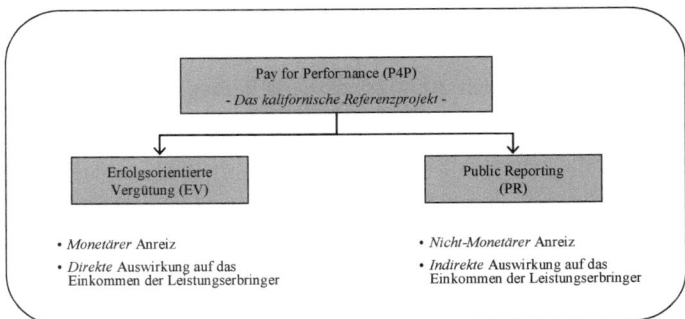

Abbildung 9:   Definitorische Abgrenzung von P4P, EV und PR[346]

3.1.1 Kurze historische Betrachtung von Qualitätsverbesserungs-initiativen

Standen früher Kostensenkungsbemühungen im Vordergrund von Reformbemühungen, so gewinnen derzeit Qualitätsverbesserungsinitiativen an Bedeutung.[347] Durch eine höhere Behandlungsqualität erhofft man sich aber auch positive Auswirkungen auf künftig anfallende Behandlungskosten. Dass durch Qualitätssteigerungen Kostensenkungen realisiert werden können, wurde bereits mehrfach gezeigt.[348]

Das Streben nach mehr Qualität im Rahmen der Leistungserbringung forderte bereits 1970 Archie Cochrane, der anmerkte, dass aufgrund beschränkter Ressourcen nur effektive Methoden der medizinischen Leistungserbringung durchgeführt werden sollten; aber vor allem das IOM leistete mit zwei Werken einen wichtigen Beitrag zu mehr Qualitätsorientierung im US-Gesundheitswesen. Die erste Veröffentlichung *To Err Is Human: Building a Safer Health Care System* handelt von der Vermeidung von Fehlerquellen wie Behandlungsfehlern, Unterversorgung und unnötiger oder auch ineffektiver Versorgung.[349] Aufgrund vorhandener Behandlungsfehler wird in vielen vermeidbaren Fällen sogar von der „Tödlichkeit

---

[346] Quelle: Eigene Darstellung.
[347] Vgl. Porter, M. E., Teisberg, E. O. (2006), S. 85.
[348] Vgl. Leatherman, S., Berwick, D., Iles, D., u. a. (2003).
[349] Vgl. Porter, M. E., Teisberg, E. O. (2006), S. 84.

der klinischen Gesundheitsversorgung"[350] gesprochen. In der zweiten Veröffentlichung *Crossing the Quality Chasm*[351] rücken die Aspekte Behandlungsqualität und auch die bestehende Anreizsystematik in den Vordergrund. Durch den Gedanken, dass sich die Behandlungsqualität in der Höhe der Vergütung widerspiegeln soll, entstand ein Anstoß für die P4P-Bewegung.[352] In dem Werk werden zahlreiche Anregungen gegeben, um sowohl die Qualität als auch die Effizienz der Gesundheitsversorgung zu verbessern. So fordert das IOM beispielsweise

- mehr Transparenz,

- den intensiveren Einsatz von IT aber vor allem

- eine stärkere Koppelung des Entgeltes der Leistungserbringer an deren erbrachte Leistungen („build in stronger incentives for quality enhancement"[353]).

Die bestehende Vergütungssystematik von Leistungserbringern gilt als eine wichtige Ursache für die nicht optimale Versorgungsqualität,[354] da von ihr nur wenige Anreize zur Verbesserung der Behandlungsqualität ausgehen.[355] Sogar motivierte Ärzte erhalten wenig Ansporn, da sie jedem Qualitätsverbesserungsversuch entgegensteht.[356] Würde ein Leistungserbringer beispielsweise in ein IT-gestütztes Diabetes-Management-Programm investieren, durch das die Häufigkeit der Behandlungen bzw. Besuche in der Arztpraxis vermindert würden, so würde der Leistungserbringer dafür einerseits nicht nur keine Vergütung für diese Investition erhalten, sondern im Gegenteil dafür „bestraft" werden, da die Anzahl Arzt-Patienten-Kontakte abnehmen würde. Somit würde der Leistungserbringer Geld verlieren, das er durch die (wenn auch vermeidbaren) Besuche des Patienten in seiner Praxis sonst erhalten hätte.[357]

---

[350] Bubenzer, R. H. (2005).
[351] Vgl. Institute of Medicine (2001a).
[352] Vgl. Braun, B., Reiners, H., Rosenwirth, M., u. a. (2006), S. 62.
[353] Institute of Medicine (2001a), S. 6.
[354] Vgl. Endsley, S., Kirkegaard, M., Baker, G., u. a. (2004), S. 46; Sorian, R. (2006), S. 2.
[355] Vgl. Endsley, S., Kirkegaard, M., Baker, G., u. a. (2004), S. 46; Wilson, J. F. (2007), S. 475.
[356] Vgl. Keenan, P. S., Kline, J. (2004), S. 1; Sorian, R. (2006), S. 2; Rowe, J. W. (2006), S. 696.
[357] Vgl. The Commonwealth Fund (2006a).

Im Jahr 1998 stellte auch die *Pacific Business Group on Health* (PBGH) fest, dass die finanziellen Anreize für Ärzte zu einer qualitativ hochwertigen Medizin nur gering waren. Daher arbeitete sie an einer Strategie für mehr Qualität bei der Leistungserbringung; es erfolgte die Ausschüttung eines 2 %igen Bonus an Leistungserbringer, die bestimmte Qualitätskriterien erfüllen.[358] Dieser Gedanke allerdings „was viewed as an idea ahead of its time"[359]. Der Vergütungssystematik steht häufig die qualitativ bestmögliche Behandlung eines Patienten entgegen, was bis hin zu der Nicht-Durchführung von sinnvollen Behandlungsschritten führen kann. Der Anteil der EV am Gesamteinkommen der Leistungserbringer ist noch verhältnismäßig gering und es fehlen einheitliche und standardisierte Methoden, um die Qualität einer Behandlung bzw. Verbesserungen zu messen.[360] Es sind größere Anreize notwendig, damit Leistungserbringer ihre Behandlungsqualität verbessern können.[361] Monetäre Anreize zählen dabei zu den wichtigsten Instrumenten, um Verhalten zu beeinflussen.[362] Bei der neuen Systematik müssten Qualität erkannt und belohnt sowie Qualitätsverbesserungen unterstützt werden.

Erste Bewegungen hin zu qualitätsorientierten Anreizen und öffentlichen Berichtskarten über die geleistete Qualität kamen bereits zuvor in den späten 90er Jahren auf. Aufgrund unterschiedlicher Ansätze waren diese Bemühungen jedoch nur eingeschränkt miteinander vergleichbar.[363] Die diversen Qualitätsbonus-Programme der MCOs liefen separat nebeneinander und „jede kochte bisher ihr eigenes Süppchen"[364]; wohl auch deshalb haben sich keine besonderen Resultate eingestellt. Das *Referenzprojekt* stellt nun das erste Konzept zur Verbesserung der Qualität dar, das von mehreren HMOs gemeinsam umgesetzt wird.[365] Trotz anfänglicher Ungewissheit über Bonuszahlungen etc. waren viele Leistungserbrin-

---

[358] Vgl. Damberg, C. L., Raube, K., Williams, T., u. a. (2005), S. 67;
Heute arbeitet die PBGH vor allem an der Entwicklung und Prüfung der Kennzahlen für die P4P-Programme. Von ihr wurde auch das System für die Datensammlung entwickelt, mit dem die Informationen der klinischen Indikatoren gesammelt werden, vgl. Pacific Business Group on Health (2005).
[359] McDermott, S., Williams, T. (2006), S. 3.
[360] Vgl. Institute of Medicine (2001a), S. 194.
[361] Vgl. Endsley, S., Kirkegaard, M., Baker, G., u. a. (2004), S. 46.
[362] Vgl. Institute of Medicine (2001a).
[363] Vgl. McDermott, S., Williams, T. (2006), S. 2.
[364] Pieper, C. (2002).
[365] Vgl. Pieper, C. (2002).

ger „enthusiastic about the program's increased focus on quality."[366] Inzwischen haben sich der P4P-Welle sowohl national als auch international viele Institutionen angeschlossen (derzeit existieren in den USA über 100 P4P-Programme mit steigender Tendenz).[367] Auch die Centers for Medicare & Medicaid Services (CMS) haben umfangreiche Programme im stationären Sektor gestartet, um den P4P-Gedanken aufzugreifen und zu testen.[368] In einem dreijährigen Demonstrationsprojekt, das im Oktober 2003 begonnen hatte und 268 Krankenhäuser einschloss,[369] wurden insgesamt 8,85 Mio. US-$ in Form von Boni ausgeschüttet, um die Qualität der Versorgung zu erhöhen. Bereits nach zwei Jahren konnte festgestellt werden, dass sich die Versorgungsqualität der teilnehmenden Häuser erhöht hatte und dass die Kluft zwischen den besten und den schlechtesten Häusern kleiner zu werden schien.

Im *Vereinigten Königreich (UK)* führte der NHS 2004 einen P4P-Vertrag für Hausärzte ein. Dass man dort großes Vertrauen in diesen Ansatz hat, zeigt die von der Regierung dafür zur Verfügung gestellte Summe von immerhin 1,8 Mrd. Pfund,[370] die allerdings nicht durch die Umverteilung des bisherigen Vergütungssystems, sondern über Steuereinnahmen finanziert wurde.[371] Auch in *Estland* wurden leistungsorientierte Anteile in die hausärztliche Vergütung eingeführt, jedoch noch nicht so explizit wie in den USA oder in Großbritannien. Für das Erreichen absoluter Qualitätsziele werden Bonuszahlungen für bestimmte Leistungen gezahlt, allerdings noch ohne die Behandlungsqualität zu bewerten. Dadurch sollen sich Ärzte verstärkt um Impfungen, Krankheitsvorsorge durch Screenings und um die Verbesserung der Versorgung chronisch Kranker kümmern. Daneben könnten außerdem Einspareffekte realisiert werden, sollten die Krankenhauseinweisungen reduziert werden. Aber auch hier ist geplant, vergütungsrelevante Behandlungsziele zu definieren.[372] So unterschiedlich die vorhandenen Programme sein mögen, sie haben gemeinsam, dass anhand ex-ante definierter Zielkriterien

[366] Colwell, J. (2005).
[367] Vgl. Dudley, R. A. (2005), S. 1821; Dudley, R. A., Rosenthal, M. B. (2006), S. 1.
[368] Vgl. Becker, C. (2005).
[369] Vgl. Becker, C. (2005), S. 8.
[370] Vgl. Doran, T., Fullwood, C., Gravelle, H., u. a. (2006), S. 376.
[371] Vgl. Doran, T., Fullwood, C., Gravelle, H., u. a. (2006), S. 379.
[372] Vgl. Braun, B., Reiners, H., Rosenwirth, M., u. a. (2006), S. 16.

die Behandlungsqualität medizinischer Leistungserbringer gemessen und beurteilt wird. Anhand der Ergebnisse gibt es Bonuszahlungen, Ergebnisveröffentlichungen etc. Da jüngste Ergebnisse bereits erste Erfolge zeigen (siehe Kapitel 3.4), erlangt P4P auch in Deutschland zunehmende Beachtung. Tabelle 8 stellt abschließend P4P-Zielsetzungen einiger Länder dar.

	USA	UK	Estland	Israel	BRD
Qualitätsunterschiede nivellieren	+				
Qualitätsniveau erreichen (absolut)	+	+			
Versorgungsqualität verbessern (relativ)	+				
Leistung an sich belohnen		+			
Chronikerversorgung verbessern	+	+			+
Prävention verbessern	+	+	+		
Verschreibungsverhalten belohnen					+
Praxismanagement verbessern		+			
Effizienz steigern	+	+		+	+
Kosten senken	+				+
Koordination zw. Leistungserbringern fördern	+	+		+	
Behandlungsverläufe IT dokumentieren	+	+			
Evaluations- und Feedbacksysteme	+			+	
Patientenorientierung/Patientenzufriedenheit steigern	+	+			+

Tabelle 8:   P4P-Zielsetzungen nach Ländern[373]

Grundsätzlich können P4P-Programme unterschiedlich organisiert sein. Netzwerke können ihren angestellten Ärzten Bonuszahlungen für verbesserte Qualitätskriterien gewähren oder einzelne Arbeitgeber, meist große Firmen, bezahlen bestimmte Leistungserbringer für gute Leistung. Aber auch individuelle Krankenversicherungen oder der Staat bedienen sich des P4P-Konzepts, wie beispielsweise derzeit im Rahmen von Medicare getestet wird.[374] Zur Veranschaulichung des P4P-Konzepts wird in den folgenden Ausführungen das Referenzprojekt näher beschrieben, bei dem sich einzelne Krankenversicherungen zusammenschließen

---

[373]   Quelle: Braun, B., Reiners, H., Rosenwirth, M., u. a. (2006), S. 16.
[374]   Vgl. Bodenheimer, T., May, J. H., Berenson, R. A., u. a. (2005), S. 1.

und das zur Verfügung stehende Geld an Netzwerke mit besonders guter Leistung verteilen.

3.1.2 Vorstellung des Referenzprojekts

Das *Referenzprojekt* ist eines von sieben Demonstrationsprojekten unter dem Namen „Rewarding Results", die von der Robert Wood Johnson Foundation (RWJF) und der California HealthCare Foundation (CHCF) gefördert werden.[375] Die Fördersumme der Projekte betrug insgesamt 8,8 Mio. US-$. Das größte davon ist das Referenzprojekt der kalifornischen IHA,[376] welches zu Beginn ungefähr ein Viertel aller kalifornischen Bürger (sieben bis acht Millionen Versicherte) bzw. rund 35.000 Ärzte eingeschlossen hat.[377] Die ursprünglichen Ziele bestanden in einem einheitlichen Set an Performance-Kennzahlen, signifikanten Anreizzahlungen an die Leistungserbringer sowie einer Berichtskarte zur Veröffentlichung der Ergebnisse.[378] Der Fokus lag auf chronischen Krankheiten und dem Präventionsgedanken in der ambulanten Versorgung.[379] Offiziell bekannt gegeben wurde das Projekt am 15. Januar 2002 unter dem Namen *Pay for Performance*, was mit „Geld für Leistung"[380] übersetzt werden kann. Aufbauend auf einem einheitlichen Bündel an Performance-Kennzahlen sollten die Leistungserbringer (zumindest teilweise) für dokumentierte Leistungen bzw. Behandlungsqualität bezahlt werden.[381] Um die Kennzahlen zu erreichen wurden sowohl finanzielle (EV) als auch nicht-finanzielle (PR) Anreize implementiert.[382] Durch die veränderte Anreizsystematik erhoffte man sich eine Verhaltensänderung der Leistungserbringer und dadurch positive Effekte auf die Behandlungsqualität.

In Industrieländern mit hoch entwickelten und komplexen Gesundheitssystemen unterscheiden sich Anreizsysteme meistens dadurch, dass die einen das *Patientenverhalten*, die anderen hingegen das Verhalten der *Leistungserbringer* steuern

---

[375] Braun, B., Reiners, H., Rosenwirth, M., u. a. (2006), S. 16.

[376] Die IHA „has designed a nationally recognized pay for performance system."[376], Pacific Business Group on Health (2005).

[377] Vgl. Integrated Healthcare Association (2002); Rose, L. (2004).

[378] Vgl. McDermott, S., Williams, T. (2006); Colwell, J. (2005).

[379] Vgl. The Leapfrog Group (o. J. b).

[380] Busse, R., Schlette, S. (Hrsg.) (2003), S. 34.

[381] Vgl. Pieper, C. (2006b); Pacific Business Group on Health (2005).

[382] Vgl. Damberg, C. L., Raube, K., Williams, T., u. a. (2005), S. 68; McDermott, S., Williams, T. (2006), S. 1.

bzw. beeinflussen wollen (siehe Abbildung 10).[383] Für das in der Vergangenheit häufig verfolgte Ziel der *Kostendämpfung* richteten sich Anreizsysteme überwiegend an die Patienten. Durch Negativanreize in Form von finanziellen Hürden (Praxisgebühr, Zuzahlung zu Arzneimitteln, Beteiligung an den Behandlungskosten etc.) sollten kostentreibende Maßnahmen wie Überversorgung, Doppeluntersuchungen oder auch Ärzte-Hopping verhindert werden.[384] Allerdings besteht hierbei die Gefahr, dass eine verzögerte bzw. verspätete Inanspruchnahme ärztlicher Leistungen negative Auswirkungen auf den Gesundheitszustand des Patienten haben kann, wodurch später höhere Behandlungskosten anfallen, die ohne Negativanreize vermieden worden wären.[385] Um *Qualitätsverbesserungen* zu realisieren, setzen Anreizprogramme vornehmlich bei den Leistungserbringern an, die zu einer qualitativ hochwertigeren Behandlung angespornt werden sollen.[386] Dieser Kategorie lassen sich auch die P4P-Programme zuordnen, bei denen die Qualitätsverbesserung der medizinischen Leistungserbringung im Zentrum steht.[387]

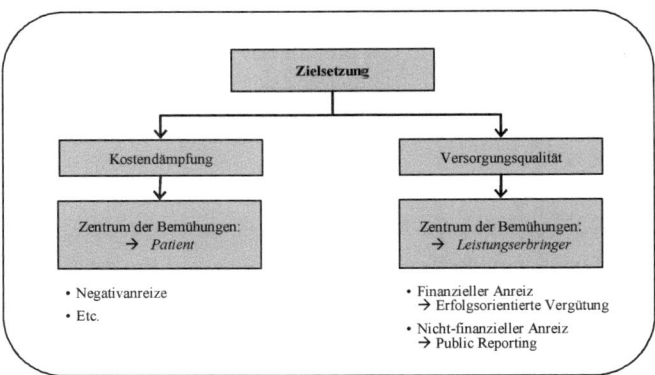

Abbildung 10:   Zielsetzung P4P – Ansatzpunkt Versorgungsqualität[388]

383   Vgl. Braun, B., Reiners, H., Rosenwirth, M., u. a. (2006), S. 6.
384   Vgl. Braun, B., Reiners, H., Rosenwirth, M., u. a. (2006), Kapitel 4.
385   Vgl. Braun, B., Reiners, H., Rosenwirth, M., u. a. (2006), S. 14; Amhof, R. (2006), S. 2.
386   Vgl. Braun, B., Reiners, H., Rosenwirth, M., u. a. (2006), S. 14.
387   Vgl. American Medical Association (2005).
388   Quelle: Emmert, M., Schöffski, O. (2007), S. 440; in Anlehnung an Braun, B., Reiners, H., Rosenwirth, M., u. a. (2006), S. 14.

Die Performance der Leistungserbringer wird beim Referenzprojekt im Rahmen der drei Bereiche klinische Leistung, Patientenzufriedenheit und IT-Investitionen ermittelt.[389] Die *klinische Leistung* wurde anfangs für die drei chronischen Krankheiten Asthma, Diabetes und koronare Herzkrankheiten sowie für die drei Präventionsmaßnahmen Kinderimpfungen, Brustkrebs-Screening und Gebärmutterhalsvorsorge gemessen.[390] Zur Feststellung der *Patientenzufriedenheit* wird ein Patientenfragebogen eingesetzt, der unterschiedliche Aspekte betrachtet (Kommunikation mit dem Arzt, erhaltene fachärztliche Versorgung etc.).[391] Aber auch der Einsatz der *IT* findet Berücksichtigung, erhofft man sich dadurch Verbesserungspotentiale für die Versorgung. Eine ausführliche Beschreibung der drei Bereiche wird in Kapitel 3.2 vorgenommen.

Beim Starttermin waren sechs kalifornische HMOs (Aetna, Blue Cross of California, Blue Shield of California, CIGNA HealthCare of California, Health Net und PacifiCare) beteiligt;[392] im Jahr 2004 kam noch eine siebte HMO (Western Health Advantage) dazu.[393] Im Gegensatz zu vielen anderen Qualitätsverbesserungsinitiativen arbeiten beim Referenzprojekt mehrere HMOs in einem gemeinsamen Projekt zusammen.[394] Dadurch haben sie das Potential, das Verhalten der Leistungserbringer beeinflussen zu können.[395] Parallel dazu haben manche HMOs noch eigene, interne Bonusprogramme eingeführt.[396]

Das erste Jahr (2002) diente als Testjahr, in dem es beispielsweise um die Spezifizierung der Kennzahlen zur Messung der klinischen Leistung ging. Es wurden aus HEDIS[397] stammende Performance-Kennzahlen auf Praktikabilität und Nutzbar-

---

[389] Vgl. Rose, L. (2004).
[390] Vgl. Busse, R., Schlette, S. (Hrsg.) (2003), S. 34.
[391] Vgl. Busse, R., Schlette, S. (Hrsg.) (2003), S. 34.
[392] Vgl. Integrated Healthcare Association (2002); Rose, L. (2004); Colwell, J. (2005).
[393] Vgl. Colwell, J. (2005); Pacific Business Group on Health (2005); Damberg, C. L., Raube, K., Williams, T., u. a. (2005), S. 68.
[394] Vgl. Damberg, C. L., Raube, K., Williams, T., u. a. (2005), S. 66.
[395] Vgl. Damberg, C. L., Raube, K., Williams, T., u. a. (2005), S. 66.
[396] Vgl. Integrated Healthcare Association (2003).
[397] Die Indikatoren des US-amerikanischen National Committee for Quality Assurance (NCQA) (www.ncqa.org) zeigen für die Fachwelt und für die Öffentlichkeit vergleichende Ergebnisse, die Gesundheitsorganisationen anhand der Indikatoren des HEDIS-Systems erbringen. HEDIS (Health Plan Employer Data and Information Set) wurde ursprünglich geschaffen, um Arbeitgeber als Leistungseinkäufer zu beraten. Es wurde inzwischen zu einem umfassenden Informationssystem ausgebaut, in das Selbsteinschätzungen und dokumentierte Daten von Leistungserbringern ebenso einfließen, wie Bewertungen der Versicherten. Indikatoren gibt es dort zu den 5 großen Themenberei-

keit hin untersucht; des Weiteren wurde getestet, ob die Versichertenpopulation der Leistungserbringer groß genug war, um stabile Schätzungen für die Bestandteile der klinischen Kenngrößen zu bestimmen.[398]

2003 war das erste Jahr im Rahmen des Referenzprojekts, in dem vergütungsrelevant gemessen wurde und im August 2004 erhielten die HMOs und die Leistungserbringer erstmals die Performance-Ergebnisse des Jahres 2003 sowie erste Boni.[399] Die HMOs und Leistungserbringer reichten dazu ihre Daten bis Mai 2004 bei dem National Committee on Quality Assurance (NCQA) ein, das als Sammelstelle zur Datenaggregation fungierte. Dort wurden die Daten durch unabhängige Gutachter überprüft.[400] Anschließend wurde die erste Berichtskarte über die Ergebnisse des ersten Jahres veröffentlicht. Somit hatten die Versicherten im Rahmen des Referenzprojekts erstmals die Möglichkeit, eine HMO bzw. Leistungserbringer aufbauend auf gemessenen und veröffentlichten Ergebnissen auszuwählen.

Als erste Bonuszahlungen schütteten die HMOs im Jahr 2004 ein Betrag von 100 Mio. US-$ an die Leistungserbringer aus.[401] Die eine Hälfte wurde für das Erreichen gemeinsamer P4P-Kennzahlen gezahlt,[402] die andere hingegen HMO individuell für eigene Kennzahlen.[403] Nach Durchsicht der Daten des ersten Jahres haben die HMOs angekündigt, den Gesamtbetrag erhöhen zu wollen. Die Ärzte waren von dem Konzept überzeugt und gaben ihm weiter Zeit zum Reifen, da sie in P4P die Zukunftswelle auf dem Weg zur standardisierten Ergebnismessung der Behandlungsqualität gesehen haben.[404]

---

chen Vorsorge, Behandlung bei akuten Problemen, chronische Erkrankungen, Qualität und Qualifikation der Leistungserbringer, Zugänglichkeit und Service. Innerhalb des Themengebietes *Chronische Erkrankungen* gibt es Indikatoren zu Beta-Blocker-Einsatz nach Infarkt, Senkung der Blutfette nach Infarkt, umfassende Diabetes-Behandlung, Senkung des Blutdrucks und Einsatz von Medikamenten bei Asthma. Anhand eines Sterne-Systems kann man überprüfen, wie gut eine Organisation abgeschnitten hat; „the most widely used set of performance measures in health care." Integrated Healthcare Association (2006c).

[398] Vgl. Damberg, C. L., Raube, K., Williams, T., u. a. (2005), S. 75.
[399] Vgl. Damberg, C. L., Raube, K., Williams, T., u. a. (2005), S. 69; Endsley, S., Kirkegaard, M., Baker, G., u. a. (2004), S. 48.
[400] Vgl. Damberg, C. L., Raube, K., Williams, T., u. a. (2005), S. 69.
[401] Vgl. Colwell, J. (2005); Damberg, C. L., Raube, K., Williams, T., u. a. (2005), S. 74.
[402] Vgl. Colwell, J. (2005); Pacific Business Group on Health (2005).
[403] Vgl. Colwell, J. (2005); Pacific Business Group on Health (2005).
[404] Vgl. Colwell, J. (2005).

2004 umfasste das Referenzprojekt schon mehr als 30 Mio. Versicherte, immerhin fast ein Drittel aller HMO Versicherten.[405] Dass der P4P-Bewegung großes Erfolgspotential zugemessen wurde, zeigt auch die Anzahl der HMOs mit derartigen Programmen. Waren es 2004 noch 35 HMOs, so steigerte sich diese Zahl bis 2006 auf 80 HMOs mit insgesamt 60 Mio. Versicherten.[406] Aber auch die Anzahl der vorhandenen P4P-Programme stieg rasant an.[407] Gab es im Jahr 2003 noch 35 P4P-Projekte, so konnten zwei Jahre später bereits 100 gezählt werden.[408]

Zu Beginn des Projekts gab es aber auch Schwierigkeiten. Viele HMOs haben neben den von der IHA vorgeschlagenen Kennzahlen zusätzlich eigene verwendet. Des Weiteren hatten die HMOs unterschiedliche Zielerreichungsgrade für den Erhalt der Boni, unterschiedliche Gewichtungen der Performance-Kennzahlen etc. Die HMO Blue Cross schüttete beispielsweise für sein eigenes Anreizprogramm 48 Mio. US-$ aus, für das IHA gebundene Programm hingegen nur 16 Mio. US-$. Die HMO Aetna hatte kein separates Anreizprogramm und zahlte an seine 54 IPAs, die an die IHA Initiative gebunden waren, 2 Mio. US-$ aus.[409]

3.1.3 Zielsetzung und Funktionsweise des Referenzprojekts

Das hauptsächliche Ziel des Referenzprojekts „*is to significantly improve physician group performance in quality of health care and patient experience through public recognition and financial reward.*"[410] Des Weiteren besteht die zusätzliche Zielsetzung der Kostenersparnis, die sich aus der steigenden Effizienz der Leistungserbringung ergeben soll.[411] Darüber hinaus gelten als weitere Unterziele:[412]

- die kollektive Zusammenarbeit von Unternehmen, HMOs, Leistungserbringern und Versicherten,

---

[405] Vgl. Millenson, M. L. (2004), S. 323; Thrall, J. H. (2004), S. 637.
[406] Vgl. Endsley, S., Kirkegaard, M., Baker, G., u. a. (2004), S. 46; Pieper, C. (2004).
[407] Vgl. Rosenthal, M. B., Frank, R. G., Zhonghe, L., u. a. (2005), S. 1788.
[408] Vgl. Pieper, C. (2006a); Rowe, J. W. (2006), S. 696.
[409] Vgl. Colwell, J. (2005).
[410] McDermott, S., Williams, T. (2006), S. 1.
[411] Vgl. Pieper, C. (2006a).
[412] Vgl. Damberg, C. L., Raube, K., Williams, T., u. a. (2005), S. 68.

- eine umfassende und dynamische Messung, die auf klinische Qualität, Patientenerfahrungen und die unterstützende (IT-) Infrastruktur ausgerichtet ist,

- die Belohnung bzw. Honorierung (der HMOs) monetärer Natur je nach Qualität der Leistungserbringung, wobei die finanziellen Anreize bedeutsam und nachhaltig sein müssen sowie

- Verantwortlichkeiten für alle Stakeholder (Unternehmen fördern die Teilnahme der Angestellten im Referenzprojekt, Leistungserbringer implementierten geeignete Systeme zur Messung der Qualitätskennzahlen etc.).

In allen dargestellten Zielbeschreibungen werden die beiden Instrumente EV und PR explizit erwähnt und im späteren Verlauf dieser Arbeit noch ausführlich untersucht (siehe Kapitel 3.3 und 3.4). Im Folgenden wird die dem Referenzprojekt zugrunde liegende *Funktionsweise* näher erläutert, bei der anfangs eine überschaubare Anzahl von messbaren Qualitätskriterien im Blickfeld stand. Die Ansatzpunkte lagen vor allem bei Früherkennungs- und Präventionsmaßnahmen und der Vermeidung von Unterversorgung bei der Behandlung von Patienten mit chronischen Krankheiten. Aber auch eine Überversorgung (die keinen Nutzen schafft) sollte vermieden werden.[413] Gemessen wird die Performance eines Leistungserbringers anhand der drei bereits genannten „Schlüsselbereiche"[414]:[415]

- Klinische Performance,

- Patientenzufriedenheit (Weiterempfehlungsgrad der Patienten) und

- Indikator über IT-Investitionen (Effizienz in der Verwaltung oder des Büros).

Die *klinische Performance* wurde anfangs bei der Behandlung der drei chronischen Krankheiten Asthma, Diabetes und koronare Herzkrankheiten sowie bei den drei Präventionsmaßnahmen Kinderimpfung, Brustkrebs-Screening und Gebärmutterhalskrebsvorsorge gemessen.[416] Dabei vergleicht man die Anzahl der

---

[413] Vgl. O'Kane M. E. (2006), S. 67.
[414] Busse, R., Schlette, S. (Hrsg.) (2003), S. 34.
[415] Vgl. McDermott, S., Williams, T. (2006); Pieper, C. (2004).
[416] Vgl. Busse, R., Schlette, S. (Hrsg.) (2003), S. 34.

Personen, die eine bestimmte Versorgungsleistung bekommen soll mit der Anzahl der Personen, die sie tatsächlich erhalten hat;[417] bei Diabetes-Patienten betrachtet man beispielsweise den Anteil, der einen bestimmten HbA1C-Wert nicht überschreitet bzw. von dem Leistungserbringer erfolgreich kontrolliert und „gemanagt" wird. Die *Patientenzufriedenheit* wird jährlich mittels eines Fragebogens ermittelt, der in Kapitel 3.2.2 genauer vorgestellt wird. Dabei bewerten Patienten die Leistungserbringer anhand bestimmter Kriterien, wie der Kommunikation mit dem Arzt, der erhaltenen fachärztlichen Versorgung oder auch der Gesamtbeurteilung der Versorgung.[418] Dass der Grad des *IT-Einsatzes* bei der Beurteilung der Performance der Leistungserbringer miteinbezogen wird, basiert auf der Annahme, dass eine gute Behandlungsqualität durch den IT-Einsatz gefördert werden kann.

Der Zeitraum für die Berechung der Performance eines Leistungserbringers erfolgt jährlich. Dabei haben Leistungserbringer die Möglichkeit, sich in allen oder aber auch nur in vereinzelten Bereichen bewerten zu lassen. Ein Frauenarzt kann schließlich nicht mit einem Kinderarzt vergleichen werden, wenn es bei der Performance-Bewertung um den Anteil weiblicher Patientinnen geht, der eine Präventionsuntersuchung für das Mammakarzinom erhalten hat. Im Rahmen der Bewertung wird die HMO bzw. die dort angeschlossenen Leistungserbringer berücksichtigt. Ein Patient kann sich darüber informieren, welcher Anteil aller weiblich Versicherten einer HMO in einem bestimmten Alter eine Früherkennungsuntersuchung für das Mammakarzinom erhalten hat. Für die Leistungserbringer wird beispielsweise darüber hinaus dargestellt, welcher HMOs sie vertraglich angeschlossen sind. Ist die HMO eines Patienten dort nicht dabei, hat er zwar trotzdem die Möglichkeit, sich von dem Leistungserbringer behandeln zu lassen, dann allerdings gegen eine Selbstbeteiligung, die von HMO zu HMO unterschiedlich sein kann (siehe Kapitel 2.2).

Nach Ablauf eines Jahres werden die Daten gesammelt, ergänzt und ausgewertet. Für die Berichterstattung über die erzielten Resultate bezüglich des klinischen Indikators haben die Leistungserbringer zwei Möglichkeiten. Zum einen können

---

[417] Vgl. Bagley, B. (2006), S. 62.
[418] Vgl. Busse, R., Schlette, S. (Hrsg.) (2003), S. 34.

sie diese selbst sammeln und an den Daten-Verwalter NCQA senden (self-reporting). Zum anderen erstellen die HMOs für die entsprechenden, also die an sie vertraglich gebundenen, Leistungserbringer aufgrund verwaltungstechnisch erfasster Daten die Ergebnisse und leiten diese an die Datenverwalter weiter (Health Plan Reporting). Dieser sammelt außerdem die Resultate der beiden anderen Indikatoren (Patientenzufriedenheit und IT), um für jede Leistungserbringer-Gruppe und jede HMO ein individuelles Ergebnis ermitteln (siehe Kapitel 3.3) zu können.

Aufbauend auf dem Ergebnis erfolgt einerseits die erfolgsorientierte Vergütung und andererseits die Veröffentlichung der Ergebnisse auf bestimmten Internet-Seiten.[419] Auf welche Art und Weise diese erfolgt, ist Gegenstand von Kapitel 3.3. Patienten und Versicherte können sich somit genauer mit der Behandlungs-qualität eines Leistungserbringers, aber auch mit der einer HMO, auseinander-setzen. Zur Bestimmung der Höhe der Boni werden die drei einzelnen Bewertungs-bereiche unterschiedlich gewichtet. Im ersten Jahr 2003 erhielten die klinische Leistung einen Anteil von 50 %, die Patientenzufriedenheit von 40 % und die IT-Investitionen von 10 %. Wie aus Tabelle 9 hervorgeht, kann man deutlich erken-nen, dass die Gewichtung der einzelnen Bereiche jährlich überdacht und manch-mal verändert wird.[420]

	Klinische Leistung	Patientenzufriedenheit	IT-Investitionen
2003	50 %	40 %	10 %
2004	40 %	40 %	20 %
2005	50 %	30 %	20 %
2006	50 %	30 %	20 %
2007	50 %	30 %	20 %

Tabelle 9:   Gewichtung der Messkriterien für die Berechnung der Boni[421]

---

[419]   Es werden beispielsweise die Top 20 % eines jeden Indikators veröffentlicht, vgl. Integrated Healthcare Association (o. J. u).

[420]   Vgl. McDermott, S., Williams, T. (2006), S. 1.

[421]   Quelle: Colwell, J. (2005); Pacific Business Group on Health (2005); Damberg, C. L., Raube, K., Williams, T., u. a. (2005), S. 70.

Im Jahr 2005 wurde eine zusätzliche Kategorie hinzugefügt (P4P Physician Incentive Bonus Opportunity Survey Tool[422]), welche das Feedback an einzelne Ärzte berücksichtigt und durch Incentive-Zahlungen belohnt.[423]

3.2 Indikatoren für das Public Reporting und die Erfolgsorientierte Vergütung

Die drei Indikatoren *klinische Leistung*, *Patientenzufriedenheit* und *IT-Investitionen* werden eingesetzt „for monitoring quality, screening for quality problems, benchmarking and providing feedback to physicians."[424] In den folgenden Erläuterungen wird dargelegt, was sich hinter den entsprechenden Indikatoren verbirgt. Es wird aber auch eine kritische Betrachtung vorgenommen, um deren Eignungsfähigkeit für die Messung der Performance zu beurteilen. So wird beispielsweise diskutiert, ob die IT wirklich für die Beurteilung der Performance eines Leistungserbringers herangezogen werden sollte, schließlich kann es vorkommen, dass ein Leistungserbringer zwar die notwendige Infrastruktur besitzt, sie aber nicht aktiv einsetzt.

3.2.1 Klinischer Indikator

Wie bereits erwähnt, stehen beim klinischen Indikator präventive Untersuchungen im Mittelpunkt der Betrachtungen; vorbeugen ist schließlich besser als heilen. Nichtsdestotrotz wird im medizinischen Alltag überwiegend das Heilen betrieben, möglicherweise deshalb, da es für Ärzte lukrativer ist, kurativ als präventiv tätig zu sein.[425] Um genau diesem Anreiz entgegenzuwirken, wurden präventive Untersuchungen in das Referenzprojekt integriert. Welche das sind, werden die folgenden Ausführungen verdeutlichen. Aber auch die Behandlung chronischer Krankheiten ist zentraler Bestandteil des klinischen Indikators. Bestand er anfangs aus sechs Untersuchungen bzw. chronischen Krankheiten, wurde er im weiteren Verlauf kontinuierlich erweitert. Im Folgenden werden in Kapitel 3.2.1.1 der klini-

---

[422] Vgl. National Committee for Quality Assurance (2006b), S. 86.
[423] Vgl. Braun, B., Reiners, H., Rosenwirth, M., u. a. (2006), S. 62; Integrated Healthcare Association (o. J. o).
[424] Andersen, M. (2006), S. 314.
[425] Vgl. Bertelsmann Stiftung (2006a), S. 1.

sche Indikator und anschließend erste Ergebnisse näher vorgestellt (siehe Kapitel 3.2.1.2).

3.2.1.1 Erläuterung

Im Folgenden werden die anfangs berücksichtigten chronischen Indikationen Diabetes, Asthma und koronare Herzkrankheiten bzw. Herz-Kreislauf-Erkrankungen dargestellt (bei diesen Krankheiten handelt es sich um die hauptsächlichen Ursachen für Krankheit, Behinderung und Tod[426]),[427] ebenso wie die integrierten Präventionsuntersuchungen. Durch die besondere Beachtung der evidenz-basierten Medizin sollen die Lebensqualität der Patienten gesteigert, bessere Behandlungsergebnisse erzielt und gleichzeitig auch Behandlungskosten reduziert werden. Um die Behandlungsqualität eines Leistungserbringers bzw. einer HMO zu bewerten wird beispielsweise die Anzahl der Personen, die eine bestimmte Versorgungsleistung bekommen soll, mit der Anzahl verglichen, die diese tatsächlich erhalten hat.[428]

Wie in Tabelle 10 dargestellt wurde der „Kreis" der betrachteten Indikationen bzw. Untersuchungen kontinuierlich erweitert. Die folgenden Ausführungen beziehen sich auf die zu Beginn des Referenzprojekts integrierten Indikationen bzw. präventiven Untersuchungen. Während eines Jahres werden bereits weitere Kennzahlen für eine mögliche Implementierung getestet.[429] Teilweise basieren die Kennzahlen auf HEDIS, teilweise aber auch nicht.[430]

---

[426] Vgl. Institute of Medicine (2001b), S. 1.
[427] Vgl. Pieper, C. (2004).
[428] Vgl. Bagley, B. (2006), S. 62.
[429] Vgl. Bangasser, R., Yanagihara, D. (o. J.); National Committee for Quality Assurance (2006a); Davies, T., Shortell, S. (o. J. b).
[430] Vgl. National Committee for Quality Assurance (2006d).

	Bestandteile des klinischen Indikators	Gewicht
MY 2003	•Asthma (Use of appropriate Medication) •Diabetes - HbA1c screening •Cholesterol Management - LDL screening (testing) •Childhood immunizations with 12-months continuous enrollment •Cervical cancer screening •Breast cancer screening Encounter threshold >= 2.7 encounter PMPY	50 %
MY 2004	•Chlamydia screening •Cholesterol Management - LDL screening (testing) *and Control < 130* •Diabetes - HbA1c screening (testing) *and Control* Encounter threshold >= 3.25 encounter PMPY	40 %
MY 2005	•Appropriate treatment for children with Upper Respiratory Infection Encounter threshold >= 3.25 encounter PMPY	50 %
MY 2006	•Nephropathy Monitoring for Diabetic patients Encounter threshold >= 3.5 encounter PMPY	50 %
MY 2007	•Colorectal Cancer Screening •Cholesterol Management - LDL Control < 130 *and < 100* Encounter threshold >= 3.5 encounter PMPY	50 %

Tabelle 10:   Entwicklung des Indikators Klinische Leistung[431]

Bei **Diabetespatienten** wird der HbA1c-Wert, ein wichtiger Parameter für die Therapiekontrolle und -entscheidung, gemessen. Dieser zeigt den mittleren Blutglukosewert eines Menschen der letzten 6 bis 8 Wochen,[432] wobei der Anteil des HbA1c vom gesamten Hämoglobin in Prozent herangezogen wird. Damit ist dieser Test im Rahmen der Diabetesberatung wichtig, um festzustellen, ob der Blutzucker des Patienten unter Kontrolle ist.

Im Referenzprojekt wird der Anteil der Diabetes-Patienten (Typ 1 und 2) gemessen, der zwischen 18 und 75 Jahre alt ist, im aktuellen Messjahr kontinuierlich bei einer Leistungserbringer-Gruppe und einem der teilnehmenden Health Plans eingeschrieben war und einen HbA1c-Test erhalten hat.[433] Liegt der HbA1c-Wert eines Patienten unter 7 %, hat er gute Chancen, nicht an möglichen Spätfolgen des

---

[431]   Quelle: Damberg, C. L., Raube, K., Williams, T., u. a. (2005), S. 70; Integrated Healthcare Association (o. J. i); Landro, L. (2004); Pieper, C. (2004); Colwell, J. (2005); Integrated Healthcare Association (o. J. q); National Committee for Quality Assurance (2006b); Integrated Healthcare Association (o. J. r).

[432]   Vgl. Landgraf, R. (2006), S. 244.

[433]   Vgl. Integrated Healthcare Association (o. J. f), S. 13; National Committee for Quality Assurance (2003), S. 25.

Diabetes zu erkranken. Bei einem Wert über 8 % scheint eine Änderung der Diabetes-Therapie notwendig. Auch wenn in der Literatur nicht immer Einstimmig-
keit bezüglich der gesetzten Grenze herrscht, so scheint doch deutlich, dass sich
der Wert dazu eignen könnte, die Patientensituation im Hinblick auf den Diabetes
zu beurteilen.[434] Zumindest haben international durchgeführte Studien (Diabetes
Control and Complications Trial - DCCT) gezeigt, dass der HbA1c-Wert ein geeignetes Messkriterium ist. Dort wurde dargestellt, dass eine Senkung des Werts
Folgeerkrankungen des Diabetes wie Augenerkrankungen, Mykardinfarkte,
Schlaganfälle, Nieren- oder Nervenstörungen verhindern oder verzögern kann.[435]
Ebenfalls wurde gezeigt, dass durch eine Senkung des HbA1c-Werts die Chancen
eines Patienten vergrößert werden, einer Verschlechterung des Gesund-heitszu-
standes entgegenzuwirken. Die United Kingdom Prospective Study on Diabetes
(UKPDS), eine neuere Untersuchung aus dem UK, hat diese Resultate auch für
Typ 2 - Diabetiker bestätigt. Allerdings gibt es auch *kritische Stimmen* bezüglich
des HbA1c-Werts. Beispielsweise wird angeführt, dass der HbA1c-Wert zwar die
mittlere Blutglukose der letzten 6 bis 8 Wochen widerspiegelt, allerdings nur für
größere Patientengruppen und nicht für den Einzelpatienten. Auch aufgrund anderer medizinischer Sachverhalte sei der HbA1c-Wert nur eingeschränkt als Goldstandard anzusehen. Des Weiteren sei das HbA1c nicht sensitiv genug zur Diagnose und zum Screening eines Diabetes, was auch daran liege, dass keine ausreichende Optimierung bei der standardisierten Bestimmung des HbA1c-Werts entwickelt worden sei. Daher könnten sich ermittelte Werte von Labor zu Labor unterscheiden.[436] Und genau diesen Wert zur relevanten Grundlage von Therapie
und Abrechnungen zu machen, würde völlig in die falsche Richtung führen. Eine
verbesserte Behandlung von Diabetes-Patienten sei dadurch nicht gewährleistet,
sondern es sollte ein individuell und gemeinsam mit dem Patienten erarbeitetes
Therapieziel herangezogen werden.[437]

Im zweiten Jahr (2004) wurde die Performance-Messung für einen Leistungser-
ringer um die Kontrolle des HbA1c-Werts erweitert (im ersten Jahr war lediglich

---

[434] Vgl. Häussler, B., Berger, U. (2004), S. 17.
[435] Vgl. Häussler, B., Berger, U. (2004), S. 27.
[436] Vgl. Landgraf, R. (2006), S. 244.
[437] Vgl. Landgraf, R. (2006).

die Durchführung des HbA1c-Tests relevant); eine adäquate Therapiekontrolle ist bei der Betreuung von Diabetes-Patienten von enormer Wichtigkeit.[438] 2005 wurde der LDL-Wert in die Performance-Messung für den Diabetes integriert;[439] ein weiteres Jahr später kam die Beobachtung bzw. Kontrolle von Diabetes-Patienten mit einem Nierenleiden hinzu.[440]

Bei der Krankheit **Asthma** handelt es sich um eine chronische Entzündung und Überempfindlichkeit der Luftröhrenäste bzw. Bronchien. Die Schleimhaut der Atemwege reagiert krankhaft auf verschiedene Reize, was wiederkehrende Anfälle von Atemnot, Husten und Kurzatmigkeit zur Folge hat. Asthmabeschwerden sind relativ gut unter Kontrolle zu bekommen, sofern eine optimale Basistherapie und eine gute Anfallsbehandlung durchgeführt werden; auch präventive Maßnahmen sind erfolgversprechend. Im Referenzprojekt wird zur Beurteilung der Performance eines Leistungserbringers betrachtet, *welcher Anteil der Asthmapatienten, der seit zwei Jahren bei einer Leistungserbringer-Gruppe und einem der teilnehmenden Health Plans eingeschrieben ist, krankheitskontrollierende Medikamente (Asthma medication management[441]) genommen oder verschrieben bekommen hat.*[442] Unterschiedliche Medikationstherapien werden vorgegeben.[443] Des Weiteren werden die verschiedenen Altersgruppen 5 bis 9, 10 bis 17 und 18 bis 56 Jahren untersucht und auch ein zusammengefasster Wert über alle Altersgruppen wird ermittelt.[444] Wer im Rahmen des Referenzprojekts als Asthmatiker gilt, wird anhand von ICD-9-CM Codes determiniert.[445] Eine Studie von Castro et. al[446] zeigte, dass die Behandlung von Patienten entsprechend vorhandener Leitlinien für die Behandlung von Asthmatikern gegenüber einer Patientengruppe, die herkömmlich behandelt wurde, deutliche Verbesserungen mit sich bringt. So wurde eine 54 %ige Reduktion der auf Asthma basierenden Krankenhauseinweisungen festgestellt, ebenso wie eine Reduzierung der jährlich anfallenden Kosten

---

[438] Vgl. Landgraf, R. (2006), S. 243.
[439] Vgl. Integrated Healthcare Association (o. J. n).
[440] Vgl. National Committee for Quality Assurance (2005), S. 1.
[441] Vgl. Rosenthal, M. B. (2006).
[442] Vgl. Pieper, C. (2006); National Committee for Quality Assurance (2003), S. 33.
[443] Vgl. Integrated Healthcare Association (o. J. f), S. 10.
[444] Integrated Healthcare Association (o. J. f), S. 11.
[445] Vgl. Integrated Healthcare Association (o. J. f), S. 11.
[446] Vgl. Castro, M., Zimmermann, N. A., Crocker, S., u. a. (2003).

von über 12.000 US-$.[447] Damit konnte sowohl eine Verbesserung für die Patienten als auch eine Verringerung der Kosten erreicht werden.

Des Weiteren stehen **Herz-Kreislauf-Erkrankungen bzw. koronare Herzkrankheiten** im Zentrum der Performance-Messung.[448] Herz-Kreislauf-Erkrankungen zählen wie Bluthochdruck, Arterienverkalkung (Arteriosklerose) oder Herzrhythmusstörungen doch zu den häufigsten Krankheiten der Bevölkerung, die im schlimmsten Fall einen Schlaganfall oder Herzinfarkt verursachen können. Einige der Risikofaktoren dieser Krankheiten lassen sich inzwischen relativ gut kontrollieren und sind daher auch Gegenstand des Referenzprojekts. *Im Rahmen der Performance-Messung wurde zu diesem Kriterium der Anteil der 18- bis 75-jährigen Mitglieder gemessen, der im Jahr vor dem aktuellen Messjahr einen stationären Aufenthalt wegen eines akuten Myokardinfarkts (AMI), einer koronaren Bypass-Operation oder einer perkutanen transluminalen koronaren Angioplastie (PTCA, Herzinfarkt-Therapie) überlebt hat und eine LDL-C Screening-Untersuchung erhalten hat.[449]* Im zweiten Jahr der Performance-Messung (2004) wurde dieser Aspekt um die Kontrolle bzw. Beherrschung des LDL-Werts erweitert (siehe Tabelle 10). Der LDL-Wert soll nicht mehr als 130 mg/dL betragen[450] und stellt somit für die Leistungserbringer das Ziel der Behandlung des Patienten dar (LDL Cholesterol Testing[451]). Im Zentrum der Performance-Messung stehen somit das Screening und die Kontrolle des LDL-Cholesterins (Low-Density-Lipoprotein-Cholesterin), auch bekannt unter dem Ausdruck „schlechtes Cholesterin". Ein zu hoher LDL-Wert ist ein Anzeichen für Arteriosklerose, die zu einem Schlaganfall bzw. Herzinfarkt führen kann. Mittels einer frühzeitigen Kontrolle des LDL-Cholesterinwerts soll dem vorgebeugt werden. Auf die anderen Risikofaktoren für koronare Herzkrankheiten (erhöhter Blutdruck, erhöhter Cholesterinspiegel, Rauchen, Vorhofflimmern, psychische Faktoren etc.) wird im Rahmen der hier durchgeführten Untersuchung nicht weiter eingegangen.[452] Wie auch beim Krankheitsbild Asthma erhofft man sich durch die Einhaltung der

---

[447] Vgl. Thrall, J. H. (2004), S. 639.
[448] Vgl. Busse, R., Schlette, S. (Hrsg.) (2003), S. 34.
[449] Vgl. Integrated Healthcare Association (o. J. f), S. 17.
[450] Vgl. National Committee for Quality Assurance (2004), S. 38.
[451] Vgl. Rosenthal, M. B. (2006).
[452] Vgl. Kassenärztliche Bundesvereinigung (2004).

EBM-Leitlinien Kosteneinsparungen, beispielsweise durch eine Reduzierung stationärer Aufenthalte.[453]

Ein wichtiger Bestandteil des Referenzprojekts sind **Kinderimpfungen** bis zu einem Alter von 2 Jahren.[454] Typische Kinderkrankheiten wie Masern, Keuchhusten, Mumps, Röteln etc. sind nicht so harmlos, wie im Allgemeinen häufig angenommen wird. Neben einigen jährlichen Todesfällen können Kinder auch bleibende Behinderungen wie Hirnschäden oder Lähmungen erleiden. Durch eine rechtzeitige Impfung kann dieses Risiko gesenkt werden. *Im Messjahr 2003 wurde die Performance eines Leistungserbringers für die Behandlung von Kindern gemessen, die während des Messjahres das zweite Lebensjahr vollendet haben, die letzten 12 Monate kontinuierlich bei einer Leistungserbringer-Gruppe und einem der teilnehmenden Health Plans eingeschrieben gewesen sind und die folgenden sechs Impfungen in der genannten Anzahl erhalten haben:*

- Diphtherie, Tetanus und Keuchhusten (4 Impfungen)

- Kinderlähmung (3 Impfungen)

- Masern, Mumps und Röteln (1 Impfung)

- Haemophilus Influenzae Typ B (HIB) (3 Impfungen)

- Hepatitis B (3 Impfungen)

- Varizella-Zoster-Virus (VZV) bzw. Windpocken oder auch Gürtelrose (1 Impfung)

Seit dem Jahr 2006 ist auch die Impfung gegen Pneumokokken (4 Impfungen) integriert.[455] Zur Bewertung der Performance eines Leistungserbringers wird der Anteil der Kinder in der entsprechenden Altersklasse gemessen, der die vorgeschriebenen Impfungen erhalten hat; die Berechnung wird dabei spezifisch für die sechs bzw. seit 2006 sieben genannten Impfungen vorgenommen.[456] Kinder mit Allergien werden bei der Performance-Bewertung des Referenzprojekts für den

---

[453] Vgl. Thrall, J. H. (2004), S. 639.
[454] Vgl. California Cooperative Healthcare Reporting Initiative (2003), S. 6.
[455] Vgl. National Committee for Quality Assurance (2006b), S. 26.
[456] Vgl. Integrated Healthcare Association (o. J. f), S. 2.

Leistungserbringer nicht berücksichtigt.[457] Ein Vergleich mit dem empfohlenen Impfkalender[458] des Robert-Koch-Instituts (nach Empfehlungen der Ständigen Impfkommission STIKO) von 2006 zeigt, dass alle aufgeführten Impfungen dort vollständig berücksichtigt werden. Darüber hinaus werden in Deutschland Impfungen gegen Pneumokokken und Meningokokken empfohlen. Aus dem Impfkalender geht ebenfalls hervor, dass Auffrischungsimpfungen ein wichtiger Bestandteil sind, um einen umfassenden und langfristigen Krankheitsschutz zu erlangen. Demnach sollte darüber nachgedacht werden, auch diese Auffrischungen in das Referenzprojekt zu integrieren.

Dass es sich bei Kinderimpfungen auch in Deutschland nicht um eine Selbstverständlichkeit handelt, zeigen aktuelle Ergebnisse des Robert-Koch-Instituts. Demnach wird das von der WHO gesetzte Ziel, bis 2010 die Kinderkrankheit Masern vollständig zu beseitigen,[459] von Deutschland nicht erreicht werden. Dies ist zurückzuführen auf die mangelnde Sorgfalt der Eltern, aber auch auf die der Leistungserbringer, welche auf die Notwendigkeit der Impfungen hinweisen müssten.

Bei der nächsten präventiven Versorgungsleistung handelt es sich um **Brustkrebs**, auch Mammakarzinom genannt. Die große Bedeutung des Brustkrebs wird deutlich, hält man sich vor Augen, dass er in Deutschland die häufigste Krebserkrankung bei Frauen ist und ungefähr zehn Prozent aller Frauen im Laufe ihres Lebens an Brustkrebs erkranken. Umso wichtiger ist demnach eine regelmäßige Kontrolle bzw. Vorsorge. Bei rechtzeitiger und früher Diagnose können die Heilungschancen erheblich gesteigert werden. *Im Referenzprojekt wird der Anteil der 50- bis 69-jährigen Frauen betrachtet, der im aktuellen Messjahr und dem Jahr davor kontinuierlich bei einer Leistungserbringer-Gruppe und einem der teilnehmenden Health Plans eingeschrieben war und der während dieser Zeitspanne eine entsprechende Screening- bzw. Vorsorge-Untersuchung (Mammographie) erhalten hat.*[460] Diese soll in bestimmten Zeitabständen wiederholt werden. Im Laufe der Zeit werden auch Altersgrenzen für die Performance-Messung einer Indika-

457   Vgl. Integrated Healthcare Association (o. J. f), S. 4.
458   Vgl. Robert Koch Institut (2007).
459   Siehe hierzu World Health Organization (2006).
460   Vgl. California Cooperative Healthcare Reporting Initiative (2003), S. 6; Integrated Healthcare Association (o. J. f), S. 8; National Committee for Quality Assurance (2003), S. 30.

tion verändert; beispielsweise wurde im Messjahr 2006 die Altersgrenze für das Brustkrebs-Screening von 50 auf 40 Jahren herabgesetzt, um auch jüngere Frauen zu integrieren.[461]

Wie für den Brustkrebs gilt auch für den **Gebärmutterhalskrebs**, dass die Heilungschancen umso größer sind, je früher die Erkrankung diagnostiziert wird. Gemessen wird bei dieser Performance-Kennzahl der *Anteil der 18- bis 64-jährigen Frauen, der während des Messjahres und der beiden Jahre davor kontinuierlich bei einer Leistungserbringer-Gruppe und einem der teilnehmenden Health Plans eingeschrieben war und während dieser Zeitspanne eine oder mehrere entsprechende Screening-Untersuchungen (Pap-Test) erhalten hat.*[462]

Diese sechs Untersuchungen bzw. Behandlungen waren Bestandteil des ersten Projektjahres. Mit fortschreitender Dauer wurden sie kontinuierlich erweitert:

- Seit dem Jahr 2004 wird das Chlamydien-Screening miteinbezogen.[463] Im Rahmen dieses Screening-Verfahrens soll der weltweit häufigste Erreger sexuell übertragbarer Erkrankungen Chlamydia trachomatis (STD) aufgespürt werden. Auch wenn sich dieser Erreger in vielen Fällen von selbst eliminiert, gilt er als die Hauptursache der infektionsbedingten Sterilität, der Eileiterschwangerschaft und chronischer Unterbauchbeschwerden. Darüber hinaus kann es zu arthritischen Beschwerden kommen, die sich nur schwer beseitigen lassen.[464] Gemessen werden hierbei die Altersgruppen 16 bis 20, 21 bis 25 Jahre bzw. deren Gesamtergebnis.[465]

- Seit dem Jahr 2005 ist „Appropriate treatment for children with upper respiratory infection" in das Referenzprojekt integriert.[466] Hierbei wird untersucht, bei wie vielen Kindern im Alter von 3 Monaten bis 18 Jahren bei einer Infektion des oberen Atemtraktes (IOR) am Tag des Vorfalls oder

---

[461] Vgl. National Committee for Quality Assurance (2006c).
[462] Vgl. California Cooperative Healthcare Reporting Initiative (2003), S. 6; Integrated Healthcare Association (o. J. f), S. 6; National Committee for Quality Assurance (2003), S. 28.
[463] Vgl. Pacific Business Group on Health (2005); Integrated Healthcare Association (o. J. i).
[464] Vgl. Deutsches Ärzteblatt (1999).
[465] Vgl. Davies, T., Shortell, S. (o. J. a), S. 14.
[466] Vgl. Pacific Business Group on Health (2005); Davies, T., Shortell, S. (o. J. a), S. 2 und 10; National Committee for Quality Assurance (2004), S. 27.

innerhalb der nächsten drei Tage auf eine Therapie mit Antibiotika verzichtet wurde.[467] Damit soll einem unangemessenen Verschreiben von Antibiotika entgegengewirkt werden. Obwohl häufig darauf hingewiesen
wird, gerade im Hinblick auf IOR keine Antibiotika einzusetzen, ist die
Therapie mit Antibiotika sehr weit verbreitet. Resultiert die IOR aus einer
Viruserkrankung, erzielen die Antibiotika nicht nur keine Wirkung, sondern können zudem später eine Resistenz gegen Antibiotika hervorrufen.

- Im Jahr 2006 wurde die Screening-Untersuchung im Hinblick auf das ko-
  lorektale Karzinom für Erwachsene (nur Medicare-Versicherte) im Alter
  von 51 bis 80 Jahren in das Projekt mit aufgenommen.[468]

In den USA hat die Agency for Healthcare Research and Quality (eine For-
schungs- und Kontrollinstitution) vor kurzem eine Checkliste herausgegeben, die
übersichtlich und umfassend darstellt, wann und in welchem Alter männliche und
weibliche Bevölkerungsgruppen welche Früherkennungsuntersuchungen durchführen lassen sollten.[469] Es bleibt spannend zu beobachten, ob sich Qualitätsverbesserungsinitiativen, wie das Referenzprojekt, bei der künftigen Festlegung von
Performance-Kennzahlen daran orientieren werden.

Seit dem Jahr 2007 werden auch die für die Versorgung anfallenden Kosten in die
Betrachtung mit eingeschlossen.[470] Dabei werden die Kosten für die Versorgung
bestimmter Personengruppen von verschiedenen Leistungserbringern verglichen,
wobei eine Risiko-Adjustierung für den Schweregrad und die Komplexität einer
Erkrankung vorgenommen wird. Damit soll dem Tatbestand der Versorgungseffi-
zienz Rechnung getragen werden, wobei die IHA betont „we don't want cheap
care, we want appropriate care."[471]

3.2.1.2 Bisherige Ergebnisse

Im Folgenden werden bereits ermittelte Ergebnisse für den klinischen Indikator
dargestellt. Im ersten gemessen Performance-Jahr 2003 waren sechs HMOs, sie-

---

[467] Vgl. National Committee for Quality Assurance (2004), S. 53.
[468] Vgl. National Committee for Quality Assurance (2005), S. 54.
[469] Vgl. Agency for Healthcare Research and Quality (2007a); Agency for Healthcare Research and
       Quality (2007b).
[470] Siehe hierzu auch Lempert, L. (2007); Integrated Healthcare Association (2006a).
[471] Lempert, L. (2007).

ben Mio. HMO-Versicherte, 215 Leistungserbringer-Gruppen und 45.000 Ärzte in das Referenzprojekt eingeschlossen.[472] Für die Ergebnisse der sechs klinischen Indikatoren kann eine breite Streuung festgestellt werden. Von den 215 Leistungserbringer-Gruppen erzielten insgesamt 74 signifikant hohe Ergebniswerte bei vier Messkennzahlen, verglichen mit den Durchschnittsergebnissen aller Leistungserbringer-Gruppen.[473] Die größte Streuung gab es beim Diabetes-Screening, den Kinderimpfungen und dem Gebärmutterhalskrebs-Screening. Die geringste Streuung wurden für das Asthma-Management und Brustkrebs-Screening ermittelt.[474] Ebenfalls konnte beobachtet werden, dass größere Leistungserbringer-Gruppen bessere Ergebnisse zu erzielen scheinen als kleinere.[475]

Die sechs Messkennzahlen des ersten Jahres orientierten sich alle an den HEDIS-Spezifizie-rungen und wurden aus verwaltungstechnisch erhobenen Daten generiert.[476] Um für Bonusauszahlungen des klinischen Indikators teilnahmeberechtigt zu sein, benötigte eine Leistungserbringer-Gruppe mindestens 30 Patienten mit durchschnittlich mindestens 2,7 Sitzungen pro Patient. Diese Voraussetzungen erfüllten immerhin 194 der 215 Leistungserbringer-Gruppen.[477] Eine Übersicht über die Ergebnisse des ersten Jahres für die Kennzahlen des klinischen Indikators liefert Tabelle 11.[478] Demnach wurden 184 Leistungserbringer-Gruppen bei dem Indikator Diabetes berücksichtigt. Als Durchschnittsergebnis für alle Leistungserbringer-Gruppen ergab sich hierbei 65 %; das bedeutet auch, dass 35 % aller für den Indikator in Frage kommenden Patienten nicht die im Referenzprojekt definierte Versorgung bekommen haben. Um in die besten 10 % der Auswertung zu gelangen, musste eine Leistungserbringer-Gruppe ein Ergebnis von rund 83 % aufweisen.

---

[472] Vgl. Damberg, C. L., Raube, K., Williams, T., u. a. (2005), S. 72.
[473] Vgl. Rose, L. (2004); Damberg, C. L., Raube, K., Williams, T., u. a. (2005), S. 72; Braun, B., Reiners, H., Rosenwirth, M., u. a. (2006), S. 64.
[474] Vgl. Damberg, C. L., Raube, K., Williams, T., u. a. (2005), S. 72.
[475] Vgl. Rose, L. (2004); Damberg, C. L., Raube, K., Williams, T., u. a. (2005), S. 72.
[476] Vgl. Damberg, C. L., Raube, K., Williams, T., u. a. (2005), S. 69.
[477] Vgl. Damberg, C. L., Raube, K., Williams, T., u. a. (2005), S. 72.
[478] Vgl. Damberg, C. L., Raube, K., Williams, T., u. a. (2005), S. 72.

	Anzahl Gruppen	Median	SD	90th Per- zentil[479]	75th Per- zentil	10th Per- zentil
Asthma (alle Altersgruppen)	145	65,66	6,86	75,13	71,21	58,59
Diabetes Behandlung	184	65,78	19,66	82,97	77,19	38,33
LDL Screening	53	67,66	15,12	79,55	78,05	53,33
Brustkrebs Screening	183	64,38	10,18	75,75	71,52	50,91
Gebärmutterhalskrebs-Screening	185	62,41	15,02	78,60	73,11	42,86
Kinderimpfung-MMR	148	73 08	13,53	87,43	82,43	51,00
Kinderimpfung-VZV	148	69,02	13,86	84,18	80,24	48,08

Tabelle 11:   Ergebnisse für den klinischen Indikator (2003)[479]

In absoluten Zahlen ausgedrückt, wurden im Vergleich zum Testjahr 2002 folgende Verbesserungen erzielt:[480]

- 150.000 mehr Frauen bekamen ein Gebärmutterhalskrebs-Screening,

- 35.000 mehr Frauen erhielten ein Brustkrebs-Screening,

- 10.000 Jugendlichen wurden zwei nachträgliche Impfungen verabreicht und

- 18.000 zusätzliche Personen unterzogen sich einem Diabetes-Test.

Zum einen werfen diese Zahlen zwar ein positives Bild auf die Wirkung des Referenzprojekts, andererseits muss aber auch die Versorgungsqualität der betrachteten Bevölkerungsgruppe angesprochen werden, die zuvor anscheinend nicht optimal war.

Im zweiten Jahr des Referenzprojekts (Measurement Year – MY 2004) kam mit der Western Health Advantage eine siebte HMO hinzu.[481] Mit Ablauf des zweiten Jahres konnte zwar noch kein durchbrechender Erfolg, jedoch insgesamt eine Verbesserung der meisten Leistungserbringer-Gruppen festgestellt werden.[482] So

---

[479]   Quelle: Damberg, C. L., Raube, K., Williams, T., u. a. (2005), S. 72.
[480]   Vgl. Rose, L. (2004).
[481]   Vgl. Damberg, C. L., Raube, K., Williams, T., u. a. (2005), S. 68.
[482]   Vgl. McDermott, S., Williams, T. (2006), S. 16.

lässt sich aus Tabelle 12 entnehmen, dass im zweiten Jahr der Performance-Messung 87 % aller teilnehmenden Leistungserbringer-Gruppen Verbesserungen erzielt haben. Die durchschnittliche Verbesserungsrate der Performance betrug dabei 5,3 %, wobei sich insbesondere das Cholesterol-Screening um 10,2 % verbesserte. Im Vergleich zu nationalen Werten konnte zwar immer noch ein unterdurchschnittliches Abschneiden festgestellt werden, wobei sich der Abstand verringerte.[483]

	Anzahl der gemessen Gruppen	Anzahl der verbesserten Gruppen	Verbesserte Gruppen (in %)	Durchschnittliche Veränderung der Performance (in %)
Brustkrebs-Screening	167	94	56,3	1,1
Gebärmutterhals-krebs-Screening	168	130	77,4	5,4
Asthma	132	94	71,2	2,6
HbA1c-Screening	166	100	60,2	3,5
Cholesterol-Screening	46	41	89,1	10,2
Durchschnitt	46	40	87.0	5,3

Tabelle 12:   Ergebnisse klinischer Indikator des Jahres 2003-2004[484]

Der IHA zufolge wurden im *Performance Jahr 2005* im Gegensatz zum Vorjahr (MY 2004) weiterhin deutliche Verbesserungen bei wichtigen Leistungskennzahlen der Präventionsversorgung und des Managements chronischer Krankheiten erzielt. Auch ein zunehmender Einsatz von IT konnte verzeichnet werden. So wurden beispielsweise 60.000 mehr Frauen auf Gebärmutterhalskrebs gescreent, 12.000 Personen mehr auf Diabetes untersucht und 30.000 Kindern wurden zusätzlich Impfungen verabreicht. Somit konnte durch evidenz-basierte Vorgaben und deren Koppelung an die Vergütung die Versorgungsqualität gesteigert werden. Sowohl mehr Kinder als auch Erwachsene erhalten nun die nach derzeitigem medizinischem Wissensstand empfohlene medizinische Versorgung, so dass die Patienten „the real winners"[485] sind.[486] Die dokumentierten Daten bezogen sich

---

[483]   Vgl. McDermott, S., Williams, T. (2006), S. 16.
[484]   Quelle: McDermott, S., Williams, T. (2006), S. 16.
[485]   Lempert, L. (2006).
[486]   Vgl. Integrated Healthcare Association (2006c); Lempert, L. (2006).

ungefähr auf 40.000 Ärzte, die für die Versorgung von mehr als 12 Mio. Versicherten zuständig waren. Aufbauend auf den Ergebnissen werden die Top 20 % eines Jahres im Rahmen einer „Honorable Mention" ausgezeichnet (im Messjahr 2005 waren dies 46 Leistungserbringer-Gruppen[487]).[488] Des Weiteren wurde festgestellt, dass Leistungserbringer mit einem hohen IT-Einsatzgrad auch bessere Ergebnisse beim klinischen Indikator erzielt haben.[489]

Betrachtet man erste Ergebnisse in einer Zusammenfassung bzw. Gegenüberstellung, so ergibt sich das in Tabelle 13 dargestellte Resultat. Dort wird die jeweilige Entwicklung eines Performance-Indikators im Zeitverlauf gezeigt. Allerdings ist ein uneingeschränkter Vergleich der Werte nicht in jedem Fall möglich, wie beispielsweise bei den Kennzahlen zum Asthma. Hierbei wurden im Messjahr 2005 Änderungen bzw. Modifikationen vorgenommen, so dass die Ergebnisse eingeschränkt mit denen der beiden vorherigen Messjahre verglichen werden können. Zur Vereinfachung sind die vergleichbaren Felder grau hinterlegt worden.

---

[487] Vgl. Integrated Healthcare Association (o. J. v).
[488] Vgl. Lempert, L. (2006).
[489] Vgl. Integrated Healthcare Association (2006c).

Measure	MY 2003		MY 2004		MY 2005	
	N	Mean	N	Mean	N	Mean
Appropriate Meds. For Upper Respiratory Infection					164	80.5
Asthma: Age 5-9 (1)	61	68.3	66	74.2	44	95.8
Asthma: Age 10-17 (1)	80	65.5	83	67.3	58	91.3
Asthma: Age 18-56 (1)	136	67.8	137	70.6	119	87.1
Asthma: All Ages (1)	145	66.7	149	68.9	132	88.4
Breast Cancer Screening	183	64.4	182	65.4	178	68.4
Cervical Cancer Screening	185	62.4	187	67.5	184	69.3
Childhood Immunizations: DTP (6)	148	33.4	126	61.5	124	67.4
Childhood Immunizations: HBV (6)	148	28.6	126	53.0	124	60.8
Childhood Immunizations: HIB (6)	148	42.6	126	69.4	124	81.0
Childhood Immunizations: IPVOPV (6)	148	37.6	126	67.5	124	71.9
Childhood Immunizations: MMR (6)	148	73.1	126	83.5	124	85.4
Childhood Immunizations: VZV (6)	148	69.0	126	80.9	124	83.5
Chlamydia Screening: All Ages			174	31.8	168	36.6
Chlamydia Screening: Ages 16-20			145	30.3	144	34.2
Chlamydia Screening: Ages 21-25			160	33.6	160	38.8
Cholesterol Management: LDL <130 (3)(4)(5)			168	37.7	178	39.1
Cholesterol Mgmt: LDL Screening (3)(5)	53	67.7	181	78.3	178	79.5
Diabetes Care: HbA1c Poor Control (2)(4)			168	62.6	178	56.5
Diabetes Care: HbA1c Screening	184	65.8	181	69.3	178	73.4
Diabetes Care: LDL <130 (4)					178	40.2
Diabetes Care: LDL Screening					178	82.7

Anmerkungen:
(1) Changes to specifications caused rates to be much higher for 2005; they are not comparable to previous years
(2) Lower is better for this measure
(3) Includes cardiac patients only for MY 2003. Includes cardiac and diabetic patients for MY 2004 and 2005
(4) Health plan data is very incomplete for the lab results measures
(5) The Cholesterol Management population for cardiac patients expanded to include those with diagnoses of cardiac disease for 2005
(6) Childhood Immunization specifications changed between 2003 and 2004; those two years are not comparable

Tabelle 13:   Ergebnisse von MY 2003 bis MY 2005[490]

---

[490]   Quelle: Integrated Healthcare Association (o. J. n); Integrated Healthcare Association (o. J. t).

Um die Auswirkungen von P4P zu erforschen, wurden in einer separaten Untersuchung abrechnungstechnische Daten einer Interventionsgruppe (kalifornische
Leistungserbringer-Gruppen der HMO PacifiCare, 172 Leistungserbringer-
Gruppen) mit denen einer Vergleichsgruppe (Pacific Northwest Leistungserbringer-Gruppen, 33 Leistungserbringer-Gruppen) verglichen.[491] Die Leistungserbringer-Gruppen der Interventionsgruppe waren in das Referenzprojekt integriert und
erhielten somit besondere Anreize monetärer und nicht-monetärer Art. Untersucht
wurden die drei klinischen Faktoren Gebärmutterhalskrebs-Screening, Brustkrebs-Screening und der HbA1c-Test. Nachdem die Interventionsgruppe in die
P4P-Systematik integriert wurde, ergaben sich die in Tabelle 14 dargestellten
Verbesserungsraten. Gemäß den Ergebnissen verbesserte sich das Gebärmutterhalskrebs-Screening der Interventionsgruppe um 5,3 %, das der Vergleichsgruppe
hingegen lediglich um 1,7 %.[492] Die anderen beiden Messkennzahlen verbesserten
sich zwar ebenfalls leicht, aber nicht statistisch signifikant. Diese Tatsache lag
wohl auch an den geringen Bonuszahlungen.[493] Die Verbesserungsraten für den
HbA1c-Test fielen bei beiden Gruppen sogar identisch aus, und dass, obwohl die
Ausgangsbasis für die Interventionsgruppe niedriger lag (62,0 %) als die der Vergleichsgruppe (80,0 %). Ein weiteres interessantes Ergebnis war, dass die anfangs
schlechtesten Leistungserbringer-Gruppen die größten Verbesserungsraten erzielten; solche hingegen, die die erforderliche „Performance-Hürde" bereits über-
schritten hatten, die geringsten.[494]

	Interventionsgruppe	Vergleichsgruppe
Gebärmutterhalskrebs-Screening	5,3 %	1,7 %
Brustkrebs-Screening	1,9 %	0,2 %
HbA1c-Test	2,1 %	2,1 %

Tabelle 14: Verbesserungsraten des ersten Jahres der Teilnahme an P4P[495]

---

[491] Vgl. Rosenthal, M. B., Frank, R. G., Zhonghe, L., u. a. (2005); Braun, B., Reiners, H., Rosenwirth, M., u. a. (2006), S. 65.
[492] Vgl. Rosenthal, M. B., Frank, R. G., Zhonghe, L., u. a. (2005), S. 1791.
[493] Vgl. Braun, B., Reiners, H., Rosenwirth, M., u. a. (2006), S. 65.
[494] Vgl. Rosenthal, M. B., Frank, R. G., Zhonghe, L., u. a. (2005), S. 1792.
[495] Quelle: Eigene Darstellung, in Anlehnung an Rosenthal, M. B., Frank, R. G., Zhonghe, L., u. a. (2005), S. 1791.

3.2.2 Patientenzufriedenheits-Indikator

Im Folgenden werden die bedeutsamsten Informationen bezüglich des Patienten-zufriedenheits-Indikators dargestellt. Dabei wird in Kapitel 3.2.2.1 erläutert, was und vor allem wie die Messung vorgenommen wurde und anschließend erste Ergebnisse dargelegt (siehe Kapitel 3.2.2.2).

3.2.2.1 Erläuterung

Eine wichtige Bedeutung bei der Beurteilung der Versorgungsqualität der HMOs bzw. deren vertraglich gebundener Leistungserbringer-Gruppen nimmt die Patientenzufriedenheit ein, welche als ein wichtiger Ergebnis-Parameter im Rahmen der medizinischen Leistungserbringung gilt.[496] Darunter wird die patientenseitige Beurteilung aller Aspekte einer medizinischen Versorgung und ihres organisatorischen Ablaufes unter Einbeziehung zwischenmenschlicher Gesichtspunkte verstanden, die durch die Erfüllung von Erwartungen und nur relativ wenig von Merkmalen des beurteilten Sachverhalts bestimmt wird.[497] Die Bedeutung dieses Aspekts zeigt sich auch im relativen Anteil bei der Berechnung des Gesamtscores, der im ersten Jahr der Performance-Messung 40 % betrug.[498] Für die Messung der Patientenzufriedenheit wurden anfangs ausgewählte Fragestellungen des Fragebogens „Consumer Assessment Survey" (CAS)[499] herangezogen, der im Rahmen des kalifornischen Verbrauchersurveys jährlich durchgeführt wird.[500]

Wie aus Tabelle 15 hervorgeht, wurden im ersten Jahr der Performance-Messung (MY 2003) vier Bereiche berücksichtigt, die mit jeweils 10 % alle den gleichen Anteil an dem Gesamtscore zur Patientenzufriedenheit hatten. Dabei handelt es sich um die vier Bereiche *Kommunikation mit dem Arzt, erhaltene fachärztliche Versorgung, zeitnahe Versorgung und Leistungserbringung* sowie eine *Gesamtbeurteilung der Versorgung*.[501] Diese Domänen setzen sich aus einer unterschiedlichen Anzahl von Items zusammen und fragen verschiedenste Aspekte der Ver-

---

[496] Vgl. Sorian, R. (2006), S. 3.
[497] Vgl. Panchaud, C., Guillain, H., Cranovsky, R., u. a. (1999).
[498] Vgl. Integrated Healthcare Association (o. J. d); Integrated Healthcare Association (o. J. h).
[499] Abrufbar unter Pacific Business Group on Health (2003).
[500] Vgl. Thrall, J. H. (2004), S. 639; Damberg, C. L., Raube, K., Williams, T., u. a. (2005), S. 69 und 72; Braun, B., Reiners, H., Rosenwirth, M., u. a. (2006), S. 63.
[501] Vgl. Busse, R., Schlette, S. (Hrsg.) (2003), S. 34; Rose, L. (2004); Integrated Healthcare Association (2005a); Braun, B., Reiners, H., Rosenwirth, M., u. a. (2006), S. 62.

sorgung ab. Geht es bei der Domäne Kommunikation mit dem Arzt darum, ob der Arzt seine Ausführungen in einer für den Patienten verständlichen Art und Weise durchgeführt hat, bezieht sich die Domäne fachärztliche Versorgung darauf, ob es für den Patienten ein Problem gewesen ist, einen Termin bei einem Facharzt zu erhalten. Betrachtet man die relative Gewichtung der einzelnen Aspekte, so fällt auf, dass sowohl die einzelnen Domänen untereinander als auch die sich innerhalb einer Domäne befindlichen Items gleich gewichtet sind.

Domain 1: Communication with MD (Kommunikation mit dem Arzt)		Proposed Item Weighting	Individual Item Weighting
Doctor-Patient Communication Composite	Listen carefully to you	3,34 %	10 %
	Explain things in way you could understand	3,33 %	
	Providers spend enough time with you	3,33 %	
Domain 2: Overall Ratings (Gesamtbeurteilung der Versorgung)		Proposed Item Weighting	Individual Item Weighting
Rating of personal doctor or nurse question item	Your rating of your personal doctor or nurse	5,00 %	10 %
Rating of all health care question item	Your rating of all health care from providers	5,00 %	
Domain 3: Speciality Care (Fachärztliche Versorgung)		Proposed Item Weighting	Individual Item Weighting
Problem seeing specialist question item	How much of a problem was it to see a specialist that you needed to see?	5,00 %	10 %
Rating of specialist question item	Your rating of the specialist you saw most often	5,00 %	
Domain 4: Timely Access to Care (Zeitnahe Versorgung und Leistungserbringung)		Proposed Item Weighting	Individual Item Weighting
Timely Care and Service	How often did you get an appointment as soon as wanted?	2,00 %	10 %
	When called during regular office hours, how often did you get advice/help needed?	2,00 %	
	When needed care right away, how often did you get care as soon as wanted?	2,00 %	
	When needed after hours care, how often did you get care/help needed?	2,00 %	
	How often did you see the person you came to see within 15 minutes of your appointment time?	2,00 %	

Tabelle 15:   Messung der Patientenzufriedenheit (MY 2003)[502]

Im Zeitverlauf erfolgte, wie auch beim klinischen Indikator, eine *Modifikation* des Aspektes der Patientenzufriedenheit, wie auch aus Tabelle 16 hervorgeht. Es kam sowohl zu Veränderungen, indem eine neue Domäne hinzugekommen ist als auch durch Abwandlungen/Umstellungen innerhalb einer Domäne. So wurde bei-spielsweise in der Domäne *Kommunikation mit dem Arzt* im Jahr 2004 ein zusätz-

---

[502]   Quelle: Integrated Healthcare Association (o. J. d); Integrated Healthcare Association (o. J. a); Braun, B., Reiners, H., Rosenwirth, M., u. a. (2006), S. 62.

liches Item angefügt.[503] An der Anzahl der berücksichtigten Bereiche änderte sich erstmals im Jahr 2005 etwas, als die fünfte Domäne *Care Coordination* hinzugefügt wurde und sich der relative Anteil des Patientenzufriedenheit-Indikators auf 30 % verringerte.[504] Des Weiteren stammen die Ergebnisse seit dem Jahr 2005 nicht mehr aus dem CAS, sondern aus dem Patient Assessment Survey (PAS).[505] Dieser wird jährlich von der California Cooperative Healthcare Reporting Initiative (CCHRI) durchgeführt.[506] Dabei werden 900 Patienten einer Leistungserbringer-Gruppen zu der erhaltenen Versorgung befragt. Um Unterschiede hinsichtlich der Patienteneigenschaften identifizieren zu können, wurden soziodemographische Faktoren, wie beispielsweise Alter, Geschlecht, Bildungsgrad, chronische Krankheiten, Sprache des ausgefüllten Fragebogens etc. berücksichtigt.[507]

	Patientenzufriedenheit	Gewicht
MY 2003	• Doctor-Patient communication • Speciality care • Overall ratings of care • Timely access to care	40 %
MY 2004	Keine Änderung zu MY 2003 vorgenommen	40 %
MY 2005	• Care coordination	30 %
MY 2006	Keine Änderung zu MY 2005 vorgenommen	30 %
MY 2007	Keine Änderung zu MY 2006 vorgenommen	30 %

Tabelle 16: Entwicklung des Indikators Patientenzufriedenheit[508]

3.2.2.2 Bisherige Ergebnisse

Nachdem im vorherigen Kapitel ausführlich dargestellt worden ist, wie im Rahmen des Referenzprojekts die Messung der Patientenzufriedenheit vorgenommen wird, werden nun einige bislang veröffentlichte Ergebnisse vorgestellt. Diese sind

---

[503] Vgl. Integrated Healthcare Association (o. J. k).
[504] Vgl. Integrated Healthcare Association (o. J. m); McDermott, S., Williams, T. (2006), S. 9.
[505] Vgl. Integrated Healthcare Association (o. J. t), S. 2; Integrated Healthcare Association (o. J. n), S. 2; einsichtbar unter Lempert, L. (2006).
[506] Vgl. National Committee for Quality Assurance (2006b), S. 75.
[507] Vgl. National Committee for Quality Assurance (2006b), S. 80; California Cooperative Healthcare Reporting Initiative (2006), S. 64.
[508] Quelle: Damberg, C. L., Raube, K., Williams, T., u. a. (2005), S. 70; McDermott, S., Williams, T. (2006), S. 9; Integrated Healthcare Association (o. J. m); Integrated Healthcare Association (o. J. q); Integrated Healthcare Association (o. J. r).

auch für die Versicherungsgesellschaften von großem Interesse, da sie ein wichtiger Indikator dafür sind, ob die Versicherten mit der erhaltenen Versorgung zufrieden sind. Die Versicherungsunternehmen stehen schließlich in einem großen Wettkampf miteinander und erhalten so einen Anhaltspunkt über die Qualität ihrer Versorger.[509]

Im MY 2003 war die Bedingung für die Teilnahme am Indikator Patientenzufriedenheit die Teilnahme an der Befragung mittels des Fragebogens CAS (siehe Kapitel 3.2.2.1). Von den 215 Leistungserbringer-Gruppen, die Angaben zu den klinischen Indikatoren machten, waren es bei der Patientenzufriedenheit 133 Leistungserbringer-Gruppen bzw. 62 %, die hierfür Ergebnisse erzielten. Auch wenn keine große Variation bei den Ergebnissen festgestellt wurde,[510] wiesen die meisten Leistungserbringer-Gruppen ein Ergebnis auf, das deutlich unter dem optimalen Niveau liegt. Dies trifft vor allem den Bereich des Zugangs zu Allgemein- bzw. Facharztmedizinern, bei denen rund ein Drittel der Patienten über Probleme berichtete. Lediglich 25 der teilnehmenden Leistungserbringer-Gruppen erzielten ein signifikant hohes Ergebnis bei drei der anfangs ermittelten vier Kennzahlen.[511] Leistungserbringer-Gruppen im Norden von Kalifornien erzielten durchschnittlich bessere Ergebnisse als jene im südlichen Teil des Bundesstaates.[512]

Eine Übersicht über Ergebnisse des ersten Jahres zu den Kennzahlen der Patientenzufriedenheit liefert Tabelle 17.[513] Dabei kann beobachtet werden, dass bei Betrachtung der Mittelwerte die höchste Patientenzufriedenheit für die *Kommunikation mit dem Arzt* mit einem Wert von rund 86 gegeben ist; der schlechteste Wert hingegen wurde für den Aspekt *Kein Problem, einen Facharzt zu sehen*, ermittelt. Um bei dem zuerst genannten Aspekt in die Top 25 % zu gelangen, musste eine Leistungserbringer-Gruppe einen Ergebniswert von rund 88 erzielen.[514]

---

[509] Vgl. Thrall, J. H. (2004), S. 640.
[510] Vgl. Rose, L. (2004).
[511] Vgl. Rose, L. (2004); McDermott, S., Williams, T. (2006), S. 9; Braun, B., Reiners, H., Rosenwirth, M., u. a. (2006), S. 64.
[512] Vgl. Damberg, C. L., Raube, K., Williams, T., u. a. (2005), S. 72.
[513] Vgl. Damberg, C. L., Raube, K., Williams, T., u. a. (2005), S. 72.
[514] Vgl. Damberg, C. L., Raube, K., Williams, T., u. a. (2005), S. 72.

	Anzahl Gruppen	Median	SD	90th Perzentil	75th Per- zentil	10th Perz- entil
Kommunikation mit dem Arzt	133	85,58	3,79	89,66	87,98	80,17
Bewertung des Arztes	131	80,03	5,09	86,20	83,07	72,95
Bewertung der med. Versorgung	133	69,98	6,30	78,07	73,98	65,09
Kein Problem, einen Facharzt zu sehen	131	59,46	6,91	66,75	63,64	50,03
Bewertung des Spezialisten	126	70,98	5,90	78,59	75,33	63,20
Rechtzeitige Behandlung und Service	133	69,53	5,69	62,47	73,68	76,24

Tabelle 17:   Ergebnisse für den Indikator Patientenzufriedenheit (2003)[515]

Für jede Leistungserbringer-Gruppe wurde ein Gesamtscore errechnet, falls sie zumindest in zwei der vier Kategorien valide Daten aufwies. Der Gesamtscore berechnete sich aus dem Mittelwert der (gleich gewichteten) Kategorien.[516] Tabelle 18 zeigt die Ergebnisse des zweiten Messjahres (MY 2004) im Vergleich zum ersten Jahr. Demnach haben 65,7 % aller teilnehmenden Gruppen ihre Performance um durchschnittlich 1,2 % verbessert. Die Anzahl der an der Patientenbefragung teilnehmenden Leistungserbringer-Gruppen stieg von 2003 bis 2005 von 130 auf 179 an – immerhin eine Steigerungsrate von 38 %. Viele Leistungserbringer-Gruppen entschieden sich erst mit der Einführung des Referenzprojekts zur Teilnahme an der Befragung. Betrachtet man ausschließlich Leistungserbringer-Gruppen, die seit Beginn des Referenzprojekts teilgenommen haben, so beträgt die durchschnittliche Verbesserungsrate sogar zwischen 3 und 5 % und liegt damit deutlich höher als die Verbesserungsraten aller Leistungserbringer-Gruppen.[517]

---

[515]   Quelle: Damberg, C. L., Raube, K., Williams, T., u. a. (2005), S. 73.
[516]   Vgl. Integrated Healthcare Association (o. J. l).
[517]   Vgl. McDermott, S., Williams, T. (2006), S. 16.

	Anzahl der gemessenen Gruppen	Anzahl der verbesserten Gruppen	% verbesserte Gruppen	Durchschn. % Veränderung der Performance
Bewertung des Arztes	115	62	53,9	0,5
Bewertung der gesamten Versorgung	115	73	63,5	1,4
Probleme bzgl. eines Facharztes	109	64	58,7	2,2
Bewertung des Facharztes	108	63	58,3	0,8
Durchschnitt	108	71	65,7	1,2

Tabelle 18: Ergebnis Patientenzufriedenheit 2003 bis 2004[518]

Im Rahmen der Patientenbefragung für das MY 2005 wurden (nun mittels des Fragebogens PAS) die Antworten von 64.216 Patienten von insgesamt 149 Leistungserbringer-Gruppen ausgewertet. Einige Ergebnisse sind in Tabelle 19 dargelegt. Die ersten beiden Leistungserbringer-Gruppen stammen aus dem nördlichen Teil des Bundesstaates Kalifornien, die anderen beiden aus dem südlichen Teil. Außerdem sind die durchschnittlichen Ergebnisse für Kalifornien dargestellt.

	Patient Access	Coordination of Care	Rating of Overall Health Care
Affinity Medical Group	79 ↑	78 ↑	85 ↑
Golden State Physicians Medical Group	75	67 ↓	80 ↓
Gateway Medical Group	69 ↓	72	81 ↓
Affiliated Doctors of Orange County	75	72	82
California Statewide Average	**74**	**74**	**83**
Anmerkungen: ↑ significantly above statewide average; ↓ significantly below statewide average			

Tabelle 19: Ergebnisse für das MY 2005 aus dem PAS[519]

Des Weiteren werden die Top 20 % eines Jahres erwähnt, was für eine Leistungserbringer-Gruppe sicherlich mit einem Reputationsgewinn verbunden ist. Im MY

---

[518] Quelle: McDermott, S., Williams, T. (2006), S. 16.
[519] Quelle: Eigene Darstellung, in Anlehnung an California Cooperative Healthcare Reporting Initiative (2006).

2005 wurden insgesamt 46 (der ausgewerteten 149) Leistungserbringer-Gruppen für ihre erzielten Ergebnisse im Indikator Patientenzufriedenheit geehrt.[520]

Bei Betrachtung erster gegenübergestellter Ergebnisse ergibt sich das in Tabelle 20 dargestellte Bild. Wie schon beim klinischen Indikator (siehe Kapitel 3.2.1.2) ist ein uneingeschränkter Vergleich nicht möglich, da die Messung der Patientenzufriedenheit ab dem MY 2005 mittels des Fragebogens PAS und nicht mehr, wie in den ersten beiden Jahren, mittels des Fragebogens CAS aufgenommen wurde.[521] Zum Zweck einer übersichtlicheren Darstellung wurden die vergleichbaren Felder wiederum grau hinterlegt. Bei Betrachtung der Werte kann beobachtet werden, dass sich die Ergebnisse in den ersten beiden Messjahren (MY 2003 und 2004) kontinuierlich verbessert haben. Sowohl für die Anzahl der Leistungserbringer-Gruppen, für die Ergebnisse dokumentiert wurden, als auch für deren durchschnittliche Ergebniswerte kann eine Zunahme verzeichnet werden.

Measure	MY 2003		MY 2004		MY 2005 (2)	
	N	Mean	N	Mean	N	Mean
Communication with Doctor	133	85,58	144	86,98	137	87,29
Coordination of Care (3)					137	74,07
No Problem Seeing Specialist	131	59,46	135	61,32	68	71,85
Rating of Doctor	131	80,03	144	80,73	135	86,19
Rating of Healthcare	133	69,98	144	71,35	137	83,19
Rating of Specialist	126	70,98	132	71,90	135	84,24
Timely Care and Service/Access (4)	133	69,53	144	74,56	137	73,97

Anmerkungen:
(1) MY 2003 and MY 2004 results from Consumer Assessment Survey (CAS) data; MY 2005 results from Patient Assessment Survey (PAS) data
(2) Results from MY 2004 to MY 2005 are not trendable due to methodological changes
(3) New measure for MY 2005
(4) Measure was named „Timely Care and Service" in MY 2003 and MY 2004; renamed „Timely Care and Access" in MY 2005

Tabelle 20:   Ergebnisse von MY 2003 bis MY 2005 (1)[522]

---

[520]   Vgl. Integrated Healthcare Association (o. J. b).
[521]   Vgl. Integrated Healthcare Association (o. J. n); Integrated Healthcare Association (2005b).
[522]   Quelle: Integrated Healthcare Association (o. J. n); Integrated Healthcare Association (o. J. t).

3.2.3 Indikator über die IT-Investitionen

Nachdem in den beiden vorangegangenen Kapiteln die Performance-Messkriterien Klinischer Indikator und Patientenzufriedenheit näher betrachtet wurden, steht nun der letzte Indikator im Mittelpunkt der Betrachtung. Bei diesem handelt es sich um „Investitionen in die Anwendung von Informationstechnologien für Datenübertragung und -dokumentation und schließlich auch [um den] Nachweis von Koordination und (interdisziplinärer) Kooperation der Leistungserbringer."[523] Dabei wird, wie bisher, anfangs der Indikator näher erläutert (siehe Kapitel 3.2.3.1), anschließend werden erste bereits veröffentlichte Ergebnisse vorgestellt (siehe Kapitel 3.2.3.2) und in Kapitel 3.2.3.3 allgemein der Einfluss der IT auf die Behandlungsqualität beschrieben.

3.2.3.1 Erläuterung

Beim IT-Indikator wird die „Fähigkeit einer Ärztegruppe beurteilt, Daten auf Gruppenebene zusammenzuführen oder den Ärzten die Daten am Ort der Leistungserbringung zur Verfügung zu stellen."[524] Der effektive Einsatz elektronischer Unterstützungsmedien kann zur Senkung von Medikationsfehlern und damit verbundenen Kosten führen (beispielsweise durch elektronische Bestellsysteme). Aus diesem Grund wird dem Indikator Potential zur Qualitätsgewinnung und zur Schaffung von mehr Sicherheit eingeräumt.[525] Dass auch der Grad der IT-Investitionen bzw. der im Rahmen der Patientenversorgung eingesetzten IT bei der Performance-Bewertung einer HMO bzw. der vertraglich angeschlossenen Leistungserbringer-Gruppen berücksichtigt wird, resultiert aus der Überzeugung, dass fehlende Automatismen zu geringer Qualität und medizinischen Fehlern führen können.[526] Im Rahmen einer guten Behandlungsqualität soll es möglich sein, Krankheiten zu managen und für chronische Krankheiten gefährdete Patienten oder solche, die präventive Maßnahmen benötigen, zu identifizieren.[527] Hierbei können IT-Tools eine unterstützende Hilfestellung leisten.

---

[523] Braun, B., Reiners, H., Rosenwirth, M., u. a. (2006), S. 15.
[524] Braun, B., Reiners, H., Rosenwirth, M., u. a. (2006), S. 62.
[525] Vgl. Thrall, J. H. (2004), S. 640.
[526] Vgl. Institute of Medicine (2003), S. 24.
[527] Vgl. Damberg, C. L., Raube, K., Williams, T., u. a. (2005), S. 69.

Auch der bekannte Wirtschaftswissenschaftler und Harvard-Professor Michael E. Porter erkannte in seinem kürzlich veröffentlichten Werk zur Reform des US-Gesundheitswesens (siehe dazu auch Kapitel 3.7), dass die geringe Verbreitung der IT ein zentrales Problem darstellt.[528] Durch den intensiveren Einsatz der IT seien im Gesundheitswesen erhebliche Potentiale realisierbar („Information technology, including the internet, holds enormous potential for transforming the health care delivery system, which today remains relatively untouched by the revolution that has swept nearly every other aspect of society."[529]). Gerade die kleineren Einrichtungen verfügen in den USA über eine schlechtere Ausstattung an elektronischen unterstützenden Medien. Nur 8 % der Ärzte, die in kleinen Arztpraxen tätig sind, verwenden elektronische Verordnungen und weniger als 25 % computer-basierte Behandlungserinnerungen. Des Weiteren verfügen nur 18 % der ambulanten Einrichtungen über Electronic Health Records (EHRs) (Schweden 90 %)[530] und nur 28 % der amerikanischen Hausärzte benutzen - electronical medical records (EMRs).[531] Verglichen mit den Ergebnissen aus den Niederlanden (98 %), Neuseeland (92 %), dem UK (89 %) und Australien (79 %) ist dies ein geringer Anteil. Amerikanische Hausärzte beurteilen es als „very difficult" oder „impossible", Patienten zu ermitteln, die einen Test oder eine präventive Untersuchung benötigen.[532] Diese Tatsache kann Auswirkungen auf die Behandlungsqualität haben. EBM-Prozesse, wie Disease Registers, Erinnerungssysteme und auch Leitfäden werden hauptsächlich von organisierten Leistungserbringern verwendet, die überwiegend in großen Einheiten tätig sind.[533]

Zu Beginn des Referenzprojekts im Jahre 2003 hatte der IT-Indikator, der auch in anderen Programmen (Bridges to Excellence, siehe Kapitel 3.6.3) berücksichtigt wird, einen Anteil an der Gesamtperformance in Höhe von 10 %. Dieser setzte sich aus den beiden Elementen *Integrate clinical electronic data sets* und *support clinical decision-making at point-of-care* zusammen (siehe Tabelle 21).[534] Ging es

---

[528] Vgl. Porter, M. E., Teisberg, E. O. (2006), S. 2.
[529] Institute of Medicine (2001b), S. 5.
[530] Vgl. Institute of Medicine (2005), S. 25.
[531] Vgl. Audet, A.-M. J., Doty, M. M., Shamasdin, J., u. a. (2005), S. 843.
[532] Vgl. Schoen, C., Osborn, R., Huynh, P. T., u. a. (2006).
[533] Vgl. Institute of Medicine (2005), S. 25.
[534] Vgl. Integrated Healthcare Association (2005a); Williams, T. R., Raube, K., Damberg, C. L., u. a. (2006), S. 302.

beim ersten Aspekt um „Population management independent of patient contacts", so stand beim zweiten „Management of individual patients during contact with physician" im Vordergrund.[535]

Domain 1: Integrate clinical electronic data sets at group level	
Description	Eligible Qualifying Activities
Rewards group-level integration of any 2 clinical data sets, including: Encounter/claims Lab results Prescriptions Inpatient or ER records Radiology findings and the ability to report at the patient level.	Printout from an up-to-date electronic disease registry showing integration of at least 2 data sets. Example: A list of patients diagnosed with CHF by practice site (encounters) showing hospitalizations and ER visits in the past year.
	Internally generated report to individual physicians showing actionable patient-level data derived from at least two data sets. Example: a list of each physician's diabetic patients with HbA1c above 9.5 (lab result), plus a list of each physician's asthmatic patients who have not filled a prescription for a long-acting medication in a year (prescriptions).
	Internally – and electronically – generated numerator and denominator results for any HEDIS measure that includes lab results in numerator.
Domain 2: Support clinical decision making at point of care	
Description	Eligible Qualifying Activities
Rewards actual use of electronic lab or pharmacy clinical information at the point of care in the physician's office.	Over 50 % of primary care physicians access lab results electronically
	Over 50 % of primary care physicians produce computer-generated prescriptions
	Over 50 % of primary care physicians automatically check drug-drug interactions electronically before signing prescription
	Over 50 % of primary care physicians access clinical notes from other physicians (or hospitals) electronically
	Over 50 % of primary care physicians receive visit-specific preventive or chronic care reminders electronically

Tabelle 21:   Der IT-Indikator (2003)[536]

Im Rahmen der ersten Domäne geht es hauptsächlich um den Gebrauch von „electronic systems to manage important aspects of patient care, to have readily

---

[535] Vgl. Williams, T. R., Raube, K., Damberg, C. L., u. a. (2006), S. 303.
[536] Quelle: Integrated Healthcare Association (o. J. e).

accessible clinical information and uses it to measure and improve patient care."[537] Somit soll es möglich sein, für ein bestimmtes Patienten- bzw. Versichertenkollektiv Daten so zu verwalten, dass sich daraus ersehen lässt, bei welchen Personen beispielsweise ein Brustkrebs-Screening notwendig bzw. fällig ist. Diese können anschließend kontaktiert werden, um eine Untersuchung zu veranlassen.[538]

Bei der zweiten Domäne steht die Untersuchung am Versorgungsort im Mittelpunkt („building patient registries for those with chronic diseases, use of an electronic medical record and using physician or patient reminder systems at the point of care."[539]). Von der Leistungserbringer-Gruppe soll sichergestellt werden, dass „physicians employ electronic systems rather than manual systems to order prescriptions and tests and retrieve laboratory results. The PO´s PCPs use an electronic system or systems to improve the safety and efficiency of patient care."[540] Dabei kann es sich um einen elektronischen Hinweis handeln, der den Arzt auf einen Diabetes-Patienten aufmerksam macht, der beim letzten LDL-Test einen Wert von über 130 hatte. Aber auch der elektronische Abgleich von Wechselwirkungen gleichzeitig einzunehmender Arzneimittel ist mit einbezogen (check drug-drug interactions). Erfüllte ein Leistungserbringer keine Funktionalität, betrug seine IT-Performance 0 %. Konnte er in jeder Domäne zumindest ein Kriterium erfüllen, wurden ihm 5 % angerechnet, waren es jeweils zwei Kriterien, wurden die für den IT-Indikator im MY 2003 maximal erreichbaren 10 % vergeben.[541]

Betrachtet man den relativen Anteil des IT-Indikators an der Gesamtperformance eines Leistungserbringers, so ergibt sich das in Tabelle 22 dargestellte Bild. Es lässt sich erkennen, dass der IT-Indikator lediglich im ersten Performance-Jahr 2003 mit 10 % gewichtet und bereits im zweiten Jahr auf 20 % gesteigert wurde. Damit sollte auf einen möglichst hohen Penetrationsgrad der IT in der medizinischen Leistungserbringung Einfluss genommen werden. Diese Absicht basiert auf dem Glauben, einen wichtigen Schritt hin zu einer besseren Gesundheitsversor-

---

[537] National Committee for Quality Assurance (2006b), S. 68.
[538] Vgl. Williams, T. R., Raube, K., Damberg, C. L., u. a. (2006), S. 304.
[539] Rose, L. (2004).
[540] National Committee for Quality Assurance (2006b), S. 70.
[541] Vgl. Integrated Healthcare Association (o. J. e).

gung zu unternehmen.[542] Die Erhöhung des Anteils auf 20 % hatte auch Auswirkungen auf die „Berechnungsformel" für den IT-Indikator. Im zweiten Jahr (MY 2004) mussten für die vollen 20 % insgesamt vier der oben aufgeführten Aktivitäten erfüllt werden, mindestens zwei davon mussten aus den Aktivitäten der zweiten Domäne stammen.[543] Einem Leistungserbringer wurden 0 % vergeben, wenn kein aufgeführter Aspekt realisiert war. Für die Verwirklichung einer Aktivität aus nur einer Domäne erhielt er 5 %. Eine Performance von 10 % wurde für die Erfüllung einer Aktivität aus jeweils einer Domäne vergeben. Konnten drei der gezeigten Aktivitäten realisiert werden, von denen eine aus der zweiten Domäne stammen musste, wurden dem Leistungserbringer 15 % angerechnet.[544]

	IT-Investitionen	Gewicht
MY 2003	Integrate clinical electronic data sets at group level for population management Support clinical decision making at point of care through electronic tools	10 %
MY 2004	Requires 4 activities of which at least 2 are in Measure 2; each activity is worth 5 %	20 %
MY 2005	Keine Änderung zu MY 2004 vorgenommen	20 %
MY 2006	Keine Änderung zu MY 2005 vorgenommen	20 %
MY 2007	Keine Änderung zu MY 2006 vorgenommen	20 %

Tabelle 22:   Entwicklung des Indikators IT-Investitionen[545]

Auch für die Performance-Jahre 2005, 2006 und 2007 wurde die Bewertung einer Leistungserbringergruppe auf diese Art und Weise berechnet.[546]

3.2.3.2 Bisherige Ergebnisse

Im ersten Jahr des Referenzprojekts übermittelten 100 der 215 Leistungserbringer-Gruppen ihre Ergebnisse zum IT-Indikator. Davon erzielten 67 den vollen, sieben den halben und 26 keinen Bonus. Im Vergleich mit den anderen beiden Indikatoren ergibt sich für den IT-Bereich die größte Schwankung. Die „imple-

[542] Vgl. Williams, T. R., Raube, K., Damberg, C. L., u. a. (2006), S. 302.
[543] Vgl. Integrated Healthcare Association (o. J. i); Williams, T. R., Raube, K., Damberg, C. L., u. a. (2006), S. 302.
[544] Vgl. Integrated Healthcare Association (o. J. j); Williams, T. R., Raube, K., Damberg, C. L., u. a. (2006), S. 302.
[545] Quelle: In Anlehnung an Integrated Healthcare Association (o. J. m); Damberg, C. L., Raube, K., Williams, T., u. a. (2005), S. 70; McDermott, S., Williams, T. (2006), S. 11; Integrated Healthcare Association (o. J. r).
[546] Vgl. Integrated Healthcare Association (o. J. p); National Committee for Quality Assurance (2006b), S. 73; Integrated Healthcare Association (o. J. q).

mentation of actionable reports utilizing integrated clinical data [stellte sich dabei als] the most common activity reported for groups (51 %) in the data integration category [heraus]. Retrieving lab results (36 %) and accessing clinical notes (36 %) electronically were the 2 most common activities, for POs receiving credit for point-of-care technology."[547]

Im MY 2004 nahmen bereits 225 Leistungserbringer-Gruppen am Referenzprojekt teil. Von diesen reichten 122 Leistungserbringer-Gruppen ihre Ergebnisse zum IT-Indikator ein, 22 mehr als im ersten MY. Den vollen Bonus, inzwischen auf 20 % angehoben, erhielten 58 Leistungserbringer-Gruppen (26 %) und für einen geringeren Bonus qualifizierten sich 62 Leistungserbringer-Gruppen. Fast 50 % der Versicherten waren bei einer der HMOs eingeschrieben, die einen vollen IT-Bonus erhielten (26 %). Damit wird deutlich, dass vor allem die großen Leistungserbringer-Gruppen eine hohe Qualifikation in der IT-Domäne aufwiesen.[548] Die kleineren Leistungserbringer-Gruppen hingegen „are struggling with the issue of data and data systems."[549] Insgesamt erhielten lediglich 2 Leistungserbringer-Gruppen, die Daten eingereicht hatten, keinen Bonus. Betrachtet man ausschließlich die Anzahl der Leistungserbringer-Gruppen, die einen Bonus erhalten haben, so kann ein Anstieg um 62 % im Vergleich zum MY 2003 errechnet werden. Die Verbesserungen konnten für viele Bereiche verzeichnet werden.[550]

Bei Betrachtung der drei Indikatoren konnte der IT-Indikator im Vergleich zum ersten Jahr die größten Fortschritte erzielen. Die Anzahl der Gruppen, die zumindest ein Kriterium erfüllten, stieg um 54 % an (siehe Tabelle 23). Im ersten Jahr war lediglich ein Drittel aller teilnehmenden Leistungserbringer-Gruppen in der Lage, IT-Elemente vorzuweisen; im zweiten Jahr der Messung waren es immerhin schon rund die Hälfte der teilnehmenden Leistungserbringer-Gruppen. Allerdings muss auch angemerkt werden, dass die andere Hälfte hingegen kein Kriterium erfüllte.[551]

---

[547] Damberg, C. L., Raube, K., Williams, T., u. a. (2005), S. 73.
[548] Vgl. Williams, T. R., Raube, K., Damberg, C. L., u. a. (2006), S. 304.
[549] Williams, T. R., Raube, K., Damberg, C. L., u. a. (2006), S. 304.
[550] Vgl. Williams, T. R., Raube, K., Damberg, C. L., u. a. (2006), S. 304 und 305.
[551] Vgl. McDermott, S., Williams, T. (2006), S. 16.

	Gruppen (MY 2003)	Gruppen (MY 2004)	Verbesserung der Gruppen von 2003 zu 2004
Integration of Electronic Clinical Datasets			
Actionable Reports	24,7 %	39,1 %	58,7 %
Registry or Data Warehouse	16,7 %	25,8 %	54,0 %
HEDIS Results	11,2 %	37,3 %	234,4 %
Point of Care Decision Support Technology			
Electronic prescribing	4,7 %	8,9 %	91,1 %
Electronic drug checks	4,2 %	12,9 %	207,9 %
Electronic retrieval of lab results	16,7 %	27,1 %	61,9 %
Accessing clinical notes of other practitioners	11,6 %	21,3 %	83,5 %
Physician Preventive Chronic Care Reminders	7,0 %	12,0 %	72,0 %

Tabelle 23:   Verbesserungen in dem IT-Indikator (2003-2004)[552]

Auch wenn die prozentualen Verbesserungsraten auf den ersten Blick einen positiven Eindruck vermitteln, muss doch erwähnt werden, dass die Situation suboptimal ist. Vor allem beim „point of care" besteht großes Verbesserungspotential. Lediglich 12 % besitzen elektronische Behandlungserinnerungen für fällige präventive Untersuchungen bzw. für chronisch kranke Patienten und nur 13 % können elektronisch Arzneimittel auf Wechselwirkungen untersuchen. Des Weiteren darf nicht vergessen werden, dass die Hälfte aller am Referenzprojekt teilnehmenden Leistungserbringer-Gruppen nicht in der Lage ist, in dieser Kategorie Kapazitäten vorzuweisen.[553]

Im MY 2005 konnte ein vermehrter Einsatz von „prescribing, monitoring lab results, preventive and chronic care reminders, and electronic messaging"[554] beobachtet werden. Der Anteil der Leistungserbringer-Gruppen, die das maximale Ergebnis beim IT-Indikator erhielten, erhöhte sich um 11 %. Ergebnisse aus der Anfangszeit hatten gezeigt, dass Leistungserbringer-Gruppen mit dem maximalen Wert signifikant höhere Werte im klinischen Indikator hatten als solche, die sich

---

552   Quelle: McDermott, S., Williams, T. (2006), S. 17.
553   Vgl. McDermott, S., Williams, T. (2006), S. 17.
554   Integrated Healthcare Association (2006c).

für den halben oder keinen Bonus qualifiziert hatten.[555] Wie auch bei der Patientenzufriedenheit, werden Leistungserbringer-Gruppen mit den besten Ergebnissen (hier mit dem vollen Bonus) ehrenhaft erwähnt und im Internet veröffentlicht[556], wodurch durchaus mit Reputationsgewinnen für die Leistungserbringer-Gruppen zu rechnen sind.

Betrachtet man erste Ergebnisse im Zeitverlauf, ergibt sich das in Tabelle 24 dargestellte Bild. Dort wird gezeigt, wie viele Leistungserbringer-Gruppen sich in den Jahren 2004 und 2005 für einen Bonus im IT-Indikator qualifizieren konnten bzw. deren Verteilung auf die einzelnen Performance-Gruppen. Die Anzahl der Leistungserbringer-Gruppen mit einem vollen Bonus in Höhe von 20 % ist von 57 (25 % der hierzu Daten liefernden Leistungserbringer-Gruppen) auf 76 (36 % der hierzu Daten liefernden Leistungserbringer-Gruppen) angestiegen und die Anzahl der Gruppen mit dem geringsten Bonus (5 %) hat sich deutlich verringert. Eine Gegenüberstellung der Ergebnisse des MY 2003 wäre nicht aussagekräftig, da anfangs andere Performance-Gruppen existierten (siehe Kapitel 3.2.3.1).

Score	Number of POs for MY 2004	Number of POs for MY 2005
0 %	3	4
5 %	26	7
10 %	24	20
15 %	12	11
20 % (full score)	57	76
Total number of POs that participate in IT	122	118

Tabelle 24:   Anzahl der Leistungserbringer-Gruppen in den Ergebnis-Gruppen für den IT-Indikator[557]

Aus Tabelle 24 geht ebenfalls hervor, dass die Anzahl der Leistungserbringer-Gruppen mit einem Bonus für den IT-Indikator von 122 auf 118 abgenommen hat; von 2003 auf 2004 konnte noch ein geringer Anstieg verzeichnet werden. Auch wenn sich die prozentualen Veränderungsraten für die einzelnen Aktivitäten

---

[555]   Vgl. Integrated Healthcare Association (2006c).
[556]   Vgl. Integrated Healthcare Association (o. J. c).
[557]   Quelle: Integrated Healthcare Association (o. J. t), S. 4; Integrated Healthcare Association (o. J. n).

überwiegend verbesserten, spricht dies in Kombination mit dem ersten Ergebnis dafür, dass sich im MY 2005 keine weiteren Leistungserbringer-Gruppen für den IT-Indikator empfehlen konnten. Es haben sich lediglich Leistungserbringer-Gruppen, die bereits im MY 2004 einen Bonus erhalten hatten, noch weiter verbessert. Neu hinzukamen keine Leistungserbringer-Gruppen, es konnten sich im Gegenteil sogar vier Leistungserbringer-Gruppen weniger für einen Bonus qualifizieren (siehe Tabelle 25).

	Number of POs for MY 2004	Number of POs for MY 2005	Percent Change
Measure 1 Activities			
1. Actionable Report	88	93	5,7 %
2. Date Warehouse	58	92	58,6 %
3a. HEDIS Results – Cardiac LDL < 130	84	71	-15,5 %
3b. HEDIS Results – Diabetic LDL < 130	85	73	14,1 %
3c. HEDIS Result – HbA1c Poor Control	86	81	-5,8 %
3d. HEDIS Result – Controlling High Blood Pressure	0	15	
Measure 1 Activities			
1. Electronic Prescribing	20	24	20,0 %
2. Electronic Drug Checks	29	33	13,8 %
3. Electronic Lab Results	61	81	32,8 %
4. Accessing Clinical Notes of Other Practitioners	48	65	35,4 %
5. Physician Preventive & Chronic Care Reminders	27	36	33,3 %
6. Accessing Clinical Findings such as Blood Pressure	22	25	13,6 %
7. Electronic Messaging	21	55	161,9 %
Any IT Data Submitted	122	118	-3,3 %

Tabelle 25:   Anzahl der Leistungserbringer-Gruppen mit Bonus für den IT-Indikator[558]

Bei Betrachtung der Ergebnisse kommt man zu dem Schluss, dass sich die Anzahl der teilnehmenden Leistungserbringer-Gruppen, die über eine ausreichende IT

---

[558] Quelle: Integrated Healthcare Association (o. J. t), S. 3; Integrated Healthcare Association (o. J. n).

verfügen, nicht erkenntlich erhöht hat. Die Ergebnisse lassen vielmehr vermuten, dass sich bereits für einen Bonus qualifizierende Leistungserbringer-Gruppen weiter verbessert haben, um einen noch höheren Bonus zu erhalten. Im Rahmen dieser Ausführungen können nur Werte bis MY 2005 beschrieben werden, da noch keine aktuelleren Werte publiziert worden sind.

Künftig soll weiter darauf hingewirkt werden, den IT-Penetrationsgrad zu erhöhen, verspricht man sich davon doch eine bessere Behandlungsqualität und vor allem auch mehr Sicherheit im Rahmen der Versorgung.[559] Ob dieser Zusammenhang allerdings verallgemeinert werden kann, ist Gegenstand der Betrachtungen des folgenden Kapitels 3.2.3.3.

3.2.3.3 Einfluss der IT auf die Behandlungsqualität

Auch wenn im Rahmen des Referenzprojekts der IT-Einsatz gefördert werden soll, wird an dieser Stelle hinterfragt, ob aus den Verbesserungen im IT-Bereich tatsächlich eine qualitativ bessere medizinische Versorgung resultiert. Um diesen Zusammenhang näher zu betrachten, wird nun dargestellt, wie sich die klinische Qualität und der IT-Einsatz im Referenzprojekt zueinander verhalten bzw. entwickelt haben.

Ergebnisse aus der Anfangszeit hatten gezeigt, dass Leistungserbringer-Gruppen mit dem maximalen Wert im IT-Bereich signifikant höhere Werte im klinischen Indikator hatten und bessere Werte erzielten als solche, die sich für den halben oder für gar keinen Bonus qualifiziert haben.[560] Leistungserbringer-Gruppen mit dem maximalen Bonus für das IT-Kriterium hatten eine durchschnittliche klinische Performance, die rund 9 % höher war als die bei Leistungserbringer-Gruppen ohne IT-Nachweis. Die durchschnittliche Performance des klinischen Indikators für Leistungserbringer-Gruppen mit einem IT-Score von 0 % betrug 60, bei 5 % betrug sie 61 und bei 10 % rund 63. Erreichte eine Leistungserbringer-Gruppe eine IT-Performance von 15 %, wurde ein Wert von 65 ermittelt und bei Leis-

---

[559]   Vgl. Williams, T. R., Raube, K., Damberg, C. L., u. a. (2006), S. 301.
[560]   Vgl. Integrated Healthcare Association (2006c).

tungserbringer-Gruppen mit einer Performance von 20 % sogar ein durchschnittliches klinisches Ergebnis von 69 (siehe Tabelle 26).[561]

IT-Score → Klinische Performance		
0 %	→	60
5 %	→	61
10 %	→	63
15 %	→	65
20 %	→	69

Tabelle 26:   Zusammenhang von IT-Score und klinischer Performance[562]

Um den Einfluss der IT auf die gesundheitliche Versorgung der Bevölkerung bzw. auf die Qualität und auch auf die Effizienz nachzuweisen, analysierte eine kürzlich durchgeführte Untersuchung insgesamt 257 englischsprachige Veröffentlichungen zu diesem Themenkomplex. Als Ergebnis dieser Untersuchung ergaben sich folgende zentrale Aspekte:[563]

- Die Qualität der Versorgung kann durch den Einsatz der IT gesteigert werden.

- Qualitative Verbesserungen haben sich meistens in den drei Bereichen *Einhalten der von Leitfäden empfohlenen Behandlung, verbesserte Überwachung und Kontrolle der Patienten* (elektronisch gestützte Erinnerungsfunktion) und auch in *geringeren Fehlern bei der medikamentösen Behandlung* der Patienten widergespiegelt.

- Im Bezug auf die Effizienz konnte ein geringerer Ressourcenverbrauch beobachtet werden.

- Das hauptsächliche Augenmerk galt der präventiven Versorgung (sowohl der primären als auch der sekundären Prävention).

---

[561] Vgl. McDermott, S., Williams, T. (2006), S. 17; Williams, T. R., Raube, K., Damberg, C. L., u. a. (2006), S. 305.

[562] Quelle: Eigene Darstellung, in Anlehnung an McDermott, S., Williams, T. (2006), S. 17.

[563] Vgl. Chaudhry, B., Wang, J., Wu, S., u. a. (2006), S. E-12.

Folglich hat sich der im Rahmen des Referenzprojekts beobachtete Zusammenhang auch empirisch bestätigt. Allerdings zeigen Untersuchungen ebenfalls, dass
dieser Zusammenhang nicht verallgemeinert werden kann. Es wurde gezeigt, dass
durch den IT-Einsatz medikamentöse Fehler verhindert werden können („Over 80
percent of medication mistakes (other than missed doses) were prevented by a
computerized physician order entry system once it was fully developed"[564]),[565]
andere Fehler wiederum entstehen können.[566]

Auch wenn häufig eine positive Korrelation verzeichnet werden konnte, bedeutet
das allerdings nicht, dass die Leistungserbringer künftig mit voller Intensität an
einer Erhöhung des IT-Penetrationsgrades arbeiten werden. Zum einen stellen die
Kosten für die IT-Infrastruktur eine große Hürde dar, die vor allem für kleinere
Leistungserbringer problematisch ist.[567] Zum anderen entstehen für Leistungser-
ringer beispielsweise im Rahmen des fee-for-service Vergütungssystems sogar
teilweise Nachteile, wenn elektronische Systeme (Diabetes Management System)
dazu führen, dass weniger Arztkontakte notwendig werden. Trotz einer besseren
Behandlungsqualität könnte dies für den Arzt bedeuten, dass er nicht mehr so oft
kontaktiert wird und dadurch Geld „verliert".[568]

Einige Studien ergaben, dass der Einsatz bzw. das Vorhalten einer guten IT-
Infrastruktur zu Verbesserungen in der gesundheitlichen Versorgung der Bevölkerung führen kann. Trotzdem muss doch kritisch angemerkt werden, dass der IT-
Besitz nicht automatisch mit einem effektiven und effizienten Einsatz der IT
gleichzusetzen ist. Die IT kann sich zwar positiv auf die präventive Versorgung
der Bevölkerung auswirken, deutet allerdings nicht zwangsläufig auf eine verbesserte Behandlungsqualität hin.

Dass durch den Einsatz von IT die Versorgungsqualität positiv beeinflusst werden
kann, zeigen folgende *Beispiele*. So kann ein so genannter Mobile-Reminder-
Service Patienten durch Erinnerungs-SMS an die Einnahme eines Medikaments,

---

[564]   Keenan, P. S., Kline, J. (2004), S. 3.
[565]   Vgl. Keenan, P. S., Kline, J. (2004), S. 1; Institute of Medicine (2005), S. 26.
[566]   Vgl. Institute of Medicine (2005), S. 26.
[567]   Vgl. Wilson, J. F. (2007), S. 474; Robert Wood Johnson Foundation (2006).
[568]   Vgl. Keenan, P. S., Kline, J. (2004), S. 2.

Arztbesuche oder auch fällige Vorsorgeuntersuchungen erinnern, und das unabhängig von dem Aufenthaltsort und der Tageszeit. Gerade bei langfristigen Therapien chronisch kranker Patienten kann somit zur besseren Einhaltung des The-
rapieplans beigetragen werden.[569]

Eine wichtige Rolle für den elektronischen Datentransfer kann die Telemedizin
spielen.[570] Derzeit wird der Blutzucker mehrmals am Tag stichprobenartig an einem Blutstropfen gemessen. Doch auch häufige Messungen können Blutzucker-
schwankungen und damit verbundene diabetische Folgeerkrankungen nicht verhindern. Eine kontinuierliche Messung könnte hier Abhilfe verschaffen. Technische Entwicklungen haben für Diabetiker Geräte hervorgebracht, die ohne Hilfe
des Betroffenen kontinuierlich den Blutzucker messen, die Daten auswerten und
mit einer Insulinpumpe den Insulinbedarf wie bei einem Gesunden abdecken.

In Deutschland wurde das erste kombinierte Gerät zur kontinuierlichen Zuckermessung mit einer Insulinpumpe im Mai 2007 zugelassen.[571] Beispiele für derartige innovative Geräte, die eine kontinuierliche, einfache und schmerzfreie Messung garantieren sind *Glucosesensor* oder auch *GlucoWatch*. Während bei Ersterem zur kontinuierlichen Zuckermessung in der Gewebeflüssigkeit ein Sensor o-
der Messschlauch ins Unterhautfettgewebe eingeführt wird,[572] erzeugt Gluco-
Watch einen schwachen Stromfluss, durch den die Glucose durch die Haut gemessen wird. Das Messprinzip liefert Blutzuckerwerte über die letzten 12 Stunden
im Intervall von 20 Minuten und das Gerät warnt frühzeitig bei Blutzucker-
schwankungen.[573] GlucoWatch kann dabei wie eine Uhr am Handgelenk getragen
werden, ist derzeit aber nur in den USA und in England erhältlich.

3.3 Public Reporting

Die öffentliche Berichterstattung ist ein ganz wesentlicher Bestandteil des Referenzprojekts und wird beschrieben als „very effective incentives […] as good re-

---

[569] Vgl. Schöffmann, I. (2006).
[570] Vgl. Ärzte Zeitung (2007).
[571] Vgl. Medtronic (2007).
[572] Vgl. Medtronic MiniMed (2007).
[573] Vgl. Kusterer, K. (2001).

sults can attract new members and bad ones can steer them away."[574] Derzeit bestehen in den USA wenige Möglichkeiten für die Bevölkerung, sich darüber zu informieren, wo man eine medizinische Behandlung erhalten kann und welchen Preis bzw. welche Qualität diese hat. Seit Oktober 2004 haben Patienten oder Interessenten die Möglichkeit, sich im Internet über die Behandlungsqualität der am Referenzprojekt teilnehmenden HMOs sowie der angeschlossenen Leistungserbringer zu informieren. Somit besteht sowohl die Möglichkeit, sich vor der Entscheidung für eine HMO ausführlich über deren Versorgungsqualität, als auch bei bereits bestehender HMO-Zugehörigkeit über die Behandlungsqualität angeschlossener Leistungserbringer zu informieren. Natürlich können auch andere Leistungserbringer außerhalb des eigenen „HMO-Netzwerkes" für eine Behandlung gewählt werden, jedoch muss der Versicherte dann mit einer Zuzahlung rechnen.

Will man sich über Ergebnisse des Referenzprojekts informieren, kann man zwischen zwei unterschiedlichen Berichtskarten auswählen.[575] Die erste Berichtskarte, im Folgenden *Physician Group Clinical Care Report Card (PGCC-RC)*[576] genannt, stellt die Ergebnisse für die klinische Qualität der medizinischen Leistungserbringer (medical groups oder auch physician groups genannt) für das Jahr 2005 dar. Für die in der Bewertung berücksichtigten Leistungserbringer-Gruppen gibt es ein so genanntes „Overall Physician Group Rating", das in Kapitel 3.3.1.2 näher erläutert wird. Dieses wird auf Basis spezieller klinischer Indikatoren (Clinical Results) generiert, die im Folgenden in Kapitel 3.3.1.1 dargestellt werden. Die zweite Berichtskarte, die *Healthcare Quality Report Card (HQ-RC)*[577], berichtet im Vergleich zur ersten umfangreicher, wie auch aus Abbildung 11 hervorgeht. Dort können die Ergebnisse zum klinischen Indikator für die HMOs eingesehen werden (bei der PGCC-RG waren diese für die Leistungserbringer dargestellt). Des Weiteren werden ausführlich die Ergebnisse der Patientenbeurteilungen hinsichtlich der Leistungserbringer und der HMOs präsentiert.

---

[574] Kent, C. (2006).
[575] Vgl. Integrated Healthcare Association (2006b), S. 2.
[576] Abrufbar unter http://iha.ncqa.org/reportcard/, vgl. Integrated Healthcare Association (o. J. g).
[577] Abrufbar unter http://opa.ca.gov/report_card/, vgl. Office of the Patient Advocate (2007b).

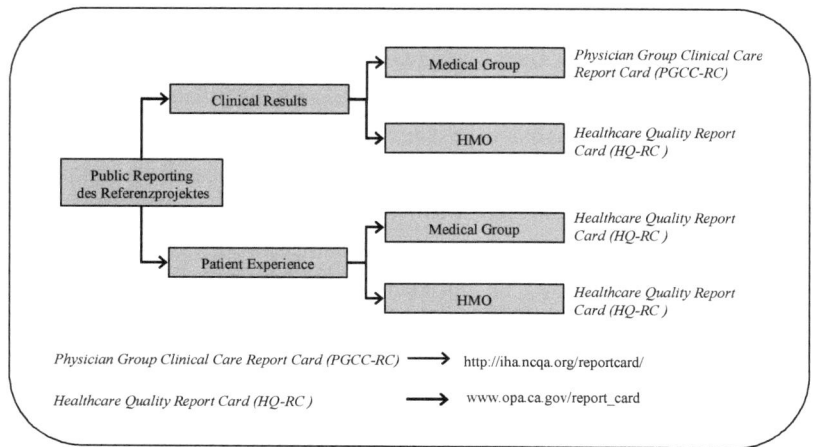

Abbildung 11:   Public Reporting des Referenzprojekts[578]

Eine Medical Group setzt sich normalerweise aus mehreren Ärzten zusammen, die sowohl im Allgemein- als auch im Facharztbereich tätig sind (die ebenfalls angesprochenen HMOs schließen mit einer bzw. mehreren Medical Groups Verträge ab, welche sich um die medizinische Betreuung der bei der HMO Versicherten kümmert). Die Medical Group *Centre For Health Care* besteht beispielsweise aus „over 40 health care providers comprised of primary and specialty care physicians and associates". Die später dargestellten Ergebnisse für eine Medical Group beziehen sich somit auf die gesamte Leistungserbringergemeinschaft und nicht auf einen einzelnen Arzt. Im Folgenden wird in Kapitel 3.3.1 die PGCC-RC näher erläutert, anschließend in Kapitel 3.3.2 die HQ-RC.

3.3.1   Physician Group Clinical Care Report Card (PGCC-RC)

Im Rahmen der Ergebnisdarstellung der PGCC-RC kann sich die Bevölkerung über die Behandlungs-Performance bzgl. der klinischen Leistung der Leistungserbringer für das Jahr 2005 informieren. Die Health Plans bzw. HMOs sind an dieser Stelle nicht in die Ergebnisdarstellung integriert. Um die Ergebnisse eines Leistungserbringers einsehen zu können, muss zuerst der entsprechende Bezirk

---

[578]   Quelle: Eigene Darstellung.

ausgewählt werden; insgesamt kann zwischen 62 verschieden Bezirken gewählt werden, die von Alameda County bis nach Yuba County alphabetisch geordnet sind.[579]

Die der Auswertung zugrunde liegenden Daten werden direkt von den HMOs bezogen, an die die Leistungserbringer vertraglich gebunden sind und können durch weitere Daten ergänzt werden, welche die Leistungserbringer selbst dokumentiert haben. Es werden ausschließlich elektronische Daten verwendet, die vorher einer Prüfung unterzogen werden; eine weitere Maßnahme zur Steigerung des IT-Penetrationsgrades. Da lediglich elektronische Daten Verwendung finden, können die Ergebnisse nicht mit denen verglichen werden, die aufgrund schriftlicher Patientenakten erstellt werden („Because of this restriction, the rates displayed in this report card are not comparable to measures that allow data to be extracted manually from patient charts."[580]). Für die in der Bewertung berücksichtigten Leistungserbringer gibt es ein so genanntes „Overall Physician Group Rating" (Gesamtergebnis), das in Kapitel 3.3.1.2 näher erläutert wird. Dieses wird auf Basis einzelner klinischer Indikatoren generiert, die nun im folgenden Kapitel 3.3.1.1 dargestellt werden.

3.3.1.1 Clinical Results

Insgesamt werden Performance-Kennzahlen zehn verschiedener klinischer Indikatoren dargestellt, welche sind:[581]

- Appropriate Treatment for Children with Upper Respiratory Infection

- Asthma Management

- Breast Cancer Screening

- Cervical Cancer Screening

- Childhood Immunizations

- Chlamydia Screening

---

[579]   Vgl. Integrated Healthcare Association (o. J. g).
[580]   Integrated Healthcare Association (o. J. g).
[581]   Vgl. Integrated Healthcare Association (o. J. g).

- Diabetes Care – Blood Sugar Testing

- Diabetes Care – Cholesterol Control

- Diabetes Care – Cholesterol Screening

- Diabetes Care – Poor Blood Sugar Control

Dabei handelt es sich um die bereits in Kapitel 3.2.1 dargestellten klinischen Indikatoren. Eine interessierte Person hat nun die Möglichkeit, sich ein bestimmtes Indikationsgebiet bzw. eine bestimmte Versorgungsleistung auszuwählen und erhält anschließend die Performance-Bewertung der Leistungserbringer-Gruppen in dem vorher ausgewählten Bezirk des US-Bundesstaates Kalifornien. So ergibt sich beispielsweise für das Messkriterium „Brustkrebs-Screening" für den Bezirk „Los Angeles" das in Tabelle 27 dargestellte Ergebnis.

Physician Group	Clinical Result	
La Salle Medical Associates, Inc		70 %
Alliance Pioneer Medical Group		68 %
Associated Hispanic Physicians of Southern CA		61 %
Access IPA	Not Enough Data to Reliably Report	
...	...	
Hemet Community Medical Group	Not Willing to Report	

Tabelle 27:   Ergebnisdarstellung für den klinischen Indikator „Brustkrebs-Screening"[582]

Existieren von einer Leistungserbringer-Gruppe nicht genug verlässliche Daten, so wird für diese kein Ergebnis berechnet, sondern der in Tabelle 27 dargestellte Vermerk „Not Enough Data to Reliably Report" aufgeführt. Für den Fall, dass eine Leistungserbringer-Gruppe nicht dazu bereit war, über die geleistete Versorgung zu berichten, wurde der Vermerk „Not Willing to Report" hinterlegt. Des Weiteren besteht die Möglichkeit, sich im Rahmen der Darstellung eine kurze Information anzeigen zu lassen, was sich hinter einem jeweiligen Indikator verbirgt. In diesem Beispiel erhält man die Auskunft, dass es sich um den Prozentsatz der

---

[582]   Quelle: Integrated Healthcare Association (o. J. s).

50- bis 69-jährigen Frauen handelt, die innerhalb der letzten zwei Jahren eine Mammographie-Untersuchung erhalten haben. Auf die gleiche Art und Weise kann sich der Interessierte auch über die anderen Performance-Kriterien informieren. Es wird dabei immer nur die entsprechende Patienten-Population bzgl. Alter, Geschlecht und Gesundheitszustand berücksichtigt.[583]

3.3.1.2 Overall Physician Group Rating

Hier wird für jede Leistungserbringer-Gruppe eine Gesamtbewertung aller klinischen Indikatoren („Overall Physician Group Clinical Care Rating") dargestellt. Für dessen Bestimmung werden die im vorherigen Kapitel dargestellten Messkriterien herangezogen. Die Ergebnisse für die zehn Messkriterien werden gleich gewichtet, um einen Durchschnittswert zu erhalten. Existieren für eine Leistungserbringer-Gruppe zu wenige Messkriterien, werden die vorhandenen zur Berechnung des Durchschnittswerts herangezogen. Sollten also nur die Ergebnisse zu sieben Messkriterien vorliegen, wird die Gesamt-Performance auf Basis dieser sieben berechnet. Bei weniger als vier Messkriterien-Ergebnissen wird keine Gesamt-Performance berechnet, dann wird dem Leistungserbringer der Terminus „Not enough data to reliably report" zugeordnet.

Die Performance eines Leistungserbringers wird mittels Sternen dargestellt. Dabei variiert die Anzahl der Sterne zwischen einem und vier. Ein Stern steht dabei für die Performance „Poor", zwei für „Fair", drei für „Good" und die maximale Anzahl von vier Sternen steht für die Performance „Excellent".[584] Erhält ein Leistungserbringer für seine Gesamt-Performance vier Sterne, so bedeutet dies die Einordnung der erbrachten Versorgungsqualität in die Top 20 % aller Leistungserbringer des US-Bundesstaates Kalifornien. Die nächsten 20 % der Behandlungsqualitäts-Performance haben das Ergebnis „Good" (drei Sterne) erhalten, die Leistungserbringer in der (dritten) Ergebnisgruppe von 60 bis 40 % das Ergebnis „Fair", also zwei Sterne. Damit wird auch deutlich, dass sich die Leistungserbringer mit nur einem Stern unter den schlechtesten 40 % der erbrachten Behandlungsqualität befinden.

---

[583]   Vgl. Integrated Healthcare Association (o. J. s).
[584]   Vgl. Integrated Healthcare Association (o. J. s).

Im Bezirk Los Angeles in Kalifornien befinden sich beispielsweise Leistungserbringer mit einer meist schlechteren Performance. Lediglich eine Leistungserbringer-Gruppe weist die Performance „Fair" auf, alle anderen mit einer errechneten Performance hingegen nur einen Stern („Poor"). Für die anderen Leistungserbringer lagen entweder nicht genug Daten vor oder sie waren mit der Veröffentlichung der Ergebnisse nicht einverstanden.[585]

3.3.2 Healthcare Quality Report Card (HQ-RC)

Das im Juli 2000 gegründete *Office of the Patient Advocate* (OPA) ist eine unabhängige Behörde der kalifornischen Staatsregierung, die beauftragt wurde, Endverbraucher über ihre Rechte und Verantwortungen als Mitglieder von HMOs zu informieren. In der so genannten *Report Card*, welche das OPA jährlich im Internet veröffentlicht, wird die Behandlungsqualität aller HMOs und Medical Groups in Kalifornien dargestellt und ihre Ergebnisse miteinander verglichen.[586]

Hier besteht wiederum die Möglichkeit, sich über die Performance der am Referenzprojekt teilnehmenden HMOs als auch über die dort angeschlossenen Leistungserbringer (Medical Groups) zu informieren (siehe Abbildung 12). Während für HMOs die Ergebnisse des klinischen Indikators und der Patientenbewertung dargestellt werden, erfolgt die Performance-Illustration für Medical Groups ausschließlich über Patientenerfahrungen. Das *HMO-Rating* (siehe Kapitel 3.3.2.1) unterscheidet zwischen der gesamten Performance (Overall Rating) und der Performance bezüglich spezieller Fragestellungen (Ratings that matter to you). Die Auswertungen zum klinischen Indikator basieren hierbei auf administrativen Daten (Rechnungen, Patientenakten etc.). Das *Medical Group Rating* (siehe Kapitel 3.3.2.2), für die Leistungserbringer ergibt sich aus einer umfangreichen Patientenbewertung. Die Antworten wurden in vier Kennzahlen zusammengefasst (Ratings that matter to you), aus denen sich schließlich die Gesamt-Performance für die Leistungserbringer ermitteln lässt (Medical Group Rating).

---

[585]   Vgl. Integrated Healthcare Association (o. J. s).
[586]   Vgl. Office of the Patient Advocate (2007a).

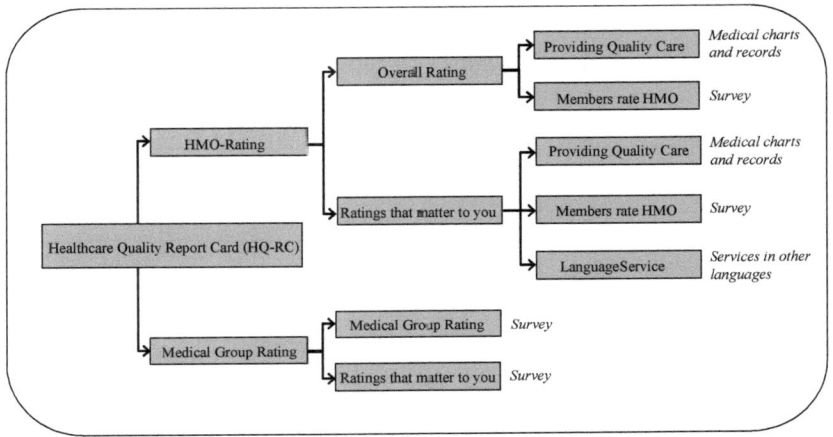

Abbildung 12:   Die Healthcare Quality Report Card (HQ-RC)[587]

3.3.2.1 HMO Rating

Bewertet wurden die sieben am Referenzprojekt teilnehmenden HMOs zuzüglich
zweier weiterer HMOs (Kaiser Permanente - Northern California und Kaiser
Permanente - Southern California), die sich zwar der Bewegung angeschlossen
haben, bei der Verteilung der Boni aber nicht berücksichtigt werden. Im Folgenden werden die Ergebnisse für die Gesamt-Performance (Overall Rating, siehe
Kapitel 3.3.2.1.1) und die Performance einzelner Messkriterien (Ratings that matter to you, siehe Kapitel 3.3.2.1.2) dargestellt.

3.3.2.1.1 Overall Rating

Im Rahmen des Overall Ratings wird dargestellt, wie die am Referenzprojekt teilnehmenden HMOs hinsichtlich ihrer Gesamtergebnisse beurteilt worden sind.
Dabei sind nun zwei unterschiedliche Kategorien vorhanden, die im Folgenden
näher beschrieben werden. Bei Ersterer handelt es sich um den Aspekt „Providing
Quality Care", also um die erbrachte Versorgungsqualität für die Patienten basierend auf Aufzeichnungen der HMOs und Patientenakten. Daneben gibt es die Ge-
samt-Score „Members Rate HMO", in der die Patientenperspektive bezüglich ih-

---

[587]   Quelle: Emmert, M., Schöffski, O. (2007), S. 444.

rer Erfahrungen zur Versorgungsqualität zum Ausdruck kommt. Die Performance wird ebenfalls anhand von Sternen dargestellt. Die Zuordnung der Ergebnisse zu einer Sterne-Kategorie erfolgt nach dem in Tabelle 28 dargestellten Schema.

Kategorie		Beschreibung
☆☆☆☆	Excellent	Mindestens 80 % der HMO-Mitglieder berichteten von einer guten Erfahrung bzw. erhielten die richtige Versorgung.
☆☆☆	Good	70-79 % der HMO-Mitglieder berichteten von einer guten Erfahrung bzw. erhielten die richtige Versorgung.
☆☆	Fair	60-69 % der HMO-Mitglieder berichteten von einer guten Erfahrung bzw. erhielten die richtige Versorgung.
☆	Poor	Weniger als 60 % der HMO-Mitglieder berichteten von einer guten Erfahrung bzw. erhielten die richtige Versorgung.
Too few patients in sample to report		Es waren nicht genug Mitglieder mit einer entsprechenden Erfahrung vorhanden, um eine HMO zu bewerten.
Not willing to report		Die HMO möchte nicht, dass die Ergebnisse veröffentlicht werden.

Tabelle 28:   Darstellungsart der Performance der HMOs[588]

Providing Quality Care

Jedes Jahr wird eine bestimmte Anzahl von HMO-Versicherten herangezogen, um die Performance der HMOs zu bewerten. Die Patienten-Aufzeichnungen werden daraufhin analysiert, ob sie die notwendige Versorgung erhalten haben. Zu diesem Zweck werden sie mit national vorgegebenen Standards für eine gute Versorgung verglichen. Die Patienten-Aufzeichnungen gehen aus den Aufzeichnungen der HMOs bzw. den Patientenakten (medical charts and records) hervor. Häufig werden auch Rechnungen herangezogen, um zu ermitteln, welche Behandlungsschritte ein Patient erhalten hat. Wenn die Aufzeichnungen über die Patienten-Versorgung vorhanden sind, werden sie mittels des HEDIS Kennzahlen Bewertungs-Systems analysiert und ausgewertet. Daraus ergibt sich schließlich die Gesamt-Performance einer HMO für den Aspekt „Providing Quality Care". Die für das Jahr 2005 errechnete Performance der HMOs ist in Tabelle 29 dargestellt. Daraus wird ersichtlich, dass keine der teilnehmenden HMOs eine exzellente oder sehr schwache Performance erzielt hatte.

---

[588]   Quelle: Eigene Darstellung, in Anlehnung an Office of the Patient Advocate (2007b).

HMO	Providing Quality Care	Members Rate HMO
Aetna Health of California Inc.	☆☆	☆
Blue Cross HMO - CaliforniaCare	☆☆	☆☆
Blue Shield of California HMO	☆☆	☆☆
CIGNA HealthCare of CA	☆☆	☆
Health Net of California, Inc.	☆☆☆	☆☆
Kaiser Permanente - Northern California	☆☆☆	☆☆☆
Kaiser Permanente - Southern California	☆☆☆	☆☆☆
PacifiCare of California	☆☆☆	☆☆
Western Health Advantage	☆☆	☆☆☆

Tabelle 29:   HMO-Performance[589]

Members rate HMO

Wie bereits erwähnt, kommen durch die Auswertungen die Patientenerfahrungen
mit den HMOs zum Vorschein. Diese resultieren aus dem Patientenfragebogen
CAHPS[590] (Consumer Assessment Health Plans Survey), aus dem auch der in
Kapitel 3.2.2 erwähnte Fragebogen PAS abgeleitet wurde.[591] Jedes Jahr werden
zufällig HMO-Versicherte ausgewählt, um den Fragebogen zu beantworten. Dabei kommen unterschiedliche Interviewtechniken (Mail, Telefon etc.) zur Anwendung. Das „Overall Rating" der Versicherten resultiert aus einer einzigen Frage
des Fragebogens, die auf alle Erfahrungen mit ihrer HMO abzielt. Darüber hinaus
werden weitere Fragen gestellt, deren Ergebnisse weiter unten dargestellt werden.
Wie die Befragten die am Referenzprojekt teilnehmenden HMOs für das Leis-
tungsjahr 2005 bewerteten, wurde bereits in Tabelle 29 dargestellt. Zwei HMOs
erhielten die Bewertung „Poor", gekennzeichnet durch nur einen Stern.

---

[589]   Quelle: Eigene Darstellung, in Anlehnung an Office of the Patient Advocate (2007c).
[590]   Siehe auch Sorian, R. (2006), S. 3.
[591]   Vgl. California Cooperative Healthcare Reporting Initiative (2006), S. 65.

3.3.2.1.2 *Ratings that matter to you*

Im Rahmen der Ergebnisdarstellung des Aspekts „Ratings that matter to you" werden die Resultate differenzierter, als im vorherigen Kapitel dargestellt. Die Darstellung der Ergebnisse ist in die folgenden drei Bereiche aufgeteilt:

- Providing Quality Care

- Members Rate HMO

- Language Service

Im Rahmen von „Providing Quality Care" werden die Einzelergebnisse hinsichtlich der klinischen Indikatoren wie Asthma, Diabetes, Krebsvorsorge etc. dargestellt. Die Kategorie „Members rate HMO" beinhaltet weitere Fragen aus dem bereits erwähnten Fragebogen. Der „Language Service" trägt der Tatsache Rechnung, dass in den USA viele unterschiedliche Nationen leben, die unterschiedliche Sprachen sprechen. Es wird beispielsweise gefragt, ob und in welchem Umfang Patienteninformationen in der japanischen Sprache vorliegen.

Kategorie 1: Providing Quality Care

Im Rahmen der Darstellung werden zu den neun folgenden klinischen Indikatoren Informationen bereitgestellt:

- Asthma Care (Asthma)

- Checking for Cancer (Krebsvorsorge)

- Diabetes Care (Diabetes)

- Heart Care (Herzversorgung)

- Maternity Care (Mutterschafts- bzw. Geburtsbehandlung)

- Mental Health Care (Versorgung der psychischen Verfassung)

- Sexually Transmitted Infections (Sexuell übertragbare Krankheiten)

- Testing for Cause of Back Pain (Testen des Grundes für Rückenbeschwerden)

- Treating Children: Infections and Immunizations (Behandlung von Kindern: Infektionen und Impfungen)

Die Performance-Ergebnisse für eine HMO können dabei für einen einzelnen Indikator aggregiert (Krebsvorsorge) oder aber auch hinsichtlich möglicher unterschiedlicher Arten der Krebsvorsorge-Untersuchungen (in diesem Fall Brustkrebs, Gebärmutterhalskrebs und auch kolorektaler Krebs) betrachtet werden. Die Ergebnisse werden dabei in der bereits erläuterten Sterne-Darstellung präsentiert. Eine Performance von drei Sternen bedeutet also eine Versorgungsqualitäts-Bewertung einer HMO mit „Good" hinsichtlich aller Krebsvorsorgeuntersuchungsarten.

Die spezifischere Performance-Darstellung einer HMO bezüglich der drei Krebsvorsorgeuntersuchungsarten erfolgt jedoch auf eine andere Art und Weise,[592] wie im Folgenden anhand der *Brustkrebs-Vorsorgeuntersuchung* beispielhaft erläutert wird. Analog erfolgt auch die Darstellung der anderen klinischen Indikatoren mit ihren Sub-Indikatoren. Im Rahmen der Darstellung einer Report Card wird neben der Ergebnis-Darstellung für den Interessierten auch immer erläutert, was Gegenstand der Messung ist. In unserem Beispiel der Brustkrebsvorsorge-Untersuchung betrifft dies den Anteil der weiblichen HMO-Versicherten im Alter zwischen 52 und 69 Jahren, die in den letzten zwei Jahren eine Mammographie-Untersuchung hatten; des Weiteren wird auch die Wichtigkeit des Messkriteriums erläutert. Dabei wird dem Interessierten näher gebracht, dass bei einer Brustkrebsdiagnose die Heilungschancen umso besser sind, je früher die Erkrankung festgestellt wird (siehe Abbildung 13).

---

[592] Vgl. Office of the Patient Advocate (2007d).

What Was Measured?

→What percentage of women in the HMO, ages 52-69, had a mammogram to test for breast cancer during the past two years?

Why Is It Important?

→ Checking women for breast cancer helps save lives. When cancer is found early there is a much better chance that it can be cured. A test called a „mammogram" is the best way to find breast cancer early. Good care means that you have a mammogram as often as it is recommended for a woman your age.

Abbildung 13:   Erläuterung der Messung der Performance-Kennzahl in der Public Report Card (Beispiel Brustkrebs)[593]

Nachdem der Interessierte nun die Bedeutung bestimmter klinischer Indikator kennt, kann er auch die Ergebnisdarstellung besser interpretieren. Diese erfolgt in einer Prozentdarstellung, wie aus Tabelle 30 hervorgeht. So haben beispielsweise 73 % der weiblichen Versicherten im Alter von 52 bis 69 Jahren der HMO Western Health Advantage in den letzten zwei Jahren eine Mammographie-Untersuchung erhalten. Das Ergebnis wird zusätzlich durch eine Balkendarstellung veranschaulicht.

HMO	Performance	
Kaiser Permanente – Southern California	84 %	
Kaiser Permanente – Northern California	79 %	
Western Health Advantage	*73 %*	
Blue Shield of California HMO	71 %	
Health Net of California, Inc.	71 %	
PacifiCare of California	71 %	
CIGNA HealthCare of CA	70 %	
Blue Cross HMO - CaliforniaCare	69 %	
Aetna Health of California Inc.	67 %	

Tabelle 30:   HMO-Performance bezüglich des klinischen Indikators Brustkrebs-Screening[594]

---

[593]   Quelle: Office of the Patient Advocate (2006).

Nachdem die typische Darstellungsweise der Report Card für die HMO-Bewertung dargelegt wurde, wird in den folgenden Erläuterungen aufgezeigt, *wie die neun klinischen Indikatoren gemessen bzw. welche Sub-Indikatoren berücksichtigt werden.* An dieser Stelle wird angemerkt, dass im Folgenden alle berücksichtigten Indikationen und Sub-Indikationen angeführt werden, über die sich ein Patient auf der Website informieren kann. Auch wenn es zu einigen Wiederholungen kommen kann, erscheint eine allumfassende Darstellung sinnvoll; schließlich soll einerseits gezeigt werden, über welche Indikationen berichtet wird und vor allem auch andererseits in welcher Art und Weise dies geschieht; auf die Darstellung aller entsprechenden Ergebnisse wird jedoch verzichtet. Ausführliche Informationen dazu sind auf der entsprechenden Website[595] zu finden.

Asthma

Hier wird der prozentuale Anteil der Patienten einer HMO mit Asthma gemessen, der die richtige Medizin (anti-inflammatories) erhalten hat und auch über die richtige Anwendung informiert wurde. Errechnet wird der Prozentanteil aus den dokumentierten Verwaltungsaufzeichnungen bzw. -unterlagen. Auch wird den Interessierten der Grund genannt, warum diese Performance-Kennzahl wichtig ist und zur Messung herangezogen worden ist. In diesem Fall wurde als Grund genannt: „People who have asthma can have asthma attacks that are painful and frightening and even deadly. Using asthma medicines regularly can help prevent these attacks and avoid the wheezing, coughing, and shortness of breath that the attacks bring." Der gleiche Wortlaut ist auch auf den Berichtseiten für Kinder und Jugendliche zu finden. Damit soll den Patienten die Bedeutung des Einsatzes entsprechender Arzneimittel verdeutlicht werden. Auf der Berichtseite werden die Ergebnisse nach Erwachsenen, Jugendlichen und Kindern aufgesplittert; schließlich ist auch für Kinder Asthma ein wichtiges Erkrankungsbild, ist es doch die häufigste chronische Erkrankung im Kindesalter.

---

[594]   Quelle: Office of the Patient Advocate (2007d).
[595]   Vgl. Office of the Patient Advocate (2007b).

Krebs-Screening (Checking for Cancer)

Brustkrebs-Screening (Breast Cancer Screening)

Gemessen wird der Prozentanteil der 52- bis 69-jährigen Frauen einer HMO, der in den letzten zwei Jahren ein Brustkrebs-Screening hatte. Auch diese Daten werden anhand der dokumentierten Verwaltungsaufzeichnungen bzw. -unterlagen ermittelt. Das Brustkrebs-Screening wird allgemein als besonders wichtige Untersuchung angesehen, da durch eine frühzeitige Krebsdiagnose möglicherweise Erkrankungen mit tödlichem Ausgang verhindert werden können.

Gebärmutterhalskrebs (Cervical Cancer Screening)

Es wird der Anteil der 21- bis 64-jährigen weiblichen Versicherten einer HMO gemessen, bei dem in den letzten drei Jahren ein Abstrich (Pap Smear) vorgenommen wurde, um die Frauen auf Gebärmutterhalskrebs zu testen. Genau wie beim Brustkrebs kann auch für den Gebärmutterhalskrebs festgehalten werden, dass die Heilungschancen umso besser sind, je früher er erkannt wird.

Kolorektales Krebs-Screening (Colorectal Cancer Screening)

Hier wird der Anteil der 50- bis 80-jährigen Versicherten einer HMO bestimmt, bei dem ein Test zum kolorektalen Krebs durchgeführt worden ist. Die Anzahl dieser Tests kann dabei von jährlich bis zu einmal in zehn Jahren schwanken. Auch bei dieser Krebsart gilt der Grundsatz, dass die Heilungschancen mit einem frühen Diagnosezeitpunkt zunehmen. Bei einer späten Feststellung überlebt weniger als die Hälfte der Patienten.

Diabetes Care

Blutzucker-Kontrolle bei Diabetes Patienten (Controlling Blood Sugar for Diabetes Patients)

Gemessen wird der Anteil der Diabetes-Patienten einer HMO mit gut kontrollierten Blutzucker-Werten. Die Kontrolle des Blutzucker-Werts ist wichtig, da „High blood sugar is harmful to your body." Durch die Kontrolle des Blutzuckers können ernsthaftere gesundheitliche Probleme wie Erblinden oder Herzerkrankungen vermieden werden.

Cholesterin-Kontrolle bei Diabetes Patienten (Controlling Cholesterol for Diabetes Patients)

Es wird der Anteil der HMO-Versicherten mit gut kontrollierten Cholesterin-Werten ermittelt. Da ein hoher Blutzucker ebenso wie hohes Cholesterin schädlich für die Blutgefäße ist, ist eine Überprüfung notwendig. Herz- und Blutgefäß-Krankheiten sowie Schlaganfälle etc. sollen dadurch verhindert werden. Eine entsprechende Ernährung, regelmäßige sportliche Betätigung und auch die Einnahme von Medikamenten können dazu beitragen, das Cholesterin zu senken, sofern notwendig.

Cholesterin-Kontrolle bei Diabetes Patienten (Testing Cholesterol for Diabetes Patients)

Hierbei wird der Anteil der HMO-Versicherten mit Diabetes bestimmt, bei dem das Cholesterin gemessen wurde, um Risikofaktoren für Herzerkrankungen festzustellen. Da ein hoher Blutzucker ebenso wie ein hohes Cholesterin den Blutgefäßen schadet, ist die Kontrolle des Cholesterins wichtig, um den Diabetes zu kontrollieren (siehe oben).

Augen-Überprüfung bei Diabetes Patienten (Eye Exam for Diabetes Patients)

Hier wird der Anteil der HMO-Versicherten mit Diabetes gemessen, bei dem eine Augen-Überprüfung durchgeführt wurde, um Erkrankungen zu erkennen, die durch hohen Blutzucker ausgelöst worden sind. Dieser kann zu Schädigungen in den Blutgefäßen bis hin zu Blindheit der Augen führen. Daher sollte eine regelmäßige Augen-Untersuchung in die Diabetes-Behandlung integriert sein, um rechtzeitig Schädigungen der Blutgefäße in den Augen entdecken zu können.

Blutzucker-Kontrolle bei Diabetes Patienten (Testing Blood Sugar for Diabetes Patients)

Ermittelt wird hierbei der Anteil der HMO-Versicherten mit Diabetes, deren Blutzucker gemessen wurde, um ihre Krankheit besser kontrollieren zu können. Durch eine regelmäßige Kontrolle des Blutzucker-Werts können Arzt und Patient erfahren, wie konstant dieser ist. Eine gute Diabetes Behandlung schließt auch ein, dem Patienten zu zeigen, wie er den Blutzucker selbst messen kann. Dabei sollte auch der Hinweis gegeben werden, den Test oft bzw. regelmäßig durchzuführen.

Nierenfunktions-Screening bei Diabetes Patienten (Testing Kidney Function for Diabetes Patients)

Hier wird der Frage nachgegangen, welcher Anteil der HMO-Versicherten mit Diabetes auf seine Nierenfunktionsfähigkeit getestet wurde, um mögliche Nierenschäden zu erkennen. Ein hoher Blutzucker schadet ebenfalls der Niere und kann sogar dazu führen, dass diese nicht mehr arbeitet. Durch die häufige Überprüfung des Urins können mögliche Nierenschäden erkannt werden. Daher sollten erste Anzeichen ernst genommen und notwendige Schritte zum Schutz der Niere veranlasst werden.

Herz-Versorgung (Heart Care)

Kontrolle von hohem Blutdruck (Controlling High Blood Pressure)

Es wird ermittelt, welcher Anteil der HMO-Versicherten mit hohem Blutdruck es geschafft hat, diesen unter Kontrolle zu bringen. Die Folgen des Bluthochdrucks wurden bereits angesprochen. Mögliche Wege zur Blutdruck-Senkung sind beispielsweise beim Kochen wenig oder kein Salz zu verwenden, das Gewicht zu reduzieren oder auch Medikamente einzunehmen, falls notwendig.

Unmittelbare Medikation nach einem Herzinfarkt (Heart Attack Medication - Right Away)

Welcher Anteil der HMO-Versicherten, die einen Herzinfarkt hatten, erhielt nach dem Infarkt Beta-Blocker, um die Schmerzen zu mildern und einen erneuten Infarkt bzw. einen Schlaganfall zu verhindern? Da Personen nach einem Herzinfarkt ein erhöhtes Risiko für einen erneuten Infarkt oder einen Schlaganfall aufweisen, sollten im Rahmen einer guten Versorgungsqualität Beta-Blocker verabreicht werden.

Andauernde medikamentöse Behandlung von Herzinfarkten (Heart Attack Medication - Continuing)

Hier steht die Frage nach dem Anteil der HMO-Versicherten im Mittelpunkt, der aufgrund eines Herzinfarktes einen Krankenhausaufenthalt hatte und deren Einnahme von Beta-Blockern für einen Zeitraum von bis zu sechs Monaten nach dem Herzinfarkt fortgesetzt wurde, um Herz-Schmerzen zu lindern oder einen Rezidiv-Infarkt bzw. Schlaganfall zu verhindern. Da Patienten nach einem Herzinfarkt ein erhöhtes Risiko für einen Rezidiv-Infarkt oder einen Schlaganfall aufweisen, kann dieses Risiko durch Beta-Blocker verringert werden.

Mutterschaft (Maternity Care)

Untersuchungen während der Schwangerschaft (Visits During Pregnancy)

Dabei wird untersucht, welcher Teil der weiblichen und schwangeren HMO-Versicherten während der ersten 13 Wochen der Schwangerschaft mit der Mutterschaftsvorsorge begann. Im Rahmen der Mutterschaftsvorsorge kann sich der Arzt um mögliche Probleme kümmern (beispielsweise hoher Blutdruck), damit es im weiteren Verlauf zu keinen Komplikationen kommt. Des Weiteren soll darauf hingewiesen werden, sich richtig zu ernähren, die richtigen Vitamine zu sich zu nehmen und für ausreichend Bewegung zu sorgen.

Besuch nach der Entbindung (Visits After Giving Birth)

Ermittelt wird hierbei der Anteil der weiblichen HMO-Versicherten, der eine Entbindung und 21 bis 56 Tage danach eine Kontrolluntersuchung hatte. Nach der Entbindung benötigen Frauen eine gute Versorgung, da es zu Problemen kommen kann, sich den Veränderungen des Körpers, der Gefühle oder auch der Partnerschaft anzupassen. Des Weiteren benötigen erstmalige Mütter oft beratende Hilfe, wie man sich richtig um das Kind und um sich selbst kümmert.

Mentale Gesundheitsversorgung (Mental Health Care)

Welcher Anteil der wegen Depression behandelten HMO-Versicherten hält die zu Beginn notwendige 12-wöchige Medikation gegen die Depression ein. Depressive Personen können durch so genannte Antidepressiva medikamentös behandelt werden, die normalerweise eine gute Wirkung erzielen. Daher ist sowohl die Einnahme des richtigen Antidepressiva als auch die kontinuierliche und korrekte Einnahme Teil einer erfolgreichen Therapie.

Antidepressiva-Medikation - Permanente Behandlung (Anti-depressant Medication - Ongoing Treatment)

Hierbei wird der Anteil der wegen Depression behandelten HMO-Versicherten bestimmt, der nach der anfänglichen Behandlung sechs Monate mittels der Antidepressiva therapiert wurde. Depressive Personen können mittels der Antidepressiva medikamentös behandelt werden, weshalb im Rahmen einer erfolgreichen Therapie sichergestellt werden muss, dass der Patient den Anweisungen des Arztes zur Einnahme der Medikamente Folge leistet. Dies ist deshalb notwendig, da erfahrungsgemäß die Hälfte dieser Patienten die Arzneimitteltherapie entweder nicht zu Ende bringt oder die Medikamente nicht korrekt einnimmt.

Anschlussbehandlung nach einem stationären Aufenthalt wegen Geisteskrankheit (Follow-up Visit After Mental Illness Hospital Stay)

Es wird der Prozentanteil der wegen Geisteskrankheit stationär behandelten HMO-Versicher-ten ermittelt, der innerhalb von 30 Tagen nach der Entlassung aus dem Krankenhaus von einem Psychologen gesehen bzw. behandelt wurde. Für wegen Geisteskrankheit stationär behandelte Patienten ist es wichtig, dass sie eine Anschlussbehandlung erhalten. Dadurch soll sichergestellt werden, dass sie die richtige Therapie bzw. die richtige Medikation erhalten und diese auch einnehmen.

Anzahl der Behandlungen wegen Depression (Treatment Visits for Depression)

Dabei wird festgestellt, wie viele wegen Depression behandelte HMO-Versicherte in der 12-wöchigen Anfangstherapie mindestens drei Behandlungen erhielten. Die

Depression kann zwar behandelt werden, allerdings wurde festgestellt, dass bei der Hälfte dieser Patienten die Behandlung nicht zu Ende gebracht wird. Durch regelmäßige Arztbesuche kann der Mediziner feststellen, ob die Behandlung anschlägt und gegebenenfalls eine Änderung der Medikation veranlassen.

Sexuell übertragbare Krankheiten (Sexually Transmitted Infections)

<u>Chlamydien Screening, Alter 16-20 Jahre (Chlamydia Screening Age 16-20)</u>

Es wird der Frage nachgegangen, welcher Anteil der 16- bis 20-jährigen weiblichen HMO-Versicherten auf Chlamydien getestet wurde. Das Screening soll einerseits die Heilung einer infizierten Person ermöglichen und andererseits auch eine weitere Verbreitung bzw. Ansteckung anderer Personen verhindern. Durch eine medikamentöse Behandlung können Frauen von der Infektion geheilt werden. Des Weiteren hilft sie, Komplikationen wie beispielsweise eine Beckenentzündung (pelvic inflammatory disease) vorzubeugen, die sogar dazu führen kann, dass Frauen nicht schwanger werden können.

<u>Chlamydien Screening, Alter 21-25 Jahre (Chlamydia Screening Age 21-25)</u>

Hierfür gelten die gleichen Ausführungen wie bei der eben beschriebenen Altersgruppe. Daher wird an dieser Stelle an die dortigen Ausführungen verwiesen.

Untersuchung der Ursache für Rückenschmerzen (Testing for Cause of Back Pain)

Welcher Anteil der HMO-Versicherten mit leichten Rückenschmerzen erhielt eine Einschätzung im Hinblick auf „an evaluation for the condition that met recommended standards for use of high cost x-ray services." Viele Menschen leiden an leichten Rückenschmerzen, wovon einige Symptome bereits innerhalb von einem Monat verbessert werden können. Sofern keine eindeutigen Anzeichen auf Wirbelsäulenprobleme hindeuten, sind keine teuren Tests (Kern-spintomographie, Computertomographie oder auch Röntgenstrahlenuntersuchung) notwendig.

Behandlung von Kindern: Infektionen und Impfungen (Treating Children: Infections and Immunizations)

Kinderimpfungen (Child Immunizations)

Es wird der Anteil der Kinder einer HMO ab dem Alter von zwei Jahren ermittelt, der die sieben von der American Academy of Pediatrics empfohlenen Schutzimpfungen erhalten hat. Ohne diese Impfungen können Kinder an Krankheiten wie Masern, Tetanus, Hepatitis B oder auch Meningitis sterben. Im Rahmen einer guten Versorgungsqualität sollten die Eltern an diese Impfungen erinnert werden.

Impfungen von Jugendlichen (Teenage Immunizations)

Hier wird untersucht, wie viele Jugendliche einer HMO ab dem 13. Lebensjahr die empfohlenen Schutzimpfungen gegen Masern, Mumps, Röteln, Windpocken und Hepatitis B erhalten haben. Auch wenn sie im Kindesalter eine Impfung erhalten haben sollten, muss für einen weiteren Schutz eine Auffrischungsimpfung durchgeführt werden.

Behandlung von Kindern mit einer Halsinfektion (Treating Children with Throat Infections)

Dabei wird ermittelt, wie viele Kinder einer HMO im Alter von 2 bis 18 Jahren mit der Diagnose Rachenkatarrh (Halsinfektion) und anschließender Antibiotikabehandlung auf eine Halsentzündung getestet wurden. Dieser Test ist wichtig, da mit Hilfe der Bakterienkultur bestimmt werden kann, ob das Verschreiben von Antibiotika notwendig ist. Ohne diesen Test kann es zur unnötigen Verabreichung von Antibiotika kommen.

Behandlung von Kindern mit einer Infektion des oberen Atemtraktes (Treating Children with Upper Respiratory Infections)

Hier wird geklärt, wie viele Kinder einer HMO im Alter von 3 Monaten bis 18 Jahren trotz einer Infektion des oberen Atemtraktes (Erkältung) keine Antibiotika erhalten haben? Kinder mit Erkältungen benötigen wahrscheinlich keine Antibiotika, da es sich dabei um einen Virus handeln kann, der nicht mit Antibiotika therapiert werden kann. Antibiotika erzielen bei dieser Erkrankung oft nicht die erhoffte Wirkung, sondern wirken hauptsächlich bei bakteriellen Infektionen. Jährlich erhält jedes fünfte Kind fälschlicherweise bei einer Erkältung Antibiotika, wodurch es zu Nebenwirkungen kommen kann. Des Weiteren besteht die Möglichkeit, dass Kinder gegen Antibiotika resistent werden.

Kategorie 2: Members rate HMO

Wie bereits erwähnt, werden jedes Jahr zufällig HMO-Versicherte für eine Befragung ausgewählt, um ihre HMO zu bewerten. Im Gegensatz zu der Kategorie „Overall Rating", bei der lediglich die Frage nach der allgemeinen Zufriedenheit mit der HMO berücksichtigt wird, werden bei dieser Kategorie mehrere Fragen eingeschlossen. Die Ergebnisse werden in den vier folgenden Sub-Kategorien dargestellt:

- Helping Smokers Quit (Raucherentwöhnung)

- HMO Customer Service (Kundenservice)

- Member Complaints (Beschwerden der Mitglieder)

- Members Rate HMO Doctors and Care (Bewertung der HMO-Ärzte und deren Versorgung)

Auch hierbei können die einzelnen Sub-Kategorien noch weiter differenziert werden. So unterteilt sich beispielsweise die Sub-Kategorie „Helping Smokers Quit" noch in die drei weiteren Unterkategorien „Doctor Advises Patient to Quit Smoking", „Doctor Discusses Medications to Help Smokers Quit" und „Doctor Discusses Ways to Help Smokers Quit", für die jeweils unterschiedliche Ergebnisse vorhanden sind.

Für den letzten Aspekt („Doctor Discusses Ways to Help Smokers Quit") wird beispielhaft in Tabelle 31 die Performance-Darstellung für eine HMO aufgezeigt. Dabei wird der Anteil der Raucher bzw. der HMO-Versicherten abgefragt, der kürzlich erst das Rauchen aufgegeben und von ihrem Arzt Wege aufgezeigt bekommen hat, sein Ziel zu erreichen. Gemäß der aus Tabelle 31 ersichtlichen Ergebnisse wurde bei der Western Health Advantage lediglich jeder dritte Versicherte darüber aufgeklärt.

HMO	Performance	
Kaiser Permanente - Northern California	55 %	
PacifiCare of California	39 %	
Kaiser Permanente - Southern California	38 %	
Health Net of California, Inc.	36 %	
Western Health Advantage	*33 %*	
Aetna Health of California Inc.	Too few patients in sample to report	
Blue Cross HMO - CaliforniaCare	Too few patients in sample to report	
Blue Shield of California HMO	Too few patients in sample to report	
CIGNA HealthCare of CA	Too few patients in sample to report	

Tabelle 31:   HMO-Performance für den Indikator „Doctor Discusses Ways to Help Smokers Quit"[596]

Im Folgenden werden die Indikatoren dieser Kategorie näher erläutert, wobei auf die Performance-Darstellung der HMOs für jeden Indikator verzichtet wird.

Rauchern helfen, mit dem Rauchen aufzuhören (Helping Smokers Quit)

<u>Arzt ermahnt den Patienten, mit dem Rauchen aufzuhören (Doctor Advises Patient to Quit Smoking)</u>

Hier wird ermittelt, wie viele HMO-Versicherte, die rauchen bzw. vor kurzem damit aufgehört haben, im letzten Jahr von ihrem Arzt dabei unterstützt worden sind. Die meisten Raucher wissen, dass sie damit aufhören sollten und versuchen es auch, meistens leider erfolglos. Die Erfolgswahrscheinlichkeit steigt möglicherweise, sofern der Arzt mit dem Raucher darüber spricht. Im Rahmen einer guten Behandlungsqualität ist der Arzt darüber informiert, welche seiner Patienten rauchen und bemüht sich regelmäßig um sie.

---

[596]   Quelle: Office of the Patient Advocate (2007c).

Arzt diskutiert Medikamante, um dem Raucher das Aufgeben zu ermöglichen (Doctor Discusses Medications to Help Smokers Quit)

Es wird der Prozentanteil der HMO-Versicherten errechnet, der raucht bzw. vor kurzem damit aufgehört hat und im letzten Jahr von seinem Arzt Informationen bzw. Wege aufgezeigt bekommen hat, wie man mit dem Rauchen aufhören kann. Die Erfolgswahrscheinlichkeit steigt, wenn der Arzt mit dem Raucher darüber spricht und den Patienten über Möglichkeiten informiert, die ihn dabei unterstützen können (Nikotin-Pflaster etc.). Zu einer guten Behandlungsqualität gehört, dass der Arzt die Patienten über Medikamente etc. informiert, die ihm das Aufhören erleichtern und dies regelmäßig wiederholt.

Arzt diskutiert unterschiedliche Wege, um dem Raucher beim Aufhören zu helfen (Doctor Discusses Ways to Help Smokers Quit)

Dieser Bereich betrifft die gleiche Personengruppe wie im vorherigen Punkt. Es geht ebenfalls um die Diskussion des Arztes mit dem Patienten, mit dem Rauchen aufzuhören, allerdings werden hier Programme aufgeführt, die ihm dabei helfen können.

HMO Kunden Service (HMO Customer Service)

Schnelle Beantwortung von Telefonanrufen (Answer Customer Phone Calls Quickly)

Hier wird die Anzahl an Telefonanrufen von HMO-Versicherten ermittelt, die innerhalb von 30 Sekunden beantwortet wurden. HMOs, die hohe Prozentsätze erreichen, zeichnen sich durch eine schnelle Beantwortung der Anrufe aus. Des Weiteren gibt es meist eine Person, die Anrufe entgegennimmt.

Kunden Service (Customer Service)

Wie viele Versicherte gaben dem Kunden Service ihrer HMO eine gute Bewertung? Dabei zählen hilfreiche Mitarbeiter einer HMO, verständliche schriftliche Unterlagen und wenige Probleme im Rahmen der Papierarbeit.

Leichter Zugang zu den Ärzten und der Behandlung (Getting Doctors and Care Easily)

Welcher Anteil der Versicherten gab seiner HMO eine gute Bewertung hinsichtlich der notwendigen Versorgung mit medizinischen Leistungen? Gute Ergebnisse spiegeln hierbei geringe Verzögerung bzw. Schwierigkeiten wider, um einen Spezialisten zu sehen oder auch, um andere Teile der Versorgung in Anspruch zu nehmen.

Zahlungsaufforderungen (Paying Claims)

Wie zufrieden waren die Versicherten einer HMO mit deren Zahlungsaufforderungen? Hohe Ergebniswerte deuten darauf hin, dass die Zahlungsaufforderungen einer HMO korrekt und schnell ausgestellt wurden und es zu keinen überteuerten Rechnungen gekommen ist.

Beschwerden von Mitgliedern (Member Complaints)

Welcher Anteil der HMO-Versicherten berichtete von Beschwerde, die ihn dazu veranlasste, seine HMO anzurufen bzw. dieser zu schreiben? Hohe Werte deuten darauf hin, dass die Versicherten einer HMO sich über unerwartet hohe Kosten beschwerten oder auch Probleme hatten, eine Behandlung zu erhalten.

Bewertung der Ärzte und Behandlung einer HMO (Members Rate HMO Doctors and Care)

Kommunikation des Arztes (Doctor Communications)

Welcher Anteil der Versicherten sprach den Ärzten seiner HMO gute Kommunikationsfähigkeiten zu? Die Arzt-Patienten-Kommunikation ist für eine gute Gesundheitsfürsorge wichtig. Dazu zählt, dass der Arzt die Patienten respektvoll behandelt, ihnen Zeit und Aufmerksamkeit schenkt, sorgfältig zuhört und (medizinische) Sachverhalte klar und deutlich erläutert.

Schneller Zugang zu Terminen und Behandlungen (Getting Appointments and Care Quickly)

Wie schnell und einfach erhielten die Versicherten einer HMO eine Behandlung oder andere Leistungen von einem Arzt oder dem Personal? Gute Ergebnisse deuten darauf hin, dass die HMO-Versicherten die medizinischen Ratschläge bzw. Hilfe bekommen haben, die sie gebraucht haben. Des Weiteren deutet es auf schnelle Leistungen und Terminen hin, genauso wie auf einen guten Service in der Arztpraxis vor Ort.

Hohe Bewertung der Gesundheitsfürsorge (Health Care Highly Rated)

Welcher Anteil der Versicherten bewertete die Gesundheitsfürsorge seiner HMO mit 8, 9 oder 10 auf einer Skala von 0 bis 10? Dadurch sollen vor allem Erfahrungen mit den Ärzten und dem Personal abgebildet werden. Gute Ergebnisse deuten darauf hin, dass Ärzte auf ihre Patienten eingehen, ihnen zuhören, Sachverhalte verständlich erläutern und sie mit Respekt behandeln.

Kategorie 3: Language Service

Abschließend wird als letzte Kategorie des HMO-Ratings der Sprachen-Service betrachtet. Dies ist ein nicht zu unterschätzender Aspekt, da in den USA viele unterschiedliche Nationalitäten leben, deren Muttersprache nicht Englisch ist. Für diese Patienten ist es leichter, sich in ihrer Muttersprache über ihr Leiden zu unterhalten, da ihre Kenntnisse hinsichtlich medizinischer Fachbegriffe sicherlich beschränkt sind. Nach der Auswahl des entsprechenden Versicherungstyps[597] werden dem Interessenten auf der Report Card in seiner Landessprache die Performance-Ergebnisse der HMOs präsentiert (die nun folgende Performance-Darstellung bezieht sich auf den Versicherungstyp *Commercial*).

Die erste Ergebnis-Darstellung bezieht sich auf alle bei einer HMO vorgehaltenen Sprachen (siehe Tabelle 32). Dabei werden die Kapazitäten bezüglich der armenischen, chinesischen, koreanischen, russischen, spanischen, tagalogischen und der

---

[597]   Man kann hierbei zwischen den Versicherungstypen Commercial, Medi-Cal, Medicare, Healthy Families und Healthy Kids wählen.

vietnamesischen Sprache ermittelt; auch die Gebärdensprache wird berücksichtigt. Wie aus Tabelle 32 hervorgeht, wurde für unsere Beispiel-HMO *Western Health Advantage* eine Performance von 49 Einheiten (Units) ermittelt.

HMO	Performance	
Kaiser Permanente - Southern California	78	
PacifiCare of California	78	
Kaiser Permanente - Northern California	76	
Health Net of California, Inc.	68	
Aetna Health of California Inc.	51	
Western Health Advantage	*49*	
Blue Shield of California HMO	48	
Blue Cross HMO - CaliforniaCare	45	
CIGNA HealthCare of CA	31	

Tabelle 32:   HMO-Performance bzgl. des Language Service (Gesamt)[598]

Des Weiteren haben Interessenten die Möglichkeit, sich über die speziellen Sprachkenntnisse einer HMO zu informieren. Die folgenden Ausführungen verdeutlichen die dargestellten Ergebnisse anhand der spanischen Sprache. In Tabelle 33 wird gezeigt, in welcher Form die Ergebnisse der Öffentlichkeit zugänglich gemacht werden. Dabei wird deutlich, dass alle am Referenzprojekt teilnehmenden HMOs über spanisch sprechendes Personal verfügen, hingegen nur zwei über Beschwerdeformulare in spanischer Sprache.

---

[598]   Quelle: Office of the Patient Advocate (2007e).

HMO	Spanish Speaking Member Services Staff Available	HMO Arranges for Access to Face-to-Face Interpreters During Business Hours	Member Handbook Available in Spanish	Provider Directory Available in Spanish	Complaint Forms Available on Web Site in Spanish	Language Services Information Available on Web Site in Spanish
Aetna Health of California Inc.	✓			✓		✓
Blue Cross HMO – California Care	✓		✓	✓	✓	✓
Blue Shield of California HMO	✓		✓	✓		
CIGNA HealthCare of CA	✓			✓		
Health Net of California, Inc.	✓		✓	✓	✓	✓
Kaiser Permanente- Northern California	✓	✓	✓	✓		✓
Kaiser Permanent- Southern California	✓	✓	✓	✓		✓
PacifiCare of California	✓	✓	✓	✓		✓
Western Health Advantage	✓	✓	✓	✓		✓

Tabelle 33:   HMO-Performance bzgl. des Language Service (Speziell)[599]

Im Rahmen dieses Kapitels wurde übersichtlich und ausführlich dargestellt, in welcher Form HMO-Versicherten und anderen Personen die ermittelten Perfor-

[599] Quelle: Office of the Patient Advocate (2007e).

mance-Ergebnisse der HMOs zur Verfügung gestellt wird. Es wurde dabei zwischen den Gesamtergebnissen und den Ergebnissen im Detail unterschieden. Die Ausführungen des nächsten Kapitels 3.3.2.2 beziehen sich nicht mehr auf die HMOs, sondern auf die Leistungserbringer-Gruppen, also die vertraglich an die HMOs gebundenen ärztlichen Einrichtungen.

3.3.2.2 Medical Group Ratings

Die Performance-Illustration für die Medical Groups erfolgt ausschließlich über Patientenerfahrungen, die durch Befragungen (Survey) ermittelt werden. Die der Auswertung zugrunde liegende Umfrage wurde mit mehr als 70.000 kalifornischen Bürgern per Patientenfragebogen (PAS) durchgeführt, die im Alter zwischen 18 und 64 Jahren waren und im Jahr 2005 einen Arztbesuch bei einer der vertraglich an die HMOs angeschlossenen Leistungserbringer hatten.[600] Dabei wurden den Patienten verschiedene Fragen über ihre Erfahrungen mit den Leistungserbringern gestellt. Die Antworten wurden in fünf Kennzahlen zusammengefasst, die im Folgenden näher erläutert werden. Die Gesamt-Performance der einzelnen Leistungserbringer wird in Kapitel 3.3.2.2.2 näher dargestellt. Zuvor werden in Kapitel 3.3.2.2.1 die weiter differenzierten Ergebnisse der vier Sub-Kategorien betrachtet.[601]

Die folgende Ergebnis-Darstellung bezieht sich nicht auf den gesamten Bundesstaat Kalifornien. Der Interessierte muss einen Bezirk auswählen, für den er sich die Performance-Ergebnisse anzeigen lassen will. Die gewählten Ausführungen veranschaulichen dies für den Bezirk *San Diego* (insgesamt kann zwischen 38 Bezirken ausgewählt werden).

3.3.2.2.1 Ratings that matter to you

Die Performance-Ergebnisse werden aus unterschiedlichen Items des Patientenfragebogens PAS ermittelt, die in den vier folgenden Kategorien zusammengefasst worden sind:

- Kommunikation mit dem Patienten (Communicating with Patients)

---

[600] Vgl. California Cooperative Healthcare Reporting Initiative (2006), S. 64.
[601] Vgl. Office of the Patient Advocate (2007f).

- Koordination der Patienten-Versorgung (Coordinating Patient Care)

- Hilfsbereites Praxispersonal (Helpful Office Staff)

- Rechtzeitige Versorgung der Patienten (Timely Care and Service)

Bei der Kategorie *Kommunikation mit dem Patienten* werden die Patientenerfahrungen dargestellt, ob der Arzt sie respektvoll behandelt, ihre Krankengeschichte kennt, ihnen ausreichend Zeit und Aufmerksamkeit widmet, sorgfältig zuhört und seine Ausführungen in einer für den Patienten verständlichen Art und Weise äußert.

Im Rahmen der *Koordination der Patienten-Versorgung* wird der Anteil der Patienten dargestellt, die bejahten, dass ihnen von der Leistungserbringer-Praxis Untersuchungsergebnisse mitgeteilt werden bzw. der Arzt auf dem Laufenden ist bezüglich der Behandlungen weiterer Leistungserbringer. Viele Patienten empfinden es als sehr unangenehm, lange auf ihre Untersuchungsergebnisse warten zu müssen. Häufig stellt sich heraus, dass der behandelnden Praxis die Ergebnisse schon vorliegen, sie dem Patienten jedoch noch nicht mitgeteilt worden sind. Des Weiteren sollte der behandelnde Arzt über getätigte Untersuchungen von Fachärzten informiert sein bzw. mit diesen in Verbindung stehen, um eine bestmögliche Patienten-Koordination zu ermöglichen. Gerade hier können entsprechende IT-Systeme einen großen Beitrag leisten.

Auch wird im Rahmen der Performance-Darstellung gezeigt, wie die Patienten das *Praxispersonal im Hinblick auf dessen Hilfsbereitschaft und Höflichkeit* beurteilen. So soll sichergestellt werden, dass die Patienten schnell über alles Wissenswerte informiert werden und die Büroarbeit schnell und diskret bewältigt werden kann.

Die letzte Kategorie bezieht sich auf die *rechtzeitige Versorgung der Patienten*. Hier wird dargestellt, ob die Patienten zeitnah einen Termin erhalten haben und ob die Behandlung pünktlich begonnen hat. Des Weiteren fällt unter diese Kategorie die Beurteilung, ob man auch außerhalb der Praxis-Öffnungszeiten Hilfe bekommen kann und auch die erste Hilfe, sofern man sich während der normalen Öffnungszeiten mit einem medizinischen Problem telefonisch an die Leistungs-

erbringer wendet. Lange Wartezeiten sind im Hinblick auf eine optimale Patientenversorgung ebenso kontraproduktiv wie ein „Alleinlassen" außerhalb der Öffnungszeiten. Diesbezüglich wird beispielsweise versucht, mittels einer Telefon-
Hotline Abhilfe zu schaffen.

Betrachtet man nun die Art der Ergebnis-Darstellung, so entspricht diese im Wesentlichen der der HMO-Bewertung des Kapitels 3.3.2.1. Demnach weist im Bezirk San Diego *Scripps Mercy Medical Group* im Bereich der Kommunikation
mit dem Patienten mit 92 % die beste Performance auf (siehe Tabelle 34), wobei
0 % das schlechteste und 100 % das beste Ergebnis darstellt. Für die anderen drei
Kategorien (siehe oben) wird das Ergebnis in der gleichen Art und Weise dargestellt.

Medical Group	Performance	
Scripps Mercy Medical Group	92 %	
Sharp Community Medical Group - Grossmont	89 %	
Sharp Community Medical Group - Inland	89 %	
Sharp Community Medical Group - San Diego	89 %	
…	…	…
Greater Tri-Cities IPA	87 %	
Sharp Community Medical Group - Graybill	87 %	

Tabelle 34: Medical Group-Performance bezüglich der Kommunikation mit
dem Patienten[602]

Man darf an dieser Stelle nicht vergessen, dass lediglich die Medical Groups bewertet worden sind, die vertraglich an die dem Referenzprojekt teilnehmenden
HMOs angeschlossen sind. Es kann also durchaus weitere Leistungserbringer im
Bezirk San Diego geben, die nicht bewertet wurden. Bei einer dortigen Behandlung würden, je nach Versicherungstyp, Zuzahlungen fällig, da man sich außerhalb des HMO-Netzwerkes bewegt (siehe Kapitel 2.2). Für jede Medical Group
wurde eine Übersichts-Seite angelegt, auf der zahlreiche Informationen (Kontakt-

---

[602] Quelle: Office of the Patient Advocate (2007f); diese Auswertungen basieren auf California Cooperative Healthcare Reporting Initiative (2006), dort werden die Ergebnisse der Patientenbefragungen
dargestellt. Anschließend werden sie dann auf der Internet-Seite veröffentlicht.

aufnahme, Anzahl der dort tätigen Ärzte, Einsatzgrad der IT, angeschlossene HMOs etc.) hinterlegt sind. Des Weiteren kann ebenfalls eingesehen werden, welcher HMO eine Medical Group angeschlossen ist.

3.3.2.2.2 Medical Group Rating

Im vorherigen Kapitel wurden die vier Performance-Kategorien im Einzelnen näher vorgestellt. Bei der Ermittlung der Gesamt-Performance (*Patients Rate Medical Group Score*) einer Leistungserbringer-Gruppe werden diese nun zusammengefasst, wobei sie alle gleich gewichtet werden. Die Gesamt-Performance ergibt sich also aus dem Mittelwert der Ergebnisse der vier einzelnen Kategorien. Anschließend wird die Medical Group einer der bereits erläuterten Sterne-Kategorie zugeteilt. Auch hier existieren wieder die vier Kategorien „Excellent" (Gesamt-Performance besser als 87 %), „Good" (Gesamt-Performance zwischen 80 und 86 %), „Fair" (Gesamt-Performance zwischen 73 und 79 %) und „Poor" (Gesamt-Performance schlechter als 73 %). Je nach Kategorie erhalten die Medical Groups einen bis vier Sterne, wobei vier Sterne der besten Kategorie entsprechen. Zur Verdeutlichung wird die Medical Group *Centre For Health Care* näher betrachtet (siehe Tabelle 35). Als Gesamt-Performance, die sich aus dem Durchschnittswert der vier Sub-Kategorien ergibt, erhält sie einen Wert von 80 %. Dies entspricht der zweitbesten Kategorie „Good", die mit drei Sternen dargestellt wird.

Medical Group *Centre For Health Care*	Performance	
Communicating with Patients	88 %	
Coordinating Patient Care	77 %	
Helpful Office Staff	82 %	
Timely Care and Service	74 %	
Gesamt-Performance	**80 %**	
→ Kategorie	„Good"	
→ Sterne-Darstellung des Ergebnisses	☆☆☆	

Tabelle 35:   Ermittlung der Gesamt-Performance der Medical Group *Centre For Health Care*[603]

Abschließend wird an dieser Stelle noch einmal darauf hingewiesen, dass die dargestellten Informationen allesamt auf subjektiven Einschätzungen anderer Patienten beruhen. Wie aus empirischen Untersuchungen hervorgeht, haben diese Informationen einen relativ hohen Einfluss auf die Entscheidung für einen bestimmten Arzt bzw. eine Medical Group. Somit dürfte die Report Card bei den Nachforschungen zu einer Leistungserbringer-Gruppe durchaus hilfreich sein. Die Tatsache, dass jedoch keine einzelnen Ärzte sondern immer nur Gruppen von Ärzten bewertet werden, schränkt diese Informationsquelle allerdings ein, da häufig konkrete Spezialisten für eine bestimmte Krankheit, Behandlung etc. gesucht werden. So kann ein schlechter Arzt einer gut bewerteten Medical Group angehören, da seine Bewertung nur zu einem kleinen Teil in die Gesamt-Performance miteingehen. Im Gegensatz zu den HealthGrades Qualitätsberichten der Qualitätsverbesserungsinitiative Bridges to Excellence (siehe Kapitel 3.3.3) werden die Report Cards allerdings kostenlos zur Verfügung gestellt. Die verwendeten Bewertungskriterien sind nicht an Besonderheiten des amerikanischen Gesundheitswesens ausgerichtet und könnten somit auch für deutsche Informationsquellen eine Orientierungshilfe sein.

---

[603]   Quelle: Office of the Patient Advocate (2007f).

3.3.3 Exkurs: Bridges to Excellence

Während bei den in Kapitel 3.3.2.1 und 3.3.2.2 dargestellten Ergebnissen nur HMOs bzw. einzelne Medical Groups miteinander verglichen werden konnten, fehlte dort eine Qualitätsberichterstattung über einzelne Ärzte. Daher wird an dieser Stelle ein kurzer Exkurs vorgenommen, um eine weitere PR-Informationsquelle zu betrachten, bei der eben genau diese Informationsmöglichkeit gegeben ist. In welcher Form dies geschieht bzw. welche Informationen dort bereitgestellt werden, wird im Folgenden gezeigt. Die Qualitätsverbesserungsinitiative Bridges to Excellence (BtE) kooperiert mit dem kommerziellen Unternehmen HealthGrades, das Qualitätsberichte von Kliniken, Pflegeheimen und Ärzten in den USA erstellt und verkauft.[604] Nach eigenen Angaben ist HealthGrades die führende Organisation in der Bewertung von Leistungserbringern des amerikanischen Gesundheitswesens. Dort sind derzeit Qualitätsbewertungen von ca. 5.000 Krankenhäusern, 16.000 Pflegeeinrichtungen und 650.000 Ärzten abrufbar. Über 3 Millionen Menschen besuchen jeden Monat die Website.[605]

Die Bewertungen der hier im Mittelpunkt der Betrachtung stehenden Ärzte werden in Form von ausführlichen Qualitätsberichten dargestellt, welche auf verschiedenen Qualitätskriterien beruhen. Für jedes Kriterium existiert eine detaillierte Erklärung. Die Kosten für das Herunterladen eines Berichts über einen Arzt liegen derzeit bei 17,95 US-$. Die Qualitätsberichte beinhalten dabei Informationen zu den in Tabelle 36 exemplarisch dargestellten 11 Themengebieten.[606]

---

[604] Vgl. Siebers, L. (2005), S. 17.
[605] Vgl. HealthGrades (2007).
[606] Vgl. Bridges to Excellence (2007b).

Themengebiet	Beispielhafter Auszug
Fachgebiete/Spezialisierungen (Specialties)	Obstetrics & Gynecology
Beruflicher Werdegang (Professional Background)	Medical School: University of Salt Lake City Years since Graduation: 21
Zertifizierungen, Zulassungen (Board Certification)	Board Certification: Yes Certifying Board: American Board of Obstetrics & Gynecology
Disziplinarverfahren (Governmental Disciplinary Actions)	No state disciplinary actions listed No federal disciplinary actions listed
Vergleich mit anderen Ärzten (Comparison to National Data)	Years since Medical School Dr. X, 21 Years Physicians specializing in O. & G., Average of 26 Years All US Physicians regardless of speciality, Average of 27 Years
Patientenerfahrungen - Ergebnisse aus Befragungen (Patient Experience Survey Results)	No data available
Eigenschaften des Arztes (Physician Characteristics)	What gender is your physician? Female
Vergleichsbericht (Free Physician Research Comparison Report)	Name, Address, Free from Professional Misconduct, Foreign Languages, Gender, Board Certified
Qualitätsbewertungen für Krankenhäuser in der Nähe des Arztes (Quality Ratings for Area Hospitals)	Alvarado Hospital Mecial Center, San Diego, CA Grossmont Hospital, La Mesa, CA Kaiser Foundation Hospital, San Diego, CA
Anschriftenverzeichnis der Krankenhäuser (Directory of Area Hospitals)	Alvarado Hospital Mecial Center (e.g. Street, Phone)
Zusätzliche Fragen an den Arzt (Checklist of Additional Questions to Ask)	What experience have people you know with this physician? Is the office location good for you? What is the physician´s availability?

Tabelle 36:   Beispielhafter Auszug einer Report Card von HealthGrades[607]

Das erste Kriterium betrifft die *Fachgebiete bzw. Spezialisierungen* eines Arztes. Hierbei erfolgt eine kurze Beschreibung des jeweiligen Fachgebietes. Der Aspekt *Beruflicher Werdegang* beinhaltet, welche Medical School und welches Praktikum der ausgewählte Arzt absolviert hat. Des Weiteren wird angegeben, wie viele Jahre dieser bereits praktiziert. In den USA existiert für jedes medizinische Fachgebiet eine nationale Behörde, die bestimmte Normen festlegt, die ein Arzt für eine Zertifizierung erfüllen muss. HealthGrades führt unter dem Kriterium *Zertifizierungen* Zertifikate des American Board of Medical Specialties und des Bureau

---

[607]   Quelle: Eigene Darstellung, in Anlehnung an Bridges to Excellence (2007a).

of Ostheopathic Specialties auf. Unter *Disziplinarverfahren* werden die Maßnahmen verstanden, die vom Staat oder Bundesstaat ergriffen werden, um einen Arzt wegen eines beruflichen Fehlverhaltens zu bestrafen (sie werden aufgrund von Klagen der Patienten und derer Untersuchung eingeleitet). Das fünfte Kriterium *Vergleich mit anderen Ärzten* beinhaltet eine Gegenüberstellung der Berufserfahrung (in Jahren) des entsprechenden Arztes mit der durchschnittlichen *Berufserfahrung* aller Ärzte des gleichen Fachgebiets sowie aller Ärzte, unabhängig von deren Fachgebiet in den USA. Parallel erfolgt ein Vergleich der *Disziplinarverfahren*. Die *Patientenerfahrungen*, die durch unterschiedliche Umfragen erhoben werden, bilden das sechste Bewertungskriterium. Dabei geht es darum, inwieweit Patienten Empfehlungen des Arztes vertrauen und mit welcher Entschlossenheit sie ihn weiterempfehlen würden. Die *Eigenschaften des Arztes* umfassen zusätzliche Informationen zur Person des Arztes für Patienten. So werden beispielsweise Angaben zum Geschlecht und zu weiteren Sprachkenntnissen gemacht. Ein *Vergleichsbericht von Ärzten* des gleichen Fachgebiets innerhalb des gleichen Bezirks stellt das achte Kriterium dar und vergleicht die Bereiche *Disziplinarverfahren, Zertifizierungen, Berufserfahrung, Geschlecht und auch Fremdsprachenkenntnisse.*[608]

Laut Angaben von HealthGrades weisen die meisten Ärzte in den USA ihre Patienten immer in bestimmte Krankenhäuser ein. Aufgrund dieser Tatsache werden *Qualitätsbewertungen von Krankenhäusern* im Bezirk des Arztes als neuntes Kriterium aufgeführt. So kann ein Patient den Arzt kontaktieren und sich mit Hilfe der Internetangaben darüber informieren, ob dieser mit gut bewerteten Krankenhäusern zusammenarbeitet. Abschließend folgen das *Anschriftenverzeichnis der Krankenhäuser* sowie eine *Checkliste mit zusätzlichen Fragen*, die dem Arzt gestellt werden können und helfen sollen, die eigenen Eindrücke besser zu evaluieren.[609]

Betrachtet man die Qualitätsberichte von HealthGrades etwas kritischer, so kann festgestellt werden, dass die Berichte zwar viele Informationen über den jeweiligen Arzt geben, aber keine Angaben zur Strukturqualität oder zu Leistungsmen-

---

[608] Vgl. Bridges to Excellence (2007a); Bridges to Excellence (2007b).
[609] Vgl. Bridges to Excellence (2007a); Bridges to Excellence (2007b).

gen enthalten (wie beispielsweise technische Ausstattung der Praxis, Anzahl und Qualifikation des Personals oder Häufigkeit bestimmter Diagnosen/ Behandlungen). In Deutschland hingegen sind derartige Informationen bereits in spezielle Qualitätsberichte integriert (siehe Kapitel 5.2.4.5). Während man die Berufserfahrung (Lernkurveneffekte und Erfahrungsgewinne) durchaus als einen Qualitätsindikator ansehen kann, ist es fraglich, ob die Informationen über die besuchten Ausbildungsstätten wirklich hilfreich sind. Ein Kriterium, das in Deutschland, wie später noch gezeigt wird, nicht zu finden ist, stellen Disziplinarverfahren gegen Ärzte dar. Das einzige subjektive Bewertungskriterium der Qualitätsberichte sind Patientenerfahrungen, die mittels eines Fragebogens ermittelt werden und auch Empfehlungshäufigkeiten beinhalten. Der Vergleich mehrerer Ärzte im gleichen Bezirk ist sicherlich sinnvoll, fraglich ist jedoch, ob die dafür verwendeten Kriterien wirklich aussagekräftig genug sind, um die Qualität zu beurteilen.

Es bleibt festzuhalten, dass die HealthGrades Qualitätsberichte über Ärzte speziell auf das amerikanische Gesundheitssystem ausgerichtet sind und teilweise Informationen beinhalten, die in Deutschland derzeit nicht verfügbar sind. Diese Informationsvielfalt hat jedoch auch seinen Preis (derzeit 17,95 US-$ pro Bericht). Allerdings werden in den Qualitätsberichten keine Angaben zu Leistungs- und Strukturmerkmalen einer Praxis gegeben.

3.4 Erfolgsorientierte Vergütung

Nachdem im vorangegangenen Kapitel ausführlich die nicht-monetäre Anreizkomponente PR vorgestellt wurde, beziehen sich die folgenden Ausführungen auf die monetäre Anreizkomponente der EV. Obwohl die HMOs im Hinblick auf Performance Kennzahlen zusammenarbeiten, um eine gewisse Gleichartigkeit zu gewährleisten, verhindern Kartellgesetze einen allgemeingültigen Standard. Daher gibt die IHA als unabhängige Organisation lediglich Empfehlungen hinsichtlich der Bewertungsparameter und der Zahlungsmodalitäten; die Festlegung der einzelnen Komponenten obliegt weiterhin den beteiligten HMOs.[610]

---

[610]   Vgl. Integrated Healthcare Association (2006a), S. 12; Braun, B., Reiners, H., Rosenwirth, M., u. a. (2006), S. 62.

Jede HMO kann also für sich entscheiden, ob die Leistungserbringer-Gruppen hinsichtlich eines Parameters einen bestimmten Schwellenwert erreichen müssen, um sich für die EV zu qualifizieren, und ob diese relativ zueinander beurteilt werden. Weiterhin entscheiden die HMOs, ob sie die empfohlenen Bewertungsparameter und deren Gewichtung sowie die aggregierten Daten der IHA ganz oder teilweise übernehmen oder gar zusätzliche Messgrößen in die Berechnung mit einbeziehen. Vergleicht man die einzelnen Bonussysteme der HMOs, so ergeben sich starke Unterschiede; sowohl in der Höhe der Bonuszahlungen (siehe Kapitel 3.4.1) als auch in der Methode der Performance-Messung (siehe Kapitel 3.4.2). Darüber hinaus variieren diese jährlich, da Anpassungen vorgenommen werden.[611]

3.4.1 Höhe der EV

Die folgenden Ausführungen beschreiben die Höhe der Erfolgszahlungen der an dem Referenzprojekt teilnehmenden HMOs. Dabei muss beachtet werden, dass die HMOs einerseits Boni für die im Rahmen des Referenzprojekts gemessenen Performance-Kennzahlen (IHA-Kennzahlen, siehe Kapitel 3.2.1) und andererseits auch für eigene, individuelle Performance-Kennzahlen (Nicht-IHA-Kennzahlen) ausschütteten. Häufig haben die HMOs interne Bonusprogramme mit eigenen Kennzahlen. Tabelle 37 gibt einen Überblick über deren Höhe. Demnach kann beobachtet werden, dass anfangs im MY 2003 für die Erfüllung der IHA-Kennzahlen Boni von insgesamt 38 Mio. US-$ ausgeschüttet wurden, für Nicht IHA-Kennzahlen sogar ein noch höherer Betrag von rund 85 Mio. US-$. Damit ergibt sich eine Gesamthöhe an Bonuszahlungen im MY 2003 von 123 Mio. US-$ mit einem Anteil der IHA-Kennzahlen von 31 %. Wie ebenfalls aus Tabelle 37 hervorgeht, hat sich der insgesamt ausgeschüttete Betrag im künftigen Verlauf weiter gesteigert. Im MY 2005 beispielsweise betrugen die ausgeschütteten Boni-Zahlungen bereits rund 145 Mio. US-$. Vergleicht man die Bonus-Zahlungen, so können auch hier große Unterschiede festgestellt werden. Im MY 2005 rangierte der ausgeschüttete Bonus-Betrag von 4,13 Mio. US-$ der HMO CIGNA bis zu 66

---

[611] Vgl. Integrated Healthcare Association (2006a), S. 14.

Mio. US-$ der HMO Blue Cross. Allerdings muss dabei beachtet werden, dass die HMOs jeweils eine unterschiedliche Anzahl an Versicherten haben.

	IHA-Kennzahlen			Nicht-IHA-Kennzahlen			Gesamt		
	MY 2003	MY 2004	MY 2005	MY 2003	MY 2004	MY 2005	MY 2003	MY 2004	MY 2005
Aetna	2	1,62	1,63	-	3,8	3,9	2	5,42	5,53
Blue Cross	14,7	26,5	25,34	34,3	39,5	40,65	49	66	66
Blue Shield	9,6	14,43	14,5	17,6	13,97	18,3	27,3	28,41	32,7
CIGNA	4,4	3,3	2,83	3,2	2,85	1,3	7,6	6,15	4,13
Health Net	5,25	7	3,8	12	12	12	17,25	19	15,8
PacifiCare	2,02	0,76	6,7	17,54	13,39	13,4	19,56	14,15	20,1
Summe	**37,97**	**53,61**	**54,8**	**84,64**	**85,51**	**89,55**	**122,71**	**139,13**	**144,26**

Tabelle 37:   Höhe der Bonusauszahlungen für EV der an dem Referenzprojekt teilnehmenden HMOs (in Mio. US-$)[612]

Abbildung 14 veranschaulicht die eben gemachten Ausführungen noch einmal grafisch. Die dem Referenzprojekt erst später beigetretene HMO Western Health Advantage wird hierbei nicht berücksichtigt, um eine übersichtliche Darstellung der von Beginn an involvierten HMOs zu gewährleisten.

---

[612]   Quelle: Eigene Darstellung, in Anlehnung an RAND Health, University of California (Berkeley) (o. J. a-c).

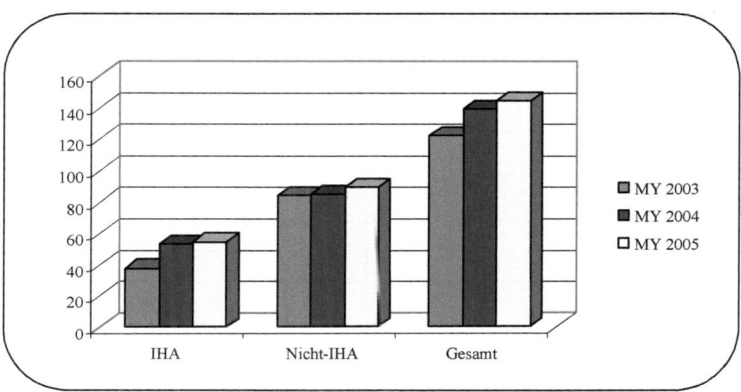

Abbildung 14:   Höhe der EV der an dem Referenzprojekt teilnehmenden HMOs
                 (in Mio. US-$)[613]

Zur besseren Vergleichbarkeit der Bonus-Zahlungen der HMOs können die *monatlich durchschnittlich pro Patient* erzielten Boni betrachtet werden (siehe Tabelle 38). Diese rangieren beispielsweise im MY 2003 von 0,13 (PacifiCare) bis 0,85 US-$ PMPM[614] (CIGNA). Demnach erhielt ein Leistungserbringer für das Erreichen der IHA-Kennzahlen für die Behandlung von Versicherten der HMO CIGNA durchschnittlich 0,72 US-$ mehr im Monat als für die Behandlung von Versicherten der HMO PacifiCare. Im MY 2004 betrug der durchschnittlich erreichte Bonus für einen Leistungserbringer im Höchstfall 1,59 US-$ PMPM für IHA-Kriterien (Blue Cross), im niedrigsten Fall hingegen 0,05 US-$ PMPM (PacifiCare).

---

[613]   Quelle: Eigene Darstellung, in Anlehnung an RAND Health, University of California (Berkeley) (o. J. a-c).
[614]   PMPM steht für per member per month.

	IHA-Kennzahlen			Nicht-IHA-Kennzahlen			Gesamt		
	MY 2003	MY 2004	MY 2005	MY 2003	MY 2004	MY 2005	MY 2003	MY 2004	MY 2005
Aetna	0,54	0,55	0,59	-	1,29	1,41	0,54	1,84	1,99
Blue Cross	0,80	1,59	1,52	1,86	2,37	2,44	2,66	3,96	3,96
Blue Shield	0,67	1,01	1,00	1,23	0,99	1,27	1,90	2,00	2,27
CIGNA	0,85	1,35	0,82	0,62	1,17	0,38	1,47	2,52	1,29
Health Net	0,34	0,49	0,26	0,77	0,83	0,82	1,10	1,32	1,08
PacifiCare	0,13	0,05	0,43	1,10	0,82	0,87	1,23	0,87	1,30

Tabelle 38:   PMPM-Bonuszahlungen für an dem Referenzprojekt teilnehmende HMOs (in US-$)[615]

In Abbildung 15 wird der Sachverhalt noch einmal grafisch dargestellt. Dort ist
auch sichtbar, dass die HMOs Nicht-IHA-Indikatoren im Schnitt besser vergüteten als IHA-Indikatoren. Deutlich wird auch, dass sich seit Beginn des Referenzprojekts ein leichter Aufwärtstrend für die durchschnittliche Zahlungshöhe ergeben hat, so dass die Leistungserbringer sowohl für das MY 2004 als auch für das
MY 2005 maximal 3,96 US-$ PMPM erhalten konnten (siehe Abbildung 15). Ob
auch weiterhin Nicht-IHA-Indikatoren besser „belohnt" werden als IHA-
Indikatoren, bleibt abzuwarten.

---

[615]   Quelle: Eigene Darstellung, in Anlehnung an RAND Health, University of California (Berkeley)
(o. J. a-c).

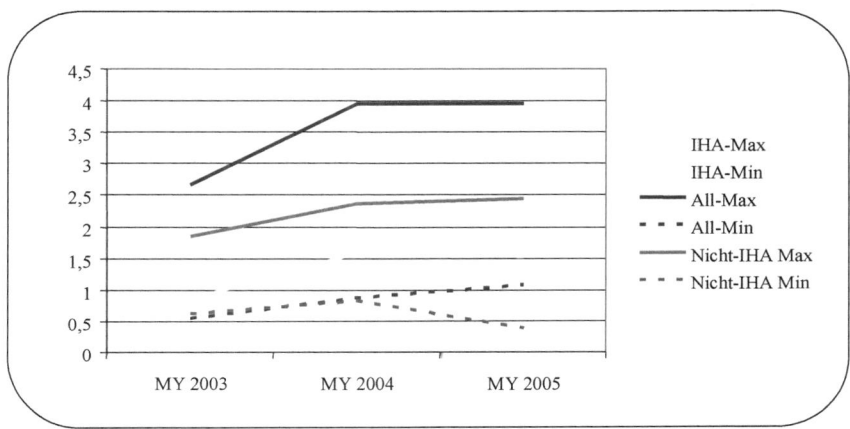

Abbildung 15:   Verlauf der minimalen und maximalen PMPM-Bonuszahlungen
(in US-$)[616]

3.4.2   Methode der Performance-Messung

Nachdem nun aufgezeigt worden ist, wie hoch die jeweiligen Bonuszahlungen in
den Jahren gewesen sind, wird nun im Folgenden dargestellt, wie bei der Methode
zur Messung der Performance eines Leistungserbringers bzw. einer HMO vorgegangen wurde.

Zur Bestimmung der Performance eines Leistungserbringers und damit auch zur
Berechnung der Boni wurden entweder absolute oder relative Schwellenwerte herangezogen. Somit werden einerseits Anreize für das Erreichen absoluter Qualitätsziele (performance thresholds) und andererseits Anreize für den Nachweis
verbesserter Leistungsqualität, d. h. das Erreichen relativer Qualitätsziele (quality
improvement) gesetzt.[617] Bei Ersterem geht es um das Erreichen ex-ante definierter Zielwerte, bei Letzterem um eine relative Verbesserung der Performance eines
Leistungserbringers.[618]

---

[616]   Quelle: Eigene Darstellung, in Anlehnung an RAND Health, University of California (Berkeley)
(o. J. a-c).
[617]   Vgl. Braun, B., Reiners, H., Rosenwirth, M., u. a. (2006), S. 15.
[618]   Vgl. Rosenthal, M. B., Frank, R. G., Zhonghe, L., u. a. (2005), S. 1792.

Zur Veranschaulichung wird dies im Folgenden exemplarisch erläutert. Die HMO *Health Net* bediente sich im MY 2003 absoluter Qualitätsziele. Demnach muss ein Leistungserbringer ein bestimmtes Ergebnis erreichen oder übertreffen „to be eligible for incentive payment."[619] In diesem Fall waren dies die in Tabelle 39 dargestellten absoluten Performance-Werte. Für das Brustkrebs-Screening musste ein Leistungserbringer beispielsweise eine Performance von mindestens 66 % aufweisen, um sich für eine Erfolgszahlung zu qualifizieren. Beim Gebärmutter-halskrebs-Screening betrug sie hingegen 58 %. *Health Net* benutzte die absoluten Qualitätsziele lediglich im MY 2003; ab dem MY 2004 wurden relative Quali-tätsziele eingesetzt, die nun auch Gegenstand der folgenden Ausführungen sind.[620]

Klinischer Indikator	
MMR	69 %
VZV	64 %
Breast Cancer	66 %
Cervical Cancer	58 %
Asthma Meds	75 %
HbA1c	56 %
LDL	54 %
Patientenzufriedenheit	
Timely Care & Service	75 %
Doctor Communication	80 %
Speciality Care	70 %
Overall Satisfaction	75 %

Tabelle 39: Absolute Performance-Qualitätsziele der HMO Health Net[621]

Auch für die relativen Qualitätsziele wird die Vorgehensweise anhand eines Bei-spiels verdeutlicht, hier die der HMO *Blue Shield*, die für die Messung der Per-formance einerseits die klinische Leistung und andererseits die Patientenzufrie-denheit betrachtet. Die Performance der Leistungserbringer wurde anhand von

[619]   Vgl. Ärzte Zeitung (2005b).
[620]   Vgl. RAND Health, University of California (Berkeley) (o. J. a-c).
[621]   Quelle: Eigene Darstellung, in Anlehnung an RAND Health, University of California (Berkeley) (o. J. a), S. 2.

Perzentilen beurteilt. Dabei wird so vorgegangen: „performance of all physician groups is ranked, with only the top certain percent being eligible for incentive payments."[622] Die erreichbaren Boni für den *klinischen Indikator* sind dabei gestaffelt worden. Für den 100 %igen Bonus muss sich ein Leistungserbringer (bzw. dessen Performance) oberhalb des 75. Perzentils befinden, also in der Gruppe der 25 % der Leistungserbringer mit der besten Performance. Befindet sich ein Leistungserbringer mit seiner Performance zwischen dem 50. und 74. Perzentil, erhält er immerhin noch 50 % des maximalen Bonus. Ein Anteil von 25 % wird einem Leistungserbringer zugewiesen, sofern er sich mit seiner Performance zwischen dem 30. und dem 49. Perzentil befindet. Auch für die *Patientenzufriedenheit* gab es eine Staffelung des Bonus. Bei einem überdurchschnittlichen Ergebnis hat der Leistungserbringer den 100 %igen Bonus erhalten, für eine durchschnittliche Performance einen Bonus in Höhe von 50 % und sofern die Performance unterhalb des Durchschnitts ausfiel, gab es keinen Bonus für einen Leistungserbringer.

Im Referenzprojekt werden überwiegend die relativen Leistungsziele eingesetzt,[623] wobei die oben beschriebenen Performance-Grenzen nur auf die HMO Blue Shield zutrafen. Andere HMOs haben andere Einteilungen vorgenommen, die zwar von dieser abweichen, aber nach dem gleichen Schema gestaltet sind. Im MY 2005 wurden lediglich die der HMO PacifiCare angeschlossenen Leistungserbringer nach absoluten Qualitätszielen beurteilt, die anderen sechs HMOs (inzwischen auch Western Health Advantage) bewerteten die Performance ihrer Leistungserbringer nach relativen Qualitätszielen.

Betrachtet man beide Methoden, so hat eine reine Performance-Beurteilung anhand absoluter Qualitätsziele vor allem für Leistungserbringer mit einer Performance oberhalb der Bonusgrenze keine weiteren Anreize für eine Qualitätsverbesserung. Sie erhalten den Bonus, wenn sie das aktuelle Versorgungsniveau beibehalten und werden das Ergebnis daher nur noch „verwalten" wollen. Leistungserbringer mit einer eher niedrigeren Performance haben hingegen nur einen geringen Anreiz für eine Qualitätsverbesserung, da die absoluten Qualitätsziele für sie nur schwer erreichbar sind. Belohnt man hingegen nur die Leistungserbringer mit

---

[622] Vgl. Ärzte Zeitung (2005b).
[623] Vgl. Braun, B., Reiners, H., Rosenwirth, M., u. a. (2006), S. 15.

den größten (relativen) Verbesserungsraten, führt dies sicherlich auch nicht zu dem gewünschten Ergebnis, da es für die besten Leistungserbringer mit einer hohen Performance schwierig ist, sich noch weiter zu verbessern.[624] Derzeit geraten in den USA die relativen Qualitätssteigerungen immer mehr in das Blickfeld der Betrachtung, vor allem wegen starker Unterschiede in der Versorgungsqualität. Im UK hingegen sind diese ausgeschlossen, da für den Patienten nur die absolute und nicht die relative Qualität existiert.[625]

Daran wird deutlich, dass eine einseitige Vorgehensweise sowohl Vor- als auch Nachteile nach sich zieht. Wie auch immer die Performance-Messung vorgenommen wird, es müssen die „Anreize doch so gesetzt werden, dass die Leistungsqualität schwächerer Anbieter erhöht wird und gleichzeitig die Besten veranlasst werden, ihre bereits hohe Qualität der Behandlung noch zu steigern oder auf diesem sehr hohen Niveau zu halten."[626] Dazu müssen beide Möglichkeiten miteinander kombiniert werden; sowohl absolute Qualitätsziele und auch die Verbesserung sollten bei der Performance-Bestimmung berücksichtigt werden.[627]

Um einen Bonus erhalten zu können, müssen die Leistungserbringer unterschiedliche *Kriterien* erfüllen, die von HMO zu HMO unterschiedlich ausgestaltet sind. So forderte die HMO Aetna im MY 2004 beispielsweise:[628]

- Meet IHA 3.25 PMPY (per member per year) encounter threshold
- Participate in CAS
- Signed delegation agreements
- Valid signed contract in measurement year and at payout
- Be in good standing with Aetna on all contract provisions

Western Health Advantage hingegen forderte lediglich das Erreichen des von der IHA vorgegebenen encounter threshold von 3.25 PMPY. Die Vorgaben der anderen HMOs liegen meist irgendwo dazwischen.

---

[624] Vgl. Rosenthal, M. B., Frank, R. G., Zhonghe, L., u. a. (2005), S. 1792.
[625] Vgl. Braun, B., Reiners, H., Rosenwirth, M., u. a. (2006), S. 15.
[626] Braun, B., Reiners, H., Rosenwirth, M., u. a. (2006), S. 67.
[627] Vgl. Rowe, J. W. (2006), S. 696.
[628] Vgl. Rowe, J. W. (2006), S. 696.

Wie in Kapitel 3.2 gezeigt worden ist, setzt sich die Gesamt-Performance eines Leistungser-bringers aus dem klinischen Indikator, der Patientenzufriedenheit und der Kennzahl zum IT-Einsatz zusammen. Die folgenden Ausführungen beziehen sich auf das MY 2004, in dem die Gewichtung der drei Bereiche 40 %, 40 % und 20 % betrug. Der klinische Bereich bestand zu dieser Zeit aus sieben Untersuchungsbereichen (siehe Kapitel 3.2.1), die jeweils mit 5,71 % gewichtet wurden. Die vier Teilbereiche zur Patientenzufriedenheit und die zwei zum IT-Indikator hatten jeweils einen Anteil von 10 %. Je nach dem etwaigen Zielerreichungsgrad ergab sich die Performance eines Leistungserbringers.[629]

3.5 P4P aus unterschiedlichen Perspektiven

Die folgenden Ausführungen betrachten das P4P-Konzept aus unterschiedlichen Perspektiven bezüglich positiver und negativer Auswirkungen. Dabei wird insbesondere eingegangen auf:

- Leistungserbringer (siehe Kapitel 3.5.1),
- Versicherte bzw. Patienten (siehe Kapitel 3.5.2),
- Krankenversicherungen (siehe Kapitel 3.5.3) und
- Arbeitgeber (siehe Kapitel 3.5.4).

3.5.1 Leistungserbringer

Es wird mit der Perspektive der Leistungserbringer begonnen; diese können die Auswirkungen des Programms unmittelbar spüren. Betrachtet man einführend die Einstellung von Ärzten zu P4P, so ist deren Meinung nicht so negativ, wie man es vielleicht annehmen könnte, sondern es können auch positive Aspekte festgestellt werden. Die überwiegende Mehrheit der Ärzte gibt an, dass sie durch P4P unterstützt werden, Verbesserungsmöglichkeiten zu identifizieren. Des Weiteren ermöglicht es ihnen, die eigene Performance mit der von Kollegen vergleichen zu können.[630] Dass Ärzte den beiden Komponenten von P4P (EV und PR) unterschiedlich gegenüberstehen, zeigte eine kürzlich veröffentlichte Umfrage mit 560

---

[629] Vgl. RAND Health, University of California (Berkeley) (o. J. b).
[630] Vgl. Braun, B., Reiners, H., Rosenwirth, M., u. a. (2006), S. 68.

US-Hausärzten. Demnach unterstützen drei Viertel der befragten Ärzte die EV als Anreiz für eine bessere medizinische Versorgung, die meisten hingegen sprechen sich gegen das PR aus.[631]

Betrachtet man nun die sich für die Leistungserbringer ergebenden *Chancen*, so stößt man natürlich auf den Nutzen, den die Leistungserbringer aus den monetären Erfolgszahlungen erhalten, sofern sie sich für einen Bonus qualifizieren. Auch wenn bislang noch keine wissenschaftlich fundierten Ergebnisse vorliegen, ab welcher Höhe Leistungserbringer tatsächlich zu einer besseren Leistungserbringung angetrieben werden, so ist anzunehmen, dass der Anreiz doch zumindest erhöht wird.[632]

Im Rahmen der Ausführungen wurde bereits mehrfach dargelegt, dass der IT-Verbreitungs-grad in Arztpraxen noch ausbaufähig ist. Des Weiteren wurde gezeigt, dass mit zunehmendem IT-Grad das klinische Ergebnis positiv korreliert (und damit die Performance eines Leistungserbringers). Im Rahmen von P4P spielt die IT eine bedeutsame Rolle, betrachtet man ihren 20 %igen Anteil an der Gesamt-Performance. Einige Leistungserbringer werden anführen, dass ihnen die finanziellen Mittel fehlen, um ein umfassendes und ausgereiftes IT-System in ihrer Praxis zu installieren. Auch wenn sie durch die Bonuszahlungen zwar nur einen Teil der Kosten für die Verbesserung der IT-Infrastruktur erhalten können, wäre dies doch immerhin ein Zuschuss zu etwas, das man möglicherweise schon länger geplant hatte, bisher aber nicht realisieren konnte.[633] Dies kann anhand eines New Yorker Hausarztes veranschaulicht werden, der (für die Behandlung von Diabetes-Patienten[634]) einen Bonus von 20.000 US-$ für das Erreichen vorgegebener Qualitätsstandards in fünf Bereichen (patient satisfaction, access to care, emergency room utilization, mammography rates, and colorectal cancer screening rates) erhalten hat,[635] dafür allerdings zuvor in computergestützte Informationstechniken sowie weiteres Personal investieren musste. Jedoch wurde es für ihn somit möglich, in Technologien zu investieren, welche die Behandlungsqualität

---

[631] Vgl. Casalino, L. P., Alexander, G. C., Jin, L. (2007).
[632] Vgl. De Brantes, F. (2006), S. 110.
[633] Vgl. Colwell, J. (2005).
[634] Vgl. Pieper, C. (2004); Endsley, S., Kirkegaard, M., Baker, G., u. a. (2004).
[635] Vgl. Endsley, S., Kirkegaard, M., Baker, G., u. a. (2004), S. 45.

verbessern können. Dabei kann es sich alternativ auch um Systeme handeln, um Wartezeiten zu verkürzen oder auch das Follow-up und Telefonsystem zu verbessern.[636]

Wie in Kapitel 3.3.2.2 gezeigt, werden die Ergebnisse für eine Leistungserbringer-Organisa-tion (medical group) veröffentlicht. Die Mitarbeiter einer solchen sind über das Projekt informiert und wissen, dass man mit anderen Organisationen verglichen wird. Diese Tatsache motiviert und spornt zu besseren Leistungen an. Durch diese zusätzliche Motivation verspricht man sich eine bessere Performance und damit auch eine verbesserte Behandlungsqualität.[637]

Aus der Ergebnis-Veröffentlichung können sich Reputationsgewinne ergeben, vor allem durch die Auszeichnung im Rahmen der „Honorable Mention" (siehe Kapitel 3.3). Dies wirkt sich zum einen positiv auf die Anzahl der Patienten einer Praxis aus, zum anderen wird aber auch die Verhandlungsposition gegenüber den HMOs eine Stärkung erfahren, welche die Leistungserbringer im Rahmen vergangener (Managed Care) Bemühungen vor allem zu einer kostenniedrigen Behandlung „motivieren" wollten. Somit können Leistungserbringer mit einer guten Performance ihre Ergebnisse als Marketing-Instrument verwenden.[638] Darüber hinaus erhalten herausragende Leistungserbringer in den USA ein Gütesiegel wie beispielsweise „ausgezeichneter Diabetesversorger", wofür der Arzt extra von der Krankenkasse entgeltlich belohnt wird.[639]

Auch wenn viele Leistungserbringer kritisieren, dass eine Kochbuch-Medizin auf keinen Fall das Ziel der Bemühungen sein kann, so werden andere über die evidenz-basierten Vorgaben froh sein. Geht man davon aus, dass die Vorgaben dem neuesten Stand der Wissenschaft und Forschung entsprechen, können sie sich immer am aktuellen Therapiestandard orientieren.

Beim Bereich der Messbarkeit medizinischer Leistungen gibt es allerdings kritische Aspekte.[640] Vor allem die Therapie gemäß EBM-Vorgaben birgt gewisse *Ri-*

---

[636] Vgl. Colwell, J. (2005).
[637] Vgl. Becker, C. (2005), S. 8.
[638] Vgl. Becker, C. (2005), S. 9.
[639] Vgl. Skwara, S. (2005).
[640] Vgl. Pieper, C. (2006a).

siken, da die Aktualisierung der Guidelines bzw. Standardvorgaben für die Messung der Behandlungsqualität als problematisch betrachtet wird. Der herangezogene Qualitätsindikator wird im Moment der Leistungsmessung als „Goldstandard" angesehen und spiegelt das derzeit beste medizinische Wissen wider. Machen neue Forschungsergebnisse aber die Verbesserung einer Messgröße sichtbar und behandeln Leistungserbringer weiterhin nach den Vorgaben der „überholten" Guidelines, können sie zwar die Messgrößen einhalten, behandeln aber nicht nach dem neuesten Stand der Forschung. Daher muss sichergestellt werden, dass die P4P-Messgrößen immer den aktuellsten Forschungsergebnissen entsprechen. Andernfalls würde die Behandlungsqualität der Leistungserbringer, die nach aktuellstem Wissensstand behandeln, möglicherweise negativ beurteilt werden, obwohl sie die momentan beste Versorgung des Patienten darstellt.[641]

Dass die Messgrößen selbst nicht frei von Kritik sind, kann anhand des HbA1c-Werts verdeutlicht werden, der im Rahmen des Referenzprojekts zur Beurteilung der Behandlungsqualität von Diabetes-Patienten herangezogen wird. Von Kritikern wird angeführt, dass dieser Wert zwar die mittlere Blutglukose der letzten 6 bis 8 Wochen widerspiegle, allerdings sei das HbA1c nicht sensibel genug zur Diagnose und zum Screening eines Diabetes. Dies liege auch daran, dass noch keine ausreichende Optimierung bei der standardisierten Bestimmung des HbA1c-Werts entwickelt worden sei. So können sich Werte von Labor zu Labor unterscheiden. Anstelle des HbA1c-Werts sei der Nüchtern- und postprandiale Blutglukosewert im Rahmen einer oralen Glukosebehandlung besser geeignet (siehe Kapitel 3.2.1.1).[642]

Des Weiteren muss erwähnt werden, dass im Rahmen des Referenzprojekts nur einige Kennzahlen gemessen werden und anschließend für die EV und auch das PR herangezogen werden. Die für eine Organisation ermittelten Ergebnisse werden allerdings als Ganzes gewertet und der Qualitätseindruck basiert nicht auf der

---

[641] Vgl. Remus, D. (2006), S. 22.
[642] Vgl. Landgraf, R. (2006).

von einem Leistungserbringer insgesamt geleisteten Behandlungsqualität, sondern basiert lediglich auf den eingeschlossenen Kennzahlen.[643]

Auch die Vielfältigkeit von Ergebniskennziffern ist angesichts der vielen Krankheiten ein Problem. Bei machen Krankheiten wie Diabetes gibt es zwar weitestgehend anerkannte Ergebnisparameter, für viele andere aber wiederum nicht.[644] Vor allem bei älteren, multi-morbiden Patienten ist die Messung der Behandlungsqualität nicht trivial und bislang nicht gelöst; auch deswegen, da diese häufig bei mehreren Ärzten gleichzeitig in Behandlung sind.[645]

Sollten sich Systeme etablieren, bei denen Patienten direkt die Behandlungsqualität von Leistungserbringern bewerten, besteht die Gefahr, dass Patienten nicht nur die Qualität bewerten, sondern auch ihre Sympathie für den Arzt mit einfließen lassen. Problematisch ist dies vor allem, wenn die Stärke eines qualifizierten Leistungserbringers nicht in der Kommunikation mit dem Patienten liegt, sondern in der Therapie eines Leidens. Des Weiteren können Patienten die tatsächliche Behandlungsqualität eines Arztes häufig gar nicht richtig einschätzen. Möglicherweise sind sie unzufrieden, weil der Arzt etwaige Leiden nicht sofort beheben kann; auch aus Gründen, auf die er vielleicht keinen Einfluss hat (Compliance des Patienten). Für einen Patienten, der wegen fehlender Therapietreue keine Verbesserung seiner Situation erkennt, ist es ein Leichtes, die Schuld bei dem behandelnden Arzt zu suchen. Dass allerdings der Patient selber die Hauptverantwortung trägt, kann sehr einfach ausgeblendet werden.

Des Weiteren darf nicht verschwiegen werden, dass, wie wir in Kapitel 5 später noch sehen werden, bei vielen Informationsquellen „konkurrierende" Leistungserbringer ebenfalls eine Bewertung für einen Kollegen abgeben und ihm so eine schlechte Bewertung zukommen lassen können. Im Rahmen des Referenzprojekts scheint dieses Problem weitestgehend gelöst zu sein, da die Patienten auf Initiative der verantwortlichen Partei kontaktiert werden.

---

[643]   Vgl. Forrest, C. B., Villagra, V. G., Pope, J. E. (2006), S. 84.
[644]   Vgl. Susman, J. (2005); Fisher, E. S. (2006), S. 1845.
[645]   Vgl. Fisher, E. S. (2006), S. 1845.

Auch wenn durch die Boni-Zahlung der Mehraufwand für die Teilnahme an den Programmen abgegolten werden soll, besteht dennoch Skepsis bezüglich der zusätzlichen Arbeitsbelastung, Mehraufwände durch neue Informationssysteme und der Dokumentationsstandards der unterschiedlichen Einkäufer.[646] Die Programme sollen die Teilnahme von Ärzten aller Einrichtungsarten durch die Minimierung finanzieller und technologischer Barrieren einschließlich der Anlaufkosten unterstützen.[647] Vor allem kleinere Leistungserbringer sehen in P4P ein Druckmittel für die HMOs, die Kosten zu senken und durch die gezielte Förderung großer Anbieterorganisationen die kleinen vom Markt zu drängen.[648] Des Weiteren wird P4P als eine Bewegung zugunsten großer Ärzteorganisationen angesehen,[649] da diese über umfangreichere Ressourcen finanzieller, personeller und auch technischer Art verfügen. Vor allem die zusätzlichen Belastungen für Datenerhebung und IT-Investitionen treffen die kleineren und finanziell weniger stabilen Ärztegruppen ungleich härter.[650]

Von Seiten der Ärzte kommt der Einwand, dass sie bestimmten Standards unterzogen werden, die ihrer speziellen Praxissituation nicht gerecht werden. So beispielsweise bei einer Ärztin, die auf die Behandlung von Diabetikern spezialisiert ist und somit häufig Patienten behandelt, deren Glukose nur schwer kontrollierbar ist. Würde man die Behandlungsqualität dieser Ärztin nach der Höhe der HbA1c-Werte beurteilen, würde diese benachteiligt werden und man könnte zu der Beurteilung kommen, sie sei „die inkompetenteste Ärztin weit und breit"[651]. Daher können unter Umständen falsch eingesetzte Mechanismen bestimmte Ärztegruppen entmutigen, schwerkranke Patienten zu behandeln („pay-for-performance could cause doctors to shun sick, poor or non-compliant patients and to neglect un-measured but equally important areas of quality"[652]). Die Programme müssen

---

[646] Vgl. Braun, B., Reiners, H., Rosenwirth, M., u. a. (2006), S. 67.
[647] Vgl. American Medical Association (2005).
[648] Vgl. Braun, B., Reiners, H., Rosenwirth, M., u. a. (2006), S. 66.
[649] Vgl. Braun, B., Reiners, H., Rosenwirth, M., u. a. (2006), S. 66.
[650] Vgl. Busse, R., Schlette, S. (Hrsg.) (2003), S. 35; Braun, B., Reiners, H., Rosenwirth, M., u. a. (2006), S. 66.
[651] Pieper, C. (2004).
[652] Easton, J. (2007).

schwierige Patientengruppen sinnvoll mit einbeziehen, was eine ausgeprägte Risiko-Adjustierung erforderlich macht.[653]

Zunächst hört es sich positiv an, dass Leistungserbringer durch das Programm zusätzliche Gelder erhalten können, jedoch spielt dabei eine wesentliche Rolle, woher diese finanziellen Mittel stammen. Werden die Effizienzbemühungen nicht mit zusätzlichem Einkommen vergütet, sondern aus dem ursprünglichen Vergütungstopf abgezweigt, haben sie eher den Charakter von Bestrafungsmodellen.[654] Erhält ein Arzt beispielsweise bisher 32 US-$ pro Patient als fixe Gebühr, so darf das neue System den fixen Betrag nicht auf 28 US-$ reduzieren mit der Möglichkeit, zusätzlich 4 US-$ über Prämien zu erhalten, sondern der Bonus muss zusätzlich zu den 32 US-$ fließen. Nur dann könne eine gute Anreizsituation geschaffen werden.[655]

Dass aus einer hohen Behandlungsqualität auch Benachteiligungen resultieren können, zeigt das Beispiel der Intermountain Health Care. Diese habe mit der Behandlung von Medicare-Patienten Gewinn erwirtschaftet, nun hingegen verliere sie je behandeltem Patienten. Dieser Nachteil entstand aus der „besseren" Patientenversorgung durch ein empfohlenes Antibiotika. Ohne diesen Medikamenteneinsatz haben sich häufiger Komplikationen ergeben (beispielsweise bei beatmungspflichtigen Pneumoniepatienten), die gut vergütet werden. Somit sinkt der Ertrag des Krankenhauses durch die gestiegene Behandlungsqualität. Für die Versorgung eines beatmungspflichten Pneumoniepatienten erhält das Krankenhaus rund 19.000 US-$, für eine komplikationsfreie Behandlung hingegen nur 5.000 US-$. Dieses Beispiel zeigt, dass eine Implementierung erfolgsorientierter Vergütung mit einer Anpassung der Vergütungsstrukturen einhergehen muss. Dabei müssen die Zahlungen nicht nur an die tatsächlich erbrachten Leistungen, sondern auch an die Vermeidung von Leistungen geknüpft werden, wie beispielsweise die Verhinderung derartiger Komplikationen bei der Behandlung eines Patienten oder aber auch die Verhinderung von Wiederaufnahmen (siehe dazu Kapitel 4).[656]

---

[653] Vgl. Dudley, R. A., Rosenthal, M. B. (2006), S. 18.
[654] Vgl. Pieper, C. (2004).
[655] Vgl. Pieper, C. (2002).
[656] Vgl. Matthes, N., Wiest, A. (2004), S. 69.

Das wohl größte Problem bei P4P allgemein und auch bei dem hier näher besprochenen Referenzprojekt ist die Compliance eines Patienten, die einen großen Einfluss auf den Behandlungserfolg hat. Dieser hängt „nicht ausschließlich vom Arzt ab"[657], sondern eben auch vom Patienten bzw. dessen Vorerkrankungen.[658] Ohne das Mitwirken eines Patienten kann der Arzt in manchen Fällen nicht mehr machen als immer wieder zu versuchen, den Patienten über Gespräche etc. zu einer bessern Compliance zu bewegen. Kooperiert der Patient im Rahmen der Behandlung nicht richtig, nimmt Arzneimittel nicht vorschriftsmäßig ein oder reagiert nicht wunschgemäß auf diese, kann dem Arzt im Rahmen der Performance-Messung ein großer Nachteil entstehen.[659] Zudem dürfen Ärzte, die chronische oder schwerstkranke Patienten behandeln (bei denen die Heilungschancen gering sind), nicht mit Honorareinbußen bestraft werden.[660] Den geringsten Einfluss hat der Arzt schließlich auf Ergebnis-Kriterien,[661] da die Entscheidung, beispielsweise mit dem Rauchen aufzuhören, nicht in der Entscheidungsgewalt des Arztes liegt. Wird die Performance durch Prozess-Kennzahlen gemessen, auf die der Arzt einen direkten Einfluss hat, würden seine Motivation bzw. sein Zuspruch für die Teilnahme an einem Programm wohl steigen.[662]

Abschließend lässt sich an dieser Stelle anmerken, dass sich inzwischen auch Leistungser-bringer bemühen, das für sie geeignete P4P-Programm ausfindig zu machen, da die Anzahl der Programme kontinuierlich ansteigt. Es gibt vier wesentliche Elemente, über die sich die Ärzte bewusst sein sollten, bevor sie an einem Programm teilnehmen. Diese sind:[663]

- Kriterien für die Bewertung, die sich auf unterschiedliche Kategorien, wie klinische Qualität, Patientenzufriedenheit, Verwaltung (IT) oder auch Patientensicherheit beziehen. Anhand dieser Bewertungsergebnisse bewerten HMOs oder Versicherungen die Leistungserbringer. Anhand vorhandener

---

[657] MEDI-Report (2000).
[658] Vgl. MEDI-Report (2000).
[659] Vgl. Pieper, C. (2004).
[660] Vgl. MEDI-Report (2000).
[661] Vgl. Dudley, R. A., Rosenthal, M. B. (2006), S. 5.
[662] Vgl. Pieper, C. (2004).
[663] Vgl. Endsley, S., Kirkegaard, M., Baker, G., u. a. (2004), S. 46-47.

Bewertungsprogramme können Ärzte angebotene Programme bewerten und sich das beste Programm aussuchen.[664]

- Die Art und Weise, wie eine HMO Bewertungsdaten sammelt (Verwaltungsdaten, Behandlungsdaten des Arztes etc.). Die Verwaltungsdaten sind für die HMO leichter zu generieren, Behandlungsdaten sind dafür detaillierter. Inzwischen gibt es unterschiedliche, zum großen Teil auch elektronische Methoden zur Dokumentation der Daten, die für die Bewertung herangezogen werden. So beispielsweise eine Software, die standardisiert die Daten für Diabetes und vorbeugende Behandlungen dokumentiert und auch in vielen P4P-Programmen angewendet wird.

- Ärzte sollten nachvollziehen können, wie die HMO ihre Bewertungskriterien oder Benchmarks ermittelt. Dabei sind interne (innerhalb der HMO) und externe Vergleiche mit anderen Leistungserbringern (andere HMOs etc.) möglich.

- Die Leistungserbringer müssen verstehen, wie sie für die Erfüllung oder das Übertreffen der Kriterien belohnt werden. Typischerweise werden die Ergebnisse zu einem Index zusammengefasst, der für die Bewertung herangezogen wird. Dabei muss beachtet werden, dass einige Vergütungen extra gezahlt werden, andere hingegen eine Umverteilung vorhandener Ressourcen darstellen. So werden Zahlungen einbehalten und später als Bonus ausgeschüttet. Dies stellt jedoch mehr eine Umverteilung als eine separate Bonus-Zahlung dar, wobei die Ärzte hier auch noch ein finanzielles Risiko tragen. Einer Untersuchung zufolge betragen die P4P-Zahlungen zwischen 1 und 40 % der jährlichen Ärzteeinkommen, wobei ein Durchschnitt von 10 % Bonus beobachtet wurde.[665]

3.5.2 Versicherte bzw. Patienten

Die folgenden Ausführungen beziehen sich auf die Perspektive der Versicherten bzw. Patienten. Sie wären wohl die größten Nutznießer der P4P-Programme, da sie am meisten von diesem Versorgungskonzept profitieren könnten. Zum einen

---

[664] Vgl. Endsley, S., Kirkegaard, M., Baker, G., u. a. (2004), S. 49.
[665] Vgl. Endsley, S., Kirkegaard, M., Baker, G., u. a. (2004), S. 47.

aus *gesundheitlicher Sicht*, da sie für die Therapie ihres Leidens jeweils den besten Leistungserbringer wählen könnten bzw. bereits können. Die Patienten erhalten Informationen darüber, welche Leistungserbringer die Anforderungen bzgl. der Qualität der Leistungserbringung einhalten.[666] Allerdings muss hierbei auch zwischen den verschiedenen P4P-Programmen differenziert werden. Im Rahmen des Referenzprojekts konnten Ärzte nicht gezielt gesucht werden, sondern es wurde dort lediglich die Performance einer HMO bzw. einer gesamten Leistungserbringerorganisation bestimmt. Somit können zwar Rückschlüsse auf die Gesamt-Performance, aber nicht auf die der Ärzte gezogen werden. Dies ist möglich im Rahmen der Qualitätsverbesserungsinitiative Bridges to Excellence, wie in Kapitel 3.3.3 gezeigt. Allerdings differieren die dort zur Verfügung gestellten Informationen von denen des Referenzprojekts erheblich. Durch die Bereitstellung der Informationen ist auch eine Verbesserung der Behandlungsqualität zu erwarten. Es wird vermutet, dass Patienten und Versicherte die veröffentlichten Daten in künftige Entscheidungen mit einbeziehen und auch einen Arztwechsel vollziehen würden. So könnten sich die Patientenströme weg von den schlechten Leistungserbringern hin zu denen mit einer guten Performance vollziehen. Schlechte Leistungserbringer würden langfristig aus dem Markt ausscheiden, was mit einer Verbesserung des allgemeinen Versorgungsniveaus einherginge. Berücksichtigt man die Tatsache, dass die Versicherten in den USA nicht (zumindest nicht ohne Zuzahlungen) die Wahl zwischen den verschiedenen Leistungserbringern haben, sondern eigentlich zwischen den verschiedenen HMOs, die ihrerseits wiederum Verträge mit den Leistungserbringern geschlossen haben, so könnte vermutet werden, dass sich die Versicherten den HMOs mit der besten Performance anschließen werden (sofern möglich, da die Versicherungsleistung häufig eine Lohnkomponente darstellt). Wie im Referenzprojekt geschehen, können sich Patienten beispielsweise darüber informieren, welche Performance-Bewertung eine HMO für die Asthma-Therapie erhalten hat; dies können sie bei künftigen Entscheidungen berücksichtigen.[667]

---

[666] Vgl. Skwara, S. (2005).
[667] Vgl. Skwara, S. (2005).

Zum anderen könnten Patienten auch in *finanzieller Hinsicht* von der verbesserten Auswahl der Leistungserbringer profitieren. Durch eine hochwertigere Behandlungsqualität wären durch die verminderte Über-, Unter- und Fehlversorgung weniger Behandlungen notwendig und somit auch weniger Zuzahlungen von den Patienten zu tragen; beispielsweise für Arzneimittel. Des Weiteren könnten die HMOs möglicherweise dazu übergehen, die sinkenden Behandlungskosten an die Versicherten bzw. die Arbeitgeber weiterzugeben. Auch wenn die Krankenversicherungsleistung nicht direkt vom Arbeitnehmer getragen wird, könnten vielleicht weitere Arbeitnehmer den Krankenversicherungsschutz genießen, da die Preise für Versicherungspakete von den HMOs gesenkt und dadurch für den einen oder anderen zusätzlichen Arbeitnehmer bezahlt werden könnten. Des Weiteren könnten die Preise für die Pakete im privaten Versicherungsbereich gesenkt und somit für weitere Teile der Bevölkerung zugänglich gemacht werden. Allerdings treffen diese Ausführungen nur zu, sofern durch die gestiegene Behandlungsqualität eine Kostenreduzierung eintritt und die HMOs diese auch an ihre Kunden weitergibt.

Aber auch in *zeitlicher Hinsicht* könnten Versicherte von P4P positiv profitieren, da sie gezielt nach einem Leistungserbringer mit einer optimalen Behandlungsqualität für ein entsprechendes Leiden suchen können. Auf herkömmlichem Wege würde man auf den Leistungserbringer wahrscheinlich sonst nicht so schnell aufmerksam werden. Somit sparen sie viel Zeit und können das „Ärzte-Hopping" vermeiden. Natürlich bringt dies auch wieder einen gesundheitlichen Gewinn für den Patienten mit sich, da er früher die „richtige" Therapie erhält.

Im Rahmen dieser Ausführungen müssen aber auch einige *Risiken* angesprochen werden. So ist die Qualität der bereit gestellten Informationen natürlich immer nur so gut, wie es das Datenmaterial zulässt. Hält man sich vor Augen, dass die Medical Group Ratings (siehe Kapitel 3.3.2.2) ausschließlich auf Patientenmeinungen basieren, ist immer zu bedenken, dass Patienten ausschließlich Angaben über ihre subjektive Zufriedenheit geben, aber niemals die Komplexität der medizinischen Leistungserbringung vollständig beurteilen können. Des Weiteren muss gewährleistet werden, dass die zur Auswertung herangezogenen Daten nicht manipuliert werden können; ansonsten würde das Ergebnis möglicherweise nicht die tatsächliche Situation widerspiegeln. Zudem werden sowohl im Referenzprojekt, aber wahrscheinlich auch in anderen P4P-Initiativen, nicht immer alle Leistungserbringer in die Evaluation miteinbezogen. Somit kann es durchaus Leistungserbringer geben, die ebenfalls über eine hervorragende Behandlungsqualität bzw. Performance verfügen, aber nicht in das Programm aufgenommen sind.

Patienten müssen sich immer darüber im Klaren sein, dass Performance-Bewertungen zu Ärzten nicht zu gutgläubig gesehen werden dürfen. Es wird wahrscheinlich kein endgültig perfektes Bewertungssystem für Ärzte geben, da eine Therapie von sehr vielen Faktoren abhängt, die nicht immer in der Hand des Arztes liegen. Zudem muss beachtet werden, dass jeder Person möglicherweise andere Kriterien wichtig sind und so die Qualität eines Arztes unterschiedlich beurteilt wird. Während der Eine viel Wert auf ein nettes Praxispersonal oder schöne Blumen im Wartebereich legt, ist dies für Andere hingegen völlig irrelevant, da für sie einzig und allein das medizinische Ergebnis der Behandlung zählt. Deshalb sollte bei der Betrachtung von Ergebnissen derartiger Performance-Messungen immer die zugrunde liegende Messmethodik berücksichtigt werden.

3.5.3 Krankenversicherungen

Für Krankenversicherungen ergeben sich aus den P4P-Programmen ebenfalls unterschiedliche Auswirkungen. Da angenommen werden kann, dass die Krankenversicherungen bzw. HMOs intern wohl schon länger über Aufzeichnungen bezüglich Kosten, Qualitätsindikatoren etc. verfügen, werden derartige Programme für sie, zumindest intern, nichts Neues sein. Dass nun allerdings die Versicherten einen Zugang zu den Performance-Daten haben, stellt auch sie vor neue Herausforderungen, die später angesprochen werden.

Eine *positive* Auswirkung ist für die Krankenversicherungen sicherlich, dass sie die angeschlossenen Leistungserbringer mit (unterschiedlich ausgestalteten) Bonus-Malus-Systemen zu einer qualitativ hochwertigeren Leistungserbringung „motivieren" und dies auch nach außen (medienwirksam) transparent machen können. Bei einer guten Behandlungsqualität der eigenen HMO kann damit natürlich geworben werden. Dies könnte beispielsweise die Tatsache sein, dass man über die kompetentesten Leistungserbringer für die Diabetes-Therapie verfügt oder die HMO ist, welche die Prävention im Rahmen der Versorgung als besonders wichtig erachtet. Unterstellt man des Weiteren langfristig sinkende Behandlungskosten, könnten neben qualitativen Vorteilen auch Kosteneinsparungen erzielt und an Versicherte oder auch Patienten weitergegeben werden. Ob derartige Effekte aber tatsächlich eintreten, muss zumindest angezweifelt werden, bedenkt man, dass es sich bei den HMOs zumeist um gewinnorientierte und nicht um wohlfahrtsmaximierende Unternehmen handelt. Auch muss kritisch hinterfragt werden, ob sich die Unternehmenspolitik der HMOs überhaupt ändert, da die Versicherten langfristig wohl auch künftig nicht ausschließlich bei einer Versicherung eingeschrieben sein werden, sondern sich aufgrund eines Arbeitsplatzwechsels etc. einer anderen HMO anschließen müssen (siehe Kapitel 2.2).

Als *nachteilig* müssen auf jeden Fall die Einstiegskosten angesehen werden, die zum einen für die Gewährung der Boni (die ja auch zum Teil von den HMOs kommen) und zum anderen für den Aufbau der notwendigen Infrastruktur für die verwaltungstechnische Erfassung der Programme aufgebracht werden müssen. Sollte eine HMO an mehreren (auch internen) P4P-Programmen beteiligt sein, entsteht vor allem durch die parallel laufenden Programme ein erhöhter Dokumentationsaufwand, da diese nicht vermischt werden dürfen. Diesen Gründen sind allerdings mögliche Einsparpotentiale gegenüber zu stellen. Des Weiteren können bei schlechten Performance-Ergebnissen Versicherte abspringen und sich anderen HMOs anschließen. Einem weiter zunehmenden Wettbewerb werden die HMOs kaum entkommen können.

3.5.4 Arbeitgeber

Sowohl Arbeitgeber als auch Arbeitnehmer zahlen viel Geld für die gesundheitliche Versorgung, allerdings ohne die Sicherheit, die optimale Versorgung zu erhalten. Auch haben sie nicht die Möglichkeiten, die Versorgungsqualität der Leistungserbringer direkt bewerten zu können. Bislang wird nicht die Qualität belohnt, sondern es wird nach Volumen und somit auch für Behandlungsfehler bezahlt, die bei hohen Behandlungszahlen unvermeidlich sind und zu hohen Kosten führen. In Zukunft soll dagegen mehr die Leistung im Blickfeld stehen bzw. vergütet werden. Des Weiteren sollen den „Konsumenten" Informationen zugänglich gemacht werden, damit sie bei der Wahl eines Leistungserbringers bzw. einer

HMO bessere Entscheidungen treffen können.[668] Die Arbeitgeber erhalten durch die veröffentlichten Informationen zumindest einen Hinweis auf die Versorgungsqualität einiger HMOs, auch wenn die Bewertungen mit Vorsicht zu genießen sind. Darauf aufbauend kann versucht werden, mit gut abschneidenden Krankenversicherungen Abschlüsse zu erzielen und somit zu einer besseren bzw. qualitativ hochwertigeren Gesundheitsversorgung der Arbeitnehmer beizutragen. Allerdings bleibt abzuwarten, ob für die Arbeitgeber künftig mehr die Behandlungsqualität oder weiterhin die Versicherungskosten ausschlaggebend sein werden. Dafür, dass die Kosten auch weiterhin die zentrale Komponente für die Arbeitgeber sein dürften, spricht die Tatsache, dass die Prämien in den USA zwar häufig zwischen dem Arbeitgeber und dem Arbeitnehmer aufgeteilt werden,[669] der überwiegende Anteil aber vom Arbeitgeber getragen wird (siehe Kapitel 2.2).[670]

P4P ist für die Arbeitgeber (direkt) mit keinem großen *Risiko* verbunden. Allerdings kann es durchaus dazu kommen, dass sich Leistungserbringer gute Performance-Werte künftig in Form höherer Versicherungsbeiträge vergüten lassen werden. Somit werden möglicherweise gerade kleinere Unternehmen Probleme damit haben, Abschlüsse mit „guten" Leistungser-bringern zu erzielen.

3.6 Alternative Programme mit P4P-Gedanken

Neben dem im Rahmen dieser Arbeit im Zentrum stehenden Referenzprojekt (das in den USA als das bedeutendste gilt) gibt es noch weitere Programme, die den P4P-Gedanken implementieren möchten bzw. dies schon gemacht haben, wie beispielsweise:

- Das P4P-Programm für Hausärzte im Vereinigten Königreich
- CMS-Hospital Quality Incentive Demonstration (HQID)
- Bridges to Excellence
- Aligning Forces for Quality: The Regional Market Project[671]

---

[668] Vgl. Rose, L. (2004).
[669] Vgl. The Commonwealth Fund (2006b), S. 13.
[670] Vgl. The Commonwealth Fund (2006b), S. 12.
[671] Vgl. Center for Health Improvement (2007).

- Leapfrog Hospital Rewards Program (LHRP)[672]
- Medicaid – Center for Health Care Strategies[673]

In den folgenden Ausführungen werden die drei zuerst aufgeführten P4P-Programme des *Vereinigten Königreichs* (siehe Kapitel 3.6.1), *CMS-HQID* (siehe Kapitel 3.6.2) und *Bridges to Excellence* (siehe Kapitel 3.6.3) näher beschrieben. Bei diesen handelt es sich ebenfalls um sehr bedeutende Programme, betrachtet man deren Wirkungskreis bzw. Größe.

3.6.1 Vereinigtes Königreich

Nachdem beim Referenzprojekt im Jahr 2003 zum ersten Mal vergütungsrelevant gemessen worden ist, wurde im Vereinigten Königreich im darauf folgenden Jahr vom NHS ein P4P-Vertrag für Hausärzte eingeführt. Je nach Performance bei 146 Qualitätsindikatoren für die klinische Versorgung 10 chronischer Krankheiten, die Versorgungsorganisation und für die Patientenbeurteilungen können diese ihr Einkommen steigern;[674] diese Steigerung kann bis zu 25 % betragen.[675] Im Vergleich zu den amerikanischen Qualitätsinitiativen, bei denen der Durchschnitt unter 10 % beträgt, ist dies ein sehr großer Bonus.[676] Von der Regierung wurden die dafür notwenigen finanziellen Mittel in Höhe von 1,8 Mrd. US-$ zur Verfügung gestellt.[677] Dieser Betrag wurde allerdings über Steuereinnahmen und nicht durch eine Umverteilung des bisherigen Vergütungssystems finanziert.[678] Des Weiteren können auch für präventive Maßnahmen (Impfungen, Screening-Untersuchungen etc.) Prämien erzielt werden.[679]

Im Folgenden wird dargestellt, wie die Performance-Messung erfolgt. Tabelle 40 stellt die berücksichtigten klinischen Domänen mit der notwendigen Erläuterung dar. Wie aus der Darstellung ersichtlich wird, gibt es für die klinischen Bereiche entsprechende Qualitätsindikatoren. Beispielhaft wird die Vorgehensweise für die

---

[672] Vgl. The Leapfrog Group (2007).
[673] Vgl. Kent, C. (2006).
[674] Vgl. Doran, T., Fullwood, C., Gravelle, H., u. a. (2006), S. 375.
[675] Vgl. Roland, M. (2004), S. 1448; Rowe, J. W. (2006), S. 698.
[676] Vgl. Rowe, J. W. (2006), S. 696.
[677] Vgl. Roland, M. (2004), S. 1448; Doran, T., Fullwood, C., Gravelle, H., u. a. (2006), S. 376.
[678] Vgl. Doran, T., Fullwood, C., Gravelle, H., u. a. (2006), S. 379.
[679] Vgl. Mappes-Niediek, N., Schlette, S. (2006), S. 9.

chronische Krankheit *Asthma* dargestellt. Die Hausärzte erhalten dann Punkte, wenn mindestens 25 % ihrer Asthma-Patienten in den letzten 15 Monaten ein Review hatten. Maximal sind dafür 20 Punkte erreichbar, die der Leistungserbringer erhält, sofern mindestens 70 % seiner Asthma-Patienten ein Review hatten.[680]

---

[680] Vgl. Doran, T., Fullwood, C., Gravelle, H., u. a. (2006), S. 376.

Clinical Domain	Indicator No.	Description	Points	Payment Range (%)
Asthma	6	The percentage of patients with Asthma who have had an asthma review in the previous 15 mo	0-20	25-70
Cancer	2	The percentage of patients with Cancer (diagnosed since April 1, 2003) reviewed within 6 mo of confirmed diagnosis, including assessment of support needs and review of coordination arrangements with secondary care	0-6	25-90
COPD	3	The percentage of patients with COPD in whom diagnosis has been confirmed by spirometry and reversibility testing	0-5	25-90
Coronary Heart Disease	6	The percentage of patients with coronary heart disease whose last blood preasure measurement (within the previous 15 mo) was 150/90 mm Hg or less	0-19	25-70
Diabetes	12	The percentage of patients with diabetes whose last blood pressure measurement was 145/85 mm Hg o r less	0-17	25-55
Epilepsy	4	The percentage of patients 16 years of age or over receiving drug treatment for epilepsy who have been convulsion-free for the previous 12 mo	0-6	25-70
Hypertension	5	The percentage of patients with hypertension in whom the last blood pressure measurement (within the previous 9 mo) was 150/90 mm Hg or less	0-56	25-70
Hypo-thyroidism	2	The percentage of patients with hypothyroidism with thyroid function tests recorded in the previous 15 mo	0-6	25-90
Mental Health	2	The percentage of patients with severe long-term mental health problems reviewed in the preceding 15 mo, including a check on the accuracy of prescribed medication, a review of physical health, and a review of coordination arrangements with secondary care	0-23	25-90
Stroke	8	The percentage of patients with transient ischemic attack or stroke whose last measured total serum cholesterol level (within the previous 15 mo) was 193 mg per deciliter (5 mmol per liter) or less	0-5	25-60

Tabelle 40: Beispielhafte Qualitätsindikatoren für die zehn klinischen Bereiche[681]

Für jeden Punkt erhielten Leistungserbringer im ersten Jahr des Programms maximal 133 US-\$, angepasst an die Prävalenz des Krankheitsbildes. Insgesamt

---

[681] Quelle: Doran, T., Fullwood, C., Gravelle, H., u. a. (2006), S. 377.

konnte ein Hausarzt 1.050 Punkte erreichen,[682] was einem Bonus von ca. 140.000 US-\$ entspricht. Für das zweite Jahr des Programms (2005/2006) wurde der „Punktwert" auf 218 US-\$ angehoben.[683] Von der Gesamtpunktzahl fielen 550 Punkte auf klinische Indikatoren, die restlichen 500 auf die beiden Bereiche Organisationsqualität und Patientenzufriedenheit.[684] Einen Überblick über die Organisationsqualitätskriterien liefert Tabelle 41.

Kategorie	Beispiel	Anzahl an Punkten
Datenpflege und Informationsstand über Patienten	Bei mind. 75 % der eingeschriebenen Patienten zwischen 15 und 75 wurde festgehalten, ob sie rauchen oder nicht.	max. 85
Kommunikation mit dem Patienten	Die Praxis ist telefonisch erreichbar und für die Patienten mind. 45 Std. zw. Mo-Fr. direkt zugänglich.	max. 8
Aus- und Weiterbildung	Der Arzt hat in den letzten 3 Jahren mindesten 12 Mal die Kontrolle eines klinisch wichtigen Ereignisses übernommen.	max. 29
Arzneimittelmanagement	Die Medikation von mindestens 80 % der Patienten, die regelmäßig Rezepte beziehen ist in den letzten 15 Monaten überprüft worden, auch wenn diese dazu nicht den Arzt selber sprechen müssen.	max. 42
Praxismanagement	In der Praxis bestehen klare Regeln für den Zugriff auf Patientendaten, die Sicherung und Aufbewahrung der Daten.	max. 20

Tabelle 41: Organisatorische Qualitätsindikatoren mit den jeweiligen Punkten[685]

Im ersten Performance-Jahr erzielten die Leistungserbringer unerwartet hohe Resultate.[686] Für die klinischen Indikatoren ergab sich ein Median in Höhe von 532 bzw. 96,7 % der maximal erreichbaren 550 Punkte.[687] 591 Leistungserbringer (7,3 %) erreichten sogar den maximalen Wert von 550 Punkten. Somit wurden die geringen Performance-Ziele im ersten Jahr von sehr vielen Hausärzten erreicht.[688]

---

[682] Vgl. Roland, M. (2004), S. 1452.
[683] Vgl. Doran, T., Fullwood, C., Gravelle, H., u. a. (2006), S. 380.
[684] Vgl. Roland, M. (2004), S. 1450.
[685] Quelle: Eigene Darstellung, in Anlehnung an Roland, M. (2004), S. 1451.
[686] Vgl. Wilson, J. F. (2007), S. 475.
[687] Vgl. Doran, T., Fullwood, C., Gravelle, H., u. a. (2006), S. 379.
[688] Vgl. Dudley, R. A., Rosenthal, M. B. (2006), S. 9.

Im Durchschnitt erhöhte sich das Einkommen eines Leistungserbringers um ca. 40.000 US-$,[689] wobei das jährliche Einkommen bei rund 130.000 US-$ liegt.[690] Dank dieser unerwartet hohen Einkommenssteigerung verdienen Hausärzte nun sogar mehr als dort tätige Fachärzte.[691] Allerdings muss man diesem Mehrverdienst den Aufwand, wie zusätzliche Sprechstundenhilfen etc. gegenüberstellen, der durch das P4P-Programm entstanden ist.[692]

Im Rahmen der Leistungsmessung hatten die Leistungserbringer die Möglichkeit, Patienten für einen Qualitätsindikator als nicht geeignet einzustufen und somit von der Performance-Berechnung auszuschließen. Diese Möglichkeit des so genannten *Exception Reporting* wurde eingerichtet, um besondere klinische Gründe von Patienten zu berücksichtigen. So kann ein Patient beispielsweise die maximale Dosis eines Medikaments erhalten, ohne dass sich eine Verbesserung einstellt (siehe Tabelle 42).[693]

Voraussetzungen für das Exception Reporting
▪ Der Patient ist mindestens dreimal in den letzten 12 Monaten dazu aufgefordert worden, einen Kontrolltermin wahrzunehmen, ist aber nicht erschienen.
▪ Der Qualitätsindikator ist vom Arzt aufgrund besonderer Umstände als für den Patienten unangemessen eingestuft worden, wenn der Patient z. B. unheilbar krank oder extrem gebrechlich ist, bzw. wenn durch eine Begleitkrankheit die vorgeschriebene klinische Behandlung unsinnig wäre.
▪ Der Patient hat sich erst kürzlich bei der entsprechenden Praxis registrieren lassen oder die Krankheit ist neu diagnostiziert worden.
▪ Der Patient nimmt bereits die maximal zulässige Dosis der Medikation, diese wirkt aber suboptimal.
▪ Der Patient reagiert allergisch oder untypisch auf die vorgeschriebene Medikation, bzw. andere Nebenwirkungen treten auf.
▪ Der Patient verweigert seine Zustimmung zur entsprechenden Behandlung oder Untersuchung
▪ Eine für die Untersuchung nötige Unterstützung ist dem Arzt unzugänglich.

Tabelle 42:   Gründe, aus denen ein Arzt einen Patienten von der Bewertung ausschließen kann[694]

---

[689] Vgl. Rowe, J. W. (2006), S. 698; Wilson, J. F. (2007), S. 475.
[690] Vgl. Doran, T., Fullwood, C., Gravelle, H., u. a. (2006), S. 380.
[691] Vgl. Wilson, J. F. (2007), S. 475.
[692] Vgl. Roland, M. (2004), S. 1452; Doran, T., Fullwood, C., Gravelle, H., u. a. (2006), S. 380.
[693] Vgl. Doran, T., Fullwood, C., Gravelle, H., u. a. (2006), S. 378.
[694] Quelle: Eigene Darstellung, in Anlehnung an Doran, T., Fullwood, C., Gravelle, H., u. a. (2006), S. 378.

Diese Möglichkeit birgt jedoch den Anreiz zum Ausschluss unangenehmer Fälle oder solcher, bei denen die Zielvorgaben nicht erreicht werden, damit die Leistungserbringer ihr Einkommen maximieren können.[695] Es wird vermutet, dass einige Leistungserbringer davon Gebrauch gemacht haben, da von ihnen bis zu einem Drittel der Patienten für einen der Indikatoren ausgeschlossen worden sind.[696] Beispielsweise kann es für einen Hausarzt zu folgender Statistik gekommen sein:

- Registrierte Patientenanzahl in einer Praxis mit Bluthochdruck = 100.

- Bei 20 Patienten wurde von der Möglichkeit des Exception Reporting Gebrauch gemacht.

- Bei 75 von 80 Patienten wurde die Zielvorgabe („Dokumentation des Blutdrucks") erreicht.

- Gemessen an allen dokumentierten Patienten wäre die Zielerreichung bei 75 %.

- Die in die Bewertung eingehende Performance beträgt in diesem Fall aber 94 %.

Abschließend lässt sich feststellen, dass trotz der verbesserten Versorgungssituation[697] die Zielkriterien zu niedrig angesetzt worden bzw. zu leicht erreichbar gewesen sind.[698] Darüber hinaus wurde der Bonus zusätzlich zur normalen Vergütung gezahlt. So stellt sich die Frage nach dem zusätzlichen Anreiz des Programms, wenn bereits im ersten Jahr der Durchführung alle Kriterien erfüllt werden. Aus diesem Grund wurden die Zielerreichungsgrade für die Periode 2006/2007 angehoben, 30 Indikatoren modifiziert und 18 neue Indikatoren sind hinzugekommen. Ob sich die guten Anfangsergebnisse letztendlich nur aufgrund der sehr hoch ausgefallenen Bonuszahlungen ergeben haben, lässt sich nicht endgültig feststellen. Gezeigt werden konnte aber auf jeden Fall, dass (zusätzliche) monetäre Anreize Einfluss auf die Versorgung haben, größeren sogar, als bisheri-

---

[695] Vgl. Doran, T., Fullwood, C., Gravelle, H., u. a. (2006); Wilson, J. F. (2007), S. 475.
[696] Vgl. Wilson, J. F. (2007), S. 475.
[697] Vgl. Doran, T., Fullwood, C., Gravelle, H., u. a. (2006); Epstein, A. M. (2006).
[698] Vgl. Epstein, A. M. (2006), S. 406.

ge Untersuchungen haben vermuten lassen.[699] Aber es wird befürchtet, dass sich die Leistungserbringer in Zukunft überwiegend auf die prämierten Leistungen konzentrieren werden.[700]

3.6.2 CMS – HQID

Auch die *Centers for Medicare and Medicaid Services* (CMS) haben in den USA Programme bzw. Demonstrationsprojekte gestartet, um die Wirkung unterschiedlicher Vergütungsmodelle auf die Behandlungsqualität zu untersuchen.[701] Anhand dieser Demonstrationsprojekte soll beurteilt werden, ob P4P auch in Medicare integriert werden soll; eine Aufgabe, die eigens der amerikanische Kongress in Auftrag gegeben hat.[702] Derzeit existieren sieben große P4P-Demonstrationsprojekte; eines davon ist das ambitionierte Demonstrationsprojekt *CMS/Premier Hospital Quality Incentive Demonstration* (HQID), das nun näher vorgestellt wird.[703] In diesem dreijährigen Projekt, das im Oktober 2003 angelaufen ist, wird der P4P-Gedanke in 260 Krankenhäusern in 38 US-Staaten für die Versorgung von Medicare-Versicherten evaluiert.[704] Auch hier erhalten Leistungserbringer Bonuszahlungen, sofern sie eine ex-ante definierte Leistung erreichen.[705] Neben dem monetären Anreiz werden die Ergebnisse im Internet veröffentlicht, um auch gezielt einen nicht-monetären Anreiz zu setzen.

Im Jahr 2005 wurden 8,7 Mio. US-$ an 123 Krankenhäuser ausgeschüttet, die signifikante Verbesserungen erzielt hatten.[706] Die Performance für einen stationären Leistungserbringer wurde anhand von 34 evidenz-basierten Qualitätskennzahlen für die folgenden Bereiche gemessen:[707]

- Herzinfarkt (Acute Myocardial Infarction-AMI),
- Herzinsuffizienz (Heart Failure-HF),

---

[699]   Vgl. Doran, T., Fullwood, C., Gravelle, H., u. a. (2006), S. 381.
[700]   Vgl. Mappes-Niediek, N., Schlette, S. (2006), S. 9.
[701]   Vgl. Institute of Medicine (2007), S. 34; Keenan, P. S., Kline, J. (2004), S. 3; Pacific Business Group on Health (2005).
[702]   Vgl. Epstein, A. M. (2007), S. 515.
[703]   Vgl. O'Kane M. E. (2006), S. 68.
[704]   Vgl. California Healthline (2006); Remus, D. (2006), S. 4.
[705]   Vgl. Keenan, P. S., Kline, J. (2004), S. 3
[706]   Vgl. California Healthline (2006); O'Kane M. E. (2005), S. 68.
[707]   Vgl. Remus, D. (2006), S. 4; O'Kane M. E. (2006), S. 68.

- Lungenentzündung (Pneumonia),

- koronare Bypass-Operation (Coronary Artery Bypass Graft-CABG) und

- Hüft- oder Knieprothesen (Hip/Knee Replacement).

Die Performance eines Krankenhauses für einen der fünf genannten Bereiche wird anhand unterschiedlicher Prozesskennzahlen ermittelt. Dabei gibt es eine unterschiedliche Anzahl von Kennzahlen in den verschiedenen Bereichen (siehe Tabelle 43). So existieren für die Indikationen HF, CABG und HK lediglich drei bzw. vier Prozesskennzahlen, für die Indikation AMI hingegen acht. Der Ausbau dieser Kennzahlen soll Gegenstand künftiger Forschungen sein, damit die Performance-Ermittlung möglichst optimal gestaltet werden kann.[708]

---

[708] Vgl. Remus, D. (2006), S. 21.

HQID Clinical Conditions	HQID Process Measures
Acute Myocardial Infarction (AMI)	1. Aspirin at arrival 2. Aspirin prescribed at discharge 3. Angiotension converting enzyme inhibitor (ACEI) for left ventricular systolic dysfunction (LVSD) 4. Adult smoking cessation advice/counselling 5. Beta blocker prescribed at discharge 6. Beta blocker at arrival 7. Thrombolytic agent received within 30 minutes of hospital arrival 8. Percutaneous coronary intervention (PCI) received within 120 minutes of hospital arrival
Coronary Artery Bypass Graft (CABG)	1. Aspirin prescribed at discharge 2. Prophylactic antibiotic received within one hour prior to surgical incision 3. Prophylactic antibiotic selection for surgical patients 4. Prophylactic antibiotics discontinued within 24 hours after surgery end time
Heart Failure (HF)	1. Left ventricular function (LVF) assessment 2. Discharge instructions 3. Angiotension converting enzyme inhibitor (ACEI) for left ventricular systolic dysfunction (LVSD) 4. Adult smoking cessation advice/counselling
Pneumonia	1. Percentage of patients who received an oxygenation assessment within 24 hours prior to or after hospital arrival 2. Initial antibiotic selection for PN in immunocompetent patients 3. Blood culture collected prior to first antibiotic administration 4. Influenza screening/vaccination 5. Pneumonia screening/vaccination 6. Antibiotic timing, percentage of PN patients who received first dose of antibiotics within four hours after hospital arrival 7. Adult smoking cessation advice/counselling
Hip/Knee Replacement (Hip/Knee)	1. Prophylactic antibiotic received within one hour prior to surgical incision 2. Prophylactic antibiotic selection for surgical patients 3. Prophylactic antibiotics discontinued within 24 hours after surgery end time

Tabelle 43:   HQID Process Measures[709]

Nachdem die zugrunde liegenden Indikationen mit den verwendeten Prozess-Kennzahlen dargestellt worden sind, wird nun gezeigt, wie die Performance eines Leistungserbringers gemessen wird. Dafür werden die folgenden sieben Performance-Kennzahlen ermittelt:[710]

---

[709] Quelle: Remus, D. (2006), S. 6; Centers for Medicare & Medicaid Services (2005a).
[710] Vgl. Remus, D. (2006), S. 5.

- *Patient Process Measure* (PPM)
  Je nach Anzahl der für einen Patienten in Frage kommenden Prozess-Kennzahlen errechnet sich das Ergebnis. Wären dies bei einem Patienten, der wegen Lungenentzündung (Pneumonia) behandelt wird fünf Kriterien, der Patient erhält davon aber nur vier, betrüge das errechnete PPM eines Leistungserbringers für diesen Patienten 80 %.

- *Wiedereinweisungs-Rate* (Readmission Rate)
  Es werden die Wiedereinweisungen eines Patienten in dasselbe Krankenhaus innerhalb von 30 Tagen nach der Entlassung betrachtet. Dass dabei nur dasselbe Krankenhaus betrachtet worden ist, kann durchaus als Limitation angesehen werden.

- *Komplikationen* (Complications)
  Insgesamt werden 16 unterschiedliche Komplikationen betrachtet, die an dieser Stelle jedoch nicht näher vorgestellt werden.

- *Aufenthaltsdauer* (Length of stay)
  Sie errechnet sich durch das Entlassungsdatum abzüglich des Aufnahmedatums plus einen Tag.

- *Sterblichkeit* (Mortality)
  Beim Entlassungsstatus werden den Patienten je nach dessen Befinden diverse Bezeichnungen zugeordnet. So kann beispielsweise ermittelt werden, wie viele Patienten während des Aufenthalts in einem Krankenhaus wegen einer bestimmten Indikation verstarben.

- *Krankenhauskosten* aus Perspektive der Krankenhäuser (Hospital Cost)
  Hier erfolgt die Berechnung über das vorhandene Kostenrechnungssystem. Die Krankenhäuser verfügen über gute Datenstrukturen hinsichtlich der gesamten, variablen und auch fixen Kosten. Insgesamt konnten 63 % der Krankenhäuser die Kosten für den Aufenthalt eines Patienten über ihr eigenes Kostenrechnungssystem ermitteln.

- *Vergütung nach Medicare* (Medicare Payment)
  Durch die Verbindung der DRG eines Patienten mit der Vergütung durch

Medicare erhält man die konservativste Schätzgröße bzgl. der Kosten für den stationären Patientenaufenthalt.

Im Rahmen der Auswertung wurde nun die Beziehung der Patienten zu den PPM, den ermittelten Kosten sowie zu anderen Parametern hergestellt. Anhand der Indikation Lungenentzündung wird im Folgenden die Vorgehensweise beispielhaft dargestellt. In dem Beobachtungs- und Dokumentationszeitraum wurden in den angeschlossenen Krankenhäusern insgesamt 59.129 Patienten wegen einer Lungenentzündung stationär behandelt; für die Prozess-Kennzahl *PPM* ergab sich das in Tabelle 44 dargestellte Ergebnis. Demnach erhielten 25,6 % der betroffenen Patienten alle (100 %) geeigneten Behandlungs-Teilprozesse.[711]

PPM-Kategorie	Anzahl der Patienten	
	Absolut (N=59.129)	Relativ (in %)
0-25 %	1.567	2,7
26-50 %	11.613	19,6
51-75 %	18.631	31,5
76-99 %	12.180	20,6
100 %	15.138	25,6

Tabelle 44: Ergebnis der Prozess-Kennzahl *PPM* für Lungenentzündung[712]

Anschließend können die entstandenen *Behandlungskosten* der Lungenentzündung für die einzelnen Leistungserbringer-Gruppen aufgezeigt und in Zusammenhang mit der oben dargestellten Prozess-Kennzahl *PPM* gebracht werden (siehe Tabelle 45). Bei Betrachtung der Ergebnisse lassen sich signifikante Kostenunterschiede zwischen den einzelnen PPM-Katego-rien beobachten. Bei der niedrigsten PPM-Kategorie (0 bis 25 %) fielen durchschnittliche Behandlungskosten in Höhe von 11.107 US-$ an, die damit im Durchschnitt um 2.756 US-$ höher waren als die Behandlung eines Patienten mit einer Lungenentzündung aus der PPM-Kategorie 100 %, bei der die Kosten durchschnittlich 8.351 US-$ betrugen. Die geringsten Behandlungskosten wurden bei Patienten der PPM-Kategorie 76 bis 99 % dokumentiert. Auch bei einer anderen Ausgestaltung der PPM-Kategorien

---

[711] Vgl. Remus, D. (2006), S. 9.
[712] Quelle: In Anlehnung an Remus, D. (2006), S. 9.

lässt sich feststellen, dass die angefallenen Kosten für einen Patienten mit der Indikation Lungenentzündung bei steigendem PPM-Wert abnehmend verlaufen. Dass durch höhere Ausgaben bei der Behandlung jedoch nicht automatisch bessere Resultate erzielt werden („more is not better"), konnte auch im Rahmen einer aktuellen Untersuchung der Dartmouth Medical School bestätigt werden.[713]

PPM-Kategorie	Kosten für Krankenhaus	
	Durchschnittliche Kosten (in US-$)	Differenz zur höchsten PPM Kategorie (in US-$)
0-25 %	11.107	2.756
26-50 %	9.826	1.475
51-75 %	9.194	843
76-99 %	7.831	-520
100 %	8.351	

Tabelle 45:   Behandlungskosten je nach PPM-Kategorie[714]

Des Weiteren wurde im Rahmen dieser Untersuchung festgestellt, dass die *durchschnittliche Aufenthaltsdauer, Wiedereinweisungsrate* und die *Anzahl der Komplikationen* für die einzelnen PPM-Kategorien statistisch signifikante Unterschiede aufweisen. Es wurde festgestellt, dass Patienten der niedrigsten PPM-Kategorie (0 bis 25 %) die längste Aufenthaltsdauer und Patienten der PPM-Kategorie 26 bis 50 % sowohl die höchste Wiedereinweisungsrate als auch die höchste Anzahl an Komplikationen aufweisen. Die besten Ergebnisse wurden jeweils für die PPM-Kategorie 76 bis 99 % ermittelt. Somit fällt das Ergebnis umso besser aus, je höher die PPM-Kategorie bei der Behandlung eines Patienten ist.

Auch für andere Indikationen lässt sich ein ähnliches oder fast identisches Ergebnis beobachten. Höhere PPM-Kategorien weisen (fast) immer die besten Ergebnisse auf.[715] Insgesamt konnten im ersten Projektjahr bei den beteiligten Krankenhäusern deutliche Verbesserungen in der Behandlungsqualität von fünf Indikationen festgestellt werden. Wurden bei der Behandlung von Patienten mit den Indikationen Lungenentzündung, koronare Bypass-Operation, Herzinfarkt oder einer

---

[713]   Vgl. Robert Wood Johnson Foundation (2006).
[714]   Quelle: In Anlehnung an Remus, D. (2006), S. 10.
[715]   Vgl. Remus, D. (2006), S. 21-22.

Hüft- oder Knieprothese die Empfehlungen der vorgegebenen Prozess-Kennzahlen beachtet, konnten für diese bessere Ergebnisse, kürzere stationäre Aufenthaltsdauern sowie niedrigere Kosten beobachtet werden.[716] Aufgrund dessen wurde die Empfehlung gegeben, Krankenhäuser „should focus on establishing reliable systems of care to ensure all patients receive all of the appropriate evidence-based care processes."[717] Auch eine Veröffentlichung der Ergebnisse wurde inzwischen realisiert und kann von Interessenten angesehen werden.[718]

3.6.3 Bridges to Excellence

Die ebenfalls aus den USA stammende Qualitätsverbesserungsinitiative *Bridges to Excellence*[719] (BtE) gehört wie das Referenzprojekt zu dem Programm *Rewarding Results*.[720] Dabei handelt es sich um Bestrebungen aus dem privaten Sektor,[721] Leistungserbringer basierend auf ihrer Performance zu belohnen. Im Zusammenhang mit BtE wird häufig die Zielsetzung genannt, das Gesundheitssystem gemäß den vom IOM genannten sechs Schlüsselattributen „more Safe, Timely, Effective, Efficient, Equitable, and Patient-centered (STEEEP)" zu gestalten.[722] Dafür sind allerdings grundlegende Änderungen notwendig, wie beispielsweise die Art und Weise, wie Leistungsbringer bezahlt werden.[723] Auch wenn die not-for-profit Organisation BtE von der RWJF gegründet und von CMS unterstützt worden ist,[724] geht der größte Teil der Förderungsmittel auf Unternehmen (Procter & Gamble, Verizon, Raytheon, UPS, Ford, Humana etc.) zurück.[725] Diese wirken gemeinsam mit HMOs und Ärztegruppen bei der Realisierung des Programms mit.[726] Sie erhoffen sich dadurch geringere Behandlungskosten und eine

---

[716] Vgl. Remus, D. (2006), S. 21.
[717] Remus, D. (2006), S. 21.
[718] Siehe hierzu beispielsweise Agency for Healthcare Research and Quality (2007c).
[719] Vgl. Bridges to Excellence (2007c).
[720] Vgl. Keenan, P. S., Kline, J. (2004), S. 3; Mercure, S. (2004), S. 4.
[721] Vgl. Henley, E. (2005), S. 610; Sorian, R. (2006), S. 5.
[722] Vgl. National Committee for Quality Assurance (2005e).
[723] Vgl. Henley, E. (2005), S. 610.
[724] Vgl. Keenan, P. S., Kline, J. (2004), S. 3; Thrall, J. H. (2004), S. 638; Henley, E. (2005), S. 610; Endsley, S., Kirkegaard, M., Baker, G., u. a. (2004), S. 48.
[725] Vgl. Henley, E. (2005), S. 610.
[726] Vgl. Endsley, S., Kirkegaard, M., Baker, G., u. a. (2004), S. 48; O'Kane M. E. (2006), S. 68.

höhere Produktivität der Mitarbeiter.[727] Derzeit nehmen ungefähr 100 Arbeitgeber an BtE teil.

Auch bei BtE erhalten Leistungserbringer für eine bessere Versorgungsqualität Anreize in Form von Bonus-Zahlungen.[728] Wenn Ärzte vorgegebene Zielwerte erreichen, winken ihnen bis zu 10 % jährliche Bonuszahlungen zusätzlich zu ihrem normalen Gehalt.[729] Hierbei handelt es sich um reine Bonuszahlungen, um Fehler zu reduzieren und die Behandlungsqualität zu verbessern.[730] Zudem wird die gemessene Performance für die Leistungserbringer auf einer Website[731] veröffentlicht. Dadurch erhofft man sich „physician practice reengineering, the adoption of health information technology, and delivering good outcomes to patients."[732] Die Verbesserung der Behandlungsqualität betrifft folgende Bereiche:

- Physician Office (Patientenversorgungs-Management-Systeme),

- Diabetes Care (Diabetes),

- Cardiac Care (kardiovaskuläre Erkrankungen) und inzwischen auch

- Spine Care (Wirbelsäule).[733]

Die Bewertung der Leistungserbringer wird von Performance Assessment Organizations (PAOs) vorgenommen, bei denen es sich um unabhängige dritte Parteien handelt. Einige zur Performance-Messung eines Leistungserbringers herangezogenen Messwerte wurden von BtE gemeinsam mit der NCQA entwickelt.[734] Bei der Bewertung arbeitet BtE sowohl mit regionalen als auch nationalen PAOs zusammen. So erfolgt die nationale Zusammenarbeit mit der NCQA bei allen vier genannten Bereichen, auf regionaler Ebene zusätzlich mit den PAOs MassPro und IPRO (Physician Office) sowie mit MN Community Measurement (Diabetes).[735] Für jeden Leistungserbringer wird eine Berichtskarte erstellt, die dessen Perfor-

---

[727] Vgl. Bridges to Excellence (2007c).
[728] Vgl. Bridges to Excellence (2007c).
[729] Vgl. Endsley, S., Kirkegaard, M., Baker, G., u. a. (2004), S. 48.
[730] Vgl. Thrall, J. H. (2004), S. 638.
[731] Vgl. HealthGrades (2007).
[732] Bridges to Excellence (2007c).
[733] Vgl. Bridges to Excellence (2007c); O'Kane M. E. (2006), S. 68.
[734] Vgl. Henley, E. (2005), S. 610.
[735] Vgl. Bridges to Excellence (2007c).

mance aufzeigt und somit der Öffentlichkeit zugänglich gemacht wird. Im Folgenden werden die vier Bereiche kurz vorgestellt.

Im Bereich *Physician Office Link* (POL) können alle Leistungserbringer einen Bonus für die Einführung spezieller Informationssysteme bzw. Prozesse erhalten, welche Fehler reduzieren und die Behandlungsqualität steigern. Leistungserbringer können bis zu 50 US-$ verdienen, sofern der Patient über einen der teilnehmenden Arbeitgeber versichert ist.[736]

Wie bei dem Referenzprojekt ist auch bei BtE das Krankheitsbild des Diabetes eingeschlossen. Durch das Programm *Diabetes Care Link* (DCL) soll die Behandlungsqualität von Patienten mit Diabetes verbessert werden. Die Leistungserbringer müssen zur Performance-Messung beispielsweise Angaben zum HbA1c, Blutdruck aber auch zu Untersuchungen von Augen, Füßen und Nierenleiden für ihre Diabetes-Patienten vorlegen. Bis zu 100 US-$ kann ein Leistungserbringer verdienen, sofern der Arbeitgeber des Patienten an dem Programm teilnimmt.[737]

Im Rahmen von *Cardiac Care Link* (CCL) geht es um die Verbesserung der Behandlungssituation von Patienten mit Herzleiden. Hierzu müssen die Leistungserbringer Angaben über den Blutdruck, Lipid- und Cholesterol-Überprüfungen, die Anwendung von Aspirin bzw. antithrombotischen Mitteln sowie über den Raucher-Status ihrer Herzpatienten machen. Ein Leistungserbringer kann ca. 160 bis 200 US-$ verdienen, sofern der Patient über einen der teilnehmenden Arbeitgeber versichert ist.[738]

Bei der *Spine Care Link* (SCL) geht es um die Versorgung von Patienten mit akuten oder chronischen Rückenschmerzen. Die Performance eines Leistungserbringers wird anhand von 16 evidenz-basierten Kriterien bestimmt. Gehört ein Leistungserbringer zu denen mit der besten Performance, kann er einen Bonus von bis zu 50 US-$ je Patient erhalten.

---

[736] Vgl. Thrall, J. H. (2004), S. 638; Henley, E. (2005), S. 610; Mercure, S. (2004), S. 5.
[737] Vgl. Thrall, J. H. (2004), S. 638; Henley, E. (2005), S. 610; Mercure, S. (2004), S. 5.
[738] Vgl. Henley, E. (2005), S. 610; Mercure, S. (2004), S. 5.

Erste Ergebnisse des DCL-Programms haben gezeigt, dass sich die teilnehmenden Leistungserbringer im Rahmen der Patientenversorgung näher an den Behandlungs-Leitlinien bewegen und dabei 10 bis 15 % geringere Kosten entstehen als bei Leistungserbringern außerhalb der BtE-Bewegung. Die Kosteneinsparungen resultieren aus einer geringeren Anzahl von Krankenhausaufenthalten und Kontakten mit Notfalleinrichtungen.[739]

3.7 Vergleich von P4P mit Value-based competition on results

Einen alternativen, jedoch unterschiedlichen Ansatz zur Steigerung der Versorgungsqualität beschreiben die Harvard-Professoren Michael E. Porter und Elizabeth Teisberg in ihrem Werk zur Reformierung des US-Gesundheitswesens *Redefining Health Care: Creating Value-Based Competition on Results*. Das Konzept setzt sich mit einer stärker auf die Patientenbedürfnisse zugeschnittenen Gesundheitsversorgung auseinander und berücksichtigt die gesamte Bandbreite der Versorgung, also von der Prävention und Diagnose über die Behandlung bis hin zu einem langfristigen Krankheitsmanagement.[740] Da dieser Ansatz zunehmend zu Diskussionen führt, wird an dieser Stelle kurz darauf eingegangen (siehe Kapitel 3.7.1); vor allem deshalb, weil die Autoren ihren Ansatz an einigen Stellen dem P4P-Ansatz gegenüberstellen und diesen einer Bewertung unterziehen (siehe Kapitel 3.7.2).

3.7.1 Forderungen nach Porter/Teisberg

Gemäß der Meinung der Autoren liegt der wesentliche Grund für die Ressourcenverschwendung im amerikanischen Gesundheitssystem in der falschen Anreizsetzung durch die bestehende Wettbewerbsordnung. Die dadurch entstehende Ineffizienz ist vor allem darauf zurückzuführen, dass sowohl Krankenkassen als auch Leistungserbringer lediglich für die Leistungserbringung bezahlt werden, allerdings nicht an den gesundheitlichen Auswirkungen bzw. den Ergebnissen der Behandlung gemessen und dementsprechend vergütet werden. Aus diesen Erläuterungen wird deutlich, dass der Ansatzpunkt der Theorie von Porter/Teisberg ein

---

[739] Vgl. De Brantes, F. (2006), S. 112; O'Kane M. E. (2006), S. 68; Mercure, S. (2004), S. 8.
[740] Vgl. Novo Nordisk Deutschland (2007).

ähnlicher ist wie der des P4P-Ansatzes; auch bei Porter/Teisberg lautet die Devise „The focus should be on value for patients, not just lowering costs."[741] Die beiden Konzepte unterscheiden sich allerdings in einigen Punkten voneinander, wie im Folgenden deutlich werden wird.

In ihrem Ansatz ist im Gesundheitswesen eine größere Konzentration auf den so genannten „patient value" notwendig, also auf den Wert einer Behandlung aus der Perspektive eines Patienten bzw. auf die erzielten Ergebnisse. Der Patient soll „als Richtschnur für marktgetriebene Angebote, Aspekte der Versorgungsoptimierung wie auch die daraus resultierenden neuen Geschäftsfelder für Marktteilnehmer in den Mittelpunkt"[742] gestellt werden. An dem Wert der medizinischer Maßnahmen für die Patienten (patient value) ist alles Weitere auszurichten. Dafür wäre ein zunehmender Wettbewerb notwendig, der derzeit zwar auch vorhanden ist, allerdings too broad, too narrow und gleichzeitig auch too local.[743] Porter/Teisberg geben in ihrem Werk einige Richtlinien (die so genannten *Principles of value-based competition on results*) vor, welche sind:[744]

> ➢ *Focus on value for patients, not just lowering costs*
>
> Das Hauptaugenmerk soll auf die Schaffung eines Werts ausschließlich für den Patienten (d. h. nicht für den Arzt, das Krankenhaus, die Krankenkasse etc.) und nicht auf die Kostenreduzierung gelegt werden. Die ausschließliche Konzentration auf die Kostenminimierung „is simply the wrong goal, and will lead to counterproductive results."[745] Der Wert wird dabei durch das Verhältnis von der Qualität der Behandlung bzw. des Ergebnisses zu den ausgegebenen monetären Einheiten (US-$, Euro etc.) gemessen. Das Resultat spiegelt sich dabei in der Lebensqualität, Erholungszeit, dem emotionalem Wohlbefinden während der Behandlung etc. und nicht nur in der Mortalitätsrate eines Leistungserbringers wider.[746]

---

[741] Porter, M. E., Teisberg, E. O. (2006).
[742] Hildebrandt GesundheitsConsult GmbH (2007).
[743] Vgl. Porter, M. E., Teisberg, E. O. (2006), S. 5.
[744] Vgl. Porter, M. E., Teisberg, E. O. (2006), Kapitel 4.
[745] Porter, M. E., Teisberg, E. O. (2006), S. 98.
[746] Vgl. Porter, M. E., Teisberg, E. O. (2006), S. 98.

- *Competition based on results*

Der Schlüssel zum Erfolg liegt gemäß Porter/Teisberg in einem Wettbewerb, der auf Behandlungsergebnissen resultiert. Ohne einen Wettbewerb haben Leistungserbringer keinen Anreiz zu schnellen und umfassenden Verbesserungen. Die Leistungserbringer müssen miteinander verglichen und die besten durch eine höhere Patientenzahl belohnt werden.[747] Wenn Behandlungsergebnisse der hauptsächliche Antrieb für das Verhalten im System sind und Leistungserbringer hervorragende Ergebnisse aufweisen müssen, dann „will errors decline, unnecessary tests not be performed, unnecessary treatments Stops, the use of ineffective treatments cease, and the withholding of effective services come to an end."[748]

- *Competition is centered on medical conditions over the full cycle of care*

Ein allgemeines Problem ist häufig der zu kurz definierte Zeitrahmen bei der Betrachtung medizinischer Fragestellungen und die daraus resultierenden problematischen Anreize („True costs, and value, can only be measured over the full cycle of care, which begins with prevention and continues through recovery and longer-term management of the condition to limit reoccurrence. The relevant time horizon may be months or years. What matters for cost is not the cost of any individual intervention or treatment, but the overall cost. An expensive drug, a more experienced surgeon, or more spending on rehabilitation may be a bargain over the longer run."[749]). So ist beispielsweise eine (jetzt) kostengünstige Operation langfristig gesehen kein Gewinn, sofern es dadurch zu vermeidbaren Fehlern kommt, Rückfälle auftreten und eventuell weitere Eingriffe notwendig werden. Auf der anderen Seite wäre ein hochpreisiges Medikament bzw. ein teurer Eingriff insofern ein Gewinn, wenn dadurch (langfristig) weitere Behandlungen bzw. Eingriffe verhindert werden könnten. Aufgrund des häufig zu kurzen Betrachtungszeitraumes treten aber genau diese Probleme auf. Daher sollten Leistungserbringer „include all the services necessary to address a medical condition, usually in

---

[747] Vgl. Porter, M. E., Teisberg, E. O. (2006), S. 102.
[748] Porter, M. E., Teisberg, E. O. (2006), S. 102 und 103.
[749] Porter, M. E., Teisberg, E. O. (2006), S. 47.

dedicated facilities."[750] Bei einer solchen medical condition könnte es sich beispielsweise um die Behandlung eines chronischen Nierenleidens, Diabetes, Knie- bzw. Rückenverletzungen handeln aber auch bei der optimalen Versorgung schwangerer Frauen könnte eine solche Einrichtung geschaffen werden.

- *High-quality care should be less costly*

Durch den geforderten Wettbewerb würde es im Hinblick auf bestimmte Beschwerden zu bedeutenden Verbesserungen hinsichtlich der Effizienz und auch der Behandlungsqualität kommen. So könnten beispielsweise durch die Vermeidung von Behandlungsfehlern große Einsparpotentiale realisiert werden, da aus weiteren Eingriffen bzw. Behandlungsschritten hohe Folgekosten resultieren. Eine hohe Versorgungsqualität könnte demnach zu Kosteneinsparungen beitragen, von der ebenfalls die Patienten durch eine bessere Behandlung profitieren.[751]

- *Value is driven by provider experience, scale, and learning in medical conditions*

Porter/Teisberg sprechen hierbei einen Punkt an, der auch in vielen anderen Bereichen beobachtet werden kann. Sie weisen darauf hin, dass Wert geschaffen werden kann, wenn sich Leistungserbringer auf einige wenige Dinge beschränken und versuchen, diese gut zu machen anstelle des Versuches, alles Mögliche richtig machen zu wollen, was dann im Allgemeinen nur zu mittelmäßigen Erfolgen führt. Die Leistungserbringer bieten zu viele Behandlungen an und sind zu wenig auf bestimmte Indikationen spezialisiert („Many providers offer services in which they lack the volume and experience to be truly excellent."[752]; „Every hospital offers every service, often at low volumes."[753]). Wenn sich Leistungserbringer auf bestimmte Behandlungen konzentrierten würden, könnten sie mehr Erfahrungen sammeln und dadurch

---

[750] Porter, M. E., Teisberg, E. O. (2006), S. 106.
[751] Vgl. Porter, M. E., Teisberg, E. O. (2006), S. 101-111.
[752] Porter, M. E., Teisberg, E. O. (2006), S. 6.
[753] Porter, M. E., Teisberg, E. O. (2006), S. 40.

größere Lerneffekte und schnelle Verbesserungen realisieren (siehe Abbildung 16).[754]

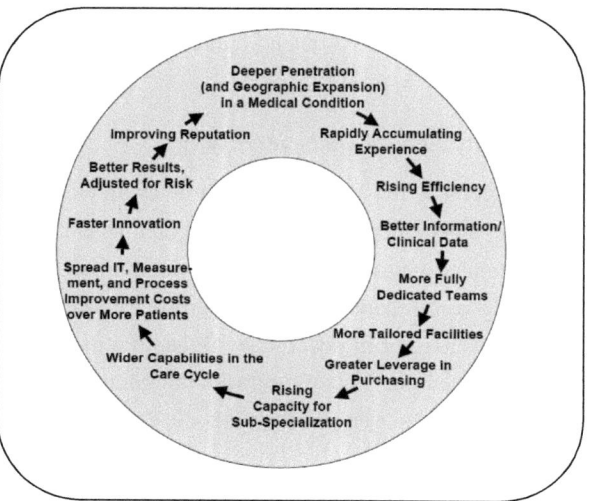

Abbildung 16:   The virtuous circle in health care delivery[755]

- *Competition is regional or national*

Der von den Autoren geforderte Wettbewerb sollte nicht lediglich lokal, sondern zumindest regional, national oder sogar international stattfinden. Leistungserbringer müssen sich mit den besten ihrer Art messen, und das nicht nur lokal begrenzt, sondern innerhalb eines geografisch größeren Raumes. Um dem gerecht zu werden, sollten Leistungserbringer auch Partnerschaften mit qualitativ hochwertigen Leistungserbringern der Region bzw. der Nation aufbauen, sollten sie die einzigen in ihrem Raum sind.

- *Results information is widely available*

Eine weitere Voraussetzung für den Wettbewerbsfaktor ist die Notwendigkeit, dass die ermittelten Ergebnisse für Jedermann zugänglich sind. So können derartige Informationen die Entscheidung vieler Patienten doch dahin-

---

[754]   Vgl. Porter, M. E., Teisberg, E. O. (2006), S. 113.
[755]   Quelle: Porter, M. E., Teisberg, E. O. (2006), S. 113.

gehend beeinflussen, sich für ihre individuellen Beschwerden den bestmöglichen Leistungserbringer auszuwählen. Das auch im Rahmen dieser Untersuchung bereits ausführlich besprochene PR zählt dabei als „perhaps the single most important step in reforming the health care system."[756] Porter/Teisberg stellen die zu veröffentlichenden Informationen in Form einer vierstufigen Pyramide vor. Ganz oben stehen die für den gesamten Behandlungsprozess gemessenen Ergebnisse, Kosten der Behandlungen etc. Auf der zweiten Stufe sind Informationen zu den vorhandenen Erfahrungen über einen Leistungserbringer bereitzustellen, so beispielsweise durch die Anzahl der behandelten Fälle. Aber auch Informationen zu den praktizierten Methoden sowie zu Patienten-Eigenschaften sind darzulegen.[757]

- *Innovations that increase value are strongly rewarded*

Einen ganz wesentlichen Punkt stellt nach Meinung der Autoren die Innovationskraft dar. Vor allem im Hinblick auf die Herausforderungen durch die immer älter werdende Bevölkerung ist dies auch eine Thematik, mit der man sich in Deutschland derzeit ebenfalls intensiv auseinandersetzt. Zum einen können durch Innovationen (die sich auf Methoden, Prozesse, organisationale Strukturen etc. beziehen können) Fortschritte bei der Behandlung vieler Krankheitsbilder realisiert werden, zum anderen aber auch Kosten eingespart (beispielsweise durch verkürzte Krankenhausaufenthalte) und auch volkswirtschaftliche Produktivitätsgewinne erzielt werden.[758] Sicherlich entstehen anfangs hohe Kosten für die Behandlung mit neuen, innovativen Methoden, die allerdings langfristig gesehen positive Auswirkungen haben werden. Gerade Innovationen bei chronischen Krankheiten, die zudem für einen großen Teil der Kosten im Gesundheitswesen verantwortlich sind, könnten zum einen enorme Fortschritte hinsichtlich der Lebensqualität der Patienten bewirken als auch zum anderen positive Effekte auf die anfallenden Kosten haben.[759]

---

[756]   Porter, M. E., Teisberg, E. O. (2006), S. 7.
[757]   Vgl. Porter, M. E., Teisberg, E. O. (2006), S. 122-125.
[758]   Vgl. Porter, M. E., Teisberg, E. O. (2006), S. 140-142.
[759]   Vgl. Porter, M. E., Teisberg, E. O. (2006), S. 143.

- *The Opportunity of value-based competition*

Nach den eben kurz vorgestellten Richtlinien könnten im Gesundheitswesen weitreichende Verbesserungen realisiert werden. Auch in anderen Bereichen der medizinischen Leistungserbringung, wie beispielsweise der plastischen Chirurgie, hätten die beschriebenen Effekte festgestellt werden können. Dort hätten sich sogar noch weitreichendere Verbesserungen ergeben als dies in anderen Industriebranchen der Fall gewesen ist. Obwohl große Qualitätsverbesserungen bei den Behandlungen beobachtet werden konnten, haben die diesbezüglichen Kosten deutlich abgenommen. Dies sei auch darauf zurückzuführen, dass die Leistungserbringung dort „focused on the level of particular medical conditions over the cycle care"[760] ist. Da die Patienten die Kosten für Eingriffe im Bereich der plastischen Chirurgie generell meistens selbst übernehmen müssen, suchen sie intensiv nach dem geeigneten Leistungserbringer. Dieser befindet sich wiederum im Wettbewerb um die Kunden und muss sie von dem Wert seiner angebotenen Leistungen überzeugen.

Aus den dargelegten Ausführungen wird deutlich, welche Reformschritte die Autoren im Hinblick auf das US-Gesundheitswesen empfehlen. Es wird ein sinnvoller Wettbewerb gefordert, bei dem die Leistungserbringer für die Durchführung bestimmter Leistungen um die Kunden konkurrieren müssen („Physicians should compete to be the best at addressing a particular set of medical conditions or a particular segment of the patient population, or both."[761]). Dabei soll ein möglichst guter Service zu möglichst niedrigen Preisen angeboten werden. Auch müssen Informationen bereitgestellt werden, anhand derer die Bürger die verschiedenen Leistungserbringer, aber auch die Krankenkassen vergleichen können. Dann käme es zu Verbesserungen, da sich die Anbieter bemühen müssten, ihre Behandlungsqualität zu steigern.[762] Die guten Leistungserbringer würden daraufhin durch zunehmende Patientenzahlen belohnt.[763] Schlechter abschneidende Ärzte hingegen werden entweder versuchen, die Qualität der Behandlung ebenfalls zu verbes-

---

[760] Porter, M. E., Teisberg, E. O. (2006), S. 147.
[761] Porter, M. E., Teisberg, E. O. (2006), S. 45.
[762] Vgl. Porter, M. E. (2007).
[763] Vgl. Porter, M. E., Teisberg, E. O. (2006), S. 7.

sern oder letztendlich langfristig aus dem Markt ausscheiden.[764] Porter/Teisberg beschreiben auch die genaue Rollenverteilung der einzelnen Akteure, nämlich der Leistungserbringer, Krankenkassen und Patienten in diesem System. Auf eine genauere Erläuterung wird an dieser Stelle jedoch verzichtet.[765]

3.7.2 Gegenüberstellung beider Konzepte

Nachdem im vorangegangenen Kapitel die Grundzüge des Ansatzes von Porter/Teisberg aufgezeigt worden sind, erfolgt nun noch ein kurzer Vergleich mit dem P4P-Ansatz, der sich davon doch in gewisser Hinsicht unterscheidet.[766]

Der P4P-Ansatz zielt auf die Einhaltung bestimmter Prozesskriterien ab, die nach evidenzbasierter Medizin definiert worden sind. Dieser Ansatz geht Porter/Teisberg jedoch nicht weit genug. Sie fordern eine ganzheitlichere Betrachtung einer gesamten Behandlung, die sich auf den *full cycle of care* bezieht. Dieser beginnt mit der Prävention und umfasst auch das langfristige Management, um ein mögliches Wiederauftreten eines Krankheitsfalls zu verhindern. Der dafür notwendige Zeithorizont kann hierbei mehrere Jahre betragen.[767] Die Ablehnung der bloßen Orientierung an standardisierten Prozessvorgaben wird damit begründet, dass sie die Komplexität der medizinischen Leistungserbringung nicht vollständig erfassen kann, da individuelle Umstände eines Patienten ein Abweichen notwendig machen. Dafür gibt es bei dem P4P-Programm aus dem Vereinigten Königreich beispielsweise die Möglichkeit, bestimmte Patienten von der Performance-Bewertung auszuschließen (siehe Kapitel 3.6.1).

Des Weiteren führen die Autoren an, dass P4P eher dazu motiviert „freeze care devlivery processes rather than foster innovation."[768] Dies erscheint richtig, bedenkt man, dass bei P4P die Einhaltung bestehender, evidenzbasierter Behandlungsformen belohnt wird. Für einen Bonus qualifiziert man sich über einen hohen Zielerreichungsgrad im Hinblick auf prospektiv ermittelte Prozesskriterien (siehe Kapitel 3.2). Somit werden sich die Leistungserbringer eine lange Zeit da-

---

[764] Vgl. Porter, M. E., Teisberg, E. O. (2006), S. 8.
[765] Siehe dazu Porter, M. E., Teisberg, E. O. (2006), Kapitel 5-7.
[766] Vgl. Porter, M. E., Teisberg, E. O. (2006), S. 7.
[767] Vgl. Porter, M. E., Teisberg, E. O. (2006), S. 47.
[768] Porter, M. E., Teisberg, E. O. (2006).

mit befassen müssen, die notwendigen Voraussetzungen für P4P (Infrastruktur etc.) zu schaffen, bevor sie sich mit innovativen Ideen oder Behandlungsformen auseinandersetzen können. Sind diese dann entwickelt, bedürfen sie zuerst einer Implementierung in das P4P-Programm, um einen hohen Bekanntheits- und Verbreitungsgrad zu erreichen. Vorher wird das Nicht-Einhalten der bis dahin gültigen Behandlungsmethode mit dem Nicht-Erteilen von Boni „bestraft". Bei Porter/Teisberg hingegen werden sich innovative Leistungserbringer über einen höheren Patientenzulauf freuen können, der auch andere wiederum zu Innovationen anregen soll. Auf diese Art und Weise könnte die Innovationsfreudigkeit gefördert werden.

Betrachtet man die „Belohnung" für gute Leistungen, so kann auch hier ein Unterschied zwischen beiden Konzepten festgestellt werden. Bei P4P erhalten die Leistungserbringer einen finanziellen Bonus, der in Abhängigkeit der ermittelten Performance ausbezahlt wird. Porter/Teisberg hingegen überlassen die „Prämie" dem Marktmechanismus. Demnach werden sich die hervorragenden (und auch spezialisierten) Leistungserbringer über einen Patientenzulauf erfreuen. Im optimalen Fall spezialisieren sich die Leistungserbringer auf bestimmte Behandlungen bzw. Indikationen und ehemals dort behandelte Patienten (mit anderen Indikationen) werden nun zu dem entsprechenden Spezialisten „abwandern". Somit kommen einige Patienten hinzu, andere hingegen schließen sich ihren Leiden entsprechend spezialisierten Leistungserbringern an. Da die Ärzte nun immer häufiger eine bestimmte Indikation behandeln, werden sie aufgrund der höheren Fallzahlen bessere Ergebnisse bei der Behandlung erzielen („Deeper penetration in a medical condition leads to accumulating experience, rising efficiency, better information, more fully dedicated teams, increasingly tailored facilities, the ability to control more of the care cycle, greater leverage in purchasing [...] rising capacity for subspecialization within the practice unit, efficiencies in investing in practice development and marketing, faster innovation, and better results. Better results lead to an improving reputation, which attracts more patients and feeds the circle further."[769]). Zudem können auch Einsparungen erwirtschaftet werden, da die Leistungserbringer durch die Spezialisierung doch ein effizientes und vor al-

---

[769] Porter, M. E., Teisberg, E. O. (2006), S. 113.

lem auch medizinisch effektives Vorgehen im Rahmen einer bestimmten Therapie erlernen. Auch im Rahmen von P4P werden sich wohl (leichte) Verschiebungen der Patientenströme ergeben, die durch das PR erreicht werden könnten. Allerdings werden diese nicht so intensiv ausfallen wie bei dem Ansatz von Porter/Teisberg.

Des Weiteren verweisen Porter/Teisberg auf die Notwendigkeit der stärkeren Berücksichtigung des Präventionsgedankens, da man sich doch zunehmend darüber bewusst wird, dass „the benefits of prevention and ongoing disease management, not just intervention, are becoming apparent."[770] Dieser Aspekt findet auch bei dem P4P-Programm große Berücksichtigung und stellt ein wesentliches Element des gesamten Konzepts dar.

Somit kann an dieser Stelle zusammenfassend gesagt werden, dass beide Konzepte einige Gemeinsamkeiten aufweisen. Beide sprechen sich für mehr Wettbewerb und mehr Qualität im Rahmen der Versorgung aus. Bei P4P soll dies durch die Einhaltung von Vorgaben der evidenzbasierten Medizin erreicht werden, zu der die Leistungserbringer durch unterschiedliche monetäre und nicht-monetäre Anreize angeregt werden sollen. Durch das PR werden Informationen über die Behandlungsqualität transparent und der Öffentlichkeit zugänglich gemacht. Bei Porter/Teisberg werden zwar die Ergebnisse der Leistungserbringer ebenfalls transparent gemacht, dort allerdings über den full cycle of care (siehe Kapitel 3.7.1). Durch den daraus resultierenden Wettbewerb und den zunehmenden Spezialisierungsgrad der Leistungserbringer wird mit positiven Auswirkungen auf die Versorgungsqualität und auch auf die entstehenden Kosten gerechnet.

---

[770] Porter, M. E., Teisberg, E. O. (2006), S. 45.

4. Vergütungssystematik im deutschen Gesundheitswesen

Die folgenden Ausführungen befassen sich mit der Thematik der Vergütung medizinischer Leistungserbringer. Dabei werden unterschiedliche Vergütungsformen sowie deren Auswirkungen auf die Leistungserbringung vorgestellt (siehe Kapitel 4.2). Zuvor werden allerdings in Kapitel 4.1 besondere Gegebenheiten für ein Arbeitsfeld im Gesundheitswesen betrachtet, da beispielsweise durch das ärztliche Ethos eine besondere Motivation angenommen werden kann. Nachdem die theoretischen Grundlagen zu den verschiedenen Vergütungsformen dargestellt worden sind, werden das derzeitige Anreizsystem im deutschen Gesundheitswesen erläutert (siehe Kapitel 4.3) und abschließend in Kapitel 4.4 die wichtigsten Ergebnisse dieses Kapitels zusammengefasst.

4.1 Besonderheiten von Anreizfaktoren im Gesundheitswesen

Bei den Besonderheiten der bestehenden Anreizfaktoren im Gesundheitswesen gilt es zunächst das ärztliche Ethos (siehe Kapitel 4.1.1) anzusprechen, bevor in Kapitel 4.1.2 auf intrinsische und extrinsische Motivationsfaktoren eingegangen wird. Diese dürfen bei einer Betrachtung von Anreizfaktoren nicht unberücksichtigt bleiben.

4.1.1 Das ärztliche Ethos

Eine wichtige Frage bezüglich der bereits angesprochenen anreizorientierten Vergütung ist es, ob diese in einem Konflikt zum ärztlichen Ethos steht oder ob ein effizientes Vergütungssystem so gestaltet werden kann, dass es sowohl dem hohen ethischen Anspruch als auch den realen ökonomischen Aspekten (unter denen ein Arzt täglich arbeiten muss) gerecht werden kann. In jedem Falle muss die ärztliche Ethik in eine ökonomische Betrachtung miteinbezogen werden, da sie das ärztliche Handeln und somit auch die Behandlungsqualität beeinflusst.[771]

---

[771] Vgl. Anderson, H. H., Schulenburg, J.-M. Graf v. d. (1990), S. 65.

Das wohl älteste überlieferte Dokument über ärztliche Ethik ist der Eid des Hippokrates. Er stellt eine rein religiös-ethische Verpflichtung dar und der Ableistende ist durch sein Gewissen, aber nicht rechtlich, daran gebunden, im Sinne der Berufsethik zu handeln.[772] Auch heute noch müssen sich angehende Ärzte verpflichten, ihren Beruf mit Gewissenhaftigkeit und Würde auszuüben. Dies geschieht auf der Grundlage des Genfer Gelöbnisses, das den Arzt verpflichtet, der Gesundheit des Patienten höchste Priorität einzuräumen.[773] Zu den wichtigsten berufsethischen Normen zählen:[774]

- Das Wohl der Kranken voranzustellen

- Nicht zu schaden (inkl. Leben erhalten)

- Nach den Regeln der ärztlichen Kunst zu behandeln

- Vertrauenswürdig zu sein (inkl. Aufklärungspflicht)

Schulenburg schlägt vor, das Handeln eines Arztes auf einer Skala mit zwei Extrempunkten und dazwischen einem durchgehenden Kontinuum zu betrachten: Auf der einen Seite steht ein ausschließlich an Qualitätsstandards orientiertes, an den Normen der Berufs- und Standesethik ausgerichtetes Verhalten.[775] Der Leistungserbringer würde hier unter Berücksichtigung des medizinisch Notwendigen und nach den Geboten der Wirtschaftlichkeit so handeln, wie der Patient handeln würde, wenn er über dieselben Informationen wie der Arzt verfügen würde. Das andere Handlungsextrem ist ein Verhalten, das primär durch ökonomische Motive, wie beispielsweise dem Ziel der Einkommensmaximierung, zu erklären ist.[776] In der Realität wird sich das tatsächliche Verhalten wohl zwischen diesen beiden Extrempunkten bewegen. Die Vergütungsformen mit ihren jeweiligen negativen und positiven Aspekten wirken umso schwächer, je mehr sich das Verhalten des Leistungserbringers am medizinischen Ethos ausrichtet.[777]

---

[772] Vgl. Wieland, K. (1988), S. 9.
[773] Vgl. Wieland, K. (1988), S. 11.
[774] Vgl. Wieland, K. (1988), S. 101.
[775] Vgl. Anderson, H. H., Schulenburg, J.-M. Graf v. d. (1990), S. 94-95.
[776] Vgl. Anderson, H. H., Schulenburg, J.-M. Graf v. d. (1990), S. 94-95.
[777] Vgl. Wieland, K. (1988), S. 181-182.

4.1.2 Intrinsische und extrinsische Motivation

Ein wichtiger Faktor für die Wirkungsweise von monetären und nicht-monetären Anreizen im Vergütungssystem ist die Existenz der intrinsischen und der extrinsischen Motivation. Hierbei wird der Einfluss unterschiedlicher psychologischer Anreizmodelle auf das menschliche Verhalten erklärt. Die *intrinsische Motivation*, auch Primärmotivation genannt, ergibt sich aus den Grundbedürfnissen der Menschen und ist immer dann vorhanden, wenn Menschen allein aus dem Getanen heraus eine Befriedigung empfinden.[778] Bezogen auf den Arztberuf bedeutet dies, dass der Leistungserbringer schon durch das Helfen an sich belohnt wird, da er einen persönlichen Nutzen daraus zieht. Die intrinsische Motivation ist somit ein wichtiges menschliches Handlungsmotiv und auch entscheidend für qualitative Leistungen.[779] Problematisch ist allerdings, dass Anreizfaktoren, insbesondere monetärer Art, die intrinsische Motivation beeinflussen bzw. verdrängen können.[780]

Bei der *extrinsischen Motivation*, auch Sekundärmotivation genannt, beruht die Motivation auf äußeren Einflüssen. Sie tritt auf, wenn eine Person durch etwas, das nicht direkt in Verbindung mit der ausgeführten Tätigkeit steht, belohnt wird.[781] In diesem Fall würde der Leistungserbringer die Verbesserung der Behandlungsqualität mit einer Belohnung von außen (beispielsweise monetärer oder auch nicht-monetärer Art) verbinden. Das Interesse liegt hierbei nicht so sehr an der Verbesserung der Behandlungsqualität selbst (durch Fortbildungen, Lesen von Fachzeitschriften, Information im Internet etc.) und der Leistungserbringer wird nur so viel wie notwendig verbessern, um eine Belohnung zu erhalten.

Im Vergleich zur intrinsischen Motivation ist der Verbesserungsgrad bei der extrinsischen Motivation niedriger. Die extrinsische Motivation entwickelt sich aus unserem Umfeld oder auch unseren Lebensumständen heraus und es besteht ein Streben nach sozialen Kontakten, Sicherheit oder auch Anerkennung in der Gesellschaft.

---

[778] Vgl. Sansone, C., Harackiewicz, J. M. (2000), S. 16.
[779] Vgl. Utman, C. H. (1997), S. 170-182.
[780] Vgl. Deci, E. L. (1971), S. 105-115.
[781] Vgl. Sansone, C., Harackiewicz, J. M. (2000), S. 445.

Um den Motivationsfaktor im Arztberuf zu untersuchen, wurden im Rahmen einer Untersuchung 1.004 immatrikulierte Studenten an den drei medizinischen Fakultäten in Basel, Bern und Zürich hinsichtlich ihrer Karrierepläne befragt.[782] Die Studierenden befanden sich im 6. Studienjahr kurz vor ihrem Staatsexamen. Den Fragebogen, der drei Gründe der beruflichen Orientierung hinterfragte, beantworteten 703 Studenten (370 weiblichen und 333 männlichen Geschlechts). Zum einen ist die *intrinsische Motivation* zu nennen, welche die Freude und das Interesse an der beruflichen Tätigkeit an sich betrifft, zum anderen die *extrinsische Motivation*, die sich durch das Interesse am beruflichen Aufstieg ausdrückt. Außerdem wurden auch *extraprofessionelle Belange*, wie die Wertschätzung von Freizeit oder Familienplanung berücksichtigt. Als Resultat ergab sich:

- Die intrinsische Motivation wurde von beiden Geschlechtern als hoch eingeschätzt, die Streuung war in diesem Bereich am geringsten und auch zwischen den Geschlechtern ergab sich kein signifikanter Unterschied.

- Bei der Bewertung ihrer extrinsischen Motivation hatten die weiblichen Teilnehmer allerdings signifikant niedrigere Werte als die männlichen, woraus sich schließen lässt, dass extrinsische Anreizfaktoren, wie Geldzahlungen oder Ehre und Ansehen im Berufsumfeld bei männlichen Ärzten womöglich besser wirken.

Berücksichtigt man den Aspekt, dass sich zunehmend immer mehr Frauen für den Arztberuf interessieren, sollten auch die Anreize entsprechend angepasst werden. Im Rahmen der Studie wurde beispielsweise vorgeschlagen, Kinderbetreuungsmöglichkeiten, flexible Arbeitszeitmodelle und Unterstützung für den beruflichen Wiedereinstieg zu schaffen. Inwieweit sich die hohe anfängliche Berufsmotivation durch den Klinikalltag ändert, wurde allerdings nicht behandelt.

Diskutiert man über erfolgsabhängige Vergütung, so ist auch die dadurch implizierte Anreizwirkung monetärer Faktoren auf die Behandlungsqualität eingeschlossen. Intrinsische Motivationsaspekte sollten bei den Leistungserbringern vorhanden sein, da der Beruf des Arztes aus Interesse bzw. Begeisterung an der

---

[782] Vgl. Buddeberg-Fischer, B., Klaghofer, R., Vetsch, E., u. a. (2002), S. 1980-1985.

Sache gewählt worden sein sollte. Wie aber im Rahmen dieser Untersuchung bereits gezeigt wurde, resultieren aus der derzeitigen Anreizstruktur größere qualitative Mängel in der Gesundheitsversorgung. Mit dem erprobten Konzept der erfolgsabhängigen Vergütung wird nun versucht, mittels Verstärkung der extrinsischen Faktoren bzw. Motivation einen positiven Einfluss auf die Versorgung der Patienten zu nehmen. Daher wird im Folgenden der Einfluss monetärer, aber auch nicht-monetärer Faktoren im Hinblick auf die Behandlungsqualität untersucht.

4.2   Vergütungsformen und ihre Anreize

Vergütungsformen haben für Leistungserbringer Steuerungs- und Anreizfunktionen und nehmen Einfluss auf die Behandlungsqualität.[783] Ärztliches Handeln orientiert sich nicht nur am Patienteninteresse, sondern berücksichtigt auch eigene Zielvorstellungen.[784] Beide aufgeführte Faktoren (Patienteninteresse und Zielvorstellungen eines Arztes) beeinflussen ihn in seinen Entscheidungen über Leistungsvolumina sowie -qualität.[785] Daher resultieren aus einer bestimmten Vergütungsform „significant effects on decision-making in clincial scenarios"[786].

Die derzeitige Vergütungssystematik im deutschen Gesundheitswesen (siehe Kapitel 4.3) ist dadurch gekennzeichnet, dass aus ihr eine Fehlsteuerung resultiert, da sie Behandlungslei-stungen und nicht Behandlungserfolge honoriert und zu Mengen- und Preismaximierungen anreizt.[787] Dies ist auch auf die „anbieterinduzierte Nachfrage"[788] zurückzuführen, gemäß der Leistungserbringer die Nachfrage der Patienten nach Gesundheitsleistungen teilweise selbst beeinflussen können und durch „falsche Anreizsysteme" sogar dafür belohnt werden.[789] Eine Vergütungssystematik sollte allerdings nicht die Menge, sondern die Qualität der erbrachten Behandlung in den Mittelpunkt stellen und denjenigen Leistungserbringer besonders belohnen, „der seine Patienten am effizientesten behandelt."[790] Insgesamt mangelt es derzeit an monetären und nicht-monetären Anreizkomponenten, die

---

[783]   Vgl. Oberender, P., Hebborn, A. (1996), S. 77.
[784]   Vgl. Wiechmann, M. (2003), S. 66.
[785]   Vgl. Steinbach, H., Sohn, S., Schöffski, O. (2004), S. 18.
[786]   Shen, J., Andersen, R., Brook, R., u. a. (2004), S. 300.
[787]   Vgl. Ärzte Zeitung Online (2002b).
[788]   Bundeszentrale für politische Bildung (o. J. e).
[789]   Vgl. Ärzte Zeitung Online (2002b).
[790]   Ärzte Zeitung Online (2002b).

den medizinischen Leistungserbringern und seinen Einfluss auf Kosten und Qualität im Gesundheitswesen steuern.[791]

Im Folgenden wird gezeigt, welche Auswirkungen einzelne Vergütungsformen auf die Versorgung der Bevölkerung bzw. die Behandlungsqualität haben. Dafür wird analysiert, welche Vergütungsformen existieren und welche Implikationen diese haben. In Abbildung 17 sind sie einführend dargestellt und werden in den folgenden Ausführungen näher erläutert.

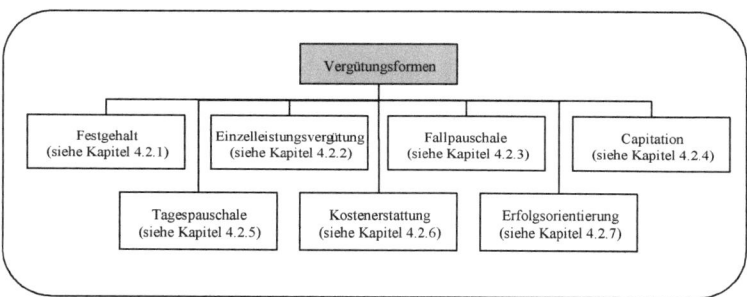

Abbildung 17:   Verschiedene Vergütungsformen[792]

4.2.1 Festgehalt

Beim Festgehalt erhalten Leistungserbringer unabhängig von den erbrachten Leistungen oder der Anzahl der behandelten Patienten ein festes monatliches Gehalt bzw. eine fixe Vergütung.[793] Hierbei handelt es sich um die einfachste Form der Vergütung der Leistungserbringer, die der normalen Vergütung vieler Arbeitnehmer in Deutschland gleicht. Für die Leistungserbringer wird die Einkommenssituation somit genau planbar. Man findet diese Form der Vergütung vor allem im stationären Bereich oder auch in alten Tarifverträgen. Künftig wird davon wohl auch Gebrauch gemacht, um Ärzte in den so genannten Medizinischen Versor-

---

[791] Vgl. Medizinische Hochschule Hannover (o. J.).

[792] Quelle: Eigene Darstellung, in Anlehnung an Amelung, V. E., Schumacher, H. (2000), S. 76.

[793] Vgl. Moritz, K.-H. (1990), S. 27-28; Oberender, P., Hebborn, A. (1996), S. 81; Wiechmann, M. (2003), S. 66; Rachhold, U. (2000), S. 58.

gungszentren (MVZs) anzustellen.[794] Die aus dieser Vergütungsform resultierenden Anreize werden im Folgenden aufgezeigt.

Zu den *positiven Aspekten* zählt, dass kein Anreiz zur Leistungsausweitung besteht.[795] Da die Leistungserbringer nicht für jede zusätzlich erbrachte Leistung eine Vergütung erhalten (wie bei der Einzelleistungsvergütung, siehe Kapitel 4.2.2), sind sie auch nicht an einer Ausdehnung der Behandlung interessiert.[796] Sie werden die ihrem Kenntnisstand entsprechend beste Behandlung durchführen, sich aber nicht an der Erschließung aller vorhandenen Einnahmequellen orientieren. Des Weiteren bietet diese Vergütungsform die optimalen Voraussetzungen für eine intensive und gute Behandlung der Patienten, da die Leistungserbringer nicht auf eine Maximierung ihrer Patientenzahlen angewiesen sind. Somit besteht die Möglichkeit, intensiver an weniger Fällen zu arbeiten und sich diesen zu widmen. Auch präventive Maßnahmen können gestärkt werden, da die Leistungserbringer auch nicht darauf angewiesen sind, dass der Patient in regelmäßigen Abständen Untersuchungen wahrnimmt und abrechenbare Leistungen durchgeführt werden.[797]

Allerdings gibt es auch *negative Aspekte*, die nicht zu vernachlässigen sind. Da der Leistungserbringer keinen Anreiz für eine möglichst hohe Behandlungsqualität hat, ist er eventuell auch nicht immer zu der bestmöglichen Behandlung motiviert; dies schlägt sich tendenziell in einer niedrigeren Behandlungsqualität nieder.[798] Sind aufgrund fehlender Motivation nicht alle notwendigen Behandlungsmöglichkeiten durchgeführt worden, kann es bei einer unzureichenden Behandlung zu hohen Folgekosten kommen. Somit kann der vorher positiv dargestellte Aspekt ins Negative umschlagen; eine Tatsache, die wohl vom jeweiligen Arzttyp abhängig ist. Des Weiteren wirkt das Festgehalt der Produktivität entgegen, „verzeiht Mußestunden während der Arbeit und fördert eine bürokratische Mentalität, welche die Zuständigkeit für eine Maßnahme bei anderen sieht."[799] Es hat sich

---

[794]   Siehe hierzu Pelleter, J., Sohn, S., Schöffski, O. (2005).
[795]   Vgl. Wiechmann, M. (2003), S. 67.
[796]   Vgl. Düllings, J., Bertram, N., Brennecke, R., u. a. (1996), S. 116.
[797]   Vgl. Steinbach, H., Sohn, S., Schöffski, O. (2004).
[798]   Vgl. Steinbach, H., Sohn, S., Schöffski, O. (2004), S. 24.
[799]   Nordt, C. (2003), S. 26.

gezeigt, dass Leistungserbringer, die unter diesem Vergütungssystem arbeiten, an „einer Ausweitung der Patientenzahlen, einer Steigerung der behandelten Krankheitsfälle, einer Erhöhung der Behandlungskontakte pro Krankheitsfall als auch der Maximierung erbrachter Leistungen pro Kontakt absolut desinteressiert sind."[800] Darüber hinaus kommt es zu Leistungsverzögerungen sowie zu häufigen Überweisungen in den fachärztlichen oder stationären Bereich.[801] Auch könnte hierbei ein Interesse bestehen, die Anzahl der Patienten zu minimieren. Da die Vergütungshöhe nicht von der erbrachten Leistungsmenge abhängig ist, erhält der Leistungserbringer die gleiche Vergütungshöhe, egal ob der Terminkalender voll oder leer ist.

FAZIT: Das Festgehalt allein liefert weder einen Anreiz zu einer medizinisch besonders hochwertigen, noch zu einer verschwenderischen Leistungserbringung; es kann aber auch zu weniger regelmäßigen Überweisungen führen und Ärzte zeigen ein niedrigeres Aktivitätslevel.[802] Daher wird diese Form der Entlohnung häufig mit einem Bonussystem verknüpft, um die Leistungserbringer auch am wirtschaftlichen Erfolg der Organisation partizipieren zu lassen. Als Bezugsgröße könnte hierbei der Gewinn der Leistungserbringer-Organisation dienen oder auch die verursachten medizinischen Kosten. Sie ermöglicht folglich im Idealfall eine zuwendungsorientierte und sorgfältige Betreuung. Wird das Festgehalt allerdings mit keiner Erfolgskomponente verknüpft, besteht für den Leistungserbringer kein besonderer Anreiz, umsichtig und kostenbewusst zu arbeiten. Daher besteht des Weiteren die Gefahr der Warteschlangenbildung oder des Wegüberweisens an andere Leistungserbringer.[803] Im Hinblick auf die Implementierung einer erfolgsorientierten Vergütung solte das Festgehalt daher möglichst mit Erfolgskomponenten kombiniert sein, welche die Leistungserbringer am Erfolg/Misser-folg der Erbringergemeinschaft unmittelbar beteiligen.

---

[800] Steinbach, H., Sohn, S., Schöffski, O. (2004), S. 23.
[801] Vgl. Steinbach, H., Sohn, S., Schöffski, O. (2004), S. 24.
[802] Vgl. Chaix-Couturier, C., Durand-Zaleski, I., Jolly, D., u. a. (2000), S. 137.
[803] Vgl. Amelung, V. E., Schumacher, H. (2000), S. 80-81.

4.2.2 Einzelleistungsvergütung (Fee for Service)

Bei der Einzelleistungsvergütung, basierend auf den Kosten der Leistungserstellung kalkuliert,[804] wird dem Leistungserbringer die Menge der einzeln erbrachten Leistungen vergütet.[805] Je mehr Behandlungsschritte und je intensiver die Behandlung eines Patienten ist, desto mehr kann vom Leistungserbringer abgerechnet werden. Dadurch kann dem Anreiz zur Einkommensmaximierung Rechnung getragen werden.

In Deutschland existiert diese Form der Vergütung insbesondere für die Behandlung von privat Krankenversicherten sowie auch eingeschränkt von gesetzlich Versicherten (siehe Kapitel 2.4). Wegen der sich daraus ergebenden Anreizsystematik kann ein leichter Trend hin zu mehr pauschalierter Vergütung beobachtet werden. Der Anreiz zur Leistungsausweitung konnte früher auch im stationären Krankenhaussektor beobachtet werden, als noch für alle erbrachten Leistungen eine Kostendeckung zugesagt wurde (siehe Kapitel 2.4.1.1.2). Aufgrund der horrenden Kosten im stationären Sektor hatte man sich von dieser Vergütungsform abgewandt und der DRG-Vergütung angeschlossen. Oftmals wird die Einzelleistungsvergütung auch für die fachärztliche Behandlung in MC-Modellen angewandt.[806]

Dem Hauptproblem der Einzelleistungsvergütung (Anreiz der Leistungsausweitung) setzt man häufig die Einführung von Budgetobergrenzen entgegen. Damit wird die Einnahmeseite ab einer bestimmten Höhe gedeckt oder geschlossen; so auch im deutschen ambulanten Sektor durch die Gesamtvergütungsmenge (siehe Kapitel 2.4.1.1.1). Diese wird jährlich in Abstimmung der gesetzlichen Krankenkassen und der Kassenärztlichen Vereinigungen festgelegt. Sie bedeutet faktisch die Festsetzung der gezahlten Vergütungssumme für die im Rahmen der Versorgung gesetzlich Krankenversicherter ambulant erbrachter Leistungen im Voraus.[807] Aufgrund dieses Sachverhalts bemühen sich Ärzte um ein möglichst großes Stück von diesem „Kuchen", indem sie so viele Leistungen wie möglich ab-

---

[804] Vgl. Amelung, V. E., Schumacher, H. (2000), S. 84.
[805] Vgl. Amelung, V. E., Schumacher, H. (2000), S. 77; Wiechmann, M. (2003), S. 67.
[806] Vgl. Wiechmann, M. (2003), S. 67.
[807] Vgl. Bundesministerium für Gesundheit (o. J. c).

rechnen, was schließlich zum bekannten „Hamsterradeffekt"[808] führt. Ab 2006 wurden deshalb in Deutschland Regelleistungsvolumen (RLV) eingeführt. Daraus ergibt sich für niedergelassene Ärzte der Anreiz, bis zur Budgetobergrenze weiterhin eine tendenzielle Mengen- und Leistungsausweitung zu verfolgen. Ab dieser Grenze wird mit abgestaffelten Punktwerten vergütet, wobei für die Leistungserbringer dann eine kostendeckende Leistungserbringung oft nicht mehr möglich ist.[809]

Positiv ist diese Vergütungsform vor allem für den Leistungserbringer, wird jede erbrachte Leistung doch separat vergütet. Auch für den Patienten ist sie anfangs vorteilhaft, da er sich über eine umfassende Behandlung freuen darf und gemäß des Sachleistungsprinzips der GKV (siehe Kapitel 2.4.1) die Kosten für die Behandlung zu Beginn nicht zu tragen hat. Durch die ausufernden Behandlungen kann es allerdings zu immer weiter steigenden Kosten im Gesundheitswesen kommen (wie auch hierzulande geschehen), die schließlich von den Versicherten über erhöhte Beiträge zur Krankenversicherung getragen werden müssen. Für den Patienten hat diese Vergütungsform den Vorteil, dass bei einer unsicheren Diagnose wohl immer eine zusätzliche Untersuchung durchgeführt wird. Da die Ärzte die Behandlung eines Patienten so intensiv wie möglich gestalten können, werden die Patienten eine umfangreiche Behandlung erhalten. Diese kann allerdings auch zu Belastungen seitens der Patienten führen, sofern die Behandlungsintensität über das medizinisch Erforderliche hinausgeht (siehe oben).[810] Im Hinblick auf die Behandlungsqualität ist festzustellen, dass eine Reinform der Einzelleistungsvergütung mit festen Punktwerten einer qualitativ hochwertigen Versorgung grundsätzlich nicht entgegensteht;[811] qualitätssteigernde Wirkungen ergeben sich beispielsweise durch erhöhte Spezialisierungsgrade der Ärzteschaft und der Förderung des technischen Fortschritts.[812]

Von der Vergütungsform der Einzelleistungsvergütung gehen allerdings auch *negative* Effekte aus. Da der Leistungserbringer mit jeder Maßnahme extra verdient,

---

[808] Vgl. Amelung, V. E., Schumacher, H. (2000), S. 85.
[809] Vgl. Sohn, S. (2006), S. 10.
[810] Vgl. Oberender, P., Hebborn, A. (1996), S. 80.
[811] Vgl. Schroeders, N. V., Köbberling, J. (2002), S. 431.
[812] Vgl. List, R. (1999), S. 260.

besteht für ihn der Anreiz zur Leistungsausweitung.[813] Im Vergleich zu nach Festgehalt vergüteten Ärzten machen solche, die anhand der Einzelleistungsvergütung entlohnt werden, beispielsweise mehr Hausbesuche als die Vergleichsgruppe; ein festgestelltes Ergebnis, das allerdings nur bei planmäßigen Hausbesuchen signifikant gewesen ist, bei Notfallbesuchen hingegen ergab sich kein Unterschied.[814] Des Weiteren konnte als weitere Auswirkung eine Erhöhung der Zuschläge für nächtliche Hausbesuche festgestellt werden. Eine Folge war auch, dass die Anzahl der nächtlichen Hausbesuche durch Chefärzte um 33 % stieg und die der Assistenzärzte um 19 % zurückgegangen ist.[815]

Auch mit Hilfe vieler weiterer Studien wurde festgestellt: Diese Vergütungssystematik „rewarded providers for doing more, regardless of whether it improved outcomes. More procedures, more visits, and more tests meant higher incomes for physicians and hospitals."[816] Die Devise der Leistungserbringer lautete daher *If it might work, try it*.[817] Des Weiteren wird die Erbringung unnötiger Leistungen sowie die betrügerische Verrechnung von Konsultationen und teuren Dienstleistungen belohnt.[818] Ob eine durchgeführte Behandlung immer notwendig bzw. angemessen ist, kann im Einzelfall nur schwer überprüft werden. Schließlich besteht für den Leistungserbringer immer die einfache Möglichkeit des upcoding (anstelle der einfachen Leistung wird die vergleichsweise aufwendigere durchgeführt) bzw. des unbundling (Aufgliederung einer Einzelleistung in mehrere abrechnungsfähige Teilleistungen).[819] Durch das Erbringen unnötiger Leistungen kann es auch zu einer Überversorgung und bei ergebnislosen Behandlungen mit Nebenwirkungen sogar zu einer Fehlversorgung führen.[820] Da die genaue Übereinstimmung der Kosten einer Leistung mit deren Vergütung im Einzelfall nicht immer garantiert werden kann, besteht für den Leistungserbringer zudem der Anreiz zur Durchführung bestimmter Leistungen, die ihm einen positiven Deckungsbeitrag bringen, da

---

[813] Vgl. Wiechmann, M. (2003), S. 67; Institute of Medicine (2007), S. 33.
[814] Vgl. Kristiansen, I. S., Holtedahl, K. (1993), S. 481-484.
[815] Vgl. Baker, D., Klein, R., Carter, R. (1994), S. 68-71
[816] Porter, M. E., Teisberg, E. O. (2006), S. 66.
[817] Vgl. Porter, M. E., Teisberg, E. O. (2006), S. 67.
[818] Vgl. Nordt, C. (2003), S. 26.
[819] Vgl. Amelung, V. E., Schumacher, H. (2000), S. 85.
[820] Vgl. Gerlinger, T. (1997), S. 45.

die Preise höher sind als die Kosten (cream skimming).[821] Des Weiteren ist die Bedeutung präventiver Maßnahmen geringer einzuschätzen als dies beispielsweise bei der Capitation der Fall ist (siehe Kapitel 4.2.4), schließlich kann der Leistungserbringer seine ökonomischen Interessen nicht rein aus der „Gesunderhaltung", sondern aus der kurativen Behandlung eines Patienten erreichen.

Was für den Arzt positiv ist, bedeutet volkswirtschaftlich hohe Kosten für die Solidarität (sofern keine Obergrenze der Vergütungen festgelegt worden sind. In den USA wird die Versorgung für 88 % der Medicare-Versicherten über die Einzelleistungsvergütung abgerechnet. Die dafür kalkulierten Vergütungen „do not vary with the quality of the service provided."[822] Präventive Untersuchungen hingegen werden häufig nicht vergütet, obwohl bekannt ist, dass dadurch viele spätere Krankheitsfälle und somit höhere Behandlungskosten verhindert werden können.[823]

FAZIT: Die klassische Einzelleistungsvergütung ist für den Leistungserbringer wohl die wünschenswerteste Form der Vergütung. Für ihn besteht hier von allen Vergütungsformen die einfachste Möglichkeit, sein Einkommen zu maximieren (sofern er dies wünscht), in dem er die Einzelleistungen pro Fall oder auch die Anzahl der Fälle erhöht.[824] Dem Anreiz der unkontrollierten Mengenausweitung durch die Leistungserbringer kann mit einer Deckelung entgegnet werden. Dabei können Überschreitungen der geplanten Ausgaben zu einer Kürzung der Einzelleistungsvergütungssätze führen.[825] Abschließend kann an dieser Stelle resümiert werden, dass durch die Einzelleistungsvergütung mehr Anreize zur Leistungsausweitung bestehen als zur Verbesserung der Gesundheit der Patienten bzw. der Behandlungsqualität („The system pays for treating illness and injury, not for keeping people well"[826]).[827] Bei gedeckelten Budgets mit variablen Punktwerten wird zudem ein positiver Einfluss auf die Behandlungsqualität angezweifelt, denn oft müsste der Leistungserbringer die eigenen ökonomischen Interessen missach-

---

[821] Vgl. Amelung, V. E., Schumacher, H. (2000), S. 85.
[822] Institute of Medicine (2007), S. 33.
[823] Vgl. Institute of Medicine (2007), S. 33.
[824] Vgl. Amelung, V. E., Schumacher, H. (2000), S. 85.
[825] Vgl. Amelung, V. E., Schumacher, H. (2000), S. 84.
[826] Institute of Medicine (2007), S. 34.
[827] Vgl. Porter, M. E., Teisberg, E. O. (2006), S. 74; Institute of Medicine (2007), S. 33.

ten, um dem Patienten eine angemessene und effiziente Versorgung zu gewährleisten.[828] Ein ebenfalls interessantes Ergebnis ist, dass Ärzte bei einer Umstellung von der Einzelleistungsvergütung auf ein Festgehalt mit einem erhöhten
Freizeitkonsum reagierten.[829]

4.2.3 Fallpauschale

Bei einer Fallpauschale handelt es sich um einen pauschalen, prospektiv festgesetzten Betrag für die Honorierung sämtlicher Leistungen eines Leistungserbringers für einen Behandlungsfall.[830] Hierbei wird einem Patient eine Diagnose gestellt und dieser dadurch als „Fall" gekennzeichnet. Die Vergütung der medizinischen Leistungen erfolgt pro Behandlungsfall bzw. pro Erkrankung, unabhängig
von den tatsächlich entstandenen Kosten.[831] Fallpauschalen können eine unterschiedliche Reichweite haben; so werden sie beispielsweise für die operative Behandlung eines Blinddarms vereinbart, die neben den Operationskosten auch die
Kosten für die stationäre Nachbehandlung und Pflege beinhaltet.[832] Diese Form
der Vergütung findet man im deutschen Gesundheitswesen und auch in vielen an-
dern Ländern (USA, Australien etc.) im stationären Sektor mittels der bereits vorgestellten DRG (siehe Kapitel 2.4.1.1.2). Ein Patient kann auch mehrere Fälle
darstellen, sofern er wegen unterschiedlicher Diagnosen mehrmals behandelt
wird. Aus jedem Behandlungsfall resultiert ein diagnose- oder indikationsbezoge-
ner Erstattungsanspruch gegenüber dem Patienten bzw. dessen Kostenträger.[833]

Aus der Perspektive der Leistungserbringer ist *positiv* anzumerken, dass dieser die
Erlösseite für einen Fall genau kennt. Daher kann er durch die Beeinflussung der
Kostenseite, soweit möglich, die Ertragssituation optimieren. Besonders durch
Maßnahmen wie die Vermeidung von Doppeluntersuchungen etc. kann hierbei
einiges erreicht werden. Einerseits hat ein möglicher Verzicht auf medizinisch
oder pflegerisch erforderliche Therapien negative Auswirkungen auf die Behandlungsqualität, andererseits wird von fragwürdigen oder unnötigen Therapien mit

---

[828] Vgl. Sohn, S. (2006), S. 10.
[829] Vgl. Rochaix, L. (1993), S. 163-176.
[830] Vgl. Steinbach, H., Sohn, S., Schöffski, O. (2004), S. 26.
[831] Vgl. Wiechmann, M. (2003), S. 68.
[832] Vgl. Rachhold, U. (2000), S. 57.
[833] Vgl. Amelung, V. E., Schumacher, H. (2000), S. 77; Oberender, P., Hebborn, A. (1996), S. 80.

Nebenwirkungen oft abgesehen, was sich durchaus auch positiv auf die Behandlungsqualität auswirken kann. Allerdings werden wegen des Anreizes zum sparsamen Ressourcenumgang und der damit verbundenen Gefahr der Leistungsreduktion bei der Behandlung insbesondere Qualitätssicherungsmaßnahmen notwendig.[834] Werden diese eingehalten, können große Einsparpotentiale realisiert werden und nicht notwendige Untersuchungen, die beispielsweise im Rahmen der retrospektiven Kostenerstattung (siehe Kapitel 4.3.2) noch denkbar gewesen wären, werden nun nicht mehr durchgeführt. In vielen Fällen wird sich die Versorgungssituation für die Patienten allerdings nicht verschlechtern, vorausgesetzt, alle notwendigen Maßnahmen werden weiterhin durchgeführt.

Es gibt jedoch auch *negative* Auswirkungen, die bei dieser Vergütungsform erwähnt werden müssen. Auf der einen Seite kann es vorkommen, dass Krankenhäuser dazu tendieren werden, die Verweildauer der Patienten optimal anzupassen, d. h. möglichst zu verkürzen.[835] War man vormals an einer möglichst hohen Bettenauslastung und langen Liegezeiten von Patienten interessiert, so hat sich dies durch die Umstellung auf die Vergütung mittels Fallpauschalen geändert. Nun besteht der ökonomische Anreiz zur Leistungsunterlassung.[836] In diesem Zusammenhang fällt häufig der Terminus der „blutigen Entlassung", wenn Patienten zu früh nach Hause geschickt werden (ein Phänomen, das bislang noch nicht nachgewiesen werden konnte[837]). Somit kann es zur Unterversorgung eines Patienten[838] und zur Wegüberweisung in den ambulanten Sektor kommen, wodurch es für die Ärzte im niedergelassenen Bereich zu Mehrarbeit kommen kann.[839] Aber auch der Anreiz zur Überdiagnose der Behandlung resultiert aus dieser Vergütungsform, kann es doch dazu führen, alles Mögliche zur DRG „reinzupacken", um den Erlös zu maximieren. Des Weiteren entsteht der Anreiz zum „Rosinenpicken" der Leistungserbringer, d. h. sie konzentrieren sich auf solche Fälle, die möglichst einfach und standardisiert zu behandeln und zudem auch lukrativ sind. Daher werden sich einige Leistungserbringer auf Indikationen spezialisieren, bei

834 Vgl. Oberender, P., Hebborn, A. (1996), S. 80.
835 Vgl. Bundeszentrale für politische Bildung (o. J. f).
836 Vgl. Oberender, P., Hebborn, A. (1996), S. 80.
837 Vgl. Schiller, N. (2006), S. 17.
838 Vgl. Porter, M. E., Teisberg, E. O. (2006), S. 75.
839 Vgl. Ärzte Zeitung (2005a).

denen positive Deckungsbeiträge erzielt werden können. Zum einen können sich durch die Spezialisierung äußerst kompetente Leistungserbringer entwickeln, allerdings kann es auf der anderen Seite auch dazu führen, dass die Versorgungssituation komplexerer Fälle eingeschränkt wird. Dies wird wohl vor allem für Krankenhäuser in öffentlich-rechtlicher Hand zum Problem werden, die sich nicht ausschließlich auf besonders lukrative Fälle beschränken können. Die privaten Krankenhaus (-ketten) werden sich hingegen die Rosinen herauspicken und sich auf diese Fälle spezialisieren. Daher kann gesagt werden, dass von der DRG[840] teilweise falsche Anreize ausgehen (Rosinenpickerei, schlechte Behandlung). „It was a step in the right direction in that it tied inpatient reimbursement to the medical condition being treated and the complexity of the patient's condition. But they failed to fully capture important differences in the severity of a patient's condition."[841]

FAZIT: Der Leistungserbringer hat einen finanziellen Anreiz, seine Fallzahlen auszudehnen, nicht jedoch die Leistungsmengen pro Fall,[842] da er an den ökonomischen Auswirkungen eines Mehr- oder Minderaufwandes in Form von Einkommensgewinnen bzw. -verlusten beteiligt wird. Ist das Interesse an einer Einkommenserhöhung durch eine entsprechende Aufwandsenkung stark, kommt es zu kostenminimalen Behandlungen je Fall sowie zur Anwendung aufwandsarmer Methoden, was insbesondere in Zeiten von Epidemien eine Unterversorgung zur Folge haben kann.[843] Werden jedoch weiterhin alle notwendigen Maßnahmen für die Behandlung der Patienten durchgeführt, können durch die Fallpauschale, sofern optimal kalkuliert, Kostensenkungspotentiale realisiert werden, wobei sich die Versorgungssituation der Patienten nicht verschlechtert. Durch das Weglassen nicht unbedingt notwendiger, aber finanziell lukrativer, Untersuchungen kann es sogar zur Steigerung der Versorgungsqualität kommen.

---

[840] Vgl. Porter, M. E., Teisberg, E. O. (2006), S. 42.
[841] Porter, M. E., Teisberg, E. O. (2006), S. 75.
[842] Vgl. List, R. (1999), S. 255.
[843] Vgl. Gerlinger, T. (1997), S. 44-45.

4.2.4 Capitation (Kopfpauschale)

Bei der Capitation handelt es sich um „eine kopfpauschalierte Vergütung […], die bezogen auf ein Patientenkollektiv morbiditätsadjustiert und sektorübergreifend berechnet und prospektiv gezahlt wird."[844] Wie aus der Definition hervorgeht, weist die Capitation folgende vier Merkmale auf:

- *Prospektiv*, d. h. die Vergütung wird im Voraus für eine bestimmte Zeitperiode an den oder die Gruppe der Leistungserbringer bezahlt. Dabei wird der Geldbetrag errechnet, den ein Patientenkollektiv voraussichtlich kosten wird.

- *Sektorenübergreifend*, d. h. die Capitation wird für die gesamte Gruppe der Leistungserbringer bezahlt. Im Optimalfall sind Akteure aller Sektoren (ambulant, stationär etc.) in die Capitation integriert. Je mehr Sektoren in der Capitation mit eingeschlossen sind, desto besser wird die Capitation greifen, da der Anreiz, Patienten in nicht-integrierte Sektoren zu überweisen, minimiert wird. Bei den eingeschlossenen Leistungen kann es sich um präventive, stationäre Leistungen handeln aber auch um Leistungen für Labor, Radiologie sowie Arzneimittel.[845]

- *Morbiditätsadjustiert*, d. h. die Patienten werden ihrer Krankheitsgeschichte entsprechend beurteilt. Der Patient wird je nach Krankheitsgeschichte bzw. -verlauf einer „Risikogruppe" zugeordnet. Daher wird die Capitation in Abhängigkeit vom Risikoprofil eines Patientenkollektivs berechnet.

- *Kopfpauschaliert*, d. h. für jeden Patienten erfolgt die Zuordnung des Geldbetrages, den er voraussichtlich kosten wird.

Der Arzt bzw. die integrierten Leistungserbringer erhalten für die Versorgung einer Patientengruppe einen festgelegten Pauschalbetrag, mit dem die gesamten Behandlungskosten einer Periode abgedeckt sind.[846] Die Vergütung wird unabhängig von der tatsächlichen Leistungsmenge gewährt.[847] Bei der Berechnung der Höhe

---

[844] Sohn, S. (2006), S. 19.
[845] Vgl. Amelung, V. E., Schumacher, H. (2000), S. 81.
[846] Vgl. Amelung, V. E., Schumacher, H. (2000), S. 81; Wiechmann, M. (2003), S. 67; Rachhold, U. (2000), S. 58.
[847] Vgl. Steinbach, H., Sohn, S., Schöffski, O. (2004), S. 32.

der Pauschale kann differenziert werden, d. h. Unterschiede der Versicherten (Alter, Geschlecht, Morbidität etc.) werden mitberücksichtigt. In der Praxis können nachträglich auftretende Abweichungen von den kalkulierten Ausgaben ausgeglichen werden.[848] Ursprüngliches Ziel der Capitation war es „to reduce the incentive for doctors and hospitals to order too many tests, perform too many procedures, or make unwarranted referrals to specialists."[849] Jedoch trat nicht der gewünschte Effekt ein, sondern „doctors were pressured to spend less time with patients, do fewer tests, make fewer referrals, and shorten hospital stay. New treatment approaches were avoided if there was uncertainty over the short-term benefits."[850] Für die Leistungserbringer ergab sich demnach die Devise *If we're not sure, don't do it.*[851] Das Versicherungsrisiko wird hierbei also von den Krankenversicherungen zu den Leistungserbringern (Krankenhäuser, Praxisnetze etc.) verlagert. Schließlich bezahlt der Kostenträger (Versicherungsunternehmen) für ein Patientenkollektiv an die Leistungserbringer den vorher, d. h. prospektiv, bestimmten Geldbetrag, den dieses Patientenkollektiv voraussichtlich kosten wird. Im Gegenzug garantieren die eingeschlossenen Leistungserbringer die Versorgung dieses Versichertenkollektivs.

Wie bei den anderen bereits aufgeführten Vergütungsformen ergeben sich auch aus der Capitation unterschiedliche Anreize, die im Folgenden aufgezeigt werden. *Positiv* ist anzumerken, dass die Capitation „creates strong incentives to reduce costs."[852] Da der Leistungserbringer für jeden Patienten ein bestimmtes Budget erhält, wird er sich darauf konzentrieren, nur notwendige Maßnahmen durchzuführen. So erhofft man sich die Realisierung von Einsparpotentialen, da dem Anreiz eines Leistungsanbieters zur Leistungsausweitung entgegengewirkt werden soll.[853] Eine Studie hat beispielsweise gezeigt, dass Verschreibungskosten durch Budgetverantwortung um bis zu 24 % gesenkt werden konnten.[854] In einer Vergleichsstudie wurde bei einer Ärztegruppe ohne Budgetverantwortung ein mone-

---

[848] Vgl. Amelung, V. E., Schumacher, H. (2000), S. 77.
[849] Porter, M. E., Teisberg, E. O. (2006), S. 66.
[850] Porter, M. E., Teisberg, E. O. (2006), S. 66.
[851] Vgl. Porter, M. E., Teisberg, E. O. (2006), S. 67.
[852] Vgl. Porter, M. E., Teisberg, E. O. (2006), S. 77.
[853] Vgl. Rachhold, U. (2000), S. 58.
[854] Vgl. Dowell, J. S., Snadden D., Dunbar, J. A. (1995), S. 505-508.

tärer Anreiz so gesetzt, dass die Ärzte einen Bonus für gesenkte Verschreibungskosten erhielten. Die Folge war ein ähnlicher Effekt; auch durch die Bonuszahlungen konnten die Verschreibungskosten um bis zu einem Drittel gesenkt werden.[855] Da die Leistungserbringer genau wissen, welches Budget ihnen zur Verfügung steht, werden sie dazu gezwungen sein, auch das wirtschaftliche Management zu übernehmen, tragen allerdings auch mehr Eigenverantwortung. Positiv ist
des Weiteren anzumerken, dass vor allem durch die Capitation der enormen Bedeutung der Prävention Rechnung getragen werden kann, müssten die Leistungserbringer doch daran interessiert sein, die Patienten gesund zu halten. Denn nur
dann werden für die Versorgung eines Patienten in Zukunft weniger Eingriffe
notwendig, die sich auch in geringeren Behandlungskosten und somit in einer für
den Arzt höheren Deckungsspanne zwischen Capitation und Behandlungsauf-
wand niederschlagen. Schließlich hat der Leistungserbringer bei der Vergütungsform der Capitation zwei Möglichkeiten, sein Einkommen zu steigern; zum einen
verdient er, wie bereits erwähnt, an der Gesunderhaltung[856] des Patienten (vor-
zugsweise durch Präventionsleistungen) und zum anderen kann er durch eine qualitativ hochwertige Behandlung dafür sorgen, dass sein Patientenstamm nicht ab-
wandert.[857]

Allerdings besteht für den Leistungserbringer auch ein gewisses finanzielles Risiko, und zwar dann, wenn die Behandlungskosten einiger teurer Behandlungsfälle
die kalkulierte Capitation übersteigen und die Leistungserbringer diese Kosten
selbst tragen müssen. Einem möglichen Pleiterisiko durch einige teure Patienten
(Hochkostenfälle) kann beispielsweise durch eine Versicherung vorgebeugt werden. In diesem Zusammenhang wird häufig von den so genannten withholds[858],
Risikopools bzw. capitation pools[859] oder auch der stop loss[860] Funktion gespro-

---

[855] Vgl. Bateman, D. N., Campbell, M., Donaldson, L. J. u. a. (1996), S. 535-538.
[856] Die Einkommensmaximierung des Leistungserbringers durch die Gesunderhaltung des Patienten
kann als grundsätzlicher Paradigmenwechsel gesehen werden, vgl. Sohn, S. (2006), S. 21.
[857] Vgl. Steinbach, H., Sohn, S., Schöffski, O. (2004), S. 33.
[858] Vgl. Amelung, V. E., Schumacher, H. (2000), S. 82.
[859] Vgl. Amelung, V. E., Schumacher, H. (2000), S. 83.
[860] Vgl. Amelung, V. E., Schumacher, H. (2000), S. 83.

chen. Auf die nähere Erläuterung jener Verfahren wird an dieser Stelle verzichtet und auf die einschlägige Literatur verwiesen.[861]

Die bisherigen Ausführungen lassen auch *negative* Auswirkungen vermuten. Es steigt der Anreiz für einen Leistungserbringer, Patienten in die nicht-integrierten Sektoren zu „überweisen". Je mehr Leistungen in die Capitation integriert sind, desto geringer ist der Anreiz für den Leistungserbringer, den Versicherten „weg-zuüberweisen" (cost shifting). Beobachtet werden konnte beispielsweise der Ausschluss von stationären Leistungen oder vermehrte Überweisungen zu Fachärzten der Psychotherapie (carve outs).[862] Dass die in den USA mit der Capitation gemachten (negativen) Erfahrungen im Hinblick auf die Prävention von Krankheiten nur bedingt auf das deutsche Gesundheitssystem übertragbar sind, liegt an unterschiedlichen Gegebenheiten; so ist in den USA die Fluktuationsrate der Versicherten bei den Leistungserbringern sehr viel höher als in Deutschland (häufig geht ein Umzug bzw. ein Arbeitsplatzwechsel mit einem Wechsel der Krankenversicherung einher, siehe Kapitel 2.2). Daher sind Leistungserbringer an den künftigen Krankheitskosten eines heute noch bei ihnen eingeschriebenen Patienten häufig nur bedingt beteiligt und kommen der präventiven Versorgung der Patienten nicht wie gewünscht nach. Diese Tatsache wird deutlich, betrachtet man Untersuchungen, denen zufolge eine Leistungserbringergruppe nach 5 Jahren ein vollständig neues Patientenkollektiv aufweist.[863] Hierzulande ist dieser Aspekt „als vernachlässigbar einzuschätzen, da der Wechsel der Krankenkasse im GKV-System der alleinigen Entscheidung durch den Versicherten unterliegt."[864] Somit könnte die notwendige „langfristige Bindung der Patienten an die per Capitation vergütete Gruppe von Leistungserbringern zur Vermeidung von kurzfristig ökonomisch orientierten Abschöpfeffekten motivierte Unterversorgung"[865] realisiert werden.

Des Weiteren ist anzumerken, dass die Vergütungsform der Capitation die Verweigerung von angemessenen Leistungen, das Fallenlassen von chronisch Kran-

---

[861]   Vgl. Sohn, S. (2006), S. 25-26.
[862]   Vgl. Amelung, V. E., Schumacher, H. (2000), S. 81-82.
[863]   Vgl. Burns, L. R., Walston, S. L., Alexander, J. A., u a. (2001), S. 21.
[864]   Sohn, S. (2006), S. 23.
[865]   Sohn, S. (2006), S. 23.

ken, die Durchführung der kostengünstigsten bzw. billigsten Behandlungsmethode, eine Verengung des Dienstleistungsangebotes sowie die Abweisung zeitintensiver Patienten fördert.[866] Dieser Aspekt gewinnt umso mehr an Gewicht, je unzureichender die Morbiditätsadjustierung bei der Capitation-Berechnung ist. Anhand dieser wird schließlich versucht, die künftigen Kosten des Versichertenkollektivs zu berechnen; dabei dürfen aber nicht nur demografische Kriterien (Alter, Geschlecht etc.) berücksichtigt werden, sondern vielmehr muss gemäß des Morbiditätsrisikos der Versicherten kalkuliert werden.[867] Auch kann die Capitation zu Problemen führen, wenn in Regionen mit einer geringen Ärztedichte ein Versorgerwettbewerb ausbleibt und als Folge dessen medizinisch notwendige Maßnahmen vorenthalten werden[868] oder wenn Leistungserbringer in Zeiten von Epidemien, aufgrund der festen Vergütung, Patienten nicht mehr kostendeckend behandeln können und deshalb abweisen müssen.[869] Diesen Anreizen kann durch entsprechende Begleitmaßnahmen entgegengesteuert werden, wie etwa eine langfristige Bindung des Patienten an den integrierten Verbund.[870] Vergleicht man das Verhalten von Ärzten unter der Capitation-Vergütung beispielsweise mit dem, der unter der Einzelleistungsvergütung arbeitenden Ärzte, so entmutigt die Capitation Ärzte eher, etwas zu tun. Ein Wechsel von der Einzelleistungsvergütung zur Capitation scheint die Entscheidungsfindung eines Arztes allerdings nur für ausgewählte Behandlungen zu beeinflussen, wobei bei schweren Fällen trotz unterschiedlicher Vergütung ähnliche Behandlungsweisen aufrechterhalten wurden.[871]

FAZIT: Abschließend kann gesagt werden, dass es, sofern die Kopfpauschalen nicht sektorübergreifend oder ohne längere Patientenbindung gestaltet werden, oft zur Wegüberweisung besonders kostenintensiver Kranker sowie zum „Herauspicken" besonders aufwandsarm behandelbarer Patienten kommen kann.[872] Wären Patienten dagegen verpflichtet, sich längerfristig an einen Leistungserbringer oder ein Praxisnetz zu binden (was beispielsweise im Rahmen der Integrierten Versor-

---

[866] Vgl. Nordt, C. (2003), S. 26.
[867] Vgl. Amelung, V. E., Schumacher, H. (2000), S. 81.
[868] Vgl. Schulenburg, J.-M. Graf v. d. (1981), S. 240.
[869] Vgl. Schulenburg, J.-M. Graf v. d., Greiner, W. (2000), S. 152.
[870] Vgl. Sohn, S. (2006), S. 23.
[871] Vgl. Ransom, S. B., Mcneeley, S. G., Kruger, L. u. a. (1996), S. 707-710.
[872] Vgl. Schulenburg, J.-M. Graf v. d., Greiner, W. (2000), S. 153.

gung möglich ist), hätte der ausgewählte Leistungserbringer einen Anreiz, präventive Maßnahmen zur Gesunderhaltung zu ergreifen und somit den zukünftigen Aufwand für seinen potenziellen Patientenstamm gering zu halten.[873] Positive Effekte auf die Behandlungsqualität wären in einer Wettbewerbssituation unter den Leistungserbringern (z. B. bei hoher Arztdichte) zu erwarten, denn diese wären dann gezwungen, Patienten qualitativ hochwertig zu behandeln, um die Einschreibequote beizubehalten und die Abwanderung in andere Netze bzw. zu anderen Ärzten zu verhindern.[874]

4.2.5 Tagespauschale

Eine weitere pauschalierte und speziell im stationären Bereich eingesetzte Vergütungsform stellt die Tagespauschale dar. Darunter sind tagesgleiche Pflegesätze zu verstehen, anhand derer ein Tag Krankenhausaufenthalt, unabhängig von den realen Kosten pro Tag oder denen eines Behandlungsfalles, vergütet wird.[875] Die Höhe der Tagespauschale kann mit zunehmender Verweildauer abnehmen (degressiver Satz) und nach Abteilung oder der Art der erbrachten Krankenhausleistung differenziert sein.[876] Bei dieser Vergütungsform hat der Leistungserbringer den Anreiz, die täglich anfallenden Behandlungskosten zu senken, schließlich kann er einen positiven Deckungsbeitrag generieren, sofern die täglichen Behandlungskosten unterhalb der Tagespauschale liegen. Gerade daher besteht der Anreiz in der Minimierung der Anzahl der jeweils durchgeführten Behandlungen[877] sowie in der Ausdehnung der Verweildauer von Patienten, da kostenintensive Behandlungsschritte zumeist am Anfang des Aufenthalts stehen, wie die Operation und die intensive Verpflegung bzw. Betreuung des Patienten in der Folgezeit. Anschließend, wenn sich der Patient auf dem Wege der Besserung befindet, ist die notwendige Betreuung nicht mehr so intensiv wie noch anfangs, so dass auch geringere Kosten anfallen. Daher sind gerade die letzten Aufenthaltstage eines Patienten im Krankenhaus für dieses besonders lukrativ. Somit ist es auch nicht verwunderlich, dass eine Zielsetzung darin bestand, aus Kostendegressionsgründen

---

[873] Vgl. Steinbach, H., Sohn, S., Schöffski, O. (2004), S. 28.
[874] Vgl. Gerlinger, T. (1997), S. 44.
[875] Vgl. Rüschmann, H.-H., Roth, A., Krauss, C. (2000), S. 73-74.
[876] Vgl. Amelung, V. E., Schumacher, H. (2000), S. 89.
[877] Vgl. Bundeszentrale für politische Bildung (o. J. f).

die Krankenhaustage durch Ausdehnung von Fallzahlen und Durchschnittsverweildauern zu erhöhen. Mit zunehmender Aufenthaltsdauer eines Patienten im Krankenhaus ist schließlich auch der Erlös für die Klinik angestiegen.[878] Dass dies eine wirtschaftliche Leistungserbringung nicht gerade anregt, liegt auf der Hand. Hinsichtlich der Qualität ergeben sich längere Aufenthalte im Krankenhaus, die aber nicht unbedingt auf eine höhere Versorgungsqualität im Vergleich zu der Behandlung im aktuellen DRG-Zeitalter hindeuten müssen. Es kann möglicherweise zur Unterversorgung oder sogar zur Fehlversorgung kommen, wenn sich Patienten beispielsweise aufgrund zu langer Verweildauern im Krankenhaus mit anderen Krankheiten infizieren.

4.2.6 Kostenerstattung

Bei der (Faktor-) Kostenerstattung handelt es sich um eine retrospektive Vergütungsform, da dem Leistungserbringer sämtliche real erbrachten und nachgewiesenen Leistungen im Nachhinein bezahlt und entlohnt werden.[879] In Deutschland galt diese Regelung bis 1985 im stationären Bereich (siehe Kapitel 4.3.2). Es hat sich gezeigt, dass diese Vergütungsform den stärksten Anreiz zur Ressourcenverschwendung gibt,[880] was sich beispielsweise darin ausgedrückt hat, dass einige Krankenhäuser unter anderem künstlich die Verweildauer der Patienten erhöht haben. Der ökonomische Anreiz bestand darin, „Patienten möglichst lange zu behandeln."[881] Negative Auswirkungen auf die Behandlungsqualität ergeben sich vor allem aus der Tatsache, dass die Leistungserbringer in der Regel kein Interesse an einer Behandlungsdauer- oder Wartezeitsenkung bzw. an effizienten Behandlungsmethoden hatten.[882]

4.2.7 Ergebnisorientierte Vergütung (EV)

Diese Form der Vergütung orientiert sich am Erfolg der ärztlichen Tätigkeit. Extrem ausgedrückt bedeutet dies, dass der Leistungserbringer bei Misserfolg der Behandlung keine Vergütung erhalten soll, sondern lediglich im Erfolgsfall.

---

[878] Vgl. Bundeszentrale für politische Bildung (o. J. f).
[879] Vgl. Steinbach, H., Sohn, S., Schöffski, O. (2004), S. 25; Bundeszentrale für politische Bildung (o. J. f).
[880] Vgl. Amelung, V. E., Schumacher, H. (2000), S. 93.
[881] Bundeszentrale für politische Bildung (o. J. f).
[882] Vgl. Steinbach, H., Sohn, S., Schöffski, O. (2004), S. 26.

Langfristig soll die Verbreitung der EV in Deutschland ausgedehnt werden.[883] Allerdings besteht bislang das nicht gelöste Problem, den Erfolg einer Behandlung zu messen. Lediglich bei einigen Krankheitsbildern scheint dies bislang möglich zu sein (siehe Gestaltung des Referenzprojekts), zahlreiche Schwierigkeiten bestehen jedoch immer noch. Bedenkt man, dass es bereits beim Heranziehen des HbA1c-Werts zur Beurteilung des Erfolgs der Diabetes-Therapie heftige Diskussionen gibt, kann man sich vorstellen, wie problematisch die Bestimmung von Erfolgsindikatoren für die Beurteilung anderer Krankheiten ist. Daher ist es verständlich, dass sowohl bei den bereits diskutierten als auch bei anderen P4P-Programmen die ausschließliche Orientierung am Behandlungserfolg für die Bestimmung der Vergütungshöhe nicht existiert. Werden sie dort als Bonusprogramme in die Versorgungsstruktur implementiert, noch auf größtenteils freiwilliger Basis, so existieren sie auch hierzulande oft nur in Kombination mit anderen Vergütungsformen; insbesondere in Verbindung mit der Kopfpauschale, der Fallpauschale oder auch dem Festgehalt.[884]

Für die Messung des Behandlungserfolges und die Gestaltung erfolgsorientierter Kriterien sind zahlreiche *Probleme* zu überwinden, wie beispielsweise:

- Fehlende Bemessungskriterien oder Erfolgsindikatoren bezüglich der Ergebnismessung, die allgemein akzeptiert werden.[885]

- Häufig wird der Erfolg einer Behandlung erst langfristig sichtbar. Daher stellt sich die Frage nach der Dauer bzw. der Zeitspanne, um den Erfolg einer Therapie bzw. einer Behandlung zu messen. Vor allem bei chronischen Krankheiten kann dies problematisch werden, da Schmerzen hierbei nur gelindert werden können. In vielen Fällen lassen sich jedoch kein dauerhafter Heilerfolg oder keine vollkommene Heilung des Patienten realisieren.[886] Dann müssten entsprechende Indikatoren herangezogen werden, um den Erfolg einer Behandlung zu messen, wie beispielsweise der HbA1c-Wert. Aber auch deren Bestimmung ist nicht trivial.

---

[883] Vgl. Herholz, H. (2006), S. 8.
[884] Vgl. Amelung, V. E., Schumacher, H. (2000), S. 78.
[885] Vgl. Steinbach, H., Sohn, S., Schöffski, O. (2004), S. 35 und Kapitel 2.1.
[886] Vgl. Schulenburg, J.-M. Graf v. d., Greiner, W. (2000), S. 141.

- Neben der problematischen und schwierigen Bestimmung von Qualitätsindikatoren verbessern neue medizinische Kenntnisse altes Wissen. Daher müssen die zur Qualitätsmessung herangezogenen Indikatoren immer auf dem neuesten Stand sein.

- Stellt sich später heraus, dass ein ehemals als korrekt angesehener Qualitätsindikator für eine bestimmte Therapie doch nicht optimal gewesen sein mag, wurden Leistungserbringer für deren Erfüllung belohnt; andere Leistungserbringer, die dies möglicherweise frühzeitig erkannten, haben die Wahl zwischen der Durchführung der „falschen" Therapie (die aber ökonomisch belohnt wird) oder aber der Realisierung der eigenen Therapie (die allerdings nicht ökonomisch belohnt wird).

- Besonders wichtig ist die Beachtung von Kriterien, die keiner effektiven Kontrolle durch den Leistungserbringer unterliegen können; schließlich hängen Ergebnisse einer Behandlung auch von Umständen ab, die der Arzt nicht direkt beeinflussen kann. Dazu zählen beispielsweise die Compliance eines Patienten, dessen Lebensstil und auch die Umwelt.[887] Somit ergibt sich der Konflikt, dass „je enger die Indikatoren mit dem Gesundheitsergebnis verknüpft sind, desto weniger sind sie vom Leistungsersteller zu kontrollieren und desto geringer ist ihre Eignung und umgekehrt."[888]

Betrachtet man lediglich oben angesprochene Probleme, kann man kritische Stimmen von Seiten der Ärzte durchaus verstehen. Daher wird an dieser Stelle bereits klar, dass derartige Programme ohne eine intensive Mitarbeit ärztlicher Experten bei der Erstellung geeigneter Erfolgsindikatoren nur eine geringe Erfolgschance haben werden. Im Referenzprojekt waren medizinische Leistungserbringer an der Gestaltung des Programms intensiv beteiligt (siehe Kapitel 3.1.2). Grundsätzlich kann zwischen objektiven und subjektiven Erfolgs- und Ergebnisbeurteilungen unterschieden werden. Zu Letzteren gehören vor allem Beurteilungen der behandelten Patienten durch Befragungen in regelmäßigen Zeitabständen. Eine deutlich größere Vielfalt gibt es bei den objektiven Qualitätsindikatoren, die sich häufig am HEDIS-Indikatorensystem orientieren (siehe Kapitel 3.2.1). Diese

---

[887] Vgl. Steinbach, H., Sohn, S., Schöffski, O. (2004), S. 35.
[888] Amelung, V. E., Schumacher, H. (2000), S. 86.

Prozessindikatoren unterstellen eine Beziehung zum Gesundheitsstatus einer Person und können beispielsweise die im Referenzprojekt verwendeten sein. Aber auch Nachweise über erfolgreiche Präventionsmaßnahmen, das Erreichen klinischer Leistungsziele, die Patientenzufriedenheit sowie Investitionen in die Anwendung von Informationstechnologien für Datenübertragung und Dokumentation oder auch Nachweise über intersektorale Kooperation der Leistungserbringer können Voraussetzung für die Gewährung erfolgsorientierter Boni sein.

FAZIT: Die erfolgsorientierte Vergütungsform sollte als eigenständige Vergütungsform nicht allein existieren, sondern eine von mehreren Komponenten sein bzw. in Kombination mit anderen Vergütungsformen verwendet werden. Je größer der Anteil der Erfolgskomponente an der Gesamtvergütung ist, desto stärker ist auch der Anreiz zur erfolgsorientierten Leistungserbringung.[889] Ließe sich diese Vergütungsform trotz der erläuterten Problematik (zumindest als ein Bestandteil eines gesamten Vergütungssystems) in ein Gesundheitssystem integrieren, wären Qualitätsverbesserungen zu erwarten, insbesondere dann, wenn auch objektive Ergebnismessungen (wie die Anzahl durchgeführter Früherkennungsuntersuchungen) sowie behandlungsbezogene Qualitätsprüfungen miteinbezogen werden würden.[890] Wie auch beim Referenzprojekt geschehen, kann somit der wachsenden Bedeutung präventiver Maßnahmen Rechnung getragen und positiver Einfluss darauf genommen werden, dass bestimmte präventive Untersuchungen ab einem bestimmten Alter routinemäßig durchgeführt werden.

Auf jeden Fall ist darauf zu achten, ärztliche Experten bei der Festlegung der Qualitätsindikatoren mit einzubeziehen, um deren Akzeptanzwahrscheinlichkeit zu erhöhen und der Tatsache Rechnung zu tragen, dass nur wirkliche Experten die Komplexität der medizinischen Leistungserbringung überblicken können. Abschließend werden an dieser Stelle in Tabelle 46 Vor- und Nachteile von Qualitätsindikatoren zusammenfassend dargestellt.

---

[889] Vgl. Amelung, V. E., Schumacher, H. (2000), S. 87.
[890] Vgl. Amelung, V. E., Schumacher, H. (2000), S. 86-87.

Vorteile	Nachteile
▪ Ermöglichen Vergleiche zwischen Leistungsanbietern (Netze, Krankenhäuser und Praxen) – im zeitlichen Verlauf oder gegenüber einem Goldstandard (falls vorhanden). Diese Vergleiche können Veränderungen anregen und hierzu motivieren.	▪ Begünstigung einer fragmentierten Betrachtung der Medizin, insbesondere der Allgemeinmedizin (als holistische und integrative Disziplin).
▪ Ermöglichen und Vereinfachen einer objektiven Bewertung und eines Vergleiches von Anbietern.	▪ Integration nur leicht messbarer Versorgungsaspekte und außer Acht lassen der eher subjektiven Aspekte.
▪ Sicherung von Verantwortlichkeiten und Erkennen von inakzeptablem Verhalten.	▪ Schwere Interpretierbarkeit – z. B. könnten scheinbare Versorgungsunterschiede eher mit willkürlichen Schwankungen oder Fälleverteilungen (case-mix) zusammenhängen, als dass sie wirkliche Unterschiede in der Qualität der Versorgung aufzeigen.
▪ Anregung einer Diskussion über die Qualität der Versorgung und den Einsatz von Ressourcen.	
▪ Schnellere und weniger aufwändige Instrumente zur Qualitätsbewertung als andere Methoden.	▪ Kostspielige und zeitaufwändige Erstellung.
	▪ Förderung von Schuldzuweisungen und Senkung der Motivation in medizinischen Professionen.
▪ Dienen als Grundlage für Vereinbarungen von Leistungserbringern und Krankenkassen.	▪ Verleiten einer Organisation (z. B. Netze), sich eher auf gemessene Aspekte der Versorgung zu stützen als auf andere Aspekte und sich damit eher einer kurzfristigen Strategie zu widmen als eine Langzeitstrategie zu entwickeln.
▪ Förderung von Vertrauen über Transparenz.	

Tabelle 46:   Vor- und Nachteile von Qualitätsindikatoren[891]

4.3 Derzeitige Anreizsituation für Akteure im deutschen Gesundheitswesen

Im Folgenden wird aufgezeigt, welche Vergütungsformen für die Gesundheitsversorgung der deutschen Bevölkerung derzeit existieren und welche Anreize sich daraus für die Leistungserbringer ableiten lassen. Anfangs wird in Kapitel 4.3.1 die Anreizsituation für den niedergelassenen Arzt dargestellt und anschließend die für weitere Akteure im Gesundheitswesen (siehe Kapitel 4.3.2). Außerdem wird ein kurzer historischer Rückblick auf die Vergütung der Leistungserbringer gegeben.

---

[891]   Quelle: In Anlehnung an Schneider, A., Broge, B., Szecsenyi, J. (2003), S. 550.

4.3.1 Der niedergelassene Arzt in der ambulanten Versorgung

Zu Beginn der Betrachtung wird ein Blick auf die Situation im niedergelassenen Bereich gegeben. Dabei wird die dort gültige Vergütungssystematik dargestellt (siehe Kapitel 4.3.1.1) und anschließend in Kapitel 4.3.1.2 das derzeit gültige Regelwerk zur Abrechnung im niedergelassenen Bereich für die Vergütung gesetzlich krankenversicherter Personen, der EBM 2000plus, aufgezeigt. Schließlich soll verständlich werden, welche Anreize bezüglich der Behandlungsqualität von ihm ausgehen.

4.3.1.1 Vergütungssystematik

Die Vergütung im *niedergelassenen Bereich* erfolgte lange Zeit auf Basis der Einzelleistungsvergütung, welche die Ausgaben in der ambulanten Gesundheitsversorgung der Bevölkerung immer weiter ansteigen ließ;[892] eine Entwicklung, die nicht verwundert, betrachtet man die Ausführungen von Kapitel 4.2.1. In der Folgezeit wurde durch unterschiedliche Gesetze versucht, dieser Ausgabenentwicklung entgegenzusteuern, so beispielsweise durch das Kostendämpfungsgesetz (1977), das Gesundheitsstrukturgesetz (1993), das GKV-Neuordnungs-gesetz (1997)[893] etc. Dabei wurde der je Punkt abrechenbare Geldbetrag dynamisiert und sowohl der erbrachten Leistungsmenge als auch der zur Verfügung stehenden Geldmenge angepasst. Dies hat zu einem kontinuierlichen Punktwertverfall geführt, der in letzter Konsequenz den Hamsterradeffekt entstehen ließ.[894] Des Weiteren wurden Praxisbudgets und die ursprünglich im Gesetz ab 2006 vorgesehenen Regelleistungsvolumen (RLV) eingeführt.[895] In Kapitel 2.4.1.1.2 wurde bereits gezeigt, dass dieses Vorhaben so nicht umgesetzt wurde.

Grundsätzlich kann die derzeitige Vergütung vereinfacht als eine Einzelleistungsvergütung (ELV) auf Basis eines Punktekatalogs angesehen werden, die bei festen Geldwerten pro Punkt grundsätzlich zu einer Mengen- und Leistungsausweitung anreizt.[896] Als „Punktekatalog" ist seit 1. April 2005 der EBM 2000plus im Ein-

---

[892] Vgl. Steinbach, H., Sohn, S., Schöffski, O. (2004), S. 45.
[893] Eine ausführliche Darstellung der Historie des ambulanten Vergütungssystems ist zu finden bei Steinbach, H., Sohn, S., Schöffski, O. (2004), S. 36-49.
[894] Vgl. Lang, H. (2001), S. 48.
[895] Vgl. Sohn, S. (2006).
[896] Vgl. Amelung, V. E., Schumacher, H. (2000), S. 93.

satz, der in Kapitel 4.3.1.2 näher betrachtet wird. Im Rahmen der Einkommensbe-
stimmung der Leistungserbringer wird für jede Arztgruppe ein so genanntes *arzt-*
gruppenspezifisches Regelleistungsvolumen (RLV) festgelegt. Bei diesem handelt
es sich um arztgruppenspezifische Grenzwerte, bis zu denen die von einer Arztpraxis erbrachten Leistungen mit festen Punktwerten vergütet werden.[897] Die dafür bestimmte Punktmenge soll in etwa dem Behandlungsbedarf der Patienten in
den Praxen der jeweiligen Arztgruppe entsprechen.[898] Darüber hinausgehende
Leistungen werden mit einem abgestaffelten Punktwert vergütet. Somit gilt für
die Leistungserbringer bis zur Erreichung dieser Obergrenzen (bis 2004 Praxisbudgets, ab 2006 Regelleistungsvolumina) der Anreiz zur Mengen- und Leistungsausweitung. Da darüber hinausgehende Leistungen nicht mehr oder nur mit
abgestaffelten Punktwerten vergütet werden, ist für die Leistungserbringer häufig
keine kostendeckende Leistungserbringung mehr möglich. Daher besteht am Ende
eines jeden Quartals zumindest die ökonomische Zielsetzung der optimalen
Punktlandung an der Obergrenze. Allerdings ist dies in der alltäglichen Praxis nur
schwer exakt planbar; schließlich beeinflussen externe Einflüsse wie beispielsweise das Patientenverhalten oder auch saisonale und regionale epidemiologische
Einflüsse diese Planbarkeit.[899] Aufgrund des Zwanges zur Ökonomisierung kann
es sogar dazu kommen, dass „die ursprüngliche intrinsische Motivation des Arztes überlagert [wird] und [dies] eine noch stärkere Fixierung auf die finanziellen
Aspekte seiner Arbeit herbeiführt als dies naturgemäß bereits der Fall ist."[900]

Betrachtet man zusammenfassend die bestehenden Anreize für den niedergelassenen Leistungserbringer, so kann eine optimale Behandlungsqualität zumindest
angezweifelt werden. Der durch die Einzelleistungsvergütung sektoral qualitativ
vermutbaren hochwertigen Versorgung[901] wird durch die budgetäre Deckelung
entgegengewirkt. Eine optimale Behandlungsqualität ist somit in einigen Fällen
„nur unter Missachtung der eigenen ökonomischen Interessen möglich."[902]

---

[897] Vgl. § 85 Abs. 4 Sozialgesetzbuch.
[898] Vgl. Bundeszentrale für politische Bildung (o. J. d).
[899] Vgl. Sohn, S. (2006).
[900] Sohn, S. (2006).
[901] Vgl. Schroeders, N. v., Köbberling, J. (2002), S. 431.
[902] Sohn, S. (2006).

4.3.1.2 EBM 2000plus – Geltender Bewertungsmaßstab der ambulanten Versorgung

Der EBM wurde 1984[903] eingeführt, um ärztliche Leistungen zueinander in Relation zu setzen. Die erste große Reform des EBM fand 1996 statt. In der damaligen Fassung waren fast ausschließlich Einzelleistungen enthalten, die ohne Einschränkung von jedem Arzt abgerechnet werden durften. Jeder Gebührenordnungsposition (GOP) im EBM wurde eine bestimmte Punktanzahl zugewiesen. Kurz nach dem Inkrafttreten dieser EBM-Reform von 1996 stellte man eine enorme Leistungsmengenausweitung fest, die für die Krankenkassen Kosten in untragbarer Höhe absehbar machte. Als Gegenmaßnahme wurden 1997 „Praxisbudgets" eingeführt, um eine Punktsummenobergrenze und damit auch eine Kostenobergrenze für den ambulanten Versorgungsbereich festzulegen.[904] Dies führte schließlich zum „Hamsterrad-effekt"[905] und somit zu einer Abwertung des einzelnen Punktwerts und einer Unterbewertung der durch die Ärzte erbrachten Leistungen. Daher wurde im Jahr 2000 die KBV beauftragt, einen neuen EBM auszuarbeiten, um diesen Missstand zu beseitigen (durch die Eliminierung ungewollter Anreize der Einzelleistungsvergütung aus dem EBM).

Wie bereits angeführt, erfolgte die Einführung des EBM 2000plus zum 1. April 2005. Er zeichnet sich vor allem dadurch aus, dass viele bisher einzeln vergütete Leistungen (ELV) zu Leistungskomplexen zusammengefasst wurden und damit in Richtung einer Pauschalvergütung gehen.[906] Bei diesen Komplexpauschalen geht es um Leistungsbündel bzw. Behandlungskomplexe, die bestimmte Einzelleistungen zusammenfassen und aggregiert pauschal mit einer Leistungskennzahl entlohnt werden.[907] Sowohl Laborleistungen, Verwaltungsleistungen als auch operative Leistungen können beispielsweise zu Komplexen zusammengefasst werden.[908] Damit ist der EBM 2000plus das Verzeichnis für Leistungen, welche von Ärzten gegenüber Versicherten der gesetzlichen Krankenkassen abgerechnet wer-

---

[903] Vgl. Mertens, R. (2005), S. 10.
[904] Vgl. Van den Bergh, W. (2003).
[905] Vgl. Boroch, W. (1998), S. 17.
[906] Vgl. Bundeszentrale für politische Bildung (o. J. e).
[907] Vgl. Rachhold, U. (2000), S. 57.
[908] Vgl. Amelung, V. E., Schumacher, H. (2000), S. 77.

den können und damit der wichtigste Katalog im Zusammenhang mit der Vergütung ambulantärztlicher Leistungen in Deutschland.[909]

4.3.1.2.1 Struktur und Aufbau

Der EBM 2000plus ist in folgende sechs Kapitel unterteilt, die wiederum in weitere Unterkapitel gegliedert sind. Die Ausrichtung erfolgt dabei größtenteils an den Arztgruppen (eine vollständige Übersicht befindet sich in Anhang 1):

- I - Allgemeine Bestimmungen
- II - Arztgruppenübergreifende allgemeine Leistungen
- III - Arztgruppenspezifische Leistungen
- IV - Arztgruppenübergreifende spezielle Leistungen
- V - Kostenpauschalen (BMÄ und E-GO)
- VI - Anhänge

Besonders interessant ist *Kapitel III - Arztgruppenspezifische Leistungen*, das aus 25 Unterkapiteln zur Unterteilung entsprechender Arztgruppen besteht. Zunächst erfolgt eine grobe Unterteilung in III.a (Hausärztlicher Versorgungsbereich) und III.b (Fachärztlicher Versorgungsbereich). Im hausärztlichen Versorgungsbereich gibt es die Unterteilung nach hausärztlicher Medizin und Kinder- und Jugendmedizin. Im fachärztlichen Versorgungsbereich existiert eine Unterteilung in 23 Unterkapitel.

Insgesamt enthält der EBM 2000plus in der Fassung vom 01.01.2007 1.838 Positionen bzw. GOPe. Ein Arzt darf nur jeweils die GOPe abrechnen, die den Kapiteln zugeordnet sind, für die er einen expliziten Qualifikationsnachweis (Facharztausbildung, Schwerpunktkompetenzen etc.) besitzt. Durch die ersten beiden Ziffern sind die GOPe immer eindeutig einem Arztgruppenkapitel zuzuweisen. So stehen beispielsweise den GOPen aus dem Kapitel „Hausärztlicher Versorgungsbereich" immer die Ziffern „03" voran. Durch diese strikte Unterteilung ist es möglich, aus dem gesamten EBM spezielle Versionen für einzelne Arztgruppen

---

Vgl. § 87 Absatz 2 Sozialgesetzbuch V.

zu erzeugen, indem die nicht relevanten Teile weggelassen werden. Diese „arzt-
gruppenspezifischen Versionen" des EBM haben teilweise einen deutlich geringeren Umfang und machen die Handhabung für den Arzt einfacher und übersichtlicher. Als Musterbeispiel kann der „Hausarzt-EBM" angeführt werden, der anstelle der gesamten 1.838 nur 399 GOPen aufweist.

Der EBM 2000plus bildet auf bundeseinheitlicher Ebene noch nicht den vollständigen Leistungskatalog ab, der einem Arzt bei der Abrechung seiner erbrachten
Leistungen zur Verfügung steht, denn die 17 regionalen Kassenärztlichen Vereinigungen (KV) haben Erweiterungen, um dem regionalen Versorgungsbedarf gerecht zu werden. Entsprechend der KV-Zugehörigkeit des Arztes sind diese Sonderregelungen bei der Abrechnung zusätzlich verpflichtend gültig. Als Beispiel
kann hier auf das Regelwerk „EBM 2000plus Bayerische Regelungen" der KV
Bayern verwiesen werden. Darin werden besondere GOPe definiert, die unter anderem zur Abrechnung verschiedener Strukturverträge, Vergütungen aus Disease
Management Programmen, Schutzimpfungen oder diverser abrechnungs-
bezogener Besonderheiten dienen.

4.3.1.2.2 Honorarformen und deren Anreizwirkung

Im EBM 2000plus finden sich eine Reihe von Gebührenordnungspunkten, die direkt mit *Euro-Beträgen* und nicht mit *Punkten* bewertet werden. Bei Ersteren
handelt es sich in der Regel um Leistungen, bei denen ein Arzt keinen Verlust
durch die Erbringung einer Leistung erleiden soll, was durch den Verfall des
Punktwerts theoretisch möglich wäre. Solche in Euro bewerteten Leistungen sind
beispielsweise Präventionsmaßnahmen und Impfungen. In Tabelle 47 wird die
Verteilung der Gebührenordnungspunkte auf die einzelnen Kapitel des EBM dargestellt. Kapitel, die ausschließlich Gebührenordnungspunkte mit monetärer Bewertung enthalten, sind dort grau hinterlegt. Lediglich in diesen beiden markierten
Kapiteln sind direkt monetär bewertete Gebührenordnungspunkte vorhanden, die
einen Anteil von 35 % aufweisen (in der EBM Fassung vom 1. Januar 1996 waren
dies lediglich 25 GOPe bzw. ein Anteil von knapp 2 %).

Kapitelname	Anzahl GOPe
II - Arztgruppenübergreifende allgemeine Leistungen	179
IIIa - Hausärztlicher Versorgungsbereich	62
IIIa 3 - Hausärztlicher Versorgungsbereich	29
IIIa 4 - Leistungen der Kinder- und Jugendmedizin	33
IIIb - Fachärztlicher Versorgungsbereich	416
IIIb 5 - Anästhesiologische Leistungen	13
IIIb 6 - Augenärztliche Leistungen	20
IIIb 7 - Chirurgische, kinderchirurgische und plastisch-chirurgische Leistungen	10
IIIb 8 - Frauenärztliche Leistungen, Geburtshilfe und Reproduktionsmedizin	40
IIIb 9 - Hals-Nasen-Ohrenärztliche Leistungen	34
IIIb 10 - Hautärztliche Leistungen	13
IIIb 11 - Humangenetische Leistungen	14
IIIb 12 - Laboratoriumsmedizinische Leistungen	3
IIIb 13 - Leistungen der Inneren Medizin	59
IIIb 14 - Leistungen der Kinder- und Jugendpsychiatrie und -psychotherapie	16
IIIb 15 - Leistungen der Mund-, Kiefer- und Gesichtschirurgie	11
IIIb 16 - Neurologische und neurochirurgische Leistungen	15
IIIb 17 - Nuklearmedizinische Leistungen	22
IIIb 18 - Orthopädische Leistungen	12
IIIb 19 - Pathologische Leistungen	12
IIIb 20 - Phoniatrische und pädaudiologische Leistungen	34
IIIb 21 - Psychiatrische und Psychotherapeutische Leistungen (Psychiater)	18
IIIb 22 - Leistungen der Psychotherapeutischen Medizin	8
IIIb 23 - Psychotherapeutische Leistungen	6
IIIb 24 - Radiologische Leistungen	3
IIIb 25 - Strahlentherapeutische Leistungen	16
IIIb 26 - Urologische Leistungen	21
IIIb 27 - Leistungen der Physikalischen und Rehabilitativen Medizin	16

IV – Arztgruppenübergreifende spezielle Leistungen	1.108
IV 30 - Spezielle Versorgungsbereiche	48
IV 31 - Leist. d. amb. und beleg. Op., konservativ ortho.-chir. Leistungen	335
IV 32 - Laboratoriumsmedizin, Molekulargenetik und Molekularpathologie	570
IV 33 - Ultraschalldiagnostik	36
IV 34 - Diagnostische und interventionelle Radiologie, CT und MRT	94
IV 35 - Leistungen gemäß den Psychotherapie-Richtlinien	27
V - Kostenpauschalen (BMÄ und E-GO)	71
EBM Gesamt	**1.838**

Tabelle 47:   Verteilung der GOPe über die EBM-Kapitel[910]

Somit ergeben sich für die Ärzte ausgewählter Arztgruppen eine unterschiedliche Anzahl relevanter GOPe bzw. ein unterschiedliches Verhältnis von GOPen mit einer direkten monetären Bewertung (Euro-Beträge) und GOPen mit einer Bewertung in Punkten (siehe Abbildung 18); eine vollständige Version des Diagramms mit allen Arztgruppen befindet sich in Anhang 2). Dabei wird deutlich, dass es für einige Arztgruppen deutliche Vereinfachungen gegenüber dem Gesamtumfang des EBM 2000plus gibt. Besonders auffällig ist dies bei den Haus- und Kinderärzten, die sich lediglich mit 22 bzw. 30 % des vollständigen EBM 2000plus auseinandersetzen müssen.

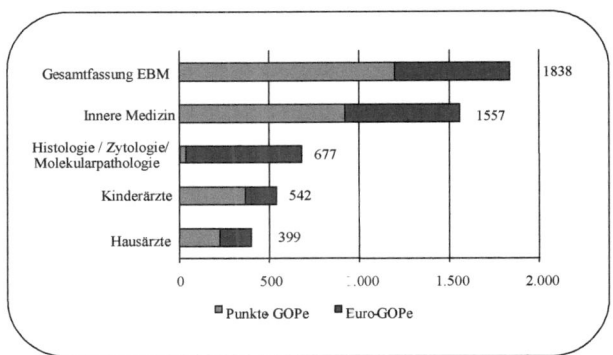

Abbildung 18:   Absolute Verteilung der GOPe auf ausgewählte Arztgruppen[911]

---

[910]   Quelle: Eigene Darstellung, ergänzt um absolute Häufigkeiten aus eigener Erhebung, in Anlehnung an Kassenärztliche Bundesvereinigung (2007c), S. 1-9.

Wie gezeigt, existiert beim EBM 2000plus weitestgehend eine Mischung aus zwei Honorarformen, den Einzelleistungsvergütungs- und den Fallpauschalen-Positionen, die etwa zu gleichen Anteilen vorhanden sind. Wie ebenfalls angesprochen, kann hierbei eine weitere Unterteilung vorgenommen werden in Positionen, die mit *Punkten* bewertet sind und in Positionen, die direkt *monetär mit Euro-Beträgen* bewertet sind. Die sich daraus ergebenen Anreizwirkungen werden nun im Folgenden aufgezeigt.

Anreizwirkungen aus in Punkten bewerteten Gebührenordnungspunkten

Wie in Kapitel 2.4.1.1 dargelegt, kennt der Arzt im Moment der Abrechnung den genauen monetären Gegenwert der Punkte nicht, bestenfalls eine grobe Schätzung. Am Ende einer Abrechnungsperiode wird das zur Verfügung stehende Budget durch die Punktesumme aller erbrachten Leistungen dividiert, um den Euro-Wert eines einzelnen Punkts zu erhalten.[912] Der Zahlungsanspruch des Arztes gegenüber der KV errechnet sich dann aus dem Produkt des Punktwerts und der Punktesumme der von ihm erbrachten Leistungen in einem Quartal. In den Jahren von 1997 bis Anfang 2006 wurde das Morbiditätsrisiko von den Ärzten getragen, da sich das Gesamtbudget nicht am Versorgungsbedarf orientierte. Durch die Einführung der (morbiditätsbezogenen) Regelleistungsvolumina soll sich nun das durch die Krankenkassen vorgegebene Gesamtbudget am tatsächlichen Versorgungsbedarf orientieren und das Morbiditätsrisiko wieder von den Krankenkassen getragen werden. Um künftig dem „Hamsterrad-Effekt" vorzubeugen, wurden bei der Einführung des EBM 2000plus die Regelleistungsvolumina vorgesehen, bei deren Überschreitung die Punkte nur noch mit 10 % des Euro-Betrags für Punkte innerhalb der Regelleistungsvolumina vergütet werden (siehe Kapitel 2.4.1.1.1). Somit besteht für den Arzt der Anreiz, so viele Leistungen zu erbringen bzw. Punkte zu sammeln, um möglichst nah an die Grenze des Regelleistungsvolumens zu kommen, unabhängig von der tatsächlichen Höhe des Euro-Werts eines Punkts.

---

[911] Quelle: Eigene Darstellung.
[912] Das Vorgehen ist hier vereinfacht dargestellt, in der Realität wird sehr stark differenziert zwischen bestimmten Gruppen von Leistungen, wobei manche gezielt höher oder niedriger mittels getrennten Budgets bewertet werden.

Durch die Konzeption des EBM 2000plus als eine Mischung von Honorarformen ergeben sich Interpretationsspielräume. An manchen Stellen entsteht beispielsweise die Möglichkeit zur Substitution eines Leistungskomplexes durch die Bündelung von Einzelleistungen, die in der Summe eine höhere Punktezahl haben als der Leistungskomplex. Ein kurzes Abrechnungsbeispiel zur Betreuung einer Herzinsuffizienz durch einen Hausarzt soll diesen Sachverhalt verdeutlichen.[913] Dem Beispiel wird vorangestellt, dass keine medizinische Interpretation der Varianten vorgenommen wird. Es beschränkt sich auf eine rein ökonomische Sicht der Dinge. Tabelle 48 stellt den Leistungskomplex zur *Behandlung und Betreuung einer chronisch-internistischen Grunderkrankung* im Falle einer vorliegenden Herzinsuffizienz der möglichen Substitution durch die Erhebung eines *Ganzkörperstatus* und einer *zusätzlichen elektrokardiographischen Untersuchung* gegenüber. Dabei kann festgestellt werden, dass der Arzt mit letzterer Abrechnungsvariante 65 Punkte mehr erzielen kann.

Abrechnungsziffer	Inhalt	Punktwert
03210	Behandlung und Betreuung eines Patienten mit chronisch-internistischer(n) Grunderkrankung(en)	**455**
03311 + 03320 =	Ganzkörperstatus Elektrokardiographische Untersuchung Substitution des Leistungskomplexes	300 220 **520**

Tabelle 48:   Abrechnungsbeispiel zur Substitution von Leistungskomplexen[914]

An dieser Stelle offenbart sich eine der Schwachstellen des EBM 2000plus, die jedoch systeminhärent ist bei einer Mischung von sich in den Anreizwirkungen entgegenstehenden Honorarformen. Die Gefahr der Substitution von Leistungskomplexen ist prinzipiell immer gegeben und kann nur durch explizite Regelungen und Kombinationseinschränkungen eingedämmt werden. Doch im Vergleich mit einer reinen Einzelleistungsvergütung bringt eine derartige Mischform deutlich wünschenswertere Anreizwirkungen mit sich.

---

[913] Vgl. Der niedergelassene Arzt (2007), S. 23.
[914] Quelle: Eigene Darstellung, in Anlehnung an Der niedergelassene Arzt (2007), S. 23.

Ein weiteres Beispiel soll an dieser Stelle die positiven Aspekte einer solchen Mischung aus Honorarformen zeigen (siehe Tabelle 49).

Abrechnungsziffer		Inhalt	Punktwert
	03111	Ordinationskomplex für Versicherte ab Beginn des 6. bis zum vollendeten 59. Lebensjahr	145
+	03120	Beratung, Erörterung und/oder Abklärung, Dauer mindestens 10 Minuten	150
=		20 Minuten Beratung	**295**
Zum Vergleich im EBM in der Fassung vom 01.01.1996:			
	1	Ordinationsgebühr, je Behandlungsfall Hauptversicherter	265
+	10	Therapeutisches hausärztliches Gespräch, Dauer mindestens 15 Minuten	450
=		15 Minuten Beratung	**715**

Tabelle 49: Abrechnungsbeispiel zur Vorteilhaftigkeit von Honorarmischformen[915]

Tabelle 49 stellt die Situation des EBM in der Fassung vom 1. Januar 1996 dem heute gültigen EBM 2000plus gegenüber. Abgesehen von dem Unterschied in den Punktesummen ergeben sich heute völlig andere Anreize für den Arzt als damals. Im GOP 03111 sind bis zu 10 Minuten Beratung als fakultativer Leistungsanteil festgeschrieben, die alte Ordinationsgebühr im EBM 96 beinhaltete keine vergleichbare Leistung. Die Ziffer deckte lediglich das Zustandekommen des Arzt-Patienten-Kontakts ab. Da ein Beratungsgespräch aber Bestandteil vieler Hausarztbesuche ist, wurde natürlich ein hausärztliches Gespräch mit abgerechnet. Damit die Berechnung des Gesprächs legitim war, musste sich der Arzt mindestens 15 Minuten mit dem Patienten unterhalten. Tatsächlich hat der Arzt natürlich den Anreiz, immer ein solches Gespräch abzurechnen und des Weiteren auch noch andere Leistungen zu erbringen. Das förderte natürlich enorm die „sprechende Medizin", führte aber auch eventuell zu einigen hinausgezögerten Gesprächen. Der Leistungskomplex im EBM 2000plus führt dazu, dass Patienten innerhalb der ersten 10 Minuten nur dann beraten werden, wenn es zwingend notwendig ist, denn der Arzt hat ein Interesse daran, die Leistung des Ordinationskomplexes in möglichst kurzer Zeit zu erbringen. Das hat auch den positiven

---

[915] Quelle: Kassenärztliche Bundesvereinigung (2005), S. 71-72; Kassenärztliche Bundesvereinigung (1996) S. 17 u. S. 23.

Nebeneffekt, dass Patienten innerhalb der ersten 10 Minuten nur tatsächlich so lange beraten werden, wie es wirklich nötig ist. Das spart dem Patienten Zeit und der Arzt kann schneller einen weiteren Patienten versorgen. Ist eine intensivere Beratung notwendig, kann der Arzt zusätzlich den GOP 03210 abrechnen. Bei diesem Anreizmodell besteht jedoch die Gefahr, dass die „sprechende Medizin" zu kurz kommt, was durchaus einen negativen Einfluss auf die Behandlungsqualität haben kann. In den meisten Fällen bewirkt die stärkere Mischung der Honorarformen im EBM 2000plus eine deutlich vorteilhaftere Anreizstruktur als in den Vorgängerversionen des EBM.

Anreizwirkungen aus monetär bewerteten Gebührenordnungspunkten

Monetär bewertete Positionen im EBM 2000plus erhöhen für den Leistungserbringer in erster Linie die Planungssicherheit. Darüber hinaus besteht für den Arzt sowohl bei Einzelleistungs-positionen als auch bei Leistungskomplexen ein verstärkter Anreiz zur kostenminimalen Leistungserstellung, da der exakte finanzielle Nutzen der Leistung dem finanziellen Aufwand der Leistungserstellung gegenübergestellt werden kann. Bestimmte Leistungen werden direkt monetär bewertet. Das ist immer dann der Fall, wenn dem Leistungserbringer in keinem Fall ein finanzieller Nachteil aus der Erbringung einer bestimmten Leistung entstehen soll, damit das Erbringen der Leistung nicht durch die berechtigten ökonomischen Interessen des Arztes verhindert wird. Hier können beispielsweise Präventionsleistungen angeführt werden, aber vor allem die Schutzimpfungen. Allerdings kann die direkte monetäre Bewertung von Einzelleistungspositionen auch innovationshemmende Effekte haben. Insbesondere wenn bei der Einzelleistung die Möglichkeit der Kostenminimierung besteht. Dies wird im Folgenden anhand eines einfachen Beispiels verdeutlicht, der Arzt-Patientenkommunikation mittels Brief bzw. Telefax:

40120 Kostenpauschale für die Versendung bzw. den Transport von Briefen 0,55 EUR[916]

Der Arzt hat hier den Anreiz der Kostenminimierung und wählt einen möglichst preisgünstigen Briefzusteller. Die Differenz zwischen der Kostenpauschale und

---

[916]   Vgl. Kassenärztliche Bundesvereinigung (2007c), S. 462.

dem Leistungspreis des Briefzustellers ist ein Reingewinn für den Arzt. Obwohl eine Arzt-Patienten-Kommunikation per E-Mail auf dem Transportweg nahezu kostenlos und wesentlich schneller wäre, hätte der Arzt keinen Anreiz, diese zum Einsatz zu bringen; schließlich würde ihm dabei die Differenz zwischen der Kostenpauschale und dem Einkaufspreis der Briefzustellerleistung entgehen (die E-Mail-Kommunikation ist gemäß des EBM 2000plus nicht abrechnungsfähig). Allerdings ist der Anreiz zur Kostenminimierung insgesamt doch sehr positiv zu bewerten, insbesondere im Hinblick auf eine immer stärker werdende Pauschalierung der Vergütungsformen im hausärztlichen Bereich, die eine Optimierung der Kostenstruktur in der Arztpraxis zwingend erforderlich macht.

Wie oben bereits angesprochen, werden die Abrechnungspositionen des EBM 2000plus um regionale Sonderregelungen ergänzt, so beispielsweise durch den „EBM 2000plus Bayerische Regelungen". Auch sind in diesem sowohl GOPe mit Euro-Beträgen und andere in Punkten als auch Leistungskomplexe und Einzelleistungspositionen zu finden. Der Großteil der Positionen wird in Punkten und nur ein kleiner Teil der GOPe der bayerischen Regelungen direkt in Euro-Beträgen bewertet. Diese kleine Gruppe stellt ausschließlich Schutzimpfungen dar, wie beispielsweise:

89300 3-fach Impfung Masern, Mumps, Röteln 21,47 EUR[917]

Dabei handelt es sich um einen monetär bewerteten Leistungskomplex, mit dem die Kosten für den Impfstoff und der Zeitaufwand des Arztes bzw. der Helferin abgegolten sind.

Bei der Ausarbeitung des EBM 2000plus wurden Einzelleistungen gezielt zu so genannten Komplexen zusammengefasst. Ein Komplex besteht in der Regel aus obligaten und fakultativen Leistungen. Die als *obligaten* Leistungen bezeichneten Teile sind verpflichtend zu erbringen, um eine GOP rechtmäßig abrechnen zu dürfen. *Fakultative* Leistungen müssen nicht in jedem Fall erbracht werden, sind aber unbedingt zu leisten, sofern es medizinisch erforderlich ist. Um einen bestimmten Komplex abrechnen zu dürfen, muss ein Arzt sowohl für die obligaten als auch

---

[917]   Vgl. Kassenärztliche Vereinigung Bayern (2005), S. 20.

für die fakultativen Leistungsanteile alle fachlichen und infrastrukturellen Voraussetzungen erfüllen. Insgesamt wurden 50 % der GOPen in Komplexen zusammengefasst, die ungefähr 60 % des Leistungsbedarfs abdecken.[918] Diese Komplexe haben neben der Anreizwirkung auch eine positive Wirkung auf die medizinische Versorgungsqualität. Sie können als eine Art medizinische Miniaturleitlinie betrachtet werden, stellen sie doch für den Arzt einen Rahmen fest vorgegebener Leistungen dar, die er zur Abrechnung des Komplexes erbringen muss. Dieser Rahmen basiert auf Erkenntnissen der evidenzbasierten Medizin und trägt damit auch in geringem Umfang zu einer Standardisierung der Leistungen im ambulanten Versorgungsbereich bei. Dies allerdings nur, sofern die Komplexe nicht durch Einzelleistungen substituiert werden. Die vier am häufigsten vorkommenden Arten von Komplexen im EBM 2000plus sind:

- Ordinationskomplexe

- Konsiliarkomplexe

- Konsultationskomplexe

- Diverse Behandlungs- und Untersuchungskomplexe

Die Bewertung dieser Leistungskomplexe variiert je nach Arztgruppe bzw. Therapie oder Untersuchung. Der *Ordinationskomplex* darf nur einmal pro Quartal und Patient abgerechnet werden, sobald dieser Kontakt mit dem Arzt aufnimmt. Die Ausgestaltung des Ordinationskomplexes ist über alle Arztgruppen hinweg sehr ähnlich. Damit werden verschiedene Verwaltungsaufwendungen etc. des Arztes und die ersten 10 Minuten einer Beratung und/oder Behandlung abgedeckt. Der *Konsultationskomplex* ist bei jeder Arztgruppe gleich ausgestaltet und kann für jeden weiteren Patientenbesuch während eines Quartal abgerechnet werden. Die Zielsetzung ist lediglich die Deckung des zusätzlichen Verwaltungsaufwandes, denn es gibt weder einen obligaten noch einen fakultativen Leistungsanteil.

Abschließend wird an dieser Stelle darauf hingewiesen, dass im Rahmen der Reform der vertragsärztlichen Vergütung ab dem 01. Januar 2009 das bisher von

---

[918] Vgl. Kassenärztliche Bundesvereinigung (2007d).

Budgets und floatenden Punktwerten geprägte Honorarsystem durch regionale Euro-Gebührenordnungen (EBM 2007plus) abgelöst werden soll.[919] Die neue Euro-Gebührenordnung (§ 87a SGB V) enthält Pauschalvergütungen in überschaubarer Zahl sowie Einzelvergütungen für besonders förderungswürdige Leistungen. Zudem können Qualitätszuschläge vorgesehen werden, mit denen die in besonderen Behandlungsfällen erforderliche Qualität vergütet wird.

4.3.2 Weitere Akteure

Nachdem nun die Anreizsituation im niedergelassenen Bereich dargestellt worden ist, wird der Vollständigkeit halber auf die bestehenden Anreizstrukturen anderer im deutschen Gesundheitswesen tätiger Leistungserbringer eingegangen. Wie für den niedergelassenen Arzt kann auch bei *Krankenhäusern im stationären Sektor* beobachtet werden, dass unter anderem frühere Vergütungsformen zu einer kontinuierlichen Kostenzunahme geführt haben. So beispielsweise durch die Vergütung auf Basis tagesgleicher Pflegesätze, die dem Krankenhaus spätestens ex-post eine Kostendeckung garantierte. Seitens der Regierung wurde immer wieder versucht, durch unterschiedliche Gesetze dem Kostenanstieg entgegenzuwirken,[920] wie auch in Tabelle 50 dargestellt.

Jahr	Systeme der Krankenhausvergütung
1972	Retrospektive Selbstkostendeckung
1985	Prospektive Selbstkostendeckung
1993/95	Einführung von Fallpauschalen und Sonderentgelten
2003	Einführung eines DRG-Systems

Tabelle 50: Systeme der Krankenhausvergütung seit 1972[921]

Durch das von 1972 bis 1985 geltende Prinzip der retrospektiven Selbstkostendeckung wurden einem Krankenhaus alle tatsächlich angefallenen Kosten erstattet. Da die Vergütungshöhe mit der Verweildauer der Patienten gekoppelt war, bestand für die Krankenhäuser der ökonomische Anreiz, „die Patienten möglichst

---

[919] Vgl. Kassenärztliche Vereinigung Berlin (2007).
[920] Vgl. Sohn, S. (2006).
[921] Quelle: Bundeszentrale für politische Bildung (o. J. f).

lange zu behandeln."[922] Die letzte bedeutende Maßnahme war der im Rahmen des GKV-Gesundheitsreformgesetzes aus dem Jahre 2000 beschlossene Umstieg der Vergütung der Krankenhäuser auf die DRGs.[923] Bestand vor der Umstellung auf die DRGs noch der Anreiz einer möglichst hohen Bettenauslastung, so hat sich dieser nahezu umgekehrt (siehe Kapitel 4.2.3). Im DRG-System versuchen Leistungserbringer ein effizientes Fallmanagement incl. entsprechender Fall-Erlösoptimierung zu erreichen.[924] Betrachtet man die Einnahme- und die Ausgabenseite der Krankenhäuser für die DRG-Vergütung, lassen sich folgende Thesen aufstellen:

- Auf der Einnahmeseite wird versucht werden, die Erlöskomponenten sicherzustellen. Dazu gehören beispielsweise die Optimierung der DRG- und OPS-Codierung eines Patienten, die Sicherstellung der Erlösgenerierung aus Sonderentgelten etc. Da für jeden Patienten, häufig als „Fall" betrachtet, eine DRG abgerechnet wird, werden die Leistungserbringer alles dafür tun, die Erlösseite zu optimieren. Auch die Dokumentation von Nebendiagnosen etc. haben einen Einfluss auf die vergütete Höhe einer DRG, genauso wie die Schwere eines Behandlungsfalles (siehe Kapitel 2.4.1.1.2).

- Da die Leistungserbringer abschätzen können, welche Vergütungshöhe sie für einen Patienten erhalten werden, kommt es zu einer stärkeren Fokussierung auf die Ausgabenseite. Durch eine Gegenrechnung von Einnahmen und Ausgaben für einen Patienten kann das Krankenhaus berechnen, ob ein Patient einen positiven oder negativen Deckungsbeitrag zum Gesamtergebnis beiträgt. Auf diese Weise kann herausgefunden werden, welche Behandlungsfälle finanziell besonders lukrativ sind.

Insgesamt gehen von der DRG-Einführung positive Effekte aus. Krankenhäuser werden dazu angehalten, wirtschaftlicher zu arbeiten, gegen die Verschwendung von Ressourcen hinzuwirken und Schnittstellen mit vor- und nachgelagerten Schnittstellen zu optimieren. Allerdings birgt sie auch einige Risiken. Neben dem

---

[922] Bundeszentrale für politische Bildung (o. J. f).
[923] Vgl. Simon, M. (2000), S. 1.
[924] Vgl. Sohn, S. (2006).

Anreiz, Patienten möglichst frühzeitig aus dem Krankenhaus zu entlassen, sofern es der Gesundheitszustand erlaubt, wird auch versucht werden, Patienten möglichst frühzeitig in den post-operativen Rehabilitationsbereich zu verlegen. Des Weiteren kann es darum gehen, sich vor allem auf finanziell besonders lukrative Behandlungsfälle zu spezialisieren (Rosinen-Pickerei). Auch wenn es in einigen Krankenhäusern zu einer Effizienz-Erhöhung kommen wird, so verbleibt diese zum überwiegenden Teil im stationären Sektor. Die Effizienzerhöhung der gesamten Versorgungskette, wie beispielsweise durch die Optimierung der Schnittstellen zum ambulanten als auch zum nachfolgenden Rehabilitations-Bereich, wird nur bedingt erreicht. Durch die möglichst frühzeitige Verlegung kann es dort zu höheren Aufwendungen kommen, die sich nicht in den Behandlungskosten des stationären Sektors widerspiegeln werden. Der Anreiz zur Fallmengenausweitung verbleibt auch weiterhin, da er der fallorientierten Vergütungsform gegenüber doch immanent ist.[925]

Rehabilitations-Kliniken werden traditionell über tagesgleiche Pflegesätze vergütet. Aus dieser Vergütungsform resultiert der Anreiz der möglichst langen Aufenthaltsdauer eines Rehabilitations-Patienten. Derzeit kann jedoch eine Zunahme der fallpauschalierten und auch der erfolgsorientierten Vergütung beobachtet werden. So führt beispielsweise die Barmer-Krankenkasse das Forschungsprojekt „Ergebnisorientierte Vergütung in der Rehabilitation nach Schlaganfall" durch.[926] Ziel hierbei ist die Entwicklung eines Vergütungsmodells, bei dem eine hohe Behandlungsqualität belohnt, eine schlechte Behandlungsqualität hingegen durch Abschläge belegt wird. Somit soll für Rehabilitations-Kliniken der Anreiz für eine möglichst hohe Behandlungsqualität geschaffen werden.

Für die *Arzneimittelversorgung* erhielten Apotheken in Deutschland bis 2003 einen prozentualen Anteil am Preis für jedes abgegebene Arzneimittel. Demnach hatten Apotheker ein ökonomisches Interesse daran, möglichst teure Arzneimittel zu verkaufen, wodurch die Kosten für die Medikamentenversorgung kontinuier-

---

[925] Vgl. Krauth, C., Schwartz, F. W., Perleth, M., u. a. (1997), S. 8.
[926] Vgl. Barmer (2005).

lich anstiegen. Dagegen sollte die „aut-idem"-Regelung[927] wirken. Mit der Einführung des GMG (2004) hat sich diese Situation jedoch geändert. Seitdem erhalten Apotheker für jede verkaufte Packung eine variable Erlöskomponente von 3 % und eine fixe Komponente von 8,10 €. Diese Vergütung erhält der Apotheker unabhängig von dem Preis eines Arzneimittels. Somit entfällt für ihn der Anreiz, möglichst teure Arzneimittel zu verkaufen und er „erhält damit erstmals die Möglichkeit zur ökonomisch unabhängigeren Beratung des Patienten"[928]. Auch wenn der Apotheker nun nicht mehr das primäre Interesse hat, möglichst hochpreisige Arzneimittel zu verkaufen, so hat er allerdings kein Interesse an den Gesamtkosten bzw. der Gesamteffizienz des Behandlungsprozesses eines Patienten.[929]

Wie auch bei der Versorgung mit Arzneimitteln kann für *ambulante Pflegedienste* festgestellt werden, dass keine Vergütung in Abhängigkeit von der geleisteten Behandlungsqualität üblich ist. Die Vergütung erfolgt sowohl nach ELV als auch über Fallpauschalen. Bereits in Kapitel 4.2.2 und 4.2.3 wurde beschrieben, dass hieraus der Anreiz zur Mengenausweitung und zusätzlich für die nach ELV honorierten Leistungen der Anreiz zur Leistungsausweitung resultiert.[930] Daher existieren im Bereich der ambulanten Pflegedienste keine qualitätssteigernden Elemente, sondern auch hier besteht der Anreiz, durch mehr Behandlungsfälle bzw. erbrachte Leistungen den Erlös zu maximieren.

Ähnliches kann auch im Bereich der *stationären Pflegeeinrichtungen* beobachtet werden, da die Finanzierung durch tagesgleiche Pflegesätze vollzogen wird, bei denen zusätzlich nach dem Grad der Pflegestufe differenziert wird. Wie bereits in Kapitel 4.2.5 angeführt und auch aus der Geschichte der Krankenhausfinanzierung beobachtet werden kann, resultiert hieraus der Anreiz zur Mengenausweitung.

Einer der Hauptakteure des gesamten Systems ist stets der *Patient*. Dieser hat ein ökonomisches Interesse an geringen Ausgaben und damit an einem möglichst ge-

---

[927] Demnach hatte ein Apotheker die Möglichkeit bzw. sogar die Verpflichtung, ein wirkungsgleiches und preislich günstigeres Präparat anstelle des Verordneten abzugeben (falls der verschreibende Arzt dies nicht ausdrücklich auf dem Rezept ausgeschlossen hatte), vgl. o. V. (2001).
[928] Sohn, S. (2006).
[929] Vgl. Sohn, S. (2006).
[930] Vgl. Sohn, S. (2006).

ringen Beitrag zur Kranken- bzw. Pflegeversicherung. Gleichzeitig möchte er natürlich auch den maximalen Nutzen aus seinen Beitragszahlungen bekommen,
welcher sich in einer optimalen Behandlungsqualität widerspiegeln sollte (über
die tatsächlichen Behandlungskosten haben lediglich die im PKV-System versicherten Personen einen Überblick). Aufgrund der hieraus resultierenden „Null-
kostenmentalität" hat der Patient den Anreiz, alle möglichen Untersuchungen
durchführen zu lassen, um damit die Wahrscheinlichkeit auf bessere Behandlungsergebnisse zu erhöhen;[931] auch wenn dieser Zusammenhang (mehr Leistungen sind mit einer besseren Behandlungsqualität gleichzusetzen) nicht verallgemeinert werden kann. Um die Mentalität der Bevölkerung zu beeinflussen, hat der
Gesetzgeber unterschiedliche Zuzahlungen (Medikamente, Praxisgebühr etc.)
festgelegt, die bislang allerdings keinen großen Einfluss auf das Patientenverhalten nehmen konnten.[932] Wegen des bestehenden Versicherungsschutzes im
Krankheitsfall nehmen die Versicherten durch ihr Verhalten häufiger Erkrankungen in Kauf. Auch wenn bereits von Seiten der Krankenkassen versucht worden
ist, ein gesundheitsbewusstes Leben im Rahmen diverser Bonusprogramme bzw.
neuer Versorgungsformen zu honorieren, so fällt deren bisheriges Resultat eher
ernüchternd aus, betrachtet man den Anteil der Bevölkerung, dem diese Programme bekannt sind bzw. der an diesen bereits aktiv teilnimmt.[933] Für den Patienten genießt der eigene Gesundheitszustand höchste Priorität und er würde
(möglichst) viele Untersuchungen auf sich nehmen, um seine Gesundheit zu
verbessern. Die dafür anfallenden Kosten spürt der Versicherte lediglich über seine Beitragszahlungen zur Krankenversicherung, die wohl kaum einen großen Einfluss auf sein Verhalten nehmen dürften. Auf der Suche nach einem Leistungserbringer mit einer guten Behandlungsqualität ist der Versicherte derzeit ziemlich
allein gelassen (siehe Kapitel 5), da die Entwicklung in Deutschland diesbezüglich noch in den Kindesschuhen steckt.

---

[931]   Vgl. Steiner, A., Wyss, P., Zemp, R. (1998), S. 13.
[932]   Vgl. Flintrop, J. (2003).
[933]   Vgl. Amhof, R. (2006), S. 4.

4.4 Zusammenfassung

In den vorangegangenen Kapiteln wurden verschiedene Vergütungsformen und deren mögliche Auswirkungen aufgezeigt. Dabei wurde erläutert, was sich hinter den jeweiligen Begrifflichkeiten verbirgt und wie die Vergütung im Einzelnen funktioniert. Da von jeder Vergütungsform sowohl positive als auch negative Wirkungen ausgehen, gibt es nicht die eine perfekte Vergütungsform. So hat beispielsweise die Einzelleistungsvergütungsform im Hinblick auf präventive Untersuchungen andere Auswirkungen als die Capitation.

Stellt man die Vergütungsformen übersichtlich einander gegenüber, so ergibt sich das in Tabelle 51 dargestellte Bild. Dort sind jeweils die wichtigsten positiven und negativen Anreize aufgeführt. Auch auf das Morbiditäts- und Frequenzrisiko sowie das Risiko der Mitgliederentwicklung wird eingegangen, wie beispielsweise für das in Kapitel 4.2.1 besprochene Festgehalt. Hierbei trägt der Leistungserbringer das *Morbiditätsrisiko*, da die Anzahl der Behandlungsfälle bzw. die Menge der erbrachten Leistungen nicht die Höhe der Vergütung beeinflussen. Der Leistungserbringer erhält keine zusätzliche Vergütung, sollte beispielsweise eine Grippewelle ausbrechen. Auch trägt der Leistungserbringer das Frequenz- oder Mengenrisiko, da ihm vermehrte Leistungen pro Behandlungsfall nicht zusätzlich vergütet werden.

Honorar-form	Positive Anreize	Negative Anreize	Morbi-ditätsrisiko	Fre-quenz-risiko	Risiko der Mitglieder entwick-lung	Beispiel
(Faktor-) Einsatz-mengen	Planungssicherheit für Versorger, innovationsfördernd	Leistungsmaximierung, fehlende Wirtschaftlichkeitsanreize	Kasse	Kasse	Kasse	Frühere Vergütungsform im stationären Bereich
ELV	Einsatz fortschrittlicher Techniken, Leistungssteigerung, Spezialisierung, Kostenminimierung der einzelnen Leistung	Übermäßige Leistungsausdehnung mit Qualitätsminderung der Behandlungen, kaum Prävention	Kasse	Kasse	Kasse	GOÄ bei Privatpatienten
Tages-pauschale	Minimierung der Kosten pro Tag	Verweildauer- und Fallzahlerhöhung	Kasse	Leistungs-erbringer	Kasse	Vergütung bestimmter ambulanter Pflegeleistungen
Fall-pauschale	Ohne Anreiz zur Leistungsausweitung, kostenminimale Leistungserstellung, Nutzung des techn. Fortschritts u. günstiger Behandlungsmethoden, Spezialisierung	Fallzahlausdehnung, Selektion und/oder Unterversorgung behandlungsaufwendiger Fälle, Überweisungen, Upcoding von Diagnosen, geringe Qualitätsinnovationen, Rosinen-Pickerei[934]	Kasse	Leistungs-erbringer	Kasse	DRGs im Krankenhaus
Kopf-pauschale	Kostenminimale Behandlungsmethode und Leistungserstellung, Nutzung des techn. Fortschritts, Prävention, schneller Heilerfolg	Überweisungen, Selektion kostenintensiver Patienten, Verzicht auf qualitätssteigernde, aufwendige Innovationen, Leistungs-, Konsultations- und Fallzahlminimierung	Leistungs-erbringer	Leistungs-erbringer	Kasse	Vergütung in Praxisnetzen
Fixum	Keine unnötige Leistungsausdehnung, präventive Orientierung	Minimierung der gesamten Patientenversorgung bzw. Unterversorgung, keine Innovationen, Überweisungen	Leistungs-erbringer	Leistungs-erbringer	Leistungs-erbringer	Angestellte Ärzte im MVZ
EV	Qualitätsverbesserung, Nutzung medizinischen und technischen Fortschritts	Selektion chronisch Kranker, Unterversorgung bzgl. schlecht messbarer Ergebnisse	Ärzte bzw. Leistungs-erbringer	Ärzte bzw. Leistungs-erbringer	Ärzte bzw. Leistungs-erbringer	Chefärzte im Krankenhaus

Tabelle 51: Anreizwirkung und Risikoverteilung typischer Honorierungs-formen[934]

Grundsätzlich sind alle Mischformen zwischen einer Einzelleistungsvergütung und einer pauschalen Vergütungsform möglich. Dabei ist zu beachten:[935]

---

934 Quelle: Tabelle erweitert, aus Steinbach, H., Sohn, S., Schöffski, O. (2004), S. 27.
935 Vgl. Amelung, V. E., Schumacher, H. (2000), S. 94.

- Je pauschalierter eine Vergütung, desto größer ist der Anreiz für den Leistungserbringer zur Patientenselektion (gemäß deren Risiko), der Unterlassung bzw. Nicht-Erbringung von Versorgungsleistungen und auch zur Verlagerung der Kosten. Darüber hinaus werden außerdem keine Anreize für Innovationen gegeben, sofern sie nicht die Diagnose- und Behandlungskosten senken.

- Je mehr die Vergütung in Richtung Einzelleistungsvergütung geht, desto größer wird der Anreiz für den Leistungserbringer zur Ausweitung der Leistungen. Die Motivation zu mehr Kostenbewusstsein wird nicht gefördert.

- Es ist derzeit empirisch noch nicht vollständig nachgewiesen, ob der finanzielle Anreiz ausreicht, um das Verhalten der Leistungserbringer vollständig steuern zu können. Vieles deutet darauf hin, dass begleitende Maßnahmen notwendig sind, um erfolgsorientiertes Therapieren noch intensiver zu fördern.[936]

Welches Vergütungssystem innerhalb eines Versicherungssystems bzw. einer gewissen Versicherungsgemeinschaft angewendet wird, orientiert sich letztendlich an vielen (politischen) Einflüssen, auf welche die Akteure im Gesundheitswesen nur beschränkt Einfluss haben. Das Ziel eines Vergütungssystems muss es allerdings sein, durch die Kombination aller geeigneten Vergütungselemente eine möglichst effiziente Versorgung zu ermöglichen.[937] Des Weiteren werden einem Vergütungssystem aber auch die folgenden drei Ziele bzw. Funktionen zugewiesen:[938]

- *Steuerungs- und Anreizfunktion*, d. h. die Leistungserbringer sollen ihre Leistungen bedarfsgerecht und wirtschaftlich erbringen. Anstrengungen zur Kostensenkung und zur Erhöhung der Leistungsqualität müssen belohnt und einer nicht bedarfsgerechten Leistungserbringung entgegengewirkt werden.

---

[936] Vgl. Amelung, V. E., Schumacher, H. (2000), S. 94.
[937] Vgl. Bundeszentrale für politische Bildung (o. J. e).
[938] Vgl. Amelung, V. E., Schumacher, H. (2000), S. 75.

- *Verteilungsfunktion*, d. h. die Finanzierungsrisiken zwischen den Leistungserbringern und den Leistungsfinanzierern soll gerecht verteilt werden. Die Leistungsanbieter sollen ein gerechtes Einkommen erhalten und die Leistungsfinanzierer vor zu hohen Belastungen verschont werden.

- *Innovationsfunktion*, d. h. der Einsatz neuer Diagnose- und Therapieverfahren oder neuer Medizinprodukte soll gefördert oder zumindest nicht behindert werden, sofern diese die Versorgungsqualität und die Wirtschaftlichkeit erhöhen.

Darüber hinaus muss das Vergütungssystem bei den Leistungserbringern sowohl eine hohe Akzeptanz als auch Praktikabilität und Transparenz aufweisen und gegenüber notwendigen Änderungen anpassungsfähig sein.[939] Um monetäre Anreize optimal, d. h. im Hinblick auf eine gesteigerte Behandlungsqualität, einzusetzen, ist es notwendig, deren Auswirkungen auf die intrinsische Motivation (siehe Kapitel 4.1.2), die den Arztberuf kennzeichnet, zu verstehen.[940] Jedes Vergütungssystem hat Auswirkungen auf die klinischen Behandlungsvorgänge und damit auch auf die Qualität der Behandlung. Allerdings sind die Auswirkungen der Anreize oft anders als von Experten vorhergesagt.[941] Zum Beispiel steht die Höhe eines Anreizbetrages nicht im linearen Verhältnis zu der Wirkungsstärke des Anreizes; im Gegenteil dazu gibt es Hinweise, dass Ärzte ein bestimmtes „Wunscheinkommen" im Sinne eines gerechten Preises für ihre Arbeit haben. Ist dieses erreicht, verlieren monetäre Anreize ihre Wirkung.[942] Außerdem scheint es so, als ob Leistungserbringer nicht primär durch finanzielle Anreizkomponenten motiviert werden.[943]

Um dieses ökonomisch nicht rationale Verhalten zu erklären, wurden im Rahmen einer Untersuchung[944] Variablen wie Alter und Geschlecht eines Arztes, frühere Erfahrungen mit Anreizen und Vergütungssystemen, Krankheitsbild und Krankheitsschwere der angereizten Behandlungen sowie die regionale Ärztedichte un-

---

[939] Vgl. Amelung, V. E., Schumacher, H. (2000), S. 75.
[940] Vgl. Marshall, M., Harrison, S. (2005), S. 4.
[941] Vgl. Marshall, M., Harrison, S. (2005), S. 4.
[942] Vgl. Rizzo, J., Blumenthal, D. (1996), S. 260.
[943] Vgl. Marshall, M., Harrison, S. (2005), S. 4.
[944] Vgl. Marshall, M., Harrison, S. (2005).

tersucht. All diese Faktoren scheinen den Autoren der Studie für die Reaktion eines Arztes auf den Anreiz von Bedeutung zu sein, trotzdem haben sie nicht den endgültigen Aufschluss über das unterschiedliche Verhalten, das beobachtet wurde, geben können.

Frank verwendet den Begriff der „moralen" intrinsischen Motivation als eine Kraft, die Menschen dazu führt, sich ohne eigenen ersichtlichen Vorteil auf eine bestimmte Art zu verhalten.[945] Dieses Verhalten tritt auch bei Ärzten auf, die zusätzliche Mühen zur Behandlung ihrer Patienten auf sich nehmen, ohne mehr bezahlt zu bekommen. Es scheint, als ob sich Politiker und Manager zu sehr auf die Wirkung monetärer Anreize verlassen und die Bedeutung der intrinsischen Motivation unterschätzen. Aus ökonomischer Sicht kann ein so genannter „Crowding-out-Effekt" eintreten, wenn intrinsische Motivation durch harte externe Anreize verdrängt wird. Psychologisch wird dieser Prozess auf zwei Arten erklärt:[946]

- Externe Anreize wirken sich meist negativ auf die Selbstbestimmung aus, da es zu einer Verschiebung der Kontrolle kommt und die Berufsautonomie verloren geht.

- Externe Anreize können das Selbstbewusstsein zerstören, wenn durch die Anreize der Eindruck entsteht, dass ohne sie kein Verlass auf die Professionalität eines Arztes ist.

Crowding-out scheint häufiger vorzukommen, sofern externe Anreize an regelmäßig anfallende Aufgaben gebunden werden und wenn die Vergütung der Bonuszahlungen auf sehr bürokratische Art vor Personen, die dem Leistungserbringer unbekannt sind, geregelt wird. Monetäre Anreize wirken dagegen besser, wenn der Empfänger den Eindruck gewinnt, die Anreize wirklich verdient zu haben. Ergibt sich sogar ein positiver Effekt auf die intrinsische Motivation, spricht man vom so genannten „crowding-in" (beispielsweise bei Gratifikationszahlungen, die ein Arzt für besondere Dienste spontan erhält).

---

[945] Vgl. Frank, R. (1989), S. 4-13.
[946] Vgl. Marshall, M., Harrison, S. (2005), S. 5.

Monetäre Anreize werden auch in Zukunft eine wichtige Rolle spielen, um die Behandlungsqualität zu verbessern, aber ihre Effektivität kann nur dann maximiert werden, wenn die intrinsische Motivation, die ein entscheidender Faktor im Arztberuf ist, mitberücksichtigt wird. Daher wird einerseits vorgeschlagen, monetäre Anreize eher auf die technischen Aktivitäten und weniger auf schwer definierbare Aspekte des medizinischen Alltags auszurichten; ein Vorschlag, der anderen Meinungen entgegensteht.[947] Insgesamt lässt sich sagen, dass monetäre Anreize oft kritisiert werden. Der harte Materialismus scheint im Widerspruch zum Idealbild eines Arztes zu stehen. Studien belegen jedoch durchaus positive Auswirkungen monetärer Anreize. Besonders wichtig erscheint, dass die monetären Anreize am grundsätzlichen Ziel der Gesunderhaltung des Patienten ausgerichtet werden und somit nicht dem ärztlichen Ethos oder der intrinsischen Motivation entgegenwirken.

---

[947] Vgl. McGlynn, E. A., Asch, S. M., Adams, J., u. a. (2003).

5. Public Reporting im deutschen Gesundheitswesen

In den bisherigen Ausführungen wurde dargelegt, wie das PR international und vor allem in den USA gehandhabt wird. Damit sollen Patienten bzw. der Bevölkerung notwendige und bestmögliche Informationen für die Wahl eines geeigneten Leistungserbringers gegeben werden. In Deutschland werden nicht-monetäre Anreize, zu denen das PR zählt, noch vollkommen vernachlässigt. Deren Einbeziehung lassen jedoch große und vor allem auch nachhaltige Verbesserungen im Gesundheitswesen vermuten, um die Qualität der Leistungserbringer positiv zu beeinflussen.[948] Es wird häufig auf das Beispiel P4P aus den USA verwiesen, die hierbei Pionierarbeit geleistet haben. Wohl auch aufgrund des Erfolges dieser Bewegungen bewegt sich die KBV in Richtung mehr Transparenz für Patienten im Gesundheitswesen. Leistungsfrequenz und Kooperationsformen niedergelassener Ärzte sollen publik gemacht und den Patienten dadurch mehr Informationen gegeben werden.[949] Ob die Qualitätsdarstellung mittels Qualitätsmanagement-Zertifikate, durch „Qualitätstests" der Stiftung Warentest oder auch durch Internetplattformen erfolgen wird, erscheint derzeit nicht vollständig prognostizierbar. Auch eine Art Gelbe Seiten für Ärzte ist vorstellbar, in der die entsprechenden Qualifikationen und Ausstattung aufgeführt sind.[950] Das Bundesgesundheitsministerium sprach sogar von einem Ärzte-Ranking, das von den Krankenkassen erstellt werden soll.[951]

Im Folgenden werden die derzeitigen Möglichkeiten in Deutschland vorgestellt, um sich über die Behandlungsqualität eines Leistungserbringers zu informieren. Dabei werden zuerst einige rechtliche Aspekte betrachtet (siehe Kapitel 5.1) und anschließend Informationsquellen im ambulanten (siehe Kapitel 5.2) sowie im stationären Sektor (siehe Kapitel 5.3) vorgestellt und näher diskutiert. Inwiefern die Bevölkerung diese Informationsquellen tatsächlich kennt und wie sie diese einschätzt, wird im anschließenden Kapitel 6 im Rahmen einer Befragung evaluiert. Trotz sorgfältiger Nachforschungen besteht, insbesondere in Zusammenhang

---

[948] Vgl. Braun, B., Reiners, H., Rosenwirth, M., u. a. (2006), S. 70; Robert Wood Johnson Foundation
       (2005).
[949] Vgl. Ärzte Zeitung (2005b); Spiegel Online (2007).
[950] Vgl. Köhler, A. (2005), S. 153.
[951] Vgl. Kautz, H. (2005).

mit der hohen Aktualität von Internetinformationsquellen, kein Anspruch auf Vollständigkeit. Abschließend werden in Kapitel 5.4 wichtige Erkenntnisse dargelegt, welchen Einfluss nicht-monetäre Anreize auf die Behandlungsqualität haben sowie in Kapitel 5.5 die wichtigsten Ergebnisse zusammengefasst.

5.1 Rechtliche Aspekte bei der Veröffentlichung von Qualitätsinformationen

Ärzte, Zahnärzte und andere Heilberufe wie beispielsweise Apotheker oder Krankengymnasten zählen zur Gruppe der freien Berufe. Ein Kennzeichen dieser Berufsgruppe stellen die Werbe- und Wettbewerbsbeschränkungen dar, die zum einen durch die Berufsordnungen und, speziell bei Ärzten, durch das Heilmittelwerbegesetz, das Gesetz gegen den unlauteren Wettbewerb und das Gesetz gegen Wettbewerbsbeschränkungen festgelegt werden.[952] Die vom Deutschen Ärztetag 2002 verabschiedete Muster-Berufsordnung (MBO) legt in § 27 fest, was „erlaubte Information und berufswidrige Werbung" ist. Diese Vorschrift soll gemäß § 27 Absatz 1 sowohl den Patientenschutz durch sachgerechte und angemessene Information gewährleisten als auch eine Kommerzialisierung des Arztberufs vermeiden.[953] Nach Absatz 3 ist dem Arzt berufswidrige Werbung in Form von *anpreisender*, *irreführender* oder *vergleichender* Werbung untersagt; diese darf er weder dulden noch durch Andere veranlassen.[954] Im Einzelnen bedeutet diese Art der Werbung Folgendes:

- *Anpreisende* Werbung liegt vor, wenn „Informationen für den Patienten als Adressaten inhaltlich überhaupt nichts aussagen oder jedenfalls keinen objektiv nachprüfbaren Inhalt haben. Aber auch Informationen, deren Inhalt ganz oder teilweise objektiv nachprüfbar sind, können aufgrund ihrer reklamehaften Übertreibung anpreisend sein."[955]

- Eine Werbung wird als *irreführend* bezeichnet „wenn sie Angaben enthält, die geeignet sind, potenzielle Patienten über die Person des Arztes, über

---

[952] Vgl. Stehle, F. (2005), S. 30-31.
[953] Vgl. Musterberufsordnung für Ärzte (2000), § 27 Abs. 1.
[954] Vgl. Musterberufsordnung für Ärzte (2002), § 27 Abs. 3.
[955] Bundesärztekammer (2003), Nr. 3. 3. 1.

die Praxis und über die Behandlung irre zu führen und Fehlvorstellungen von maßgeblicher Bedeutung für die Wahl des Arztes hervorzurufen."[956]

- *Vergleichende* Werbung wird von der Bundesärztekammer (BÄK) folgendermaßen definiert: „Bei persönlicher vergleichender Werbung wird auf die persönlichen Eigenschaften und Verhältnisse ärztlicher Kollegen, bei vergleichender Werbung auf die Arztpraxis oder Behandlung anderer Ärzte Bezug genommen. Letzteres geschieht entweder in negativer Form, um Kollegen in der Vorstellung des Patienten herabzusetzen, oder in positiver Form, um deren Vorzüge als eigenen Vorteil zu nutzen."[957] Ärzte halten diese Art der Werbung im Hinblick auf das Kollegialitätsgebot für verzichtbar. Medizinische Vergleichbarkeit im Rahmen einer EBM ist jedoch ohne Leistungsvergleiche nicht möglich.[958] Fakt ist zudem, dass vergleichende Werbung im medizinischen Bereich bereits in Form von Qualitätsvergleichen durchgeführt und von Gerichten sogar gestattet wird.[959]

Wird in *Ärztelisten* oder *Verzeichnissen* geworben, gilt dies als eine Form der vergleichenden Werbung. Im stationären Sektor ist diese Werbung den Kliniken im bestimmten Rahmen gestattet.[960] Unter http://www.klinik-lotse.de existiert bereits ein Dienst, welcher Struktur- und Leistungsdaten sowie Angaben zur Qualitätssicherung aus den Qualitätsberichten der über 2.000 zugelassenen Krankenhäuser in übersichtlicher Form darstellt. In Verbindung mit einer nutzerfreundlichen Suchfunktion sind somit Vergleiche zwischen verschiedenen Einrichtungen möglich.[961] Noch weiter entwickelt sind Qualitätsvergleiche im Klinik-Führer *Rhein-Ruhr*, der Einschätzungen von entlassenen Patienten, Empfehlungen von niedergelassenen Ärzten sowie Angaben zu Fallzahlen und Behandlungsqualität enthält.[962]

Nach Balzer wäre die vergleichende Werbung entsprechend der europäischen Richtlinie 97/55/EG auch für Freiberufler zulässig. Bei der Umsetzung in inner-

---

[956] Bundesärztekammer (2003), Nr. 3. 3. 2.
[957] Bundesärztekammer (2003), Nr. 3. 3. 3.
[958] Vgl. Balzer, M. (2004), S. 122-123.
[959] Vgl. Stehle, F. (2005), S. 14.
[960] Vgl. Stehle, F. (2005), S. 15.
[961] Vgl. Klinik-Lotse (2007).
[962] Vgl. Initiativkreis Ruhrgebiet Verwaltungs-GmbH (Hrsg) (2007).

deutsches Recht wurde jedoch auf Drängen der Bundesrechtsanwaltskammer das Werbeverbot für die freien Berufe im abschließenden Charakter der Richtlinie verschärft.[963] Damit besteht das Verbot von vergleichender Werbung für Ärzte weiterhin.

Die FOCUS-Ärztelisten (siehe Kapitel 5.2.1.1) sind allerdings ein klarer Beweis dafür, wie dieses Verbot in den letzten Jahren immer weiter gelockert worden ist. Erstmalig veröffentlichte das Nachrichtenmagazin 1993 die Ärzte-Empfehlungs-liste *Die 500 besten Ärzte*, welche als Qualitätskriterien die wissenschaftliche Reputation, die Empfehlung von Fachkollegen und die Teilnahme an Kongressen beinhaltete. Daraufhin beanstandeten Vertreter der bayerischen Ärztekammer diese Publikation als unzulässige Werbung, die dem Werbeverbot für Mediziner widerspräche. Dies wurde im Urteil des Bundesgerichtshofes 1997 bestätigt. „Zur Begründung führt der Bundesgerichtshof aus, FOCUS fördere in rechtlich unzulässiger Weise den Wettbewerb der namentlich genannten Rechtsanwälte und Ärzte, indem es sie als die besten des Landes bezeichne. Die von FOCUS zur Ermittlung der „Bestenliste" angeführten Bewertungskriterien, wie beispielsweise die „Reputation unter Kollegen" oder die „Präsenz in Fachkreisen", seien nicht objektiv und sachlich nachprüfbar und ließen deshalb nicht die superlative Bewertung der vorgestellten Rechtsanwälte und Ärzte zu."[964] Des Weiteren sei das berücksichtigte Kriterium der Häufigkeit einer durchgeführten Behandlung zwar ein Hinweis auf die Quantität der Leistungserbringung, nicht aber auf die Qualität.[965]

Die 1997 erschienene Aufstellung *Die große Ärzteliste, 750 Empfehlungen, Spezialisten aus 67 Fachrichtungen* wurde vom Oberlandesgericht (OLG) München in seiner Entscheidung vom 12. November 1998 als zulässig erklärt.[966] Als Begründung wurde aufgeführt, dass die beanstandeten Auswahlkriterien und die Bezeichnung „Die besten Ärzte" vermieden und die Ärzte nicht in eine Rangfolge gebracht wurden. Des Weiteren habe das Grundrecht auf Meinungs- und Pressefreiheit nach Art. 5 Abs. 1 S. 2 GG Vorrang gegenüber dem ärztlichen Werbever-

---

[963] Vgl. Balzer, M. (2004), S. 121.
[964] Bundesgerichtshof (1997).
[965] Vgl. Geiger, D. (2005) S. 211.
[966] Vgl. Oberlandesgericht München (1998).

bot.[967] Als letzte Instanz bestätigte der Bundesgerichtshof 1999, dass „ein sachlich begründetes Bedürfnis der Allgemeinheit besteht, über spezialisierte, besonders qualifizierte Fachärzte unter namentlicher Nennung informiert zu werden."[968]

5.2 Informationsquellen über die Behandlungsqualität im ambulanten Sektor

Im Folgenden werden die Möglichkeiten der Bevölkerung aufgezeigt, sich über die Qualität eines Leistungserbringers in der ambulanten deutschen Gesundheitsversorgung zu informieren. Wie bereits erwähnt, gibt es derzeit noch kein einheitliches Bewertungsverfahren, so dass mehrere verschiedene Informationsquellen existieren. Anschließend wird folgende Aufzählung näher betrachtet:

- Ärztelisten (siehe Kapitel 5.2.1)

- Bewertungsportale im Internet (siehe Kapitel 5.2.2)

- Testberichte (siehe Kapitel 5.2.3)

- Qualitätsmanagement-Zertifikate (siehe Kapitel 5.2.4)

- Beratungsstellen (siehe Kapitel 5.2.5)

Im Rahmen der Darstellung werden die Informationsquellen vorgestellt, diskutiert und auf ihre Eignungsfähigkeit hin untersucht, ob sie Patienten als mögliche Orientierungshilfe bei der Suche nach einem qualitativ möglichst hochwertigen Leistungserbringer dienen.

5.2.1 Ärztelisten

5.2.1.1 Focus-Ärztelisten

5.2.1.1.1 Vorstellung

Die FOCUS-Ärzteliste spielt in Deutschland eine wichtige Rolle bei der Diskussion um das Informationsrecht des Patienten (siehe Kapitel 5.1). Der abschließende gerichtliche Beschluss des Bundesgerichtshofes in Karlsruhe war einer der ers-

---

[967]   Vgl. Stehle, F. (2005), S. 90.
[968]   FOCUS (2006), S. 7.

ten Schritte hin zum aufgeklärten Patienten und zu einem neuen Umgang mit der öffentlichen Bewertung medizinischer Leistungen.[969] Gegenstand der folgenden Ausführungen ist die „Große Ärzte-Liste" in der 10. Auflage von 2006, die auf aktualisierten Texten und Daten des Buches „Die große Ärzteliste-2001" sowie Artikeln und Listen des FOCUS, Heft 42/43 2003 und Heft 47/48 2004 basiert.[970] Darin wird eine Auswahl von insgesamt 1.200 empfohlenen Spezialisten *unterschiedlicher Fachgebiete* aus Deutschland dargestellt. Dem Patienten soll hiermit eine Hilfestellung auf der Suche „nach einem Spezialisten für Bandscheiben in der Nähe" oder auch nach einem „guten Urologen in Nordrhein-Westfalen" gegeben werden. Bei Betrachtung der Buchausgabe lässt sich für die Ärzteliste folgende Unterteilung finden:[971]

- Herzchirurgie (z. B. Kardiologen, Kinderkardiologen)

- Orthopädie-Knie (Kniespezialisten)

- Orthopädie-Hüfte (Hüftspezialisten)

- Kinderheilkunde (z. B. allgemeine Kinderfachärzte, Kinderchirurgen)

- Magen/Darm, Rheuma und Stoffwechselstörungen (z. B. Bauchchirurgen, Gastroenterologen)

- Orthopädie und wiederherstellende Chirurgie (z. B. Unfallchirurgie, Handchirurgie)

- Nephrologie, Geburtsmedizin, Frauen- und Männerheilkunde (z. B. Gynäkologie, Andrologen)

- Radiologie, Strahlentherapie und Krebs (z. B. Onkologen, Neuroradiologen)

- Haut, Darm, Venen, Störungen des Immunsystems (z. B. Dermatologen, Proktologen)

- Hals, Nase, Ohren und Augen (z. B. Augenchirurgen, Hals-Nasen-Ohren-Ärzte)

---

[969] Vgl. FOCUS (2006), S. 7.
[970] Vgl. FOCUS (2006), S. 4.
[971] Vgl. FOCUS (2006), S. 5 und 6.

- Psychiatrie und Sucht (z. B. Depressionen, Essstörungen)

- Schmerz, Nervenleiden und Geriatrie (z. B. Neurologen, Gerontopsychiater)

Die Anzahl der aufgeführten Ärzte variiert von Fachgebiet zu Fachgebiet. So werden beispielsweise 121 Spezialisten für Herzerkrankungen, 89 Spezialisten für Orthopädie und wiederherstellende Chirurgie und 108 Spezialisten für Knie- und Hüfterkrankungen genannt. Betrachtet man die Angaben zu den Spezialisten, so trägt die Mehrheit den Titel eines Professors. Darüber hinaus wird angegeben, in welcher Klinik und Abteilung der Arzt tätig ist, sofern er keine eigene Praxis besitzt. Auch Kontaktinformationen werden dem Leser durch Angabe von Telefonnummer, Ort des Arztes sowie dem Link zu der Website bereitgestellt, sofern vorhanden. Eine Rangfolge nach Qualitätskriterien gibt es nicht, es wurde eine Anordnung der Spezialisten entsprechend der Nachnamen der Ärzte oder des Ortes, an dem sie tätig sind, vorgenommen.

Eine erste Qualitätsdifferenzierung für die Ärzte geschieht bereits durch die bloße Listung im FOCUS-Buch. Damit findet bereits eine Abgrenzung zu nicht gelisteten Ärzten statt, was sich auch als eine Art Wettbewerbsvorteil beschreiben lässt. Damit ein Arzt in die Ärzteliste aufgenommen wird, ist eine bestimmte Anzahl an Empfehlungen sowohl von Patienten als auch von Ärzten notwendig. Ein Vergleich gelisteter Ärzte ist auf Grundlage der *drei folgenden Qualitätskriterien* möglich:

- Empfehlungen von Kollegen (als Arzt bzw. Medizinforscher) und Patienten

- Fakten zu Arzt und Abteilung (Qualitätsmanagement, Publikationen und Behandlung von Kassenpatienten)

- Spezialisierungen

Beim ersten Kriterium handelt es sich um **Empfehlungen**, die sowohl von anderen Ärzten als auch von Patientenverbänden ausgesprochen werden (siehe Tabelle 52). Mittels der *Empfehlungen anderer Ärzte* wird eine Bewertung hinsichtlich der Reputation innerhalb des Kollegenkreises dargestellt, und dies in zweierlei

Hinsicht. Einerseits, sofern der Arzt aufgrund seiner überregionalen Anerkennung und seines medizinischen Könnens von Fachkollegen häufig empfohlen wurde, auf der anderen Seite kann die Empfehlung als Medizinforscher gegeben werden, sofern der Arzt in wissenschaftlichen Kreisen anerkannt ist und einen guten Ruf als Forscher besitzt. Die Bewertungsskala reicht dabei von *häufig von Kollegen empfohlen* (ein Punkt) über *sehr häufig von Kollegen empfohlen* (zwei Punkte) bis zu *überdurchschnittlich häufig von Kollegen empfohlen* (drei Punkte). Um überhaupt in die Liste aufgenommen zu werden, muss der Arzt mindestens häufig als Arzt empfohlen werden; die Empfehlung als Medizinforscher hingegen stellt keine zwingende Voraussetzung dar. Dabei sind Ärzte aufgeführt, die „in wissenschaftlichen Fachkreisen geschätzt werden und sich einen guten Ruf als Forscher erworben haben."[972]

Empfehlungen von Ärzten		Empfehlungen von Patienten	Legende
Als Arzt	Als Medizinforscher		
•	•	✓	Häufig empfohlen
••	••	✓✓	Sehr häufig empfohlen
•••	•••		Überdurchschnittlich häufig empfohlen

Tabelle 52:   Empfehlungen der FOCUS-Ärzteliste[973]

Für die Recherchearbeiten wurden insgesamt 1.500 Chefärzte und Oberärzte nach empfehlenswerten Kollegen und Fachabteilungen befragt. Des Weiteren wurden mit 538 Klinikchefs Interviews durchgeführt, die im Rahmen von Befragungen um ihre Einschätzung von kompetenten Fachkollegen gebeten wurden. Außerdem konnten insgesamt 15.000 niedergelassene Ärzte Empfehlungen für andere Kollegen, Fachabteilungen von Krankenhäusern sowie Klinikärzte abgeben. Die Abstufung von *häufig* bis *überdurchschnittlich häufig* ist laut FOCUS auch daran gekoppelt, ob Empfehlungen nur aus einer bestimmten Region oder mehreren Regionen Deutschlands stammen. Des Weiteren wurden 850 Selbsthilfegruppen in den

---

[972]   FOCUS (2006), S. 58.
[973]   Quelle: Eigene Darstellung, in Anlehnung an FOCUS (2006).

Recherchearbeiten berücksichtigt, um wichtige Erfahrungen von Patienten einzubeziehen.[974]

Für die Kategorie *Empfehlungen von Patienten* wurden Empfehlungen basierend auf deren persönlichen Erfahrungen mit Ärzten befragt. Dazu wurden die bereits angesprochenen Selbsthilfegruppen integriert. Wie ebenfalls aus Tabelle 52 ersichtlich ist, umfasst die Bewertungsskala im Gegensatz zu den Empfehlungen von Ärzten lediglich die beiden Ausprägungen *häufig von Patienten empfohlen* (1 Haken) und *sehr häufig von Patienten empfohlen* (2 Haken). Bei Betrachtung der Ärzteliste ist kein Eintrag zu finden, bei dem ein Arzt nicht mindestens häufig von Patienten empfohlen worden ist. Durch die Berücksichtigung der Patientenmeinungen als Gegengewicht zu den Ärzteempfehlungen soll eine umfassendere Beurteilung möglich sein, als wenn lediglich eine der beiden Parteien befragt worden wäre.

Das zweite Kriterium **Fakten zu Arzt und Abteilung** umfasst die Aspekte Qualitätsmanagement, Häufigkeit von Publikationen und auch Angaben über die Behandlung von Kassenpatienten (siehe Tabelle 53).

Qualitätsmanagement		Publikationen		Behandelt Kassenpatienten
▲	Befriedigend	■	Häufig publiziert	Ja
▲▲	Gut	■■	Sehr häufig publiziert	Nein
▲▲▲	Sehr gut			In besonderen Fällen

Tabelle 53:   Fakten zu Arzt und Abteilung[975]

Im Rahmen des *Qualitätsmanagements* eines Arztes arbeitete FOCUS für die Entwicklung eines Scores (Index Qualitätsmanagement) mit dem Kölner Institut für Gesundheitsökonomie zusammen. Mittels Fragebögen sollten die angeschriebenen Ärzte hierbei Angaben zu folgenden Aspekten machen:[976]

- Anwendung von Leitlinien

---

[974] Vgl. FOCUS (2006), S. 59.
[975] Quelle: Eigene Darstellung, in Anlehnung an FOCUS (2006).
[976] Vgl. FOCUS (2006), S. 58.

- Fortbildungsveranstaltungen für das Personal

- Verwendung von Computerprogrammen in Bezug auf Arzneimittelnebenwirkungen

- Anzahl bestimmter Eingriffe pro Abteilung und Arzt

Die Bewertungsskala für den Aspekt Qualitätsmanagement reicht von *befriedigend* (ein Dreieck) über *gut* (zwei Dreiecke) bis zu *sehr gut* (drei Dreiecke). Je
höher der Score, desto höher wurde das Bemühen eingeschätzt, die Qualität zu
sichern bzw. zu verbessern.[977] Bei Betrachtung der Ärzteliste fällt allerdings auf,
dass viele Einträge von Ärzten die Ausprägung sehr gut aufweisen. Demnach
würde die überwiegende Mehrheit der Spezialisten über ein überdurchschnittli-
ches Qualitätsmanagement verfügen. Die Ausprägung befriedigend hingegen
kommt in fast keinem Arzt-Eintrag vor; stattdessen ist häufiger ein leeres Feld
oder ein Minus-Zeichen zu sehen, wenn der entsprechende Arzt hierzu keine Angaben gemacht bzw. sich nicht an der FOCUS-Befragung beteiligt hat.

Der zweite Aspekt *Publikationen* bezieht sich auf die Anzahl von Veröffentlichungen innerhalb der letzten zehn Jahre eines Arztes. Für die Auswertungen
wurden laut FOCUS alle Veröffentlichungen registriert, die in der internationalen
Medizin-Datenbank PubMed (basierend auf Medline) aufgenommen worden
sind.[978] Im Rahmen der FOCUS-Ärztelisten reicht die Bewertungsskala von *häufig publiziert* (1 Quadrat) bis zu *sehr häufig publiziert* (2 Quadrate). Sollte hingegen keine oder eine nicht ausreichende Anzahl an Publikationen vorhanden sein,
wurde das entsprechende Feld leer gelassen. Bei Betrachtung der Ergebnisse fällt
auf, dass von den am häufigsten empfohlenen Ärzten die Mehrheit zumindest
häufig publiziert hat. Jedoch sind auch zahlreiche Ärzte zu finden, die nicht durch
häufige Publikationen hervortreten, aber überdurchschnittlich häufig von Ärzten
oder sehr häufig von Patienten empfohlen worden sind.

Bei dem letzten Aspekt geht es um die Frage, ob der empfohlene Spezialist *Kassenpatienten* behandelt oder nicht. Neben den Antwortmöglichkeiten *Ja* und *Nein*
konnte auch die Ausprägung *in besonderen Fällen* gewählt werden. Diese Angabe

---

[977] Vgl. FOCUS (2006), S. 58.
[978] Vgl. FOCUS (2006), S. 59.

erlaubt zwar keine qualitative Einschätzung der Behandlungsqualität eines Arztes; da allerdings ca. 90 % der deutschen Bevölkerung zur Gruppe der Kassenpatienten zählt, ist dies eine nicht unrelevante Angabe für die Suche nach einem medizinischen Leistungserbringer.

Als letztes Qualitätskriterium wurden die Ärzte entsprechend der Musterberufsordnung zu ihren drei wichtigsten Untersuchungs- und Behandlungsmethoden befragt, die im Rahmen der **Spezialisierungen** veröffentlicht worden sind, somit also auf eigenen Angaben des Arztes beruhen.[979]

Abschließend wird darauf hingewiesen, dass die in den Jahren 2003 und 2004 erschienenen Ärztelisten eine Vertiefung zu den Themenbereichen *Herz, Knie und Hüfte* darstellen. Die dort aufgeführten Kriterien unterscheiden sich von anderen Listen in einigen Punkten, wie beispielsweise:

- Bei den Empfehlungen der Ärzte wird nicht mehr danach unterschieden, ob eine Empfehlung als Arzt oder Medizinforscher vorliegt.

- Das Kriterium Qualitätsmanagement ist weggefallen.

- Hinzugekommen ist das Behandlungsspektrum. Hierbei handelt es sich um Selbstauskünfte der Ärzte, inwieweit sie ausgewählte Eingriffe persönlich vornehmen. In manchen Bereichen wird zusätzlich angegeben, ob der Eingriff besonders häufig vorgenommen wird.

5.2.1.1.2 Beispielhafter Auszug und kritische Betrachtung

Nachdem nun die theoretischen Grundlagen zu der FOCUS-Ärzteliste vorgestellt und beschrieben worden sind, werden im Folgenden die Kriterien anhand eines anonymisierten Beispiels veranschaulicht. Dazu wurde ein Arzt aus dem Fachbereich *Allgemeine Kinderärzte* herangezogen (siehe Abbildung 19). Neben der Bezeichnung des Arztes und der dazugehörigen Klinik/Praxis werden Ort und Telefonnummer angegeben, um Patienten die Kontaktaufnahme zu erleichtern. In dem hier angeführten Beispiel wurde der Arzt von anderen Kollegen *sehr häufig* als Arzt und *überdurchschnittlich häufig* als Medizinforscher empfohlen. Patienten

---

[979] Vgl. FOCUS (2006), S. 59.

haben ihm *häufig* eine Empfehlung ausgesprochen und seine Maßnahmen in Bezug auf das Qualitätsmanagement wurden mit *gut* benotet. Des Weiteren hat der
Arzt *häufig* publiziert und behandelt zudem auch Kassenpatienten. Als wichtigste
Spezialisierungen, gemäß der Selbstauskunft des Arztes, wurden die Beurteilung
von Längenwachstum und zu erwartender Endgröße, angeborene Stoffwechselstörungen sowie Nierensteine angegeben.

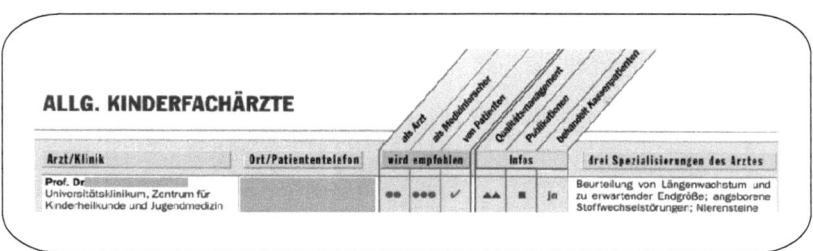

Abbildung 19:   Anonymisiertes Beispiel aus der FOCUS-Ärzteliste[980]

Als *positives* Merkmal ist für die FOCUS-Ärztelisten anzumerken, dass sie als
Buchversion, Zeitschrift oder auch als Download aus dem Internet beziehbar sind.
Die Buchversion ist für 14,95 € im Buchhandel erhältlich. Sie umfasst alle von
FOCUS zusammengestellten Listen zu den verschiedenen medizinischen The-
mengebieten, die im vorangegangenen Kapitel 5.2.1.1.1 genannt worden sind.
Darüber hinaus sind Informationen über die angesprochenen Krankheiten und
Behandlungsmöglichkeiten sowie Interviews mit Fachärzten enthalten. Auf der
Website des FOCUS (www.focus.de) werden alle Listen zur Verfügung gestellt,
jedoch haben ausschließlich Abonnenten des FOCUS-Magazins kostenlosen
Zugriff auf die zur Verfügung gestellten Ärztelisten. Sonstige Interessenten können für 7,90 € eine bestimmte Liste für einen Themenbereich auswählen und
zwölf Monate darauf zugreifen. Ebenfalls muss die umfangreiche Recherchearbeit
im Rahmen der Erstellung als positiv gewertet werden, da sowohl Chefärzte, O-
berärzte, Kinikchefs, niedergelassene Ärzte und auch Selbsthilfegruppen in die
Recherchearbeiten einbezogen wurden.

---

[980]   Quelle: FOCUS (2006), S. 61.

Neben den positiven Anmerkungen gibt es allerdings auch *negative*, die zu den FOCUS-Ärztelisten gemacht werden müssen. Hier kann angeführt werden, dass sie vorrangig für Patienten relevant sind, die Spezialisten für die Behandlung schwerer Erkrankungen oder zur Durchführung kritischer Operationen suchen. Für eine hausärztliche Betreuung liefert die Ärzteliste hingegen keine Hilfestellung. Obwohl die aufgeführten Ärzte aus unterschiedlichen Städten stammen, werden nicht immer alle Regionen Deutschlands abgedeckt. Es ist jedoch davon auszugehen, dass die Patienten dazu bereit sind, eine größere räumliche Distanz zu einem empfohlenen Spezialisten in Kauf zu nehmen.

Betrachtet man die in den Ärztelisten angeführten Kriterien, so besitzt das Kriterium *Empfehlungen* eine relativ hohe Aussagekraft, da es sowohl Einschätzungen anderer Ärzte als auch von Patienten beinhaltet. Die *Spezialisierungen* stellen wichtige Fakten dar, die Patienten ermöglichen, den für sie passenden Arzt ausfindig zu machen. Das Kriterium *Qualitätsmanagement* weist einen sehr hohen Aggregationsgrad auf, da es vier unterschiedliche Aspekte (Anwendung von Leitlinien, Fortbildungsveranstaltungen für ärztliches Personal, Verwendung von Computerprogrammen in Bezug auf Arzneimittelnebenwirkungen und die Anzahl bestimmter Eingriffe pro Abteilung und Arzt) umfasst. Durch den entwickelten Qualitätsmanagement-Score wird es dem Leser zwar erleichtert, unterschiedliche Ärzte zu vergleichen, jedoch fehlen Angaben darüber, wofür die unterschiedlichen Bewertungsabstufungen von sehr gut bis befriedigend stehen. Das Kriterium *Publikationen* ist, wie sich im Rahmen der empirischen Untersuchung in Kapitel 6 zeigen wird, aus Perspektive der Bevölkerung kein besonders geeignetes Kriterium, um die Qualität eines Arztes zu beurteilen und besitzt aus deren Sicht einen nur sehr geringen Informationsgehalt. Trotz der genannten Einschränkungen weisen die FOCUS-Ärztelisten insgesamt einen relativ hohen Nutzwert für Patienten auf, die einen renommierten Spezialisten suchen; insbesondere durch die beiden Kriterien *Empfehlungen* und *Spezialisierungen*.[981]

---

[981] Vgl. Emmert, M., Müller, M., Schöffski, O. (2007), S. 8.

5.2.1.2 100 Top-Ärzte Frankens

Exemplarisch für lokale Berichterstattungen, die es in vielen Regionen Deutschlands gibt, sei hier die Tageszeitung *Abendzeitung Nürnberg* erwähnt, die im April 2007 die 13-teilige Serie *100 Top-Ärzte in Franken* veröffentlichte. Im Rahmen der „Reise durch den Körper" wurden ca. 100 Top-Ärzte bzw. Spezialisten vorgestellt und beschrieben, die bei bestimmten Beschwerden und Krankheiten helfen können. Dabei wurden sowohl bereits etablierte Ärzte, die zu den Pionieren und internationalen Experten auf ihren Spezialgebieten gehören als auch einige „Nachwuchsstars" genannt.[982] Ausgewählt wurden jeweils Chefärzte aus spezialisierten Abteilungen fränkischer Universitätskliniken und großer regionaler Krankenhäuser. Zu diesen zählen die Universitätskliniken Erlangen und Würzburg und die Krankenhäuser Klinikum-Nord, Klinikum-Süd und die Euromed Clinic Fürth.[983] Im Rahmen dieser Serie wurden folgende medizinische Fachgebiete aufgeführt:

- Hirn und Nerven

- Seelenleiden und Psychiatrie

- Augen

- Hals-Nasen-Ohren

- Herzkrankheiten

- Hautkrankheiten

- Lungen und Bronchien

- Magen und Darm

- Blut- und Stoffwechselkrankheiten

- Orthopädie

- Gynäkologie und Geburtshilfe

- Urologie

---

[982] Vgl. Abendzeitung Nürnberg (2007a), S. 20.
[983] Vgl. Abendzeitung Nürnberg (2007b), S. 24.

- Kinderkrankheiten

Zu den betreffenden Spezialisten wurden beispielsweise Name, Alter, Spezialisierung, Tätigkeit, Ausbildung, Forschungsschwerpunkte, Therapiekonzepte und Kontaktinformationen bereitgestellt. Um sich einen Eindruck von dieser Darstellung machen zu können, wird, wie bereits im vorangegangenen Beispiel der FOCUS-Ärzteliste, anhand eines anonymisierten Beispiels verdeutlicht, welche Informationen den Patienten zur Verfügung gestellt werden. Das folgende Beispiel bezieht sich auf das Fachgebiet Hals-Nasen-Ohren der vierten Folge:[984]

- *Spezialisierung* („Der Experte für rekonstruktive Chirurgie und plastische Chirurgie")

- *Alter* und vollständiger *Name* des Arztes

- Angaben zur *Tätigkeit* des Arztes („Oberarzt der Hals-Nasen-Ohren-Klinik des Klinikums Nürnberg")

- *Ausbildung* des Arztes („Facharztausbildung an der Hals-Nasen-Ohren-Klinik Nürnberg mit Erwerb der Zusatzbezeichnung HNO-Plastische Operationen")

- *Forschungsschwerpunkte* und *Therapiekonzept* des Arztes („Plastische und rekonstruktive Chirurgie im Kopf-Hals-Bereich, mikrochirurgische, hörverbessernde Ohroperationen, endonasale Nasennebenhöhlenoperationen, operative Therapie bei Schlafstörungen, Schnarchen.")

- *Kontaktinformationen* des Arztes (Telefonnummer für Informationen und Anmeldung)

Betrachtet man die bereitgestellten Informationen *kritisch*, so muss angeführt werden, dass die Auswahl der Mediziner der Serie „100 Top-Ärzte in Franken" aufgrund fehlender Qualitätskriterien keine Hilfestellung leistet, einen Arzt mit einer optimalen Behandlungsqualität zu identifizieren. Auch wenn an dieser Stelle nicht bezweifelt wird, dass die vorgestellten Ärzte tatsächlich zu den absoluten Spitzenmedizinern auf ihrem Gebiet zählen und auch international großes Anse-

---

[984] Vgl. Abendzeitung Nürnberg (2007b), S. 24.

hen genießen, muss doch angemerkt werden, dass die Aufstellung der Ärzte einerseits nicht vollständig ist, da es sicherlich auch im niedergelassenen Bereich sehr kompetente Ansprechpartner für Patienten gibt und andererseits, wie bereits erwähnt, die Auswahl nicht auf qualitativ objektiven Kriterien beruht. Zwar werden dem Leser Informationen bereitgestellt, wo angesehene Mediziner bezüglich einer Indikation im Nürnberger Raum arbeiten, aber es wurden weder Empfehlungen anderer Ärzte noch von Patienten berücksichtigt, genauso wenig wurden Angaben zu Qualitätsmanagementmaßnahmen gemacht. Eine Beschränkung der Arztauswahl auf die oben genannten Kliniken Frankens ist aus Patientensicht wohl nicht uneingeschränkt nachvollziehbar. Des Weiteren ist fraglich, ob Angaben zur Ausbildung eines Arztes dem Leser hilfreich erscheinen, um danach eine Auswahl zu treffen. Eine gute Ausbildungsstätte ist sicherlich sehr wichtig, um medizinische Fähigkeiten zu erlernen. Allerdings wäre es wohl ebenfalls interessant zu erfahren, welche Fortbildungen etc. seitdem besucht worden sind. Dass ein nun 60-jähriger Arzt zu seiner Zeit an der Harvard Medical School gelernt hat, deutet sicherlich auf eine hervorragende Ausbildung hin, bedeutet allerdings nicht unmittelbar, dass der Arzt aktuell zu den besten Medizinern seines Gebiets gehört, nach dem neuesten Stand der medizinischen Kenntnis therapiert und innovative Verfahren bei der Therapie der Patienten einsetzt.

Abschließend lässt sich sagen, dass es sich bei der Arztserie der Abendzeitung weniger um eine Informationsquelle zur Behandlungsqualität von Ärzten handelt, sondern mehr um eine Übersicht von Ansprechpartnern an Kliniken im fränkischen Raum zu bestimmten Forschungsschwerpunkten und Spezialisierungen.[985] Da sich die meisten vorgestellten Ärzte durch den Status eines Professors auszeichnen, wird es für einen Großteil der Bevölkerung (der gesetzlich krankenversichert ist) nicht einfach, sich von diesen Top-Medizinern behandeln zu lassen. Diese Tatsache gilt angesichts der bereits erläuterten Vergütungssystematik in Deutschland allerdings ebenso für den niedergelassenen Bereich.

---

[985] Vgl. Emmert, M., Müller, M., Schöffski, O. (2007), S. 8.

5.2.2 Bewertungsportale im Internet

Durch den immer weiter steigenden Penetrationsgrad des Internets werden sich künftig immer mehr Menschen im Internet bezüglich medizinischer Fragestellungen informieren, bietet es doch die Möglichkeit, sich schnell und in großer Vielfalt mit Informationen versorgen zu können.[986] Derzeit nutzen ca. 10 Millionen Menschen jede Woche das Internet für gesundheitliche Fragestellungen.[987] Darunter fällt auch die Suche nach einem möglichst guten Arzt. Häufig wird sich bei der Suche nach einem Arzt an Empfehlungen und Erfahrungsberichten aus dem Familien- und Bekanntenkreis gehalten, wie später auch aus den Ergebnissen der empirischen Erhebung hervorgehen wird (siehe Kapitel 6).

Moderne Kommunikationstechnologien wie das Internet ermöglichen den Erfahrungsaustausch mit anderen Personen. In diesem Zusammenhang haben sich u. a. so genannte Bewertungsportale entwickelt, auf denen Patienten über ihre Erfahrungen mit Ärzten berichten und die im Rahmen einer Behandlung gemachten Erfahrungen bewerten können. Eigene Beurteilungen werden somit anderen Nutzern als Informationen über die Behandlungsqualität eines Arztes zur Verfügung gestellt. Die Funktionsfähigkeit von Bewertungsportalen basiert auf dem Prinzip der Gegenseitigkeit und ist nur dann funktionsfähig bzw. aussagekräftig, sofern Mitglieder nicht nur Beiträge abrufen, sondern auch eigene Erfahrungen einbringen. Gäbe es ein weit verbreitetes und auch akzeptiertes Portal, so könnte man sich den daraus resultierenden Effekt gut vorstellen. Patienten würden sich vor einem Arztbesuch den Arzt mit dem besten Ergebnis je nach geografischer Lage aussuchen und diesen anschließend kontaktieren. Ärzte mit einer schlechten Behandlung bzw. mit unzufriedenen Patienten könnten möglicherweise den einen oder anderen Patienten an einen Kollegen verlieren.

Zum Zeitpunkt dieser Arbeit existieren mehrere Portale unterschiedlicher Anbieter im Internet. Ob eines davon schon höheren Ansprüchen genügt, wird in den folgenden Ausführungen näher betrachtet. Eines der ersten Internetportale für Arztbewertungen wurde 2001 unter dem Namen *Check The Doc* realisiert, aber

---

[986] Vgl. Emmert, M., Müller, M., Schöffski, O. (2007), S. 8.
[987] FOCUS (2006), S. 7.

aufgrund von Vorwürfen bezüglich der Manipulierbarkeit von Bewertungen wieder eingestellt.[988] Momentan weist das Internetportal *Helpster* weit über 1.000 Arztbewertungen auf. Unter den Bewertungsportalen für Ärzte steht Helpster somit an erster Stelle und soll daher im Folgenden genauer beschrieben und analysiert werden (siehe Kapitel 5.2.2.1). Als weitere Beispiele für Bewertungsportale werden Der Unabhängige Arztspiegel (siehe Kapitel 5.2.2.2) und anschließend in Kapitel 5.2.2.3 der Arzt-Preisver-gleich vorgestellt. Aber auch Internetforen (siehe Kapitel 5.2.2.4) sowie Arztsuchmaschinen (siehe Kapitel 5.2.2.5) finden Berücksichtigung.

5.2.2.1 Helpster

Bei Helpster handelt es sich um ein kostenloses Gesundheitsnetzwerk, in dem gesundheitsbewusste Menschen Erfahrungen und Empfehlungen austauschen können.[989] Dabei besteht die Möglichkeit, Bewertungen für die Kategorien Ärzte, Kliniken, Medikamente, Apotheken etc. abzurufen und zu verfassen. Da im Rahmen der hier durchgeführten Untersuchung die Behandlungsqualität von Ärzten im Vordergrund steht, beziehen sich die folgenden Ausführungen auf die dort zur Verfügung stehenden Informationen zur Kategorie der Ärzte.

Bei Helpster wird die Bewertung durch die Vergabe von Sternsymbolen durchgeführt. Die Bewertungsskala ist fünfstufig und reicht von einem Stern (schlechteste Bewertung) bis zu fünf Sternen (beste Bewertung). Wie auch in Abbildung 20 dargestellt, wird dabei nach den vier folgenden Aspekten gefragt:

- *Fachliche Bewertung* („Wie beurteilen Sie subjektiv den Erfolg der Behandlung?")

- *Persönliche Bewertung* („Wie zufrieden waren Sie mit der Betreuung in der Praxis insgesamt? (z. B. Gründlichkeit, Freundlichkeit, Wartezeit, Sauberkeit, ...)")

- *Gesamtbewertung*

---

[988] Vgl. CheckTheDoc (2007).
[989] Vgl. Helpster (2007a).

- *Kommentarfeld*; dort kann die abgegebene Bewertung mit eigenen Worten begründet und mit einem Erfahrungsbericht ergänzt werden. Gemäß den Ergebnissen einer Studie britischer Psychologen der Northumbria University machen Erfahrungsberichte und der Rat von Betroffenen medizinische Internetportale für Nutzer vertrauenswürdiger.[990]

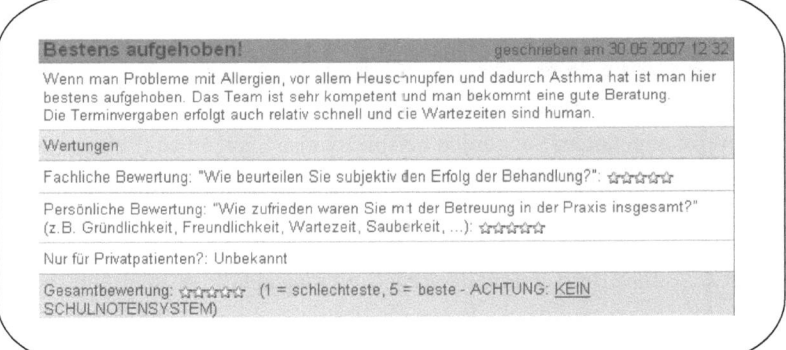

Abbildung 20:   Beispiel einer Arztbewertung bei Helpster[991]

Damit Interessierte Bewertungen abrufen können, ist zuvor eine Registrierung erforderlich. Hierzu müssen in einem Formular persönliche Daten wie Name, Adresse, Geburtsdatum etc. angegeben werden. Außerdem muss beantwortet werden, ob man selbst als Arzt tätig ist. Nach abgeschlossener Registrierung kann man sich mit seinen Zugangsdaten einloggen und Bewertungen abrufen. In der Bewertungskategorie *Ärzte* erscheint eine Auflistung aller bewerteten Ärzte in alphabetischer Reihenfolge. Hinter jedem aufgeführten Arzt wird die Gesamtbewertung angezeigt. Wählt man einen bestimmten Arzt aus, gelangt man über einen Link zum Detaileintrag, der neben Bewertungsdetails auch Kontaktinformationen des Arztes enthält. Nachdem man sich eine bestimmte Bewertung durchgelesen hat, kann auch die Qualität des Beitrags mit Sternsymbolen benotet werden.

---

[990]   Vgl. Le Ker, H. (2007).
[991]   Quelle: Helpster (2007b).

Um eine Bewertung eines Arztes vorzunehmen, bedarf es nach der erfolgreichen Registrierung letztendlich nur noch der Suche nach dem betreffenden Arzt. Dafür kann das vorhandene Verzeichnis herangezogen werden, in dem derzeit bereits 122.995 Ärzte aufgeführt sind;[992] es ist nach Fachrichtungen differenziert (Geburtshilfe, Diabetologie, Neurologie, Orthopädie etc.). Sollte hingegen der zu bewertende Arzt noch keinen Eintrag haben bzw. noch nicht aufgeführt sein, so kann ein neuer Eintrag für diesen angelegt werden. Eine Qualitätsprüfung der Beiträge durch die Betreiber von Helpster findet dabei nicht statt. Um die aktive Mitwirkung der Besucher des Portals zu fördern, werden häufig Incentives bzw. Anreize angeboten. So werden beispielsweise Sachpreise (Pulsuhr, iPod etc.) unter den Mitgliedern verlost, die innerhalb eines bestimmten Zeitraums drei oder mehr Arztbewertungen verfasst haben.

Bei *kritischer* Betrachtung dieser Informationsquelle muss festgestellt werden, dass die Aussagekraft von Beitrag zu Beitrag variiert. Schließlich sind nicht alle Ärzte mit einer hohen Anzahl von Bewertungen versehen. Des Weiteren lassen sich nicht in allen Beiträgen ergänzende Erfahrungsberichte finden. Diese sind für viele Patienten jedoch sicherlich hilfreicher als kommentarlos abgegebene Bewertungen. Denn so könnte man sich möglicherweise einen Eindruck von der Person machen, welche die Bewertung abgegeben hat. Eine Schwachstelle bei Helpster besteht in der „Manipulierbarkeit" von Bewertungen.[993] So ist es technisch nicht möglich zu verhindern, dass Ärzte sich selbst oder andere Ärzte bewerten können (dies ist allerdings ein Problem, mit dem alle derartigen Anbieter kämpfen). Bei der Registrierung muss lediglich ein Haken gesetzt werden, um anzugeben, dass man nicht als Arzt tätig ist. Während das Portal *Check The Doc* seinen Dienst aufgrund dieser Problematik eingestellt hat, gibt es bei Helpster bislang keine Anzeichen dafür. Vielmehr scheint Helpster ein relativ hohes Wachstumspotential zu besitzen. Im Januar 2007 hat sich die Verlagsgruppe *Georg von Holtzbrinck* über die Tochtergesellschaft *eLAB* an *Helpster* beteiligt und im März ihren Anteil zu einer Mehrheitsbeteiligung aufgestockt.[994] Es ist geplant, das Portal in nächster Zeit weiter auszubauen. Man kann annehmen, dass die Aussagekraft dieser In-

---

[992] Stand: 24. Juni 2007.
[993] Vgl. Emmert, M., Müller, M., Schöffski, O. (2007), S. 8.
[994] Vgl. Helpster (2007c).

formationsquelle mit steigender Anzahl von Nutzern und Bewertungen zunehmen wird und Patienten somit bei der Arztauswahl unterstützen kann. Allerdings sind dort keinerlei Informationen zum Werdegang eines Arztes etc. vorhanden wie das beispielsweise bei den FOCUS-Ärztelisten der Fall ist.

5.2.2.2 Der Unabhängige Arztspiegel

Ähnlich wie bei Helpster können auf der kostenlosen Plattform *Der Unabhängige Arztspiegel* (www.arztspiegel.de) verschiedene Leistungserbringer und Institutionen des Gesundheitswesens bewertet werden, darunter Krankenhäuser, Arzt-Praxen, Pflegedienste, Seniorenheime etc. Wie dies auch im Rahmen der bisherigen Ausführungen geschehen ist, wird die Bewertung der Ärzte im Folgenden anhand eines Beispiels veranschaulicht. Diese wird beim Arztspiegel anhand des Schulnotensystems durchgeführt, wobei folgende Kriterien für die Bewertung herangezogen werden:

- Service,

- Beratung,

- Behandlung,

- Wartezeit,

- Personal und

- Ambiente.

Der Mittelwert dieser Kriterien ergibt die Gesamtbewertung des Arztes. Wie auch bei Help-ster besteht hier die Möglichkeit, in einem Kommentarfeld einen persönlichen Kommentar zu einem Arzt zu verfassen. Um Arztbewertungen abrufen zu können ist, anders als dies bei Helpster der Fall ist, keine Registrierung erforderlich. In der Suchmaske kann ein Arzt nach Name, Ort, Postleitzahl, Straße, Telefon, Homepageeintrag, Bewertung und auch Fachbereich gesucht werden. Alle Suchfelder können dabei miteinander kombiniert werden. Sind die gesuchten Einträge gefunden, werden diese in einer Übersicht inklusive der Gesamtbewertung aufgelistet. Wählt man einen bestimmten Eintrag aus, gelangt man zum Detaileintrag (siehe Abbildung 21). Dieser enthält die Kontaktinformationen, die Noten der einzelnen Kriterien und eventuell vorhandene Kommentare. Insgesamt sind zum

Zeitpunkt dieser Arbeit 220 Ärzte beim Arztspiegel eingetragen,[995] von denen jedoch nur knapp 50 bewertet sind.[996]

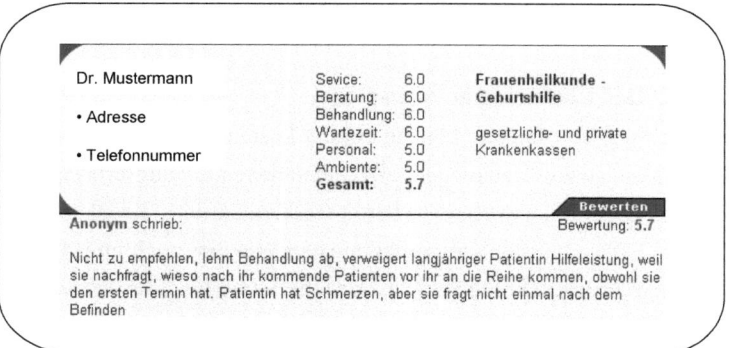

Abbildung 21: Beispiel einer Arztbewertung von Der Unabhängige Arztspiegel[997]

Für das Verfassen einer Bewertung ist beim Arztspiegel, wie bereits erläutert,
keine Registrierung erforderlich. Ist der Arzt, der bewertet werden soll, nicht im
Verzeichnis zu finden, muss der Nutzer hierfür einen neuen Eintrag anlegen. Dafür muss die vollständige Adresse der Praxis mit Telefonnummer und Fachbereich
des Arztes angegeben werden. Außerdem ist auszuwählen, ob alle Patienten oder
nur Kassenpatienten behandelt werden. Nachdem der Nutzer seine E-Mail-
Adresse angegeben hat, kann die Bewertung durchgeführt werden. Anschließend
wird dem Nutzer zum Zwecke der Verifizierung eine E-Mail zugesandt, die einen
Link enthält, um die Eintragung bzw. Bewertung endgültig zu bestätigen. Nach
Angaben des Arztspiegels sollen somit Falsch- und Spaßeinträge vermieden werden.[998]

Bei einer *kritischen* Beurteilung kann festgestellt werden, dass der Arztspiegel ein
etwas detaillierteres Bewertungssystem verwendet als beispielsweise Helpster. Die
verschiedenen Kriterien können unabhängig voneinander bewertet werden, da sie

[995] Stand: 24. Juni 2007.
[996] Vgl. Emmert, M., Müller, M., Schöffski, O. (2007), S. 8.
[997] Quelle: Arztspiegel (2007a).
[998] Vgl. Arztspiegel (2007b).

nicht unter einer persönlichen Bewertung zusammengefasst sind. Die Aussagekraft der Bewertungen ist wiederum von Beitrag zu Beitrag unterschiedlich und
von einem persönlichen Kommentar abhängig. Ähnlich wie bei Helpster kann
auch hier wohl nicht verhindert werden, dass auch Ärzte Bewertungen verfassen
können. Des Weiteren stellt der Arztspiegel aufgrund der derzeitig geringen Anzahl von Bewertungen und Arzteinträgen (ca. 50 bewertete Ärzte) kein hilfreiches
Medium dar, um sich über die Behandlungsqualität von Ärzten in einer bestimmten Region zu informieren. Eine bestimmte Masse, die als zuverlässig angesehen
werden kann, ist noch lange nicht erreicht. Da bei Helpster bereits mehr als 1.000
bewertete Ärzte eingetragen sind, ist es fraglich, ob sich das Portal Arztspiegel bei
einer weiteren derartigen Entwicklung durchsetzen können wird.

5.2.2.3 Arzt-Preisvergleich

Bei der nächsten Plattform von Arzt-Preisvergleich handelt es sich um eine Auk-
tionsplattform für freie Arztleistungen (beispielsweise Zahnbehandlungen, Au-
genlasern, Fruchtbarkeitsbehandlung, Osteopathie etc.), bei denen Patienten Zuzahlungen leisten müssen bzw. die Kosten für die Behandlung übernehmen müssen. Im Fokus dieser Plattform stehen Auktionen für Zahn- und Augenlaserbe-
handlungen. Die Betreiber möchten, wie aus den Angaben der Website zu entnehmen ist, mit ihrer Plattform mehr Transparenz in das Gesundheitssystem bringen und damit die Kosten für ärztliche Zuzahlungs-Leistungen reduzieren.[999] Neben der Auktionsfunktion können die Patienten nach einer durchgeführten Behandlung auch eine Bewertung hierzu abgeben, wie im weiteren Verlauf der Ausführungen noch gezeigt werden wird.

Die Nutzung des Portals von Arzt-Preisvergleich ist genauso wie auch die beiden
zuerst genannten kostenlos. In einem ersten Schritt müssen sich die Nutzer an-
melden und haben anschließend die Möglichkeit, ihr Leistungsgesuch bzw. Heil-
und Kostenplan anonymisiert für eine bestimmte Behandlung einzugeben. Dabei
besteht die Möglichkeit, die Auktion regional einzuschränken; hierzu muss lediglich eine maximale Wegstrecke zu einem Arzt angegeben werden. Anschließend
geben registrierte Ärzte im nächsten Schritt, ebenfalls anonymisiert, ihre Kosten-

---

[999] Vgl. Arzt-Preisvergleich (2007a).

schätzungen für die vom Patienten beschriebene Leistung innerhalb des vorgegebenen Auktionszeitraumes ab. Nach dessen Ablauf kann der Patient die fünf
preiswertesten Angebote auf der Website online einsehen, wie in Abbildung 22
exemplarisch dargestellt. Der Patient hat nun die Möglichkeit, nach den dort dargestellten Kriterien einen Arzt auszuwählen.

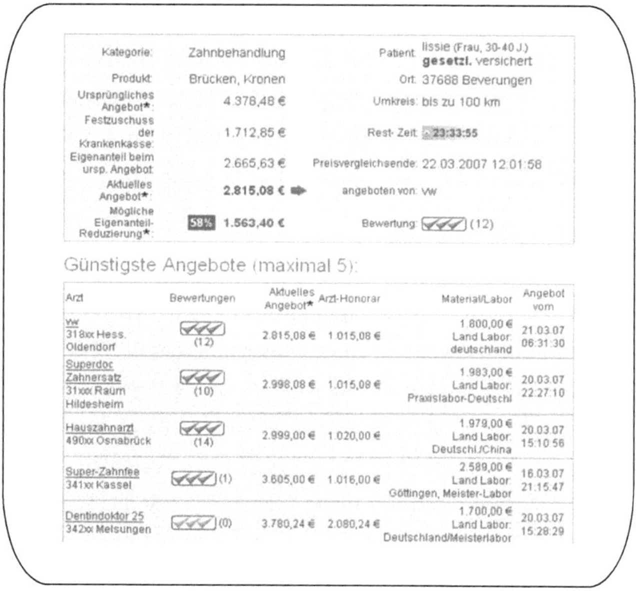

Abbildung 22: Beispiel einer Auktion auf dem Portal von Arzt-
Preisvergleich[1000]

Nachdem sich der Patient für einen Arzt entschieden hat, werden die Kontaktdaten mit dem ausgewählten Arzt ausgetauscht; ab diesem Moment verliert die Auktion den anonymen Status. Die sich anschließende Kontaktaufnahme kann telefonisch oder per E-Mail erfolgen, um ein erstes persönliches Treffen mit dem Arzt
zu vereinbaren. Bis zum tatsächlichen Abschluss des Behandlungsvertrags bestehen für den Nutzer keine Verpflichtungen, die Behandlung tatsächlich bei dem
Arzt durchführen zu lassen. Nachdem die Behandlung schließlich durchgeführt

---

[1000] Quelle: Arzt-Preisvergleich (2007b).

worden ist, kann der Patient die Behandlungsqualität des Arztes anhand unterschiedlicher Kriterien bewerten (siehe Abbildung 23). Um langfristige Effekte berücksichtigen zu können, kann eine Beurteilung innerhalb von drei Jahren korrigiert werden.[1001] Schließlich ist gerade das langfristige Ergebnis bei der Qualitätsbeurteilung wichtig.

Für die Bewertung der Behandlung wird eine dreistufige Skala verwendet. Dabei bedeuten 3 Haken: *Der Patient war äußerst zufrieden mit dem Arzt und empfiehlt ihn uneingeschränkt weiter.* 2 Haken stehen für: *Die Behandlung war ok - es gibt weder etwas Positives noch etwas Negatives zu sagen;* 1 Haken bedeutet schließlich: *Der Patient war mit der Behandlung nicht zufrieden und würde den Arzt nicht weiterempfehlen.*[1002] Die Gesamtbewertung für einen Arzt setzt sich aus der Beurteilung (anhand der dreistufigen Bewertungsskala) eines Patienten hinsichtlich folgender Teilaspekte zusammen (siehe Abbildung 23):

- Leistung des Arztes insgesamt (Untersuchung, Beratung, Behandlung, Ergebnis)

- Einhaltung des kalkulierten Preises/verständliche Erläuterung von Abweichungen bzw. Änderungen

- Freundlichkeit und Kompetenz des Praxisteams

- Beurteilung der Leistung insgesamt

- Ist der Arzt weiterzuempfehlen?

Zusätzlich zur Bewertung hat der Patient die Möglichkeit, eine persönliche Anmerkung hinzuzufügen. Aber auch der Arzt bekommt beim Arzt-Preisvergleich die Gelegenheit, sich zum abgelaufenen Procedere zu äußern.

[1001] Vgl. Arzt-Preisvergleich (2007c).
[1002] Vgl. Arzt-Preisvergleich (2007d).

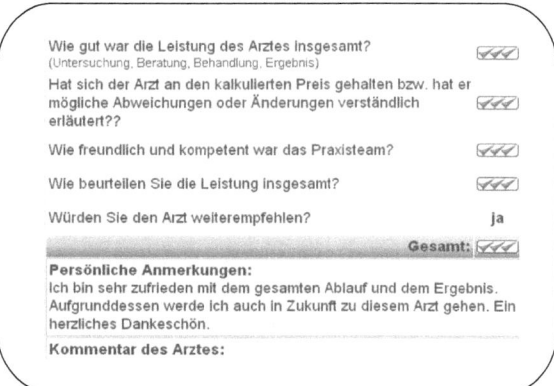

Abbildung 23:   Bewertungskriterien von Arzt-Preisvergleich[1003]

Bei einer abschließenden Betrachtung des Auktions- und Bewertungsportals von *Arzt-Preis-vergleich* kann festgestellt werden, dass die Kosten für eine spezielle Zahn- oder Augenbehandlung für Patienten deutlich gesenkt werden können (siehe Abbildung 22); wohl auch deshalb wird das Portal inzwischen von vielen Krankenkassen unterstützt.[1004] Durch das gegenseitige Unterbieten verschiedener Ärzte nähern sich die Preise der Behandlungen den Marktpreisen an und es entsteht zumindest eine Kosten-Transparenz. Mittels der Leistungsbewertungen der Patienten soll sichergestellt werden, dass trotz der niedrigeren Behandlungskosten die Qualität der Behandlung nicht vernachlässigt wird. Kürzlich hat der TÜV-Saarland das Internetportal auf Kundenzufriedenheit und Servicequalität getestet und die Note sehr gut (1,42) vergeben. Der Arzt-Preisvergleich ist damit das einzige TÜV-zertifizierte Unternehmen im Bereich ärztlicher Vergleichsangebote.[1005]

Da das Portal allerdings nur für ein sehr eingeschränktes Indikationsfeld spezielle Informationen zur Verfügung stellt, muss das Portal als eine eingeschränkte Informationsquelle zur Behandlungsqualität von Ärzten betrachtet werden. Des Weiteren ist es aufgrund der Anonymität der Ärzte nicht möglich, sich über die

---

[1003] Quelle: Arzt-Preisvergleich (2007e).
[1004] Vgl. Arzt-Preisvergleich (2007b).
[1005] Vgl. Presseanzeiger (2007).

Qualität bestimmter Ärzte zu informieren. Das Pseudonym eines Arztes wird schließlich erst dann aufgehoben, wenn dieser ein Kosten-Angebot auf das eingestellte Leistungsgesuch eines registrierten Nutzers gemacht hat. Für andere Nutzer sind diese Kontaktdaten jedoch nicht ersichtlich. Daher ist es nur möglich, sich über die Qualität derjenigen Ärzte zu informieren, die zu den Ärzten mit den fünf besten Angeboten im Rahmen des Preisvergleichs zählen.

5.2.2.4 Internetforen

Immer größerer Beliebtheit erfreuen sich auch so genannte Internetforen, in denen man sich mit Personen austauschen kann, die an der gleichen Krankheit leiden. Für nahezu jede Indikation gibt es ein spezielles Forum, wie die folgende Aufzählung beispielhaft verdeutlicht:

- Schlaganfall
  → http://www.das-schlaganfall-forum.de

- Herzinfarkt
  → http://www.arterie.com/arterie/forum/actionViewIntro.html?board=9

- Progressive supranukleäre Blickparese (PSP)
  → http://www.psp-information.de/index.php

- Darmkrebs
  → http://www.darmkrebs.de/darmkrebsforum/list.php?f=4

- Alzheimer
  → http://www.alzheimer-selbsthilfe-forum.de

- Migräne
  → http://www.migraene-selbsthilfe-forum.de

Das Angebot an (krankheitsspezifischen) Internetforen ist ausgesprochen groß und unübersichtlich. Für nahezu jede bekannte Krankheit existieren mehrere eigene Foren, in denen neben Symptomen, Behandlungsmöglichkeiten und Arzneimitteln auch über Ärzte und deren Leistung diskutiert wird. Um diese Seiten im Internet „aufzuspüren" ist lediglich die Eingabe des Schlagwortes „Forum" in Verbindung mit der entsprechenden Krankheit in einer der bekannten und weit verbreiteten Suchmaschinen (google, web etc.) notwendig. In den Foren fragen Patienten häufig nach konkreten Empfehlungen für Ärzte. Andere registrierte User haben häufig gute Tipps, welche Ärzte in welchem Raum Deutschlands zu den besten zählen. Da in den Foren meist Betroffene aus ganz Deutschland vertreten sind, ist es in vielen Fällen möglich, sich zumindest innerhalb eines Bundeslandes Ratschläge anderer Patienten geben zu lassen. Die Qualität der innerhalb der Foren bereit gestellten Informationen ist sowohl von Beitrag zu Beitrag als auch von Forum zu Forum sehr unterschiedlich. Im Gegensatz zu Bewertungsportalen werden Qualitätsinformationen über Ärzte jedoch im Allgemeinen nur auf Anfrage anderer Mitglieder veröffentlicht. Daher müssen in einem ersten Schritt häufig andere Personen angeschrieben und diese um Hilfe gebeten werden. Eine Bewertung von Ärzten wie auf den bereits vorgestellten Portalen (s. o.) wird hier allerdings nicht durchgeführt.

5.2.2.5 Arztsuchmaschinen ohne Betrachtung der Behandlungsqualität

Im Rahmen dieser Untersuchung werden ebenfalls so genannte Arztsuchmaschinen angesprochen, die einem Patienten eine erste Auswahl möglicher Ärzte in einer bestimmten Region liefert, allerdings ohne eine Bewertung der Ärzte. Im Internet finden sich inzwischen viele derartige Suchmaschinen, wie beispielsweise:

- http://www.arzt-auskunft.de
- http://www.arzt.de/Arztsuche
- http://www.kbv.de/arztsuche/178.html
- http://www.med-kolleg.de/arzt
- http://www.aerzte-im-netz.de
- http://www.onmeda.de

Wie auch bei den Internetforen (siehe Kapitel 5.2.2.4) kann festgestellt werden, dass es inzwischen viele Suchmaschinen gibt, die einem Patienten erste Ansprechpartner liefern können. Sogar die Suchmaschine Google ermöglicht inzwischen eine erste Auswahl von Ärzten. Allerdings variieren die Breite und auch die Qualität der dort jeweils zur Verfügung gestellten Informationen sehr. Aussagen über die Behandlungsqualität von Ärzten erhält man dabei jedoch nicht.

Eine inzwischen qualitativ und auch funktionell gut ausgestatte Arzt-Suchmaschine ist die der Stiftung Gesundheit, abrufbar unter (http://www.arzt-auskunft.de). Seit 1997 unterstützt dieser, ebenfalls kostenlose, Internetservice Patienten bei der Suche nach einem bestimmten Arzt. Die Arztsuche kann nach Facharztbezeichnungen und Themengebieten vorgenommen werden. Neben Ärzten und Zahnärzten kann auch nach Psychotherapeuten und Kliniken mit bestimmten Therapieschwerpunkten gesucht werden. Laut Angaben der Stiftung Gesundheit, dem Träger der Arzt-Auskunft, umfasst das Verzeichnis rund 390.000 Ansprechpartner in ganz Deutschland.[1006]

Meinungen bzw. Bewertungen anderer Patienten sind hier allerdings nicht enthalten. Um einen ersten Eindruck über die Qualität eines Arztes zu erhalten, gibt es die Option, die Suche nach Ärzten einzuschränken, die bereits ein QM-System (siehe Kapitel 5.2.4) eingeführt haben bzw. gerade dabei sind. In der Detailansicht des Suchergebnisses wird zusätzlich nach QM-System und der Implementierungsphase differenziert. Eine gezielte Suche nach Ärzten mit zertifizierten QM-Systemen ist allerdings nur über die Strukturdatenbank der Arzt-Auskunft möglich; diese Möglichkeit bleibt allerdings ausschließlich Versicherungen und professionellen Lotsen im Gesundheitswesen vorbehalten.

Ein weiteres spezielles Feature hat diese Website durch die Möglichkeit, einen Fragebogen[1007] zu beantworten, der sich auch mit der Zufriedenheit der Patienten befasst. Mittels des Fragebogens wird der so genannte Patienten-Zufriedenheits-Index ermittelt. Eine Informationsquelle für Patienten stellt er allerdings nicht dar, da die abgegebenen Bewertungen nicht der Öffentlichkeit zugänglich gemacht werden, sondern lediglich zur internen Information für die Ärzte gedacht sind.

5.2.3 Testberichte

Eine weitere Informationsquelle für Patienten, um sich über die Behandlungsqualität von Ärzten zu informieren, stellen so genannte Testberichte dar. Diese sind bislang überwiegend aus dem Bereich der Konsumgüter bekannt und dienen dazu, mehr Markttransparenz in das bestehende System zu bringen. Verbrauchern soll

---

[1006] Vgl. Stiftung Gesundheit (o. J. a); Stiftung Gesundheit (2006), S. 2.
[1007] Vgl. Stiftung Gesundheit (o. J. b).

somit eine rational begründete Auswahl bestimmter Waren und Dienstleistungen ermöglicht werden. Für einen Testbericht sind die Angebote eines abgegrenzten Marktsegments in unabhängigen Institutionen nach wissenschaftlichen Methoden zu prüfen und deren Ergebnisse zu veröffentlichen.[1008] In den letzten Jahren finden sich auch vermehrt Testberichte zu unterschiedlichen Gesundheitsthemen. Das Angebot an Ärzte-Tests fällt bislang leider noch sehr klein aus. Einen gewissen Bekanntheitsgrad haben zwei Testberichte der Stiftung Warentest (siehe Kapitel 5.2.3.1 und 5.2.3.2) sowie ein Testbericht von Ökotest (siehe Kapitel 5.2.3.3), die Gegenstand der folgenden Betrachtung sind.

5.2.3.1 Stiftung Warentest „Urologen Im Test 04/2004"

Der zuerst vorgestellte Testbericht ist jener der Stiftung Warentest vom Februar 2004. In diesem veröffentlichten vierseitigen Testbericht „Urologen im Test" geht es um die Beratungsqualität von Urologen bezüglich der Früherkennungsuntersuchung „PSA-Test". Dieser dient zur Früherkennung von Prostatakrebs und kann auf einen Tumor in einem sehr frühen Stadium hinweisen. Bei einem erhöhten Wert für das prostataspezifische Antigen (PSA) besteht zumindest ein erster Klärungsbedarf für den erhöhten Wert. Umstritten ist der Test bei gesunden Männern, die ab einem bestimmten PSA-Wert eventuell nicht notwendigen Operationen und Bestrahlungen ausgesetzt werden würden. Da die Kosten für den Test nicht von den Krankenkassen übernommen werden, müssen Patienten diese selbst tragen. Daher sollte im Rahmen dieses Testberichts herausgefunden werden, wie Ärzte Männer beraten, die bezüglich der Durchführung des Tests unsicher sind.[1009]

Zur Messung und Darstellung der Beratungsqualität der näher betrachteten Urologen wurde auf Grundlage der wissenschaftlichen Leitlinie zum PSA-Test der urologischen Fachgesellschaften (S 3 Leitlinie zur „PSA-Bestimmung in der Prostatakarzinomdiagnostik"), die vor der ersten PSA-Untersuchung eine ausführliche Beratung der Patienten fordert, ein Anforderungskatalog mit den Beratungsinhalten entwickelt. Die in Abbildung 24 dargestellten Informationen wurden im Rahmen dieses Tests als Bewertungskriterien herangezogen. Je nach Aufklärung des Patienten über die einzelnen Anforderungen wurde die Beratungsqualität eines

---

[1008] Vgl. Geiger. D. (2005), S. 209.
[1009] Vgl. Stiftung Warentest (2004), S. 86.

Arztes bewertet. Den Männern sollte beispielsweise erläutert werden, dass der Test für Gesunde auch Nachteile bringen kann; und zwar dann, wenn ein zu hoher PSA-Test festgestellt worden ist, der allerdings nicht auf einen bösartigen Tumor, sondern auch auf eine gutartige Vergrößerung der Prostata oder auf mechanische Reize zurückzuführen sein kann.[1010] Daher muss nicht jeder erhöhte PSA-Wert automatisch Prostatakrebs bedeuten.

Anforderungskatalog für die Bewertung der Qualität der Aufklärung über den PSA-Test
- Ein erhöhter PSA-Wert muss nicht zwangsläufig auf einen bösartigen Tumor hindeuten, er kann andere Ursachen haben. - Es kann nicht jeder Prostatakrebs mit dem PSA-Test erkannt werden. - Der PSA-Wert steigt mit zunehmendem Alter. - Bei erhöhtem PSA-Wert sollten zunächst Tast- und Ultraschalluntersuchungen durchgeführt werden. - Bei einer Biopsie wird nur bei einem Drittel der untersuchten Patienten Krebs festgestellt. - Nicht jeder gefundene Krebs muss unbedingt behandelt werden. - Die Gefahr der Übertherapie besteht, welche dem Patienten evtl. mehr schadet als hilft.

Abbildung 24:	Bewertungskriterien aus „Urologen im Test"[1011]

Insgesamt wurde im Rahmen des durchgeführten Tests eine Stichprobe von 20 (der insgesamt 135) Berliner Urologen sowohl aus dem stationären als auch dem niedergelassenen Bereich ausgewählt. Als Testperson fungierte ein 60-jähriger Mann, der die 20 Urologen mit folgender Aussage aufsuchte: *„Ich überlege, ob ich einen PSA-Test machen soll. Ich bin mir aber nicht sicher, ob der mir etwas bringt. "*[1012]

Für das Testergebnis wurden die Auskünfte der Ärzte mit den erwarteten Informationen der Urologischen Fachgesellschaften verglichen. Dabei wurden sowohl Umfang als auch Richtigkeit der geäußerten Informationen als Bewertungskriterien verwendet. Als Bewertungsskala wurde das Schulnotensystem von *sehr gut* bis *mangelhaft* herangezogen. Als Ergebnis stellte sich heraus, dass von den getesteten Urologen 2 *sehr gut,* 4 *befriedigend,* 7 *ausreichend* und 7 *mangelhaft* beraten hatten. Auf eine namentliche Nennung der Ärzte wurde bei der Ergebnis-

---

[1010] Vgl. Baur, H. (2004).
[1011] Quelle: Eigene Darstellung, in Anlehnung an Stiftung Warentest (2004), S. 87.
[1012] Stiftung Warentest online (o. J.).

Darstellung verzichtet.[1013] Erschreckend dabei sei gewesen, dass 14 der getesteten Ärzte „nicht einmal die Anforderungen erfüllten, die die Leitlinien der eigenen Fachgesellschaften festlegen."[1014] Dies sei darauf zurückzuführen, dass es die Ärzte einfach nicht besser wussten und sich „mit kritischen Denkansätzen zur Früherkennung bisher nicht auseinander gesetzt hatten."[1015]

Auch wenn der Testbericht die Breite (überwiegend negativer) geleisteter Behandlungsqualität zum Vorschein brachte, so kann er von Patienten nicht herangezogen werden, um sich über die Qualität bestimmter Ärzte zu informieren, da auf eine namentliche Nennung der Ärzte verzichtet wurde. Die Auswertung der Ergebnisse ist zudem sehr knapp dargestellt und es werden keine genauen Angaben zu Umfang und Richtigkeit der geäußerten Informationen gemacht. Die 20 ausgewählten Urologen spiegeln zudem keine repräsentative Grundgesamtheit wider, weder für die Stadt Berlin noch für die Bundesrepublik. Die Testurteile sind daher schlecht nachvollziehbar und bei der Informationssuche über einen bestimmten Arzt nicht hilfreich. Allerdings wird vom Berufsverband der Urologen auch angeführt, dass der der Befragung zugrunde liegende PSA-Test nicht ganz so einfach zu „testen" sei und die Ärzte sich in einem Dilemma befänden. Häufig würde sich der Prostatakrebs so langsam entwickeln, dass er unentdeckt zu keiner Belastung für den Patienten werden würde. In diesem Fall würden viele Männer übertherapiert werden, käme es zu einer intensiven Behandlung des Patienten.[1016] Die erste Maßnahme nach dem Feststellen eines überhöhten Werts sei schließlich die Gewebeentnahme (Biopsie) aus der Prostata.[1017]

Die Kernaussage des Testberichts besteht darin, dass herausragend gute Ärzte selten und schwer zu finden sind; schließlich kann der Patient die Qualität einer Beratungsleistung nur sehr subjektiv einschätzen. Daraus resultiert für ihn die Notwendigkeit, bereits im Vorfeld der Untersuchung selbst erste Informationen über die Untersuchung zusammenzutragen und anschließend während des Beratungs-

[1013] Vgl. Stiftung Warentest online (o. J.).
[1014] Stiftung Warentest online (o. J.).
[1015] Stiftung Warentest online (o. J.).
[1016] Vgl. Ärzte Zeitung Online (2004).
[1017] Vgl. Kalbheim, E. M. (2004).

gespräches gezielte Fragen zu stellen.[1018] Positiv fällt auf, dass der Testbericht kostenlos als Downloadversion unter www.test.de zur Verfügung gestellt wird.

5.2.3.2 Stiftung Warentest „Sportmedizinische Untersuchungen 02/2006"

Wie auch der vorangegangene Test stammt der im Folgenden beschriebene von der Stiftung Warentest, allerdings zum Bereich der Durchführung sportmedizinischer Untersuchungen. In dem aus dem Jahr 2006 stammenden sechsseitigen Testbericht wurden vier sportmedizinische Untersuchungszentren deutschlandweit und neun niedergelassene Ärzte mit der Zusatzbezeichnung Sportmedizin aus Osnabrück auf deren Untersuchungsqualität hin getestet.[1019] Dabei sollte auch untersucht werden, „ob der Sportmediziner um die Ecke genau so gut ist wie das große spezialisierte Zentrum".[1020]

Im Rahmen des Tests wurden die genannten Leistungserbringer von drei Testpersonen aufgesucht, die vorgaben, Freizeitsportler zu sein und sich über gesundheitliche Risiken informieren und beraten zu wollen. Um die Qualität der Untersuchung bewerten zu können, wurden auch hierfür einige Bewertungskriterien festgelegt. Diese waren (siehe auch Abbildung 25):[1021]

- telefonische Vorinformation,

- Anamnese (Erfragung der Zielsetzung, Krankengeschichte und Sporterfahrung sowie Überprüfung der Laborwerte),

- Untersuchungen (allgemeine körperliche Untersuchung, orthopädische Untersuchung und Belastungsuntersuchung) sowie

- Befund und Beratung (Auswertung der Befunde, Gesundheitsberatung, Sportberatung, Trainingsberatung, schriftlicher Bericht sowie Untersuchungsatmosphäre).

Die Kriterien wurden hierbei unterschiedlich gewichtet. So hatte die telefonische Vorinformation einen Anteil von 5 %, die Anamnese von 15 %, die Untersuchungen von 40 % und der Befund sowie die Beratung insgesamt ebenfalls 40 %. Als

---

[1018]   Vgl. Stiftung Warentest (2004), S. 88-89.
[1019]   Vgl. Stiftung Warentest (2006).
[1020]   Stiftung Warentest (2006), S. 91.
[1021]   Vgl. Stiftung Warentest (2006), S. 94.

Bewertungsskala wurde wiederum das Schulnotensystem herangezogen, d. h. mit Bewertungen von *sehr gut* bis *mangelhaft*.[1022] Nachdem die unterschiedlichen Leistungserbringer aufgesucht bzw. der Test durchgeführt worden war, wurden die Ergebnisse veröffentlicht (siehe Abbildung 25).

test-QUALITÄTSURTEIL 100%	SEHR GUT (1,0)	SEHR GUT (1,4)	GUT (1,8)	BEFRIEDIGEND (3,0)	GUT (2,4)	BEFRIEDIGEND (2,6)	BEFRIEDIGEND (2,8)
TELEFONISCHE VORINFORMATION 5%	gut (1,6)	sehr gut (0,9)	sehr gut (0,5)	gut (2,0)	befried. (2,8)	befried. (3,1)	ausreich. (4,3)
ANAMNESE 15%	sehr gut (0,7)	sehr gut (0,7)	gut (1,7)	gut (1,7)	gut (1,7)	gut (1,9)	gut (1,6)
Zielsetzung erfragt	++	++	+	+	++	++	+
Krankengeschichte erfragt	++	++	+	+	+	+	++
Sporterfahrung erfragt	++	++	++	+	+	O	+
Laborwerte überprüft	++	++	⊖	++	++	++	++
UNTERSUCHUNGEN 40%	sehr gut (0,9)	gut (1,7)	gut (2,0)	ausreichend (4,3)	befriedigend (2,7)	befriedigend (2,9)	ausreichend (3,6)
Allgemeine körperliche Untersuchung	++	++	++	+	O	O	O
Orthopädische Untersuchung	++	+	+	− *) 2)	Nicht angeboten 3)	Nicht angeboten 3)	⊖
Belastungsuntersuchung	++	+	+	+	+	+	O
BEFUND UND BERATUNG 40%	sehr gut (1,1)	sehr gut (1,4)	gut (1,7)	gut (2,4)	gut (2,3)	befriedigend (2,6)	gut (2,4)
Auswertung der Befunde	++	++	++	O	+	+	+
Gesundheitsberatung	++	++	⊖	O	+	⊖	++
Sportberatung	++	+	+	+	+	O	+
Trainingsberatung	++	++	++	++	+	O	+
Schriftlicher Bericht	++	++	++	++	O	++	−
Untersuchungsatmosphäre	++	++	++	+	O	+	+

Abbildung 25:   Auszug aus den Ergebnissen der „Sportmedizinischen Untersuchungen"[1023]

Wie aus der Abbildung hervorgeht, wurde die Anordnung entsprechend des Ergebnisses der Leistungserbringer dargestellt, d. h. also wie in einem Ranking. Die sportmedizinischen Untersuchungszentren werden in den ersten vier Ergebnisspalten der Abbildung 25 dargestellt, anschließend die Ergebnisse der niedergelassenen Sportmediziner, von denen hier drei abgebildet sind. Die Namen der Untersuchungszentren und niedergelassenen Ärzte sind dabei als Spaltenüberschriften in der Tabelle angeordnet (in Abbildung 25 nicht integriert). Die Zeilenüberschriften stellen die Gesamtergebnisse der aufgesuchten Einrichtungen dar. Im Rahmen dieser Untersuchung haben die sportmedizinischen Untersuchungszentren Hamburg *(sehr gut 1,0)*, München *(sehr gut 1,4)* und Berlin *(gut 1,8)* am bes-

---

[1022]   Vgl. Stiftung Warentest (2006), S. 95.
[1023]   Quelle: Stiftung Warentest (2006), S. 94.

ten abgeschnitten. Das vierte Untersuchungszentrum aus Köln ist mit *befriedigend 3,0* bewertet worden. Die Bewertungen der getesteten Vertragsärzte sind dagegen schlechter ausgefallen. Der am besten bewertete Vertragsarzt erhielt die Note *gut (2,4)*. Die Kosten der Untersuchungen werden im Qualitätsurteil nicht berücksichtigt, aber doch kurz erwähnt. So kostete die Untersuchung bei den niedergelassenen Sportmedizinern zwischen 30 und 350 Euro, die bei den sportmedizinischen Untersuchungszentren reichten von 100 bis hin zu 970 Euro pro Person.[1024]

Bei Betrachtung der Ergebnisse kann man feststellen, dass die sportmedizinischen Untersuchungszentren die höchste Qualität in Form von umfassenden Untersuchungen, detaillierten Informationen über die Gesundheit und einer kompetenten Trainingsberatung anbieten, zumindest gemäß den Ergebnissen dieser Untersuchung. Diese Untersuchungsqualität kann aber je nach Zentrum und Untersuchungsumfang sehr teuer werden (s. o.). Die Auswahl eines Facharztes oder eines sportmedizinischen Untersuchungszentrums ist auch davon abhängig, welche Aspekte bei der Untersuchung im Vordergrund stehen sollen. Außerdem sind das Alter, der Gesundheitszustand und die Sporterfahrung zu berücksichtigen.

Abschließend kann gesagt werden, dass der hier durchgeführte Test durchaus etwas über die Qualität der getesteten medizinischen Leistungserbringer aussagt. Da er die getesteten Ärzte und Untersuchungszentren beim vollständigen Namen nennt, kann er auch als Entscheidungsgrundlage für die Auswahl genutzt werden, aber eben auch nur bei Betrachtung der hier genannten Leistungserbringer. Für die Teile der Bevölkerung, die geografisch weiter entfernt leben, wird er allerdings nicht als Entscheidungsgrundlage dienen können. Des Weiteren ist nicht nachvollziehbar, warum zwar Untersuchungszentren aus unterschiedlichen Räumen Deutschlands herangezogen worden sind, sich aber bei der Untersuchung der Ärzte auf den Raum Osnabrück beschränkt worden ist. Wie auch der vorangegangene Test ist dieser ebenfalls unter www.test.de als Downloadversion verfügbar (Preis 1 €).

[1024]   Vgl. Stiftung Warentest (2006).

5.2.3.3 Ökotest „Test von Zahnärzten 04/2004"

Neben den beiden bereits vorgestellten Tests hat auch der kommerzielle Anbieter von Verbrauchertests, die ÖKO-TEST Verlag GmbH, in ihrer Ausgabe April 2004 zufällig ausgewählte Zahnärzte getestet. Im Rahmen der Qualitätsmessung und -darstellung wurde die Testperson im Vorfeld von einem nach MacDent-Qualitätsstandards[1025] arbeitenden Referenz-Zahnarzt untersucht. Dieser hat einen Grundbefund für das Gebiss erstellt und die seiner Ansicht nach erforderlichen Behandlungsschritte angegeben. Im Rahmen des Tests sollten die Ärzte auch eine Kostenschätzung der notwendigen Behandlung abgeben. Wie aus Abbildung 26 ersichtlich, wären demnach einige Behandlungsschritte notwendig gewesen, um im Rahmen dieses Tests ein gutes Ergebnis zu erzielen (siehe Spalte 1). Dazu zählten beispielsweise:

- Inspektion mit einem Spiegel bzw. einer Sonde,

- Überprüfung der Zähne auf ihre Vitalität hin,

- Entfernung von Zahnstein,

- Austausch der Füllung an einem bestimmten Zahn oder auch die

- Feststellung des Knochenabbaus an einem bestimmten Zahn.

Daraufhin suchte der Testpatient insgesamt 20 zufällig ausgewählte Zahnärzte auf, um die Kontrolluntersuchung durchführen zu lassen.[1026] Ein Auszug aus den Ergebnissen ist ebenfalls in Abbildung 26 dargestellt. In dieser wurden die Behandlungsempfehlungen des Referenz-Zahnarztes denen der getesteten Zahnärzte gegenübergestellt. Mit einer ja/nein-Bewertung wurde dargestellt, ob ein getesteter Arzt die jeweiligen Untersuchungsschritte durchgeführt hat und zusätzlich wurden die Heil- und Kostenpläne der Test-Zahnärzte aufgeführt.

[1025] Bei der MacDent-Zertifizierung werden auch die handwerklichen Ergebnisse der zahnärztlichen Tätigkeit geprüft. Des Weiteren werden dort Garantien auf Zahnersatz, Kronen und Inlays gegeben. Auch besteht die Verpflichtung zur jährlichen Fortbildung etc. Damit gehe das Qualitätssystem von MacDent weit über das von ISO hinaus, vgl. Ökotest (2004).
[1026] Vgl. Ökotest (2004).

Diagnose				
Anamnesebogen ausgefüllt	ja	ja	ja	ja
Inspektion mit Spiegel/ Sonde	ja/ ja	ja/ ja	nein/ nein	ja/ ja
Vitalität einzelner Zähne geprüft	nein	ja	nein	ja
Zustand Zahnfleisch angesprochen	nein	ja	nein	ja
Taschentiefe gemessen	nein	ja	nein	ja
Biss geprüft	nein	ja	ja	ja
Röntgenbild angesehen	ja	ja	ja	ja
Zahnstein entfernt	ja	nein	nein	nein
Behandlungsvorschläge				
Professionelle Zahnreinigung	nein	ja	nein	nein
Austausch der Füllung an Zahn 13	nein	nein	nein	nein
Dauerhafte Versorgung an Zahn 48	ja	ja	nein	ja
Parodontitisbehandlung	nein	nein	nein	ja
Maßnahmen wegen Abschliff an Zahn 33	nein	nein	nein	ja
Knochenabbau an Zahn 37 festgestellt	nein	ja	ja	ja
Weitere Vorschläge	Kronen an Zähnen 44, 45, 47	Vollkronen an Zahn 37, Teilkronen an 34, 38, 44, 47, Inlays 35, 45	Aufbissbehelf (Schiene)	Neue Brücke von Zahn 23 bis 28; Teilkrone an 38, Vollkrone an 37
Heil- und Kostenplan				
Honorarkosten in Euro	1077,82	4325,84	499,59	2872,54
Geschätzte Laborkosten in Euro	1000,00	4805,25	447,00	3043,20
Voraussichtliche Gesamtkosten in Euro	2077,82	9131,09	946,59	5915,74
Gesamturteil	**kein Gesamturteil vergeben**	**kein Gesamturteil vergeben**	**kein Gesamturteil vergeben**	**kein Gesamturteil vergeben**

Abbildung 26: Testergebnis aus Ökotest „Test von Zahnärzten"[1027]

Die Meinungen der aufgesuchten Ärzte über den Gebisszustand der Testperson waren sehr unterschiedlich und reichten von „schöne gepflegte Zähne" bis hin zum „Sanierungsfall". Die Kostenpläne lagen ebenfalls sehr weit auseinander, sie reichten von 175 bis zu 9.131,09 €. Die Untersuchung zeigt demnach, dass für Patienten das Risiko sehr groß ist, schlecht behandelt und „abgezockt" zu werden. Die vollständigen Namen der Zahnärzte wurden im Rahmen des Tests nicht genannt, sondern lediglich Vorname und Anfangsbuchstabe des Nachnamens. Auf ein abschließendes Qualitätsurteil in Form eines kurzen Textes wurde verzichtet, stattdessen wurden wertende Begrifflichkeiten wie „Abzocker, Pfusch und unsinnige Maßnahmen" verwendet.

Der veröffentlichte Testbericht wurde von der Bundeszahnärztekammer (BZÄK) heftig kritisiert, welche ihn als unseriöse Panikmache bezeichnete. Ferner sei

---

[1027] Quelle: Ökotest (2004).

nicht nachvollziehbar, dass der Experte bzw. der Referenz-Zahnarzt aus einem Unternehmen ausgewählt wurde, dessen Gütesiegel von deutschen Gerichten als „irreführend"[1028] eingestuft worden sei.[1029] Nach Meinung des Präsidenten der BZÄK, Dr. Dr. Jürgen Weitkamp, ist der Beitrag „weder repräsentativ noch in seiner Methodik und seinen Schlussfolgerungen nachvollziehbar."[1030] Dass nach einem derartig schlechten Testergebnis Kritik von der BZÄK kommen würde, war zu erwarten. Die mangelnde Repräsentativität ist ein Kritikpunkt, der bei allen vorgestellten Testberichten zutrifft. Fragwürdig ist auch, inwieweit Erfahrungen und Aussagen einer einzigen Testperson ein objektives Ergebnis zulassen.

Unabhängig davon ist dieser Testbericht nicht geeignet, um sich über die Qualität von Zahnärzten zu informieren und darauf aufbauend einen Zahnarzt auszuwählen. Es kommt zwar zum Vorschein, dass die Qualität der Behandlung stark variiert und auch die von den Ärzten angesetzten Behandlungskosten eine große Spannweite aufweisen. Da die getesteten Ärzte aber nur mit den Vornamen und Anfangsbuchstaben der Nachnamen aufgeführt werden, ist es kaum möglich, diese Ärzte unter allen Zahnärzten in Berlin (Stand 2005: 3.185 Zahnärzte)[1031] ausfindig zu machen. Allerdings kann diese Informationsquelle insofern hilfreich sein, dass sich der Patient vor einem Arztbesuch die im Textteil des Testberichts empfohlenen Arbeitsschritte für eine Erstuntersuchung durchliest und sich somit sein eigenes Urteil über den Arzt bilden kann. Sollten anschließend vom Arzt weitere Schritte vorgeschlagen bzw. empfohlen werden, kann der Patient deren Notwendigkeit aber wiederum nicht mehr beurteilen. Somit liegt das Dilemma des Patienten darin, dass er sich zwar informieren, jedoch nicht beurteilen kann, ob weitere Schritte notwendig sind bzw. korrekt durchgeführt werden. Hier zeigt sich schließlich, dass „falsche Diagnose, unverschämte Abzocke und jede Menge unsinniger Maßnahmen [...] auf der Tagesordnung"[1032] stehen.

[1028] Berufsgericht für die Heilberufe Schleswig (2003).
[1029] Vgl. Österreich, D. (2004).
[1030] Weitkamp, J. (2004).
[1031] Vgl. Statistisches Landesamt Berlin (2006).
[1032] Ökotest (2004).

5.2.4 Qualitätsmanagement-Zertifikate

Um einen ersten Eindruck von der in einer Praxis geleisteten Qualität zu bekommen, kann sich auch an Qualitätsmananagement-Zertifikaten (QM-Zertifikate) orientiert werden. Unter einer Zertifizierung versteht die Kassenärztliche Bundesvereinigung (KBV) eine „externe Bestätigung durch einen unabhängigen Dritten über die Existenz eines Systems, das vorgegebene Normen und Standards erfüllt. Eine Zertifizierung ist erfolgreich, wenn eine Praxis den Nachweis erbringt, dass sie alle Anforderungen, Ziele und Vorgaben eines Qualitätsmanagement-Systems erfolgreich umgesetzt hat."[1033] Aus der Definition geht bereits hervor, dass QM-Systeme zwar nicht direkt die medizinische Qualität eines Arztes beurteilen, sondern davon ausgehen, dass aus möglichst optimalen Vorraussetzungen auch Qualitätsverbesserungen in der Behandlung resultieren. Häufig wird hierzu angeführt, dass es nicht möglich ist, durch QM Rückschlüsse auf die Güte ärztlicher und therapeutischer Leistungen zu ziehen. Vielmehr soll QM dazu beitragen, die Organisation einer Praxis zu optimieren, was sich für den Patienten beispielsweise in kürzeren Wartezeiten oder vermiedenen Doppeluntersuchungen bemerkbar macht.[1034]

Auch wenn QM-Systeme in der Bevölkerung noch relativ unbekannt sind (siehe Ergebnisse der Befragung in Kapitel 6), sind Erwartungen an zertifizierte Arztpraxen doch relativ hoch; Patienten verbinden sie mit einer besseren medizinischen Behandlung, regelmäßigen Überprüfungen der Praxis und einer besseren Organisation der Abläufe.[1035] Daher kann aus der Perspektive eines Arztes eine Zertifizierung möglicherweise als Wettbewerbsvorteil genutzt werden. Bislang besteht jedoch nur ein eingeschränkter Zugang für die Bevölkerung zur Information, welche Arztpraxis über ein zertifiziertes QM-System verfügt. Laut einer Studie der Bertelsmann Stiftung werden Zertifikate in der Regel erst innerhalb der Arztpraxis wahrgenommen. Damit sie aber bereits vor dem Arztkontakt in die Entscheidung einfließen können, ist die Existenz eines öffentlichen Verzeichnisses aller Ärzte bzw. Arztpraxen mit zertifizierten QM-Systemen notwendig. Wie

---

[1033] Kassenärztliche Bundesvereinigung (2005a).
[1034] Vgl. Müller, P. (2006).
[1035] Vgl. Emmert, M., Müller, M., Schöffski, O. (2007), S 8.

bereits in Kapitel 5.2.2.5 angesprochen, ist die Arzt-Auskunft der Stiftung Gesundheit bislang die einzige Informationsquelle, bei der Patienten vom heimischen Computer aus gezielt nach Ärzten mit QM-Zertifikaten suchen können.

5.2.4.1 Rechtliche Grundlagen zum Qualitätsmanagement

Im Rahmen des Gesetzes zur Modernisierung der Gesetzlichen Krankenversicherung (GMG), welches zum 1. Januar 2004 in Kraft getreten ist, wurde in § 135a Abs. 2 festgelegt, dass Vertragsärzte, medizinische Versorgungszentren, zugelassene Krankenhäuser etc. dazu verpflichtet werden, ein Qualitätsmanagement einzuführen und dieses auch weiterzuentwickeln; eine Regelung, die zum 1. Januar 2006 rechtswirksam wurde. Demnach sollen Arztpraxen innerhalb eines Zeitraumes von fünf Jahren, also bis zum 31. Dezember 2010, die Einführung eines QM-Systems planen, umsetzen und auch überprüfen. Nach Ablauf der fünf Jahre stellen so genannte QM-Kommissionen den Stand der Umsetzung fest. Sollten die Richtlinien nicht wie vorhergesehen umgesetzt werden, drohen den Arztpraxen jedoch keine Sanktionen,[1036] weshalb diese Richtlinien eher den „Charakter untergesetzlicher Normen"[1037] haben. Das QM dient der Optimierung der Arbeitsabläufe und auch der Erhaltung der Qualität von Dienstleistungen. So soll erreicht werden, dass die in einer Praxis durchgeführten Aktivitäten in regelmäßigen Abständen untersucht werden und somit ein kontinuierlicher Verbesserungsprozess entsteht.[1038]

Auf ein bestimmtes QM-System hat sich der Gesetzgeber im Rahmen der Gesetzgebung nicht festgelegt, wobei alle derzeit gängigen QM-Systeme der Norm entsprechen.[1039] Auch wenn damit wohl die Umsetzung von QM-Systemen in Praxen forciert werden dürfte, ist noch nicht sicher, ob diese überhaupt einen verbessernden Einfluss auf die Gesundheitsversorgung haben; zumindest können aber Mindestanforderungen definiert und festgelegt werden.[1040] Somit ist ein Schritt in Richtung mehr Transparenz im Gesundheitswesen getan und folglich auch hin zu

---

[1036] Vgl. Kassenärztliche Bundesvereinigung (2007b), S. 5.
[1037] Herholz, H. (2006), S. 2.
[1038] Vgl. Kassenärztliche Bundesvereinigung (2007a).
[1039] Vgl. Herholz, H. (2006), S. 2.
[1040] Vgl. Simoes, E., Mayer, E. D., Boukamp, K., u. a. (2005), S. 398.

mehr Qualität in der Gesundheitsversorgung gelegt worden, auch wenn darauf geachtet werden muss, dass die Norm wie geplant umgesetzt wird.

5.2.4.2 Marktübersicht

Die derzeitige Marktsituation bezüglich des Qualitätsmanagements ist durch eine Vielzahl an Zertifizierungsprogrammen und -organisationen gekennzeichnet. Um eine Übersicht des Marktes von QM-Systemen und -zertifikaten in der ambulanten Versorgung zu erhalten, führte die Stiftung Gesundheit und die Gesellschaft für Gesundheitsmarktanalyse (GGMA) im Jahr 2006 eine Studie zum Stand des Qualitätsmanagements im ambulanten Sektor durch. Dafür wurden während der Erhebungsphase insgesamt 15.000 niedergelassene Ärzte und Zahnärzte einbezogen.[1041]

Gemäß den Ergebnissen der Untersuchung kann derzeit noch nicht abgeschätzt werden, welches QM-System und Zertifizierungsverfahren sich am Markt durchsetzen wird (siehe Abbildung 27). Über 67 % der einbezogenen Ärzte haben sich noch auf kein entsprechendes Verfahren festgelegt. Mit einem Marktanteil von 12 % weißt jedoch das DIN EN ISO-Modell den höchsten Verbreitungsgrad auf. Das QEP-Modell der Kassenärztlichen Bundesvereinigung ist mit knapp 5 % Marktanteil immer noch deutlich weiter verbreitet als das EPA- (1,36 %), das EFQM- (1,36 %) und das KTQ-Modell (0,68 %).[1042]

[1041] Vgl. Stiftung Gesundheit (2006).
[1042] Vgl. Gesellschaft für Gesundheitsmarktanalyse (2007), S. 13.

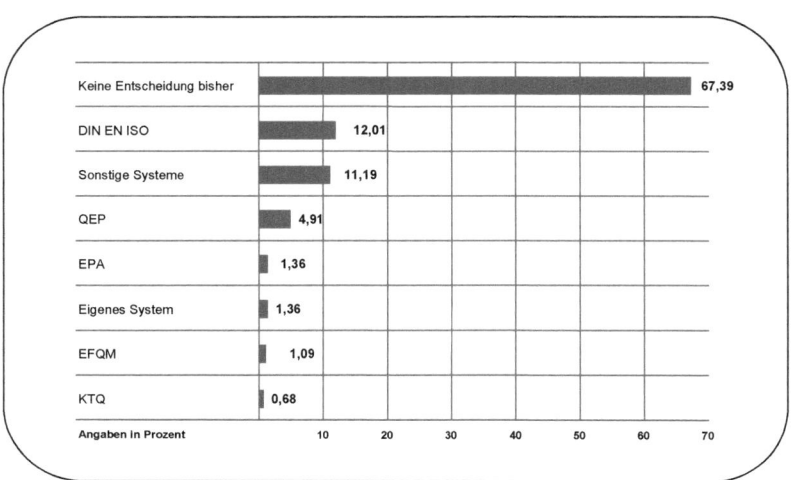

Abbildung 27: Marktanteile der QM-Systeme bei niedergelassenen Ärzten und Zahnärzten[1043]

Die folgenden Ausführungen betrachten einige ausgewählte QM-Systeme etwas näher, um dem Leser einen Eindruck davon zu vermitteln, ob diese dazu geeignet sind, dass Rückschlüsse auf die Behandlungsqualität gezogen werden können. Daher werden im Folgenden beispielsweise die QM-Systeme DIN ISO EN (siehe Kapitel 5.2.4.3), QEP (siehe Kapitel 5.2.4.4) und das Zertifizierungsverfahren KTQ (siehe Kapitel 5.2.4.5) näher beschrieben. Die Auswahl dieser Systeme lässt sich wie folgt begründen: DIN EN ISO gehört zu den international am weitest verbreiteten QM-Systemen und stellt bei deutschen niedergelassenen Ärzten und Zahnärzten den Marktführer dar (siehe Abbildung 27). Das QEP-Modell wurde von der Kassenärztlichen Bundesvereinigung speziell für den ambulanten Gesundheitssektor konzipiert, weshalb eine zukünftige Relevanz angenommen wird. Der Marktführer im stationären Sektor KTQ ist im ambulanten Sektor relativ jung und noch nicht sehr verbreitet. Eine Besonderheit von KTQ stellt der Qualitätsbe-

---

[1043] Quelle: Eigene Darstellung, in Anlehnung an Gesellschaft für Gesundheitsmarktanalyse (2007), S. 13.

richt in Zusammenhang mit dem Zertifikat dar, der auf der Website von KTQ einsehbar ist.[1044]

5.2.4.3 DIN EN ISO

Die Internationale Organisation für Normung (ISO) stellt eine weltweite Vereinigung nationaler Normungsinstitute (ISO-Mitgliedkörperschaften) dar. Die Abkürzungen in der Bezeichnung stehen für Deutsches Institut für Normung (DIN), Europäische Norm (EN) und International Standards Organization (ISO). Damit ist die Norm in Deutschland, Europa und weltweit in einheitlicher Form gültig.[1045] Ursprünglich wurde sie 1987 als Industrienorm entwickelt, ist aber inzwischen durch die Normenreihe DIN EN ISO 9000 ff. seit 1994 durch die Neufassung ISO 9000 ff. 2000 branchenunabhängig für alle Arten von Produkten einschließlich Dienstleistungen anwendbar.[1046] Die Prozessorientierung zielt dabei als Kernelement des DIN EN ISO-Modells auf die Kundenzufriedenheit durch die Erfüllung von Kundenanforderungen ab.[1047] Als Instrumente für DIN EN ISO werden beispielsweise die Ermittlung der Kundenzufriedenheit, interne Audits, Management-Bewertungen und Mitarbeiter-Befragungen eingesetzt. Durch die Identifizierung und den Einsatz geeigneter Methoden zur Prozessüberwachung soll nachgewiesen werden, dass die Prozesse zu geplanten Ergebnissen führen.

Im ersten Schritt der Zertifizierung soll unter Berücksichtigung von Leitlinien, Pflegestandards, Leistungsangeboten und Arbeitsplatzchecklisten ein so genanntes QM-Handbuch erstellt werden.[1048] Anschließend folgt die schriftliche Darstellung und Gliederung der Abläufe einer Arztpraxis anhand von Verfahrens- und Arbeitsanweisungen. Für die interne Prüfung des QM-Systems wird ein QM-Beauftragter bestellt, der sowohl für die Koordination sowie das Erreichen der Anforderungen der Checklisten in der Praxis zuständig ist. Nachdem die Checkliste erfolgreich umgesetzt worden ist, erfolgt eine abschließende interne Selbstüberprüfung der Praxis (internes Audit). Als letzte Instanz führt ein externer Überprüfer eine Vorprüfung (Voraudit) oder bei guter eigener Vorbereitung seitens

---

[1044] Vgl. Kooperation für Transparenz und Qualität im Gesundheitswesen (o. J. a).
[1045] Vgl. Schlick, S. (2004), S. 28.
[1046] Vgl. Lauterbach, K. W., Schrappe, M. (2001), S. 426.
[1047] Vgl. Schlick, S. (2004), S. 28.
[1048] Vgl. Birkner, B. (2000), S. 640.

der Praxis sofort das Audit durch. Bei Erfüllung aller Anforderungen wird der betrachteten Praxis schließlich das QM-Zertifikat verliehen, welches für eine Dauer von 3 Jahren Gültigkeit besitzt.[1049]

Wie in Abbildung 28 dargestellt, sind die Anforderungen bei DIN EN ISO in die vier Bausteine *Verantwortung der Leitung*, *Management der Mittel*, *Produktrealisierung* und *Messung, Analyse und Verbesserungen* untergliedert. Letzteres schließt beispielsweise die Messung der Kundenzufriedenheit, also der Patienten, ein. Für die Zertifizierung ist innerhalb des Audits nachzuweisen, in welcher Weise die Forderungen der Norm im QM-System des Unternehmens bzw. der Praxis berücksichtigt und realisiert wurden.[1050]

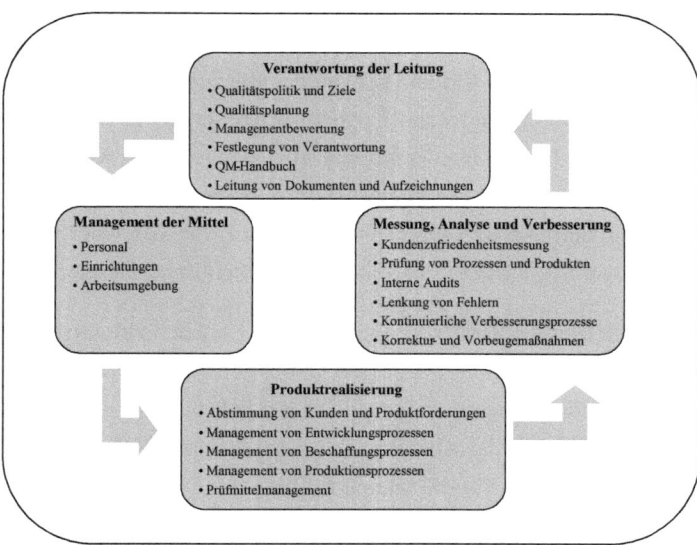

Abbildung 28:   Bewertungskriterien des DIN EN ISO-Modells[1051]

Bereits durch die verwendeten Begrifflichkeiten innerhalb des Verfahrens wird deutlich, dass DIN EN ISO nicht speziell für das Gesundheitswesen und darin teilnehmende Akteure ausgerichtet ist. Anstelle dessen werden allgemeingültige

---

[1049]   Vgl. Hannen, R. (2001).
[1050]   Vgl. QM-Infocenter (2007).
[1051]   Quelle: Eigene Darstellung, in Anlehnung an QM-Infocenter (2007).

Normen auf medizinische Institutionen übertragen bzw. übersetzt.[1052] Ein Vorteil
des Verfahrens ist die geforderte Beschreibung aller relevanten Prozesse. Dadurch
kann ein stärkeres Problembewusstsein und eine gesteigerte Verbindlichkeit erreicht werden. Darüber hinaus können Schwachstellen in der Praxis aufgedeckt
werden.[1053] Über ein klar strukturiertes Führungs- und Prozessmanagement sollen
Zuständigkeiten definiert und geregelte Arbeitsabläufe geschaffen werden. Davon
erhofft man sich schließlich weniger Reibungsverluste, erhebliche Kosteneinsparung, mehr Zeit und auch weniger Stress. Kritisch muss erwähnt werden, dass das
DIN EN ISO-Verfahren keine direkte Beurteilung der medizinischen Qualität
vornimmt, sondern vorrangig auf der Annahme beruht, dass eine Qualitätsverbesserung bzw. -sicherung mit der Optimierung von Strukturen und Prozessen einhergeht.[1054] Auch wenn keine echten Ergebniskriterien berücksichtigt werden, ist
doch anzunehmen, dass derartige QM-Zertifikate eine gewisse Aussagekraft haben, da sie doch immerhin ein Zeichen für eine strukturierte Organisation darstellen.

5.2.4.4 Qualität und Entwicklung in Praxen

Das von der Kassenärztlichen Bundesvereinigung entwickelte QM-Modell QEP
(Qualität und Entwicklung in Praxen) wurde speziell für den vertragsärztlichen
und psychotherapeutischen Versorgungsbereich konzipiert.[1055] In der Konzepti-
onsphase wurden aus vielen international gebräuchlichen QM-Verfahren die für
den vertragsärztlichen Bereich besonders relevanten Aspekte herausgearbeitet und
speziell für den Arbeitsalltag einer Praxis angepasst.[1056]

Die Praxisbezogenheit des QEP-Verfahrens wird innerhalb des Qualitätszielkata-
logs verdeutlicht, bei dem es sich nach Angaben der KBV um eine Sammlung von
Zielen handelt, die die vielfältigen Aspekte der Arbeit von Arztpraxen umfasst.[1057]
Wie aus Tabelle 54 hervorgeht, ist der Qualitätszielkatalog in unterschiedliche
Ebenen gegliedert. Fünf Hauptkapitel unterteilen sich dabei in 17 verschiedene

---

[1052] Vgl.Lauterbach, K. W., Schrappe, M. (2001), S. 433.
[1053] Vgl. Arbeitsgemeinschaft der Wissenschaftlichen Medizinischen Fachgesellschaften (2006).
[1054] Vgl. Selbmann, H.K. (1996).
[1055] Vgl. Diel, F., Gibis, B. (2006), S. 9.
[1056] Vgl. Diel, F., Gibis, B. (2006).
[1057] Vgl. Diel, F., Gibis, B. (2005), S. 13.

Themenbereiche, welche 63 Kriterien mit insgesamt 228 Nachweisen/Indikatoren und operationalisierten Fragen beinhalten.[1058] Von den Qualitätszielen wurden diejenigen Ziele als Kernziele hervorgehoben, die für den Aufbau eines QM-Systems von maßgeblicher Bedeutung sind. Für eine Zertifizierung ist ausschließlich die Umsetzung der Kernziele verpflichtend.[1059]

Ebene	Anzahl
I. Kapitel	5
II. Bereich	17
III. Kriterium	60
IV. Qualitätsziele	174
davon Kernziele	63
V. Nachweise/ Indikatoren der Kernziele	228
Fragebeispiele der Kernziele	228

Tabelle 54:   Ebenen des QEP-Qualitätszielkatalogs[1060]

Um einen Eindruck von den Inhalten des Qualitätszielkatalogs zu bekommen, werden in Tabelle 55 die fünf Hauptkapitel in der linken und die 17 dazugehörigen Themenbereiche in der rechten Spalte aufgezählt. Auf eine weitere Untergliederung wird an dieser Stelle verzichtet.

[1058] Vgl. Kassenärztliche Bundesvereinigung (2007e), S. 2.
[1059] Vgl. Diel, F., Gibis, B. (2006), S. 14.
[1060] Quelle: Eigene Darstellung, in Anlehnung an Diel, F., Gibis, B. (2005), S. 13.

Hauptkapitel	Themenbereiche
1. Patientenversorgung	1.1. Zugang zur ambulanten Versorgung
	1.2. Untersuchung und Diagnostik
	1.3. Therapie und Versorgung
	1.4. Patientenunterlagen und Dokumentation
	1.5. Kontinuität der Versorgung
	1.6. Prävention und Gesundheitsförderung
	1.7. Notfallmanagement
2. Patientenrechte und -sicherheit	2.1. Patientenorientierung und -sicherheit
	2.2. Vertraulichkeit und Schweigepflicht
3. Mitarbeiter und Fortbildung	3.1. Mitarbeiterorientierung und personelle Ressourcen
	3.2. Aus-, Fort- und Weiterbildung
4. Praxisführung und -organisation	4.1. Praxisführung
	4.2. Räumliche und materielle Ressourcen
	4.3. Arbeitsschutz und Hygiene
	4.4. Rechnungswesen und Controlling
	4.5. Informationsmanagement
5. Qualitätsentwicklung	5.1. Qualitätsmanagement

Tabelle 55:   Kapitel und Themenbereiche des QEP-Qualitätszielkatalogs[1061]

Das QEP-Modell wird in den folgenden drei Schritten realisiert:[1062]

- In der *Befähigungsphase* sind aus einem Qualitätszielkatalog konkrete Ziele auszusuchen und anschließend findet eine diesbezügliche Schulung des Praxisteams statt.

- Die Einführung des QM-Systems in der eigenen Praxis erfolgt in der *Umsetzungsphase*.

- In der *Bewertungsphase* soll das Praxisteam zunächst selbst überprüfen, inwieweit die Qualitätsziele erreicht wurden, bevor sich die externe Bewertung bzw. die Zertifizierung anschließen kann.[1063]

[1061] Vgl. Diel, F., Gibis, B. (2005), S. 19-20.
[1062] Vgl. Gibis, B., Diel, F. (2006), S. 11.
[1063] Vgl. Schlick, S. (2004).

Die für die Zertifizierung notwendige Fremdbewertung wird durch Zertifizie-
rungsstellen durchgeführt, die von der KBV akkreditiert wurden. Diese beauftragen wiederum so genannte QEP-Visitoren, bei denen es sich um speziell von der
KBV geschulte und akkreditierte Ärzte, Psychotherapeuten und Arzthelferinnen
handelt. Nach erfolgreicher Überprüfung und Erfüllung der Nachweise und Indikatoren des Kernzielkatalogs erfolgt die Aushändigung des QEP-Zertifikats. Dieses ist, wie auch das von DIN EN ISO (siehe Kapitel 5.2.4.3), für die Dauer von
drei Jahren gültig.[1064]

Im Gegensatz zu dem Modell von DIN EN ISO handelt es sich bei QEP um ein
branchenspezifisches Verfahren, das exakt auf die Erfordernisse des Gesundheitswesens hin ausgerichtet wurde. Somit entfällt eine Übersetzung allgemein-
gültiger Normen auf medizinische Einrichtungen und folglich sollten alle notwendigen Aspekte zum erfolgreichen Aufbau eines QM-Systems innerhalb einer
Praxis abgedeckt worden sein.[1065] Bei QEP soll es sich um „das derzeit wohl beste
auf die vertragsärztliche und -psychotherapeutische Versorgung zugeschnittene
Qualitätsmanagementverfahren"[1066] handeln, das die Arbeitsabläufe optimiert, die
Tätigkeiten systematisch und auch regelmäßig überprüft sowie einen kontinuierlichen Verbesserungsprozess einleitet. Die Patienten würden hierdurch vor allem in
der Art profitieren, dass der Arzt mehr Zeit für das Wesentliche und die Behandlung der Patienten hat und auch der Informationsfluss verbessert werden würde.[1067] Dadurch würden sich positive Auswirkungen auf die Behandlungsqualität
ergeben. Ob Patienten eine Zertifizierung als Unterstützungshilfe dienen sollte,
kann auch im Rahmen dieser Untersuchung nicht abschließend beantwortet werden. Schließlich betrachtet die Zertifizierung die Voraussetzungen und die zur
Leistungserstellung notwendigen und unterstützenden Prozesse. Zertifizierte Praxen erfüllen demnach zumindest ein Mindestmaß an organisatorischer Ordnung.
Ob dies allerdings bedeutet, dass jeder in einer zertifizierten Praxis tätiger Arzt
auch eine hervorragende Behandlung erbringt, darf zumindest angezweifelt werden. Jedoch sind damit einige wichtige grundlegende Voraussetzungen geschaffen

---

[1064] Vgl. Diel, F., Gibis, B. (2006), S. 15.
[1065] Vgl. Diel, F., Gibis, B. (2006), S. 18.
[1066] Gibis, B., Diel, F. (2006), S. 4.
[1067] Vgl. Diel, F., Gibis, B. (2006), S. 3.

worden. Zum derzeitigen Zeitpunkt dieser Arbeit (Stand: Juni 2007) existieren insgesamt 27 nach QEP zertifizierte Arztpraxen in Deutschland.[1068]

5.2.4.5 Kooperation für Transparenz und Qualität

Das letzte hier angesprochene QM-System ist das von KTQ (Kooperation für Transparenz und Qualität). Ursprünglich wurde es mit dem Zusatz „im Krankenhaus" 2001 gemeinsam von der Bundesärztekammer, der Deutschen Krankenhausgesellschaft, dem Deutschen Pflegerat und den Spitzenverbänden der Krankenkassen für das Qualitätsmanagement und die Zertifizierung stationärer Einrichtungen entwickelt. Seit 2004 bietet KTQ zusätzlich das Zertifizierungsprogramm „KTQ für den niedergelassenen Bereich" an. Für eine KTQ-Zertifizierung wird nicht vorgeschrieben, welches QM-System eingeführt werden soll. Somit kann es sich beispielsweise „um ISO-Normen, um ein anderes etabliertes Verfahren oder ein baukastenartig selbst entwickeltes Qualitätsmanagementsystem mit individuellen Verfahrensanordnungen handeln."[1069]

Die Bewertung des Qualitätsmanagements in einer Praxis erfolgt auf Basis des KTQ-Katalogs „Niedergelassener Bereich", der insgesamt aus 44 Qualitätskriterien besteht. Im ersten Schritt nimmt die Arztpraxis anhand des Katalogs eine Selbstbewertung vor, um aufzuzeigen, an welchen Stellen Verbesserungen nötig sind und welche Chancen bestehen, das KTQ-Zerti-fikat zu erhalten. Anschließend müssen entsprechende Veränderungen innerhalb einer festgelegten Frist vorgenommen werden. Der Selbstbewertungsbericht, welcher von der Praxis zu erstellen ist, bildet schließlich die Grundlage für die Fremdbewertung. Diese ist für die Vergabe des Zertifikats maßgeblich und wird von geschulten und erfahrenen Experten (KTQ-Visitoren) durchgeführt. Stimmen die Ergebnisse der Selbstbewertung mit den Erkenntnissen der KTQ-Visitoren weitestgehend überein und wurde ein bestimmtes Mindestergebnis erreicht, erhält die Praxis das KTQ-Zertifikat, welches, wie auch die anderen beiden bereits vorgestellten QM-Zertifikate, für die Dauer von drei Jahren gültig ist. Eine Besonderheit von KTQ ist die Verpflichtung der Praxis, bei einer erfolgreichen Zertifizierung einen KTQ-

---

[1068] Quelle: Kassenärztliche Bundesvereinigung (2007f).
[1069] Klakow-Franck, R. (2005).

Qualitätsbericht zu veröffentlichen, der auch im Internet abrufbar ist.[1070] Derzeit besitzen 16 Praxen das KTQ-Zertifikat (Stand 18. Mai 2007).[1071]

Der KTQ-Katalog, welcher die Grundlage für die Bewertung des QM-Systems darstellt, untergliedert sich in die folgenden sechs Kategorien:

- Patientenorientierung,

- Führung der Praxis,

- Mitarbeiterorientierung,

- Sicherheit in der Praxis,

- Informationswesen in der Praxis und

- Aufbau des Qualitätsmanagements in der Praxis.

Diese Kategorien wiederum sind in die bereits oben erwähnten 44 Kriterien unterteilt, von denen 24 über eine Checkliste abgefragt werden (siehe Tabelle 56). Die restlichen 20 Kriterien werden dem so genannten PDCA-Zyklus (PDCA = Plan, Do, Check, Act) zugeordnet, bei dem jede vorgenommene Veränderung wie in einem Kreislauf immer wieder kontrolliert wird. Führt sie nicht zum Ziel, kann Sie erneut korrigiert werden. Durch diese Vorgehensweise soll ein kontinuierlicher Verbesserungsprozess erreicht werden.

Ebene	Anzahl
I. Kategorien	6
II. Kriterien	44
Davon als Checkliste	24
Davon mit PDCA-Zyklus	20
III. Fragen zur Qualität	252

Tabelle 56:   Ebenen des QEP-Qualitätszielkatalogs[1072]

[1070]   Vgl. Kooperation für Transparenz und Qualität im Gesundheitswesen (o. J. a).
[1071]   Vgl. Kooperation für Transparenz und Qualität im Gesundheitswesen (o. J. b).
[1072]   Quelle: Eigene Darstellung, in Anlehnung an Diel, F., Gibis, B. (2005), S. 13.

Besonders interessant wird dieses QM-Verfahren durch die Veröffentlichung der KTQ-Qualitätsberichte im Internet. Somit haben Interessierte bzw. Patienten die Möglichkeit, sich vor einer Behandlung über die Strukturqualität und die unterschiedlichen Leistungsmerkmale einer Arztpraxis zu informieren. Der KTQ-Qualitätsbericht weist den in Tabelle 57 dargestellten Aufbau auf und enthält die dort dargestellten Bestandteile.

Hauptkapitel	Themenbereiche
Teil A. Allgemeine Merkmale	A.1. Allgemeine Merkmale der Praxis
	A.2. Spezifisch für das ambulante Operieren
Teil B. Allgemeine Leistungsmerkmale	B.1. Allgemeine Leistungsmerkmale der Praxis
	B.2. Spezifische Leistungsmerkmale der Praxis
	B.3. Spezifische Leistungsmerkmale für das ambulante Operieren
Teil C. Personalbereitstellung in der Praxis	C.1. Anzahl der Voll- und Teilzeitkräfte
	C.2. Fort- und weitergebildete Mitarbeiter
	C.3. Zulassungen
Teil D. Ausstattung	D.1. Diagnostische Möglichkeiten in der Praxis
	D.2. Therapeutische Möglichkeiten in der Praxis
	D.3. Bauliche Aspekte in der Praxis
Die KTQ-Kriterien beschrieben von der orthopädischen Privatpraxis von Dr. X	Patientenorientierung in der Praxis
	Führung in der Praxis
	Sicherstellung der Mitarbeiterorientierung
	Sicherheit in der Praxis
	Informationswesen
	Aufbau des Qualitätsmanagements

Tabelle 57:   Aufbau des KTQ-Qualitätsberichts für eine orthopädische Praxis[1073]

Teil A umfasst neben Kontaktinformationen und Sprechstunden der Einrichtung auch Angaben zur Zusammenarbeit mit anderen Gesundheitseinrichtungen und die Gesamtzahl der im abgelaufenen Kalenderjahr behandelten Patienten. Zusätzlich sind spezifische Informationen zum ambulanten Operieren enthalten. *Teil B*

[1073]   Quelle: Eigene Darstellung, in Anlehnung an Kooperation für Transparenz und Qualität im Gesundheitswesen (o. J. c).

gibt Auskunft über Versorgungsschwerpunkte (Spezialisierungen) und belegt diese mit der Anzahl der fünf häufigsten Diagnosen, Untersuchungen und Operationen pro Jahr. *Teil C* informiert über die Personalbereitstellung in der Praxis und nennt die Anzahl von Ärzten, Arzthelferinnen, Auszubildenden sowie fort- und weitergebildeten Mitarbeitern. Die Ausstattungsmerkmale, welche die therapeutischen und diagnostischen Möglichkeiten determinieren, sowie die baulichen Aspekte der Praxis werden in *Teil D* festgehalten.

Angaben zur Prozessqualität finden sich in den von der Praxis beschriebenen KTQ-Kriterien. So werden beispielsweise im Bereich *Patientenorientierung* Angaben zur Anamnese- und Befunderhebung oder zur Festlegung des Behandlungsprozesses gemacht. Der Bereich *Führung der Praxis* sowie *Sicherstellung der Mitarbeiterorientierung* dient in erster Linie dem Praxispersonal und ist aus Patientensicht weniger interessant als der Bereich *Patientenorientierung*. Einen höheren Informationsgehalt für Patienten hat dagegen die *Sicherheit in der Praxis,* worunter unter anderem die Anwendung von Arzneimitteln, die Hygiene in der Praxis und die Absicherung der Praxisräume fallen. Das *Informationswesen* beschreibt Aspekte zum Datenschutz bezüglich Patientendaten und -akten. Der Aufbau des Qualitätsmanagements informiert darüber, wie die Mitarbeiter in das QM eingebunden werden, ob Patientenbefragungen in der Praxis durchgeführt werden und wie mit Beschwerden umgegangen wird.

Verglichen mit den anderen beiden QM-Zertifikaten stellt das KTQ-Zertifikat eine ausführlichere Informationsquelle für Patienten dar, um sich über Leistungsmerkmale, Struktur- und Prozessqualität von Arztpraxen zu informieren. Damit können zertifizierte Praxen bezüglich der in den Qualitätsberichten enthaltenen Kriterien verglichen werden. Allerdings muss auch erwähnt werden, dass keine echten Ergebniskriterien gemessen werden und derzeit lediglich 16 Arztpraxen zertifiziert sind. Damit können die Ergebnisse bei einem Vergleich von mehreren in Frage kommenden Praxen wohl noch nicht genutzt werden. Die Relevanz von QM-Systemen und -Zertifikaten für eine Arztauswahl wird sich wohl erst ergeben, wenn alle Arztpraxen nach § 135a SGB ein QM-System eingeführt haben und umfassende Patientenbefragungen durchgeführt worden sind.

5.2.5 Beratungsstellen

Im Folgenden wird noch eine weitere Möglichkeit angesprochen, um Informationen über die Behandlungsqualität medizinischer Leistungserbringer zu erhalten. Dabei steht insbesondere die Unabhängige Patientenberatung Deutschlands (siehe Kapitel 5.2.5.1) im Blickfeld der Betrachtung, aber auch Selbsthilfeorganisationen finden der Vollständigkeit halber in Kapitel 5.2.5.2 Beachtung.

5.2.5.1 Unabhängige Patientenberatung Deutschland

Im Zuge der Gesundheitsreform 2000 wurde die Förderung der Patientenorientierung und
-partizipation im deutschen Gesundheitswesen verstärkt. Gemäß § 65b SGB V fördern die Spitzenverbände der Krankenkassen mit jährlich rund 5 Millionen Euro im Rahmen von Modellvorhaben gemeinsam und einheitlich Einrichtungen zur Verbraucher- oder Patientenberatung. Die Ziele dieser Einrichtungen liegen sowohl in der gesundheitlichen Information und Beratung als auch in der Aufklärung von Versicherten.[1074]

Die Unabhängige Patientenberatung Deutschlands (UPD) bietet derzeit bundesweit in 26 regionalen und überregionalen Beratungsstellen sowie über ein Beratungstelefon kostenlose Hilfe und Beratung für Patienten. Ein Team von fachkundigen Beratungskräften steht zur Verfügung für:[1075]

- Informationen und Hinweise zum Thema Gesundheit sowie zu speziellen patientenrelevanten Themen,

- Beratung in gesundheitsrechtlichen Fragen und für

- Auskünfte über ergänzende (regionale) Angebote der Gesundheitsversorgung.

Im Kontext dieser Arbeit stellt sich die Frage, ob und in welcher Form die UPD-Patienten bei der Suche nach einem Arzt mit hoher Behandlungsqualität unterstützen kann. Bei der UPD-Nürnberg gibt es jährlich ca. 2.000 Anfragen von Pati-

---

[1074] Vgl.   § 65b Sozialgesetzbuch V.
[1075] Vgl. Unabhängige Patientenberatung (2007).

enten, die sich ungefähr mit gleichen Anteilen (also zu je 25 %) auf folgende Themengebiete aufteilen:

- Fragen zum medizinischen Fachgebiet Zahnmedizin (Heil- und Kostenpläne, Zuzahlungen etc.)
- Behandlungsfehler (Beschwerden, juristische Fragen etc.)
- Fragen zum Leistungskatalog der Krankenkassen
- Suche nach geeigneten Ärzten → *Lotsenfunktion*

Gerade bei Betrachtung des letzten Punktes wird deutlich, wie sehr diese Institution für Patienten behilflich sein kann, wünschen sich doch immerhin ein Viertel aller Anfragenden eine Hilfestellung bei der Suche nach einem möglichst kompetenten Arzt. Normalerweise geht es hierbei um Fachärzte, die sich auf ein bestimmtes Fachgebiet spezialisiert haben. Seltener werden Auskünfte bezüglich Allgemeinmedizinern gewünscht.

Im Rahmen der Hilfestellung für die Patienten wird folgendermaßen vorgegangen. Im ersten Schritt wird mit dem Patienten besprochen, welche Kriterien ihm bei der Arztsuche wichtig sind. Neben einer hohen Fachkompetenz und einer besonderen Spezialisierung ist auch die Arzt-Patienten-Kommunikation für viele Patienten ein häufig genanntes Kriterium. Viele Patienten wenden sich an die UPD, weil sie mit ihrem bisherigen Arzt unzufrieden sind. Dabei wird oft beklagt, dass ihre bisherigen Ärzte nicht auf die Bedürfnisse der Patienten eingehen und eine ausreichende Beratung und Aufklärung vermissen lassen.

Anschließend, und dies stellt das eigentliche Manko der UPD dar, dürfen jedoch keine Empfehlung für einen bestimmten Arzt ausgesprochen werden. Stattdessen wird gemeinsam mit den Patienten auf Arztsuchmaschinen nach Ärzten gesucht, die sich auf ein bestimmtes Fachgebiet spezialisiert haben. Dabei kommen unter anderem die bereits in den vorangegangenen Kapiteln angesprochenen Suchmaschinen, wie die der Stiftung Gesundheit oder auch weitere (z. B. www.psychotherapiesuche.de) zur Anwendung. Allerdings sind hierbei keine oder nur sehr eingeschränkte Informationen vorhanden, um eine erste Einschätzung bezüglich der Qualität eines Arztes zu erhalten. Darüber hinausgehende Informationen liegen der UPD nicht vor. Unter Umständen sucht man mit dem Patienten je nach Krankheit und Relevanz auch nach Selbsthilfegruppen (siehe Kapitel 5.2.5.2).

In den Ausführungen ist deutlich geworden, dass Patienten, die sich über die Behandlungsqualität eines Arztes informieren und danach ihre Auswahl richten wollen, bei der UPD nur eingeschränkt Unterstützung bekommen werden, da Informationen über die Behandlungsqualität der Leistungserbringer nicht vorliegen. Sie erhalten jedoch insofern eine Hilfe, da ihnen die benutzten Arztsuchmaschinen bisher unbekannt waren. So wird bei der UPD zumindest versucht, für den Patienten einen Arzt mit einer gewissen Fachkompetenz zu finden. Damit ist eine Lotsenfunktion vor allem für diejenigen Patienten relevant, die einen Mediziner mit einer bestimmten Spezialisierung suchen, jedoch nicht wissen, wie sie an entsprechende Informationen gelangen können. Allerdings werden hierbei keine richtigen Qualitätsinformationen gegeben.

5.2.5.2 Selbsthilfeorganisationen

In so genannten Selbsthilfegruppen können Betroffene untereinander Informationen über gemachte Erfahrungen mit Ärzten austauschen und auch Empfehlungen aussprechen, die aber auf deren subjektiver Perspektive beruhen. Bei einer Selbsthilfegruppe handelt es sich um „freiwillige, meist lose Zusammenschlüsse von Menschen, deren Aktivitäten sich auf die gemeinsame Bewältigung von Krankheiten, psychischen oder sozialen Problemen richten, von denen sie – entweder selber oder als Angehörige – betroffen sind"[1076]. In Deutschland existieren derzeit zwischen 70.000 und 100.000 Selbsthilfegruppen. Zwei Drittel davon beziehen sich auf Themen des Gesundheitswesens und hier insbesondere auf die Bereiche chronische (z. B. Asthma, Diabetes) und schwere Erkrankungen (z. B. Krebs) sowie Behinderungen.[1077]

Innerhalb ihrer Sitzungen tauschen die Mitglieder der Selbsthilfegruppen Informationen aus und empfehlen sich gegenseitig Ärzte. Mittlerweile kann beobachtet

---

[1076] Fachverband Deutsche Arbeitsgemeinschaft Selbsthilfegruppen e. V. (1987), S. 5.
[1077] Vgl. Nationale Kontakt- und Informationsstelle zur Anregung und Unterstützung von Selbsthilfegruppen (2007).

werden, dass Empfehlungen auch außerhalb von Sitzungen (z. B. im Internet) auf-
tauchen. Ein Beispiel hierfür liefert die rheumatologische Informationsplattform
www.rheuma-online.de, welche eine Art virtuelle Selbsthilfegruppe darstellt. Von
einem gewöhnlichen Internetforum (siehe Kapitel 5.2.2.4) unterscheidet sich diese Plattform jedoch erheblich. So werden dort sehr ausführliche Informationen zur
Krankheit und Therapie angeboten, die auf Grundlage des gegenwärtigen wissenschaftlichen Kenntnisstandes erstellt wurden.[1078] Neben der Möglichkeit, Erfahrungen und Empfehlungen über das integrierte Forum auszutauschen, existiert
unter dem Menüpunkt *Selbsthilfe – Empfehlenswerte Rheumatologen* auch eine
Ärzteliste, auf der die registrierten Benutzer kompetente Ärzte empfehlen und anhand zahlreicher Kriterien bewerten können.

Abgesehen von dem vorgestellten Beispiel handelt es sich ansonsten aber bei
Selbsthilfegruppen um keine Informationsquellen, zu denen ein öffentlicher Zugang besteht. Nur als Mitglied einer Selbsthilfegruppe kann man sich speziell
nach empfehlenswerten Fachärzten für eine bestimmte Indikation erkundigen. Es
bleibt festzuhalten, dass Selbsthilfegruppen speziell für Patienten relevant sind,
die unter chronischen oder schweren Erkrankungen leiden und neben einem Erfahrungsaustausch auch an Empfehlungen für kompetente, spezialisierte Ärzte
interessiert sind.

5.3 Informationsquellen über die Behandlungsqualität im stationären Sektor

Zu den beiden gesetzlichen Verpflichtungen der Qualitätsberichterstattung des
stationären Sektors zählen der strukturierte Qualitätsbericht (siehe Kapitel 5.3.1)
sowie das Verfahren der Bundesgeschäftsstelle Qualitätssicherung GmbH (BQS)
(siehe Kapitel 5.3.2). Neben diesen beiden Informationsquellen, die sich mit der
Behandlungsqualität im stationären Sektor auseinandersetzen, gibt es noch weitere Informationsquellen wie beispielsweise so genannte Qualitätszertifikate; da
diese bereits Gegenstand unterschiedlicher Untersuchungen gewesen sind, wird
auf deren Darstellung an dieser Stelle verzichtet. Die drei wohl bekanntesten Qua-
litätszertifizierungen sind DIN EN ISO 9000 ff., EFQM und KTQ, die bereits im

---

[1078] Vgl. Rheuma Online (o. J.).

vorangegangenen Kapitel dargestellt wurden.[1079] Aber auch eigene Initiativen der Krankenhäuser beschäftigen sich inzwischen mit der Frage der Qualitätsmessung und -darstellung in Krankenhäusern.[1080]

5.3.1 Der strukturierte Qualitätsbericht

Gemäß § 137 Abs. 1 Satz 3 Nr. 6 SGB V sind in Deutschland Krankenhäuser dazu verpflichtet, einen strukturierten Qualitätsbericht zu erstellen und vorzulegen; erstmals war das im Jahr 2005 für das vorherige Berichtsjahr 2004 der Fall. Bis zum 30. September 2005 wurde dieser anschließend von den Landesverbänden der Krankenkassen unverändert im Internet veröffentlicht. Seitdem müssen die Krankenhäuser im Abstand von zwei Jahren diesen Qualitätsbericht erstellen und der interessierten Öffentlichkeit zur Verfügung stellen. Damit soll ein systematischer Überblick über das Versorgungsangebot eines Krankenhauses und dessen Qualitätsmanagement gegeben werden.[1081] Der GBA verfolgte mit dem Qualitätsbericht ursprünglich die in Tabelle 58 dargestellten Zielsetzungen. Versicherten und Patienten sollen bereits vor einer Krankenhausbehandlung *Informationen sowie eine Entscheidungshilfe* bereitgestellt werden. Zum anderen soll er für Vertragsärzte und Krankenkassen als *Orientierungshilfe* für Einweisungen und Weiterbetreuungen von Patienten dienen. Krankenhäuser erhalten wiederum die Möglichkeit, ihre Leistungen nach Art, Anzahl und Qualität nach außen transparent und sichtbar darzustellen.[1082]

	Zielsetzung	Zielgruppe
1	Information und Entscheidungshilfe	Patienten und Versicherte
2	Orientierungshilfe	Vertragsärzte und Krankenkassen
3	Leistungen transparent und sichtbar darstellen	Krankenhäuser

Tabelle 58:   Ziele des strukturierten Qualitätsberichts[1083]

[1079]   Zu deren Erläuterung siehe Hämmerle, P., Estelmann, A., Schwandt, M., u. a. (2007).
[1080]   Vgl. Hämmerle, P., Estelmann, A., Schwandt, M., u. a. (2007).
[1081]   Vgl. Hämmerle, P., Estelmann, A., Schwandt, M., u. a. (2007).
[1082]   Vgl. Gemeinsamer Bundesausschuss (2006a), § 1.
[1083]   Quelle: Eigene Darstellung, in Anlehnung an Gemeinsamer Bundesausschuss (2006a), § 1

Betrachtet man die Zielsetzungen genauer, kann der Zweck des Qualitätsberichts in der Beratung, Informationsverbreitung bzw. -vermittlung und der Schaffung von mehr Transparenz im stationären Sektor gesehen werden.[1084] Die wichtigsten Interessengruppen (Patienten, Ärzte, Krankenkassen etc.) sollen gerade vor einer Behandlung ausreichend Informationen über die Behandlungsqualität der stationären Leistungserbringer erhalten, um diese zu vergleichen, deren Qualität zu beurteilen und schließlich ein Krankenhaus auszuwählen, wobei die Entscheidung auf objektiven Daten gestützt werden soll.[1085] Die Krankenhäuser selbst können den Qualitätsbericht als Wettbewerbsinstrument nutzen, kann er doch bei ausreichender Aussagekraft das Krankenhausimage bzw. die Kundenbindung steigern.[1086] Einweisende Ärzte werden infolgedessen Empfehlungen aussprechen und Einweisungen veranlassen.

Wie bereits angesprochen, wurde der Qualitätsbericht erstmals im Jahr 2005 veröffentlicht. Da dieser nicht frei von Kritik geblieben ist, wurde er anschließend für die zweite Veröffentlichung des Jahres 2007 überarbeitet. Aufgrund dessen wird im Folgenden die Version des Jahres 2005 (siehe Kapitel 5.3.1.1) und anschließend die des Jahres 2007 (siehe Kapitel 5.3.1.2) dargestellt. Neben einer konzeptionellen Beschreibung wird auch jeweils eine kritische Betrachtungsweise vorgenommen.

5.3.1.1 Version des Jahres 2005

Der erste zu erstellende Qualitätsbericht des Jahres 2005 bestand aus einem Basis- und einem Systemteil (siehe Tabelle 59). Während man sich für die Erstellung des Basisteils an relativ konkrete Vorgaben hielt, wurde die Darstellung des Systemteils weitgehend den Krankenhäusern überlassen. Beide Teile wurden in weitere Unterkapitel aufgeteilt: der Basisteil in die drei Unterkapitel A bis C und der Systemteil in die vier Unterkapitel D bis G.

[1084] Vgl. Gemeinsamer Bundesausschuss (2006b), S. 3.
[1085] Vgl. Lütticke, J., Schellschmidt, H. (2005), S. 199.
[1086] Vgl. Rüter N., Hundt, P., Steinhausen, D. (2005).

Basisteil	
A	Allgemeine Struktur- und Leistungsdaten des Krankenhauses
B	Fachabteilungsbezogene Struktur- und Leistungsdaten des Krankenhauses
C	Qualitätssicherung
Systemteil	
D	Qualitätspolitik
E	Qualitätsmanagement und dessen Bewertung
F	Qualitätsmanagementprojekte im Berichtszeitraum
G	Weitergehende Informationen

Tabelle 59: Struktur des Qualitätsberichtes für das Berichtsjahr 2004[1087]

Die Kapitel A und B geben Informationen zur Strukturqualität eines Krankenhauses.[1088] *Teil A (Allgemeine Struktur- und Leistungsdaten des Krankenhauses)* gibt beispielsweise Hinweise auf allgemeine Merkmale und das Institutionskennzeichen des Krankenhauses, Name des Krankenhausträgers, Anzahl der Betten, Gesamtzahl der behandelten Patienten des vergangenen Kalenderjahres, ambulante Behandlungsmöglichkeiten und die Aussage, ob es sich um ein akademisches Lehrkrankenhaus handelt. Des Weiteren werden Angaben zu Fachabteilungen und den Top-30 DRGs gemacht. Allerdings kann aufgrund der Ausführungen nicht auf den Schweregrad der Krankheiten der behandelten Patienten geschlossen werden, da sie nur dreistellig angegeben sind. Wie bereits in Kapitel 2.4.1.1.2 gezeigt, wird der Schweregrad durch die vierte Stelle repräsentiert. Allerdings ist fraglich, ob der Durchschnittsbürger mit dem Begriff DRG und den damit verbundenen Angaben etwas anfangen kann.

Teil B (*Fachabteilungsbezogene Struktur- und Leistungsdaten des Krankenhauses*) befasst sich mit dem medizinischen Leistungsspektrum, besonderen Versorgungsschwerpunkten und weiteren Leistungsangeboten der namentlich genannten Fachabteilungen. Dabei lassen die Top-10 DRGs sowie Hauptdiagnosen (ICD-10, 3-stellig) und Operationen (OPS, 4-stellig) auf die Häufigkeit durchgeführter Untersuchungen schließen. Des Weiteren wurden Angaben zu eventuell durchge-

---

[1087] Quelle: Hämmerle, P., Estelmann, A., Schwandt, M., u. a. (2007).
[1088] Vgl. Hämmerle, P., Estelmann, A., Schwandt, M., u. a. (2007).

führten ambulanten Operationen und sonstigen ambulanten Leistungen gemacht. Verständlich sind für den Interessierten wahrscheinlich die ebenfalls enthaltenen Angaben zu Qualifikation und Weiterbildungsstand des Personals eines Krankenhauses.

Der Basisteil schließt mit Kapitel C *Qualitätssicherung,* welches Rückschlüsse zulässt, inwiefern ein Krankenhaus an externen Qualitätssicherungsmaßnahmen teilgenommen hat.[1089] Auch mussten Dokumentationsraten für die im Rahmen des BQS-Verfahrens[1090] zu dokumentierenden Leistungsbereiche dem bundesweiten Durchschnitt gegenübergestellt werden.[1091] In Abschnitt C fanden Bereiche Berücksichtigung, für die Mindestmengen vereinbart wurden; 2005 beispielsweise für Lebertransplantationen inklusive Teilleber-Lebendspende (Mindestanzahl 10), Stammzelltransplantationen (Mindestanzahl 10 bis 14), Nierentransplantationen inklusive Lebendspende pro Krankenhaus (Mindestanzahl 20) und komplexe Eingriffe am Organsystem Ösophagus oder am Organsystem Pankreas pro Krankenhaus und pro Arzt als Mindestmenge vorgeschrieben (Mindestanzahl 5).[1092] Bei Nicht-Umsetzung der Mindestmengenvereinbarungen nach § 137 Absatz 1 Satz 3 SGB V mussten ergänzende Angaben erfolgen.

Die Ausgestaltung der Kapitel D bis G des Systemteils wurde weitgehend den Krankenhäusern überlassen. Diese stellen Grundsätze, strategische und operative Ziele der Qualitätspolitik, das interne Qualitätsmanagement und die Durchführung ausgewählter Projekte des Qualitätsmanagements im Berichtszeitraum dar.[1093] Zusätzlich hatten Krankenhäuser die Möglichkeit, in Kapitel E freiwillige Aussagen zu Ergebnissen der externen Qualitätssicherung und im letzten Qualitätsberichtskapitel G weitergehende Informationen (Ansprechpartner, Verantwortliche, Links etc.) bereitzustellen.

[1089] Dabei handelte es sich insbesondere um solche nach §§ 112, 115b, 137 Sozialgesetzbuch V.
[1090] Das BQS-Verfahren ist ein Verfahren der Bundesgeschäftsstelle Qualitätssicherung gGmbH.
[1091] Vgl. Bundesgeschäftsstelle Qualitätssicherung gGmbH (2007a) und Bundesgeschäftsstelle Qualitätssicherung gGmbH (2007b).
[1092] Vgl. Mindestmengen Katalog (2003).
[1093] Vgl. Hämmerle, P., Estelmann, A., Schwandt, M., u. a. (2007).

Betrachtet man die dem interessierten Leser zur Verfügung gestellten Informationen des Qualitätsberichts, können folgende *kritische Anmerkungen* gemacht werden:

- Durch die dreistellige Darstellung der DRGs kann nicht auf den Schweregrad der durchgeführten Behandlungen geschlossen werden.

- Bei Hauptdiagnosen und Operationen werden keine ausreichenden Informationen über einzelne Behandlungsformen oder Leistungen eines Krankenhauses bereitgestellt.

- Der Qualitätsbericht wird alle zwei Jahre für das Vorjahr erstellt und repräsentiert somit nur eingeschränkt die aktuelle Situation.

- Da für die Erstellung des Qualitätsberichts die Krankenhausleitung verantwortlich ist, kann dieser zumindest kritisch angesehen werden.

- Patienten, Vertragsärzte und Krankenkassen können bei der Vielzahl von Qualitätsberichten nur schwerlich den Überblick behalten (insbesondere in Ballungsgebieten).

- Die Angaben der Dokumentationsraten (Kapitel C) beschreiben zwar die Qualitätsdokumentation, nicht aber die tatsächliche Behandlungsqualität.

- Der Qualitätsbericht wurde zum einen für das Internet als PDF-Version und zum anderen als maschinenlesbare Datenbankversion zur Verfügung gestellt. Die Datenbankversion sollte eine strukturierte Darstellung und eine vergleichende Auswertung unter Zuhilfenahme eines Datenbanktools ermöglichen. Für eine maschinenlesbare Fassung des Berichts fehlte jedoch ein einheitliches maschinenlesbares Format, was den Nutzen einer elektronischen Auswertung stark eingrenzte.[1094]

- Die im Internet bereitgestellte Version enthält kaum Kommentierungen und Erläuterungen. Somit ist diese Version für fachfremde Personen nur schwerlich zu verstehen, betrachtet man Begrifflichkeiten wie ICD, DRG oder auch OPS.

[1094] Vgl. Gemeinsamer Bundesausschuss (2006b), S. 3-8.

- Der strukturierte Qualitätsbericht 2005 setzte voraus, dass ein Patient anhand von Fallzahlen und Mindestmengen Rückschlüsse auf die Qualität
zieht; ein Zusammenhang zwischen Menge und Qualität wurde jedoch bislang noch nicht einwandfrei nachgewiesen.

Auch wenn diese Aspekte lediglich einige Berichtsmängel aufzeigen, kann doch
zusammenfassend festgestellt werden, dass die Informationsvermittlung und -
transparenz des Qualitätsberichtes 2005 verbesserungswürdig gewesen ist. Die
Qualitätsbeurteilung eines stationären Leistungserbringers war für einen Interessierten nur sehr eingeschränkt möglich.

5.3.1.2 Version des Jahres 2007

Der strukturierte Qualitätsbericht für das Berichtsjahr 2006 wurde im Jahr 2007
erstellt und publiziert. Dieser sollte übersichtlicher, vergleichbarer und für die Patienten verständlicher gestaltet werden. Inwiefern dies erreicht worden ist, wird
im Folgenden betrachtet. Im Qualitätsbericht 2007 wird keine Unterteilung mehr
in Basis- und Systemteil zu finden sein, da sich diese Untergliederung als nicht
zweckdienlich bzw. nachvollziehbar herausgestellt hat.[1095] Künftig besteht der
Qualitätsbericht aus vier Abschnitten (siehe Tabelle 60), welche die Krankenhaus-
organisationsstrukturen besser und übersichtlicher darstellen soll.

Kapitel	Gegenstand der Betrachtung
Teil A	Struktur- und Leistungsdaten des Krankenhauses
Teil B	Struktur- und Leistungsdaten der Organisationseinheiten/Fachabteilungen
Teil C	Qualitätssicherung
Teil D	Qualitätsmanagement

Tabelle 60: Struktur des Qualitätsberichtes für das Berichtsjahr 2006[1096]

In einer einführenden Einleitung stellt sich das Krankenhaus kurz vor und nennt
Ansprechpartner und die für den Qualitätsbericht verantwortlichen Personen. Anschließend werden in Teil A (*Struktur- und Leistungsdaten des Krankenhauses*)

[1095] Vgl. Gemeinsamer Bundesausschuss (2006b), S. 3.
[1096] Quelle: Eigene Darstellung.

die krankenhausbezogenen Struktur- und Leistungsdaten beschrieben, während Teil B (*Struktur- und Leistungsdaten der Organisationseinheiten/Fachabteilungen*) die Struktur- und Leistungsdaten für die einzelnen Organisationseinheiten bzw. Fachabteilungen darlegt.[1097] Dort werden Organisationsstrukturen bzw. fachabteilungsübergreifende Versorgungsschwerpunkte, medizinisch-pflegerische Leistungsangebote und allgemeine nicht-medizinische Serviceangebote tabellarisch oder grafisch dargestellt. Die Auflistung der Top-30 DRG des Gesamtkrankenhauses wurde entfernt. Davon unabhängig soll die Anzeige des Krankenhausträgers der besseren Orientierung dienen und bei einer differenzierten Auswertung beachtet werden können. Im Zuge des Qualitäts-berichts soll das jeweilige Krankenhaus im Weiteren die Möglichkeit haben, Informationen zu Forschungsschwerpunkten, akademischer Lehre und Ausbildungen in anderen Heilberufen darzustellen und zur richtigen Interpretation der ambulanten Fallzahlen werden unterschiedliche Zählweisen erläutert.[1098]

Teil B zeigt die speziellen Struktur- und Leistungsdaten abteilungsbezogen bzw. auf die jeweilige Organisationseinheit (beispielsweise Zentren oder mehrere fachübergreifende Kliniken); auf eine Unterteilung in „allgemeine", „fachabteilungsbezogene" und „fachabteilungsübergreifende" Daten wird hierbei jedoch verzichtet.[1099] Um eine schnelle Orientierung zu garantieren, werden neben den Kontaktdaten des Krankenhauses auch die der jeweiligen Organisationseinheit bzw. Fachabteilung genannt. Zudem wird zur späteren differenzierten Auswertung eine Unterscheidung in Haupt- oder Belegabteilung bzw. gemischte Haupt- und Belegabteilung durchgeführt.[1100] Des Weiteren werden Versorgungsschwerpunkte, medizinische Leistungsangebote und allgemeine nicht-medizinische Serviceangebote der jeweiligen Organisationseinheit bzw. Fachabteilung tabellarisch illustriert. Neben dem Leistungsspektrum werden die dort behandelte Patientenanzahl und die Fallzahl für das gesamte Krankenhaus, sowie der einzelnen Organisationseinheiten bzw. Fachabteilungen angegeben. Auf die Nennung der TOP-10 DRG der Fachabteilungen wurde ebenfalls verzichtet. Für Patienten

---

[1097] Vgl. Gemeinsamer Bundesausschuss (2006b), S. 4.
[1098] Vgl. Gemeinsamer Bundesausschuss (2006b), S. 6.
[1099] Vgl. Gemeinsamer Bundesausschuss (2006b), S. 4.
[1100] Vgl. Gemeinsamer Bundesausschuss (2006b), S. 7.

interessante Angaben zur apparativen sowie personellen Ausstattung sowie die Personalqualifikation inklusive Fachbeurteilung der jeweiligen Organisationseinheit beziehungsweise Fachabteilung finden in diesem Abschnitt ebenfalls Berücksichtigung. Freiwillig können Angaben in Bezug auf fachliche Qualifikationen der Organisationseinheit bzw. Fachabteilung gemacht werden. Angaben zur Fortbildung der Fachärzte sind sicherlich auch interessant, jedoch erst für den Qualitätsbericht des Jahres 2010 verpflichtend.[1101]

Spezielle Maßnahmen der *Qualitätssicherung* werden in Teil C dargestellt.[1102] Seit 2007 steht es den Krankenhäusern zu, die Teilnahme an den verpflichtenden und anderen Maßnahmen der externen vergleichenden Qualitätssicherung unter Bekanntgabe von Fallzahlen, Dokumentationsraten und Resultaten ausgesuchter Qualitätsindikatoren zu kommentieren bzw. darzulegen.[1103] Auch wird für die Darstellung von Ergebnissen ausgewählter Qualitätsindikatoren aus dem BQS-Verfahren eine neue Tabelle zur Angabe des Leistungsbereichs, der Dokumentationsrate, des Qualitätsindikators, der BQS-Kennzahl und des Ergebnisses eingefügt.[1104] Die Darstellung der Umsetzung der Mindestmengenvereinbarung wurde hingegen gekürzt und überschaubarer gestaltet.

Abschließend wird in Teil D das *Qualitätsmanagement* als Freitext zusammengefasst.[1105] Dabei sollen die Punkte Qualitätspolitik, Qualitätsziele, Aufbau des einrichtungsinternen Qualitätsmanagements, Instrumente des Qualitätsmanagements, Qualitätsmanagement-Projekte und Bewertung des Qualitätsmanagements, die teilweise bereits aus dem Qualitätsbericht des Jahres 2005 bekannt sind, durch Ausfüllhinweise strukturiert werden.[1106]

Auch wenn beim Qualitätsbericht 2007 einige Punkte verbessert worden sind, gibt es immer noch einige Punkte *kritisch* anzumerken, wie beispielsweise:

[1101] Vgl. Gemeinsamer Bundesausschuss (2006b), S. 6-7.
[1102] Vgl. Gemeinsamer Bundesausschuss (2006b), S. 4.
[1103] Vgl. Gemeinsamer Bundesausschuss (2006b), S. 8.
[1104] Vgl. Gemeinsamer Bundesausschuss (2006b), S. 8.
[1105] Vgl. Streuf, R., Selbmann, H.-K. (2007), S. 15.
[1106] Vgl. Gemeinsamer Bundesausschuss (2006b), S. 8.

- Der Verbesserungsbedarf des ersten Qualitätsberichts wurde aufgrund einer Stichprobenauswertung und erster Erfahrungsberichte von Krankenkassen, Krankenhäusern und Patientenvertretern ermittelt. Nutzermeinungen in Form einer systematischen Befragung blieben jedoch unberücksichtigt.

- Die Bereitstellung schneller, verständlicher und überschaubarer Qualitätsinformationen anhand geeigneter Informationen sind für den Patienten noch nicht hinreichend und zufriedenstellend erreicht worden.

- Mögliche Kommentierungen und Erklärungen der Krankenhäuser sind für den Patienten mit Sicherheit von Vorteil, dennoch müssen sie für den Patienten eindeutig und verständlich sein.

- Krankenhäuser und Ärzte sehen ihre Leistungen auch in der Neufassung des Qualitätsberichts noch nicht adäquat aufgezeigt. Besonders Ärzte fühlen sich durch die Daten (beispielsweise der ICD und OPS TOP 10 Angaben) nicht richtig dargestellt.

- Auch ist es ungewiss, welche Aussage und Hilfestellung bei der Krankenhauswahl die Angabe des Krankenhausträgers oder bei Lehrkrankenhäusern die Universitätsnennung hervorbringen soll. Wird für unterschiedliche Universitäten eine unterschiedliche Behandlungsqualität angenommen, müsste zugleich ein Universitäts-Ranking aufgestellt werden, um sich aus dieser Angabe ein Urteil bilden zu können.

Abschließend soll darauf hingewiesen werden, dass auf der Website von Klinik-Lotse (www.klinik-lotse.de) bereits nach bestimmten Informationen für die in den Qualitätsberichten gemachten Angaben gesucht werden kann. So können alle Kliniken angezeigt werden, die über ein Schlaflabor verfügen oder aber auch eine bestimmte Anzahl einer bestimmten Behandlung durchgeführt haben. Beispielsweise haben in Deutschland gemäß der Angaben aus dem strukturierten Qualitätsbericht des Jahres 2005 lediglich 2 Kliniken den Eingriff zu der DRG F17 *Wechsel eines Herzschrittmachers, Einkammersystem* mindestens 50-mal durchgeführt, 24 Kliniken hingegen erreichten eine Anzahl von mehr als 10 derartigen Eingriffen.[1107]

5.3.2 Bundesgeschäftsstelle Qualitätssicherung GmbH (BQS)

Im Jahr 2000 wurde die Bundesgeschäftsstelle Qualitätssicherung (BQS) gegründet, um dem Ziel der Qualitätsdarstellung nachzukommen. Ihre zentrale Aufgabe besteht in der „Leitung und Koordination der inhaltlichen Entwicklung und Umsetzung der externen vergleichenden Qualitätssicherung nach § 137 SGB V in deutschen Krankenhäusern."[1108] Durch die Qualitätsberichterstattung der BQS soll das interne Qualitätsmanagement durch externe Vergleiche gefördert werden. Dies soll durch ein Benchmarking erreicht werden, mittels dessen ein Krankenhaus seine eigene Leistung mit denen anderer Krankenhäuser vergleichen kann. Um das zu erreichen, müssen alle deutschen Krankenhäuser für einzelne Leistungsbereiche (Mammachirurgie, Geburtshilfe, Lebertransplantation, Leberlebendspende, Nierentransplantation, Nierenlebendspende, Herzchirurgie, Herztransplantation etc.[1109]) in einem ersten Schritt bestimmte, von den jeweiligen Fachgesellschaften als qualitätsrelevant erachtete Daten, in vorgegebener Struktur dokumentieren. Anschließend gelangen diese über die Landesstellen für Qualitätssicherung (LQS) oder auch auf direktem Wege zur BQS, welche die Datenauswertung vornimmt.[1110] Die Krankenhäuser erhalten die Ergebnisse in Form von Berichten und Empfehlungen und können diese den Landes- aber nicht den Bundesergebnissen gegenüberstellen.[1111] Die Finanzierung des Verfahrens erfolgt direkt über die Leistungsvergütung der Krankenhäuser. Bei jeder abgerechneten Fallpauschale erfolgt ein bestimmter Aufschlag, wobei bei Nichteinhaltung einer bestimmten Dokumentationsrate auch Abschläge möglich sind. Für die Patienten liefert dieses Verfahren allerdings keinen Mehrwert, da sie nicht erkennen können, welche Krankenhäuser am unteren Ende der Skala der Behandlungsqualität liegen, was auch nicht das Anliegen des BQS ist, dem Patienten allerdings eine „negative" Auswahl ermöglichen könnte. Die Krankenhäuser hingegen erhalten

---

[1107] Vgl. Klinik-Lotse (2007).
[1108] Hämmerle, P., Estelmann, A., Schwandt, M., u. a. (2007), S. 75.
[1109] Siehe hierzu ausführlicher Hämmerle, P., Estelmann, A., Schwandt, M., u. a. (2007), S. 78.
[1110] Vgl. Hildebrand, R. (2005), S. 33.
[1111] Vgl. Hildebrand, R. (2005), S. 33.

eine Auswertung ihrer Ergebnisse und haben so die Möglichkeit, ihre Daten mit denen anderer Häuser zu vergleichen.

Anhand der Daten der BQS wird zudem der Zusammenhang zwischen den Fallzahlen und der Versorgungsqualität in Deutschland analysiert und entsprechende Mindestmengenregelungen vereinbart.

Der jährlich erscheinende BQS-Qualitätsreport soll nicht dazu dienen, Krankenhäuser mit guter Qualität von denen mit schlechter Qualität wie in einer Art „Stiftung Warentest" zu unterscheiden, sondern er soll für die Krankenhäuser ein differenziertes Bild der medizinischen und pflegerischen Qualität vermitteln. Ein Warentest von Waschmaschinen erlaubt ein abschließendes Urteil zwischen gut oder schlecht, bei der Gesundheit ist dies nicht so einfach möglich.[1112] Gegen eine öffentliche Transparenz der hieraus erzielten Resultate sprechen darüber hinaus noch andere Punkte:

- Das Messinstrument kann nicht exakt zwischen guter und schlechter Qualität und dem Risikoprofil der Patienten unterscheiden; auch eine gründliche Dokumentation der Daten ist nicht immer gewährleistet.[1113]

- Offene Diskussionen und Vorschläge zu Verbesserungen, ohne dass der betroffene Arzt zu befürchten hat, dass die Öffentlichkeit davon erfährt.

- Problematisch wird durch die kürzer werdende Verweildauer auch das Beobachtungsfenster, in dem die medizinische und pflegerische Ergebnisqualität dargestellt wird. Für das BQS-Verfahren ist dieser Zeitraum auf die Zeit zwischen stationärer Aufnahme und Entlassung aus dem Krankenhaus beschränkt.[1114] „Viele wichtige Ergebnisparameter können daher nicht berücksichtigt werden, weil sie erst nach der Entlassung eintreten."[1115]

Abschließend kann festgehalten werden, dass durch das BQS-Verfahren zwar ein interner und hoffentlich wertvoller Beitrag zur Förderung bzw. Darstellung der

---

[1112] Vgl. Lüngen, M., Lauterbach, K. W. (Hrsg.) (2002), S. 12 ff.
[1113] Vgl. Mohr, V. (2005), S. 35.
[1114] Vgl. Mohr, V. (2004), S. 376.
[1115] Hämmerle, P., Estelmann, A., Schwandt, M., u. a. (2007), S. 83.

Qualität in der medizinischen Leistungserbringung geleistet werden kann,[1116] dass das Verfahren jedoch als Informationsquelle für den Patienten in der derzeit zur Verfügung stehenden Art und Weise nur in eingeschränkter Art und Weise hilfreich ist. Betrachtet man bereit gestellte Informationen, so erhält man den Eindruck, dass die notwendige Datengrundlage für umfassende Vergleiche von Krankenhäusern bereits vorhanden ist oder sich zumindest dahingehend entwickelt. Würde man die Daten im Hinblick auf objektiv messbare Qualitätsindikatoren aufbereiten und zusammenstellen, wären umfassende Qualitätsvergleiche möglich und Patienten würden eine Orientierungshilfe erhalten.

5.4 Einfluss nicht-monetärer Aspekte auf die Leistungserbringung

Nachdem die Transparenz im deutschen Gesundheitswesen näher betrachtet worden ist, wird nun aufgezeigt, welchen Einfluss nicht-monetäre Anreize, zu denen das PR zuzuordnen ist, haben. Zu den nicht-monetären Anreizen zählen beispielsweise unterstützende Feedback-Systeme (peer reviews, kollegiale Zweitmeinungen, Coaching etc.), die fachliche Anerkennung von Leistungen in der Gruppe und im Vergleich mit anderen Versorgergruppen, die Veröffentlichung von Qualitätsergebnissen im Vergleich mit Wettbewerbern, die Ausstattung mit modernster Informations- und Kommunikationstechnologie und deren Anwendung für Management, verbesserte Behandlungsverläufe und Koordination sowie für beschleunigten Zugriff und Transfer von behandlungsrelevanten Daten und Dokumentation.[1117] Aber auch Zertifikate, Fortbildungsprogramme, flexible Arbeitszeitmodelle, eine moderne Praxisausstattung, zusätzliche Freizeit sowie „inkind staff for specific projects, technological equipment or training, and the referral of new members can also be used in lieu of cash."[1118]

Der Gebrauch nicht-monetärer Anreize im Vergütungssystem steht international bislang hinter dem Einsatz monetärer Anreize zurück. Das liegt mitunter daran, dass es bisher nur wenige Studien über den Einsatz nicht-monetärer Anreize gibt; sicherlich ist aber auch ein Grund, dass man ein höheres Vertrauen in die Wir-

[1116] Vgl. Hämmerle, P., Estelmann, A., Schwandt, M., u. a. (2007), S. 83.
[1117] Vgl. Braun, B., Reiners, H., Rosenwirth, M., u. a. (2006), S. 14.
[1118] Highsmith, N., Rothstein, J. R. (2006), S. 6.

kung von Geldzahlungen setzt. Derzeit kann aber eine Tendenz in der Orientierung weg von rein materiellen Vergütungskomponenten hin zum Einsatz unent-
geltlicher Mittel beobachten werden, was nicht verwundert, bieten nicht-monetäre Anreize doch einige Vorteile: Sie stehen weniger stark im Widerspruch zum
ärztlichen Ethos, sind unschädlicher für die intrinsische Motivation und kommen
eher dem Kosteneinsparungsziel zugute. Außerdem wird die Nachhaltigkeit der
gewünschten Effekte bei nicht-monetären Anreizen höher eingeschätzt[1119] und sie
können sehr variabel gestaltet sein.

Dass monetäre Anreize in Verbindung mit nicht-monetären einen größeren Anreiz
haben zur Verbesserung der Versorgungsqualität als lediglich nicht-monetäre, erscheint nachvollziehbar und wurde im Rahmen einer kürzlich veröffentlichten
Studie auch dargelegt. Bei dieser wurden die Verbesserungsraten von Krankenhäusern verglichen, wobei eine Gruppe durch EV und PR motiviert werden sollte,
die anderen Gruppe lediglich durch PR. Auch wenn die Verbesserungsraten für
die durch beide Anreizgruppen motivierten Krankenhäuser besser ausfielen, so
waren sie doch sehr bescheiden.[1120] Demnach wäre es möglicherweise effizienter,
lediglich das PR als Motivationsinstrument einzusetzen; allerdings müsste dazu
ein Vergleich mit einer Leistungserbringergruppe ohne Anreize gegenübergestellt
werden.

Nicht-monetäre Anreize sind ebenso wie monetäre Anreize einflussreiche Sys-
temeingriffe, die eine valide Messgrundlage benötigen, um die Leistungsunter-
schiede bewerten zu können. Sie sollten vor allem auf eine Verbesserung der Behandlungsqualität gerichtet sein und die Entwicklung von Strukturen, der Sicherheit, Effektivität, Effizienz, Gleichheit und Patientenorientierung innerhalb eines
Gesundheitssystems fördern.[1121] Grundvoraussetzung ist auch hierbei, dass jeder
Eingriff, der versucht, Behandlungsweisen zu ändern, bewertet werden sollte. Die
Eingriffe sollten dem aktuellen Stand der Wissenschaft entsprechen und die Wir-

---

[1119] Vgl. Braun, B., Reiners, H., Rosenwirth, M., u. a. (2006), S. 70.
[1120] Vgl. Lindenauer, P. K., Remus, D., Roman, S., u. a. (2007), S. 486.
[1121] Vgl. Bufalino, V., Peterson, E. D., Krumholz, H. M., u. a. (2007), S. 399.

kungsanalyse sollte geeignet sein, Behandlungsunterschiede der Leistungserbringer aufzudecken.[1122]

Da vor allem in Deutschland der Einsatz nicht-monetärer Anreizfaktoren noch weitestgehend unentwickelt ist, wird an dieser Stelle ein internationaler Ausblick vorgenommen, um auf dort gemachte Erfahrungen zurückgreifen zu können. Welche Folgen PR haben kann, kann beispielsweise anhand des *Cardiac Surgery Reporting System* (CSRS) aus dem US-Bundesstaat New York gezeigt werden. Infolge schlechter veröffentlichter Ergebnisse bezüglich der Sterberaten nach Herzoperationen wurden unterschiedlichste Maßnahmen veranlasst, um die Versorgungsqualität in den jeweiligen Krankenhäusern zu verbessern.

- *Winthrop University Hospital*
  Bei der ersten Datenveröffentlichung hatte das Krankenhaus eine der höchsten risikoadjustierten Sterberaten. Daraufhin stellte die Krankenhausleitung erstmalig einen Vollzeit Herzchirurgen ein, der den gesamten Service der Herzchirurgie neu koordinieren sollte und dazu unterschiedliche Maßnahmen durchführte.[1123] In der Folgezeit konnte die Sterblichkeitsrate von 9,2 % (1989) und 4,6 % (1990) auf 2,3 % (1991) und schließlich auf 0,82 % (1998) gesenkt werden.

- *Erie County Medical Center*
  Das Erie County Medical Center ist ein Beispiel für ein öffentliches Krankenhaus, das schon vor der Datenveröffentlichung durch sein geringes Herzoperationsvolumen und die hohe Sterblichkeitsrate die Aufmerksamkeit des Gesundheitsministeriums auf sich zog. Bei der ersten Publikation der Daten lag die Sterblichkeitsrate nach Herzoperationen mit 17,6 % tatsächlich weit über dem Bundesstaatsdurchschnitt, der 1989 4,87 % betrug. Nach der Erarbeitung eines Qualitätssicherungsprogramms für die Herzchirurgie, der Einstellung eines neuen Chefarztes und weiterer Mitarbeiter, der Beschaffung neuer Instrumente und regelmäßigen Trainingsseminaren sank die Sterberate von 1993 bis 1995 auf 2,51 % knapp unter den Staats-

---

[1122] Vgl. Bufalino, V., Peterson, E. D., Krumholz, H. M., u. a. (2007), S. 399.
[1123] Vgl. Shaffer, M. (2002).

durchschnitt (2,57 %). Von 1996 bis 1998 konnte dieser Abstand vergrößert werden, wobei auch die Fallzahl kontinuierlich gesteigert werden
konnte.

- *St. Peter State Hospital*

  Bei der ersten Veröffentlichung der Ergebnisse im Jahr 1991/92 fiel diese
  Privatklinik ebenfalls durch eine hohe Sterblichkeitsrate negativ auf. Die
  daraufhin veranlasste Untersuchung der Daten brachte zum Vorschein,
  dass das Krankenhaus nur bei Notfällen eine signifikant hohe Sterberate
  hatte (26 % verglichen mit durchschnittlich 7 %). 9 % der Gesamtfälle der
  Klinik zählten zu den Notfällen. Die Sterblichkeitsrate der Routinefälle
  war mit dem Staatsdurchschnitt vergleichbar. Daraufhin leitete das Krankenhaus eine interdisziplinäre Untersuchung des Notfallmanagements ein,
  die ergab, dass in vielen Fällen Patienten mit kompliziertem Herzinfarkt
  transferiert werden mussten. Es wurde aufgedeckt, dass sich die Ärzte vor
  der Operation nicht genügend Zeit für die Stabilisierung der Patienten
  nahmen. Die Krankenhausleitung veranlasste daraufhin gravierende Änderungen des Notfallmanagements. Als Folge konnte die Sterberate von 11
  aus 42 Notfällen auf 0 aus 54 Notfällen gesenkt werden.

Es könnten an dieser Stelle noch weitere Beispiele angeführt werden, bei denen
infolge schlechter, veröffentlichter Ergebnisse Maßnahmen ergriffen wurden, um
die Qualität der Versorgung zu verbessern. Das PR hat in diesem Falle auf die
Leistungserbringer Druck ausgeübt, intensiv an einer Verbesserung der aktuellen
Versorgungssituation zu arbeiten; ob die Maßnahmen auch ohne das PR durchgeführt worden wären, kann zumindest angezweifelt werden. Schließlich mussten
die betroffenen Krankenhäuser erst einen erheblichen Zusatzaufwand leisten, um
festzustellen, bei welchen Teilprozessen eine Verbesserung der Behandlungsqualität nötig war, da die veröffentlichten Daten alleine darüber keinen Aufschluss
geben konnten.[1124]

Abschließend wird an dieser Stelle ein internationaler Ausblick gegeben, wie derzeit versucht wird, nicht-monetäre Anreize in ein Vergütungssystem einzubauen

---

[1124] Vgl. Chassin, M. R. (2002), S. 48.

und dadurch die Behandlungsqualität zu verbessern (auch daran kann erkannt werden, dass nicht-monetären Anreizen immer mehr Aufmerksamkeit gewidmet wird); auch auf die Übertragbarkeit auf andere Systeme wird eingegangen. Da die meisten der beschriebenen Projekte gerade erst begonnen haben bzw. sich noch in der Implementierungsphase befinden, können noch keine endgültigen Resultate aufgezeigt werden. Langzeitevaluationen sind aber fest eingeplant. Die folgenden Ausführungen zeigen einige Ideen, getrennt nach Ländern, auf:

- *Israel: Audit für Krankheitszulassung*[1125]
  In Israel wurde die Zulassung für Krankenhäuser zeitlich beschränkt. Seit 2003 erfolgt in allen Allgemeinkrankenhäusern eine Zwangskontrolle durch ein 20-köpfiges, multiprofessionelles Prüfteam, das anhand einer Check-Liste systematisch die Zustände dokumentiert (siehe Tabelle 61). Je nach Ergebnis wird die Zulassung um ein bis drei Jahre verlängert oder nicht. Anders als in den USA werden die Ergebnisse vertraulich behandelt. Bis jetzt werden nur Minimalanforderungen gestellt, in Zukunft sollen aber auch Ergebnisparameter in die Bewertung miteinbezogen werden. Die Idee, dass sich Krankenhäuser immer neu um ihre Zulassung bemühen müssen, könnte von anderen Ländern aufgegriffen werden. Das gesamte Krankenhausteam hätte dann einen Anreiz, sich kontinuierlich um hohe Qualität zu bemühen, allerdings darf der dadurch enorme administrative und finanzielle Aufwand nicht außer Acht gelassen werden.

[1125] Vgl. Busse, R., Zentner, A., Schlette, S. (Hrsg.) (2006), S. 32-34.

Kategorie	Indikator
Personal	Anzahl qualifizierter Pflegekräfte, Pflegehelfer und nicht ausgebildeter Kräfte
Dokumentation	Vorliegen von Pflegeanamnesen und -berichten
Arzneimittel-versorgung	➢ Unzugänglichkeit des Arzneimittelschranks ➢ Medikation in Original hüllen ➢ Überprüfung der Betäubungsmittel ➢ Kontrolle und Dokumentation der Arzneimittelverordnung
Patientenumgebung	➢ Zugang zu Klingel und Sauerstoff ➢ Bettabsicherung
Wiederbelebung	Trainingsmaßnahmen
Fachkräfteentwicklung	Personalbeurteilung und Weiterbildung

Tabelle 61:   Audit-Protokoll für die Pflege[1126]

- *Neuseeland: Performance Evaluation Programm*[1127]
  Das Performance Evaluation Programm (PEP) zeichnet sich durch seine
  hohe Systemübertragbarkeit aus. Ziel des Pilotprojekts war die Verbesserung der Qualität der ambulanten Versorgung. Dafür wurden 10 % aller
  praktizierenden Ärzte von der Ärztekammer dahingehend überprüft, ob sie
  den Anforderungen der kontinuierlichen Weiterbildung genügen (abhängig
  vom Ergebnis wurde die Zulassung verlängert). Die Ärzte mussten ein klinisches Audit, mindestens 10 Stunden Peer Review und 20 Stunden anerkannte Fortbildung nachweisen können. Des Weiteren wurden Patienten
  und Kollegen über den Arzt befragt. Das Programm befindet sich noch in
  der Testphase, ein ähnliches Projekt in Kanada hat sich aber als erfolgreich
  erwiesen. Dort nutzten 66 % der 255 teilnehmenden Ärzte das Feedback,
  um die Qualität der Versorgung in ihrer Praxis zu verbessern. Da PEP
  nach kanadischem Vorbild aufgebaut ist, dürften die Ergebnisse ähnlich
  positiv ausfallen. Zu bemängeln ist jedoch, dass sich die Ärzte in Neuseeland selber aussuchen konnten, welche Patienten und Kollegen befragt
  wurden.

[1126] Quelle: Busse, R., Zentner, A., Schlette, S. (Hrsg.) (2006), S. 33.
[1127] Vgl. Busse, R., Zentner, A., Schlette, S. (Hrsg.) (2006), S. 34-36.

- *Neuseeland: Elektronische Risikoanalyse[1128]*
  Ein weiteres innovatives Programm aus Neuseeland ist die elektronische
  Risikoanalyse bei Patienten mit Herzkrankheiten oder Diabetes. Die Analyse ist an den Gebrauch der EPA gekoppelt. Leistungserbringer, welche
  die EPA einsetzen, werden dadurch belohnt, dass sie das Risiko ihrer Patienten besser einschätzen können, außerdem erhalten sie Therapievorschlä-
  ge, die dank eines mit dem Internet verbundenen IT-Tools dem neuesten
  Stand der Wissenschaft entsprechen. Da international ein Konsens besteht,
  dass eine breite Anwendung moderner Informations- und Kommunikationstechnologien zu einem effizienteren Ressourceneinsatz und zu einer
  höheren Versorgungsqualität führt, ist das Programm in Neuseeland in
  doppelter Hinsicht gut. Ärzte werden ihre Praxissoftware eher mit der EPA
  abstimmen, wenn sie selber davon profitieren und Patienten werden nach
  dem neuesten Stand der Forschung therapiert, was sich positiv auf die Behandlungsqualität auswirken dürfte. Erste Resultate des Programms sind
  positiv, eine Langzeitbewertung muss noch abgewartet werden.

- *Singapur: Weiterbildungsstandards für Allgemeinärzte[1129]*
  Die Regierung von Singapur will ein Namensregister aller Hausärzte entwickeln, die bestimmte Weiterbildungsmaßnahmen durchlaufen haben.
  Die Erstellung ist für 2007 geplant. Aufgenommen werden sollen nur Ärzte, die sich auf freiwilliger Basis mindestens zwei Jahre nebenberuflich in
  der Allgemeinmedizin qualifiziert haben. Der Anreiz besteht darin, in die
  öffentlich zugängliche Liste aufgenommen zu werden, überdies hinaus ist
  geplant, dass in neu gegründeten Allgemeinarztpraxen mindestens ein re-
  gistrierter Hausarzt in Vollzeit arbeiten muss. Das schafft einen zusätzlichen Anreiz zur Weiterbildung hinsichtlich der Arbeitsaussichten.

- *Sonstige Länder*
  In Holland und Südkorea ist die Bewertung der Qualität in Krankenhäusern seit kurzem ein verbindliches Steuerungsinstrument. Südkorea bewertet diese hauptsächlich anhand von Strukturindikatoren und setzt auf die

---

[1128] Vgl. Busse, R., Zentner, A., Schlette, S. (Hrsg.) (2006), S. 82-84.
[1129] Vgl. Busse, R., Zentner, A., Schlette, S. (Hrsg.) (2006), S. 104-105.

Veröffentlichung der Ergebnisse. In Holland wurde ein umfassendes Benchmark-System entwickelt, das Prozesse anhand von Qualität, Effizienz und Patientenzufriedenheit bewerten soll.[1130]

Zusammenfassend kann gesagt werden, dass die gezeigten Ansätze sehr interessant sind und auch die Vielfalt der Ideen ist beeindruckend. Regierungen scheinen sich eher auf die Wirkung von Qualitätskontrollen zu verlassen, dennoch werden auch andere Anreize verfolgt. In Deutschland soll beispielsweise ab 2007 für Ärzte die Möglichkeit ausgebaut werden, als Angestellte zu arbeiten. Ein Arzt soll künftig andere Mediziner beschäftigen können.[1131] Gerade für Berufseinsteiger ist die Angestelltenperspektive interessant, da weniger Investitionsbedarf als bei der Selbstständigkeit besteht. Ob dies einen positiven Effekt auf die Behandlungsqualität haben wird, werden künftige Ergebnisse zeigen.

5.5 Zusammenfassung

Zum Abschluss dieses Kapitels werden die recherchierten Informationsquellen bzw. die darin enthalten Bewertungskriterien nochmals zusammengefasst und eine Einteilung zu den Qualitätsdimensionen des Modells von Donabedian vorgenommen (siehe Kapitel 2.1.2).

Als erstes Beispiel einer nationalen Informationsquelle zur Behandlungsqualität von Ärzten wurde die *FOCUS-Ärzteliste* vorgestellt. Die Behandlungsqualität wird anhand unterschiedlicher Kriterien veranschaulicht und vergleichbar gemacht. Empfehlungen von Patienten spiegeln die Zufriedenheit dieser Personen mit dem Arzt wider und lassen sich demnach zur Dimension der Ergebnisqualität zuordnen. Obwohl Angaben zu den QM-Maßnahmen sehr agreggiert sind, ist es trotzdem möglich, sich ein, wenn auch nicht vollständiges, Bild über die Prozess- und Strukturqualität zu machen. Spezialisierungen des Arztes lassen sich auch als Qualifikation betrachten und zählen zur Strukturqualität. Unter Umständen könnte auch die Anzahl von Publikationen ein mehr oder weniger aussagekräftiges Zeichen für eine besondere Qualifikation darstellen.

[1130] Vgl. Busse, R., Zentner, A., Schlette, S. (Hrsg.) (2006), S. 22.
[1131] Vgl. Busse, R., Zentner, A., Schlette, S. (Hrsg.) (2006), S. 82.

Im Gegensatz zu den FOCUS-Ärztelisten enthält die *Arztserie der Abendzeitung Nürnberg* nur Angaben zur Strukturqualität in Form von Spezialisierungen und der Ausbildung des Arztes. Empfehlungen von Ärzten oder Patienten sind ebenso wenig enthalten wie QM-Maß-nahmen. Wie in Kapitel 5.2.2 gezeigt wurde, beziehen sich die Bewertungsportale wie *Help-ster* oder der *Arztspiegel* auf die Zufriedenheit von Patienten mit Ärzten und informieren somit über Ergebnisqualität. Informationen zur Struktur- bzw. Prozessqualität sind dabei nicht enthalten. Die in Kapitel 5.2.3 beschriebenen Testberichte von *Stiftung Warentest* und *Ökotest* überprüfen die Beratungs- und Untersuchungsqualität von Ärzten und ambulanten Gesundheitseinrichtungen und informieren somit über Prozessqualität.

Zertifikate wie *DIN EN ISO* oder *QEP* belegen ein funktionierendes Qualitätsmanagement in einer Praxis. Eine optimierte Organisation der Abläufe spricht für eine hohe Prozess- und Strukturqualität. Patientenbefragungen sind als Instrument in der QM-Richtlinie des Gemeinsamen Bundesausschusses (G-BA) enthalten[1132] und dienen dazu, wichtige Hinweise zu den Abläufen innerhalb der Praxis zu geben sowie Defizite aufzudecken. Eine besondere Rolle unter den Zertifizierungsmodellen nimmt der *KTQ-Qualitätsbericht* ein. Im Gegensatz zu den anderen Zertifikaten wird durch den Qualitätsbericht eine höhere Transparenz erreicht. So kann man sich selbst über Struktur- und Prozessmerkmale wie beispielsweise Spezialisierungen (häufigste Untersuchungen, Diagnose, Operationen etc.), Personalbereitstellung, Ausstattungen, Anamnese- und Befunderhebung und Festlegung des Behandlungsprozesses erkundigen. Das Informationsangebot der *Unabhängigen Patientenberatung Deutschland* bezieht sich, wie in Kapitel 5.2.5.1 gezeigt wurde, in erster Linie auf die Spezialisierungen der Ärzte. Zusätzlich zu Spezialisierungen kann man Angaben zu Ergebnisqualität in *Selbsthilfegruppen* erhalten. Hier ist jedoch zu ergänzen, dass es sich dabei nicht um eine Informationsquelle mit öffentlichem Zugang handelt (siehe Tabelle 62).

[1132] Vgl. Gemeinsamer Bundesausschuss (2005).

Informationsquellen		Strukturqualität	Prozessqualität	Ergebnisqualität
FOCUS-Ärztelisten		➤ Angaben zum QM ➤ Spezialisierungen ➤ (Publikationen)	➤ Angaben zum QM	➤ Empfehlungen von Patienten
Abendzeitung Nürnberg		➤ Ausbildung des Arztes ➤ Spezialisierungen	x	x
Bewertungsportale (Helpster, Arztspiegel etc.)		x	x	➤ Patienten-bewertungen
Testberichte	Urlogentest	x	➤ Beratungsqualität	x
	Sportmed. Untersuchungen	x	➤ Untersuchungs-qualität	x
	Zahnärztetest	x	➤ Untersuchungs-qualität	x
QM-Zertifikate	DIN EN ISO	Zeichen für hohe Struktur- und Prozessqualität		x
	QEP	Zeichen für hohe Struktur- und Prozessqualität		x
	KTQ-Qualitätsbericht	➤ Spezialisierungen ➤ Personalbereit-stellung ➤ Ausstattung	➤ Die KTQ-Kriterien beschrieben von der Praxis	x
Unabhängige Patientenberatung Deutschland		➤ Spezialisierungen	x	x
Selbsthilfegruppen		➤ Spezialisierungen	x	➤ Empfehlungen ➤ Patienten-bewertungen

Tabelle 62:   Qualitätsdimensionen der untersuchten Informationsquellen[1133]

Als öffentlich zugängliche Informationsquelle sticht die FOCUS-Ärzteliste deutlich hervor, da sie alle drei Qualitätsdimensionen abdeckt. Aus Patientensicht hat die Dimension der Ergebnisqualität hierbei eine entscheidende Bedeutung,[1134] was in Kapitel 6 vor allem bezüglich der Einschätzung und Zufriedenheit anderer Patienten bestätigt wird. Als weitere öffentlich zugängliche Informationsquelle informieren Bewertungsportale über Ergebnisqualität. Problematisch ist die noch relativ geringe Anzahl von Bewertungen und die damit verbundene mangelnde Repräsentativität.

[1133] Quelle: Eigene Darstellung.
[1134] Vgl. Ibel, H., Knon, D. (2005), S. 14.

Unter den Zertifizierungsverfahren ist insbesondere der KTQ-Qualitätsbericht hervorzuheben, da er im Gegensatz zu DIN EN ISO, QEP und anderen Verfahren zusätzliche Informationen zur Struktur- und Prozessqualität bereitstellt. Bisher veröffentlichte Testberichte von Stiftung Warentest und Ökotest liefern zwar Informationen zur Prozessqualität, sind aber, abgesehen von ihrer begrenzten Aussagekraft, in ihrer Anwendbarkeit für eine Arztsuche sehr beschränkt. So stammt die Auswahl der Ärzte meist nur aus einer bestimmten Stadt oder Region. Vor- und Nachnamen der Ärzte wurden nur in einem der drei vorgestellten Testberichte genannt.

Die Spezialisierungen des Arztes als Informationen zur Strukturqualität sind unentbehrlich für eine Qualitätsdarstellung von Ärzten. Das Informationsangebot der UPD beschränkt sich allerdings nur auf diese Qualitätsdimension. Aus Patientensicht wäre es sicherlich wünschenswert, sich mithilfe der UPD auch über andere Kriterien erkundigen zu können.

Abschließend wurde in Kapitel 5.4 dargestellt, welcher Einfluss den nicht-monetären Anreizen, und hier insbesondere das PR, auf die Behandlungsqualität nachgewiesen werden konnte. Auch wenn allgemein gesagt werden kann „little is known about the effect of public reporting on the quality of care"[1135], wurde doch anhand vieler internationaler Erfahrungen gezeigt, dass positive Auswirkungen auf die Behandlungsqualität erwartet werden können (so konnte beispielsweise die Mortalitätsrate in vielen New Yorker Krankenhäusern gesenkt werden). Betrachtet man den aktuellen Stand des PR im deutschen Gesundheitswesen, kann festgestellt werden, dass die Entwicklung hierzulande noch im Anfangsstadium steckt und eine Weiterentwicklung wünschenswert wäre. Erste Anhaltspunkte können hierbei international gemachte Erfahrungen liefern.[1136]

[1135] Lindenauer, P. K., Remus, D., Roman, S., u. a. (2007), S. 494.
[1136] Vgl. hierzu beispielsweise Marshall, M. N, Shekelle, P. G., Leatherman, u. a. (2000a); Marshall, M. N, Brook, R. H. (2002); Marshall, M. N, Shekelle, P. G., Leatherman, u. a. (2000b); Marshall, M. N, Romano, P. S., Davies, H. (2004).

6. Kenntnisstand der deutschen Bevölkerung über vorhandene Informationsquellen des Public Reporting

Im Folgenden wird dargelegt, welchen Kenntnisstand die deutsche Bevölkerung von derzeit existierenden Informationsquellen bezüglich der Behandlungsqualität medizinischer Leistungserbringer in der ambulanten Gesundheitsversorgung hat (siehe Kapitel 6.2). Diesbezüglich werden zuvor in Kapitel 6.1 bisherige Untersuchungen vorgestellt, um den derzeitigen Forschungsstand aufzuzeigen. Anschließend wird dargestellt, welchen Kenntnisstand die Bevölkerung von denen in Kapitel 5.2 aufgezeigten Informationsquellen besitzt und wie sie diese bewertet. Das Kapitel endet mit einer Zusammenfassung der wichtigsten Ergebnisse (siehe Kapitel 6.3).

6.1 Forschungsstand - Bisherige Umfragen

Dieses Kapitel legt einige bislang durchgeführte Untersuchungen dar, die sich mit dem Thema Qualitätsinformationen für Patienten über Ärzte beschäftigt haben. Wie deutlich werden wird, gibt es bereits vereinzelte Forschungsbemühungen, die jedoch ihren eigentlichen Schwerpunkt in anderen Bereichen haben und sich nicht direkt auf die vorhandenen Informationsquellen für den ambulanten Sektor konzentrieren. Jedoch können auch bereits aus diesen einige interessante Ergebnisse gezogen werden, wie im Folgenden gezeigt wird. Dabei werden insbesondere der Gesundheitsmonitor der Bertelsmann Stiftung (siehe Kapitel 6.1.1), die Bremer Umfrage Gesundheit (siehe Kapitel 6.1.2) und auch eine qualitative Befragung des Picker Instituts (siehe Kapitel 6.1.3) vorgestellt.

6.1.1 Gesundheitsmonitor der Bertelsmann Stiftung

Der Gesundheitsmonitor der Bertelsmann Stiftung hat sich als Ziel gesetzt, Entscheidungsträger in Politik, Wirtschaft und Gesellschaft regelmäßig und unabhängig über den Zustand der ambulanten Versorgung in Deutschland zu informieren. Seit 2001 befragt die Stiftung daher halbjährlich einen repräsentativen Querschnitt der Bevölkerung und jährlich niedergelassene Haus- und Fachärzte zu ihren Erfahrungen in der ambulanten Versorgung. Bislang wurden über 16.500 Versicherte zu über 150 gesundheitspolitisch relevanten Themen befragt. Der Gesundheitsmonitor zählt somit zu den größten Surveys dieser Art in Deutschland.[1137] Relevant sind an dieser Stelle die Erhebungen zu den Schwerpunkten *Qualitätsmanagement und Zertifizierung* aus dem Gesundheitsmonitor 2005 (siehe Kapitel 6.1.1.1) und *Qualitätsvergleiche von Gesundheitseinrichtungen* aus dem Gesundheitsmonitor 2006 (siehe Kapitel 6.1.1.2).

6.1.1.1 Qualitätsmanagement und Zertifizierung aus dem Gesundheitsmonitor 2005

Die Daten dieses Surveys stammen aus der Versichertenbefragung *Welle 7*[1138] sowie aus dem Ergebnisbericht *Gesundheitsmonitor 2005*[1139], bei denen eine Mitarbeit von 1.436 Personen erreicht werden konnte. Diesen wurden Fragen zu ihren Einschätzungen und Erwartungen bezüglich QM-Systemen und Zertifizierungen in der vertragsärztlichen Versorgung gestellt. Dadurch sollte herausgefunden werden, welchen *Stellenwert Urkunden und Zertifikate über Fortbildungen und Qualität von Arztpraxen* bei der Informationssuche über einen Arzt haben. Dass bei Patienten ein Informationsbedürfnis besteht, zeigt die Tatsache, dass sich 43 % aller Befragten, die zuletzt nach einem neuen Arzt gesucht haben, über diesen vorher informiert haben. Von diesen orientierten sich 76 % an der Zufriedenheit Anderer mit dem Arzt, 71 % versuchten sich über Fachkenntnisse, Spezialisierungen und Erfahrungen zu erkundigen und 65 % informierten sich über den Umgang des Arztes mit seinen Patienten. Die räumliche Lage der Praxis war für 60 % der Befragten ein wichtiges Kriterium, Urkunden und Zertifikate über Fortbildungen etc. hingegen für nur 7 % der Befragten. Diese Ergebnisse lassen aber nicht darauf schließen, dass den Befragten objektivere Informationen wie Zertifizierungen nicht als wichtig erscheinen. Sie müssen eher dahingehend interpretiert werden, dass sie erst innerhalb der Arztpraxis und somit erst nach getroffener Arztwahl wahrgenommen werden.

Bei der Frage, *welche Maßnahmen zur Sicherung der Qualität im Gesundheitswesen den Befragten als geeignet* erscheinen, wird deutlich, dass der Bedarf nach

---

[1137] Vgl. Bertelsmann Stiftung (o. J.).
[1138] Vgl. Bertelsmann Stiftung (2004).
[1139] Vgl. Kirchner, H., Schnee, M. (2005).

objektiven Informationen durchaus gegeben ist. Demnach sprechen sich 86 % aller Befragten für eine regelmäßige Überprüfung von Arztpraxen in Form eines Ärzte-TÜVs aus und damit verbunden für zugängliche und unabhängige Informationen. Dass Krankenkassen über die Qualität von Gesundheitseinrichtungen informieren, wünschen sich insgesamt 77 % und die Veröffentlichung von Ärzte- und Krankenhausranglisten in Zeitungen oder im Internet (Rankings) immerhin noch 71 %.

Bei der Frage nach den *Erwartungen*, die an zertifizierte Praxen bzw. Krankenhäuser gestellt werden, geben 58 % der Befragten eine bessere medizinische Behandlung, 57 % regelmäßige Überprüfungen der Gesundheitseinrichtung und 52 % eine bessere Organisation der Abläufe in der Praxis oder im Krankenhaus an, die sich beispielsweise in kürzeren Wartezeiten widerspiegelt. Jeweils 34 % erhoffen sich Angaben zu Behandlungsergebnissen und eine bessere Ausstattung mit Geräten. Als weniger wichtig stuften die Befragten Informationsmaterial über Behandlungen (weniger als 30 %) oder Informationen über Fort- und Weiterbildungen des Arztes und des Personals (20 %) ein. 22 % der Befragten gehen davon aus, dass sich durch Zertifikate nichts ändert.

Befragt man Patienten nach *Urkunden oder Zertifikaten, die sie bei ihrem letzten Arztbesuch wahrgenommen haben,* so muss man feststellen, dass fast 70 % der Befragten überhaupt keine wahrgenommen haben. Urkunden über Fort- und Weiterbildungsmaßnahmen des Arztes wurden noch am häufigsten bemerkt. Zertifikate über Qualitätsmanagementmaßnahmen (siehe Kapitel 5.2.4) scheinen zu diesem Zeitpunkt dagegen noch nicht weit verbreitet gewesen zu sein.

Unabhängige Institutionen haben bei Patienten die größte *Glaubwürdigkeit als Anbieter von Zertifikaten,* wie beispielsweise der TÜV oder Stiftungen. Ärztekammern (57 %) und Krankenkassen (55 %) wird diese Rolle von knapp mehr als der Hälfte zugesprochen. Das geringste Vertrauen wird hingegen offenbar staatlichen Einrichtungen, wie dem Gesundheitsministerium (38 %) und anderen Behörden bzw. Ämtern (23 %) geschenkt.

6.1.1.2 Qualitätsvergleiche von Gesundheitseinrichtungen aus dem Gesundheitsmonitor 2006

Die folgenden Daten stammen aus der Versichertenbefragung *Welle 10*[1140] sowie aus dem *Ergebnisbericht Gesundheitsmonitor 2006*[1141]. Dabei wurde eine Gesamtheit von insgesamt 1.524 Personen erreicht, die einige Fragen zu dem im Rahmen dieser Arbeit im Zentrum stehenden Thema Qualitätsvergleiche von Leistungserbringern beantworteten.

Die Personen wurden beispielsweise zu dem Thema befragt, *über welche der folgenden Personen bzw. Einrichtungen Sie sich Qualitätsinformationen wünschen würden.* 89 % der Befragten gaben hierbei Fachärzte an, gefolgt von Qualitätsinformationen über Krankenhäuser (86 %). Informationen zu Haus- und Zahnärzten wünschen sich jeweils über 80 % der Befragten und zu anderen Leistungserbringern der ambulanten Gesundheitsversorgung (Physiotherapeuten und ambulante Pflegedienste) jeweils über 60 %. Diese Ergebnisse zeigen deutlich, dass sich die Bevölkerung nicht nur für die stationäre Versorgung eine hohe Qualitätstransparenz erhofft (die dort eingeführten strukturierten Qualitätsberichte für Krankenhäuser sind nur 19 % der Befragten ein Begriff), sondern auch für den ambulanten Versorgungsbereich.

Bei der Frage, *wer denn eigentlich dafür geeignet sei,* den Bedarf nach mehr Qualitätsinformationen über ambulante Leistungserbringer zu decken und deshalb Qualitätsvergleiche von Gesundheitseinrichtungen durchführen sollte, werden unabhängige und patientenorientierte Verbraucherschutzeinrichtungen (79 %) und Selbsthilfeorganisationen (74 %) gegenüber Gesundheitsämtern (64 %) und Krankenkassen (62 %) bevorzugt. Den geringsten Zuspruch erhielten Ärzte- (52 %) und Krankenhausverbände (47 %).

Die letzte hier aufgeführte Teilfrage bezieht sich auf die zur Darstellung der Ergebnisse *geeigneten Informationsmedien für Qualitätsvergleiche.* Diesbezüglich nennen die Befragten Informationsbroschüren (71 %) und das Internet (70 %) am

---

[1140] Vgl. Bertelsmann Stiftung (2006b).
[1141] Vgl. Geraedts, M. (2006).

häufigsten. Zeitungen und Zeitschriften halten immer noch 58 %, Radio und Fernsehen hingegen nur 48 % der Befragten für geeignet.

6.1.2 Bremer Umfrage Gesundheit

Der Themenschwerpunkt der Bremer Umfrage GESUNDHEIT, die 2004 in Zusammenarbeit mit dem Zentrum für Sozialpolitik der Universität Bremen und dem Bremer Institut für Präventionsforschung und Sozialmedizin durchgeführt worden ist, lautete *Gesundheitliche Information und Beratung*. Dabei wurden ca. 10.000 Personen aus Bremen und Bremerhaven angeschriebenen, von denen sich 3.614 an der Umfrage beteiligten. Innerhalb verschiedener Gruppen (Frauen vs. Männer, Jüngere vs. Ältere) war die Beteiligung jedoch sehr unterschiedlich, so dass trotz der hohen Teilnehmerzahl nicht automatisch auf die Gesamtbevölkerung Bremens geschlossen werden kann. Allerdings soll eine regionale Umfrage, wie die Bremer Umfrage GESUNDHEIT, zur Bewertung regionaler Strukturen und Verhältnisse bessere Hinweise geben als bundesweite repräsentative Querschnittserhebungen.[1142] Im Rahmen des Fragebogens wurden beispielsweise Aspekte abgefragt wie:

- Informations- und Beratungsbedarf bezüglich Gesundheit und Krankheit,

- Suchstrategien und Erfahrungen der Bürger mit Informationsmedien und auch

- Erfahrungen mit Information und Beratung durch Gesundheitseinrichtungen.

Betrachtet man die Ergebnisse (die folgenden Angaben stammen aus dem Ergebnisbericht der Bremer Umfrage 2006[1143]), so empfanden es ungefähr drei Viertel der Befragten als schwer, *sich über die fachliche Qualität eines Arztes zu informieren*. Insbesondere bestanden hierbei Defizite bei Informationen über Behandlungserfolge, Spezialisierungen und Weiterbildungsmaßnahmen des Leistungserbringers. Betrachtet man die Gruppe derjenigen, denen die vorhandenen Informati-

---

[1142] Vgl. Pfuhl, J., Jahn, I., Stroth, S., u. a. (2006).
[1143] Vgl. Senator für Arbeit, Frauen, Gesundheit, Jugend und Soziales (Hrsg.) (2006).

onsmöglichkeiten nicht ausreichten, so sind dies vor allem Menschen mit höherem Bildungsabschluss und Menschen im mittleren Alter.

Bei der Frage, *welche zusätzlichen Möglichkeiten den Befragten als hilfreich erscheinen würden*, um sich über Ärzte informieren zu können, nannten über 90 % der Befragten ein Ärzteverzeichnis über Fachkenntnisse und Spezialisierungen. Da solche Verzeichnisse jedoch bereits zum Zeitpunkt der Befragung existierten (beispielsweise der Bremer Ärztenavigator oder die Arzt-Auskunft), ist davon auszugehen, dass ein großer Anteil der Befragten (immerhin über 90 %) diese Informationsquellen überhaupt nicht kannte. Für einen *Ärzte-TÜV*, d. h. eine vorgeschriebene Zertifizierung, die nach einer Qualitätsprüfung für begrenzte Zeit vergeben wird, sprachen sich etwa 70 % der Befragten aus und jeder zweite Interviewte erachtete Patientenbewertungen über Ärzte als hilfreich.

Wie auch im Rahmen des Gesundheitsmonitors der Bertelsmann Stiftung wurde gefragt, welche Einrichtungen den Befragten besonders geeignet erscheinen, um über die Qualität von Ärzten zu informieren. Die Ergebnisse stimmen insoweit überein, als dass Patientenberatungsstellen (35 %) und Verbraucherschutzorganisationen (21 %) am häufigsten genannt werden und somit Krankenkassen (19 %) gegenüber bevorzugt werden.

6.1.3 Qualitative Befragung des Picker Instituts

Das Picker Institut Hamburg führte im August 2006 im Auftrag der Bertelsmann Stiftung eine qualitative Evaluation von patienten- und bedarfsgerechten Informationen über Gesundheitseinrichtungen durch. Dabei standen einige Fragen im Mittelpunkt der Studie (nachfolgende Angaben stammen aus dem Ergebnisbericht[1144]), die auch für diese Arbeit von zentraler Bedeutung sind, wie beispielsweise:

- Welche Informationen benötigen Patienten, um sich für einen Leistungserbringer zu entscheiden?

[1144] Vgl. Picker Institut (2006).

- Wie groß ist der (objektive) Bedarf an Informationen zur Ergebnisqualität
  von Leistungserbringern?

Zur Beantwortung dieser und weiterer Fragen wurde jeweils zweistündig eine
Personengruppe mit jeweils acht Teilnehmern interviewt. Befragt wurde hinsichtlich der vier Versorgungseinrichtungen ambulanter Pflegedienst, Hausarzt, Krankenhaus und auch Rehabilitations-Klinik. Als Ergebnis zeigt sich, dass insbesondere Hausärzte (vor allem bei den jüngeren Befragten) als austauschbar gelten. Es
bestehen geringe Barrieren, einen neuen Hausarzt zu testen. Als Hauptinformati-
onsquellen dienen dabei hauptsächlich Empfehlungen und Erfahrungen aus dem
Familien- und Bekanntenkreis, zum Teil werden auch überhaupt keine Informationen über die Qualität eines Hausarztes genutzt. Entscheidender hierfür ist beispielsweise die räumliche Nähe einer Arztpraxis. Am wichtigsten ist den Befragten die medizinische Kompetenz des Hausarztes, die sich vor allem in korrekten
Diagnosen und Überweisungen an den richtigen Facharzt widerspiegelt. Zusammenfassend kann an dieser Stelle gesagt werden, dass für die befragte Personengruppe die Erwartungen an Hausärzte geringer gewesen sind als an Fachärzte.

6.1.4 Zusammenfassung

Die drei vorgestellten Befragungen haben sich alle mit der ambulanten Versorgung in Deutschland befasst, die jeweils unterschiedliche, aber sehr interessante
Ergebnisse zum Vorschein gebracht haben. Es kann festgehalten werden, dass es
drei Viertel der Befragten aus der Bremer Umfrage als schwer empfinden, sich
über die fachliche Qualität eines Arztes zu informieren. Als eine weitere Erkennt-
nis hat sich gezeigt, dass die Bevölkerung in Bremen erhebliche Qualitätsunterschiede zwischen Ärzten sieht. Qualitätszertifikate spielten im Jahr 2005 eine untergeordnete Rolle bei der Informationssuche der Versicherten, wobei die Erwartungen an zertifizierte Arztpraxen relativ hoch sind und sich in einer besseren medizinischen Behandlung, regelmäßigen unabhängigen Überprüfungen der Praxis
und auch in einer besseren Ablauforganisation widerspiegeln. Auf die Relevanz
einzelner Zertifikate für die konkrete Auswahl eines Arztes wurde bislang nicht
eingegangen. Die Ergebnisse des Gesundheitsmonitors der Bertelsmann-Stiftung
brachten zum Vorschein, dass subjektive Einschätzungen anderer Patienten bei

der Informationssuche oberste Priorität haben. Bewertungsportale hingegen, die ebenfalls auf subjektiven Erfahrungsberichten und Bewertungen anderer Patienten beruhen, erscheinen immerhin 50 % der Befragten aus der Bremer Umfrage als hilfreich für die Auswahl eines geeigneten Leistungserbringers. Sowohl als Anbieter als auch für die Durchführung von Qualitätsvergleichen werden von den Patienten unabhängige Institutionen präferiert. Dass eine Informationssuche überwiegend für Fachärzte und seltener für Hausärzte durchgeführt wird, zeigen die Ergebnisse der qualitativen Evaluation des Picker Instituts.

6.2 Die Umfrage „Informationsquellen zur Behandlungsqualität im ambulanten Sektor in Deutschland"

Auch wenn, wie im bisherigen Verlauf der Arbeit gezeigt worden ist, schon einige wenige Informationsquellen für die Bevölkerung vorhanden sind, so ist zu vermuten, dass diese einen sehr geringen Penetrationsgrad aufweisen. Eine Untersuchung der Informationsquellen für den ambulanten Sektor der deutschen Gesundheitsversorgung, und hier im Speziellen für den niedergelassenen Bereich, wurde bislang nicht durchgeführt. Um diese Forschungslücke zu schließen, wurden im bisherigen Verlauf dieser Arbeit die vorhandenen Informationsquellen identifiziert und beschrieben (siehe Kapitel 5.2). Des Weiteren wurde eine eigene Befragung durchgeführt, mit deren Hilfe diese bewertet werden. Anhand der Ergebnisse soll eine Weiterentwicklung dahingehend möglich sein, diese künftig noch besser auf die Patientenbedürfnisse abzustimmen und damit einen Beitrag für eine qualitativ hochwertigere Versorgung der Bevölkerung zu leisten. Die Umfrage trägt den Titel „Informationsquellen zur Behandlungsqualität im ambulanten Sektor in Deutschland" und ist Bestandteil der folgenden Ausführungen.

6.2.1 Vorbemerkungen

Im Folgenden werden einige Vorbemerkungen zu der durchgeführten Untersuchung dargelegt. Dabei werden anfangs die Ziele der Befragung erläutert (siehe Kapitel 6.2.1.1), ein Blick auf die Methodik geworfen (siehe Kapitel 6.2.1.2) sowie abschließend in Kapitel 6.2.1.3 der Aufbau des hier eingesetzten Fragebogens erläutert.

6.2.1.1 Ziele der Befragung

Ausgangspunkt für die im Rahmen dieser Untersuchung durchgeführte Befragung sind die in Kapitel 5.2 dargestellten Informationsquellen, die allerdings im Hinblick auf ihre Nutzen stiftende Wirkung für die Bevölkerung noch nicht näher bewertet worden sind. Im Folgenden wird nun ermittelt, wie einzelne Aspekte dieser Informationsquellen beurteilt werden. Da subjektive Einschätzungen anderer Patienten bei der Informationssuche nach einem Arzt eine hohe Bedeutung haben, werden bislang existente Bewertungsportale wie www.helpster.de und www.arztspiegel.de neben Ärztelisten und Zertifikaten einen Schwerpunkt der Befragung darstellen. Auch gilt es herauszufinden, welche Kriterien aus der Sicht von Patienten überhaupt geeignet sind, um sich über die Qualität eines Arztes zu informieren. Weitere Ziele sind neben der Entwicklung einer Bewertungsgrundlage für Informationsquellen die Ermittlung der Nutzungsbereitschaft für bestimmte Quellen sowie deren Einfluss auf die Auswahl eines Arztes festzustellen. Da international vorhandene Informationsquellen für Patienten schon weiterentwickelt sind als noch hierzulande, wurde im Rahmen der Umfrage auch bezüglich der Nutzeneinschätzung dieser Informationsquellen gefragt. Dabei wurden die beiden vorgestellten Public Report Cards des Referenzprojekts (siehe Kapitel 3.3) aber auch die der Qualitätsinitiative Bridges to Excellence (siehe Kapitel 3.3.3) näher betrachtet.

6.2.1.2 Methodik

Im Vorfeld der Fragebogenkonzeption musste die Entscheidung für ein bestimmtes Befragungsverfahren getroffen werden. Dabei bestand die Herausforderung, mittels gegebener, aber beschränkter finanzieller Mittel ein aussagekräftiges Ergebnis zu erreichen. Da unter den vorhandenen Bedingungen eine repräsentative Befragung für die Gesamtbevölkerung der Bundesrepublik Deutschland nicht durchzuführen war, sollte eine möglichste große Stichprobe bzw. Anzahl beendeter Fragebögen erreicht werden. Als mögliches Erhebungsmedium wurden die Möglichkeiten Brief, persönliche Interviews, telefonisch-gestützte Interviews und auch die Internetbefragung in Betracht gezogen. Erstere war nicht durchführbar, betrachtet man lediglich die für die Versendung der Briefe anfallenden Kosten für Porto, Papier, Anschreiben und Erinnerungsschreiben etc. Bei einer angestrebten

Teilnehmeranzahl von mindestens 500 Personen ergeben sich dabei Kosten im mittleren bis hohen vierstelligen Bereich, die nicht zu tragen gewesen wären. Eine Telefonbefragung war aufgrund visueller Elemente für die Veranschaulichung der Informationsquellen nicht durchführbar.

Somit wurde sich letztendlich für die Befragung über das Medium Internet entschieden, das folgende Vorteile aufweist:

- Geringe Kosten für die Kontaktaufnahme mit den Befragten,

- schnelle Durchführbarkeit der Befragung,[1145]

- einmalige Programmierung des Fragebogens, der auf einem Server zum Abruf gespeichert wird,

- Einladung der Teilnehmer per E-Mail und Web-link, der direkt zur Umfrage führt,

- Ergebnisverlauf für die bereits beantworteten Fragebögen stehen unmittelbar auf dem Server zur Verfügung, wodurch schon während der Befragungsphase Zwischenergebnisse erzeugt werden können und auch

- die einfache Verwendung multimedialer Inhalte (Grafiken, Sounds oder Videosequenzen).

Das kostenintensivste Element von Internetbefragungen ist die Rekrutierung der Teilnehmer. Hierzu besteht die Möglichkeit, E-Mail-Adressen von Adresshändlern zu erwerben oder Marktforschungsinstitute mit der Durchführung der Umfrage zu beauftragen, was allerdings auch wieder hohe Kosten verursacht.

Im Rahmen der hier durchgeführten Untersuchung wurde sich dafür entschieden, eine Panel-Befragung über das Online-Portal Sozioland durchzuführen. Dafür wurde die Umfragesoftware *Unipark* von Globalpark verwendet. Hier besteht die Möglichkeit, sich für eine kostenlose Rekrutierung von Teilnehmern aus dem Sozioland-Panel für eine Umfrage zu bewerben. Das Sozioland-Panel, welches von der Respondi AG betrieben wird, umfasst nach eigenen Angaben über 40.000 registrierte Mitglieder, die in der Regel alle zwei Wochen per E-Mail zu Umfragen

---

[1145] Vgl. Fischer, M. (2005), S. 8.

über die Themen Politik, Sport, Gesundheit, Gesellschaft und Medien eingeladen werden.[1146] Globalpark, der Anbieter der Befragungssoftware Unipark, verfügt jeden Monat über ein Kontingent von zwei Umfragen, die über das Sozioland Panel durchgeführt werden können. Hierfür werden einmal im Monat die zwei interessantesten Bewerbungen, die den bereits programmierten Fragebogen (mittels der Software Unipark) enthalten müssen, von einer Jury ausgewählt. Anschließend wird der jeweilige Link der Umfrage an die Respondi AG, die Betreiberin der Sozioland-Plattform, übermittelt. Daraufhin wird eine Stichprobe gezogen und der Link zur Umfrage an die entsprechenden E-Mail-Adressen versandt. Nach erfolgreicher Bewerbung mithilfe des bereits programmierten Fragebogens und einigen Erläuterungen zur Zielsetzung und Fragestellung der Umfrage wurde die im Rahmen dieser Untersuchung durchgeführte Befragung von der Jury ausgewählt. Daraufhin startete die Befragung mit dem Titel *Umfrage zu Informationsquellen für Patienten bzgl. der Qualität von Ärzten* am 1. März 2007.

6.2.1.3 Konzeption und Aufbau des Fragebogens

Die Konzeption des Fragebogens wurde speziell auf eine Internetbefragung ausgerichtet, wobei auch Abbildungen bzw. Screen-Shots integriert worden sind, um einige Fragen für die Befragten anschaulicher zu gestalten. Im Rahmen der Befragung sind Fragen mit Einfachauswahl, Mehrfachauswahl, Ratingskalen sowie auch offene Fragestellungen eingebaut worden. *Einfachauswahl-Fragen* werden eingesetzt, wenn es nur eine konkrete Antwortmöglichkeit gibt.[1147] So beispielsweise bei der Frage nach der Nutzungsbereitschaft der vorgestellten Informationsquellen (Würden Sie die Informationsquelle X nutzen und ihre Entscheidung für einen Arzt davon abhängig machen?). *Mehrfachauswahl-Fragen* hingegen lassen Aspekte erfragen, bei denen mehrere Antwortmöglichkeiten möglich sind,[1148] wie bei der Frage nach bekannten Informationsquellen, die aufgelistet worden sind. *Ratingskalen* ermöglichen es, Einstellungen oder Bewertungen der Umfrageteilnehmer zu erheben.[1149] Als Varianten dieses Fragetyps wurden Fragen mit vier bzw. fünf Punkte-Skalen eingesetzt. Um Abbrüche aufgrund von Gleich-

---

[1146]   Vgl. Sozioland (2007).
[1147]   Vgl. Globalpark (2007).
[1148]   Vgl. Globalpark (2007).
[1149]   Vgl. Diekmann, A. (2006), S. 404.

gültigkeit oder Überforderung der Teilnehmer innerhalb dieser Fragen zu vermeiden, wurde die Kategorie „Keine Angabe/Weiß nicht" eingebaut. Als letzter Fragentyp wurden *offene Fragen* integriert, so beispielsweise nach der Zahlungsbereitschaft für eine amerikanische Qualitätsinformationsquelle oder auch bei der Frage nach dem Alter eines Befragten.

Der Fragebogen ist in drei unterschiedliche Teile differenziert, wie in Tabelle 63 dargestellt. Um die Teilnehmer langsam auf das Thema hinzuführen, wurden im *einleitenden Teil* des Fragebogens Eröffnungsfragen (Eisbrecherfragen) gestellt, die allgemeiner und weniger informativ sind als die restlichen Fragen.[1150] Dort wurde beispielsweise gefragt, wie die Teilnehmer die derzeitigen Möglichkeiten einschätzen, sich über die Qualität von Ärzten in Deutschland zu informieren und woran sie sich derzeit bei der Suche nach einem Arzt orientieren.

Im *Hauptteil* des Fragebogens wurden der Bekanntheitsgrad und die Nutzungshäufigkeit verschiedener Informationsquellen abgefragt. Als Beispiele wurden die Bewertungsportale Helpster und der Arztspiegel mithilfe von Screen-Shots vorgestellt und deren Funktionsweise kurz erläutert. Anschließend wurden die Teilnehmer gefragt, wie sie den Informationsinhalt der Bewertungskriterien einschätzen und ob sie diese Bewertungsportale in ihre Entscheidung für oder gegen einen bestimmten Arzt einbeziehen würden. Analog zu den beiden genannten Bewertungsportalen wurde auch um eine Einschätzung bezüglich der FOCUS-Ärztelisten gebeten. Danach wurden verschiedene Qualitätszertifikate einander gegenübergestellt, bevor die Befragten unterschiedliche Aspekte hinsichtlich der Eignung zur Beurteilung der Behandlungsqualität eines Arztes einschätzen sollten. Weiterhin wurden die Teilnehmer gebeten, Angaben zu machen, wie geeignet unterschiedliche Institutionen für Qualitätsbewertungen von Ärzten sind. Diese Frage wurde bereits sinngemäß innerhalb der bevölkerungsrepräsentativen Gesundheitsmonitor-Befragung gestellt. Anhand eines Vergleichs beider Ergebnisse könnten so Rückschlüsse zur Aussagekraft der eigenen Ergebnisse gezogen werden. Abschließend rückten im Hauptteil Beispiele internationaler Informationsquellen in das Blickfeld der Betrachtung. Dabei wurden die PR-Instrumente der

---

[1150] Vgl. Diekmann. A. (2006), S. 414.

im Rahmen dieser Arbeit bereits vorgestellten Qualitätsinitiativen Bridges to Excellence und des kalifornischen Referenzprojekts näher vorgestellt. Auch für diese wurde nach der Einschätzung und der Akzeptanz gefragt. Abschließend wurde den Teilnehmern noch die Frage bezüglich ihrer Einstellung zur erfolgsorientierten Vergütung gestellt.

Im *Schlussteil* des Fragebogens wurden Angaben zu soziodemografischen Daten der Teilnehmer erbeten, wie Geschlecht, Alter, Schulabschluss etc.

Aufbau des Fragebogens und Inhalt
Einleitender Teil: ➢ Hinführung und Aufklärung über den Zweck der Umfrage   ➢ Einschätzung der derzeitigen Situation, sich in Deutschland über einen Arzt informieren zu können   ➢ Derzeitige Orientierung bei der Suche nach einem qualifizierten Arzt
Hauptteil: ➢ Kenntnis der Informationsquellen und deren Nutzungshäufigkeit   ➢ Helpster (Einschätzung des Informationsgehaltes und der Akzeptanz)   ➢ Arztspiegel (Einschätzung des Informationsgehaltes und der Akzeptanz)   ➢ Vertrauenswürdigkeit von Helpster und Arztspiegel   ➢ Focus (Einschätzung des Informationsgehaltes und der Akzeptanz)   ➢ Vertrauenswürdigkeit von Focus gegenüber Helpster und Arztspiegel   ➢ Qualitätszertifikate (Kenntnisstand und Akzeptanz)   ➢ Eignung unterschiedlicher Aspekte für die Beurteilung der Behandlungsqualität eines Arztes   ➢ Eignung unterschiedlicher Gruppierungen für die Durchführung von Qualitätsbewertungen   ➢ Bridges to Excellence (Einschätzung des Informationsgehaltes, der Akzeptanz und der Zahlungsbereitschaft)   ➢ Pay for Performance Referenzprojekt (Einschätzung des Informationsgehaltes und der Akzeptanz)   ➢ Einstellung bezüglich der erfolgsorientierten Vergütung
Schlussteil: ➢ Geschlecht, Alter, Schulabschluss, Bundesland, Erwerbstätigkeit und Familienstand   ➢ Kurze Danksagung für die Teilnahme

Tabelle 63:   Aufbau des Fragebogens und Inhalt[1151]

6.2.2 Repräsentativität der Befragung

Laut Auskunft der Respondi AG wurde für die Befragung eine Stichprobe von 9.000 E-Mail Adressen aus einer Grundgesamtheit von 39.486 Adressen zufällig generiert. Ein kurzes Anschreiben, das auch den Web-link zu der Umfrage enthielt, wurde somit an 9.000 Personen versendet. Von diesen 9.000 Sozioland-Mitgliedern haben insgesamt 929 Personen den Link zur Umfrage angeklickt und

---

[1151] Quelle: Eigene Darstellung.

sich die erste Seite des Fragebogens angesehen (Gesamtsample). Von diesen 929 Personen haben 840 den Fragebogen beendet oder abgebrochen (Nettobeteiligung). Vollständig beendet haben den Fragebogen 556 Teilnehmer, was einer Beendigungsquote von 59,85 % entspricht (siehe Abbildung 29). Für die folgenden Auswertungen und Ergebnisse wird diese Gesamtheit von 556 Personen betrachtet. Da innerhalb des Fragebogens die Möglichkeit bestand, Fragen zu überspringen, differiert diese Anzahl jedoch geringfügig bei den verschiedenen Auswertungen.

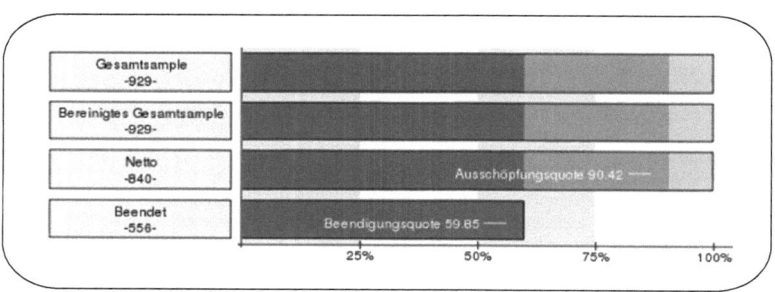

Abbildung 29:   Feldbericht zur Umfrage[1152]

In diesem Kapitel wird nun betrachtet, ob die Struktur der an der Befragung teilgenommenen Personen aus dem Sozioland-Panel Rückschlüsse auf die Bevölkerung oder Teile der Bevölkerung zulassen (Repräsentativität der Ergebnisse), bevor anschließend die Ergebnisse im Einzelnen vorgestellt werden.

Die deutsche Internetbevölkerung

Häufig stellen Internetbefragungen keinen repräsentativen Querschnitt der Bevölkerung dar.[1153] Potentielle Teilnehmer benötigen für Internetbefragungen den Zugang zu einem PC mit Internetanschluss; eine Voraussetzung, die bislang nicht die gesamte Bevölkerung erfüllt. 2005 hatten insgesamt 62 % der privaten Haushalte (Haushalte mit mindestens einem Haushaltsmitglied unter 75 Jahren) in Deutschland einen Internetzugang. Zieht man die *Geschlechter* in die Betrachtung

---

[1152]   Quelle: Auswertungsstatistik anhand der Umfragesoftware Umfragecenter.
[1153]   Vgl. Hahne, F. (2003), S. 418.

mit ein, so haben im ersten Quartal 2005 68 % der Männer und 55 % der Frauen das Internet genutzt. Bezüglich der *Altersgruppen* lässt sich allgemein sagen, dass das Informationsmedium Internet vorrangig von jüngeren Menschen benutzt wird. Im oben genannten Zeitraum haben 89 % der unter 25-Jährigen, aber nur 14 % der über 65-Jährigen das Internet in Anspruch genommen. Damit ist die Gruppe der jüngeren Menschen deutlich überrepräsentiert.[1154] Auch Bildungsabschluss und Einkommen von Internetnutzern lassen sich nicht auf die Allgemeinheit übertragen; mit sinkendem *Bildungsabschluss* lässt sich eine abnehmende Nutzerquote des Internets beobachten. So nutzten 58 % der Personen mit Hauptschulabschluss das Internet nicht gegenüber nur 14 % der Personen mit (Fach-) Hochschulreife. Außerdem ist die Internetnutzung auch abhängig von der Höhe des *Einkommens*. So zählten 39 % der Personen mit einem persönlichen Nettoeinkommen unter 1.300 Euro zur Gruppe der „offliner" während es bei Personen mit einem Einkommen ab 3.600 Euro nur 12 % waren. Da die Repräsentativität keinen absoluten Qualitätsbegriff darstellt und immer in Bezug zu einer bestimmten Menge (Grundgesamtheit) verstanden werden muss,[1155] wird im Folgenden die Repräsentativität bezogen auf die Gruppe der Internetnutzer in Deutschland untersucht.

Vergleich Befragungsteilnehmer mit der deutschen Internetbevölkerung

Nach den Ergebnissen der ARD-ZDF Online Studie gab es 2006 insgesamt 38,6 Millionen Internetnutzer in Deutschland. Prozentual ausgedrückt, setzte sich die deutsche Internetnutzergemeinschaft zu 54 % aus männlichen und 46 % aus weiblichen Personen zusammen.[1156] Im Rahmen der hier durchgeführten Befragung machten insgesamt 549 Teilnehmer *geschlechtsspezifische Angaben*. Betrachtet man diese 549 Teilnehmer als gesamte Stichprobe, so sind 64,5 % der Teilnehmer weiblichen und hingegen nur 35,5 % männlichen Geschlechts. Beim Vergleich dieser Werte mit denen der ARD-ZDF Online Studie stellt man fest, dass die Geschlechterverteilung der Befragung nicht die der deutschen Internetnutzergemeinschaft widerspiegelt.

[1154] Vgl. Statistisches Bundesamt Deutschland (2007).
[1155] Vgl. Hahne, F. (2003), S. 419.
[1156] Vgl. Graumann, S., Neinert, F. (2006), S. 336.

Eine weitere Möglichkeit zur Repräsentativitätsuntersuchung kann bezüglich der *Altersverteilung der Teilnehmer* vorgenommen werden. Im Vergleich zur deutschen Intergesellschaft ist bei der eigenen Umfrage die Gruppe der 20- bis 29-Jährigen deutlich überrepräsentiert (siehe Tabelle 64). Knapp die Hälfte aller 549 Umfrageteilnehmer, die Angaben zu ihrem Alter machte, stammte aus dieser Altersgruppe. Bezüglich der deutschen Internetgesellschaft sind jedoch nur etwa 17 % dieser Altersgruppe zugehörig. Die älteren Altersgruppen sind dagegen deutlich unterrepräsentiert, insbesondere bei den über 50- bis 59-Jährigen und bei den über 60-Jährigen. Am ehesten entsprechen die Teilnehmer aus der Altersgruppe der 14- bis 19-Jährigen den deutschen Internetnutzern, gefolgt von den 30- bis 39-Jährigen.

	Ergebnisse aus ARD-ZDF Online Studie 2006		Ergebnisse aus eigener Studie	
Altersgruppen	Internetnutzer (absolut, in Mio.)	Internetnutzer (relativ)	Teilnehmer (absolut)	Teilnehmer (relativ)
14-19 Jahre	5	12,89 %	79	14,39 %
20-29 Jahre	6,8	17,53 %	255	46,45 %
30-39 Jahre	8,9	22,94 %	99	18,03 %
40-49 Jahre	8,4	21,65 %	76	13,84 %
50-59 Jahre	5,6	14,43 %	28	5,10 %
60 Jahre und älter	4,1	10,57 %	12	2,19 %
Gesamt	38,8	100,00 %	549	100,00 %

Tabelle 64: Vergleich der Altersgruppen eigene Umfrage vs. ARD-ZDF Online Studie[1157]

Wie die Ausführungen gezeigt haben, repräsentieren die Ergebnisse der eigenen Umfrage möglicherweise nicht die Meinungen und Einschätzungen der gesamten Internetnutzergemeinschaft in Deutschland. Im Rahmen eines Online Panels hätte hierzu eine gezielte Auswahl von Personen stattfinden müssen,[1158] was allerdings deutlich höhere Kosten verursacht hätte. Die der Umfrage zugrunde liegende Grundgesamtheit wurde aus dem Sozioland-Panel von 39.486 E-Mail Adressen

---

[1157] Quelle: Eigene Darstellung, in Anlehnung an Van Eimeren, B., Frees, B. (2006), S. 404.
[1158] Vgl. Fischer, M. (2005), S. 26.

ohne weitere Auswahlkriterien gezogen. Zusätzlich fand eine Selbstselektion der 9.000 angeschriebenen Sozioland-Mitglieder statt.

Trotz der Einschränkungen hinsichtlich der Repräsentativität stellen die Ergebnisse eine wichtige empirische Grundlage dar, um einen Eindruck über die Stärken und Schwächen der in Kapitel 5.2 aufgeführten Informationsquellen zu erhalten. Die Tatsache, dass fast jeder zweite Teilnehmer der 549 Befragten aus der Altersgruppe der 20- bis 29-Jährigen stammt, kann auch als positiv gesehen werden. Gemäß einer Studie der Arbeitsgemeinschaft Onlineforschung (AGOF) stellt diese Gruppe mit einer durchschnittlichen Internetnutzungsdauer von 96,3 Minuten pro Tag die nutzungsintensivste Altersgruppe dar.[1159] Da sich der Fragebogen zu einem großen Teil auf Informationsquellen aus dem Internet bezieht, ist dieser Adressatenkreis somit besonders relevant für diese Untersuchung.

6.2.3 Soziodemografische Daten der Teilnehmer

Im vorherigen Kapitel 6.2.2 wurden soziodemografische Daten der Teilnehmer bezüglich des Geschlechts und des Alters präsentiert. Der Vollständigkeit halber werden an dieser Stelle noch weiter erhobene Daten dargestellt (regionale Verteilung, Bildungsstand, Erwerbstätigkeit, Familienstand). Betrachtet man die *regionale Verteilung der Teilnehmer,* so fällt auf, dass Teilnehmer aus allen Bundesländern vertreten sind (siehe Abbildung 30). Von einer Proportionalität zur Anzahl der Einwohner der Bundesländer kann jedoch nicht gesprochen werden. So stammen beispielsweise 139 Teilnehmer aus Nordrhein-Westfalen, dies entspricht in relativen Zahlen 25,41 %. Nach Angaben des Statistischen Bundesamts lebten 2006 jedoch nur 21,9 % der deutschen Bevölkerung in Nordrhein-Westfalen.[1160]

[1159] Vgl. TNS-Infratest (2006).
[1160] Vgl. Statistisches Bundesamt Deutschland (2007).

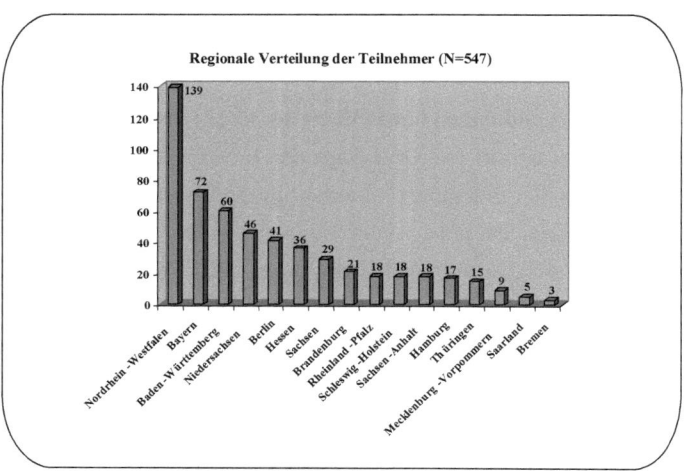

Abbildung 30: Regionale Verteilung der Teilnehmer[1161]

Von den 556 Teilnehmern, die den Fragebogen beendet hatten, machten 547 Angaben zu ihrem *Schulabschluss bzw. Bildungsstand* (siehe Tabelle 65). Insgesamt
183 Personen der befragten Teilnehmer besitzen das Abitur bzw. die Hochschulreife als höchsten Abschluss, was 33,46 % aller Befragten entspricht. Nur unwesentlich kleiner ist mit 178 Personen (32,45 %) der Teil mit einem Realschulab-
schluss bzw. der mittleren Reife. Des Weiteren hat fast jeder Fünfte einen Hoch-
schul-/ Fachhochschulabschluss (19,56 %), einen Hauptschul-/ Volksschulab-
schluss hingegen nur 36 Befragte (6,58 %). Der relativ hohe durchschnittliche
Bildungsstand bestätigt die Angaben des Statistischen Bundesamts bzgl. der Korrelation von Bildungsstand und Internetnutzung.

[1161] Quelle: Eigene Darstellung.

Schulabschluss	Teilnehmer (absolut)	Teilnehmer (relativ)
Hauptschule/Volksschule	36	6,58 %
Realschule, Mittlere Reife	178	32,54 %
Fachoberschule, Fachhochschulreife	43	7,86 %
Abitur, Hochschulreife	183	33,46 %
Hochschul-/ Fachhochschulabschluss	107	19,56 %
Gesamt	*547*	*100,00 %*

Tabelle 65:   Bildungsstand der Befragungsteilnehmer[1162]

Betrachtet man die Teilnehmer bezüglich ihres *Erwerbsstatus*, so ist der größte Teil der Befragten mit fast 50 % erwerbstätig (siehe Tabelle 66). Die zweitgrößte Gruppe befindet sich in der Ausbildung als Azubi, Lehrling oder Student (38,14 %). 10 % der Befragten sind zum Zeitpunkt der Befragung nicht erwerbstätig.

Erwerbsstatus	Teilnehmer (absolut)	Teilnehmer (relativ)
Erwerbstätig	248	45,26 %
Zur Zeit nicht erwerbstätig	55	10,04 %
Azubi, Lehrling, Student	209	38,14 %
Rentner/in, Pensionär/in, im Vorruhestand	22	4,01 %
In Mutterschutz, Erziehungsurlaub, beurlaubt	14	2,55 %
Gesamt	*548*	*100,00 %*

Tabelle 66:   Erwerbsstatus der Befragungsteilnehmer[1163]

Bezüglich des *Familienstandes* sind knapp drei Viertel der 547 Befragten ledig (siehe Tabelle 67). Dies hängt wohl auch mit der großen Teilnehmerzahl innerhalb der Altersgruppe 20 bis 29 Jahre zusammen. 23 % der Teilnehmer sind bereits verheiratet, vier hingegen verwitwet.

[1162] Quelle: Eigene Darstellung.
[1163] Quelle: Eigene Darstellung.

Familienstand	Teilnehmer (absolut)	Teilnehmer (relativ)
ledig	397	72,58 %
verheiratet	126	23,03 %
geschieden	20	3,66 %
verwitwet	4	0,73 %
Gesamt	*547*	*100,00 %*

Tabelle 67:   Familienstand der Befragungsteilnehmer[1164]

6.2.4 Ergebnisse der Befragung

Im Folgenden werden die Ergebnisse der durchgeführten Befragung präsentiert. Der **einleitende Teil** begann mit der Frage nach der *Einschätzung der Befragten zu den Informationsmöglichkeiten über die Qualität von Ärzten in Deutschland.* Insgesamt beantworteten 550 Personen diese Frage. Von diesen geben fast 70 % an, die derzeitigen Möglichkeiten als weniger gut oder schlecht einzuschätzen (siehe Abbildung 31).[1165] Knapp 28 % der Befragten scheinen die Informationsmöglichkeiten auszureichen. Vergleicht man das Ergebnis mit dem der Bremer Umfrage, so kann eine große Ähnlichkeit festgestellt werden. Dort waren es knapp drei Viertel der Befragten, die es als schwer empfanden, sich über die fachliche Qualität eines Arztes zu informieren. Anhand dieses Ergebnisses lässt sich erneut ableiten, dass ein Bedarf an zusätzlichen Informationsquellen zur Qualität von Ärzten bei den befragten Personen existiert.

[1164] Quelle: Eigene Darstellung.
[1165] Vgl. Emmert, M., Müller, M., Schöffski, O. (2007), S. 8.

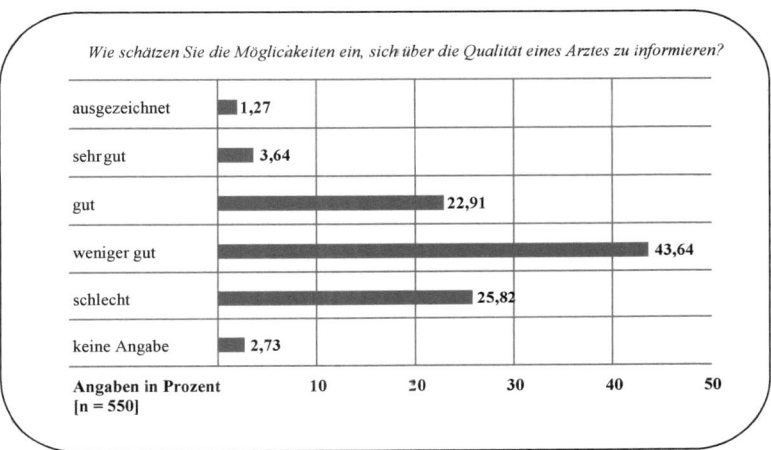

Wie schätzen Sie die Möglichkeiten ein, sich über die Qualität eines Arztes zu informieren?

ausgezeichnet	1,27
sehr gut	3,64
gut	22,91
weniger gut	43,64
schlecht	25,82
keine Angabe	2,73

Angaben in Prozent [n = 550]

Abbildung 31: Einschätzung der derzeitigen Informationslage [1166]

Bei der zweiten Frage geht es um die *derzeitigen Informationsquellen, an denen sich die Befragten bei der Arztauswahl orientieren.* Das Ergebnis hierzu ist in Abbildung 32 dargestellt. Demnach orientieren sich gegenwärtig über 85 % der Befragten an Empfehlungen aus dem Familien- bzw. Bekanntenkreis bei der Suche nach einem Arzt. Daraus könnte man schließen, dass diese Personen Qualitätsunterschiede zwischen verschiedenen Ärzten sehen und daher Empfehlungen und Erfahrungen anderer Personen als Qualitätsindikatoren in die Arztsuche miteinbeziehen, um einen möglichst guten Arzt zu finden. Die Lage der Praxis spielt bei jedem Zweiten eine Rolle. Einen Arztfinder im Internet nutzen derzeit rund 12 % als Orientierungshilfe, die Gelben Seiten mit fast 20 % ein wenig mehr. Unter der Kategorie „Sonstiges" wurden Empfehlungen des Hausarztes bzw. anderer Ärzte genannt sowie auch „Eigenes Ausprobieren" oder „Abschätzen nach dem ersten Besuch".

[1166] Quelle: Eigene Darstellung.

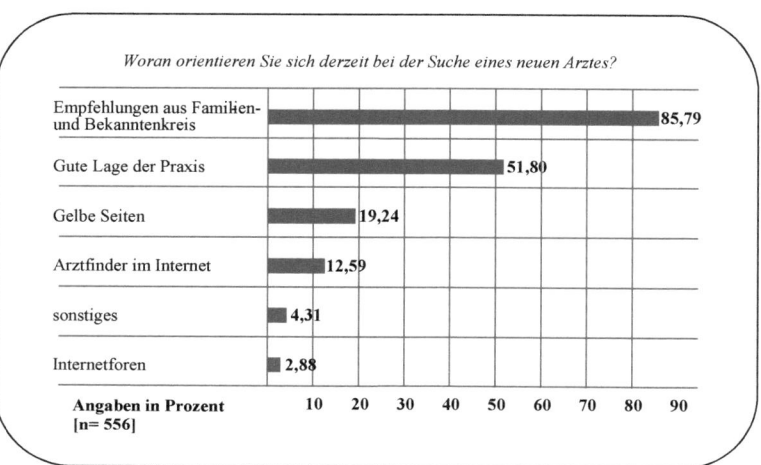

Abbildung 32:   Orientierungshilfen bei der Suche eines neuen Arztes[1167]

Die nächste Frage bezieht sich auf den *Bekanntheitsgrad vorhandenerer Informationsquellen.*

Von den insgesamt 556 Personen nutzt fast die Hälfte keine der in Tabelle 68 aufgeführten Informationsquelle. Reportagen aus dem TV kennen immerhin noch 32 % der Befragten. Allerdings muss diesbezüglich angemerkt werden, dass zu dieser Informationsquelle kein kontinuierlicher Zugang besteht; keine der identifizierten Reportagen informiert kontinuierlich über die Qualität von Ärzten. Den höchsten Bekanntheitsgrad der zugänglichen Informationsquellen besitzen die FOCUS-Ärztelisten, die immerhin 17 % der Befragten bekannt sind, Internetforen immerhin rund 12 %. Ebenfalls 11 % kennen den Testbericht „Sportmedizinische Untersuchungen" aus Stiftung-Warentest. Bewertungsportale im Internet (Arztspiegel, Helpster, Arzt-Preisvergleich, Checkthedoc) sind dem Ergebnis nach noch weitestgehend unbekannt. Ähnlich sieht es bei der Unabhängigen Patientenberatung aus, die nur 2,88 % ein Begriff waren. Die Arztsuchmaschine der Stiftung Gesundheit kennen immerhin 6 %.

[1167] Quelle: Eigene Darstellung.

Informationsquellen	Bekanntheitsgrad (N=556)
Kenne keine der genannten Informationsquellen	48,53 %
Reportagen im TV (Stern TV, Akte...)	31,47 %
FOCUS-Ärztelisten	17,09 %
Internetforen (z. B. Medforum)	11,69 %
Stiftung Warentest „Sportmedizinische Untersuchungen"	10,97 %
Ökotest „Test von Zahnärzten"	8,45 %
Patientenverbände	6,65 %
www.arztauskunft.de	6,12 %
Stiftung Warentest „Urologen im Test"	5,94 %
Qualitätszertifikate (DIN EN ISO, KTQ, QEP etc.)	4,32 %
www.arztspiegel.de	3,06 %
Unabhängige Patientenberatung	2,88 %
www.helpster.de	1,98 %
www.arzt-preisvergleich.de	1,62 %
www.checkthedoc.de	0,72 %

Tabelle 68: Bekanntheitsgrade verschiedener Informationsquellen[1168]

Beschäftigte sich die vorherige Frage mit dem Bekanntheitsgrad der vorhandenen Informationsquellen, so geht es nun darum, wie *häufig diese schon genutzt worden sind.* Da ein großer Teil der Informationsquellen keinem der Befragten bekannt gewesen ist, können sie diese folglich auch nicht benutzt haben. Von den genannten Informationsquellen werden gemäß Tabelle 69 von jedem fünften Befragten die FOCUS-Ärztelisten zumindest selten genutzt (20,05 %); ein Ergebnis, das bei Betrachtung der vorherigen Resultate nicht überrascht. Reportagen im TV stehen analog zu deren Bekanntheitsgrad an erster Stelle.

[1168] Quelle: Emmert, M., Schöffski, O., Müller, M. (2007).

Informationsquellen	häufig	manchmal	selten	genutzt	nie	N
Reportagen im TV (Stern TV, Akte…)	5,91 %	19,15 %	19,15 %	44,21 %	55,79 %	423
FOCUS-Ärztelisten	1,18 %	6,84 %	12,03 %	20,05 %	79,95 %	424
Internetforen (z. B. Medforum)	2,21 %	9,07 %	8,09 %	19,37 %	80,64 %	408
Stiftung Warentest „Sportmed. Untersuchungen"	0,96 %	6,47 %	6,24 %	13,67 %	86,33 %	417
Ökotest „Test von Zahnärzten"	0,99 %	4,94 %	7,65 %	13,58 %	86,42 %	405
www.arztauskunft.de	0,25 %	5,90 %	5,16 %	11,31 %	88,70 %	407
Patientenverbände	1,00 %	4,46 %	4,95 %	10,41 %	89,60 %	404
Stiftung Warentest „Urologen im Test"	0,48 %	4,12 %	4,36 %	8,96 %	91,04 %	413
Qualitätszertifikate (DIN EN ISO, KTQ, QEP etc.)	0,74 %	2,70 %	3,43 %	6,87 %	93,14 %	408
www.arztspiegel.de	0,50 %	2,97 %	3,22 %	6,69 %	93,32 %	404
www.arzt-preisvergleich.de	0,00 %	2,23 %	3,47 %	5,70 %	94,30 %	403
Unabhängige Patientenberatung	0,49 %	2,71 %	2,46 %	5,66 %	94,33 %	406
www.helpster.de	0,25 %	1,74 %	3,23 %	5,22 %	94,79 %	403
www.checkthedoc.de	0,25 %	1,24 %	3,23 %	4,72 %	95,29 %	403

Tabelle 69:   Nutzungshäufigkeit vorhandener Informationsquellen[1169]

Nachdem der einleitende Fragenteil abgeschlossen ist, betreffen die folgenden Fragestellungen des **Hauptteils** die Informationsquellen bzw. Bewertungsportale im Einzelnen. Als erstes Bewertungsportal wurde die Plattform *Helpster* vorgestellt. Zusammen mit einer Grafik wurden in einer kurzen Zusammenfassung die Funktionsweise und die Bewertungskriterien erläutert, wie in Tabelle 70 dargelegt ist.

[1169] Quelle: Eigene Darstellung.

Bewertungskriterien von Helpster	Bewertungskriterien von Arztspiegel
➤ Fachliche Bewertung ➤ Persönliche Bewertung ➤ Gesamtbewertung ➤ Persönlicher Kommentar	➤ Behandlung ➤ Beratung ➤ Wartezeit ➤ Personal ➤ Service ➤ Ambiente ➤ Persönlicher Kommentar
Bewertung anhand einer Einschätzung von 1-5 und eines möglichen persönlichen Kommentars	Bewertung anhand des Schulnotensystems von 1-6 (Behandlung bis Ambiente) und eines möglichen persönlichen Kommentars

Tabelle 70:   Bewertungskriterien der beiden Portale Helpster und Arztspiegel[1170]

Gemäß den Ergebnissen scheint die persönliche Bewertung, die sich auf die Betreuung in der Praxis (Gründlichkeit, Freundlichkeit, Wartezeit etc.) bezieht, den Befragten am hilfreichsten zu sein. Immerhin 56 % der Befragten stufen dieses Kriterium als gut bzw. sehr gut ein (siehe Tabelle 71). Der persönliche Kommentar spielt bei den Befragten ebenfalls eine wichtige Rolle; über 47 % stufen ihn als gut bzw. sehr gut ein. Weniger interessant scheint dagegen die subjektive Beurteilung des Erfolgs der Behandlung zu sein, der sich in der fachlichen Bewertung widerspiegelt. 28 % beurteilen dieses Bewertungskriterium mit gut bzw. sehr gut und knapp 22 % mit weniger gut bzw. schlecht. Die Ergebnisse zeigen, dass die Befragten Informationen wie Wartezeiten oder Freundlichkeit des Personals einen höheren Informationsgehalt zuschreiben als subjektiven Einschätzungen des Behandlungserfolgs; ein Ergebnis, dass doch überrascht.

[1170] Quelle: Eigene Darstellung.

Informationsquelle Helpster	Fachliche Bewertung (N=545)	Persönliche Bewertung (N=545)	Gesamt-bewer-tung (N=543)	Persön-licher Kom-mentar (N=538)
Sehr gut	4,40 %	11,56 %	2,76 %	12,27 %
Gut	24,40 %	44,40 %	38,31 %	35,13 %
Befriedigend	28,44 %	19,08 %	31,31 %	22,12 %
Weniger gut	16,51 %	4,04 %	7,00 %	7,81 %
Schlecht	4,95 %	1,28 %	0,92 %	1,67 %
Keine Angabe/Weiß nicht	21,28 %	19,63 %	19,70 %	21,00 %

Tabelle 71: „Wie schätzen Sie den Informationsgehalt der abgefragten Teilaspekte ein?"[1171]

Beim *Unabhängigen Arztspiegel* werden die Aspekte Wartezeit, Beratung, Personal nicht wie bei Helpster unter der Persönlichen Bewertung zusammengefasst, sondern können unabhängig voneinander benotet werden. Die Kriterien Ambiente und Behandlung, welche wiederum sehr stark von subjektiven Eindrücken und zum Teil auch vom eigenen Verhalten der Patienten abhängen, sind den Befragten weniger wichtig als die Kriterien Wartezeit, Beratung, Personal, Service. Der persönliche Kommentar ist analog zu Helpster ein wichtiges ergänzendes Element, welchen 45 % als gut bzw. sehr gut einstuften. Das Kriterium *Behandlung* (42,1 % beurteilten es als gut oder besser) steht hingegen an vorletzter Stelle vor dem *Ambiente* (41,5 % beurteilten es als gut oder besser). *Persönliche Kommentare* dienen sowohl bei Helpster als auch beim Arztspiegel dazu, abgegebene Bewertungen in kurzen Worten zu begründen. Diese Möglichkeit wird von 47,4 % (Helpster) bzw. 44,9 % (Arztspiegel) als gut bzw. sehr gut beurteilt.

Die Ergebnisse der Frage, *ob die Befragten die Portale Helpster oder Arztspiegel nutzen und ihre Entscheidung davon abhängig machen würden*, zeigen die große Unentschlossenheit der Befragten. Sowohl bei Helpster als auch beim Arztspiegel antworten über 60 % der Befragten mit der Antwortmöglichkeit „Vielleicht" (siehe Abbildung 33). Trotzdem scheint es eine stärkere Befürwortung als Ablehnung zu geben, da mehr Befragte positiv als negativ antworten; die Nutzungsbereit-

[1171] Quelle: Eigene Darstellung.

schaft ist dabei für den Arztspiegel etwas höher als für Helpster. Dies könnte damit zusammenhängen, dass das Bewertungssystem des Arztspiegels als hilfreicher
empfunden wird als das von Helpster. Jeweils rund 19 % würden die beiden Portale für die Auswahl eines Arztes nutzen. Nur 12 % lehnen eine Nutzung von
vornherein ab. Die relativ große Unentschlossenheit war abzusehen, da diese Portale noch relativ unbekannt sind und noch einen sehr kleinen Nutzerkreis aufweisen.

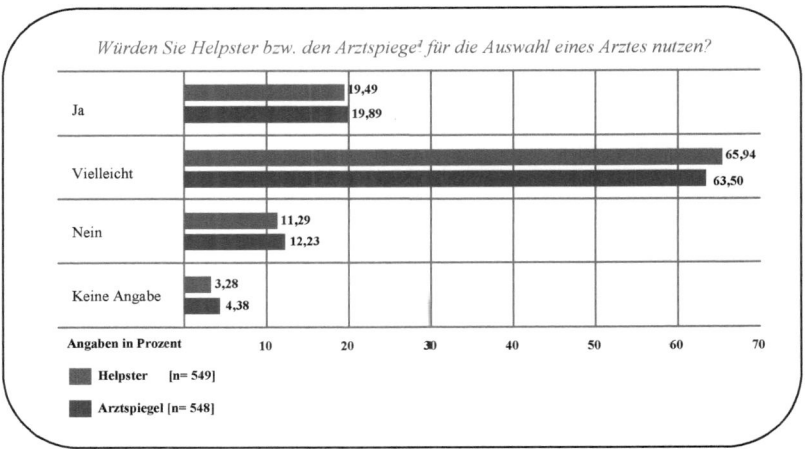

Abbildung 33:   „Würden Sie das Informationsmedium Arztspiegel/Helpster nutzen, um sich über die Behandlungsqualität eines Arztes zu informieren und davon Ihre Entscheidung abhängig zu machen?"[1172]

Ein weiterer Grund könnte das Verfahren sein, das es jeder Person, und somit
auch Ärzten, ermöglicht, Bewertungen zu schreiben. Im Rahmen der Registrierung muss lediglich ein Haken gesetzt werden, um zu bestätigen, selbst kein Arzt
zu sein. Diese Vorgehensweise wird lediglich von 10,5 % der befragten Personen
nicht in Frage gestellt, während über 65 % dieses Verfahren nicht für vertrauenswürdig halten. Diese Schwachstelle kann wohl erst mit dem Erreichen einer be-

---

[1172]   Quelle: Eigene Darstellung.

stimmten Menge von Nutzern und Bewertungen sowie deren Regulation beseitigt werden.

Die *Bereitschaft zu der Veröffentlichung eigener Erfahrungen mit Ärzten* für andere Patienten ist bei den Befragten relativ groß. Über 46 % bejahen diese Frage und knapp 35 % antworten mit „Vielleicht". Diese Werte lassen doch vermuten, dass ein großes Potential bzw. Wachstumschancen von Bewertungsportalen für Ärzte in der deutschen Bevölkerung vorhanden ist.

Bei den in den *FOCUS-Ärztelisten* verwendeten Bewertungskriterien schätzen die Befragten den Informationsgehalt der Spezialisierungen am höchsten ein (über 61 % antworteten mit gut bzw. sehr gut). Ebenfalls hilfreich sind gemäß den Ergebnissen Empfehlungen sowohl von Patienten (58 %) als auch von anderen Ärzten (53 %). Publikationen scheinen der deutschen Bevölkerung dagegen ein weniger nützliches Kriterium zu sein. Nur 28 % stufen dies als gut oder sehr gut ein. Wie aus Abbildung 34 hervorgeht, besteht dagegen bei 44 % der Befragten mehr Interesse an Angaben zu Qualitätsmanagement.

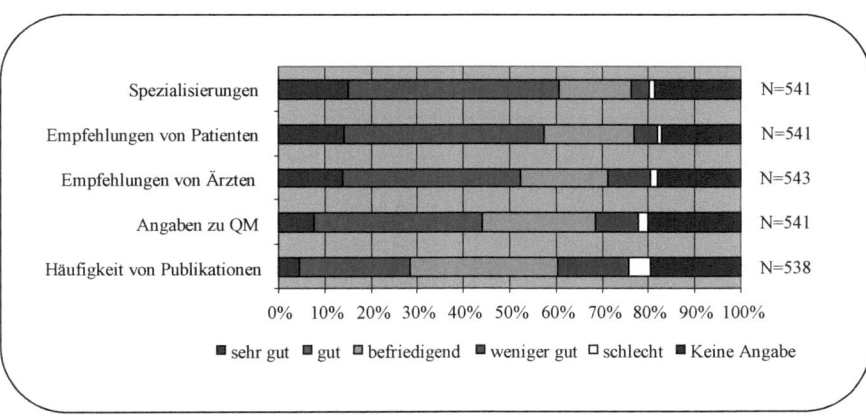

Abbildung 34:   „Wie schätzen Sie den Informationsgehalt der abgefragten Teilaspekte ein?"[1173]

[1173]   Quelle: Eigene Darstellung.

Die Ergebnisse der Frage, *ob die Teilnehmer der Befragung die FOCUS-Ärztelisten als Informationsmedium nutzen würden, um sich über die Behandlungsqualität eines Arztes zu informieren und danach einen Arzt auszuwählen,* zeigen eine Nutzungsbereitschaft in Höhe von 27 % bei 545 Befragten. Damit fällt sie höher aus als noch zuvor bei den Internet-Bewer-tungsportalen. Hingegen würden sich 17 % der Befragten nicht für eine Arztauswahl an den FOCUS-Ärztelisten orientieren und 52 % sind unentschlossen. Das *Bewertungsverfahren,* welches auf mehreren Kriterien basiert und sowohl Empfehlungen von Patienten als auch von Ärzten umfasst, finden 57 % der befragten Personen vertrauenswürdiger als die in den Bewertungsportalen eingesetzten Verfahren.

Die folgenden Ausführungen befassen sich mit dem Thema *Qualitätsmanagement-Zertifikate* (QM-Zertifikate) und deren Einfluss auf die Arztwahl. Einführend wurden die Befragten zu ihrem Kenntnisstand über vier gängige bzw. bekannte folgende QM-Zertifikate gefragt:

- KTQ
- QEP
- DIN EN ISO
- EFQM

Während bei der anfangs gestellten Frage hinsichtlich der Bekanntheitsgrade von Qualitätsinformationsquellen nur 24 Personen angegeben haben, Qualitätszertifikate für Arztpraxen zu kennen, waren es an dieser Stelle 115 Personen, die DIN EN ISO Zertifikate und 42 Personen, die EFQM Zertifikate kennen. Dies könnte zum einen daran liegen, dass bei der nun gestellten Frage auch die entsprechenden Logos der Zertifikate gezeigt wurde. Aber auch der Wortlaut der Frage ist nun anders (*„Kennen Sie die folgenden Qualitätszertifikate?"*). Hierbei kann allerdings nicht ausgeschlossen werden, dass die Befragten die Bezeichnung DIN EN ISO mit der aus der Industrie bekannten Bezeichnung, und nicht unbedingt mit der Zertifizierung einer Arztpraxis verbunden haben. Die speziellen Zertifikate für die Gesundheitsversorgung sind dagegen relativ unbekannt. Nur 25 Befragte kennen das KTQ- und nur 9 Befragte das QEP-Zertifikat und fast 75 % aller Befragten keines der genannten QM-Zertifikate.

Gemäß den Antworten nehmen Qualitätszertifikate im Allgemeinen eher eine untergeordnete Rolle bei der Auswahl eines Arztes ein (siehe Abbildung 35). Knapp 34 % der Befragten schenken Qualitätszertifikaten nicht ausreichend Vertrauen und verneinen die Antwort auf die Frage, *ob sie Qualitätszertifikate als Informationsmedium nutzen würden, um sich über die Behandlungsqualität eines Arztes zu informieren und danach einen Arzt auszuwählen.* Lediglich 17 % hingegen bejahen diese Frage und würden Zertifikate als entscheidungsunterstützende Informationen für eine Auswahl heranziehen. 43 % der Befragten sind unentschlossen.

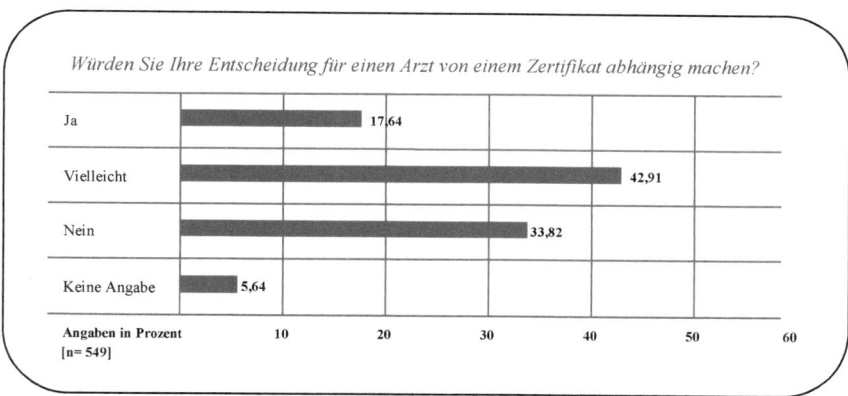

Abbildung 35:   Steuerungswirkung von QM-Zertifikaten[1174]

Nachdem nun bereits einige Informationsquellen und Bewertungskriterien vorgestellt wurden, geben die folgenden Ausführungen einen *Überblick über die unterschiedlichen Aspekte, anhand derer sich Patienten derzeit in Deutschland über die Behandlungsqualität von Ärzten informieren können.* Die Teilnehmer der Befragung sollten hierzu unterschiedliche Aspekte hinsichtlich ihrer Eignungsfähigkeit als Qualitätsinformation bewerten. Darunter waren sowohl Arztbewertungen unterschiedlicher Personen bzw. Institutionen als auch unterschiedliche objektive

---

[1174]   Quelle: Eigene Darstellung.

und subjektive Kriterien, die für Bewertungen herangezogen werden können. Gemäß des Ergebnisses, in Tabelle 72 dargestellt, wird es als eine besonders wichtige Eigenschaft eines guten Arztes bzw. einer guten Arztpraxis angesehen, eigene Behandlungsgrenzen zu erkennen und den Patienten rechtzeitig an einen Spezialisten zu überweisen. Über 68 % halten diesen Aspekt für sehr geeignet und 23 % für geeignet bei der Information über die Qualität eines Arztes. Nicht weniger wichtig sind eine ausführliche Beratung und Aufklärung über Behandlungen, Krankheiten oder Medikamente und das aufmerksame Zuhören des Arztes. Die Freundlichkeit und Ausbildung des Praxispersonals ist für die Einstufung eines guten Arztes offensichtlich wichtiger als kurze Wartezeiten oder eine schnelle Terminvergabe. Objektive Informationen über Ärzte wie beispielsweise Fortbildungsmaßnahmen oder Ausstattungsmerkmale der Praxis werden insgesamt als weniger geeignet eingestuft als bereits genannte subjektive Informationen. 62,8 % der Befragten halten Qualitätszertifikate für geeignet bzw. für sehr geeignet für eine Qualitätsdarstellung von Ärzten. Des Weiteren erstaunt doch, dass der Aspekt „Anzahl durchgeführter Behandlungen" eine sehr schlechte Einschätzung erhält; lediglich 5 % halten diesen Aspekt für sehr geeignet. Eventuell wäre das Ergebnis hier anders ausgefallen, wenn die Frage speziell für Fachärzte, beispielsweise für chirurgische Eingriffe wie Hüftoperationen formuliert gewesen wäre.

Informationen	sehr geeignet	geeignet	geeignet oder sehr geeignet	weniger geeignet	nicht geeignet	keine Angabe	N
Beratung, Aufklärung des Arztes	66,79 %	26,20 %	92,99 %	2,77 %	0,74 %	3,51 %	542
Der Arzt hört aufmerksam zu und geht auf mich ein	60,59 %	31,97 %	92,56 %	2,60 %	1,12 %	4,32 %	538
Arzt kennt seine Grenzen und überweist bei Bedarf an Spezialisten	68,76 %	23,29 %	92,05 %	3,14 %	0,92 %	3,88 %	541
Bewertungen von unabhängigen Einrichtungen	37,32 %	46,51 %	83,83 %	7,90 %	2,39 %	5,88 %	544
Freundliches, gut ausgebildetes Personal	27,14 %	52,79 %	79,93 %	12,83 %	3,35 %	3,90 %	538
Fortbildungsmaßnahmen	18,05 %	58,56 %	76,61 %	15,10 %	3,13 %	5,16 %	543
Moderne technische Ausstattung	16,54 %	53,49 %	70,03 %	20,40 %	3,68 %	5,88 %	544
Bewertungen von Patienten	19,96 %	49,45 %	69,41 %	23,63 %	2,38 %	4,58 %	546
Qualitätszertifikate	12,52 %	50,28 %	62,80 %	22,65 %	5,16 %	9,39 %	543
Bewertungen von Ärzten	12,87 %	45,96 %	58,83 %	29,60 %	6,80 %	4,78 %	544
Komplikationsraten	13,26 %	45,30 %	58,56 %	26,52 %	5,52 %	9,39 %	543
Bewertungen von Krankenkassen	8,86 %	40,77 %	49,63 %	33,03 %	11,99 %	5,35 %	542
Schnelle Terminvergabe	13,81 %	33,15 %	46,96 %	37,02 %	10,68 %	5,34 %	543
Kurze Wartezeiten	14,47 %	32,10 %	46,57 %	37,48 %	10,76 %	5,19 %	539
Wissenschaftliche Beiträge	5,71 %	30,39 %	36,10 %	43,46 %	12,34 %	8,10 %	543
Anzahl durchgeführter Behandlungen	4,96 %	26,47 %	31,43 %	43,57 %	18,93 %	6,07 %	544

Tabelle 72: „Sind Ihrer Meinung nach folgende Aspekte geeignet, um sich über die Behandlungsqualität eines Arztes zu informieren?"[1175]

Bei der Frage nach der *Eignung unterschiedlicher Gruppierungen, um eine Qualitätsbewertung durchzuführen*, ergab sich im Rahmen der hier durchgeführten Untersuchung das in Tabelle 73 dargestellte Ergebnis. Demnach halten rund ein Viertel der Befragten Verbraucherschutzorganisationen als eine sehr geeignete Gruppierung. Aber auch Patientenverbände bzw. -beratungsstellen bekommen hohen Zuspruch. Wissenschaftliche Einrichtungen finden knapp 64 % geeignet.

[1175] Quelle: Eigene Darstellung.

Als am wenigsten geeignete Gruppierungen werden Bewertungen anderer Ärzte (8,29 %) Krankenkassen (9,09 %) und auch Publikumsmedien (9,98 %) angesehen, was nicht sonderlich überrascht.

Institutionen	sehr geeig-net	geeig-net	geeignet oder sehr geeignet	weniger geeignet	nicht geeig-net	keine An-gabe	N
Patientenberatungsstellen	20,30 %	59,41 %	79,71 %	10,70 %	2,58 %	7,01 %	542
Verbraucherschutzorganisationen	25,65 %	53,51 %	79,16 %	11,81 %	2,40 %	6,64 %	542
Patientenverbände	22,39 %	53,21 %	75,60 %	15,96 %	1,83 %	6,61 %	545
Wissenschaftliche Einrichtungen	17,28 %	46,69 %	63,97 %	25,37 %	3,86 %	6,80 %	544
Staatliche Einrichtungen	15,75 %	43,22 %	58,97 %	27,84 %	6,78 %	6,41 %	546
Ärztekammern	16,02 %	42,73 %	58,75 %	26,70 %	8,29 %	6,26 %	543
Krankenkassen	7,79 %	41,37 %	49,16 %	36,55 %	9,09 %	5,19 %	539
Publikumsmedien	4,25 %	37,71 %	41,96 %	41,04 %	9,98 %	7,02 %	541

Tabelle 73:   „Wie geeignet sind Ihrer Meinung nach folgende Gruppierungen, um eine Qualitätsbewertung von Ärzten durchzuführen?"[1176]

Nachdem bisher nationale Qualitätsinformationsquellen im Zentrum der Betrachtung standen, wird nun ein Blick auf **international vorhandene Qualitätsinitiativen** und deren Public Reporting Instrumente geworfen. Auch zu diesen wurden den Teilnehmern einige Fragen gestellt. Als erste internationale Informationsquelle wurden die Qualitätsberichte der Qualitätsinitiative *Bridges to Excellence* vorgestellt (siehe Kapitel 3.3.3). Bei dieser können arztspezifisch Qualitätsberichte erworben bzw. eingesehen werden, die Ausführungen zu den Aspekten Spezialgebiet, beruflicher Hintergrund, ärztliche Zulassung, Disziplinarverfahren, Vergleich zu durchschnittlichen nationalen Daten, Patientenbefragungen, Besonderheiten des Arztes und auch Qualitätsbewertungen von Bezirkskrankenhäusern

---

[1176] Quelle: Eigene Darstellung.

enthalten. Dafür muss der Interessent derzeit allerdings 17,95 US-$ pro Bericht bezahlen (siehe Kapitel 3.3.3).

Bei der ersten Frage wurden die Teilnehmer zu dem *Informationsgehalt der dort abgefragten Teilaspekte befragt*. Dabei wurde der Aspekt „Spezialgebiet" des Arztes bezüglich seines Informationsgehalts am höchsten eingestuft (siehe Abbildung 36). Ein interessantes Ergebnis, da diese Informationen in Deutschland bereits seit längerer Zeit kostenlos verfügbar sind (so beispielsweise unter www.arztauskunft.de). Informationen zur ärztlichen Zulassung schätzen knapp 60 % der Befragten als gut bzw. sehr gut ein.

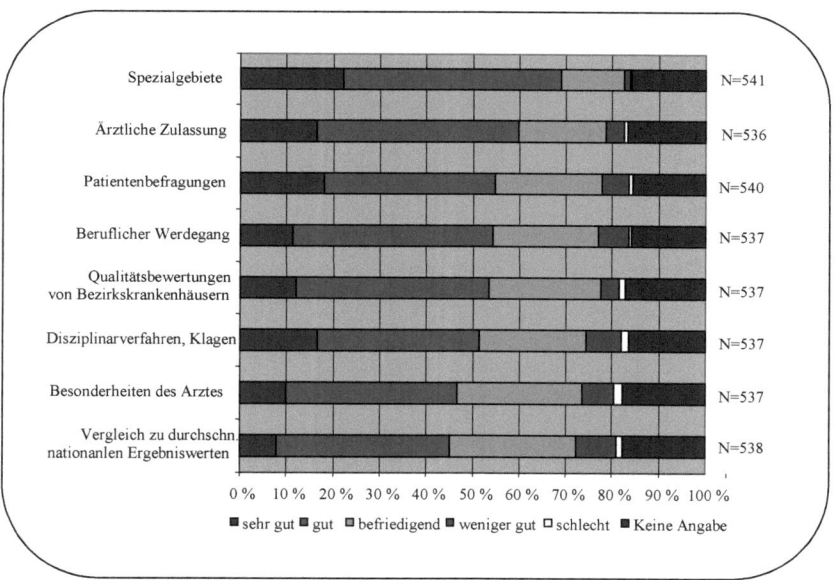

Abbildung 36: „Wie schätzen Sie den Informationsgehalt der abgefragten Teilaspekte ab?"[1177]

Eine kontinuierliche bundesweite Patientenbefragung für den ambulanten Sektor in Deutschland existiert bislang nur über eine Initiative der Stiftung Gesundheit (www.arzt-auskunft.de). Im Rahmen eines so genannten Patienten-

---

[1177] Quelle: Eigene Darstellung.

Zufriedenheits-Index können Patienten mithilfe eines Fragebogens mitteilen, wie zufrieden sie mit der Praxis ihres Arztes sind. Nach Angaben der Stiftung Gesundheit sollen diese Daten ein kontinuierliches Qualitätsmanagement von Arzt-Praxen und Kliniken unterstützen.[1178] Eine Veröffentlichung der Befragungsergebnisse findet aber bisher nicht statt. Da knapp 55 % der Befragten diese Informationen im Rahmen von HealthGrades als sehr gut bzw. gut und 23 % als befriedigend einstufen, kann einem Zugang zu solchen Auswertungen aus Patientensicht zugestimmt werden. Aber auch Informationen zu Disziplinarverfahren und Klagen werden als wichtige Informationen angenommen. Bei Betrachtung der Ergebnisse kann insgesamt festgestellt werden, dass alle Kriterien eher als positiv eingestuft werden. Unter allen Kriterien wird der Vergleich zu durchschnittlichen Ergebniswerten als am wenigsten informativ eingeschätzt.

Die Bereitschaft zur Nutzung solcher Qualitätsberichte ist verglichen mit deutschen Bewertungsportalen oder Ärztelisten eher gering. Von den befragten Teilnehmern würden über 32 % diese Qualitätsberichte nicht nutzen und ihre Entscheidung für einen Arzt davon abhängig machen. Nur etwa 11 % sind wirklich überzeugt und würden von diesem Informationsmedium Gebrauch machen. 51 % antworten mit „Vielleicht" und schließen eine Nutzung nicht generell aus. Dieses Ergebnis überrascht in gewisser Hinsicht schon, da die Qualitätsbewertung doch bereits recht ausführlich erfolgt und sich der Patient ein näheres Bild von dem einen oder anderen Arzt machen kann.

Weiterhin wurden die Teilnehmer um Angaben bezüglich ihrer *Zahlungsbereitschaft für derartige ausführliche Qualitätsberichte* gebeten. Von 546 Befragten sind lediglich 67 Personen (12,3 %) dazu bereit, für diese einen geringen Betrag zu bezahlen. Dabei wurde am häufigsten ein Betrag von 5 Euro genannt (27 Personen); der arithmetische Mittelwert aller Angaben liegt bei 6,83 Euro. Die Mehrheit (65 % der Befragten) ist sich jedoch einig und nicht bereit, für derartige Qualitätsinformationen zu bezahlen. Etwa 17 % zeigen sich unentschlossen (siehe Abbildung 37). Eine Einführung kostenpflichtiger Qualitätsberichte, die als

---

[1178] Vgl. Stiftung Gesundheit (o. J. b).

Download für einzelne Ärzte bezogen werden können, hätte in Deutschland diesem Ergebnis nach nur geringe Akzeptanz-Chancen.

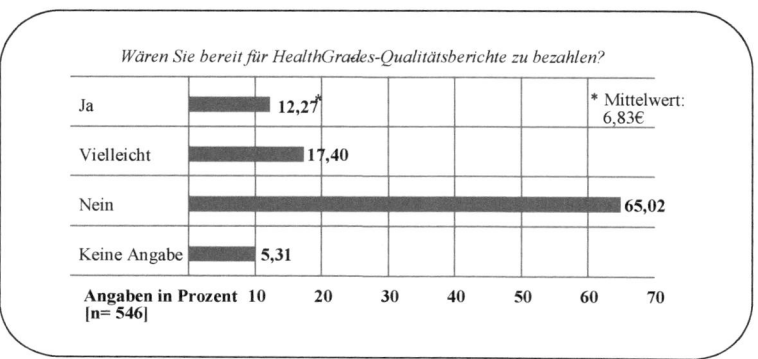

Abbildung 37: „Wären Sie bereit, für einen solchen Qualitätsbericht einen geringen Betrag zu bezahlen? Wenn Ja, wie viel?"[1179]

Als zweite internationale Informationsquelle wurde die aus dem Referenzprojekt stammende Report Card aufgeführt (siehe Kapitel 3.3). Auch hier wurden den Teilnehmern die Kriterien, anhand derer Patienten die Behandlungsqualität der Leistungserbringer in umfangreichen Umfragen bewerten, aufgezählt und zusätzlich grafisch veranschaulicht. Das wichtigste Kriterium der Report Card ist laut Tabelle 74 die aufeinander abgestimmte Behandlung des Patienten mit anderen Ärzten (über 72 % stimmen mit gut bzw. sehr gut). Nach Meinung der Befragten weisen alle Kriterien der Report Card einen relativ hohen Informationsgehalt auf. Jedes wird von über 64 % der Befragten als sehr gut bzw. gut eingestuft.

[1179] Quelle: Eigene Darstellung.

Report Card-Kriterien	Sehr gut	Gut	Gut oder sehr gut	Befriedi- gend	Weniger gut	Schlecht	Keine Angabe
Aufeinander abgestimmte Behandlung (N=537)	28,20 %	43,97 %	72,17 %	12,62 %	1,48 %	1,11 %	12,62 %
Zeitgerechte Versorgung und Leistung (N=534)	20,04 %	48,31 %	68,35 %	14,42 %	2,43 %	0,94 %	13,86 %
Kommunikation mit Patienten (N=537)	20,86 %	45,25 %	66,11 %	16,76 %	2,98 %	0,93 %	13,22 %
Hilfsbereites und freundliches Praxispersonal (N=536)	15,11 %	49,07 %	54,18 %	19,40 %	2,05 %	1,12 %	13,25 %

Tabelle 74:   Beurteilung der Bewertungskriterien aus der Report Card[1180]

Verglichen mit den unter www.healthgrades.com erhältlichen Qualitätsberichten wird eine theoretische Nutzung der Report Card für die Auswahl eines Arztes von vornherein von weniger Personen abgelehnt. Verneinen bei Qualitätsberichten ca. 32 % der befragten Personen diese Frage, so sind es bei der Report Card nur 22 % (siehe Abbildung 38). Die Gruppe, die diese Informationsquelle in die Entscheidung für einen Arzt mit einfließen lassen würde, ist in etwa gleich groß wie bei der ersten internationalen Informationsquelle. Dagegen ist ein größerer Teil der Befragten (62,13 %) bei der Nutzung der Report Card unentschlossen.

[1180] Quelle: Eigene Darstellung.

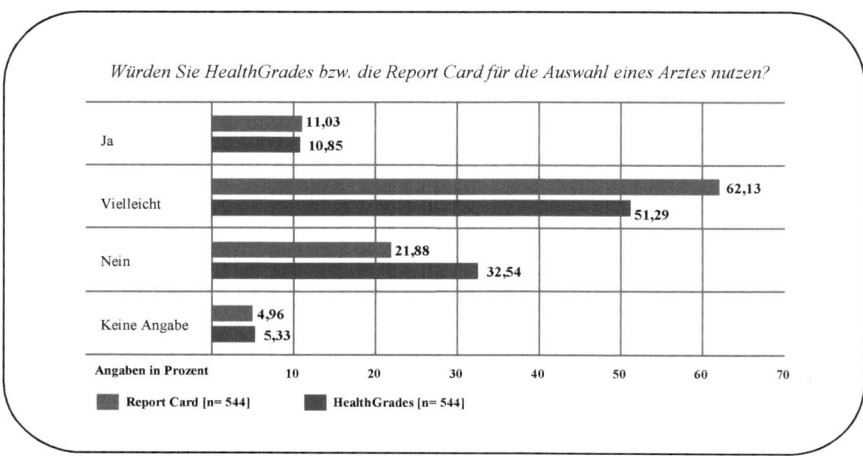

Abbildung 38: „Würden Sie das Informationsmedium Report Card nutzen, um
sich über die Behandlungsqualität eines Arztes zu informieren
und danach einen Arzt auswählen?"[1181]

Abschließend wurde im Rahmen der Befragung die Einstellung der Teilnehmer zu
dem Thema *erfolgsabhängige Vergütung von Ärzten* ermittelt, was in Kapitel 3.4
dieser Untersuchung näher erläutert worden und Bestandteil vieler Qualitätsverbesserungsinitiativen ist. Eine vom Behandlungserfolg abhängige Vergütung von
Ärzten befürworten demnach 45 % der Teilnehmer und damit die Mehrheit der
542 Befragten, die sich zu dieser Fragestellung äußerten (siehe Abbildung 39).
Fast jeder Vierte hingegen würde ein solches Verfahren jedoch ablehnen und ungefähr 20 % der Befragten sind unentschlossen.

[1181] Quelle: Eigene Darstellung.

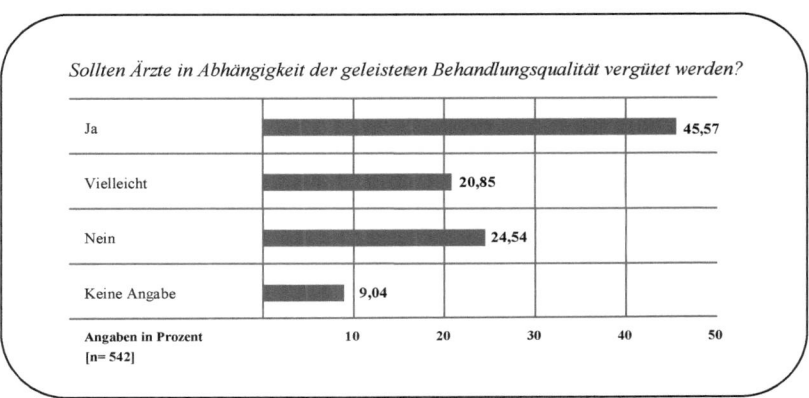

Abbildung 39:   „Sind Sie der Meinung, dass auch Ärzte in Abhängigkeit der geleisteten Behandlungsqualität vergütet werden sollten?"[1182]

6.3   Zusammenfassung

Die vorangegangenen Ausführungen zeigen auf, wie der derzeitige Wissensstand der Bevölkerung bezüglich der Möglichkeiten ist, sich in Deutschland über die Behandlungsqualität von Leistungserbringern zu informieren. Dabei haben sich beispielsweise folgende Ergebnisse herausgestellt:

- Eindeutig erkennbar ist, dass die derzeitige Informationslage zur Behandlungsqualität in der ambulanten Versorgung Deutschlands aus Sicht der Befragten nicht zufriedenstellend ist (fast 70 % der Befragten haben angegeben, die derzeitigen Möglichkeiten als weniger gut oder schlecht einzuschätzen, siehe Kapitel 6.2.4). Daraus lässt sich ein Bedarf an zusätzlichen Informationen erkennen.

- Bei der Suche nach einem neuen Arzt orientiert sich die Mehrheit der Befragten an Empfehlungen aus dem Familien- oder Bekanntenkreis.

- Die im Rahmen dieser Arbeit vorgestellten Informationsquellen (siehe Kapitel 5.2) sind fast der Hälfte der Befragten vollkommen unbekannt gewesen.

[1182]   Quelle: Eigene Darstellung.

- Bei der Frage nach der Nutzungsbereitschaft einiger Informationsquellen ist die große Mehrheit noch unentschlossen (bei der FOCUS-Ärzteliste 53 %, Helpster bzw. Arztspiegel je rund 65 % und bei QM-Zertifikaten rund 43 %).

- Die Zahlungsbereitschaft für Qualitätsberichte ist sehr gering, rund 65 % würden dafür nicht bezahlen.

- Bei der Frage, ob Ärzte auch in Abhängigkeit von der geleisteten Behandlungsqualität vergütet werden sollten, spricht sich der überwiegende Teil dafür aus.

Betrachtet man die Qualitätsdimensionen nach Donabedian (siehe Kapitel 2.1.2), so scheinen hinsichtlich der Strukturqualität Informationen wie Spezialgebiete eines Arztes oder auch technische Ausstattungsmerkmale einer Praxis geeignet zu sein, um einen Hinweis auf die geleistete Behandlungsqualität zu erhalten. Zertifizierungen von QM-Systemen sollen eine gewisse Prozessqualität bestätigen, sind jedoch noch relativ unbekannt. Zudem zweifelt jeder Dritte an der Aussagekraft von Zertifikaten, um hiervon seine Entscheidung für einen Arzt abhängig zu machen. Eine Optimierung der Organisation von Arztpraxen durch Qualitätsmanagementsysteme, welche sich beispielsweise in kürzeren Wartezeiten und einer schnellen Terminvergabe bemerkbar macht, reicht den Befragten für eine qualitative Einschätzung eines Arztes nicht aus.

Wichtiger hingegen sind den Befragten Informationen zum Service und zur Freundlichkeit bzw. Kompetenz des Personals. Die Kompetenz eines Arztes, die sich neben korrekten Diagnosen auch durch die Kenntnis seiner Grenzen und die Kommunikation mit dem Patienten bemerkbar macht, ist gemäß den Umfrageergebnissen eine besonders geeignete Information zur Behandlungsqualität. Für die Erhebung derartiger Informationen ist es jedoch notwendig, den Fokus stärker auf den Patienten und dessen Zufriedenheit mit dem Arzt zu richten. Hierzu könnte man sich beispielsweise an der vorgestellten Report Card (siehe Kapitel 3.3) orientieren, bundesweite Patientenbefragungen durchführen und die Ergebnisse anschließend veröffentlichen. Geeignet für die Durchführung derartiger Maßnahmen wären nach Meinung der Befragten vor allem Patientenberatungsstellen sowie unabhängige Verbraucherschutzorganisationen.

Patienten haben zwar derzeit die Möglichkeit, auf der Internet-Plattform der Stiftung Gesundheit (siehe Kapitel 5.2.2.5) ihre Zufriedenheit mit einem Arzt zu äußern (mittels des so genannten Patienten-Zufriedenheits-Index). Diese wird jedoch lediglich dem Arzt direkt mitgeteilt; eine Veröffentlichung dieser Daten für andere Patienten hingegen findet nicht statt.[1183] Vor diesem Hintergrund könnten Bewertungsportale zukünftig ihr Potential entfalten. Auch wenn Portale wie Helpster oder der Arztspiegel derzeit noch einen geringen Bekanntheitsgrad aufweisen, konnte jeder Fünfte einer Nutzung dieser Informationsquellen für eine Arztauswahl zustimmen. Fast die Hälfte der befragten Personen zeigte Bereitschaft, eigene Erfahrungen mit Ärzten für andere Patienten zu veröffentlichen.

[1183]   Vgl. Stiftung Gesundheit (o. J. b).

7. P4P: Ein Instrument für das deutsche Gesundheitswesen?

Da in Deutschland die Forderung nach mehr Transparenz im Gesundheitswesen besteht,[1184] wird in den folgenden Ausführungen näher untersucht, ob P4P bzw. dessen Elemente EV und PR für einen Einsatz im deutschen Gesundheitswesen in Frage kommen. Nachdem in den vorangegangenen Kapiteln dargestellt worden ist, dass weder das PR tief integriert ist noch die Vergütung der im Gesundheitswesen tätigen Leistungserbringer sich an der geleisteten Behandlungsqualität orientiert, werden die wichtigsten Erfahrungswerte aus den USA („lessons learned", siehe Kapitel 7.1) mit P4P aufgeführt sowie eine umfassende kritische Betrachtung des Gesamtkonzepts vorgenommen (siehe Kapitel 7.2). Darauf aufbauend wird in Kapitel 7.3 diskutiert, inwiefern eine Übertragung auf das deutsche Gesundheitssystem möglich erscheint.

7.1 Lessons learned aus P4P

Die folgenden Ausführungen betrachten wichtige, gewonnene Erfahrungen, die im Rahmen der Implementierung des Referenzprojekts gewonnen wurden bzw. für die Implementierung künftiger Programme berücksichtigt werden sollten.[1185] Auch Erkenntnisse anderer, ähnlicher Projekte werden integriert bzw. ergänzt.

Erfahrungspunkt 1: Wichtigkeit eines zuverlässigen und neutralen Moderators

Ein einflussreicher „credible convenor"[1186] wird benötigt, der die wichtigsten Interessenvertretungen zusammenrufen kann, von diesen als neutrale Instanz akzeptiert wird und der nicht die Interessen einer Anspruchsgruppe über die einer anderen stellt. Im Referenzprojekt nimmt diese Rolle des neutralen Moderators die IHA selbst ein (siehe Kapitel 3.1.2).[1187] Dass die unterschiedlichen Interessen-

---

[1184] Vgl. Ärzte Zeitung (2005b).
[1185] Vgl. Damberg, C. L., Raube, K., Williams, T., u. a. (2005), S. 74.
[1186] McDermott, S., Williams, T. (2006), S. 22.
[1187] Vgl. Braun, B., Reiners, H., Rosenwirth, M., u. a. (2006), S. 64.

gruppen in der IHA eine solche Institution sehen, sei einer der Hauptgründe dafür gewesen, dass sie sich auf das Referenzprojekt eingelassen hat.[1188]

Erfahrungspunkt 2: Abstimmung unterschiedlicher Philosophien und Perspektiven

Die Einigung auf eine einheitliche Philosophie stellt einen der schwierigsten zu realisierenden Punkte dar. Dazu zählt beispielsweise die Frage, wie am schnellsten Verbesserungen der Behandlungsqualität erreicht werden könnten. Dabei kann grundsätzlich zwischen dem Erreichen absoluter Qualitätsziele (performance thresholds) und dem Nachweis verbesserter Leistungsqualität durch das Erreichen relativer Qualitätsziele (quality improvement) unterschieden werden.[1189]

Die Einen („Darwinians") sind der Auffassung, dass die Messlatte so hoch wie möglich gelegt werden sollte, um die Performance-Verbesserung aggressiv voranzutreiben. Des Weiteren vertreten sie die Meinung, dass die Messlatten für die Performance-Kennzahlen stufenweise erhöht werden sollten. Dies birgt allerdings die Gefahr, dass Leistungserbringer, die erst zu einem späteren Zeitpunkt das P4P-Konzept übernehmen, schlechter organisiert oder kleiner sind (und daher wahrscheinlich eine schlechtere Performance haben werden) aus dem Markt ausscheiden werden. Die Patienten werden sich dann langfristig den großen, gut organisierten Leistungserbringern mit einem besseren Performance-Ergebnis anschließen. Dies könne jedoch zu einer besseren Versorgungsqualität führen, da Leistungserbringer mit einer schlechten Performance langfristig ausscheiden werden.[1190]

Die Anderen („Social Democrats") sind hingegen der Auffassung, dass gerade zu Beginn des Programms eine möglichst umfassende Teilnahme aller Leistungserbringer, also auch der kleineren Einheiten mit möglicherweise schlechteren Ergebnissen, notwendig ist und dass alle einen Anreiz für eine verbesserte Versorgungsqualität erhalten sollten. Daher sollte nicht nur „absolute performance […]

[1188] Vgl. Damberg, C. L., Raube, K., Williams, T., u. a. (2005), S. 74.
[1189] Vgl. Braun, B., Reiners, H., Rosenwirth, M., u. a. (2006), S. 15; Dudley, R. A., Rosenthal, M. B. (2006), S. 11; Highsmith, N., Rothstein, J. R. (2006), S. 5.
[1190] Vgl. Damberg, C. L., Raube, K., Williams, T., u. a. (2005), S. 74.

be rewarded, but also improvement, regardless of the level of the base score."[1191] Es hat sich inzwischen herausgestellt, dass die Belohnung relativer Verbesserungen auch gerade für Leistungserbringer, die anfänglich in der unteren oder mittleren Performance-Gruppe sind, von Bedeutung ist.[1192] Werden insbesondere Anstrengungen zur Qualitätsverbesserung belohnt, sind die anfangs schwächeren Ärztegruppen die Gewinner der Bonusprämien,[1193] da hier die größten Verbesserungsraten erreicht werden können. Aufgrund starker Unterschiede in der Versorgungsqualität geraten derzeit in den USA immer mehr auch relative Qualitätssteigerungen in das Blickfeld der Betrachtung. In Großbritannien sind diese hingegen ausgeschlossen, da es für den Patienten nur die absolute und nicht die relative Qualität gibt.[1194]

Demnach müsste eine optimale Anreizstruktur so aussehen, dass die Behandlungsqualität schwächerer Leistungserbringer erhöht wird und gleichzeitig die Besten dazu veranlasst werden, ihre bereits hohe Behandlungsqualität weiter zu steigern bzw. sie auf diesem sehr hohen Niveau zu halten.[1195] Auch wenn es sich dabei um grundlegend unterschiedliche Fragen der Gestaltung eines solchen Programms handelt, so herrscht doch Einigkeit darüber, dass alle beteiligten Parteien von Beginn an ins Boot geholt werden müssen.[1196] Im Zentrum aller Bemühungen sollte dabei der Patient bzw. die Verbesserung der Behandlungsqualität stehen.[1197]

Ebenfalls kann es bezüglich der Art und Weise der Berichterstattung über die ermittelte Performance der Leistungserbringer unterschiedliche Ansichten geben. Dabei kann über den Ver-öffentlichungsort der Ergebnisse (Internet, Arztpraxen etc.) oder darüber diskutiert werden, was Gegenstand der Veröffentlichung werden soll.[1198] Ein weiterer viel diskutierter Punkt betrifft die Strukturierung der Boni, die in Form von Bonus- oder auch Malusregelungen zur Anwendung kommen können. Während beispielsweise bei dem P4P-Programm aus dem Vereinigten

---

[1191] Damberg, C. L., Raube, K., Williams, T., u. a. (2005), S. 74.
[1192] Vgl. Damberg, C. L., Raube, K., Williams, T., u. a. (2005), S. 77.
[1193] Vgl. Braun, B., Reiners, H., Rosenwirth, M., u. a. (2006), S. 67.
[1194] Vgl. Braun, B., Reiners, H., Rosenwirth, M., u. a. (2006), S. 15.
[1195] Vgl. Braun, B., Reiners, H., Rosenwirth, M., u. a. (2006), S. 67.
[1196] Vgl. Robert Wood Johnson Foundation (2005).
[1197] Vgl. American Medical Association (2005).
[1198] Vgl. Damberg, C. L., Raube, K., Williams, T., u. a. (2005), S. 75.

Königreich (siehe Kapitel 3.6.1) auch Maluspunkte vergeben werden können,[1199] sind beim Referenzprojekt keine derartigen Regelungen vorgesehen.

Erfahrungspunkt 3: Differenzierung zulassen

Obwohl die HMOs bei der Ermittlung der Performance-Kennzahlen zusammenarbeiten um eine gewisse Einheitlichkeit zu gewährleisten, verhindern Kartellgesetze einen allgemeingültigen Standard. Daher gibt die IHA als unabhängige Organisation lediglich Empfehlungen für Bewertungsparameter und Zahlungsmodalitäten. Die Festlegung der einzelnen Komponenten obliegt weiterhin den beteiligten HMOs (siehe Kapitel 3.4).[1200] Im Referenzprojekt gab es anfangs sechs verschiedene Schemata für die Bestimmung des Betrages, den die Leistungserbringer im Referenzprojekt erhalten haben (siehe Tabelle 75); bei Aetna wird er beispielsweise als Prozentanteil an der Capitation errechnet, bei Blue Cross hingegen gibt es einen festgesetzten monatlichen Höchstwert für jeden Teilnehmer.[1201]

Auch bei der Frage, wer denn eigentlich einen Bonus erhält, kann differenziert werden. So bekommen bei Aetna nur diejenigen Leistungserbringer einen Bonus, die über dem 50sten Perzentil rangieren, bei Blue Shield dagegen variiert die Bonushöhe für bestimmte Grenzwerte. Dort erhält man für das Erreichen des 30sten Perzentils 25 % des möglichen Bonus für ein bestimmtes klinisches Kriterium.[1202]

[1199] Vgl. Dudley, R. A., Rosenthal, M. B. (2006), S. 9.
[1200] Vgl. Integrated Healthcare Association (2006a), S. 12; Braun, B., Reiners, H., Rosenwirth, M., u. a. (2006), S. 62.
[1201] Vgl. Damberg, C. L., Raube, K., Williams, T., u. a. (2005), S. 74.
[1202] Vgl. Damberg, C. L., Raube, K., Williams, T., u. a. (2005), S. 75.

HMO	Nutzung der gemeinsamen P4P-Kennzahlen	Andere Kennzahlen im Bonus-Plan	Maximaler Bonus	Bewertung durch Grenzwert oder Perzentil
Aetna	Ja	Nein	Bis zu 3,5 % der Capitation	Perzentil
Blue Cross	Einige, aber nicht alle	Ja	4,50 US-$ pmpm	Perzentil
Blue Shield	Ja	Nein	2,00 US-$ pmpm	Perzentil
CIGNA	Ja	Ja	1,60 US-$ pmpm minimum für die besten Leistungserbringer	Grenzwert
Health Net	Ja	Nein	2,25 US-$ pmpm	Grenzwert
PacifiCare	Einige, aber nicht alle	Ja	Insg. 21 Mio. US-$ für alle	Grenzwert

Tabelle 75:   Individuelle Bonusprogramme der HMOs[1203]

Daneben existierte auch eine Variation, für welche Kriterien ein Bonus ausgeschüttet wird. Jede HMO kann für sich entscheiden, ob er die empfohlenen Bewertungsparameter und deren Gewichtung sowie die aggregierten Daten der IHA
ganz oder teilweise übernehmen oder zusätzliche Messgrößen in die Berechnung
miteinbeziehen will. Einige der HMOs benutzten ausschließlich die festgelegten
Kennzahlen des Referenzprojekts, andere hingegen fügten zusätzlich eigene
Kennzahlen hinzu. Diese stammen meist aus vorherigen, internen Anreizpro-
grammen der HMOs. Von der HMO kann individuell festgelegt werden, in welcher Intensität die IHA-Kennzahlen Berücksichtigung finden. Bei Blue Cross beispielsweise betrug der Anteil individueller Kennzahlen 72,5 %.[1204] Aus diesem
Grund können sich die Bonussysteme der HMOs voneinander unterscheiden und
darüber hinaus in jedem Jahr variieren.[1205] Dies kann auch damit zusammenhängen, dass es bei manchen Krankheiten wie Diabetes anerkannte Ergebnisparameter gibt, für viele andere Krankheiten hingegen nicht.[1206]

[1203] Quelle: Damberg, C. L., Raube, K., Williams, T., u. a. (2005), S. 73.
[1204] Vgl. Damberg, C. L., Raube, K., Williams, T., u. a. (2005), S. 75.
[1205] Vgl. Integrated Healthcare Association (2006a), S. 14.
[1206] Vgl. Susman, J. (2005).

Erfahrungspunkt 4: Testen der Messbedingungen

Auch bei diesem Punkt handelt es sich um einen wichtigen Aspekt für die erfolgreiche Implementierung des P4P-Konzepts. Um die Voraussetzungen für eine künftige Beachtung und eine möglichst reibungslose Durchführung zu sichern, sollten die dokumentierten Daten valide und wissenschaftlich fundiert, die Qualitätsziele klinisch relevant und vor allem von den Leistungserbringern anerkannt sein.[1207] Um eine optimale Akzeptanz von Seiten der Ärzte zu gewährleisten, müssen diese in die Konzeption der Programme integriert werden.[1208] Vor der eigentlichen Implementierung sollte sich ein Expertenteam um „developing measures specifications, testing new measures, designing the process for data submission, integration and verification, and producing an integrated „report card" back to plans and to POs"[1209] kümmern. Ohne diese Bemühungen hätten lediglich Kennzahlen bereits vorhandener Programme (HEDIS etc.) integriert werden können und wichtige Erfahrungswerte für die Implementierung vor Ort bezüglich der technischen Voraussetzungen etc. hätten nicht gewonnen werden können. Auch auf die Höhe der anfallenden Kosten für die notwendige (IT-) Infrastruktur konnte ein Hinweis gewonnen werden.[1210] Im Referenzprojekt wurde diese Projektphase im Testjahr 2002 (siehe Kapitel 3.1.2) durchgeführt, bei der insgesamt sechs Leistungserbringergruppen mitgewirkt haben.

Erfahrungspunkt 5: Vollständigkeit der zur Bewertung der Leistungserbringer herangezogenen Daten

In einem per Capitation-Vergütung geregelten Umfeld erhalten die Leistungserbringer einen festgelegten Geldbetrag pro eingeschriebenem Versicherten, unabhängig von den tatsächlich in Anspruch genommenen Behandlungen bzw. der tatsächlichen Anzahl von Arztbesuchen. Da die Datensammlung der Leistungserbringer somit nicht die Grundlage für deren Bezahlung gewesen ist, hatte die Datenvollständigkeit nicht oberste Priorität. In einem mit Einzelleistungsvergütung

---

[1207] Vgl. Robert Wood Johnson Foundation (2005); DiLorenzo, J. (2006); Highsmith, N., Rothstein, J. R. (2006), S. 4.
[1208] Vgl. Williams, T. R. (2006), S. 80.
[1209] Damberg, C. L., Raube, K., Williams, T., u. a. (2005), S. 74.
[1210] Vgl. Damberg, C. L., Raube, K., Williams, T., u. a. (2005), S. 74.

geregelten Umfeld wären sicherlich alle Behandlungsschritte dokumentiert worden, da jeder durchgeführte Behandlungsschritt vergütet wird.[1211] Wenn aber nun ein Teil der Vergütung der Leistungserbringer aufbauend auf den dokumentierten Daten erfolgen soll, müssen die Grundlagen für eine vollständige und aussagekräftige Dokumentationsdatenbasis gesichert werden.

Bei dem Referenzprojekt wurde den Leistungserbringern gestattet, die Daten des klinischen Indikators selbst zu dokumentieren (allerdings können diese von außen überprüft werden). Sind die Leistungserbringer jedoch nicht dazu in der Lage oder nicht dazu gewillt, werden die an die HMO weitergeleiteten Daten zur Beurteilung der Behandlungsqualität herangezogen.[1212]

Um zu gewährleisten, dass die Datenerfassung der Behandlungen möglichst vollständig ist „the health plans set a minimum threshold for POs to participate in the P4P. The threshold was set at 2.7 encounters per member per year (PMPY) that the plans would receive from the POs."[1213] Damit eine kontinuierlich voranschreitende Verbesserung der Dokumentation erreicht werden konnte, wurde dieser Grenzwert im zweiten Jahr des Referenzprojekts auf 3,25 PMPY angehoben (siehe dazu auch Kapitel 3.4.2).[1214]

Des Weiteren müssen die Daten aktuell und zeitnah ausgewertet werden, da es für einen Leistungserbringer ineffektiv ist, wenn er seine Performance-Ergebnisse des Jahres 2003 erst in der zweiten Jahreshälfte 2004 erhält. Schließlich ist es dann zu spät für mögliche Änderungen für das Jahr 2004, damit die Performance noch entscheidend beeinflusst werden kann. Auch müssen die Leistungserbringer rechtzeitig darüber informiert werden, sofern zusätzliche Leistungskennzahlen implementiert werden sollen.[1215]

[1211] Vgl. Damberg, C. L., Raube, K., Williams, T., u. a. (2005), S. 74.
[1212] Vgl. Damberg, C. L., Raube, K., Williams, T., u. a. (2005), S. 76.
[1213] Damberg, C. L., Raube, K., Williams, T., u. a. (2005), S. 76.
[1214] Vgl. Damberg, C. L., Raube, K., Williams, T., u. a. (2005), S. 76.
[1215] Vgl. Colwell, J. (2005).

Erfahrungspunkt 6: Unabhängiger Datensammler

Da die HMOs in direktem Konkurrenzkampf zueinander stehen, bedarf es eines unabhängigen Dritten, der die Datensammlung bei den Leistungserbringern der verschiedenen HMOs vornimmt. Zu dessen Aufgaben gehören auch die jährliche Berichterstattung und Performance-Ermittlung für jeden teilnehmenden Leistungserbringer sowie für jede HMO bezüglich der drei Performance-Messkriterien (siehe Kapitel 3.4.2). Dabei werden individuelle Benchmarks einer jeden HMO berücksichtigt, so dass diese hierauf aufbauend ihre Prämien-Zahlungen leisten können. Im ersten Jahr vertrauten vier der sechs teilnehmenden HMOs ausschließlich diesen gesammelten Daten, die anderen beiden trafen ihre Entscheidung über die Bonuszahlung auf Grundlage ihrer eigenen Daten. Die Leistungserbringer erhielten sowohl über die eigene Performance als auch über die anderen Leistungserbringer Informationen, die Vergleiche ermöglichten.[1216] In Abbildung 40 werden eben gemachte Ausführungen noch einmal grafisch veranschaulicht.

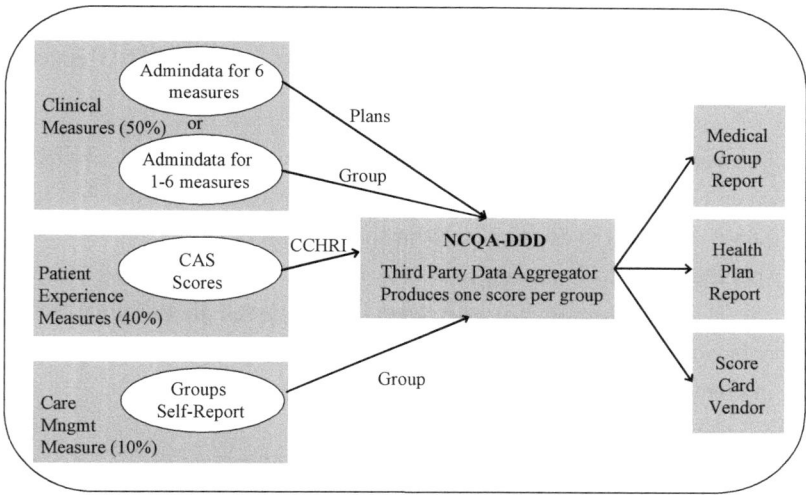

Abbildung 40:   Überblick über die Datensammlung des ersten Jahres P4P[1217]

[1216] Vgl. Damberg, C. L., Raube, K., Williams, T., u. a. (2005), S. 74; DiLorenzo, J. (2006).
[1217] Quelle: Damberg, C. L., Raube, K., Williams, T., u. a. (2005), S. 77.

Ein regelmäßiges und klares Feedback ist für die Leistungserbringer von enormer Wichtigkeit. Sie müssen wissen und verstehen, welche Bereiche für ihre Performance evaluiert werden, wie diese funktioniert und in welcher Beziehung ihre Performance zu der EV bzw. dem PR steht. Dabei sollten Hilfestellungen und Werkzeuge für die Verbesserung einer Performance angeboten werden und auch zum Einsatz kommen.[1218]

Erfahrungspunkt 7: Gute Kommunikation zwischen allen Parteien

Darüber hinaus ist auch eine permanente Kommunikation der beteiligten Gruppen notwendig, um über gefällte Entscheidungen und Prozesse informiert zu sein, welche die Regeln des P4P betreffen. Über eine hohe Transparenz des Programms kann die Vertrauensbasis unter den teilnehmenden Parteien geschaffen werden.[1219] Daher sollte es regelmäßige Treffen oder Veranstaltungen geben, bei denen Erfahrungen, Fortschritte, Feedback etc. ausgetauscht werden können.[1220] Vor allem Ärzte müssen gut über den Ablauf und die Funktionsweise eines Programms informiert sein und nicht mit Informationen über Kennzahlen und die Vergütung überschwemmt werden.[1221]

Erfahrungspunkt 8: Ausgestaltung der Anreize

Hier sollten sowohl finanzielle als auch nicht-finanzielle Anreize zur Anwendung kommen. Die finanziellen Anreize müssen groß genug sein, um eine Änderung herbeiführen zu können. Allerdings gibt es noch keine ausreichenden wissenschaftlichen Ergebnisse über die Mindesthöhe.[1222] Während die Einen von einem Minimum von etwa 5.000 US-$ pro Arzt sprechen, argumentieren die Anderen, dass etwa 5 bis 10 % des jährlichen Einkommens eines Arztes einkalkuliert werden sollten.[1223] Aber auch nicht-finanzielle Anreize können Änderungen bewirken und sollten deshalb nicht unterschätzt werden. Hier hat sich vor allem das PR als eine effektive Maßnahme herausgestellt,[1224] das sogar einen stärkeren Anreiz dar-

[1218] Vgl. Robert Wood Johnson Foundation (2005).
[1219] Vgl. McDermott, S., Williams, T. (2006), S. 22.
[1220] Vgl. Damberg, C. L., Raube, K., Williams, T., u. a. (2005), S. 74.
[1221] Vgl. Robert Wood Johnson Foundation (2005).
[1222] Vgl. Goldfield, N., Burford, R., Averill, R., u. a. (2005), S. 32.
[1223] Vgl. Robert Wood Johnson Foundation (2005); DiLorenzo, J. (2006).
[1224] Vgl. Robert Wood Johnson Foundation (2005); McDermott, S., Williams, T. (2006), S. 22.

stellen kann als die Bonuszahlungen.[1225] Ärzte möchten des Weiteren auch eine Veröffentlichung der teilnehmenden Leistungserbringer, der Messmethodik und der gemessen Kennzahlen.[1226]

Betrachtet man die Herkunft der für die Programme notwendigen finanziellen Mittel, um die notwendigen Anreize für die Leistungserbringer zu einer höheren Behandlungsqualität zu setzen, werden häufig Extra-Zahlungen notwendig sein. Daher müssen entweder Sponsoren gefunden werden oder die Krankenversicherungen müssen in die Programme investieren; profitieren sie schließlich zu einem späteren Zeitpunkt doch selbst davon. Allerdings werden diese dagegenhalten, dass sie bereits jetzt zu hohe Kosten haben und keine finanziellen Ressourcen vorhanden sind, wie es auch zu Beginn des Referenzprojekts der Fall war. Damals haben sie sich letztendlich aber dazu bereit erklärt, die Anreizzahlungen zu übernehmen, ohne die vorhandenen Vergütungen zu kürzen (es wurden dafür allerdings Einsparungen in anderen Bereichen notwendig).[1227] Die Bonuszahlungen für das CMS-Demonstrationsprojekt (siehe Kapitel 3.6.2) wurden über die eingesparten Kosten finanziert, die sich durch die verbesserte Behandlung der Patienten ergeben hat, beispielsweise durch kürzere stationäre Aufenthalte und weniger Wiedereinweisungen.[1228]

7.2 Kritische Betrachtung

In den vorangegangenen Ausführungen wurde bereits vereinzelt auf verschiedene Aspekte von P4P bzw. von dem Referenzprojekt eingegangen. Um dem Leser eine umfassende Einschätzung zu ermöglichen, werden diese im Folgenden nun noch einmal zusammengefasst. Zu Beginn wird dabei auf positive und anschließend auf negative Gesichtspunkte eingegangen.

Positiv muss auf jeden Fall gewürdigt werden, dass es sich bei P4P um ein neues Konzept zur Reform des Gesundheitswesens handelt, das den Schwerpunkt der Bemühungen nicht auf die Kostenreduzierung gelegt hat, sondern qualitativen

---

[1225] Vgl. Casalino, L., Cillies, R. R., Shortell, S. M., u. a. (2003).
[1226] Vgl. Forrest, C. B., Villagra, V. G., Pope, J. E. (2006), S. 84.
[1227] Vgl. McDermott, S., Williams, T. (2006), S. 4.
[1228] Vgl. Becker, C. (2005), S. 9.

Aspekten mehr Beachtung schenkt. Setzte man früher meist direkt bei den Versicherten an, die mittels erhöhter Zuzahlungen etc. zu einer kostenbewussteren Inanspruchnahme von Leistungen veranlasst werden sollten, ist nun der Leistungserbringer selbst von den Maßnahmen betroffen. Durch eine Kombination monetärer und nicht-monetärer Anreize soll er dazu angespornt werden, seine Behandlungsqualität zu verbessern (langfristig erhofft man sich dadurch allerdings Kosteneinsparungen).

Die umfassende Berücksichtigung von Impfungen und vielen weiteren Früherkennungs- und Präventionsuntersuchungen kann ebenfalls als sehr positiv bewertet werden. Hierdurch sollen schwere Krankheiten erst gar nicht ausbrechen. Die eingeschlossenen Untersuchungen reichen dabei von Kinderimpfungen gegen Mumps, Masern und Röteln bis hin zum Chlamydien-Screening für noch nicht erwachsene Frauen. Der Katalog mit relevanten Untersuchungen kann im Zeitverlauf stets erweitert werden, sofern sie durch neue medizinische Erkenntnisse als effektiv erachtet werden. So werden die Leistungserbringer künftig mehr darauf achten, dass ihre „jungen" Patienten notwendige (Auffrischungs-) Impfungen erhalten.

Des Weiteren kann positiv beurteilt werden, dass durch die P4P-Bewegung ein weiterer Schritt hin zu mehr Transparenz im Gesundheitswesen vollzogen wird. Obwohl das Gesamtkonzept sicherlich nicht fehlerfrei ist, können doch bereits erste Erfahrungswerte gesammelt und bei künftigen Programmen berücksichtigt werden. Die Konzeption des Referenzprojekts kann soweit als richtig angesehen werden, da der Einfluss der monetären Anreizgröße (EV) noch nicht zu groß ist; allerdings ist geplant, den Anteil der EV kontinuierlich zu erhöhen. Da man sich darüber bewusst ist, dass das Konzept noch nicht vollständig ausgereift ist, hat man sich die Freiheit gelassen, zwar bereits mit der P4P-Bewegung zu beginnen, sich große Einschnitte (Erhöhung des Anteils der EV auf 10 %) jedoch noch vorzubehalten.

Leistungserbringer werden sich künftig mehr für schlechte Performance-Ergebnisse verantworten müssen als dies bisher der Fall gewesen ist. Durch P4P erhalten sie nun den Anreiz zu einer kontinuierlichen Verbesserung der Behandlungsqualität. Andernfalls werden sich einige Patienten anderen Ärzten anschließen, die eine bessere Performance erzielen. Dass dieser Aspekt im fachärztlichen Bereich wohl noch bedeutsamer ist als im allgemeinärztlichen, wurde bereits in Kapitel 6.1 gezeigt. Da die Medical Groups nun öffentlich (wenn auch nur als gesamte Einheit) bewertet werden, wird sich deren Management noch mehr darum bemühen, „schlechte" Leistungserbringer zu identifizieren und möglicherweise auszutauschen, um die Gesamt-Performance nicht zu gefährden.

Es kann auch davon ausgegangen werden, dass sich ein Arzt künftig noch intensiver um den einen oder anderen Patienten bemühen wird. Dabei sollte die Möglichkeit des Exception Reporting (siehe Kapitel 3.6.1), also des Ausschlusses von Patienten im Rahmen der Performance-Bestimmung, weiterhin gegeben sein. Allerdings darf es den Ärzten nicht zu leicht gemacht werden, schwierige Patienten einfach auszuschließen. Für die medizinischen Leistungserbringer sollte aber genügend Spielraum vorhanden sein, um bei schwierigeren Fällen auch jenseits der definierten Vorgehensweise für eine individuell optimale Behandlung sorgen zu können.

Auch wenn gelegentlich versucht wird, die Aussagekraft von Patienteneinschätzung über die Behandlungsqualität in Frage zu stellen (Subjektivität der Bewertung), muss sie jedoch trotz allem als wichtiger Outcome-Parameter angesehen werden. Wer soll denn schließlich besser als der Patient selbst bewerten, ob sich ein bestimmtes Leiden verringert bzw. die gesundheitliche Situation verbessert hat? Allerdings sollte sichergestellt sein, dass dem Arzt seine subjektiven Therapieeigenschaften (nicht jeder Arzt wird an „Nachbarschaftsproblemen" der Patienten Interesse haben und daher möglicherweise weniger auf den Dialog mit dem Patienten, sondern auf das medizinisch Wesentliche konzentriert sein) nicht als Inkompetenz ausgelegt werden. Es kann nicht das Ziel sein, dass der Arzt die beste Bewertung erhält, der die beste Kommunikation mit dem Patienten betreibt, sondern derjenige, der tatsächlich am besten therapiert (wobei eine gewisse Kommunikation sicherlich stattfinden muss und gerade bei schwierigen Krankheitsbildern ein zentraler Bestandteil der Behandlung ist).

Vor allem die Konzentration auf die Verbesserung der Behandlungsqualität bei chronischen Krankheiten kann als sehr wünschenswert angesehen werden. Dabei sind vor allem gerade ältere, möglicherweise multimorbide, Personen betroffen. Diese Patientengruppe ist für einen überproportionalen Anteil der Kosten verantwortlich, wie das Beispiel USA zeigt (zwei Drittel der Medicare-Leistungsempfänger sind chronisch multimorbide und verursachen 96 % der anfallenden Kosten[1229]).

Als Zwischenfazit kann gesagt werden, dass die P4P-Programme ein Start in die richtige Richtung sind, dennoch auch *Gefahren* mit sich bringen. Es ergeben sich einige Limitationen, die im Folgenden näher dargestellt werden:[1230]

- Da ein großer Teil des Programms auf die Einhaltung von Prozesskriterien abzielt, könnte P4P auch als pay for compliance bezeichnet werden. Durch die vorgegebenen Prozessschritte werden falsche Anreize gesetzt, da letztendlich nicht die Behandlungsqualität (das eigentliche Ergebnis), sondern die Einhaltung der Prozessschritte belohnt wird. Schließlich sollten die Leistungserbringer zur Einhaltung von akzeptierten medizinischen Standards, d. h. spezifischen Prozessen, gebracht werden. Die P4P-Bewegung sollte deshalb eher „Pay for Results" heißen und nicht die einzelnen Prozessschritte, sondern das Endresultat einer Behandlung bewerten. Leistungserbringer sollten „not be rewarded for delivering just acceptable care."[1231]

- Die gerichtete Compliance auf zu viele Prozesse birgt die Gefahr, dass sich die besten Leistungserbringer Innovationen gegenüber ablehnend verhalten.

- Die Einhaltung von Prozess-Vorgaben garantiert nicht automatisch eine hervorragende Behandlungsqualität. Sehr viele Faktoren haben Einfluss auf den Erfolg einer medizinischen Behandlung, weshalb es in einigen Fällen trotz hoher Prozess-Compliance nicht zu den gewünschten Ergebnissen

---

[1229] Vgl. Keenan, P. S., Kline, J. (2004), S. 1.
[1230] Vgl. Porter, M. E., Teisberg, E. O. (2006), S. 86.
[1231] Porter, M. E., Teisberg, E. O. (2006), S. 86.

führen kann (beispielsweise bei multi-morbiden Patienten). Die große Heterogenität unter den Patienten zeigt sich beispielsweise bei der Verabreichung von tPA (tissue plasminogen activator) bei Schlaganfall-Patienten, die in einigen Fällen sinnvoll, in anderen Fällen hingegen eher gefährlich ist.

- Auch wenn evidenz-basierte Kennzahlensysteme zum Einsatz kommen, sollten sich individuelle Behandlungskuren nicht nachteilig auf die Honorierung aus P4P auswirken, sofern diese für einen speziellen Fall sinnvoller sind.[1232]

- Die Messung der Behandlungsqualität ist bei Patienten mit einfachen Krankheiten leichter zu realisieren als bei älteren, multi-morbiden Patienten, d. h. mit mehreren (chronischen) Krankheiten. In diesen Fällen wird sogar angemerkt, dass die Leitlinien „fail to address the needs of older patients with complex comorbid illness"[1233] und „[the] use of single-disease CPGs as a basis for evaluating the quality of care and determining physician reimbursement through pay-for-performance measures could create inappropriate incentives in the care of older adults with multiple diseases."[1234]

- Sofern keine ausreichende Risiko-Adjustierung vorgenommen wird, besteht für die Leistungserbringer der Anreiz, keine multi-morbiden oder schwer behandelbaren Patienten zu therapieren.[1235] Dies wird verständlich, betrachtet man die Leitlinien zur Anwendung bei multi-morbiden Personen, die nicht unproblematisch sein können. So gibt beispielsweise ein US-Therapieplan für die Behandlung einer multi-morbiden Person nach der geltenden Leitlinie 12 unterschiedliche Medikamente in 19 Dosierungen zu fünf verschiedenen Tageszeiten vor. Dabei gibt es etliche sich teilweise widersprechende nichtmedikamentöse Empfehlungen und diverse gesundheitsgefährdende Arzneimittelwechselwirkungen.[1236]

[1232] Vgl. American Medical Association (2005).
[1233] Boyd, C. M., Darer, J., Boult, C., u. a. (2005), S. 720.
[1234] Boyd, C. M., Darer, J., Boult, C., u. a. (2005), S. 720.
[1235] Vgl. Fisher, E. S. (2006), S. 1846.
[1236] Vgl. Boyd, C. M., Darer, J., Boult, C., u. a. (2005).

- Die Prozess-Leitlinien müssen ständig angepasst werden. Andernfalls kann es dazu kommen, dass bereits neue Erkenntnisse existieren, der Patient aber noch nach der älteren Methode behandelt wird, da die Leistungserbringer vor allem darauf aus sind, die Prozess-Compliance so hoch wie möglich zu halten und ein gutes Ranking zu erzielen. Abweichungen von den Guidelines sind zwar erlaubt, müssen aber gerechtfertigt werden.

- Die Prozess-Compliance beachtet nicht die Art und Weise, in der Leistungserbringer ihre Patienten behandeln, um die Qualität zu verbessern und Überversorgung zu vermeiden. Für diese Bemühungen erhalten die Leistungserbringer im P4P-System keine Belohnung, auch wenn sie so einen Beitrag zur Vermeidung von Überversorgung leisten könnten.

- Die bisher gesetzten Anreize sind möglicherweise zu gering, um Verhaltensänderungen bewirken zu können und nicht groß genug „to compensate for lower reimbursement if quality means that less treatment is needed."[1237] Eine neuere Studie zeigte, dass an P4P-Programmen teilnehmende Krankenhäuser keine bessere Prozess-Compliance aufweisen als nichtteilnehmende Krankenhäuser, was durchaus auch an zu geringen Anreizen gelegen haben kann.

- Als kritisch kann weiterhin betrachtet werden, dass Patienten im Rahmen des Referenzprojekts keine Möglichkeit haben, sich über einzelne Ärzte zu informieren. Es wird die Performance einer Leistungserbringergruppe gemessen, nicht aber die eines einzelnen Arztes.[1238] So kann es vorkommen, dass ein „schlechter" Arzt in einer hervorragenden Medical Group gut abschneidet. Daher müssen auch die Medical Groups intern die Performance ihrer einzelnen Ärzte evaluieren, um diesem Risiko entgegenzuwirken.

Vor allem ist jedoch die Compliance der Patienten eines der zentralen Probleme bei der Gestaltung von P4P-Programmen bzw. bei der Messung der Behandlungsqualität eines Leistungserbringers. Ärzte können noch so gut arbeiten, wenn der Patient allerdings nicht die vorgegebenen Therapieschritte einhält, ist auch er

---

[1237] Porter, M. E., Teisberg, E. O. (2006), S. 86.
[1238] Vgl. Forrest, C. B., Villagra, V. G., Pope, J. E. (2006), S. 84.

machtlos. Vor allem von Seiten der Ärzte ist dies ein nicht unberechtigter Kritik-punkt an den P4P-Programmen. Ein möglicher Lösungsansatz für eine qualitativ gute Beziehung zwischen Leistungserbringer und Patient, die einen positiven Ein-fluss auf die Compliance des Patienten hat, ist die Segmentierung der „Kund-schaft".[1239] Demnach erhält der Arzt eine Richtlinie, individuell auf seine Patien-ten einzugehen. Die Segmente können beispielsweise nach demographischen, so-zioökonomischen, biologischen oder geographischen Merkmalen unterteilt wer-den. Wichtig ist, dass die Segmente in sich selbst einen hohen Homogenitätsgrad aufweisen und gleichzeitig untereinander möglichst heterogen sind.[1240]

Eine weitere Gefahr ist die Bildung einer Zwei-Klassen-Medizin. Sollten gute Ärzte durch EV oder auch PR belohnt werden, werden sich diese möglicherweise immer mehr den finanziell lukrativen Privatpatienten zuwenden und den Anteil der nicht so lukrativen gesetzlich krankenversicherten Patienten kontinuierlich senken, was sicherlich nicht die Zielsetzung des Programms sein kann. Es müsste demnach gewährleistet sein, dass immer mindestens ein bestimmter %-Anteil ge-setzlich krankenversicherter Patienten behandelt wird; andernfalls wird der Arzt beispielsweise von dem Performance-Programm ausgeschlossen (wobei der die Reputation dann allerdings schon besitzt). Alternativ könnte er auch vertraglich an eine solche Vereinbarung gebunden werden.

Nachdem nun viele positive und negative Aspekte betrachtet worden sind, kann festgestellt werden, dass es sich bei P4P sicherlich um noch kein vollkommenes und fertiges Konzept handelt. Vielmehr ist es ein bereits weit fortgeschrittener Versuch, mehr Wettbewerb im Gesundheitswesen zu schaffen und dabei auch die Patienten bzw. Versicherten noch intensiver mit einzubeziehen. Weitere Entwick-lungsarbeiten sind notwendig, um den P4P-Ansatz zu perfektionieren, wobei ein perfekter P4P-Ansatz wohl gar nicht endgültig existieren kann. Vielmehr sollte eine Verständigung erfolgen, um die Behandlungsqualität kontinuierlich weiter zu verbessern, bei der auch die Leistungserbringer miteinbezogen werden. Abschlie-ßend werden in Tabelle 76 die wichtigsten positiven und auch negativen Ge-sichtspunkte übersichtlich gegenübergestellt.

[1239] Vgl. Sohn, S. (2006), S. 190.
[1240] Vgl. Berekoven, L., Eckert, W., Ellenrieder, P. (1999), S. 249.

Positive Anmerkungen	Negative Anmerkungen
<ul><li>Erster Schritt zu einer Veränderung</li><li>Gedanke der Prävention wird stärker berücksichtigt</li><li>Schaffung von mehr Transparenz im Gesundheitswesen</li><li>Gute Behandlung soll belohnt werden</li><li>Frühzeitiger Ansatzpunkt (bereits Kinder sind integriert)</li><li>Patientenmeinungen werden in die Bewertung integriert</li><li>IT-Penetrationsgrad soll erhöht werden</li><li>Indikationsbreite ist ständig erweiterbar</li><li>Umsetzung der EBM wird forciert</li><li>„Schlechte" Leistungserbringer haben langfristig geringere „Überlebenschancen"</li></ul>	<ul><li>Konzentration auf die Prozess- und nicht auf die Ergebnisqualität</li><li>Mangelnde Compliance von Patienten kann eine schlechte Performance von Leistungserbringern bewirken</li><li>Ungelöstes Problem der Multi-Morbidität von Patienten (Risiko-Adjustierung ist notwendig)</li><li>Gefahr einer Zwei-Klassen-Medizin</li><li>Kein ganzheitlicher Ansatz (zu kurzfristige Perspektive)</li><li>Nur einige ausgewählte Indikationen bislang integriert</li><li>Individuelle Therapiefreiheit eines Arztes wird eingeschränkt</li></ul>

Tabelle 76:   Positive und negative Anmerkungen zu P4P-Programmen[1241]

7.3   Einsatzmöglichkeiten im deutschen Gesundheitswesen

Nachdem nun einige wichtige Lessons Learned dargestellt worden sind, die für eine Implementierung des P4P-Konzepts von Bedeutung sind, wird im Folgenden diskutiert, inwiefern eine Übertragung des Konzepts auf Deutschland überhaupt möglich ist. Der erfolgreichen Implementierung der P4P-Systematik bzw. deren Teilkomponenten EV und PR ist die **Performance-Messung** vorauszusetzen. Kann diese erfolgreich durchgeführt werden, sind die EV und das PR eine weitergehende Konsequenz, allerdings ist die Messung jedoch eine notwendige Voraussetzung. Daher wird im Folgenden untersucht, ob bzw. für wen derzeit im deutschen Gesundheitswesen eine Performance-Messung analog zum Referenzprojekt möglich erscheint. Dabei ist ganz besonders ein wesentlicher Unterschied zwischen den Ländern, in denen P4P schon aktiv umgesetzt wird (USA und UK) und der Bundesrepublik Deutschland von Bedeutung, der eine Implementierung hierzulande nicht ohne Weiteres möglich macht.

In den USA und im UK konnte die Performance-Messung nur aufgrund der strengen Arzt-Patienten Bindung realisiert werden. Der Patient wurde in beiden Ländern durch ein verbindliches „Gatekeeper-Prinzip" an einen Leistungserbringer

---

[1241] Quelle: Eigene Darstellung.

gebunden; in den USA war dies eine HMO, im UK ein GP (Allgemein- bzw. Hausarzt). Diese sind jeweils für das weitere Vorgehen bei der Therapie eines Patienten verantwortlich. Dadurch wird in beiden Systemen sichergestellt, dass Patienten feste Ansprechpartner haben, die sie bei Beschwerden aufsuchen können. Im *UK* erfolgt der Erstkontakt zu 95 % mit einem als Allgemeinmediziner arbeitenden Hausarzt.[1242] Dessen Wahl erfolgt nicht nach Patientenwunsch, sondern hängt von der Postleitzahl des Wohnortes des Patienten ab. Der Hausarzt ist stets für die Primärversorgung zuständig, überweist die Patienten an zuständige Fachärzte und wählt normalerweise auch einen Arzt für die fachärztliche Versorgung aus.[1243] Somit ist er immer über alle Therapie- und Behandlungsschritte seiner Patienten informiert und hat zudem einen Überblick über die erhaltene Versorgung eines Patienten. Auch beim *US-Referenzprojekt* existiert eine vollständige „Patientenakte", mittels derer die HMO bzw. die zuständige Medical Group einen Überblick über den Krankheitsverlauf und die Ergebnis-Parameter (HbA1c-Wert bei Diabetikern etc.) eines Patienten hat. Sowohl im UK als auch in den USA gibt es die freie Arztwahl demnach faktisch nicht. Zwar können alle Ärzte aufgesucht werden, allerdings werden dann Zuzahlungen in meist nicht unbeträchtlicher Höhe fällig.

In *Deutschland* hingegen existieren größtenteils andere Regelungen. Hierzulande ist im Rahmen der **normalen Regelversorgung** die freie Arztwahl in § 76 SGB V gesetzlich verankert, wo es heißt: „Die Versicherten können unter den zur vertragsärztlichen Versorgung zugelassenen Ärzten, den medizinischen Versorgungszentren, den ermächtigten Ärzten, […] frei wählen."

Damit wird ein ganz wesentlicher Unterschied zwischen den Systemen deutlich. Die in Deutschland Versicherten bzw. Patienten können beliebig oft zu verschiedenen Ärzten gehen, um sich unterschiedliche Meinungen einzuholen etc.; genau diese Tatsache macht eine Messung <u>klinischer Performance-Werte</u> hierzulande so schwierig. Wie soll in einem System der normalen Regelversorgung die Performance eines Hausarztes gemessen werden, wenn ein Patient noch zwei oder drei weitere Ärzte aufsucht und eine (medikamentöse) Therapie durchführen lässt, die

---

[1242] Vgl. Schulze Ehring, F. (2006), S. 1.
[1243] Vgl. Schulze Ehring, F. (2006), S. 1.

möglicherweise nicht im Sinne des Hausarztes gewesen wäre? Vor allem ältere Patienten besuchen innerhalb eines Jahres verschiedene Ärzte bzw. lassen sich in verschiedenen Praxen behandeln.[1244] Bei einem negativen Therapieverlauf wäre folglich auch die Performance für den Hausarzt negativ, und dass, obwohl der Hausarzt darauf keinen Einfluss hatte, den anderen Mediziner womöglich gar nicht kennt. Andererseits würde der Hausarzt im positiven Fall möglicherweise für eine von ihm nicht veranschlagte Therapie belohnt werden. Daher stellt sich die Frage, wie ein Arzt einen Diabetiker optimal behandeln soll, wenn dieser nicht in strukturierten Behandlungsprogrammen eingeschrieben ist (siehe unten), weitere Ärzte aufsucht, dort weitere Medikamente erhält etc.

Eine Möglichkeit wäre ein gut funktionierendes und weit verbreitetes IT-System, über das alle Leistungserbringer miteinander „kommunizieren" können; eine Idee, die sich wohl nur mit erheblichem Aufwand realisieren lassen könnte. Da ein Arzt im Rahmen der normalen Regelversorgung nur einen eingeschränkten Einfluss darauf hat, welche weiteren Ärzte ein Patient aufsucht und wohl nicht in jedem Fall über die Behandlungsresultate informiert wird, sollte ihm auch nicht der gesamte Therapie-Erfolg bzw. Misserfolg zugerechnet werden (siehe auch Kapitel 3.5.1). Dafür bedarf es eines größeren Einflusses, wie es in den USA oder dem UK der Fall ist. Eine Möglichkeit zur Verbesserung der Compliance bzw. zur besseren Bindung eines Patienten an einen bestimmten Leistungserbringer wäre durch die bereits angeführte Segmentierung der „Kundschaft" möglich (siehe Kapitel 7.2).[1245] Ob dieser Ansatz hierfür allerdings ausreichend ist, kann zumindest angezweifelt werden.

Eine Möglichkeit bzw. Voraussetzung, um die Performance von Ärzten besser messen zu können, wäre demnach die *Aufhebung der freien Arztwahl* und die Einführung entweder des Gatekeeper-Systems (wie im UK) oder aber die Einschreibung in (all-) umfassende Versorgungsnetze (wie in den USA). Gerade letzterer Punkt spielt im Rahmen der Integrierten Versorgung eine immer größere Rolle und wird zu einem späteren Punkt der Ausführungen noch diskutiert. Da aber anzunehmen ist, dass von dem Grundsatz der freien Arztwahl in Deutschland nicht

---

[1244] Vgl. Pham, H. H., Schrag, D., O'Malley, A. S., u. a. (2007), S. 1130.
[1245] Vgl. Sohn, S. (2006), S. 190.

abgewichen werden wird, wird die Performance-Messung in der normalen Regel-versorgung hierzulande nicht ohne weiteres möglich sein. So stellt sich die Frage, welchem Arzt der Erfolg bzw. Misserfolg zugewiesen werden soll, wenn ein Versicherter nicht regelmäßig an Krebsvorsorge-Untersuchungen teilnimmt. Bei einem direkten Ansprechpartner wäre dies wohl möglich; allerdings nicht, sofern ein Patient mehrere Ärzte aufsucht und keine zentrale Anlaufstellt hat.

Eine mögliche Alternative wäre die *Performance-Messung nicht für die Leistungserbringer, sondern direkt für die Krankenkassen,* schließlich erhalten diese Informationen über durchgeführte Behandlungen und wissen somit über den Behandlungsverlauf eines Patienten Bescheid (zumindest sollten sie das). Sie könnten demnach zielgerichtet darauf hinarbeiten, dass ihre Versicherten beispielsweise alle empfohlenen Früherkennungs- und Präventionsmaßnahmen durchführen, in strukturierte Behandlungsprogramme eingeschrieben sind etc.

Im Gegensatz zu den klinischen Indikatoren könnte eine Performance-Bewertung hinsichtlich des IT-Indikators direkt in den Arztpraxen vorgenommen werden. Welche IT-Bestandteile dort eingehen bzw. ob gewisse Mindeststandards eingehalten werden sollten (beispielsweise zur Übertragung und Archivierung von Röntgenbildern etc.) kann an dieser Stelle jedoch nicht abschließend beurteilt werden.

Wie im Rahmen der Ausführungen ebenfalls gezeigt worden ist, könnte eine Performance-Messung zur Patientenzufriedenheit durchaus auf Basis von Einzelärzten vorgenommen werden. Hierbei darf aber nicht vergessen werden, dass die Patientenmeinungen immer eine (sehr) subjektive Einschätzung und wohl nicht immer vollkommen vertrauenswürdig sind. Für die Ermittlung der Patientenzufriedenheit gibt es mehrere Fragebögen, die hierfür herangezogen werden könnten, so beispielsweise der ZAP-Fragebogen zur Zufriedenheit in der ambulanten Versorgung - Qualität aus Patientensicht[1246] oder ähnliche.

Wie man Behandlungsqualität auch exakt verstehen mag, im Rahmen der bisherigen Untersuchung konnte gezeigt werden, dass in Deutschland derzeit nur sehr

---

[1246] Vgl. Bitzer, E.-M., Dierks, M.-L., Schwartz, F.-W. (o. J.).

wenige Möglichkeiten existieren, sich über die Behandlungsqualität medizinischer Leistungserbringer zu informieren.[1247] Würden in Deutschland unter Beibehaltung des Grundsatzes der freien Arztwahl Performance-Daten (z. B. zur Patientenzufriedenheit) veröffentlicht, könnte das PR im Vergleich zu den USA hierzulande eine noch größere Auswirkung haben. Möchte ein Versicherter in den USA eine Medical Group mit einer hervorragenden Performance aufsuchen, die allerdings nicht in den Versorgungsrahmen seiner HMO integriert ist, werden für den Patienten Zuzahlungen fällig. Hierzulande kann ein gesetzlich krankenversicherter Bürger (immerhin rund 90 % der deutschen Bevölkerung) frei zwischen allen Ärzten wählen, die eine Kassenzulassung besitzen. Somit kann angenommen werden, dass die Implikationen in Deutschland aufgrund der für den Patienten geringeren Wechselbarrieren noch weitreichender sind. Allerdings sind Untersuchungsergebnisse für klinische Werte ohne Aufgabe der freien Arztwahl nur schwerlich zu messen, wie weiter oben bereits angesprochen wurde. Im stationären Sektor werden bereits aussagekräftigere Daten gemessen (siehe Kapitel 5.3), die der Öffentlichkeit zum Teil bereits zugänglich gemacht werden. Würde dieses System weiter entwickelt werden, könnten sich Patienten in das jeweils beste Krankenhaus einweisen lassen und es würde für Kliniken ein verstärkter Anreiz entstehen, qualitativ hochwertig zu arbeiten.

In den USA wird die freie Arztwahl letztendlich durch monetäre Hürden eingeschränkt. Hierzulande gibt es eine solche Regelung nur sehr eingeschränkt im Rahmen neuer Versorgungsformen. So besteht beispielsweise bei der **Hausarztzentrierten Versorgung** (§ 73b SGB V) eine gesetzliche Möglichkeit, die freie Arztwahl einzuschränken, wofür der Versicherte eine Gegenleistung erhält, wie beispielsweise einen geringeren Beitragssatz, geringere Zuzahlungen etc. Die AOK-Bayern beispielsweise wirbt für ihr Hausarztprogramm mit einer geringeren Praxisgebühr, einer besseren und umfassenderen Betreuung etc. (siehe Tabelle 77).

[1247] Vgl. Emmert, M., Müller, M., Schöffski, O. (2007), S. 8.

Vorteile des Hausarztprogramms der AOK-Bayern
• *Praxisgebühr gespart*: Nehmen Sie an einem Hausarztprogramm der AOK teil, sparen Sie sich bis zu 30 Euro Praxisgebühr. Sie müssen nicht mehr pro Quartal 10 Euro berappen. Die AOK zieht diesen Betrag nur einmal jährlich ein • *Besser betreut*: Ihr Hausarzt ist ständig für Sie da! Er koordiniert die nötigen Behandlungen beim Facharzt oder im Krankenhaus und steht Ihnen beratend zur Seite. Er informiert die Behandler detailliert über Ihre individuelle Vorgeschichte und Ihren aktuellen Befund • *Umfassend beraten*: Ihr Hausarzt kennt sich aus! Bei ihm laufen alle medizinischen Informationen zusammen: neue Technologien und Behandlungsmethoden, aktuelle Entwicklungen bei Arzneimitteln und spezielle Fachärzte, die Ihnen die besten Heilungschancen garantieren • *Das Richtige getan*: Durch ein Hausarztprogramm sparen Sie sich viel Zeit und Geld, weil Doppel- und Mehrfachuntersuchungen entfallen. Vertrauen Sie Ihrem Hausarzt – im Sinne Ihrer schnellen Genesung • *Optimal vorgesorgt*: Bleiben Sie gesund! Als Teilnehmer eines Hausarztprogramms haben Sie zum Beispiel ab dem 35. Geburtstag Anspruch auf eine kostenfreie, jährliche Gesundheitsuntersuchung mit erweitertem Leistungsumfang

Tabelle 77:   Vorteile des Hausarztprogramms der AOK-Bayern[1248]

Im Gegenzug dazu verpflichtet sich der Patient, vor jedem Kontakt mit Leistungs-anbietern des Gesundheitswesens erst seinen Hausarzt aufzusuchen (Ausnahmen bestehen beispielsweise für Besuche von Frauenärzten und Augenärzten), der die weiteren Behandlungsschritte veranlassen bzw. die Versorgung steuern kann. Somit ist theoretisch die Performance-Bewertung eines solchen Ansprechpartners bzw. Hausarztes möglich, sofern vorausgesetzt werden kann, dass dieser über alle durchgeführten Untersuchungen der anderen Kollegen informiert wird, beispiels-weise über gynäkologische Untersuchungen seiner Patientin bzw. ob sie die emp-fohlene Gebärmutterhalskrebs-Vorsorgeuntersuchung erhalten hat. Sollte dies nicht der Fall sein, müsste der Hausarzt die Patientinnen nun darauf aufmerksam machen, diese vornehmen zu lassen. So könnte der Anteil der weiblichen Patien-ten gemessen werden, der eine bestimmte Untersuchung erhalten sollte und diese tatsächlich erhalten hat, wie in den P4P-Programmen in Kalifornien und im UK geschehen. Aber auch für einzelne Teilbereiche wie beispielsweise für Impfungen wäre eine Performance-Messung möglich.

Allerdings muss sichergestellt sein, dass der Hausarzt und die korresporierenden Kollegen über eine IT-gestützte Kommunikation verfügen. Optimal wäre dafür eine „elektronische Patientenakte", in der Untersuchungen aufgeführt sind und

---

[1248]   Quelle: Eigene Darstellung, in Anlehnung an Allgemeine Ortskrankenkasse (o. J. a).

beispielsweise automatisch erkannt wird, welche Früherkennungs- und Präventionsmaßnahmen notwendig, aber noch nicht durchgeführt worden sind. Eine Kommunikation per Papier wäre dagegen sehr kontraproduktiv, da sie unter anderem sehr umständlich und auch zeitaufwendig wäre. Aber auch von der IT-Lösung kann sich nur dann viel versprochen werden, sofern hierbei kein (zu großer) zusätzlicher (Verwaltungs-) Aufwand für die Ärzte entsteht. Die gemessenen Ergebnisse könnten anschließend veröffentlicht und somit die besten „Gatekeeper" ermittelt werden. Des Weiteren könnten die Krankenkassen, welche die Hausarztzentrierten Versorgungsverträge mit den unterschiedlichen Vertragspartnern abschließen (siehe hierzu § 73 b Abs. 4 SGB V), diese sowohl mit monetären als auch mit nicht-monetären Anreizen belohnen oder auch „bestrafen", so beispielsweise mit der Auflösung oder mit keiner Verlängerung eines Vertrags.

Wie bei der Hausarztzentrierten Versorgung ist auch im Rahmen der **Integrierten Versorgung** (IV) die vertragliche Aufhebung der freien Arztwahl möglich. Dabei können Krankenkassen gemäß § 140a Abs. 1 SGB V mit bestimmten Vertragspartnern Verträge schließen über eine:

- verschiedene Leistungssektoren übergreifende Versorgung oder eine

- interdisziplinär-fachübergreifende Versorgung.

Hierdurch sollen Schnittstellen überwunden werden, so beispielsweise zwischen dem ambulanten und stationären Versorgungsbereich, der Reha und Pflege, Haus- und Facharzt etc., des Weiteren soll somit die Behandlungsqualität erhöht werden, Überweisung an Fachärzte und Kliniken schneller und einfacher gestaltet werden und ebenfalls Doppel-Untersuchungen und Doppel-Diagnosen vermieden werden. Wesentliche Merkmale der IV sind eine bessere Verzahnung der Leistungserbringer, ein besseres Schnittstellenmanagement, eine höhere Ausgabeneffizienz und auch die Konzentration auf den Behandlungsprozess.[1249] Deshalb wird über die Professionen und Sektoren hinweg eine neue Organisation angestrebt, in die verschiedene Leistungsanbieter aus dem ambulanten, stationären, rehabilitativen etc. Sektor integriert werden sollen (siehe Abbildung 41).

[1249] Vgl. Busse, R., Zentner, A., Schlette, S. (Hrsg.) (2006), S. 39-40.

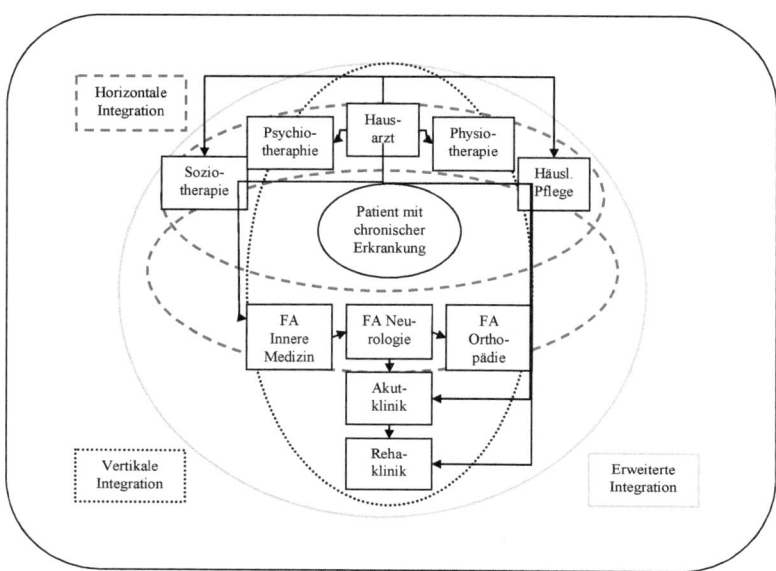

Abbildung 41:   Horizontale, vertikale und erweiterte Integrationsdimension[1250]

Somit wäre es möglich, allumfassende Leistungserbringergemeinschaften zu „strukturieren", welche die ganzheitliche Versorgung eingeschriebener Patienten übernimmt (ähnlich wie eine HMO im amerikanischen System). Das System der Performance-Bewertung und der darauf aufbauenden Komponenten des P4P (EV und PR) könnte nun in zweierlei Hinsicht zum Einsatz kommen. Zum einen auf Ebene der Vergütung von *Krankenkasse zu der IV-Gemein-schaft*, die je nach geleisteter Behandlungsqualität bezahlt wird oder aber auch auf *Ebene der IV-Gemeinschaft*, um festzustellen, welchen Anteil ein einzelner Arzt zum Gesamtergebnis der IV-Gemeinschaft beigetragen hat. Dadurch könnte beispielsweise ermittelt werden, wie hoch der Prozentsatz der eingeschriebenen Patientinnen ist, der im entsprechenden Alter eine Präventionsuntersuchung erhalten hat. Da viele IV-Verträge keine allumfassende Versorgung anbieten, sondern indikationsspezifisch gestaltet sind, könnten sich die Performance-Bewertungskriterien an den jeweiligen Indikationen orientieren.

[1250]   Quelle: Busse, R., Zentner, A., Schlette, S. (Hrsg.) (2006), S. 41.

In Verbindung mit den IV-Verträgen könnte die Capitation zum Einsatz kommen, da sie doch den größten Anreiz zur Prävention und Gesunderhaltung liefert.[1251] Können so in Zukunft Behandlungskosten gesenkt bzw. verhindert werden, entsteht ein positiver Deckungsbeitrag für die IV-Gemeinschaft (da die Behandlungskosten geringer sind als die Capitation), der auf die Leistungserbringer aufgeteilt werden könnte. Der Anteil bzw. die Performance eines integrierten Leistungserbringers könnte anhand (intern) definierter Qualitätskriterien ermittelt werden und auf die Leistungserbringer aufgeteilt werden. Hierbei sind verschiedene EV-Modelle vorstellbar, die sich theoretisch in einem Kontinuum zwischen einer rein EV-orientieren Vergütung und einem Fixgehalt bewegen. Auch kombinierte Lösungen sind vorstellbar.

Natürlich könnten nach einer erfolgreich durchgeführten Performance-Ermittlung einer IV-Gemeinschaft die Ergebnisse auch der Öffentlichkeit zugänglich gemacht werden und somit um weitere Kunden „geworben" werden. Die Veröffentlichung der Ergebnisse würde dann wahrscheinlich auf Ebene der IV-Gemeinschaft erfolgen, ähnlich wie dies bei dem Referenzprojekt der Fall gewesen ist. Gerade für Krankenkassen ist dies ein interessanter Aspekt, da durch erfolgreiche Behandlungsprogramme möglicherweise Versicherte anderer Krankenkassen zu einem Wechsel bewogen werden können bzw. diesen zumindest einen Anreiz dazu geben;[1252] schließlich sind nicht alle Krankenkassen an jedem IV-Projekt beteiligt. So können sich im Ärztenetz *UGOM (Unternehmen Gesundheit Oberpfalz Mitte)* in Amberg beispielsweise Versicherte der AOK-Bayern einschreiben.[1253]

Zusammenfassend kann an dieser Stelle festgehalten werden, dass, sofern sich ein Patient, wie bei uns gesetzlich festgeschrieben, ohne Gatekeeper frei von einem Leistungserbringer zum anderen bewegen kann, es wohl nur schwerlich möglich sein wird, ein dem Referenzprojekt ähnliches Programm zu implementieren, da eine Bewertung der Performance eines einzelnen Leistungserbringers nicht ohne weiteres möglich ist. Auch Netzwerkmodelle erfordern eine weiter fortge-

---

[1251] Vgl. Busse, R., Zentner, A., Schlette, S. (Hrsg.) (2006), S. 40.
[1252] Vgl. Henley, E. (2005), S. 609.
[1253] Vgl. Allgemeine Ortskrankenkasse (o. J. b).

schrittene Integration als bisher geschehen. Es könnten Patientenbewertungen herangezogen werden, anhand derer zumindest eine Tendenz hinsichtlich der Behandlungsqualität einzelner Leistungserbringer abgelesen werden könnte. Aber auch diese sind nicht ohne Vorbehalt zu übernehmen, da gewisse Probleme vorhanden sind, die noch gelöst werden müssen (Zeitrahmen der Bewertung, subjektiver Einfluss etc.).

Bisherige, bereits vorhandene Ansätze im deutschen Gesundheitswesen könnten dazu benutzt werden, eine Implementierung der P4P-Elemente EV und vor allem das PR noch weiter voranzutreiben; vor allem bei Letzterem ist noch Spielraum vorhanden. Hierbei kann auf internationale Erfahrungswerte zurückgegriffen werden, vor allem auf solche aus den USA bzw. des UK. Dennoch kann nur betont werden, wie positiv die Beschäftigung mit dem Thema ist. Das Ziel, die Behandlungsqualität medizinischer Leistungserbringer in den Mittelpunkt zu stellen, die einzelnen Sektoren integrieren zu wollen und dabei die Leistungen anderer Länder zu berücksichtigen, ist auf jeden Fall der richtige Ansatz. Die vielen Studien, die sich damit beschäftigen und dank moderner IT gut zugänglich sind, geben hierfür eine entscheidende Hilfestellung.

8. Zusammenfassung

Die hier vorliegende Untersuchung trägt der wachsenden Bedeutung von Qualitätsverbesserungsinitiativen Rechnung und beschäftigt sich insbesondere mit dem
als *Referenzprojekt* bezeichneten kalifornischen US-Vorreitermodell. Dieses wird
der so genannten Pay for Performance (P4P) Bewegung zugeordnet, bei der durch
monetäre und nicht-monetäre Anreize die Behandlungsqualität medizinischer
Leistungserbringer positiv beeinflusst werden soll. Als zentrale Frage dieser Arbeit wurde diskutiert, ob eine Übertragung des (gesamten) P4P-Konzepts auf das
deutsche Gesundheitswesen möglich bzw. anzustreben ist. Dass sich das P4P-
Konzept derzeit wachsender Beliebtheit erfreut, zeigt die Tatsache, dass auch im
Vereinigten Königreich bereits erste P4P-Programme eingeführt worden sind und
auch im weiteren internationalen Raum zunehmend über die P4P-Thematik diskutiert wird. Zur Beantwortung der Frage, ob eine Übertragung auf Deutschland anzustreben ist, wurde die im Folgenden erläuterte Vorgehensweise gewählt.

Zu Beginn der Untersuchung wurden notwendige Informationen über die Gesundheitssysteme der USA, des UK und der Bundesrepublik Deutschland gegeben. Alle drei Systeme unterscheiden sich fundamental voneinander, weshalb eine
Übertragung eines Konzepts, wie das von P4P, nicht ohne weiteres möglich ist.
Zusätzlich wurde der im Rahmen dieser Untersuchung häufig verwendete Begriff
der Behandlungsqualität näher betrachtet und die allseits akzeptierte Einteilung
nach Donabedian erläutert. Anschließend wurde das kalifornische Referenzprojekt im Detail vorgestellt, das die Performance eines medizinischen Leistungserbringers anhand der drei Bereiche *Klinischer Indikator*, *Patientenzufriedenheit* und
Informationstechnologie (IT) beurteilt. Bei der Diskussion um die Messung der
Behandlungsqualität wurde deutlich, dass eine einseitige Konzentration auf Komponenten der Struktur-, Prozess- oder auch der Ergebnisqualität nicht angemessen
zu sein erscheint. Das Referenzprojekt trägt dieser Tatsache Rechnung, indem es
Komponenten aus allen drei Bereichen zur Performance-Bewertung heranzieht;
die *IT* kann schließlich der Struktur-, der *klinische Indikator* der Prozess- und die
Patientenzufriedenheit der Ergebnisqualität zugeordnet werden. Zusätzlich wurde
ein Ausblick auf weitere P4P-Programme vorgenommen.

Eines der beiden zentralen Elemente von P4P ist die so genannte *erfolgsorientier-te Vergütung*. Danach erhalten die Leistungserbringer einen Teil ihres Einkommens entsprechend ihrer Behandlungsqualität.[1254] Ärzten darf nicht allgemein ein einkommensmaximierendes, dem Gesundheitszustand des Patienten gegenüber gleichgültiges Verhalten unterstellt werden. Viele Studien belegen, dass Ärzte in erster Linie so handeln, dass eine gute Versorgung ihrer Patienten gewährleistet ist. Allerdings haben Erfahrungen auch gezeigt, dass Ärzte nicht immer ausnahmslos zum Wohle ihrer Patienten handeln; viele Systemlücken wurden ausgenutzt, um einen eigenen Vorteil zu erlangen. Um zu überprüfen, ob in Deutschland derartige Komponenten integriert werden sollen, wurde die derzeitige Vergütungssystematik diskutiert und auch auf einzelne Vergütungsformen eingegangen. Im ambulanten Sektor wurde mit dem EBM 2000plus bereits ein erster Schritt gemacht, um einer künftigen Leistungsausweitung entgegenzuwirken. Viele bisher separat vergütete Leistungen wurden zu Leistungskomplexen zusammengefasst, wodurch man sich in Richtung einer Pauschalvergütung bewegt.[1255] Je pauschalierter eine Vergütung ist, desto größer ist der Anreiz für den Leistungserbringer zur Unterlassung bzw. Nicht-Erbringung von Versorgungsleistungen und auch zur Verlagerung der Kosten; erfolgsorientierte Elemente sind im Vergütungssystem bislang aber nicht vorhanden.

Das zweite zentrale Element von P4P ist die Veröffentlichung der gemessenen Behandlungsqualität (*Public Reporting - PR*) der medizinischen Leistungserbringer. Im Rahmen der Untersuchung wurde einerseits dargestellt, wie das PR im Referenzprojekt vollzogen wird und auch andererseits diskutiert, ob hierzulande mehr Transparenz im Gesundheitswesen überhaupt notwendig ist. In Deutschland existierende Informationsquellen sowohl aus dem ambulanten als auch aus dem stationären Sektor wurden vorgestellt, wobei der Schwerpunkt bei ersteren gelegen hat. Zudem wurden die Möglichkeiten aufgezeigt, die ein Patient derzeit in Deutschland hat, um sich über die Behandlungsqualität medizinischer Leistungserbringer zu informieren und darauf aufbauend einen geeigneten Leistungserbrin-

---

[1254] Im Rahmen dieser Untersuchung konnte allerdings lediglich dargestellt werden, wie die Aufteilung der Boni auf die einzelnen Ärztegruppen vorgenommen worden ist. Über die weitere Verteilung innerhalb einer solchen Ärztegruppe wird bislang nur sehr wenig veröffentlicht.

[1255] Vgl. Bundeszentrale für politische Bildung (o. J. e).

ger für die jeweilige Behandlung auszuwählen. Dabei wurde der Informationsgehalt von Ärztelisten, Bewertungsportalen im Internet, Testberichten, Qualitätsma-
nagement-Zertifikaten und auch von Beratungsstellen näher betrachtet. Als Ergebnis ergab sich, dass die derzeitige Transparenz sehr gering ist und Patienten
nur wenige Informationsquellen zur Verfügung stehen.[1256]

Dieser Eindruck bestätigte sich im Rahmen einer durchgeführten und Internet-
gestützten *Befragung* von 556 Personen über die vorhandenen Informationsquellen im ambulanten Sektor. Ergebnisse hiervon waren beispielsweise, dass die derzeitige Informationslage in der ambulanten Versorgung Deutschlands aus Sicht
der Befragten nicht zufriedenstellend ist; fast 70 % der Teilnehmer haben angegeben, die derzeitigen Möglichkeiten als weniger gut oder schlecht einzuschätzen.
Bei der Suche nach einem neuen Arzt orientiert sich die Mehrheit der Befragten
an Empfehlungen aus dem Familien- oder Bekanntenkreis und nicht an gemessenen Performance-Ergebnissen. Die im Rahmen dieser Arbeit dargestellten Informationsquellen sind fast der Hälfte aller Befragten vollkommen unbekannt gewesen und bei der Frage, ob Ärzte auch in Abhängigkeit von der geleisteten Behandlungsqualität vergütet werden sollten, hat sich der überwiegende Teil dafür ausgesprochen.

Im Anschluss daran wurde der Einsatz von P4P im deutschen Gesundheitswesen
diskutiert. Dafür wurden wichtige Erfahrungen aus bereits implementierten P4P-
Programmen dargestellt und das P4P-Konzept ausführlich einer kritischen Betrachtung unterzogen. Es zeigte sich, dass der kritische Faktor derartiger Qualitätsverbesserungsinitiativen in der *Performance-Messung* liegt. Diese stellt die
zwingende Voraussetzung für eine erfolgreiche Implementierung dar. Eine einfache Übertragung des Konzepts auf das deutsche Gesundheitswesen gestaltet sich
aufgrund der hier vorhandenen freien Arztwahl als nicht so ohne weiteres möglich. Klinische Qualitätsindikatoren sollten lediglich dann für eine Performance-
Bewertung herangezogen werden, sofern eindeutige Arzt-Patienten-Zuständigkeiten vorliegen, was im Rahmen der normalen Regelversorgung nicht der Fall ist.
Eine Möglichkeit wäre die *Aufhebung der freien Arztwahl* und entweder die Ein-

---

[1256] Vgl. Emmert, M., Müller, M., Schöffski, O. (2007).

führung des Gatekeeper-Systems (wie im UK) oder aber die Einschreibung in (all-) umfassende Versorgungsnetze (wie in den USA). Da jedoch anzunehmen ist, dass von dem Grundsatz der freien Arztwahl in Deutschland nicht abgewichen werden wird, wird die Performance-Messung in der normalen Regelversorgung hierzulande nicht ohne weiteres möglich sein. Allerdings könnten durchaus Ergebnis-Daten zur Patientenzufriedenheit aufgenommen und veröffentlicht werden, wie zuletzt auch immer häufiger geschehen. Jedoch darf hierbei auf der einen Seite nicht die subjektive Sichtweise der Patienten vergessen werden; auf der anderen Seite kann aber auch gefragt werden, wer, wenn nicht der Patient selber es besser beurteilen kann, ob eine Therapie erfolgreich verlaufen ist bzw. er eine Besserung seines Gesundheitszustandes erfahren hat.

Die Veröffentlichung von Performance-Daten (z. B. zur Patientenzufriedenheit) hätte in Deutschland, die Beibehaltung der freien Arztwahl vorausgesetzt, eine noch größere Auswirkung als in den USA, da dort faktisch keine freie Arztwahl besteht. Im Gegensatz zu den USA können gesetzlich Versicherte hierzulande zwischen allen Ärzten mit einer Kassenzulassung wählen, ohne dass dem finanzielle Barrieren entgegenstehen würden; ein Versicherter einer HMO kann beispielsweise nur zwischen angeschlossenen Medical Groups wählen. Möchte er zu einem Leistungserbringer mit einer besseren Performance wechseln, der allerdings nicht in das Versorgungsnetz seiner HMO integriert ist, werden für den Patienten Zuzahlungen fällig, meist in nicht unbeträchtlicher Höhe. Für Deutschland können aufgrund der für Patienten geringeren Wechselbarrieren weitreichendere Implikationen angenommen werden.

Eindeutige Arzt-Patienten-Zuständigkeiten sind beispielsweise im Rahmen neuer Versorgungsformen gegeben, so bei der *Hausarztzentrierten Versorgung*. Hier besteht die Möglichkeit zur Einschränkung der freien Arztwahl, wofür der Versicherte eine Gegenleistung erhält. In den Verantwortungsbereich eines solchen Hausarztes müsste beispielsweise der Hinweis an die Patienten zur Durchführung von Früherkennungs- und Präventionsmaßnahmen (z. B. Brustkrebs-Screening, Messung des HbA1c etc.) fallen. Welche weiteren klinischen Werte in seinen Verantwortungsbereich fallen sollten, kann an dieser Stelle nicht abschließend beantwortet werden. Die gemessenen Ergebnisse könnten in einem weiteren

Schritt veröffentlicht und somit die besten „Gatekeeper" ermittelt werden. Krankenkassen könnten diese mit monetären und nicht-monetären Komponenten „belohnen".

Auch im Rahmen der *Integrierten Versorgung* ist die Aufhebung der freien Arztwahl möglich. Leistungserbringergemeinschaften können hierbei die ganzheitliche Versorgung eingeschriebener Patienten übernehmen und diesbezüglich bewertet werden. Es könnte beispielsweise ermittelt werden, wie hoch der Prozentsatz eingeschriebener Patientinnen ist, der eine bestimmte Präventionsuntersuchung erhalten hat. Da viele IV-Verträge indikationsspezifisch gestaltet sind,
müssten sich die Performance-Bewertungskriterien an den jeweiligen Indikationen orientieren.

Zusammenfassend handelt es sich bei dem P4P-Konzept sicherlich noch um kein
fertiges Konzept, sondern um einen fortgeschrittenen Versuch, mehr Wettbewerb
im Gesundheitswesen zu schaffen und dabei auch die Patienten bzw. Versicherten
noch intensiver mit einzubeziehen. Besonders positiv sind die Bemühungen hervorzuheben, vor allem präventiven Maßnahmen eine noch größere Bedeutung zukommen zu lassen, was nur begrüßt werden kann. Durch die Koppelung monetärer und nicht-monetärer Anreize an die gemessenen Ergebnisse dürfte sich diesbezüglich eine weitere Verbesserung der Versorgungssituation ergeben. Des Weiteren ist es einerseits gut, Anreize auf bestimmte Indikatoren chronischer Krankheiten des klinischen Alltags zu setzen, da diese leicht messbar und nachprüfbar
sind. Andererseits besteht aber auch die Gefahr, dass eine zunehmende Prozent-
zahl angereizter Tätigkeiten die intrinsische Motivation verdrängt, die notwendig
ist, um die schwer messbaren, komplexen medizinischen Aufgaben durchzuführen.[1257] Durch die Schaffung von mehr Transparenz könnte der Tatsache Rechnung getragen werden, dass den Versicherten hierzulande nur ungenügende Informationen über die Qualität medizinischer Leistungserbringer zur Verfügung
stehen.

[1257] Vgl. Marshall, M., Harrison, S. (2005), S. 5.

Literaturverzeichnis

Abendzeitung Nürnberg (2007a)
> Welche Experten bei welcher Krankheit helfen können, 16. April 2007, 21

Abendzeitung Nürnberg (2007b)
> Nürnberger Abendzeitung, 19. April 2007

Agency for Healthcare Research and Quality (2007a)
> Women: Stay Healthy at Any Stage, Your Checklist for Health, URL:
> http://www.ahrq.gov/ppip/healthywom.pdf [Stand: 05.09.2007]

Agency for Healthcare Research and Quality (2007b)
> Men: Stay Healthy at Any Stage, Your Checklist for Health, URL:
> http://www.ahrq.gov/ppip/healthymen.pdf [Stand: 05.09.2007]

Agency for Healthcare Research and Quality (2007c)
> 2007 CAHPS Hospital Survey Chartbook: What Patients say about their Experiences with Hospital Care,
> URL: https://www.cahps.ahrq.gov/content/NCBD/PDF/HCAHPS_Chartbook_2007.pdf [Stand:
> 05.09.2007]

Alber, J., Bernardi-Schenkluhn, B. (1992)
> Westeuropäische Gesundheitssysteme im Vergleich: BRD, Frankreich, Großbritannien, Frankfurt/Main,
> Campus

Allgemeine Ortskrankenkasse (o. J. a)
> Die Hausarztprogramme der AOK Bayern, URL:
> http://www.aok.de/bay/tool/iv/iv_detail.php?vid=73&submit=1&plz=90411&umkreis=50&order=indikati
> on&seite=2&indikation[alter]=1&indikation[amop]=2&indikation[auer]=3&indikation[besu]=4&indikati
> on[erkgm]=5&indikation[erne]=6&indikation [Stand: 05.09.2007]

Allgemeine Ortskrankenkasse (o. J. b)
> Die Hausarztprogramme der AOK Bayern, URL:
> http://www.aok.de/bay/tool/iv/iv_detail.php?vid=36&submit=1&plz=90411&umkreis=50&order=indikati
> on&seite=2&indikation[alter]=1&indikation[amop]=2&indikation[auer]=3&indikation[besu]=4&indikati
> on[erkgm]=5&indikation[erne]=6&indikation [Stand 05.09.2007]

Amelung, V. E., Schumacher, H. (2000)
> Managed Care. Neue Wege im Gesundheitswesen, 2. aktualisierte Auflage, Wiesbaden

American Medical Association (2005)
> Principles for Pay-for-Performance Programs, URL: http://www.ama-
> assn.org/ama1/pub/upload/mm/368/principles4pay627905.pdf [Stand: 29.07.2007]

Amhof, R. (2006)
> Anreize im Gesundheitswesen: Haben Sie die gewünschten Effekte?, in: Health Policy Monitor, Newslet-
> ter 2/2006, 1-6, URL: http://www.bertelsmann-stiftung.de/cps/rde/xbcr/SID-0A000F14-
> 344B390F/bst/GemoHealth_NL_0206-K2.pdf [Stand: 10.08.2007]

Andersen, M. (2006)
> Is it Possible to Measure Prescribing Quality using only Prescription Data?, in: Pharmacology & Toxicol-
> ogy, 98, 314-319

Anderson, H. H., Schulenburg, J.-M. Graf v. d. (1990)
> Konkurrenz und Kollegialität: Ärzte im Wettbewerb. Eine empirische Untersuchung

Arbeitsgemeinschaft der Wissenschaftlichen Medizinischen Fachgesellschaften (2006)
> Empfehlungen zu Qualitätsmanagement in dermatologischen Kliniken und Hautarzt-praxen, URL:
> http://www.uni-duesseldorf.de/AWMF/qs/qs-derm10.htm [Stand: 02.09.2007]

Arztspiegel (2007a)
> Beispiel einer Arztbewertung, URL: http://www.arztspiegel.de/follow.php [Stand: 02.09.2007]

Arztspiegel (2007b)
> Hilfe und häufig gestellte Fragen, URL: http://www.arztspiegel.de/help.htm [Stand: 02.09.2007]

Arzt-Preisvergleich (2007a)
> Unsere Vision, URL: http://www.arzt-preisvergleich.de/ueber_uns.php [Stand: 02.09.2007]

Arzt-Preisvergleich (2007b)
> Beispiel einer Auktion für eine Zahnbehandlung, URL: http://www.arzt-preisvergleich.de [Stand:
> 02.09.2007]

Arzt-Preisvergleich (2007c)
> So leicht geht es, URL: http://www.arzt-preisvergleich.de/so_geht_es.php [Stand: 02.09.2007]

412

Arzt-Preisvergleich (2007d)
    Bewertungen (Beispiel), URL: https://www.arzt-preisvergleich.de/arzt-profil.php?aid=1309 [Stand: 02.09.2007]
Arzt-Preisvergleich (2007e)
    Hilfe, URL: http://www.arzt-preisvergleich.de/hilfe.php [Stand: 02.09.2007]
Ärzte Zeitung Online (2002a)
    Auch das Gesundheitssystem der USA steckt tief in der Krise, 4. Dezember 2002, URL:
    http://www.aerztezeitung.de/docs/2002/12/04/220a1101.asp [Stand: 03.09.2007]
Ärzte Zeitung Online (2002b)
    DKV: Vergütungssysteme sollen Qualität statt Menge belohnen, 14. Januar 2002, URL:
    http://www.aerztezeitung.de/docs/2002/01/14/006a2101.asp [Stand: 03.09.2007]
Ärzte Zeitung Online (2004)
    Berliner Urologen schnitten beim PSA-Praxistest schlecht ab, 02. Februar 2004, URL:
    http://www.aerztezeitung.de/docs/2004/02/02/018a1301.asp?cat=/medizin/krebs/prostatakrebs [Stand: 03.09.2007]
Ärzte Zeitung Online (2006a)
    Gesundheitssysteme im Vergleich: In den USA bleiben viele Bürger ohne Versicherung, 4. August 2006,
    URL: http://www.aerztezeitung.de/docs/2006/08/04/144a0603.asp [Stand: 03.09.2007]
Ärzte Zeitung Online (2006b)
    Warten auf die OP – Britische Patienten müssen sich gedulden, 4. August 2006, URL:
    http://www.aerztezeitung.de/docs/2006/08/04/144a0602.asp [Stand: 03.09.2007]
Ärzte Zeitung (2007)
    Blutzucker bei über 100 Diabetikern wird telemetrisch überwacht, URL:
    http://www.aerztezeitung.de/docs/2007/01/31/018a0401.asp?cat= [Stand: 10.09.2007]
Ärzte Zeitung (2005a)
    Kliniken verlagern vermehrt Leistungen auf Niedergelassene: Fallpauschalen bescheren Mehrarbeit in den
    Praxen, Ausgabe 180, 1
Ärzte Zeitung (2005b)
    KBV-Chef für Lockerung des Werbeverbots, 25.01.2005, URL:
    http://www.aerztezeitung.de/docs/2005/01/25/012a0104.asp [Stand: 06.08.2007]
Audet, A.-M. J., Doty, M. M., Shamasdin, J., u. a. (2005)
    Measure, Learn and Improve: Physicians' Involvement in Quality Improvement, in: Health Affairs, 24, 3,
    843-853

Bagley, B. (2006)
    How Does Your Practice Measure Up?, in: Family Practice Management, July/August, 59-64
Baker, D., Klein, R., Carter, R. (1994)
    Impact of the 1990 contract for general practitioners on night visiting, in: British Journal of General Prac-
    tice, 44, 68-71
Balzer, M. (2004)
    Arzt- und Klinikwerberecht - Aktuelle Werbechancen für Arzt und Klinik, Berlin
Bangasser, R., Yanagihara, D. (o. J.)
    Public Comment Period for P4P Measurement Year 2007, September 1 – October 6, URL:
    http://www.iha.org/p4pyr5/MY%202007%20Public%20Comments%20Memo.pdf [Stand: 07.08.2007]
Barmer (2005)
    Ergebnisorientierte Vergütung in der Rehabilitation: Gute Qualität in der Patientenversorgung soll sich
    auszahlen, 30. September 2005, URL:
    http://www.barmer.de/barmer/web/Portale/Versichertenportal/Presse-Center/Presse-
    Archiv/2005_2007_20_20bis_2009/050930_20reha/content_20rehaCID__84134.html [Stand: 03.09.2007]
Bartels, C. (2007)
    Uniklinikum Greifswald erreicht bundesweit niedrigsten Basisfallwert, Pressemitteilung beim Informati-
    onsdienst Wissenschaft, 17. Januar 2007, URL: http://idw-online.de/pages/de/news?print=1&id=192308
    [Stand: 03.09.2007]
Bateman, D. N., Campbell, M., Donaldson, L. J., u. a. (1996)
    Prescribing incentive scheme for non-fundholding general practices: on observational study, in: British
    Medical Journal, 313, 535-538
Baur, H. (2004)
    Prostatakrebs: Tests zur Früherkennung umstritten, Das Verfahren birgt für gesunde Männer auch
    Nachteile - Ärzte informieren unzureichend, in: Berliner Morgenpost, 03. April 2004, URL:
    http://www.morgenpost.de/content/2004/04/03/ttt/669921.html [Stand: 03.09.2007]

Becker, C. (2005)
Right on the money, in: Modern Healthcare, 35, 8-9

Berbner, T. (2006)
Gesundheitssystem in den USA: Operation im Supermarkt, Tagesschau vom 24. Juni 2006, URL: http://www.tagesschau.de/aktuell/meldungen/0,,OD5651230_REF1,00.html [Stand: 03.09.2007]

Berekoven, L., Eckert, W., Ellenrieder, P. (1999)
Marktforschung – Methodische Grundlagen und praktische Anwendung, 8. überarbeitete Auflage, Wiesbaden

Bertelsmann Stiftung (2004)
Gesundheitsmonitor Welle 7 Versichertenstichprobe, URL: http://www.bertelsmann-stiftung.de/bst/de/media/Frabo_GeMo_Welle_7.pdf [Stand: 03.09.2007]

Bertelsmann Stiftung (2006a)
Editorial, Health Policy Monitor, Newsletter 1/2006, URL: http://www.bertelsmann-stiftung.de/cps/rde/xbcr/SID-0A000F14-344B390F/bst/GemoHealth_druck.pdf [Stand: 10.08.2007]

Bertelsmann Stiftung (2006b)
Gesundheitsmonitor Welle 10, URL: http://www.bertelsmann-stiftung.de/cps/rde/xbcr/SID-0A000F14-3DAC03FC/bst/Versicherte-Welle-10.pdf [Stand: 03.09.2007]

Bertelsmann Stiftung (o. J.)
Editorial, Health Policy Monitor, Newsletter 1/2006, URL: http://www.bertelsmann-stiftung.de/cps/rde/xbcr/SID-0A000F14-344B390F/bst/GemoHealth_druck.pdf [Stand: 10.08.2007]

Berufsgericht für die Heilberufe Schleswig (2003)
Urteil vom 23. August 2000, Az. BG 10/99; Oberlandesgericht Düsseldorf, Urteil vom 23. Oktober 2001, Az. 20 U 27/01; Landgericht Köln, Beschluss vom 20. Oktober 2003, Az. 81 O 175/03

Berwick, D. M. (2002)
Public Reporting Reports and the Will for Change, in: JAMA, 288, 12, 1523-1524

Bey, T. (2001)
Managed Care in den USA: Übermacht der Versicherungen, in: Deutsches Ärzteblatt, 24. Dezember 2001, URL: http://www.aerzteblatt.de/v4/archiv/artikel.asp?id=29918 [Stand: 03.09.2007]

Birkner, B. (2000)
Zertifizierung einer gastroenterologischen Gemeinschaftspraxis nach DIN ISO EN 9001 – vernetzt mit den Leitlinien einer wissenschaftlich-medizinischen Fachgesellschaft, in: Zeitschrift für ärztliche Fortbildung und Qualitätssicherung, 94, 639-643

Bitzer, E.-M., Dierks, M.-L., Schwartz, F.-W. (o. J.)
ZAP-Fragebogen zur Zufriedenheit in der ambulanten Versorgung - Qualität aus Patientensicht, Medizinische Hochschule Hannover, URL: http://www2.mh-hannover.de/1608.html [Stand: 03.09.2007]

Booz Allen Hamilton, Felix Burda Stiftung (Hrsg.) (2005)
Von der Reaktion zur Prävention: Leitbild für eine moderne Gesellschaft. Studie zum Stand der Prävention in Deutschland, URL: http://www.boozallen.de/media/file/praevention.pdf [Stand: 03.09.2007]

Boroch, W. (1998)
Zum Verhältnis von Rationierung und medizinisch Notwendigem in der ambulanten ärztlichen Versorgung, URL: http://www brennpunktgesundheitswesen.de/html/1998/BP09-1998.pdf [Stand: 03.09.2007]

Boyd, C. M., Darer, J., Boult, C., u. a. (2005)
Clinical Practice Guidelines and Quality of Care for Clder Patients With Multiple Comorbid Diseases: Implications for Pay for Performance, in: JAMA, 294, 6, 716-724

Braun, B., Reiners, H., Rosenwirth, M., u. a. (2006)
Anreize zur Verhaltenssteuerung im Gesundheitswesen: Effekte bei Versicherten und Leistungsanbietern, Chartbook. Gütersloh: Bertelsmann Stiftung, Universität Bremen

Bridges to Excellence (2007a)
Physician Quality Report; Erworbener Bericht am 20.4.2007 für eine Ärztin, URL: http://www.healthgrades.com/consumer/index.cfm?fuseaction=mod&modtype=shop&modact=view_shop&action=additem&status=true&nocache=565E7692-9_AF-697A-2C807A30EE52A8D6&tab_set=cart&TV_LID=btn_getreportcart [Stand: 30.08.2007]

Bridges to Excellence (2007b)
Physician Quality Report; Beispielhafter Bericht für John J. Smith, MD, URL: http://www.healthgrades.com/consumer/index.cfm?fuseaction=modnw&modtype=content&modact=SHOP_Physician_Report_Example&TV_LID=LNK_SampleRpt [Stand: 30.08.2007]

Bridges to Excellence (2007c)
Website, URL: http://www.bridgestoexcellence.org/ [Stand: 30.08.2007]

414

Britische Botschaft Berlin (2004)
  Das Gesundheitssystem in Großbritannien, Juli 2004, URL:
  http://www.britishembassy.de/pdf/NHS_ger.pdf [Stand: 03.09.2007]
Bröll, C. (2006)
  Großbritannien: Milliarden für kürzere Wartezeiten, in: FAZ.net, 28. Juni 2006, URL:
  http://www.faz.net/s/Rub6B15D93102534C72B5CF6E7956148562/Doc~EB9D327214B9F42899A45FF
  B05546CD4E~ATpl~Ecommon~Scontent.html [Stand: 03.09.2007]
Bubenzer, R. H. (2005)
  Mehr Sicherheit für Patienten durch aktives Fehlermanagement, in: Notfall & Hausarztmedizin (Notfall-
  medizin), 31, 236-237
Buddeberg-Fischer, B., Klaghofer, R., Vetsch, E., u. a. (2002)
  Studienerfahrungen und Karrierepläne angehender Ärztinnen und Ärzte, in: Schweizerische Ärztezeitung;
  83: Nr. 38, 1980-1986
Bufalino, V., Peterson, E. D., Krumholz, H. M., u. a. (2007)
  Nonfinancial Incentives for Quality. A Policy Statement from the American Heart Association, in: Circu-
  lation, 115, 398-401, URL: http://circ.ahajournals.org/cgi/reprint/115/3/398 [Stand: 06.09.2007]
Bundesärztekammer (Hrsg.) (1997)
  Leitfaden: Qualitätsmanagement im deutschen Krankenhaus, unter Mitarbeit von Kolkmann, F.-W., Sey-
  farth-Metzger, I., Stobrawa, F., 2. Auflage, München
Bundesärztekammer (2003)
  Arzt - Werbung - Öffentlichkeit, URL:
  http://www.bundesaerztekammer.de/page.asp?his=1.100.1144.1154 [Stand: 03.09.2007]
Bundesgerichtshof (1997)
  Urteil v. 30.04.1997, URL: http://www.jura.uni-sb.de/Entscheidungen/pressem97/BGH/zivil/beste_ra.html
  [Stand: 16.05.2007]
Bundesgeschäftsstelle Qualitätssicherung gGmbH (2007a)
  Dokumentationsraten 2005 in den Leistungsbereichen, URL:
  http://www.bqs-online.com/qualrep/2005/grundlagen/datenbasis/dokuraten
  [Stand: 01.09.2007]
Bundesgeschäftsstelle Qualitätssicherung gGmbH (2007b)
  Wie erfolgt die Berechnung der Dokumentationsraten pro Krankenhaus?, URL:
  http://www.bqs-online.com/public/faq/themen/sollstatistik/doku/doku2 [Stand: 01.09.2007]
Bundesministerium für Gesundheit (o. J. a)
  Sachleistungs- und Kostenerstattungsprinzip, URL: http://www.die-
  gesundheitsre-
  form.de/gesundheitssystem/qualitaet_vergleichen/der_gute_arzt/patientenquittung/index.html?param=box-
  qv1 [Stand: 02.09.2007]
Bundesministerium für Gesundheit (o. J. b)
  Was kommt wann?, URL: http://www.die-
  gesundheitsreform.de/gesundheitsreform/ueberblick/was_kommt_wann/index.html [Stand: 02.09.2007]
Bundesministerium für Gesundheit (o. J. c)
  Ärztin/Arzt: Das Geld, URL: http://www.die-
  gesundheitsre-
  form.de/gesundheitssystem/solidarisch_versichern/geld_und_leistung/aerztin_arzt/index.html [Stand:
  02.09.2007]
Bundeszentrale für politische Bildung (o. J. a)
  Ambulante ärztliche Versorgung. Teil 1: Strukturen und Versorgungsformen, URL:
  http://www.bpb.de/themen/WZDR7I,0,Gesundheitspolitik_Lernobjekt.html?lt=AAB383&guid=AAB203
  [Stand: 02.09.2007]
Bundeszentrale für politische Bildung (o. J. b)
  Paritätische Finanzierung: Der Arbeitgeber zahlt(e) die Hälfte, URL:
  http://www.bpb.de/themen/WZDR7I,0,Gesundheitspolitik_Lernobjekt.html?lt=AAA088&guid=AAA112
  [Stand: 02.09.2007]
Bundeszentrale für politische Bildung (o. J. c)
  Ambulante ärztliche Versorgung. Teil 2: Inanspruchnahme von niedergelassenen Ärzten und Auswirkun-
  gen der Praxisgebühr, URL:
  http://www.bpb.de/themen/WZDR7I,0,Gesundheitspolitik_Lernobjekt.html?lt=AAB383&guid=AAB209
  [Stand: 02.09.2007]

Bundeszentrale für politische Bildung (o. J. d)
Ambulante ärztliche Versorgung. Teil 3: Finanzierung und Vergütung vertragsärztlicher Leistungen in der GKV, URL:
http://www.bpb.de/themen/WZDR7I,0,Gesundheitspolitik_Lernobjekt.html?lt=AAB383&guid=AAA582 [Stand: 02.09.2007]
Bundeszentrale für politische Bildung (o. J. e)
Ambulante ärztliche Versorgung. Teil 4: Grundprobleme der Vergütung ärztlicher Leistungen, URL:
http://www.bpb.de/themen/WZDR7I,0,Gesundheitspolitik_Lernobjekt.html?lt=AAB383&guid=AAA778 [Stand: 02.09.2007]
Bundeszentrale für politische Bildung (o. J. f)
Stationäre Versorgung Teil 2: Finanzierung und Vergütung, URL:
http://www.bpb.de/themen/WZDR7I,0,Gesundheitspolitik_Lernobjekt.html?lt=AAB383&guid=AAB207 [Stand: 04.09.2007]
Bundeszentrale für politische Bildung (o. J. g)
Ambulante ärztliche Versorgung. Teil 5: Vergütung privatärztlicher Leistungen, URL:
http://www.bpb.de/themen/WZDR7I,0,Gesundheitspolitik_Lernobjekt.html?lt=AAB383&guid=AAA780 [Stand: 04.09.2007]
Burns, L. R., Walston, S. L., Alexander, J. A., u. a. (2001)
Just How Integrated Are Integrated Delivery Systems? Results From a National Survey, in: Health Care Management Review, 26, 1, 20-39
Busse, R., Schlette, S. (Hrsg.) (2003)
Gesundheitspolitik in Industrieländern: Trends und Analysen 1/2003
Busse, R., Zentner, A., Schlette, S. (Hrsg.) (2006)
Gesundheitspolitik der Industrieländer – Im Blickpunkt: Evaluationskultur, Kontinuität der Versorgung, Informationstechnologien, Ausgabe 6, Bertelsmann Stiftung, Gütersloh
Butters, I. (2002)
Gesundheitssystem der USA: Selbst ist der Bürger, Süddeutsche Zeitung vom 5. November 2002, URL:
http://www.sueddeutsche.de/deutschland/artikel/189.9180/ [Stand: 03.09.2007]

California Cooperative Healthcare Reporting Initiative (2003)
P4P Clinical Measure Pilot, Final Report, URL: http://www.iha.org/p4pyr1/fmy1a.pdf [Stand: 10.08.2007]
California Cooperative Healthcare Reporting Initiative (2006)
Physician Group Results: CCHRI Report on Quality, 63-72, URL:
http://www.cchri.org/reports/CCHRI06_PhysicianGroup.pdf [Stand: 10.08.2007]
California Healthline (2006)
Pay-for-Performance Programs Could Save Medicare $1B, 22. 6, URL:
http://www.californiahealthline.org/articles/2006/6/22/PayforPerformance-Programs-Could-Save-Medicare-1B.aspx [Stand: 06.08.2007]
Casalino, L. P., Alexander, G. C., Jin, L. (2007)
General Internists' Views On Pay-For-Performance And Public Reporting Of Quality Scores: A National Survey, in Health Affairs, 26, 2, 492-499
Castro, M., Zimmermann, N. A., Crocker, S., u. a. (2003)
Asthma Intervention Program Prevents Readmissions in High Healthcare Users, in: Am J Respir Crit Care Med, 168, 1095-1099
Center for Health Improvement (2007)
Aligning Forces for Quality: The Regional Market Project, URL: http://www.forces4quality.org/ [Stand: 06.08.2007]
Centers for Medicare & Medicaid Services (2005a)
Hospital Quality Initiative Overview: Centers for Medicare & Medicaid Services, URL:
http://www.cms.hhs.gov/HospitalQualityInits/downloads/HospitalOverview200512.pdf [Stand: 29.07.2007]
Chaix-Couturier, C., Durand-Zaleski, I., Jolly, D., u. a. (2000)
Effects of financial incentives on medical practice: results from a systematic review of the literature and methodological issues, in: International Journal for Quality in Health Care, 12, 2, 133-142
Chassin, M. R. (2002)
Achieving and Sustaining Improved Quality: Lessons from New York State and Cardiac Surgery, in: Health Affairs, 21, 4, 40-51
Chaudhry, B., Wang, J., Wu, S., u. a. (2006)
Systematic Review: Impact of Health Information Technology on Quality, Efficiency, and Costs of Medical Care, in: Ann Intern Med, 144, E-12-E-22

416

CheckTheDoc (2007)
    Website, URL: www.checkthedoc.de [Stand: 06.08.2007]
Clancy, C. (2006)
    Pay for Performance: The Train Has Left the Station, but Where Is It taking Us?, 27. März, URL:
    http://www.medscape.com/viewarticle/527710 [Stand: 06.08.2007]
Colwell, J. (2005)
    Pay-for-performance takes off in California, in: ACP Observer, January-February, URL:
    http://www.acponline.org/journals/news/jan05/pfp.htm#mass [Stand: 29.07.2007]
Cruz, J., Hickey, R. (2006)
    Falling into the Doughnut Hole: How Congress and the Drug Industry Created a Trap for American Sen-
    iors and People with Disabilities, June 2006, URL: http://home.ourfuture.org/reports/medicare/0607-
    DoughnutHole.pdf [Stand: 03.09.2007]

Damberg, C. L., Raube, K., Williams, T., u. a. (2005)
    Paying for Performance: Implementing a Statewide Project in California, in: Q Manage Health Care, 14, 2,
    66-79
Davies, T., Shortell, S. (o. J. a)
    Proposed Year 2 Measurement Set, URL: http://www.iha.org/p4pyr2/pcomy2.pdf [Stand: 10.08.2007]
Davies, T., Shortell, S. (o. J. b)
    Proposed Year 3 Measurement Set, URL: http://www.iha.org/p4pyr3/pcomy3.pdf [Stand: 10.08.2007]
De Brantes, F. (2006)
    Pay for Performance and Beyond: A Recipe for Improving Healthcare, in: Quality Conundrum, 110-114,
    URL: http://www.bridgestoexcellence.org/assets/Documents/P4PandBeyondarticlebyFSB.pdf [Stand:
    01.09.2007]
Deci, E. L. (1971)
    Effects of externally mediated rewards on intrinsic motivation, in: Journal of
    Personality and Social Psychology, 18, 105-115
Department of Health (o. J.)
    Inpatient Waiting List 1997 – Present, URL:
    http://www.dh.gov.uk/prod_consum_dh/groups/dh_digitalassets/@dh/@en/documents/digitalasset/dh_412
    5806.pdf [Stand: 02.09.2007]
Der Kassenarzt (o. J. a)
    Die Logik ist die Krux, URL:
    http://www.kassenarzt.de/index.php?pVId=482113493&nodeId=12878&page=1 [Stand: 02.09.2007]
Der Kassenarzt (o. J. b)
    3,5-fach ist nicht das Ende, URL: http://www.kassenarzt.de/index.php?nodeId=13569 [Stand: 02.09.2007]
Der niedergelassene Arzt (2007)
    Neuer EBM – Was kommt auf die niedergelassenen Ärzte zu?, in: Der niedergelassene Arzt, 6, 27-29
Deutsches Ärzteblatt (1999)
    Gesundheitsvorsorge durch Chlamydien-Screening, 7, 19. Februar 1999, A-427-428, URL:
    http://www.aerzteblatt.de/v4/archiv/artikel.asp?id=15665 [Stand: 02.09.2007]
Deutsche Krankenhausgesellschaft e.V. (Hrsg.) (2007)
    Konzept für die Ausgestaltung des ordnungspolitischen Rahmens ab dem Jahr 2009, URL:
    http://www.dkgev.de/pdf/1633.pdf [Stand: 02.09.2007]
Deutsches Institut für Medizinische Dokumentation und Information (2007a)
    ICD-10: Internationale Klassifikation der Krankheiten, 10. Revision, URL:
    http://www.dimdi.de/static/de/klassi/diagnosen/icd10/ [Stand: 02.09.2007]
Deutsches Institut für Medizinische Dokumentation und Information (2007b)
    OPS - Operationen- und Prozedurenschlüssel, URL:
    http://www.dimdi.de/static/de/klassi/prozeduren/ops301/index.htm [Stand: 02.09.2007]
Diekmann, A. (2006)
    Empirische Sozialforschung - Grundlagen, Methoden, Anwendungen, Hamburg
Diel, F., Gibis, B. (2005)
    Qualität und Entwicklung in Praxen - Qualitätszielkatalog kompakt Version 2005, URL:
    http://daris.kbv.de/daris/link.asp?ID=1003746935 [Stand: 02.09.2007]
Diel, F., Gibis, B. (2006)
    QEP - Qualität und Entwicklung in Praxen - Häufig gestellte Fragen, URL:
    http://daris.kbv.de/daris/doccontent.dll?LibraryName=EXTDARIS^DMSSLAVE&SystemType=2&Logo
    nId=eb8bf8219e2455fd990e1532723356f5&DocId=003747303&Page=1 [Stand: 02.09.2007]

DiLorenzo, J. (2006)
Incentive Payments and Public Reporting, February 6, URL:
http://www.ehcca.com/presentations/pfpsummit/dilorenzo_2.pdf [Stand: 10.08.2007]

Donabedian, A. (1980)
Explorations in Quality Assessment and Monitoring: Volume I, The Definition of Quality and Approaches to its Assessment, Ann Arbor

Doran, T., Fullwood, C., Gravelle, H., u. a. (2006)
Pay-for-Performance Programs in Family Practices in the United Kingdom, in: N Engl J Med, 355, 4, 375-384, URL:
http://sitemaker.umich.edu/emjournalclub/article_database/da.data/1652163/PDF/pay_for_performance_u k_nejm.pdf [Stand: 07.08.2007]

Dowell, J. S., Snadden D., Dunbar, J. A. (1995)
Changing to generic formulary: how fundholding practice reduced prescribing costs, in: British Medical Journal, 310, 505-508

Dudley, R. A. (2005)
Pay-for-Performance Research: How to Learn what Clinicians and Policy Makers Need to Know, in: JAMA, 294, 14, 1821-1823

Dudley, R. A., Rosenthal, M. B. (2006)
Pay for Performance: A Decision Guide for Purchasers, Agency for Healthcare Research and Quality, Publication No. 06-0047

Düllings, J., Bertram, N., Brennecke, R., u. a. (1996)
Von der Budgetierung zur Strukturreform im Gesundheitswesen: Beiträge der AG Gesundheitssystemforschung und Gesundheitsökonomie der DGSMP, in Thiele, G. (Hrsg.), Schriftenreihe zum Managementhandbuch Krankenhaus, 2, Heidelberg

Easton, J. (2007)
Survey: Physicians support pay for performance but oppose public reporting, Chicago Medical Center, URL: http://www.uchospitals.edu/news/2007/20070306-pay.html [Stand: 09.08.2007]

Emmert, M., Schöffski, O. (2007)
Public Reporting des kalifornischen „Pay for Performance" der Integrated Healthcare Association (IHA), in Gesundheitswesen, 69, 438-447

Emmert, M, Schöffski, O., Müller, M. (2007)
Sag mir, wer ist der beste Arzt im Land? Wie sich Patienten über die Qualität ärztlicher Behandlungen informieren. GesundheitsNachrichten 07/2007

Endsley, S., Kirkegaard, M., Baker, G., u. a. (2004)
Getting Rewards for Your Results: Pay-for-Performance Programs, in: Fam Pract Manag, 11, 3, 45-50

Epstein, A. M. (2006)
Paying for Performance in the United States and Abroad, in: N Engl J Med, 355, 4, 406-408

Epstein, A. M. (2007)
Pay for Performance at the Tipping Point, in: N Engl J Med, 356, 5, 515-517

Epstein, A. M., Lee, T. H, Hamel, M. B. (2004)
Paying physicians for high-quality care, in: N Engl J Med, 350, 406-410

Fachverband Deutsche Arbeitsgemeinschaft Selbsthilfegruppen e. V. (1987)
Selbsthilfegruppen-Unterstützung. Ein Orientierungsrahmen, Gießen

Fallpauschalen-Katalog (2006)
Fallpauschalen-Katalog, G-DRG Version 2006, URL: http://www.g-drg.de/service/download/veroeff_2006/Fallpauschalenkatalog_2006_050929.pdf [Stand 02.09.2007]

Families USA (2006)
Special Report: Coverage through the "Doughnut Hole" Grows Scarcer in 2007, URL:
http://www.familiesusa.org/assets/pdfs/medicare-donut-hole-nov-2006.pdf [Stand: 03.09.2007]

Fischer, M. (2005)
Möglichkeiten sozialwissenschaftlicher Surveys im Internet. Stand und Folgerungen für Online-Befragungen, Universität Konstanz, URL: http://www.uni-konstanz.de/soziologie/ag-hoc/publikationen/PublikatBerichte/Heft46_OnlineBefragung.pdf [Stand: 02.09.2007]

Fisher, E. S. (2006)
Paying for Performance – Risks and Recommendations, in: N Engl J Med, 355, 1845-1847

Flintrop, J. (2003)
Schweizer Gesundheitswesen: Vorbild mit Selbstzweifeln, in: Deutsches Ärzteblatt, 100, 8, A-450 / B-392 / C-370

FOCUS (2006)
　　Die große Ärzte-Liste: Mehr als 1200 Spezialisten aus allen Fachgebieten. 10. Auflage, München
Forrest, C. B., Villagra, V. G., Pope, J. E. (2006)
　　Managing the Metric vs Managing the Patient: The Physician´s View of Pay for Performance, in: The
　　American Journal of Managed Care, February, 83-85
Frank, R. (1989)
　　Beyond self-interest, in: Challenge, 32, 4-13
Fritz Beske Institut für Gesundheits-System-Forschung (2005)
　　Gesundheitswesen von Industrienationen im Vergleich: Deutschlands Gesundheitswesen hoch effizient,
　　Pressemitteilung zur Pressekonferenz des IGSF am 31. August 2005 in Berlin, URL:
　　http://www.igsf.de/Band104-lang.pdf [Stand: 03.09.2007]
Fuhr, C. (2002)
　　Verheerende Heilsbotschaft, Kommentar in Ärzte-Zeitung Online vom 4. Dezember 2002, URL:
　　http://www.aerztezeitung.de/docs/2002/12/04/220a0204.asp [Stand: 03.09.2007]

Gabel, J., McDevitt, R., Gandolfo, L. (2006)
　　Generosity And Adjusted Premiums In Job-Based Insurance: Hawaii Is Up, Wyoming Is Down, in: Health
　　Affairs, 25, 3, 832-843
Geiger, D. (2005)
　　Ärzte-Rankings – Fluch oder Segen für Patienten?, in: MedR 2005/4, 208-215
Gemeinsamer Bundesausschuss (2005)
　　Richtlinie über grundsätzliche Anforderungen an ein einrichtungsinternes Qualitätsmanagement für die
　　vertragsärztliche Versorgung, in: Bundesanzeiger, 248, 18. Oktober 2005, URL: http://www.g-
　　ba.de/downloads/36-232-18/RL_QM-Vertragsarzt-2005-10-18.pdf [Stand: 06.08.2007]
Gemeinsamer Bundesausschuss (2006a)
　　Beschluss vom 17.10.2006 in der Fassung der Bekanntmachung vom 12. Dezember 2006, in: Bundesan-
　　zeiger, 233, 7258
Gemeinsamer Bundesausschuss (2006b)
　　Tragende Gründe zur Neufassung der Vereinbarung gemäß § 137 Abs. 1 Satz 3 Nr. 6 SGB V über Inhalt
　　und Umfang eines strukturierten Qualitätsberichts für nach § 108 SGB V zugelassene Krankenhäuser,
　　URL:
　　http://www.g-ba.de/downloads/40-268-113/2006-10-17-Vb-Qualitaetsbericht-TrG.pdf
　　[Stand: 06.08.2007]
Geraedts, M. (2006)
　　Qualitätsberichte deutscher Krankenhäuser und Qualitätsvergleiche von Einrichtungen des Gesundheits-
　　wesen aus Versichertensicht, in: Böcken, J., Braun, B., Amhof, R., Schnee, M. (Hrsg.): Gesundheitsmoni-
　　tor 2006, Gütersloh, 154-171
Gerlach, F. M. (2001)
　　Qualitätsförderung in Praxis und Klinik: Eine Chance für die Medizin, Stuttgart
Gerlinger, T. (1997)
　　Wettbewerbsordnung und Honorarpolitik: Die Neugestaltung der kassenärztlichen Vergütung zwischen
　　Gesundheitsstrukturgesetz und „dritter Stufe" der Gesundheitsreform, Frankfurt a. M.
Gesellschaft für Gesundheitsmarktanalyse (2007)
　　Qualitätsmanagement in der ärztlichen Praxis 2007: Eine deutschlandweite Befragung niedergelassener
　　Ärztinnen und Ärzte, URL: http://www.stiftung-gesundheit.de/presse/Studie_QM_2007.pdf [Stand:
　　02.09.2007]
Gibis, B., Diel, F. (2006)
　　QEP – Qualität und Entwicklung in Praxen, Konzeptvorstellung, 24. Oktober 2006, URL:
　　http://daris.kbv.de/daris/doccontent.dll?LibraryName=EXTDARIS^DMSSLAVE&SystemType=2&Logo
　　nId=eb8bf8219e2455fd990e1532723356f5&DocId=003744553&Page=1 [Stand: 02.09.2007]
Globalpark (2007)
　　Handbuch zu umfragecenter 5.0,
　　URL: http://www.unipark.info/files/uc51_2007_02_28.pdf [Stand: 02.09.2007]
Goldfield, N., Burford, R., Averill, N., u. a. (2005)
　　Pay for Performance: An Excellent Idea That Simply Needs Implementation, in: Q Manage Health Care,
　　14, 1, 31-44
Goldmann, D. (2005)
　　Management der stationären Leistungsausgaben in der privaten Krankenversicherung, Referat auf dem
　　Symposium „Krankenhaus und Recht" am 09. November 2005, URL:
　　http://www.stmas.bayern.de/krankenhaus/khundrecht/khr-goldmann.pdf [Stand: 02.09.2007]

Gorschlüter, P. (1999)
Das Krankenhaus der Zukunft: Integriertes Qualitätsmanagement zur Verbesserung von Effektivität und Effizienz, Stuttgart

Greß, S., Maas, S., Wasem, J. (2006)
Effektivitäts-, Effizienz- und Qualitätsreserven im deutschen Gesundheitssystem, Expertise für die Hans-Böckler-Stiftung, Oktober 2006

Greß, S., Walendzik, A., Wasem, J. (2005)
Nichtversicherte Personen im Krankenversicherungssystem der Bundesrepublik Deutschland – Bestandaufnahme und Lösungsmöglichkeiten, Diskussionsbeitrag aus dem Fachbereich Wirtschaftswissenschaften Universität Duisburg-Essen Campus Essen, Nr. 147, Oktober 2005, URL: http://www.uni-essen.de/fb5/pdf/147.pdf [Stand: 02.09.2007]

Gutermann Publisher Ltd. (o. J.)
Die Online-GOÄ, URL: http://www.e-bis.de/goae/defaultFrame.htm [Stand: 02.09.2007]

Hahne, F. (2003)
Interaktive Websites - Das Praxisbuch, Poing

Hannen, R. (2001)
Qualitätsmanagement in der Arztpraxis: Systematisch zum Praxiserfolg, in: Deutsches Ärzteblatt, 98, Ausgabe 41 vom 12. Oktober 2001, 6

Hämmerle, P., Estelmann, A., Schwandt, M., u. a. (2007)
Moderne Verfahren der Qualitätsberichterstattung im Krankenhaus, Schriften zur Gesundheitsökonomie 9, Burgdorf

Hänseler, G. J. (o. J.)
Das deutsche Fallpauschalensystem G-DRG, URL: http://arbmed.klinikum.uni-muenchen.de/ggg_drg_haens_0607.pdf [Stand: 02.09.2007]

Häussler, B., Berger, U. (2004)
Bedingungen für effektive Disease-Management-Programme. Analyse, Bewertung und Lösungsansätze für Qualität und Finanzierung. Beiträge zum Gesundheitsmanagement, Bd. 7, Baden-Baden, Nomos Verlagsgesellschaft

HealthGrades (2007)
Website von HealthGrades, URL: http://www.healthgrades.com [Stand: 08.09.2007]

Health Consumer Powerhouse (2005)
Europa-Gesundheitskonsumenten-Index, Entwurf 10. Juni 2005, Überarbeiteter Bericht, URL: http://www.healthpowerhouse.com/media/EHCI2005_DE.pdf [Stand: 02.09.2007]

Health Consumer Powerhouse (2006)
Euro Health Consumer Index 2006, 19. Juni 2006, URL: http://www.healthpowerhouse.com/media/RaportEHCI2006en.pdf [Stand: 02.09.2007]

Henley, E. (2005)
Pay-for-performance: What can you expect?, in: Journal of Family Practice, 54, 7, 609-612

Herholz, H. (2006)
Endlich Klarheit: Qualitätsmanagement-Richtlinie vertragsärztliche Versorgung seit 1. Januar 2006 in Kraft, URL: http://www.ehealth-net.de/index.php?name=News&file=article&sid=9 [Stand: 10.08.2007]

Hess, R. (2003)
Privatbehandlung: Privatliquidation im Krankenhaus massiv gefährdet, in: Deutsches Ärzteblatt 100, 20 Ausgabe vom 16. Mai 2003, Seite A-1317 / B-1103 / C-1031, URL: http://www.aerzteblatt.de/v4/archiv/artikel.asp?id=36935 [Stand: 02.09.2007]

Helpster (2007a)
Über Helpster, URL: http://www.helpster.de/tour.html [Stand: 02.09.2007]

Helpster (2007b)
Beispiel einer Arztbewertung, URL: http://www.helpster.de [Stand: 02.09.2007]

Helpster (2007c)
Presse, URL: http://www.helpster.de/press.html [Stand: 02.09.2007]

Highsmith, N., Rothstein, J. R. (2006)
Rewarding Performance in Medicaid Managed Care, CHCS Brief, March

Hildebrand, R. (2005)
Qualitätsberichterstattung in Deutschland heute, in: Klauber, J., Robra, B.-P., Schellschmidt, H. (Hrsg.), Krankenhaus-Report 2004, Schwerpunkt: Qualitätstransparenz – Instrumente und Konsequenzen, Stuttgart, 27-47

Hildebrandt GesundheitsConsult GmbH (2007)
>   Aktuelles im März 2007: „Value – Orientierung" als Strategie für neue Geschäftsfelder in der Gesund-
>   heitswirtschaft, URL: http://www.gesundheitsconsult.de/gc/archiv_-
>   _news_und_updates/archiv_aktuelles_-_news_und_updates/070312aktuelles_im_maerz.html [Stand:
>   04.09.2007]

Initiativkreis Ruhrgebiet Verwaltungs-GmbH (Hrsg) (2007)
>   Klinik-Führer Rhein-Ruhr, URL: http://www.kliniken-rhein-ruhr.de [Stand: 04.09.2007]
Ibel, H., Knon, D. (2005)
>   Qualitätsmanagement in der Arztpraxis, München
Institut für das Entgeltsystem im Krankenhaus gGmbH (2006)
>   Abschlussbericht: Weiterentwicklung des G-DRG-Systems für das Jahr 2007, Klassifikation, Katalog und
>   Bewertungsrelationen, Teil I: Projektbericht, 15. Dezember 2006, Siegburg, URL: http://www.g-
>   drg.de/service/download/veroeff_2007/Abschlussbericht_GDRG_System2007.pdf [Stand: 04.09.2007]
Institute of Medicine (2000)
>   To err is human: Building a Safer Health System, The National Academies Press, Washington D.C.
Institute of Medicine (2001a)
>   Crossing the Quality Chasm: A new Health System for the 21st Century, The National Academies Press,
>   Washington D.C.
Institute of Medicine (2001b)
>   Crossing the Quality Chasm: A new Health System for the 21st Century, Reportbrief, March 2001, URL:
>   http://books.nap.edu/html/quality_chasm/reportbrief.pdf [Stand: 04.09.2007]
Institute of Medicine (2003)
>   Patient Safety: Achieving a New Standard for Care, The National Academies Press, Washington D. C.
Institute of Medicine (2005)
>   Pathways to Quality Health Care: Performance Measurement – Accelerating Improvement, The National
>   Academies Press, Washington D. C.
Institute of Medicine (2007)
>   Pathways to Quality Health Care: Rewarding Provider Performance – Aligning Incentives in Medicare,
>   The National Academies Press, Washington D.C.
Integrated Healthcare Association (2002)
>   Integrated Healthcare Association Part of National Initiative to Base Health Care Payments on Quality,
>   URL: http://www.iha.org/092602.htm [Stand: 09.08.2007]
Integrated Healthcare Association (2003)
>   Pay for Performance Overwiev, URL: http://www.iha.org/P4POVIEW.htm [Stand: 10.08.2007]
Integrated Healthcare Association (2005a)
>   What counts in California´s pay-for-performance initiative, URL:
>   http://www.acponline.org/journals/news/jan05/pfp.pdf [Stand: 07.08.2007]
Integrated Healthcare Association (2005b)
>   IHA P4P Up2Date, Volume 1: November 2005, URL:
>   http://www.iha.org/IHA%20P4P%20UP2DATE%20Nov%202005.pdf [Stand: 10.08.2007]
Integrated Healthcare Association (2006a)
>   Integrated Healthcare Association California Pay for Performance Program: Efficiency Domain Measures
>   Specifications for Measurement Year 2007, URL:
>   http://www.iha.org/p4pyr5/Efficiency%20Specifications%20for%20Public%20Comment.pdf [Stand:
>   10.08.2007]
Integrated Healthcare Association (2006b)
>   IHA P4P-News, November 2006, URL: http://www.iha.org/P4P%20e-news%201106.pdf [Stand:
>   10.08.2007]
Integrated Healthcare Association (2006c)
>   Continued quality improvement in California Health Care announced by Integrated Healthcare Associa-
>   tion, 13. July; URL: http://www.iha.org/071306.htm [Stand: 07.08.2007]
Integrated Healthcare Association (o. J. Ia)
>   Honorable Mention: Clinical Quality, URL: http://www.iha.org/p4pyr1/patientexp.pdf [Stand: 10.08.2007]
Integrated Healthcare Association (o. J. b)
>   Honorable Mention: Patient Experience, URL:
>   http://iha.org/p4ptop/Honorable%20Mention%20in%20Patient%20Experience%2010-4.pdf [Stand:
>   10.08.2007]

Integrated Healthcare Association (o. J. c)
Honorable Mention: Information Technology, URL:
http://iha.org/p4ptop/Honorable%20Mention%20Information%20Technology%2010-4.pdf [Stand:
10.08.2007]

Integrated Healthcare Association (o. J. d)
Pay for Performance – Year 1 Patient Satisfaction Measures Weighting, URL:
http://www.iha.org/p4ppsm.htm [Stand: 10.08.2007]

Integrated Healthcare Association (o. J. e)
Pay for Performance IT Investment Grid: Final Measure for Year 1, URL:
http://www.iha.org/p4pitms.htm [Stand: 10.08.2007]

Integrated Healthcare Association (o. J. f)
Pay for Performance: Clinical Specifications for 2003, URL: http://www.iha.org/p4pyr1/cspecy1.pdf
[Stand: 10.08.2007]

Integrated Healthcare Association (o. J. g)
Physician Group Clinical Care Report Card, URL: http://iha.ncqa.org/reportcard/ [Stand: 10.08.2007]

Integrated Healthcare Association (o. J. h)
Pay for Performance Measurement Set, URL: http://www.iha.org/p4pyr1/fmy1.pdf [Stand: 10.08.2007]

Integrated Healthcare Association (o. J. i)
Pay for Performance – Year 2 Measurement Set, URL: http://www.iha.org/p4pyr1/fmy2.pdf [Stand:
10.08.2007]

Integrated Healthcare Association (o. J. j)
Specifications for IT Investment Domain: Pay for Performance, Year 2, URL:
http://www.iha.org/p4pyr2/IT%20Domain.pdf [Stand: 10.08.2007]

Integrated Healthcare Association (o. J. k)
IHA P4P Patient Experience Measures, Measurement Year 2004/Reporting Year 2005, URL:
http://www.iha.org/p4pyr2/patientexp.pdf [Stand: 10.08.2007]

Integrated Healthcare Association (o. J. l)
Methodology to Determine Top Performing Physician Organizations: 2004 Measurement Year/2005 Reporting Year, URL: http://www.iha.org/p4pyr2/copl/methodology.pdf [Stand: 10.08.2007]

Integrated Healthcare Association (o. J. m)
IHA P4P 2005 Measurement Set: 2005 Measurement Year/2006 Collecting and Reporting Year, URL:
http://www.iha.org/p4pyr3/fmy3.pdf [Stand: 10.08.2007]

Integrated Healthcare Association (o. J. n)
Number of Physician Organizations with Reportable Rates (N) and Measure Means, 2003, 2004, and
2005, URL: http://www.iha.org/p4pyr3/P4P%20Results%202005.pdf [Stand: 10.08.2007]

Integrated Healthcare Association (o. J. o)
IHA Year 3 P4P Physician Incentive Bonus Opportunity, URL:
http://www.iha.org/p4pyr3/Physician%20Incentive%20Bonus.pdf [Stand: 10.08.2007]

Integrated Healthcare Association (o. J. p)
IHA Year 3 P4P Information Technology Domain, URL: http://www.iha.org/p4pyr3/IT%20Domain.pdf
[Stand: 10.08.2007]

Integrated Healthcare Association (o. J. q)
IHA P4P Payment Measurement Set, URL:
http://www.iha.org/p4pyr4/Final%20MY%202006%20and%202007%20Measure%20Set.pdf [Stand:
10.08.2007]

Integrated Healthcare Association (o. J. r)
IHA P4P Payment Measurement Set, URL:
http://www.iha.org/p4pyr5/Final%20MY%202006%20and%202007%20Measure%20Set.pdf [Stand:
10.08.2007]

Integrated Healthcare Association (o. J. s)
Physician Group Clinical Care Report Card: Compare Overall Physician Group Ratings (Los Angeles),
URL: http://iha.ncqa.org/reportcard/Frames.aspx?cid=38 [Stand: 10.08.2007]

Integrated Healthcare Association (o. J. t)
Number of Physician Organizations with Reportable Rates (N) and Measure Means, 2003, 2004, and
2005, URL: http://www.iha.org/p4pyr3/P4P%20Results%202005.pdf [Stand: 10.08.2007]

Integrated Healthcare Association (o. J. u)
Top Performing Physician Groups, URL: http://iha.org/p4ptoprf.htm [Stand: 10.08.2007]

422

Integrated Healthcare Association (o. J. z)
Honorable Mention: Clinical Quality, URL:
http://iha.org/p4ptop/Honorable%20Mention%20in%20Clinical%20Quality%2010-4.pdf [Stand:
10.08.2007]

Janus, K., Amelung, V. E. (2004)
Integrierte Versorgungssysteme in Kalifornien – Erfolgs- und Misserfolgsfaktoren der ersten 10 Jahre und
Impulse für Deutschland, in: Gesundheitswesen, 66, 649-655

Kalbheim, E. M. (2004)
Prostatakrebs: Rahmenbedingungen verbessern, Pressemitteilung beim Informationsdienst Wissenschaft,
28. Januar 2004, URL: http://idw-online.de/pages/de/news?print=1&id=75096 [Stand: 05.09.2007]
Kaltenbach, T. (1991)
Qualitätsmanagement im Krankenhaus: Qualitäts- und Effizienzsteigerung auf der Grundlage des Total
Quality Management, Melsungen
Kassenärztliche Bundesvereinigung (1996)
Einheitlicher Bewertungsmaßstab in der Fassung vom 01.01.1996
Kassenärztliche Bundesvereinigung (2004)
Herz-Kreislauf-Erkrankungen, Risikofaktoren kennen – Herzinfarkt und Schlaganfall, URL:
http://www.kbv.de/patienteninformation/844.html [Stand: 05.09.2007]
Kassenärztliche Bundesvereinigung (2005a)
Häufig gestellte Fragen (FAQ´s) zum Thema „Zertifizierung" und zur Rahmenvereinbarungen zwischen
der KVB und Zertifizierungsfirmen (nach DIN EN ISO 9001:2000), URL:
http://www.kvb.de/servlet/PB/show/1006031/QM-FAQ-Liste-Zertifizierung.pdf [Stand: 05.09.2007]
Kassenärztliche Bundesvereinigung (2005b)
Grunddaten I, Ärzte, aktualisiert, Stand: 31.12.2005, URL:
http://daris.kbv.de/daris/link.asp?ID=1003751104 [Stand: 09.07.2007]
Kassenärztliche Bundesvereinigung (2007a)
Kurzinformation zum QM und der QM-Richtlinie, URL:
http://daris.kbv.de/daris/doccontent.dll?LibraryName=EXTDARIS^DMSSLAVE&SystemType=2
&LogonId=974fc728a4ad51dc0f04d82272c497db&DocId=003754014&Page=1 [Stand: 10.08.2007]
Kassenärztliche Bundesvereinigung (2007b)
Häufig gestellte Fragen (FAQ´s) zum Thema „QM-Richtlinien" des Gemeinsamen Bundesausschusses (G-
BA), URL:
http://daris.kbv.de/daris/doccontent.dll?LibraryName=EXTDARIS^DMSSLAVE&SystemType=2&Logo
nId=d0d120b77d5bca6883
6bc2aed6c4443b&DocId=003754013&Page=1 [Stand: 30.08.2007]
Kassenärztliche Bundesvereinigung (2007c)
Einheitlicher Bewertungsmaßstab in der Fassung vom 01.01.2007
Kassenärztliche Bundesvereinigung (2007d)
Vorteile des neuen EBM, URL: http://www.kbv.de/8359.html [Stand: 09.07.2007]
Kassenärztliche Bundesvereinigung (2007e)
Spezifische QM-Systeme bzw. -verfahren für Praxen, URL:
http://daris.kbv.de/daris/doccontent.dll?LibraryName=EXTDARIS^DMSSLAVE&SystemType=2&Logo
nId=eb8bf8219e2455fd990e1532723356f5&DocId=003753316&Page=1 [Stand: 09.07.2007]
Kassenärztliche Bundesvereinigung (2007f)
Liste der nach QEP zertifizierten Praxen Stand 06/2007, URL:
http://daris.kbv.de/daris/link.asp?ID=1003751264 [Stand: 05.09.2007]
Kassenärztliche Bundesvereinigung (2007g)
Arztgruppen-EBM, URL: http://www.kbv.de/8170.html [Stand: 05.09.2007]
Kassenärztliche Vereinigung Bayern (2005)
EBM 2000plus Bayerische Regelungen in der Fassung vom 30.03.2005
Kassenärztliche Vereinigung Berlin (2007)
Honorarreform-Da kommt noch was, 2007 in URL:
http://www.kvberlin.de/40presse/30kvblatt/2007/09/index.html [Stand: 25.09.2007]
Kautz, H. (2005)
Auf Glatteis kurz nach Amtsantritt, in: Ärzte Zeitung, 25. 01, URL:
http://www.aerztezeitung.de/docs/2005/01/25/012a0204.asp [Stand: 07.08.2007]

Keenan, P. S., Kline, J. (2004)
    Paying for Performance, The Commonwealth Fund, Issue Brief, November, URL:
    http://www.commonwealthfund.org/publications/publications_show.htm?doc_id=247163 [Stand:
    07.08.2007]
Kent, C. (2006)
    Paying for Performance in Medicaid: States are demanding accountability, in: In Depth, 27, 459
Kirchner, H., Schnee, M. (2005)
    Qualitätsmanagement und Zertifizierung, in: Böcken, J., Braun, B., Schnee, M., Amhof, R. (Hrsg.): Ge-
    sundheitsmonitor 2005, Gütersloh, 41-53
Kizer, K. W. (2001)
    Establishing Health Care Performance Standards in an Era of Consumerism, in: JAMA, 286, 1213-1217
Klakow-Franck, R. (2005)
    Der Weg zum Zertifikat, in: Deutsches Ärzteblatt 102, 21, vom 27. Mai 2005, A-1486
Klein, R. (2006)
    The Troubled Transformation of Britain's National Health Service, in: NEJM, 355, 409-415
Klinik-Lotse (2007)
    Klinik Lotse, URL: http://www.klinik-lotse.de [Stand: 03.09.2007]
Koch, K., Gehrmann, U., Sawicki, P. T. (2007)
    Primärärztliche Versorgung in Deutschland im internationalen Vergleich: Ergebnisse einer strukturvali-
    dierten Ärztebefragung, in: Deutsches Ärzteblatt, 104, 38, vom 21. September 2007, A-2584, URL:
    http://www.aerzteblatt.de/v4/archiv/artikel.asp?src=suche&id=56988 [Stand: 08.11.2007]
Kooperation für Transparenz und Qualität im Gesundheitswesen (o. J. a)
    KTQ-Qualitätsberichte, URL: http://www.ktq.de/ktq_qualitaetsberichte/index.php?tp=qbti&id=13 [Stand:
    03.09.2007]
Kooperation für Transparenz und Qualität im Gesundheitswesen (o. J. b)
    KTQ: Vorteile für Praxen, URL: http://www.ktq.de/ktq_arztpraxen/index.php [Stand: 03.09.2007]
Kooperation für Transparenz und Qualität im Gesundheitswesen (o. J. c)
    Inhaltsverzeichnis eines KTQ-Qualitätsberichts, URL: http://www.ktq.de/ktq_qualitaets-
    berichte/index.php [Stand: 05.09.2007]
Köhler, A. (2005)
    Die Zeit ist reif für Reformen, in: Deutsches Ärzteblatt, Heft 4, April, 151-153
Kranich, C. (1996)
    Der „Kunde Patient" als bestimmender Faktor der Qualität im Gesundheitswesen, in: Viethen, G., Maier,
    I. (Hrsg.), Qualität rechnet sich. Erfahrungen zum Qualitätsmanagement im Krankenhaus, Stuttgart, New
    York, 58-61
Krauth, C., Schwartz, F. W., Perleth, M., u. a. (1997)
    Zur Weiterentwicklung des Vergütungssystems in der ambulanten ärztlichen Versorgung, Diskussionspa-
    pier Nr. 9 der Forschungsstelle für Gesundheitsökonomie und Gesundheitssystemforschung, URL:
    http://www.ivbl.uni-hannover.de/~fgg/dkp/dp009.pdf [Stand: 05.09.2007]
Kravitz, R. L., Chang, S. (2005)
    Promise and Perils for Patients and Physicians, in: NEJM, 353, 2735-2739
Kristiansen, I. S., Holtedahl, K. (1993)
    Effect of the remuneration system on the general practitioner's choice between surgery consultations and
    home visits, in: Journal of Epidemiology and Community Health, 47, 481-484
Ku, L. (2005)
    Medicaid: Improving Health, Saving Lives, Center on Budget and Policy Priorities, URL:
    http://www.cbpp.org/7-19-05health.htm [Stand: 05.09.2007]
Kusterer, K. (2001)
    Blutzucker messen ohne zu stechen! GlucoWatch: Armbanduhr als Meßgerät, URL:
    http://www.diabetes-news.de/news/nachrichten/pm010620.htm [Stand: 16.09.2007]

Lampert, H., Althammer, J. (2004)
    Lehrbuch der Sozialpolitik, 7. überarbeitete Auflage, Berlin, Heidelberg, New York, Springer
Landgraf, R. (2006)
    Hba1c – Goldstandard in der Beurteilung der Therapie des Diabetes ?, in: Dtsch Med Wochenschr, 131,
    243-246
Landro, L. (2004)
    To get doctors to do better, Health Plans try Cash Bonus, in: The Wall Street Journal, Sep 17, Sect A:1

424

Lang, H. (2001)
  Die Vergütung der Vertragsärzte und Psychotherapeuten im Recht der gesetzlichen Krankenversicherung, in: Schmid, E. (Hrsg.), Beiträge zur Sozialpolitik und zum Sozialrecht, 30, Berlin
Lauterbach, K. W., Schrappe, M. (2001)
  Gesundheitsökonomie, Qualitätsmanagement und Evidence-based Medicine, Stuttgart
Le Ker, H. (2007)
  Nutzer suchen Rat auf menschelnden Seiten, Spiegel Online, 07. März 2007, URL: http://www.spiegel.de/wissenschaft/mensch/0,1518,470227,00.html [Stand: 02.09.2007]
Leapfrog Group (o. J. a)
  Incentives and Rewards Compendium, URL: http://www.leapfroggroup.org/leapfrog_compendium [Stand: 02.09.2007]
Leapfrog Group (o. J. b]
  Rewarding Results: Overwiev, URL: http://www.leapfroggroup.org/RewardingResults/index.htm [Stand: 02.06.2007]
Leatherman, S., Berwick, D., Iles, D., u. a. (2003)
  The business case for quality: case studies and an analysis, in Health Aff, 22, 17-30
Lempert, L. (2006)
  News Release: Top Performing Physician Groups in California Honored by Integrated Healthcare Association, URL: http://www.iha.org/100506.htm [Stand: 10.08.2007]
Lempert, L. (2007)
  Integrated Healthcare Association Announces New Efficiency Measure in Pay for Performance to Improve Healthcare Quality and Reduce Costs, URL: http://www.iha.org/021507.pdf [Stand: 10.08.2007]
Lindenauer, P. K., Remus, D., Roman, S., u. a. (2007)
  Public Reporting and Pay for Performance in Hospital Quality Improvement, in: E Engl J Med, 356, 5, 486-496
List, R. (1999)
  Das Honorarsystem in der vertragsärztlichen Versorgung in der gesetzlichen Krankenversicherung, Inaugural-Dissertation, Hersbruck
Lüngen, M., Lauterbach, K. W. (Hrsg.) (2002)
  Ergebnisorientierte Vergütung bei DRG. Qualitätssicherung bei pauschalierender Vergütung stationärer Krankenhausleistungen, Berlin, Heidelberg, New York, Barcelona, Hongkong, London, Mailand, Paris, Tokio
Lütticke, J., Schellschmidt, H. (2005)
  Qualitätsberichte nach § 137 SGB V – Bewertung und Vorschläge zur Erweiterung, in: Klauber, J., Robra, B. P., Schellschmidt, H. (Hrsg.), Krankenhaus-Report 2004. Schwerpunkt: Qualitätstransparenz – Instrumente und Konsequenzen, Stuttgart, 197-211

Mappes-Niediek, N., Schlette, S. (2006)
  Anreizsysteme im internationalen Vergleich, in: Health Policy Monitor, Newsletter 2/2006, 7-12, URL: http://www.bertelsmann-stiftung.de/cps/rde/xbcr/SID-0A000F14-344B390F/bst/GemoHealth_NL_0206-K2.pdf [Stand: 10.08.2007]
Marshall, M. N, Brook, R. H. (2002)
  Public Reporting of comparative information about quality of healthcare, in: MJA, 176, 205-206
Marshall, M., Harrison, S. (2005)
  It's about more than Money: Financial Incentives and Internal Motivation, in: Quality and Safety in Health Care online, 14, 1-5, URL: http://qshc.bmj.com/cgi/content/full/14/1/4 [Stand: 05.09.2007]
Marshall, M. N, Romano, P. S., Davies, H. (2004)
  How do we maximize the impact of the public reporting of quality of care, in: International Journal for Quality in Health Care, 16, 1, i57-i63
Marshall, M. N, Shekelle, P. G., Leatherman, u. a. (2000a)
  Public disclosure of performance data: learning from the US experience, in: Quality in Health Care, 9, 53-57
Marshall, M. N, Shekelle, P. G., Leatherman, u. a. (2000b)
  What do we expect to gain from the public release of performance data? A review of the evidence, in: JAMA, 283, 1866-1874
Matthes, N., Wiest, A. (2004)
  Veröffentlichung von Qualitätsdaten für Krankenhäuser in den USA, in: Klauber, J., Robra, B.-P., Schellschmidt, H.: Krankenhausreport 2004, 49-74

McDermott, S., Williams, T. (2006)
Advancing Quality Through Collaboration: The California Pay for Performance Program, February, URL: http://www.iha.org/wp020606.pdf [Stand: 07.08.2007]

McGlynn, E. A., Asch, S. M., Adams, J., u. a. (2003)
The Quality of Health Care Delivered to Adults in the United States, N Engl J Med, 348, 26, 2635-2645

Medizinische Hochschule Hannover (o. J.)
Ärzte verstehen – Entwicklung eines Anreiz- und Motivationssystems, URL: http://www2.mh-hannover.de:4457/2632.html [Stand: 02.09.2007]

MEDI-Report (2000)
Qualitätssicherung im Gesundheitswesen der Zukunft: „Ergebnisorientierte Vergütung" für Ärzte statt Verschwendung, URL: http://www.medi-report.de/nachrichten/2000/04/20000425-03.htm [Stand: 02.09.2007]

Medicare PartD.com (2007)
How does this Donut Hole really work?, URL: http://www.medicare-partd.com/PartD-MoreOnTheDonutHolesOrCoverageGap.php [Stand: 02.09.2007]

Medtronic (2007)
Medtronic Diabetes Deutschland führt die erste Insulinpumpe mit der Option zur kontinuierlichen Glukosemessung ein, URL: http://www.minimed.de/aktuelles/aktuelles2.php?recordID=PRT070614 [Stand: 22.09.2007]

Medtronic MiniMed (2007)
Kontinuierliches Glukoseaufzeichnungs- System (CGMS), URL: http://www.zuckerberatung.de/cgms_system.html [Stand: 20.09.2007]

Mertens, R. (2005)
Abrechnungsverhalten von Leistungen zur psychosomatischen Grundversorgung bei niedergelassenen Ärzten, Dissertation, Berlin

Mercure, S. (2004)
Pay for Performance: Emerging Solutions for Value-Based Purchasing, Issue Brief, 3, 4, URL: http://www.betterdiabetescare.nih.gov/pdfs/BridgesToExcellence.pdf [Stand: 07.08.2007]

Millenson, M. L. (2004)
Pay for Performance: the best worst choice, in: Qual Saf Health Care, 13, 323-324

Mindestmengen Katalog (2003)
Anlage 1, gültig bis 31. Dezemberg 2005, der Mindestmengenvereinbarung vom 03.12.2003, URL: http://www.aok-gesundheitspart-ner.de/inc_ges/download/dl.php/bundesverband/krankenhaus/imperia/md/content/gesundheitspartner/bund/krankenhaus/qualitaetssicherung/vb_mindestmenger_2003_anl1.pdf [Stand: 01.05.2007]

Mohr, V. (2004)
Gesundheitskosten und ihr Gegenwert, Stand des BQS-Verfahrens für die Qualitätsdarstellung der Krankenhäuser, in: Krankenhaus-Umschau (ku) 73, 5, 374-376

Mohr, V. (2005)
„Externe stationäre Qualitätssicherung 2003" Krankenhäuser 2003: Insgesamt gute Behandlungsqualität – Auffällige Ergebnisse werden untersucht, in: Qualitätsmanagement in Klinik und Praxis, 13, 2, 33-35

Montgomery, K. (2005)
HMO vs. PPO, URL: http://healthinsurance.about.com/od/jobbasedcoverage/a/hmovsppo.htm [Stand: 02.09.2007]

Moritz, K.-H. (1990)
Die Auswirkungen alternativer Honorarformen auf das Angebotsverhalten der Ärzte unter besonderer Berücksichtigung der Kosten der Nachfrageinduzierung, Sozial-, politik- und wirtschaftswissenschaftliche Reihe, 4

Mihm, A. (2006)
Gesundheitsreform: Höhere Beiträge, mehr Wettbewerb, FAZ.net, 3. Juli 2006, URL: http://www.faz.net/s/RubFC06D389EE76479E9E76425072B196C3/Doc~EA290A4F42688445A8411BEB2C9D0B78D~ATpl~Ecommon~Scontent.html [Stand: 02.09.2007]

Müller, T. (2006)
Das DRG-Lehrbuch, pro literatur Verlag, Mammendorf

National Committee for Quality Assurance (2003)
Integrated Healthcare Association Pay for Performance Program: 2004 Clinical Measure Specifications and Audit Review Guidelines, URL: http://www.iha.org/p4pyr1/many1.pdf [Stand: 10.08.2007]

426

National Committee for Quality Assurance (2004)
Integrated Healthcare Association Pay for Performance Program: 2005 Clinical Measure Specifications 2004 Measurement Year, URL: http://www.iha.org/p4pyr2/cspecy2.pdf [Stand: 10.08.2007]

National Committee for Quality Assurance (2005)
Integrated Healthcare Association California Pay for Performance Program: 2006 P4P Guidelines, URL: http://www.iha.org/p4pyr3/cspecy3.pdf [Stand: 10.08.2007]

National Committee for Quality Assurance (2006a)
2006 P4P Testing Specifications: Addendum to the 2006 P4P Guidelines, URL: http://www.iha.org/p4pyr4/2006%20P4P%20Testing%20Addendum.pdf [Stand: 10.08.2007]

National Committee for Quality Assurance (2006b)
Integrated Healthcare Association California Pay for Performance Program: P4P Measurement Year 2006 Manual, URL: http://www.iha.org/p4pyr4/P4P%20MY%202006%20Technical%20Specifications%20-%20Update%20Final.pdf [Stand: 10.08.2007]

National Committee for Quality Assurance (2006c)
P4P Measurement Year 2006 Clinical Specifications November Updates, URL: http://www.iha.org/p4pyr4/P4P%20MY%202006%20Update%20Summary%20Table%20Final.pdf [Stand: 10.08.2007]

National Committee for Quality Assurance (2006d)
Integrated Healthcare Association California Pay for Performance Program: Proposed 2007 P4P Testing Measures (using 2006 data), September

National Committee for Quality Assurance (2006e)
Bridges to Excellence, URL: http://www.ncqa.org/Programs/bridgestoexcellence/ [Stand: 10.12.2006]

National Health Service (2000)
The NHS Plan: A plan for investment, a plan for reform, July 2000, URL: http://www.nhsia.nhs.uk/nhsplan/front.pdf [Stand: 03.09.2007]

National Health Service (2001)
The NHS Plan: an action guide for nurses midwives and health visitors, URL: www.dh.gov.uk/prod_consum_dh/idcplg?IdcService=GET_FILE&dID=9292&Rendition=Web [Stand: 03.09.2007]

Nationale Kontakt- und Informationsstelle zur Anregung und Unterstützung von Selbsthilfegruppen (2007)
Website, URL: http://www.nakos.de [Stand: 03.09.2007]

Nordt, C. (2003)
Strukturwandel der medizinischen Grundversorgung: Ursachen und Wirkungen der ärztlichen Arbeitszufriedenheit in unterschiedlichen Praxismodellen, Dissertation, Zürich

Novo Nordisk Deutschland (2007)
Ex-Präsident Bill Clinton Hauptredner auf Diabetesforum, Pressemitteilung, 29. Januar 2007, URL: http://www.novonordisk.de/media/Presse/PM_DE_20070129.pdf [Stand: 03.09.2007]

Oberender, P., Hebborn, A. (1996)
Der Einfluss alternativer Honorierungssysteme auf die Arzt-Patient-Beziehungen, in: Lang, E., Arnold, K. (Hrsg.), Die Arzt-Patient-Beziehung im Wandel, Stuttgart, 76-90

Oberlandesgericht München (1998)
Urteil vom 12.11.1998, in: Medizinrecht, 2, 1999, 76-79

Office of the Patient Advocate (2006)
Healthcare Quality Report Card, Rating California's HMOs and Medical Groups, URL: http://www.opa.ca.gov/report_card/HMOmeasure.aspx?Category=HEDIS&Topic=CheckingForCancer&Measure=BreastCancerScreening [Stand: 02.09.2007]

Office of the Patient Advocate (2007a)
Glossary, Health Maintenance Organization, URL: http://www.opa.ca.gov/report_card/glossary.aspx [Stand: 03.09.2007]

Office of the Patient Advocate (2007b)
Healthcare Quality Report Card, URL: http://www.opa.ca.gov/report%5Fcard/ [Stand: 03.09.2007]

Office of the Patient Advocate (2007c)
Healthcare Quality Report Card: HMO Rating, URL: http://opa.ca.gov/report_card/hmorating.aspx [Stand: 03.09.2007]

Office of the Patient Advocate (2007d)
Healthcare Quality Report Card: Breast Cancer Screening, URL: http://opa.ca.gov/report_card/HMOmeasure.aspx?Category=HEDIS&Topic=CheckingForCancer&Measure=BreastCancerScreening [Stand: 03.09.2007]

Office of the Patient Advocate (2007e)
    Healthcare Quality Report Card: For Commercial Members, URL:
    http://opa.ca.gov/report_card/hmolanguagemeasure.aspx?Insurance=COMMERCIAL [Stand: 03.09.2007]
Office of the Patient Advocate (2007f)
    Healthcare Quality Report Card: Medical Group Rating, URL:
    http://opa.ca.gov/report_card/medicalgroupcounty.aspx [Stand: 03.09.2007]
Ökotest (2004)
    Abgezockt, Geschlampt und Gepfuscht, in: Ökotest 04/2004, URL:
    http://www.oekotest.de/cgi/ot/otgs.cgi?suchtext=zahn%E4rzte&doc=32058 [Stand: 02.09.2007]
O'Kane M. E. (2006)
    Redefining value in health care: a new imperative, in: Healthcare financial management, August, 64-68
Olandt, H. (1998)
    Dienstleistungsqualität in Krankenhäusern. Operationalisierung und Messung der Patientenwahrnehmung,
    Wiesbaden
Olatunji, S. (2004)
    Public Health in England, FAchbeitrag in: Österreichische Pflegezeitschrift 05/04, URL:
    http://www.oegkv.at/uploads/media/olatunji.pdf [Stand: 03.09.2007]
Organisation for Economic Co-operation and Development (2005)
    Health at a Glance - OECD Indicators 2005, URL:
    http://www.oecd.org/document/11/0,2340,en_2649_33929_16502667_1_1_1_1,00.html [Stand:
    03.09.2007]
Österreich, D. (2004)
    Pressemitteilung der Bundeszahnärztekammer vom 29.03.2004 -Unseriöse Panikmache und fragwürdige
    Werbung für ein Franchise-Unternehmen, URL: http://www.kzvn.de/presse/2004/040329_Oekotest.pdf
    [Stand: 03.09.2007]
o. V. (2001)
    Aut-idem Fragen und Antworten, URL: http://www.fasystems.de/anwender/fragen.htm [Stand:
    05.09.2007]

Pacific Business Group on Health (2003)
    Consumer Assessment Survey, URL:
    http://www.pbgh.org/programs/cas/documents/2003CASSurveyTool.pdf [Stand: 29.07.2007]
Pacific Business Group on Health (2005)
    California Medical Group Pay for Performance, URL:
    http://www.pbgh.org/programs/documents/PBGH_ProjSummary_P4P_03_2005.pdf [Stand: 29.07.2007]
Panchaud, C., Guillain, H., Cranovsky, R., u. a. (1999)
    Qualitätsterminologie, Schweiz Ärztezeitung, 79, 1960-1967
Pelleter, J., Sohn, S., Schöffski, O. (2005)
    Medizinische Versorgungszentren: Grundlagen, Chancen und Risiken einer neuen Versorgungsform,
    Schriften zur Gesundheitsökonomie 7, Burgdorf, HERZ
Pfuhl, J., Jahn, I., Stroth, S., u. a. (2006)
    Ratlose Patienten trotz Informationsflut? – Ergebnisse der Bremer Umfrage GESUNDHEIT!, URL:
    http://www.thieme-connect.com/ejournals/abstract/gesu/doi/10.1055/s-2006-948658 [Stand: 07.08.2007]
Pham, H. H., Schrag, D., O'Malley, A. S., u. a. (2007)
    Care Patterns in Medicare and Their Implications for Pay for Performance, in: N Engl J Med, 356, 11,
    1130-1139
Picker Institut (2006)
    Qualitative Evaluation von patienten- und bedarfsgerechten Informationen über Gesundheitseinrichtungen,
    Ergebnisbericht, Oktober 2006, URL: http://www.bertelsmann-
    stiftung.de/bst/de/media/xcms_bst_dms_20032_20033_2.pdf [Stand: 07.09.2007]
Pieper, C. (2002)
    HMOs in Kalifornien wollen gemeinsam Qualität belohnen, in: Ärzte Zeitung, 07. 05, URL:
    http://www.aerztezeitung.de/docs/2002/05/07/084a1101.asp [Stand: 07.08.2007]
Pieper, C. (2004)
    Extra Leistungen werden extra belohnt – in den USA sind Pay-for-Performance-Programme im Kommen,
    in: Ärzte Zeitung, 28. 06, URL:
    http://www.aerztezeitung.de/docs/2004/06/28/118a0203.asp?cat=/politik/gesundheitssystem_and [Stand:
    07.08.2007]

428

Pieper, C. (2005)

Die Blütezeit der HMOs ist in den Vereinigten Staaten vorbei, in: Ärzte Zeitung, 10. Mai 2005, URL: http://www.aerztezeitung.de/docs/2005/05/10/084a0301.asp?cat=/politik/gesundheitssystem_and [Stand: 07.08.2007]

Pieper, C. (2006a)

"Pay for Performance" in den Vereinigten Staaten – ein Versorgungskonzept mit Perspektive? 3. 4, URL: http://www.aerztezeitung.de/docs/2006/04/03/061a0203.asp?cat=/ [Stand: 07.08.2007]

Pieper, C. (2006b)

"Pay-for-Performance" in den Vereinigten Staaten - ein Versorgungskonzept mit Perspektive?, in: Ärzte Zeitung, 3. 4., URL:
http://www.aerztezeitung.de/docs/2006/04/03/061a0203.asp?cat=/politik/gesundheitssystem_and/usa_ges undheitssystem [Stand: 10.08.2007]

Porter, M. E. (2007)

Alles, was Schweizer Krankenkassen tun, ist Rechnungen zu bezahlen, Interview, in: Cash, 22.02.2007, URL: http://www.isc.hbs.edu/pdf/MEP_Cash_german_.pdf

Porter, M. E., Teisberg, E. O. (2006)

Redefining Health Care: Creating value-based Competition on Results, Boston, Harvard Business School Press

Presseanzeiger (2007)

TÜV erteilt Arzt-Preisvergleich.de ein „sehr gut", Pressemitteilung vom 28.06.2007, URL: http://www.presseanzeiger.de/meldungen/gesundheit-medizin/235409.php [Stand: 02.09.2007]

QM-Infocenter (2007)

Das Portal für Qualitätsmanagement: ISO 9001:2000, DIN EN ISO 9000, URL: http://www.qm-infocenter.de/qm/overview_basic.asp?task=4&basic_id=233325327-39&bt=00300.00010&xid=20070628142456-8913118824422 [Stand: 02.09.2007]

Rachhold, U. (2000)

Neue Versorgungsformen und Managed Care: Ökonomische Steuerungsmaßnahmen der Gesundheitsver-sorgung, Kohlhammer, Stuttgart, 52-72

RAND Health, University of California (Berkeley) (o. J. a)

Transparency Report: 2004 Health Plan Payouts for Measurement Year 2003, URL: http://www.iha.org/transpf/2004%20Transparency%20Report%20Final%20-%20revised.pdf [Stand: 10.08.2007]

RAND Health, University of California (Berkeley) (o. J. b)

Transparency Report: 2005 Health Plan Payouts for Measurement Year 2004, URL: http://www.iha.org/transpf/2005%20Transparency%20Report%20Final.pdf [Stand: 10.08.2007]

RAND Health, University of California (Berkeley) (o. J. c)

Transparency Report on 2006 Health Plan Payouts, URL: http://www.iha.org/transpf/Transparency%20Report%202006%20Final.pdf [Stand: 10.08.2007]

Ransom, S. B., Mcneeley, S. G., Kruger, L., u. a. (1996)

The effect of capitated and fee-for-service remuneration on physician decision making in genecology, in: American Journal of Obstetrics & Gynecology, 87, 707-710

Remus, D. (2006)

Exploring the nexus of quality and cost. Methodology and Preliminary Findings, 31. 8., URL: http://www.premierinc.com/p4p/press/quality-cost-methods-paper3.pdf [Stand: 07.08.2007]

Reschovsky, J. D., Hadley, J. (2007)

Physician Financial Incentives: Use of Quality Incentives Inches Up, but Productivity Still Dominates, Center for Studying Health System Change, in: Issue Brief No. 108, January, URL: http://www.hschange.org/CONTENT/905/ [Stand: 09.08.2007]

Rheuma Online (o. J.)

Nutzungsbedingungen, URL: http://www.rheuma-online.de/rheuma-online/nutzungsbedingungen.html [Stand: 07.09.2007]

Rizzo, J., Blumenthal, D. (1996)

Is the target income hypothesis an economic heresy?, in: Medical Care Research and Review, 53, 243-266

Robert Koch Institut (o. J.)

GBE-Glossar, URL: http://www.rki.de/nn_204574/DE/Content/GBE/Gesundheitsberichterstattung/Glossar/gbe__glossar__cata log,lv2=204692,lv3=222420.html [Stand: 07.08.2007]

Robert Koch Institut (2007)
  Impfkalender 2007, URL:
  http://www.rki.de/cln_048/nn_195838/DE/Content/Infekt/Impfen/STIKO__Empfehlungen/Aktuelles/aktu
  elles__node.html?__nnn=true [Stand: 07.08.2007]
Robert Wood Johnson Foundation (2005)
  Rewarding Results Pay-for-Performance Initiative. Ten Lessons Learned, URL:
  http://www.rwjf.org/files/newsroom/RewardingResulstsLessons_110705.pdf [Stand: 29.07.2007]
Robert Wood Johnson Foundation (2006)
  New Study Shows Need for a Major Overhaul of How United States Manages Chronic Illness, Mai 16,
  URL: http://www.rwjf.org/newsroom/newsreleasesdetail.jsp?id=10410 [Stand: 10.08.2007]
Rochaix, L. (1993)
  Financial incentives for physicians: The Quebec experience, in: Health Economy, 2, 163-176
Roland, M. (2004)
  Linking Physicians' Pay to the Quality of Care – A Major Experiment in the United Kingdom, in: N Engl
  J Med, 351, 14, 1448-1454
Rose, L. (2004)
  California's Pay for Performance Program for Doctors Announces First Year Results: Estimated $50 Mil-
  lion Bonus Payout, URL: http://www.iha.org/102104.htm [Stand: 07.08.2007]
Rosenthal, M. B. (2006)
  Pay-for-Performance in Health Care: Trends and Impact on Quality of Care, Harvard School of Public
  Health, October 26, 2006, URL: http://ksgfiona.harvard.edu/m-rcbg/hcdp/readings/Pay-for-
  Performance%20in%20Health%20Care.pdf [Stand 07.08.2007]
Rosenthal, M. B., Landon, B. E., Normand, S.-L. T., u. a. (2006)
  Pay for Performance in Commercial HMOs, in: N Engl J Med, 355, 18, 1895-1902
Rosenthal, M. B., Frank, R. G., Zhonghe, L., u. a. (2005)
  Early Experience With Pay-for-Performance: From Concept to Practice, in: JAMA, 294, 14, 1788-1793
Rowe, J. W. (2006)
  Pay-for-Performance and Accountability: Related Themes in Improving Health Care, in: Ann Intern Med,
  145, 695-699
Rüschmann, H.-H., Roth, A., Krauss, C. (2000)
  Vernetzte Praxen auf dem Weg zu managed care: Aufbau - Ergebnisse - Zukunftsvision, Brüssel, Berlin,
  New York u. a.
Rüter, N., Hundt, P., Steinhausen, D. (2005)
  Der Qualitätsbericht nach § 137 SGB V als Kommunikations-Instrument im Krankenhaus-Marketing.
  Deutsche Krankenhäuser im Wandel, Münster, URL: http://www.medizin.de/gesundheit/deutsch/1643.htm
  [Stand: 04.09.2007]
Rynes, S. L., Gerhart, B., Parks, L. (2005)
  Personnel Psychology: Performance Evaluation and Pay for Performance, in: Annu. Rev. Psychol., 56,
  571-600

Sachverständigenrat für die Konzertierte Aktion im Gesundheitswesen (2001)
  Bedarfsgerechtigkeit und Wirtschaftlichkeit, Band III: Über-, Unter- und Fehlversorgung, URL:
  http://www.svr-gesundheit.de/Gutachten/Gutacht01/Kurzf-de.pdf [Stand: 03.09.2007]
Sansone, C., Harackiewicz, J. M. (2000)
  Intrinsic and Extrinsic Motivation – The Search for Optimal Motivation and Performance, Academic Press
Schiller, N. (2006)
  Controlling im Krankenhaus, VDM-Verlag Dr. Müller, e. K., Saarbrücken
Schlick, S. (2004)
  Qualitätsmanagement: QM-Systeme im Vergleich, in: Deutsches Ärzteblatt 101, Ausgabe 45 vom
  05.11.2004, URL: http://www.aerzteblatt.de/v4/archiv/artikel.asp?id=44116 [Stand: 03.09.2007]
Schmidt, J. (1996)
  Wohlfahrtsstaaten im Vergleich, soziale Sicherungssysteme in Europa: Organisation, Finanzierung, Leis-
  tung und Probleme, Frankfurt/Main, Burau, Leske, Budrich Verlag
Schmutte, A. (1998)
  Total Quality Management im Krankenhaus, Wiesbaden
Schneider, A., Broge, B., Szecsenyi, J. (2003)
  Müssen wir messen, um (noch) besser werden zu können? Die Bedeutung von Qualitätsindikatoren in
  strukturierten Behandlungsprogrammen und Qualitätsmanagement, in: Z. Allg. Med., 79, 547-552

Schoen, C., Osborn, R., Huynh, P. T., u. a. (2006)
    On the front lines of care: Primary care doctors´ office systems, experiences, and views in seven countries,
    in: Health Affairs Web Exlusive, 25, 6, w555-w571
Schöffmann, I. (2006)
    Chronisch gut informiert, Mobile-Reminder-Service, URL:
    http://www.onelogin.eu/index.php?id=175 [Stand: 15.09.2007]
Schroeders, N. v., Köbberling, J. (2002)
    Einfluss von Vergütungssystemen auf die medizinische Qualität, in: Medizinische Klinik, 97, 7, 429-433
Schröder, H., Nink, K., Lankers, C. (2006)
    Versorgung, Ausgaben und Wettbewerb im Arzneimittelbereich, in: IGES, Cassel, D., Wille, E., u. a.
    (2006), Steuerung der Arzneimittelausgaben und Stärkung des Forschungsstandortes für die pharmazeuti-
    sche Industrie. Gutachten für das Bundesministerium für Gesundheit, 2. Juni 2006, 13-274
Schulenburg, J.-M. Graf v. d. (1981)
    Systeme der Honorierung für praktizierende Ärzte und ihre Allokationswirkungen, Tübingen
Schulenburg, J.-M. Graf v. d., Greiner, W. (2000)
    Gesundheitsökonomik, Tübingen
Schulze Ehring, F. (2006)
    Rationierung und Wartezeit in Großbritannien – eine Bewertung aus deutscher Sicht, WIP-
    Diskussionspapier 8/06, URL: http://www.wip-
    pkv.de/typo3conf/ext/np_presscenter/pi1/stream.php?file=Gesundheitssystem_in_GB_2.pdf [Stand:
    05.09.2007]
Selbmann, H. K. (1996)
    Viele wollen des Guten zuviel! Zur Lage des Qualitätsmanagements in den Krankenhäusern Deutschlands,
    in: Krankenhaus Umschau Special, 11, 3-9
Senator für Arbeit, Frauen, Gesundheit, Jugend und Soziales (Hrsg.) (2006)
    Gesundheitliche Information und Beratung aus Sicht der Bremer Bevölkerung. Dritter Ergebnisbericht der
    Bremer Umfrage GESUNDHEIT, Bremen, URL:
    http://www.soziales.bremen.de/sixcms/media.php/13/BerichtgesundheitlicheInfo.pdf [Stand: 05.09.2007]
Shaffer, M. (2002)
    The Quality Gap: Medicine's Secret Killer, Summary, URL:
    http://www.pbs.org/criticalcondition/program/qzalitysummary.htm [Stand: 06.08.2007]
Shen, J., Andersen, R., Brook, R., u. a. (2004)
    The Effects of Payment Method on Clinical Decision-Making: Physician Responses to Clinical Scenarion,
    in: Medical Care, 42, 3, 297-302
Siebers, L. (2005)
    Der medizinische Qualitätsbericht - Bewertung und Entwicklung von Qualitätsindikatoren, Münster
Simoes, E., Mayer, E. D., Boukamp, K., u. a. (2005)
    Indikatoren im Rahmen des internen Qualitätsmanagements in Arztpraxen, in: Arbeitsmed. Sozialmed.
    Umweltmed., 40, 7, 398-409
Simon, M. (2000)
    Neue Krankenhausfinanzierung – Experiment mit ungewissem Ausgang: Zur geplanten Umstellung auf
    ein DRG-basiertes Fallpauschalensystem, Veröffentlichungsreihe der Arbeitsgruppe Public Health, Wis-
    senschaftszentrum Berlin für Sozialforschung, http://skylla.wz-berlin.de/pdf/2000/p00-201.pdf [Stand:
    05.09.2007]
Skwara, S. (2005)
    Gesundheitspolitik: Qualität in der Versorgung, URL:
    http://www.glaxosmithkline.de/presse/artikel/artikel654.php [Stand: 06.02.2007]
Sohn, S. (2006)
    Integration und Effizienz im Gesundheitswesen, Schriften zur Gesundheitsökonomie 8, Burgdorf
Sorian, R. (2006)
    Measuring, Reporting, and Rewarding Performance in Health Care. The Commonwealth Fund, March,
    URL: http://www.commonwealthfund.org/usr_doc/Sorian_measuringreporting_912.pdf?section=4039
    [Stand: 10.08.2007]
Sozioland (2007)
    Website, URL: http://www.sozioland.de [Stand: 03.09.2007]
Spiegel Online (2007)
    Qualitäts-Kontrolle: Kassenärztliche Vereinigung plant Ärzte-TÜV, 4. Mai 2007, URL:
    http://www.spiegel.de/wirtschaft/0,1518,480941,00.html [Stand: 03.09.2007]

Statistisches Landesamt Berlin (2006)
  Die kleine Berlin-Statistik 2006, URL: http://www.statistik-berlin.de/kbst/kbst-2006_d.pdf [Stand: 30.08.2007]
Statistisches Bundesamt Deutschland (2007)
  Eigene Recherche beim Statistischen Bundesamt Deutschland, URL: http://www.destatis.de [Stand: 03.09.2007]
Stehle, F. (2005)
  Ärztliche Werbeverbote und Werbeerlaubnisse im Spiegel der Rechtsprechung, München, URL: http://deposit.ddb.de/cgi-bin/dokserv?idn=977862569&dok_var=d1&dok_ext=pdf&filename=977862569.pdf [Stand: 03.09.2007]
Steinbach, H., Sohn, S., Schöffski, O. (2004)
  Möglichkeiten der Kalkulation von sektorübergreifenden Kopfpauschalen, Schriften der Gesundheitsökonomie 4, Burgdorf
Steiner, A., Wyss, P., Zemp, R. (1998)
  Wettbewerbsorientierung im Gesundheitswesen: Ansätze zur Kostensenkung, Management Weiterbildung, Universität Zürich Heft 14, Bern
Stiftung Gesundheit (2006)
  Stiftungsbrief, 4. Quartal, 9. Jahrgang, URL: http://www.stiftung-gesundheit.de/stiftungsbrief/pdf/stiftungsbrief_2005-4.pdf [Stand: 03.09.2007]
Stiftung Gesundheit (o. J. a)
  Die Arzt-Auskunft, URL: http://www.stiftung-gesundheit.de/arzt-auskunft/start_aa.htm [Stand: 03.09.2007]
Stiftung Gesundheit (o. J. b)
  Fragebogen: Patienten-Zufriedenheits-Index, URL: http://www.arzt-auskunft.de/pzi/pzi_S/Fragebogen_eingang_Ergb.plx?Arzt_id=3443275220-5&DbNr=1&SID [Stand: 03.09.2007]
Stiftung Warentest (2004)
  Urologen im Test, in: Stiftung Warentest 02/2004, 87-89
Stiftung Warentest (2006)
  Sportmedizinische Untersuchungen, in: Stiftung Warentest 02/2006, 90-95
Stiftung Warentest online (o. J.)
  Urologen im Test: Dilemma, URL: http://www.stiftung-warentest.de/online/gesundheit_kosmetik/test/1152277/1152277.html [Stand: 03.09.2007]
Streuf, R., Selbmann, H.-K. (2007)
  Krankenhausberichte: Werden die Berichte von 2007 besser als die von 2005?, in: Gesundheitsökonomie & Qualitätsmanagement, 12, 01, 12-16
Susman, J. (2005)
  P4P-Pain for Performance?, in: The Journal in Family Practice, 54, 8, 648

Tacke, J., Lauterbach, K. W. (o. J.)
  Managed Care verändert die Hochschulmedizin in den USA, URL: http://www.presse.uni-erlangen.de/Aktuelles/Lauterbach.html [Stand: 03.09.2007]
The Commonwealth Fund (2004)
  Database Showcases "Pay for Performance" and Incentive Initiatives, URL: http://www.commonwealthfund.org/innovations/innovations_show.htm?doc_id=232616 [Stand: 07.08.2007]
The Commonwealth Fund (2006a)
  Designing Incentives to Improve Care: Tools from the Leapfrog Group, May 4, URL: http://www.commonwealthfund.org/innovations/innovations_show.htm?doc_id=371636 [Stand: 10.08.2007]
The Commonwealth Fund (2006b)
  Framework for a High Performance Health System for the United States, August 2006, URL: http://www.commonwealthfund.org/usr_doc/Commission_framework_high_performance_943.pdf?section=4039 [Stand: 03.09.2007]
The Leapfrog Group (2007)
  Website, URL: http://www.leapfroggroup.org/ [Stand: 03.09.2007]
Thrall, J. H. (2004)
  The Emerging Role of Pay-for-Performance. Contracting for Health Care Services, in: Radiology, 233, 637-640

Tigges, C. (2006)
    Amerika: Ein Sechstel der Wirtschaftskraft für die Gesundheit, in: FAZ.NET, URL:
    http://www.faz.net/s/Rub6B15D93102534C72B5CF6E7956148562/Doc~E40B5B28E5C5640C4B07B30
    93F6791C18~ATpl~Ecommon~Scontent.html [Stand: 03.09.2007]
Trude, S., Au, M., Christiansen, J. B. (2006)
    Health Plan Pay-for-Performance Strategies, in: Am J Manag Care, 12, 537-542

Unabhängige Patientenberatung (2007)
    Website, URL: http://www.unabhaengige-patientenberatung.de/ [Stand: 02.09.2007]
Universitätsklinikum Erlangen (2006)
    DRG - Entgelttarif und Pflegekostentarif, Universitätsklinikum Erlangen, URL:
    http://www.med2.med.uni-erlangen.de/e1662/e144/inhalt145/Pflegekostentarif2006_11_01.pdf [Stand:
    02.09.2007]
Universitätsklinikum Münster (2007a)
    WebGrouper, URL: http://drg.uni-muenster.de/de/webgroup/m.webgroup.php [Stand: 02.09.2007]
Universitätsklinikum Münster (2007b)
    WebGrouper, G-DRG Systematik, URL: http://drg.uni-
    muenster.de/de/webgroup/m.brdrg.php?baserate=2900&showgrafik=0&version=GDRG2007&mdc=01
    [Stand: 02.09.2007]
Utman, C. H. (1997)
    Performance effects of motivational State: A meta-analyses, in: Personality and Social Psychology Re-
    view, 1, 170-82

Van den Bergh, W. (2003)
    Praxisbudgets sind bald nur noch Geschichte, in: Ärzte Zeitung, 7. Januar 2003
Van Eimeren, B., Frees, B. (2006)
    ARD/ZDF-Online-Studie 2006: Schnelle Zugänge, neue Anwendungen, neue Nutzer?, in: Media Perspek-
    tiven 8/2006, 402-415, URL: http://www.ard-werbung.de/showfile.phtml/eimeren.pdf?foid=17746 [Stand:
    03.09.2007]
Viethen, G. (1995)
    Qualität im Krankenhaus. Grundbegriffe und Modelle des Qualitätsmanagements, Stuttgart, New York

Weitkamp, J. (2004)
    Pressemitteilung der Bundeszahnärztekammer vom 29.03.2004 - Unseriöse Panikmache und fragwürdige
    Werbung für ein Franchise-Unternehmen, http://www.kzvn.de/presse/2004/040329_Oekotest.pdf [Stand:
    29.06.2007]
Wengle, H. (1998)
    Grundlagen des Qualitätsmanagement im Spital, Qualität: Begriff, Konzepte, Management, Management-
    systeme, Frankfurt
Wern, S. (2003)
    Die Erbringung wahlärztlicher Leistungen im Spannungsfeld von Schuldrecht und Pflegesatzrecht, URL:
    http://www.jura.uni-sb.de/projekte/Bibliothek/text.php?id=363 [Stand: 03.09.2007]
Wiechmann, M. (2003)
    Managed Care: Grundlagen, internationale Erfahrungen und Umsetzung im deutschen Gesundheitssystem:
    Die wichtigsten Grundlagen von Managed Care, Dieter Witt (Hrsg.), NPO Management, Gabler Edition
    Wissenschaft, DUV Verlag, 49-71
Wieland, K. (1988)
    Ökonomische Aspekte einer ärztlichen Ethik, München, Holler Verlag
Williams, T. R. (2006)
    Practical Design and Implementation Considerations in Pay-for-performance Programs, in: The American
    Journal of Managed Care, 12, 2, 77-80
Williams, T. R., Raube, K., Damberg, C. L., u. a. (2006)
    Pay for Performance: Its Influence on the Use of IT in Physician Organizations, in: Journal of Medical
    Practice Management, March/April, URL:
    http://www.pbgh.org/news/pubs/documents/DambergP4P_IT_0306.pdf [Stand: 10.08.2007]
Wilson, J. F. (2007)
    Lessons for Health Care Could Be Found Abroad, in: Annals of Internal Medicine, 146, 473-476
World Health Organization (2000)
    The World health report 2000: health systems: improving performance, URL:
    http://www.who.int/whr/2000/en/whr00_en.pdf [Stand: 03.09.2007]

World Health Organization (2006)

Eliminating measles and rubella and preventing congenital rubella infection: WHO European Region strategic plan 2005-2010, URL: http://www.euro.who.int/Document/E87772.pdf [Stand: 03.09.2007]

Zok, K. (2007)

Warten auf den Arzttermin: Ergebnisse einer Repräsentativumfrage unter GKV- und PKV-Versicherten, in: WIdO-monitor, 4, 1, 1-7, URL:
http://wido.de/fileadmin/wido/downloads/pdf_wido_monitor/wido_mon_ausg1-2007_0107.pdf [Stand: 03.09.2007]

Anhang

Anhang 1:   Gliederung des EBM 2000plus[1258]

I Allgemeine Bestimmungen
II Arztgruppenübergreifende allgemeine Leistungen
1 Allgemeine Leistungen
2 Allgemeine diagnostische und therapeutische Leistungen
III Arztgruppenspezifische Leistungen
III.a Hausärztlicher Versorgungsbereich
3 Hausärztlicher Versorgungsbereich
4 Leistungen der Kinder- und Jugendmedizin
III.b Fachärztlicher Versorgungsbereich
5 Anästhesiologische Leistungen
6 Augenärztliche Leistungen
7 Chirurgische, kinderchirurgische und plastisch-chirurgische Leistungen
8 Frauenärztliche Leistungen, Geburtshilfe und Reproduktionsmedizin
9 Hals-Nasen-Ohrenärztliche Leistungen
10 Hautärztliche Leistungen
11 Humangenetische Leistungen
12 Laboratoriumsmedizinische Leistungen
13 Leistungen der Inneren Medizin
14 Leistungen der Kinder- und Jugendpsychiatrie und -psychotherapie
15 Leistungen der Mund-, Kiefer- und Gesichtschirurgie
16 Neurologische und neurochirurgische Leistungen
17 Nuklearmedizinische Leistungen
18 Orthopädische Leistungen
19 Pathologische Leistungen
20 Phoniatrische und pädaudiologische Leistungen
21 Psychiatrische und Psychotherapeutische Leistungen (Psychiater)
22 Leistungen der Psychotherapeutischen Medizin (Fachärzte für Psychotherapeutische Medizin)
23 Psychotherapeutische Leistungen (Ärztliche und psychologische Psychotherapeuten, Kinder- und Jugendlichenpsychotherapeuten)
24 Radiologische Leistungen
25 Strahlentherapeutische Leistungen
26 Urologische Leistungen
27 Leistungen der Physikalischen und Rehabilitativen Medizin
IV Arztgruppenübergreifende spezielle Leistungen
30 Spezielle Versorgungsbereiche
31 Ambulante und belegärztliche Operationen, Anästhesien, präoperative Leistungen, postoperative Leistungen, orthopädisch-chirurgisch konservative Leistungen
32 Laboratoriumsmedizin, Molekulargenetik und Molekularpathologie
33 Ultraschalldiagnostik
34 Diagnostische und interventionelle Radiologie, Computertomographie und Magnetfeld-Resonanz-Tomographie
35 Leistungen gemäß den Richtlinien des Gemeinsamen Bundesausschusses über die Durchführung der Psychotherapie (Psychotherapie-Richtlinien)
V Kostenpauschalen (BMÄ und E-GO)
40 Kostenpauschalen (BMÄ und E-GO)
VI Anhänge

[1258]   Quelle: Eigene Darstellung, in Anlehnung an Kassenärztliche Bundesvereinigung (2007c).

436

Anhang 2:   Gliederung des EBM 2000plus[1259]

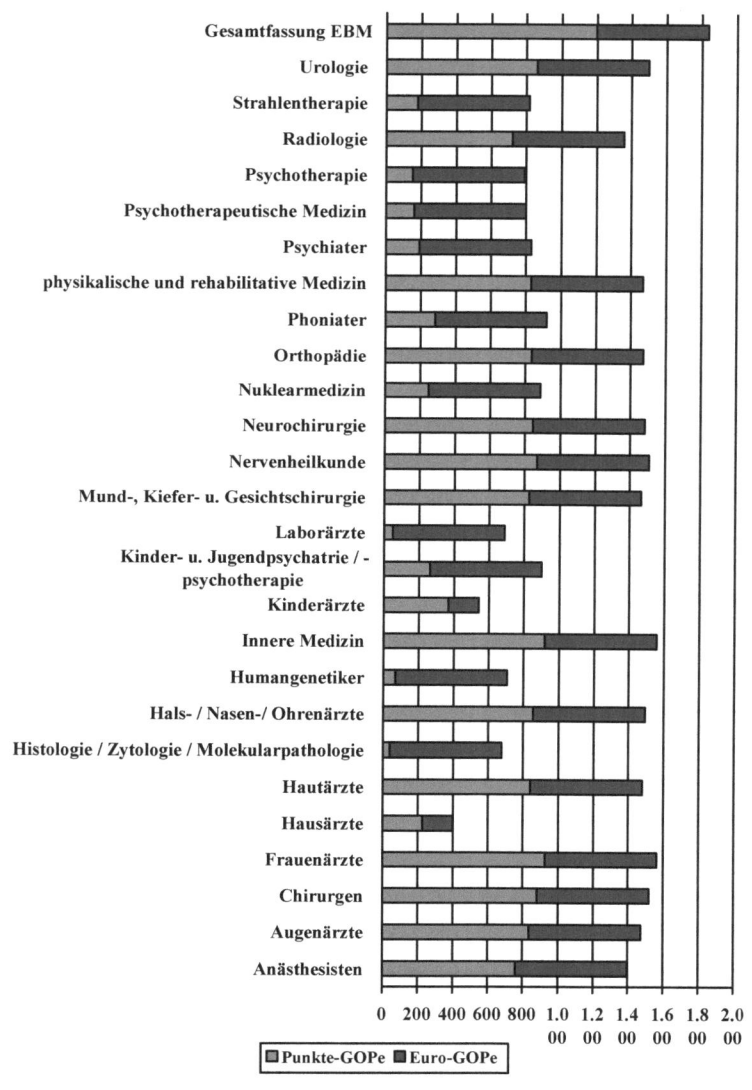

[1259]   Quelle: Eigene Darstellung, in Anlehnung an Kassenärztliche Bundesvereinigung (2007g).

Schriften zur Gesundheitsökonomie

HERZ

Health Economics Research Zentrum
Buchweizenfeld 27
31303 Burgdorf
Fax: +49(0)5136/976187
email: herz@schoeffski.de

Bisher erschienen:

Band 1   *Steininger-Niederleitner, M., Sohn, S., Schöffski, O. (2003)*
Managed Care in der Schweiz und Übertragungsmöglichkeiten nach
Deutschland
ISBN 3-936863-00-8, 172 S., 18 Abb., Geb. EUR 19,90

Band 2   *Esslinger, A. S. (2003)*
Qualitätsorientierte strategische Planung und Steuerung in einem sozia-
len Dienstleistungsunternehmen mit Hilfe der Balanced Scorecard
ISBN 3-936863-01-6, 276 S., 36 Abb., 50 Tab., Geb. EUR 29,90

Band 3   *Lindenthal, J., Sohn, S., Schöffski, O. (2004)*
Praxisnetze der nächsten Generation: Ziele, Mittelverteilung und Steue-
rungsmechanismen
ISBN 3-936863-02-4, 216 S., 16 Abb., 19 Tab., Geb. EUR 24,90

Band 4   *Steinbach, H., Sohn, S., Schöffski, O. (2004)*
Möglichkeiten der Kalkulation von sektorenübergreifenden Kopfpau-
schalen (Capitation)
ISBN 3-936863-03-2, 312 S., 22 Abb., 28 Tab., Geb. EUR 29,90

Band 5   *Glock, G., Sohn, S., Schöffski, O. (2004)*
IT-Unterstützung für den medizinischen Prozess in der integrierten Ver-
sorgung
ISBN 3-936863-04-0, 208 S., 22 Abb., Geb. EUR 24,90

Band 6 *Hagn, D., Schöffski, O. (2005)*
Orphan Drugs. A Challenge for the Pharmaceutical Industry in Europe
ISBN 3-936863-05-9, 160 S., 37 Abb., 20 Tab., Geb. EUR 19,90

Band 7 *Pelleter, J., Sohn, S., Schöffski, O. (2004)*
Medizinische Versorgungszentren. Grundlagen, Chancen und Risiken
einer neuen Versorgungsform
ISBN 3-936863-06-7, 196 S., 18 Abb., Geb. EUR 24,90

Band 8 *Sohn, S. (2006)*
Integration und Effizienz im Gesundheitswesen. Instrumente und ihre
Evidenz für die integrierte Versorgung
ISBN 3-936863-07-5, 288 S., 26 Abb., 28 Tab., Geb. EUR 29,90

Band 9 *Hämmerle, P., Estelmann, A., Schwandt, M., Schöffski, O. (2006)*
Moderne Verfahren der Qualitätsberichterstattung im Krankenhaus
ISBN 3-936863-08-3, 140 S., 33 Abb., Geb. EUR 19,90

Band 10 *Marschall, D. (2007)*
Positionierung einer erfolgreichen Arzneimittelmarke
ISBN 978-3-936863-09-3, 244 S., 54 Abb., 24 Tab., Geb. EUR 24,90

Band 11 *Haarländer, S., Bühner, A., Schwandt, M., Schöffski, O. (2007)*
Public Private Partnership (PPP) im Krankenhausbereich
ISBN 978-3-936863-10-9, 192 S., 32 Abb., 3 Tab., Geb. EUR 24,90

Band 12 *Schmitt-Rüth, S., Esslinger, A. S., Schöffski, O. (2007)*
Der Markt für Medizintechnik – Analyse der Entwicklungen im Wandel
der Zeit
ISBN 978-3-936863-11-6, 172 S., 20 Abb., 6 Tab., Geb. EUR 19,90

Band 13 *Sauer, F. (2007)*
Erfolgsfaktoren für das marktorientierte Management patentgeschützter
Arzneimittel
ISBN 978-3-936863-12-3, 388 S., 54 Abb., 29 Tab., Geb. EUR 34,90

Band 14 *Emmert, M. (2008)*
Pay for Performance (P4P) im Gesundheitswesen – Ein Ansatz zur Ver-
besserung der Gesundheitsversorgung?
ISBN 978-3-936863-12-3, 460 S., 41 Abb., 77 Tab., Geb. EUR 39,90